William Hugh Ferrar, Thomas Kingsmill Abbott

A collation of four important manuscripts of the Gospels:

With a view to prove their common origin, and to restore the text of their archetype

William Hugh Ferrar, Thomas Kingsmill Abbott

A collation of four important manuscripts of the Gospels:

With a view to prove their common origin, and to restore the text of their archetype

ISBN/EAN: 9783337714031

Printed in Europe, USA, Canada, Australia, Japan

Cover: Foto ©ninafisch / pixelio.de

More available books at **www.hansebooks.com**

A COLLATION

OF

FOUR IMPORTANT MANUSCRIPTS

OF

THE GOSPELS:

WITH A VIEW TO PROVE THEIR COMMON ORIGIN, AND TO RESTORE THE TEXT OF THEIR ARCHETYPE.

BY THE LATE
WILLIAM HUGH FERRAR, M.A.,
FELLOW OF TRINITY COLLEGE,
AND PROFESSOR OF LATIN IN THE UNIVERSITY OF DUBLIN.

Edited, with Introduction,
BY
T. K. ABBOTT, M.A.,
FELLOW AND TUTOR OF TRINITY COLLEGE,
AND PROFESSOR OF BIBLICAL GREEK IN THE UNIVERSITY OF DUBLIN.

DUBLIN:
HODGES, FOSTER, AND FIGGIS.
LONDON: MACMILLAN & CO.
1877.

DUBLIN: PRINTED AT THE UNIVERSITY PRESS

Codex 15

Luc. vii 35–40

καὶ ἐδικαιώθη ἡ σοφία
ἀπὸ τῶν τέκνων αὐτῆς·
ἠρώτα δέ τις αὐτὸν τῶν
Φαρισαίων ἵνα φάγῃ
μετ' αὐτοῦ· καὶ εἰσελθὼν
εἰς τὸν οἶκον τοῦ Φαρι-
σαίου ἀνεκλίθη· καὶ ἰδοὺ
γυνὴ ἐν τῇ πόλει ἥτις
ἦν ἁμαρτωλός·

Codex 13
Luc VII.35 40

καὶ ἐδικαιώθη ἡ σοφία
ἀπὸ τῶν τέκνων αὐτῆς·
ἠρώτα δέ τις αὐτὸν τῶν
Φαρισαίων ἵνα φάγῃ
...
...καὶ εἰσελθὼν
εἰς τὸν οἶκον τοῦ Φαρισαί
ου ἀνεκλίθη· καὶ ἰδοὺ
γυνὴ ἐν τῇ πόλει
ἥτις ἦν ἁμαρτωλός· καὶ ἐπι
γνοῦσα ὅτι ἀνάκειται

καὶ ἀποκριθεὶς ὁ ἰσ εἶ
πεν πρὸς αὐτόν· Σί
μων ἔχω σοί τι εἰπεῖν·
ὁ δέ φησιν· διδάσκα
λε εἰπέ· δύο χρεωφει
λέται ἦσαν δανιστῇ τινι·
ὁ εἷς ὤφειλε δηνάρια
πεντακόσια· ὁ δὲ ἕ
τερος πεντήκοντα
μὴ ἐχόντων δὲ αὐτῶν

Marc. I 7   Codex 124   Marc. I 14

εἰς ὃν τ̄ φω̄.
...τὸν ἱμάντα τῶν ὑ
ποδημάτων αὐτοῦ·
ἐγὼ μὲν ἐβάπτισα ὑ
μᾶς ὕδατι αὐτὸς δὲ βαπτίσει
ὑμᾶς ἐν πν̄ι ἁγίῳ· καὶ ἐγ
ένετο ἐν ἐκείναις ταῖς ἡμέραις

τὸ αὐτὸ παραδοθῆναι τὸν
Ἰωάννην ἦλθεν ὁ ἰσ
ὁ σίμων Βαρ ἰωνᾶ· κηρύσ
σων τὸ εὐαγγέλιον τῆς βα
σιλείας τοῦ θῡ· καὶ λέγων
ὅτι πεπλήρωται ὁ καιρός·

Codex 346
Luc XI 49

προφήτας καὶ ἀποστόλους· ἐξ αὐτῶν ἀποκτενοῦ
σιν καὶ ἐκδιώξουσιν· ἵνα ἐκζητηθῇ τὸ αἷμα
πάντων τῶν προφητῶν τὸ ἐκκεχυμένον ἀπὸ
καταβολῆς κόσμου· ἀπὸ τῆς γενεᾶς ταύτης
ἀπὸ τοῦ αἵματος ἄβελ τοῦ δικαίου ἕως τοῦ αἵματος
Ζαχαρίου τοῦ ἀπολομένου μεταξὺ τοῦ θυσιασ
τηρίου καὶ τοῦ οἴκου· ναὶ λέγω ὑμῖν ὅτι ἐκζητηθή

INTRODUCTION.

THE text of the Gospels contained in the present volume is based on that of four MSS. of high authority, known as 13, 69, 124, and 346; and a complete collation of these with the received text is given in the notes. As regards 69, indeed, Dr. Scrivener's collation leaves nothing to be desired, and it has simply been reproduced; but a complete collation of 13 and 346 has long been a desideratum with Biblical critics. This is now for the first time supplied by Prof. Ferrar; and the published collations of 124, which are defective and frequently discrepant, are corrected and supplemented. *Purpose of the book.*

The book, however, has a further object. It is intended, in the first place, to establish beyond doubt the fact that these four codices are derived from a common archetype; and in the second place, to exhibit as nearly as possible the actual text of this archetype, a text, therefore, more ancient and authoritative than that of any of these MSS. separately. In fact we may claim for *Restoration of an important ancient text.*

iv   INTRODUCTION.

this text an authority second only to that of the three or
four most ancient uncials.

High autho-   To justify this claim it is sufficient to cite the judg-
rity of this
text.   ment of some of the most competent critics. First, of
the Codex Leicestrensis, or 69, Tregelles remarks that
"it is of far higher value, not only than the great mass
of the recent cursive copies, but also than the greater
part of the later uncials"; and he admits it, along with
only two other cursives, amongst the authorities on
which he founds his own text. Nevertheless, this codex
has many accidental omissions, frequent errors from
oversight and carelessness, and many peculiar readings,
originating, apparently, with the scribe himself. Now, if
69 holds so high a position, notwithstanding these nu-
merous and considerable errors, it must be clear that any
criticism which would enable us to eliminate these would
give us a text of much higher value. This criterion is
to a considerable extent supplied by the closely-related
Codex 13. Of Codex 13, Griesbach states that it is full of
good readings, which breathe the highest antiquity; and
he concludes, from a detailed examination, that it and
D proceed from the same very ancient source, D having
undergone greater changes. Kuster states that it sup-
plied him with more various readings than all the other
Paris Codices together.

Affinity of   The close affinity between 13 and 69 was observed by
these four
codices.   Wetstein and later critics; but now that a complete
collation of both is in the reader's hands, no doubt can

remain that they were derived from a common source. *Affinity of these Codices.*

The other two codices above mentioned enable us to approximate more closely to the text of this original. Of these, 346 has hitherto attracted but little notice, although it was examined by Scholz, who has given some of its readings. Even a slight examination of it will show that it is still more closely related than 69 to 13.

Our fourth codex, 124, esteemed by Birch the best of the Vienna Codices, is certainly derived from the same source, but its text has undergone greater modification. Its affinity to 13 was remarked by Treschow, and its resemblance to 69 by Birch. When three out of these four codices agree, we may be certain that we have the reading of their archetype.

As just stated, the affinity of these four codices (or rather of three of them, 13, 69, 124) has been long observed; but the credit of having undertaken the detailed and laborious comparison necessary in order to prove that they actually represent a single archetype, is due to the late Prof. Ferrar. His plan of restoring the text of this archetype may at first sight appear open to objection, as leaving too much room for the "subjectivity" of the editor. But in fact the affinity of these codices is so close that there is seldom room for doubt, except in the case of peculiar spellings or itacisms and omissions. Details will be given presently: here it may suffice to remark that, apart from additions and omis-

vi INTRODUCTION.

Affinity of these Codices.

sions, Codex 13 has hardly more than a dozen readings in which it is not supported by one or more of the others, and most even of these are mere trifles or obvious mistakes.

I shall now give a description of each of the four codices, after which I shall proceed to the special evidence of their common origin. It will be convenient to designate them by the initials of the places where they are preserved, calling 69 L (Leicester); 346, M (Milan); 13, P (Paris); and 124, V (Vienna).

Description of Codex 69, our L.

The description of Codex 69, here called L, I abridge from that given by Dr. Scrivener in the Introduction to the *Codex Augiensis*, p. xl. It contains the whole New Testament in large folio, 14¾ inches long by 10 broad, and is written on 91 leaves of vellum and 122 of coarse paper, arranged pretty regularly, so that two vellum leaves are followed by three of paper, evidently from previous calculation how far the more costly material would hold out. The paper is so bad that four of the leaves would bear the writing only on one side. There are 38 lines on every page; the instrument employed seems to have been a reed rather than a pen, and the style of writing is very singular, yet certainly neither elegant nor remarkably perspicuous. The smooth and rough breathings are often very hard to distinguish, and ε is usually placed in a recumbent posture, so much resembling α that it is not easy to say at all times which was meant. No one who has inspected this codex has

INTRODUCTION.

estimated its age as earlier than the fourteenth century; Codex 69, or L.
but in this, as in so many other instances, as Dr. Scrivener remarks, the antiquity of the actual volume has nothing to do with its critical importance. It commences Matth. xviii. 15: σου και αυτου μονου: the deficiencies in the latter part of the volume need not be mentioned here.

At the top of the first page this codex exhibits in a beautiful hand the words Ειμι Ιλερμου Χαρκου; then in a later hand, "Thomas Hayne." William Chark was one of the former owners of the celebrated Codex Montfortianus, and is supposed to have lived in the reign of Elizabeth (see Dobbin's *Codex Montfortianus, Introd.*, p. 7). Some of the later changes in the Codex Leicestrensis were made by him, chiefly, however, in the margin.

The codex contains the list of κεφαλαια majora (without corresponding numbers in the margin of the text) before the three later Gospels, but with so extensive variations that Mr. Scrivener has been induced to give a list of them: besides these, there is no liturgical matter whatever, no division into sections, or Eusebian canons, or notes about lessons, except a marginal mark or two, and a few words, which are often illegible, scribbled at the foot of the first page of each leaf.

Passing over previous imperfect collations, this codex has been carefully collated by Dr. Tregelles and Dr. Scrivener. The plan of the former, however, excluded all mention of itacisms, and minute peculiarities: Dr.

Peculiarities of L.

Scrivener, on the other hand, has carefully noted every peculiarity. Of these he gives the following account (words in square brackets [ ] are not Dr. Scrivener's):—
"We cannot praise the care of the scribe in copying this MS. Many words occur which are only begun, broken off perhaps after the first syllable; and I have counted the large number of 74 omissions from ὁμοιοτέλευτον and the like causes.[1] Yet the accents are represented with much accuracy, and the breathings (if indistinct at times) are regular: we have ἀβρααμ, ὧδε, οὕτω often; yet sometimes αἰρω, αὐριον; and ὅραμα once [ὀμνυειν, &c., usually, also συκῆ^{mpr}]. The acute accent is much used where the grave is commonly written by others. The vowels ι and υ have mostly a single dot over them. Other peculiarities of this codex are[2] τέ sometimes, ἰούδας^{pr}, διατοῦτο, ἀπάρτι^{mpr}, ἀπαρχῆς^{pr}, κατιδιαν (*fere*) [but not in Matth.], εξενωνυμων^{mpr}, ...μελλει (*pro* μελει) [five out of six times], ... The ν εφελκυστικον is much used with ειπεν and εστιν, and in cases where emphasis is meant or where there is a pause in the sense. Yet in John, ix. 30, and sixteen other places, an hiatus arises from the absence of ν. Respecting ι ascript I cannot speak decidedly: in seven places I have noted what may be ι, but is more probably a rude stop.

---

[1] Of these there are 36 in the Gospels.—A.
[2] I only give those which occur in the Gospels.—A.

ι subscript is clearly read in six places, two of them Dr. Scrivener on ι. being with verbs; elsewhere it is not found. This copy is remarkable for always writing ιησους at full length up to John xxi. 15, where we meet with ιͅς, and in forty one other places, nineteen of which are in the Acts: thus, too, ιερουσαλημ is usually unabridged. Of itacisms I count 1129 throughout the codex,[1] viz., ο *pro* ω, 190; ω *pro* ο, 126; η *pro* ει, 93; ει *pro* η, 104; ι *pro* ει, 77; ει *pro* ι, 62; η *pro* ι, 87; ι *pro* η, 46; ε *pro* αι, 73; αι *pro* ε, 72; ε *pro* η, 24; η *pro* ε, 20; υ *pro* η (rare elsewhere), 27; η *pro* υ, 28; ου *pro* ω, 13; ω *pro* ου, 16; οι *pro* ι, 3; ι *pro* οι, 3; η *pro* ευ, Luc. xii. 16 [MP here have ηυ]; υ *pro* ι, 15; ι *pro* υ, 14; υ *pro* η, 6; *pro* ε, 1; *pro* οι, 4; *pro* ει, 3; οι *pro* υ, 4; *pro* η, 9; ο *pro* ου, 3; η *pro* οι, 3; We have also θ for τ [after σ], Marc. x. 40; Luc. xi. 7. The following are the unusual grammatical forms [forms marked thus * are admitted into the text by Lachmann]:[2]—ειπαν* (twice only), Matth. xxvi. 35; Luc. xx. 2ᵖ; ηλθατε*, Matth. xxv. 36ᵐᵖʳ; εξηλθατε*, Matth. xxvi. 55ᵐᵖʳ; Marc. xiv. 48ᵐᵖʳ; Luc. vii. 24ᵐᵖʳ; 25ᵐᵖ; 26ᵐᵖʳ; xxii. 52ᵐᵖʳ; εισηλθατε*, *ib.* xi. 52ᵐᵖᵛ [all the instances of 2nd pl. of ηλθον and its compounds]; ανεπεσαν*, Joh. vi. 10ᵖ [but …σον, Mk. vi. 40ᵖ]; παρα-

---

[1] About 572 of these are in the Gospels.—A.

[2] The small letters affixed indicate that the form occurs in the place quoted in one or more of the other MSS.

Dr. Scrivener on L. γεναμενος, Luc. xiv. 21^{mpr}. So accusatives in -αν for -α: νυκταν, Luc. ii. 37^{mp} [=A]; θυγατεραν, xiii. 16^{mr} [=Λ, al.]; χειραν, Joh. vii. 30. The gender is sometimes altered, thus: λιμος, *fem.*, Luc. iv. 25^p [so אAB in xv. 14*]; οφρυς, *masc.*, *ib.* 29^{mpr}; νοσος, *masc.*, *ib.* 40^m [also Marc. i. 34^m]. Verbs in αω or οω are formed as those in εω: επηρωτουν, Luc. iii. 10^{mp}; xx. 27^{mp}; επετιμουν, xviii. 15; ετολμουν, xx. 40; ηρωτουν, Joh. iv. 31; εμβριμουμενος, xi. 38^{mpr} [= אA]; κινει, Marc. vii. 20, 23; σαρει, Luc. xv. 8; and the contrary, αγανακτωντες, Marc. xiv. 4. Irregularities in verbs in μι are αφιουσι, Marc. iv. 36^{mpr}; τιθων, x. 16$^{mp(r)}$ [= 1. 28.]; περιτιθουσιν, xv. 17^{mpr}; συνετιθοντο, Joh. ix. 22; αποδωσης, Luc. xii. 59. I note also μεγα, *masc.*, Matth. xxvii. 60 [= 1., al.]; μεγαν, *neut.*, Luc. xiv. 16^{mp} [= B³DΛ, &c.]; εχαρην, 3rd *pers.*, Joh. viii. 56; ηκασιν*, Marc. viii. 3^r; εκκεχωρητωσαν, Luc. xxi. 21; συγγενευσι, Marc. vi. 4^{mpr}; Luc. ii. 44^{mpr} (ν); δραγχμας, xv. 8; εμπροσθε, Joh. i. 30; εφιδεν, Luc. i. 25^{mpr} [=D = Act. iv. 29, A]. The augment is omitted, Luc. x. 34^m, and twenty-two other passages [*v.g.*, ιδον^{mpr} fourteen times out of forty-eight for ειδον, but all before Luc. ix.; κατασκευασμενον, Luc. i. 17^{mpr}]; but we have a double augment in ηπηντησαν, Joh. iv. 51."¹

Although there is no liturgical matter in this codex,

---

¹ I should regard this as an itacism, as our other codices read ὑπήντησαν, not as the rec. text, ἀπήντησαν. In three other places this MS. has ηπηντησαν for υπηντησαν.—A.

INTRODUCTION.

many of its various readings have arisen from Evange- Codex 69, or L.
listaria and Lectionaries: the particles of time are often
omitted when they are necessarily wanting in such books,
initio pericopæ, and clauses are perpetually inserted from
the same source.

Many of the changes met with in this MS. arise from
inversion of order, the substitution of simple for compound words, and *vice versâ*. "A corrector's hand,"
adds Dr. Scrivener, "has been busy throughout this
copy, whom Dr. Dobbin considers to have been the original scribe. I have deemed the changes to be *secundâ
manu*, but nearly as old as the first." Dr. Dobbin's view,
however, derives some confirmation from the comparison
with the other MSS. "There are catch words at the foot
of many pages. The familiar form υ for β occurs, Luc.
ix. 3; xviii. 30. The stop ; is rarely met with."

It must be observed that the text of the Acts and
Epistles in this codex agrees more closely than that of
the Gospels with the received text; the text of the Gospels being probably derived from a different source.
Our other codices contain the Gospels only.

Codex 13 (our P) is *Regius* 50 in the National Library Description of Codex 13, our P.
at Paris, and is written on parchment. It is 9 inches
high and 7½ broad, and has two columns in each
page. It begins with παιδιον, Matth. ii. 21, the first
two leaves being lost. One leaf is lost between αποκριθεις (Matth. xxvi. 33) and ... λουνται (*ib.* 53). Two
leaves are lost between βαραββαν τον (Matth. xxvii. 26)

<small>Codex 13, or P.</small>

and αυτου τους ποδας (xxviii. 9); one between απηλθον ὁ (Marc. i. 20) and ηρχοντο (*ib.* 45); and one between μικρον και (Joh. xvi. 19) and π̅ε̅ρ̅ αγιε (xvii. 2). The last words of the codex are ησαν ὁμου (Joh. xxi. 2). The leaves from Luc. ix. 19 to the end of the chapter are misplaced by the binder after Marc. x. 18, and Luc. i. 5—25 after x. 22.

Griesbach[1] remarks of this codex: "Vix ante sæculum xiii. scriptus est manu nec prorsus ineleganti nec plane imperita;" the orthographical errors, though numerous, being fewer than in many Greek codices. It has, however, a considerable number of itacisms of the usual character, η, ι, υ, ει, and οι being frequently interchanged; αι is sometimes interchanged with ε or η; ο frequently with ω; ου is once written for υ (Matth. xxv. 9). I reckon altogether 1523 itacisms. In one case κ is written for β (κληθηναι for βληθηναι). It will be seen from the facsimile that β was sometimes written u, and thus very closely resembled ᏌҬ—a frequent form of κ. This may, perhaps, suggest that P was copied from a cursive.

<small>Peculiarities of P.</small>

Amongst the peculiarities of this codex are the following: απαρχης, κατιδιαν (once), εξενωνυμων (these are common to it and L), ποιειν for πιειν (three times), εναφεσει, εφοσον, απεκεινης; also οὐχίδον^{υ̅ς} (Matth. xiii. 17, ουχ' ἰδον V), ουκανεγνωτε, ουκεδωκεν. On the other hand, prepositions in composition are often accentuated

---

[1] Symbolæ Criticæ, vol. i. p. 154.

as independent words, thus: κατ' εἶχον, ἐπὶ στᾶσα, πρὸς ἤνεγκαν, πρὸς ἐκείνη (for προσεκύνει), ἐφ' ἴδεν^mr, &c. ὅτ' ἂν^mr is regularly written for ὅταν. We have also ἡ ἄθη (for ἰάθη); ἑαυτοὺς &c. (for ἑαυτοὺς &c.); ἐπὶ δεῖ (for ἐπειδή); ἡμὶ θανῆ^m; ξεστῶν, &c. The circumflex is often used where we usually find the acute or grave. Thus: Ἰούδας^lmr, Πιλᾶτος (also Πιλάτος) κατασχῶμεν. This, however, appears to have sometimes been caused by a previous mistake in the spelling of the word, as μοιχαλεῖς, ἐλθῶντες, κίνσον. In σιντὸν (Marc. iv. 28) the circumflex of σῖτον would seem to have been mistaken for the mark representing ν. The breathings are also often incorrectly written: we have αἰὰν (for ἐὰν), ἅλας, οὐμῖν (for ὑμῖν once), ὦδε and ὥδε.

The copyist was somewhat prone to the omission of words, from carelessness, sometimes even a part of a word being dropped (as in L), e. g., ηδυ for ηδυνηθη.

The ν ἐφελκυστικὸν is rarely omitted; yet in four cases we find hiatus caused by its omission. When δ is found before a vowel a stop is placed after it, as δ. ἐὰν (Marc. x. 35).

There are the usual contractions—δᾱδ, ισ, κσ, ουνοσ, ανοσ, χσ (for χριστος, and once for χρηστος), ιηλ, ιλημ, σηρ (σωτηρ), πηρ, μηρ, πνα, στροσ (σταυρος), παρνος. The codex contains several of the grammatical peculiarities enumerated above by Dr. Scrivener as found in L., namely, all those marked with ρ. It has also χειραν, Matth. viii., 3; xviii. 5^m; ειπαν, Matth. xxvii. 4; Joh.

Codex 13, or vi. 34; xviii. 34ᵐ; xix. 7ᵐ, and εισελθατε^r and εξηλ-
θατε each once, where L is deficient, but εξηλθετε twice;
ιδον, &c., frequently for ειδον, &c. (forty out of fifty-seven
occurrences); also ιδαμεν, Luc. v. 26 (=C); and ειδατε,
Luc. vii. 22 (=A); ευσπλαγχνισθη^m always for εσπλαγχ-
νισθη; επεσαν, Matth. xvii. 6ᵐʳ (L def.); but επεσον,
Joh. xviii. 6ᵐʳ; γενάμενος, Matth. xxvii. 1.

Prefixed to each of the last three Gospels is the list
of κεφάλαια (that before Matthew being lost); and ap-
pended to each of the first three is the statement of the
numbers of στίχοι and ῥήματα. The end of the fourth
Gospel is, as above stated, lost.

This MS. was collated with great care and minute-
ness by Prof. Ferrar. It had been collated by Kuster
and Wetstein; but "perquam negligenter," as remarked
by Griesbach, who examined it in several passages, and
whose "spicilegium" supplied about six hundred read-
ings unnoticed by them. Griesbach added, "permultæ
supersunt quas qui erueret bene de re critica mereretur."
It was subsequently collated by G. Begtrup, a Dane,
in 1797. His collation was published in Birch, *Variæ
Lectiones ad textum Quatuor Evang.*, Hauniæ, 1801.
This appears to be the collation used by Scholz and
Tischendorf. It is far from complete.[1]

Codex 346. Codex 346 is in the Ambrosian Library at Milan,

---

[1] Birch and other scholars were employed by the Danish Govern-
ment to collate MSS. in France, Germany, Italy, and Spain, as a pre-
liminary to the revision of the Danish version of the New Testament.

INTRODUCTION.

having been purchased in 1606 at Gallipoli, in Calabria. From some notes at the end of the volume which relate to Calabria, and are apparently written by the same hand as the codex, Dr. Ceriani, the learned librarian of the Ambrosian Library, conjectures that the MS. was written in that region. He thinks that this is confirmed by the general character of the writing, and also by the itacisms, which correspond with those in other MSS. obtained in Calabria. It was probably written about the twelfth century, so that it is contemporary with P. It contains the four Gospels, except a portion of St. John, which is lost, viz., from εἶπον αὐτῷ, chap. iii. 25, to ἐρεύνησον, vii. 52. In many places the writing is so much faded that it is impossible to discover the exact reading. There is one column of thirty-one lines in each page. Description of Codex 346 (our M).

Professor Ferrar's design of personally collating this MS. was frustrated by ill health; Dr. Ceriani, however, procured for him a collation of St. Matthew, and a complete copy of the other three Gospels. In all cases of doubt respecting the correctness of this copy I have referred to Dr. Ceriani, who, with his customary kindness, has spared no trouble in assisting me to insure accuracy. The remarks already made with regard to P as to the inaccurate accentuation, the confusion of breathings, itacisms, &c., apply also to M. We find here also prepositions joined to the word governed, as προπροσώπου, ἐξαὐτῆς; so also οὐχίδον as in P: while, on the other hand, Peculiarities of M.

Codex 346, or prepositions in composition are often accentuated as
M.
separate words, as πρὸς ἔπεσαν, κατὰ βαίνων (for κατα-
βαῖνον); ὑπὸ δεμάτων (for ὑποδημάτων); ὑπὸ κάτω, &c.
We have also such anomalies as ἡ ῥωδης, μὴ κύνεται, δι'
ὠγμου.

The MS. has the usual contractions, as above men-
tioned under P. It has many itacisms, of which I reckon
1320. It has always ελαιον for ελεον, ευσπλαγχνισθη, &c.

The grammatical peculiarities enumerated above
under L and P respectively, and marked with ᵐ are found
in this MS. also. It has εἶπαν, in addition, Luc. xxii. 9;
ἴδον, &c., for εἶδον, &c., thirty-four out of fifty-five times;
παραγεναμενος, Luc. vii. 4; επηρωτουν, Luc. iii. 14; εξε-
δετο, Marc. xii. 1 (= ℵABC); θυγατεραν, Marc. vii. 30;
τριχαν, Matth. v. 36; χειραν, Matth. xii. 10ᵛ; μεγαν,
neut., Luc. xiii. 19. Frequently the relative pronoun
is followed by a stop, e.g., Joh. xxi. 7: ὁ μαθητὴς ἐκεῖνος
ὄν, ἠγάπα (sic) ὁ ι̅σ̅; ibid., 20, τὸν μαθητὴν ὄν, ἠγάπα ὁ
ι̅σ̅; ibid., 24, ὅ, καὶ γράψας ταῦτα, where the article seems
to have been mistaken for the relative.

The MS. has the list of pericopæ prefixed to the last
three Gospels: it is uncertain whether the list of those
in St. Matthew has ever existed in the MS. The Ammo-
nian sections are marked in the margin, and the liturgi-
cal lessons in the text. At the end of each Gospel the
numbers of στίχοι and ῥήματα are given, being the same
as in P.

Codex 124.   Codex 124 (our v) is in the Imperial Library at

Vienna, where it is numbered Lambecii 31, Nessel. 188. Treschow describes it as follows (*Tentamen Descriptionis Codicum Veterum Græc. Novi Fœderis MSS.*, Haunia, 1773):—"It is on parchment, in 4to, on 180 leaves, containing the Gospels only. Prefixed are the Eusebian Canons, and at the end is the Calendar of the Constantinopolitan Church, prescribing the lessons for every day of each month. At the end of each Gospel the στίχοι and ῥήματα are numbered." These numbers correspond to those in M and P, except in Matth., where v has $β_1φζ$, and MP, $β_1φξ$. "The vowels η and ει are often interchanged; also ι and η; ει and ι; ο and ω; ε and αι." Treschow proceeds to enumerate unusual readings in which it agrees with CD, the uncial L, or the cursives 1, 13 (our P), and 33; but his remarks would require so much modification, in consequence of our increased information about MSS., that it would be useless to quote them. Of itacisms, above alluded to, I reckon only 243. The list is probably imperfect; but even allowing for this, it appears that v is much more carefully written than the other three MSS. Nevertheless, here also we sometimes find words written imperfectly; *e.g.*, ιε for ιεροῦ, βλῳ μωυσεως (at the beginning of a line), λομωνος, ειρη (for ειρηκοτος). Most of these are corrected in the margin.

As regards grammatical peculiarities, all those marked in the previous lists with ᵛ occur in this codex, which has besides εἶπαν, Matth. xxi. 27; xxvi. 61; Luc. ix. 13;

[margin: Description of Codex 124 (our v).]

[margin: Peculiarities of v.]

Codex 124, or v.   xxii. 35. It has ἴδον, &c., for εἶδον, &c., twenty-seven out of fifty-six times; εξηλθετε once, Luc. vii. 25; but in vv. 24 and 26, and elsewhere, ...ατε. Iota adscript occurs generally, even with the 1st pers. sing. subj., and 2nd plur. subj., as ητε. The relative is always joined in punctuation with its antecedent, *e. g.*, τοῦ ῥήματος ὅ, εἶπεν, Marc. xiv. 72 (=M). "Hoc peculiare est scribæ nostro in simili casu," says Alter. We have seen, however, that this is also done in M and P.

Collations of 124, or v.   There are extant two collations of this codex; one by Birch (*Quatuor Evangelia Græce cum variantibus lect.*, Hauniæ, 1788), who states that he collated this MS. with especial diligence, on account of the high estimation in which he held it: the other by Alter (*Novum Test. ad Cod. Vindob. Græce expressit, var. lect. addidit F. C. Alter*, Viennæ, 1787). Alter notices itacisms and other minute peculiarities which did not come within the scope of Birch's work. His collation, however, is by no means free from error, and there are many readings omitted by both. Scholz, whom Tischendorf follows, appears not to have consulted Alter at all. This neglect was probably occasioned by the exceedingly inconvenient arrangement of Alter's book. I have not been able to obtain a copy of the codex, or to collate it myself; but every passage in which any question could arise was examined for me by Dr. Emmanuel Hoffmann, of Vienna. I was thus enabled not only to correct the errors of Alter, but to supply his omissions, as well as to speak positively about

readings which previously could only be inferred *e silen-* Collations of 124, or v.
tio. Wherever the following collation deviates from
Alter, or Birch, or both, the deviation has been carefully
verified, although I have seldom thought it necessary to
add *sic*, to call attention to the fact. It is also to be
observed that, whenever any of the other three MSS. or
Steph. is cited without v, as differing from the present
text, it has been actually ascertained that v reads as in
the text. This does not apply, however, to itacisms
found in one MS. only. There are still, doubtless, some
readings of this MS. not recorded, including, probably,
many itacisms, but little of any importance.

I now proceed to give some detailed evidence of the Evidence of the affinity of the four codices. In general, in the four codices.
such a question, it is necessary to estimate the amount
of coincidence and the amount of difference. First, then,
as to the coincidences :—In the last three Gospels these
MSS. agree in more than one hundred readings, for
which no other MS. authority is adduced. St. Matthew
is omitted from this calculation on account of the deficiency of L. If account were taken of the readings for
which only few other authorities can be found, the number would be much larger. It cannot, of course, be affirmed absolutely that no other MS. contains these readings, or any of them, but the absence of other authorities
from Tischendorf's apparatus criticus is at least a
tangible test of the peculiarity of a reading. Many of
these, no doubt, are trifling variations; but the value of

Evidence of affinity of the codices. a coincidence in attesting community of origin is not proportionate to the importance of the reading. A remarkable reading may have been taken from a MS. occasionally consulted, whereas the more trivial readings, if not derived from the archetype, must have originated with the copyist himself. The following are a few specimens of the readings referred to:

Readings peculiar to these four codices. Marc. i. 16: ἀμφιβάλλοντας (= ℵABD) τὰ δίκτυα (= D 28, al.) (δυκτυα, MP) εἰς τὴν θάλασσαν (= 28, al.)

Marc. ii. 23: ἤρξαντο ὁδοιποροῦντες (for ὁδὸν ποιεῖν) τίλλοντες τοὺς στάχυας.

Marc. iii. 16: our MSS. alone insert πρῶτον Σίμωνα.

Marc. vi. 20: ἀκούσας αὐτοῦ πολλὰ ἃ ἐποίει. Here Steph. has πολλὰ ἐποίει (= AC, &c.) Tischendorf reads πολλὰ ἠπόρει (= ℵBL).

Marc. vi. 37: fin. add. ἵνα ἕκαστος βραχύ τι λάβῃ (from the parallel in John).

Marc. vii. 5: κοιναῖς χερσὶν ἀνίπτοις, a combination of two readings: BD reading κοιναῖς, while ΑΓΔΠ have ἀνίπτοις. ℵ has κοιναις corrected by ℵ^c to ανιπτοις.

Marc. ix. 10: πῶς οὖν for ὅτι.

Marc. x. 12: the reading nearly agrees with D and 28, but has two slight peculiarities: καὶ γυνὴ ἐὰν (εαν γυνη D) ἐξέλθῃ ἀπὸ (add. του D) ἀνδρὸς καὶ γαμήσῃ ἄλλον for ἐὰν ἀπολύσῃ τὸν ἄνδρα, or the like.

Marc. xiv. 31 (text. rec., ὁ δὲ ἐκ περισσοῦ ἔλεγε μᾶλλον): ὁ δὲ Πέτρος μᾶλλον περισσῶς ἔλεγεν ὅτι. This reading agrees partly with AC and partly with L(unc.), 2^{pe}, but not exactly with any other codex.

INTRODUCTION.

Marc. xv. 6 (for ἀπέλυεν after κατὰ δὲ ἑορτὴν): εἰώθει (ειωθη MP) ὁ ἡγεμὼν ἀπολύειν (from Matth.)

Readings peculiar to these four codices.

Marc. xv. 36: καὶ δραμόντες ἐγέμισαν (εγεμησαν MP) σπόγγον ὄξους καὶ περιθέντες καλάμῳ ἐπότιζον αὐτὸν (om. αυτον L) λέγοντες, where all other MSS. have the singular throughout, beginning with καὶ δραμών τις (or εἷς).

Luc. i. 66: χεὶρ κυρίου ἦν μετ' αὐτῶν for ...μετ' αὐτοῦ.

Luc. iii. 23: ὁ $\overline{\iota\sigma}$ ἦν ἀρχόμενος εἶναι ὡς (ὡσεὶ v) ἐτῶν τριάκοντα. Tischendorf cites Epiphanius for this reading, but no other authority.

Luc. vi. 29: στρέψον αὐτῷ (καὶ τὴν ἄλλην) for πάρεχε.

Luc. vii. 6: ἀπέστειλε for ἔπεμψε. A similar variation occurs in Joh. xii. 45, where a few other MSS. agree with ours.

Luc. viii. 18: these alone add καὶ προστεθήσεται ὑμῖν τοῖς ἀκούουσιν after πῶς ἀκούετε.

Luc. ix. 5: (for ἀπὸ τῆς πόλεως ἐκείνης) ἀπὸ τῆς οἰκίας ἢ ἀπὸ τῆς πόλεως ἐκείνης.

Luc. xi. 37: εἰσελθὼν εἰς τὴν οἰκίαν τοῦ (om. του LV) φαρισαίου ἀνεκλίθη (ανεκληθη MP) for εἰσελθὼν ἀνέπεσεν.

Luc. xviii. 25: τρυμαλιᾶς βελώνης (*sic*). Here ΑΓΔΠ have τρυμαλιᾶς ῥαφίδος, while אBD have τρήματος βελόνης. In the parallel passage in Mark, x. 25, our MSS. (almost alone) read διὰ τρυπήματος βελόνης instead of διὰ τρυμαλιᾶς ῥαφίδος. It is curious that in the latter

Readings peculiar to these four codices.

passage LMV have πλούσιος for πλούσιον before the infinitive; and again, in the parallel in Matth. xix. 24, LMP have πλούσιος.

Luc. xxii. 34: ἕως τρίς με ἀπαρνήσῃ (απαρνησει V) μὴ εἰδέναι (add. με M). M here is the same as D. Here με απαρνηση ειδεναι is read by אB, &c.; and απαρνηση μη ειδεναι με by A, &c.

Luc. xxii. 40: ἐμπεσεῖν for εἰσελθεῖν.

Luc. xxiii. 48 (after καὶ πάντες οἱ συμπαραγενόμενοι ὄχλοι): καὶ θεωρήσαντες (θεωροῦντες L) τὴν θεωρίαν ταύτην θεωροῦντες (και pro θεωρουντες MV) τὰ γινόμενα (γενόμενα M), κ. τ. λ., for ἐπὶ τὴν θεωρίαν ταύτην θεωρήσαντες τὰ γενόμενα.

Joh. ix. 27: ἐπιστεύσατε for ἠκούσατε. But Cod. 77 agrees, although not mentioned by Tischendorf.

Joh. xv. 16: καὶ ὅ τι ἂν αἰτήσητε for ἵνα ὅ τι ἂν αἰτ. Here א* also omits ἵνα, but does not insert καί.

Joh. xix. 16, 17, we find οἱ δὲ παραλάβοντες αὐτὸν (add. ἤγαγον καὶ MP) ἐπέθηκαν αὐτῷ τὸν σταυρόν, καὶ βαστάζων αὐτὸν, κ. τ. λ. The first three words agree with א and a few other authorities, but the spaced words are found only in Origen and the Jerusalem Syr.

Joh. xix. 19, 20. In v. 19 our codices add (after γεγραμμένον) ἑβραιστὶ ἑλληνιστὶ ῥωμαιστὶ (the last two words transposed in MP), while in v. 20 they omit καὶ ἦν γεγραμμένον ἑβραιστὶ ἑλληνιστὶ ῥωμαιστί.

Ibid., 23 (instead of καὶ τὸν χιτῶνα) our MSS. have τὸν δὲ χιτῶνα ἐπεὶ ἦν (add. ὁ χιτὼν MP) ἄραφος, agreeing

INTRODUCTION. xxiii

with the Armenian version, and nearly with Eusebius, but with no other MS. *(Readings peculiar to these four codices.)*

A very remarkable and celebrated peculiarity of our group is the place of the pericopa *de adultera* (Joh. vii. 52–viii. 11), which in them is found after Luc. xxi. Their readings in this passage, with the exception of some curious errors (to be mentioned presently), agree remarkably with those of the uncial Λ.

Here may be mentioned one or two passages in which one of the codices is deficient. *(Peculiar readings where one codex is deficient.)*

Matth. v. 25 : (L def.) ἴσθι ἐννοῶν for ἴσθι εὐνοῶν.

Matth. xiii. 6 : (L def.) βάθος ῥίζης for βάθος γῆς.

Matth. xv. 14 (L def.), MPV read τυφλὸς δὲ τυφλὸν ὁδηγὸν (*sic*) σφαλήσεται καὶ κ.τ.λ., for τυφλὸς δὲ τυφλὸν ἐὰν ὁδηγῇ κ.τ.λ. The Armenian version alone supports the reading ὁδηγῶν, and the addition σφαλήσεται καί. The agreement of our MSS. in ὁδηγὸν is very noticeable. Probably its proximity to τυφλὸν saved it from correction by the scribe of v. It is not unworthy of remark, that in the same verse the three MSS. agree in having εἰσι before a vowel, contrary to their usual practice; and that this is not accidental appears from the fact that v at first had εἰσιν, afterwards corrected by the first hand to εἰσι.

Matth. xxvi. 39 (P def.) : LMV insert the two verses which in most MSS. are read in Luc. xxii. 43, 44. They are found here in C³ marg., and some evangelistaria. Our codex M has them in St. Luke also. P has

INTRODUCTION.

Peculiar readings. there merely the words ὤφθη δὲ followed immediately by καὶ ἀναστάς. The remaining words are added in the margin by a later hand.

Readings in which these codices stand nearly, but not quite, alone. The following are specimens of readings in which our codices agree, and which are supported by only two or three others :—

Marc. vi. 17 : ἔβαλεν εἰς φυλακήν (= D, 28, and some Italic codices) for ἔδησεν αὐτὸν ἐν φυλακῇ.

Marc. viii. 17 : after τί διαλογίζεσθε add. ἐν ἑαυτοῖς (ἐν ταῖς καρδίαις ὑμῶν v) ὀλιγόπιστοι, from the parallel in Matth. (= D, 28, Arm., and some Ital.) The modification in v (= M unc., 61) was suggested probably by ch. ii. 8.

Marc. xiv. 64 : ἠκούσατε τὴν βλασφημίαν (= ADG, al.) (add. αὐτοῦ ἐκ v = 2^{pc}) τοῦ στόματος αὐτοῦ (= 61).

Ibid., 65 : after προφήτευσον add. νῦν (οὖν M) χριστέ, τίς ἐστιν ὁ παίσας σε; Several MSS. have this addition with ἡμῖν instead of νῦν.

Marc. xv. 13 : after ἔκραζον (= G, 1.) add. ἀνασειόμενοι ὑπὸ τῶν ἀρχιέρεων καὶ ἔλεγον (= G, Arm.)

In Marc. xiv. 41, we read in LMPV ἀπέχει τὸ τέλος for ἀπέχει. This is also found in five or six other MSS. D reads (with several Italic codices and the Syriac) ἀπέχει τὸ τέλος καὶ ἡ ὥρα.

Differences between these codices. Before drawing any decided conclusion from these coincidences, we should examine also the differences between these MSS. We might consider separately the instances in which our four MSS. furnish two, three, or four different readings. Speaking broadly, however, there are no instances of a fourfold variety, and scarcely any of a threefold, allowing, as we must, for the accidental omission or addition of a particle, &c. I shall specify, therefore, a few passages in which one codex differs from the united testimony of the other three. It is desirable, for obvious reasons, to reckon separately the additions, omissions, and verbal differences.

Differences between these codices.

There are twelve instances in which LMV agree against P, most of these being very trifling. The most considerable are:

Instances in which LMV agree against P.

Matth. xxii. 44: P reads ὑποπόδιον instead of ὑποκάτω. But the former word is read by all in both the parallel passages, so that the substitution was natural to a copyist.

Matth. xxii. 29: ἰδοντες for εἰδότες, obviously a blunder.

Luc. vi. 11: ἀνομίας for ἀνοίας, also a blunder.

Luc. xvii. 2: λίθος μυλωνικός, (peculiar), where LM have λίθος μυλικός (= ℵBD), and V, μύλος ὀνικός (= ΑΓΔ, &c.). But in Marc. ix. 42, LMP agree in reading μυλωνικὸς (μυλονικος M) λίθος, agreeing therein with only three or four other cursives. V has there λίθος μυλικός. As μυλωνικος is not found in any other MS. in the passage in Luke, we may conclude that P took it from the parallel in Mark.

Joh. iv. 51 (where, however, M is deficient): ὁ παῖς σου ὁ υἱὸς αὐτοῦ, a combination of two or perhaps three readings. LV (with D, &c.) read υἱός σου: ΓΔ have παῖς σου, and ℵABC read παῖς αὐτοῦ.

Peculiar readings of P.

It follows that P has taken little, if anything, from independent sources. The one apparent exception amongst the passages mentioned is from a passage where M is deficient.

Readings in which LPV agree against M.

M has a greater number of readings in which it differs from the other three (LPV), viz., about forty-two. Several of these are clearly blunders, and those which are not so are all trifling. The majority of these agree with the uncials ΓΔΠ.

Matth. vii. 27 : PV stand alone in reading προσέκρουσαν; M agrees with most MSS. in the reading προσέκοψαν ; L is deficient.

Marc. xi. 26 : M adds the two verses, Matth. vii. 7 : (*i. e.*, λέγω δὲ ὑμῖν· αἰτεῖτε καὶ δοθήσεται ὑμῖν, κ. τ. λ.) This is found in several MSS.

Again, Luc. vii. 47 : it reads very curiously ὅτι ἠγάπησαι (*sic*) πολύ. ὧδε (*sic*) ἠγάπησε πολὺ καὶ ἀγαπήσει. ὧδε ὀλίγον ἀφίεται. ὀλίγον ἀγαπᾶ. It may be conjectured that the second ἠγάπησε (generally aspirated in M) was written in error for ἀφίεται, and πολὺ dropped after the second πολύ. Allowing for this, the reading would agree with Cyprian, and partly with the Armenian version.

Marc. ii. 14 : M agrees with most authorities in reading λευιν, but LPV (with D and several Italic codices) have Ἰάκωβον. V has in the margin εν αλλ. λευιν.

The total number of readings in which M differs from P is only seventy-one, not including omissions or additions.

INTRODUCTION.

Readings in which LMP agree against v.

v differs from LMP, combined, no less than 220 times. Most of these readings of v are assimilations to the common text. From what has been said above, it may be seen that LMP agree in a considerable number of readings, which have little or no support from other MSS. In many of these cases v has adopted a more usual reading. It has, however, about twenty-seven unsupported readings. Four of these (two in Luke and two in John) conform to the parallel passages in Matthew or Mark;[1] about the same number arise from the repetition of a word employed just before, *e. g.*, τρίτον for τοῦτον, Luc. xx. 12; θεοῦ for πατρός, Joh. xvi. 28. Of the remainder, those which are not obvious slips are four, viz., κατασκευάζοντας for καταρτίζοντας, Marc. iv. 21; ἀπαγγείλατε for εἴπατε, Luc. xxiii. 32; δούλων for ἐκλεκτῶν, *ibid.*, xviii. 7; and the curious reading, γαλιλαίας for ἰτουραίας, *ibid.*, iii. 1. There is here a marginal note: εν αλλ. της ιτουραιας. If this is by the first hand (as Alter affirms), γαλιλαιας must have been an error of the MS. copied by v. Another remarkable reading, but not unique, is ἐπικεφάλαιον for κῆνσον, Marc. xii. 14. This is found besides only in D and the cursive 2[pe], which has much affinity with our group. It was doubtless the original of *Capitularium*, which is the

---

[1] τέκνον for ἄνθρωπε, Luke, v. 19; ὑμᾶς for αὐτούς, xi. 49; ἐτοιμάσατε for εὐθύνατε, Joh. i. 23; ἰχθύων for ὀψαρίων (which is peculiar to John), vi. 11.

Readings in which LMP agree against v.

reading of the Codex Bobbiensis (of the fifth century).

Marc. v. 12: most MSS. read παρεκάλεσαν αὐτὸν πάντες οἱ δαίμονες (many omit παντ. οἱ δ.) λέγοντες. Here LMP alone read παρακαλέσαντες αὐτὸν εἶπον. But v, in attempting to make its reading conform to that of other MSS., betrays its connexion with LMP, by reading παρακαλέσαντες αὐτὸν πάντες οἱ δαίμονες λέγοντες.

So in Joh. vi. 61 (where M is deficient): LP (with ℵ) read ἔγνω οὖν ὁ ἰησοῦς ...... καὶ εἶπεν: v substitutes the common reading, εἰδὼς δὲ ὁ ἰησοῦς, but retains the καὶ of the other reading.

Matth. xi. 19 (ἀπὸ πάντων τῶν τέκνων αὐτῆς LMP, with most MSS.): v has ἔργων for τέκνων, with ℵB, the Armenian, and other versions.

Marc. viii. 25: after ἐποίησεν αὐτὸν ἀναβλέψαι (= text. rec.) LMP (not v) add καὶ διέβλεψεν (the reading of ℵB, &c.) The Armenian and Syriac versions, and some Latin copies, have the same combination; but no other Greek codices are cited for it.

In the following verse, 26, the received text has λέγων· μηδὲ εἰς τὴν κώμην εἰσέλθῃς, μηδὲ εἴπῃς τινὶ ἐν τῇ κώμῃ. After λέγων LMPV add ὕπαγε εἰς τὸν οἶκον σου καὶ (=D, 28, 2^{po}, 61); then LMP proceed: ἐὰν εἰς τὴν κώμην εἰσέλθῃς μηδενὶ εἴπῃς μηδὲ ἐν τῇ κώμῃ (= 2^{po}, 28, 61, except that 28, 61 insert μηδὲν before εἴπῃς.

Matth. xxiv. 45: v reads θεραπείας with the received text; MP read οἰκετίας (= B, &c.); L, οἰκίας (= D, &c.),

INTRODUCTION.

which, knowing the connexion of L with M and P, we may with much probability say is a mistake for οἰκετίας, although it is also the reading of ℵ (just as in Joh. iii. 1, L writes νικοδης for νικοδημος). It is very curious that in the parallel passage in Luc. xii. 42, where LMP have θεραπείας, V almost alone reads οἰκετίας (= 1).

Readings in which LMP agree against V.

The case of L is different: it differs about seventy-five times from the united testimony of MPV; but at least two-thirds of these are readings in which it is wholly unsupported, and the remainder are found in but few other MSS.[1] Yet on the whole it differs from P (apart from omissions, &c.) only 117 times. The inference is naturally suggested that its peculiar readings have originated with the scribe himself, whether from error or design. This inference is confirmed by a consideration of the manifest blunders of the copyist. For example, in Marc. iii. 5, he writes ἀπεκτάνθη (ἡ χεὶρ αὐτοῦ) for ἀπεκατεστάθη (MPV). In Luc. xvii. 4, he has ἀναστηση for ἁμαρτήσῃ; Joh. vii. 17, εἰς ἐγὼ for ἢ ἐγώ. Some

Readings in which MPV agree against L.

---

[1] The reader who refers to Tischendorf's critical apparatus will sometimes find 61 marg. cited as agreeing with 69 (our L) in readings otherwise unsupported. Now, 61 (Codex Montfortianus) and 69 were formerly in the possession of the same William Chark (Mill, *Prolegomena*, § 1379). To him are due some of the later variations in L, according to Dr. Scrivener, and these marginal readings in 61 are, beyond doubt, from his hand, and therefore borrowed from 69. See Dobbin's *Codex Montfortianus, Introd.*, p. vii; Scrivener, *Codex Augiensis, Introd.*, p. xli.

Readings in which MPV agree against L.

similar errors he has corrected, as Luc. xi. 51, ἀπολελυμένου for ἀπολομένου. Here two dots over the υ indicate that it is erroneous. Luc. xv. 6, for πρόβατον he has προσωπονβατον. He had first written προσωπον, suggested by the προ of προβατον, and then, without erasing, added βατον. In Matth. xxvi. 21, for ἐσθιόντων he seems to have written first εστι οντων, which has been amended by the first or second hand to ετι οντων. In Luc. xxii. 3, he began to write ὁ καλουμενος after σατανᾶς, and omits εἰς ἰούδαν, so that the verse reads: εἰσῆλθε δὲ σατανᾶς ὁ καλου τὸν καλούμενον ἰσκαριώτην. *Ibid.*, xxiii. 8, he has λέγον for λίαν; Joh. ii. 15, where the received text has ἀνέστρεψε (τὰς τραπέζας), and MPV κατέστρεψε, L has in the text, absurdly, κατόρθωσε, for which κατέστρεψε is substituted in the margin.

Marc. xvi. 36, he reads ἄφες ἡλίας σῶσον καὶ καθελεῖν αὐτόν, omitting ἴδωμεν εἰ ἔρχεται, and inserting σῶσον (for σώσων) from Matth. Luc. xi. 23: the whole verse reads ὁ μὴ ὢν μετ' αὐτοῦ σκορπίζει. With such instances before us, we may readily believe that σαλεύσεται, in Luc. xxi. 6 (for καταλυθήσεται), πορευσόμεθα in Joh. xiv. 23 (for ἐλευσόμεθα), and the like, or βάπτισμά μου for β. ὃ ἐγὼ βαπτίζομαι, Matth. xx. 23, originated with the scribe himself.[1] There appear to be one

---

[1] In Acts, he omits all between πιστοὶ, x. 45, and οὐρανόθεν, xiv. 17, reading without a break, οἱ ἐκ περιτομῆς πιστοὶ οὐρανόθεν ὑετοὺς διδοὺς, κ. τ. λ.

INTRODUCTION. xxxi

or two readings which can scarcely be explained in this way: *e.g.*, Luc. xi. 21, βλέπει τὴν ἑαυτοῦ αὐλὴν φυλάσσων for φυλάσσῃ τὴν ἑ. ἁ. Joh. v. 7 : L adds at the end of the verse, ἐγὼ δὲ ἀσθενῶν πορεύομαι. No other authority is mentioned as containing this addition. M, however, is deficient here, so that this is not fairly to be considered an exception. Readings in which MPV agree against L.

Luc. xiii. 9 (after κἂν μὲν ποιήσῃ καρπόν·) : εἰς τὸ μέλλον δὲ εἰ μή ποιήσῃ ἔκκοψον αὐτήν (ℵ B al. have εἰς τὸ μέλλον· εἰ δὲ μήγε, ἐκκόψεις αὐτήν).

Luc. xviii. 7, 8 (for καὶ μακροθυμεῖ ἐπ' αὐτοῖς; λέγω ὑμῖν ὅτι ποιήσει) : ναὶ λέγω μακροθυμῶν ἐπ' αὐτοὺς ποιήσει.

As an example of readings in which L differs from MPV, and which may possibly have been taken from an independent source, I may quote Luc. viii. 51. Here BC 33 read οὐκ ἀφῆκεν εἰσελθεῖν τινὰ σὺν αὐτῷ. MPV alone read οὐκ ἀφῆκεν τινὰ συνελθεῖν αὐτῷ ; but L has οὐκ ἀφ. τινὰ εἰσελθεῖν συν αὐτῷ, agreeing, except in order, with B.

Most of the above-cited instances of variety of reading serve rather as additional proofs of the affinity of the MSS., being generally instances in which three of them agree in an unusual reading.

The following are instances in which two are divided against two:— Readings in which our MSS. are divided two against two.

Luc. xi. 42 : παρεῖναι MP; ἀφιέναι LV (= the parallel in Matth. xxiii. 23).

INTRODUCTION.

Readings in which our MSS. are divided two against two.

Luc. xvii. 34: ἐν ἐκείνῃ MP; ταύτῃ LV.

Matth. xxi. 46: ποιᾶσαι MP (*i. e.* πίασαι) κρατῆσαι LV,[1] conforming to all other authorities and to the usage of the first three Evangelists, who never use πιάζω, whereas St. John uses κρατέω only in one passage, and never in this sense.

Matth. xxv. 16: ἐποίησεν MP; ἐκέρδησεν LV, conforming to the expression in the following verse.

Joh. xii. 28: τὸν υἱὸν MP (with the uncial L, the Armenian vers., and the cursive 1); τὸ ὄνομα LV (with most).

Joh. xiii. 19: ὅτι ἐγὼ εἶπον ὑμῖν MP; ὅτι ἐγώ εἰμι LV (with all other authorities).

Joh. xiii. 35: ἐὰν ἀγάπην ἔχητε ἐν ἀλλήλοις MP; ἐὰν ἀγαπᾶτε ἀλλήλους LV (conforming to the preceding verse, and = one or two other authorities).

Matth. xxvi. 26: δοὺς LP; ἐδίδου καὶ MV.

Marc. xiii. 18: ταῦτα LP; ἡ φυγὴ ὑμῶν MV.

Marc. ix. 41: V agrees with the best authorities in ἐν ὀνόματι; LP have ἐπὶ τῷ ὀνόματι (which seems to be found in no other copies); and M shows that both readings were before him, reading ἐπὶ τῷ ἐν τῷ ὀνόματι.

The most striking instance of disagreement is in Matth. xxvii. 16, where MP add (after βαραββαν) ὅστις διὰ φόνον (φθόνον[2] P) ἦν βεβλημένος εἰς φυλακήν. V adds

---

[1] Scholz erroneously attributes to V the reading ποιῆσαι.

[2] P has (at the beginning of the line) αφθόνον, the letters δι being left out.

instead of this the words found in St. Luke's Gospel: Readings in which our ὅστις ἦν διὰ στάσιν τινα γενομένην ἐν τῇ πόλει καὶ φόνον MSS. are divided two βεβλημένον (sic) εἰς φυλακήν. L adds nothing. against two.

Now let us consider by what hypothesis such a series These coincidences prove a of coincidences as we have been considering can be accounted common origin. for. If two MSS. both differ from the common text in, say 2000 places, each having in one-fifth of these (or 400) a reading nearly unique, we may expect to find that in one-fifth of these (or 80) both will be peculiar, but probably different. If there were a third MS. of the same character, it would probably have peculiar readings in one-fifth of these 80 places, *i.e.*, in 16, and a fourth in three or four of these; *i.e.*, the probability would be, that there would be so many passages in which all these MSS. would have readings peculiar to themselves. The chances of their agreeing in these would of course be still smaller. This illustration will enable the reader to appreciate the significance of the following fact:—Each of our MSS. contains from 125 to 200 readings not found outside this group. The great majority of these are common to more than one of them. Thus, of about 142 such readings in P, 135 are found in M also; 129 in both L and M, and 100 in L, M and V. Of 127 in V, 100 are found also in M, and all of these in L and P. The total number of peculiar readings found in one codex only is about 85, of which number L has more than half. Of readings found in two only there are about ten. LMP

These coincidences prove a common origin.

agree in 29; but no other group of three has half-a-dozen.

One hypothesis alone will account for these facts, namely, that all have followed a single archetype, about one-third of the peculiarities of which were intentionally altered by v, while each of the four scribes added others, chiefly from carelessness. This conclusion is further confirmed by some remarkable errors which are common to two or more of the four MSS. It could not, indeed, be expected that many itacisms or other errors should be common to all, or even three of them, even if they had existed in the archetype. A few have been noticed already, as ὁδηγὸν, Matth. xv. 14, MPV (L def.); πλούσιος εἰσελθεῖν, Marc. x. 25, LMV; and the same, Matth. xix. 24, LMP. To these we may add:

Clerical errors common to all our MSS.

Marc. v. 11, πρὸς τὸ ὄρει.

Luc. viii. 26, καταπλεύσαντες for κατέπλευσαν.

Luc. i. 29, εἶ for εἴη; iii. 15, again, εἶ for εἴη. Here in v the first hand has corrected this into εἴη.

Joh. xix. 39, φέρον μίγμα for φέρων μίγμα.

Marc. xiv. 72, ἀναμνησθεὶς .... καὶ ἐπιβαλὼν ἔκλαιεν.

These last six instances are found in all four codices.

We may add to the list of errors Luc. i. 66, χεὶρ κυρίου ἦν μετ' αὐτῶν; and ἐφ'ἴδεν for ἐπεῖδεν, Luc. i. 25.

Errors common to LMP.

The following, amongst others, are common to LMP:

Marc. vii. 25, ἧς εἶχεν τὸ θυγάτριον ἐν πνεύματι

INTRODUCTION.

ἀκαθάρτῳ, an ungrammatical mixture of two readings (28 has ᾗ εἶχεν τὸ θ. ἐν π. α.)

Marc. vi. 2, πόθεν τοῦτο ταῦτα ;

Marc. xiii. 22, ψευδόχρηστοι for ψευδόχριστοι (v omits the word).

Marc. xiv. 47, ἔπεσεν for ἔπαισεν.

Marc. x. 16, τιθῶν τὰς χεῖρας (= 1, 28) for τιθεὶς τ. χ. v has here, curiously, ἐνεγκαλισάμενος (= LM) αὐτὰ (= M) τί θῶ τὰς χεῖρας ἐπ' αὐτά. This τί θῶ seems to point to an original τίθων, where the ν was indicated by a line over the ω, subsequently confounded with the circumflex. (Cp. σίντον in P for σῖτον).

Joh. xviii. 16, εἰσελθὼν L₁MΓ for ἐξελθὼν appears to be a clerical error.

Luc. iv. 40: οὐδὲ (for ὁ δὲ) ἑνὶ ἑκάστῳ αὐτῶν τὰς χεῖρας ἐπιτιθεὶς ἐθεράπευσεν αὐτούς.

Luc. x. 7 : ἐξ οἰκίαν εἰς οἰκίαν.

Luc. xxiii. 26 : σίμωνά τινα κυριναῖον (κυρηναιον L) ἐρχομένου ἀπ' ἀγροῦ.

Marc. xiv. 68 : εἰς τὴν ἔξω προαύλιον for ἔξω εἰς τὸ π. (v). Eusebius has εἰς τὴν ἔξω προαύλιν ; and D, ἔξω εἰς τὴν προσαύλην.

Marc. iv. 30 : ἐν τίνι παραβολῇ αὐτὴν θῶμεν παραβάλομεν (sic) αὐτὴν ὡς κόκκον σινάπεως. This appears to have originated from a mixture of the readings of A and B. ℵB read ἐν τίνι αὐτὴν παραβολῇ θῶμεν ; ὡς κόκκῳ σινάπεως κ. τ. λ. ADΠ read ἐν ποίᾳ παραβολῇ παραβάλωμεν αὐτήν ; ὡς κόκκον (κόκκῳ DΠ) σιν. v agrees with DΠ.

Errors common to LMP.

Marc. v. 4: πέδες is read in MP for πέδαις. L originally had παιδες, which has been corrected to πέδες.

Luc. xxi. 25, 26: ἤχους θαλάσσης καὶ σάλου ἀπὸ ψυχῶν τῶν ἀνθρώπων (*i. e.*, ἀποψυχόντων ἀνθρώπων). We may also notice Joh. xiv. 22, where L₁MP erroneously write ἑαυτὸν for σεαυτόν, and v has σέαυτόν.

Errors common to MPV.

From the blunders common to MPV, I select the following:—

Matth. xiii. 17 (L def.): ακουσε for ἀκοῦσαι.

Luc. viii. 29: an error like that just mentioned in Marc. v. 4, viz., παιδες for πέδαις. Here L reads πέδες.

Luc. vii. 10: ὑπεμφθέντες for οἱ πεμφθέντες. It is remarkable that V, which alone inserts this whole verse in the parallel passage, Matth. viii. 13, reads ὑπεμφθέντες there also.[1]

Matth. ix. 18: ἐλθὼν ἐπείθες for ἐλθὼν ἐπίθες.

Marc. v. 23 (the parallel passage): ἵνα ἐλθὼν ἐπιθεὶς (for ἐπιθῇς) χεῖρα αὐτῇ. Here 28 and a few others have the singular, χεῖρα, but with the article prefixed.

Joh. xix. 28: τετέλεσθαι for τετέλεσται.

Joh. xx. 23: (for κεκράτηνται) κεκράτηντε M; κράτηντε P; κεκράτητε V, afterwards corrected to κεκράτηντε.

Joh. xiii. 24: for πύθεσθαι (τίς ἂν εἴη), we find, by itacism, πιθεσθαι M; πειθεσθε P; πειθεσθαι V. The last scribe probably had the reading of M or of P before him, and made a bad attempt to correct it.

---

[1] The opposite error occurs in L, Luke, ii. 20: υἱπέστρεψαν for ὑπέστρεψαν.

Joh. xxi. 3 (P def.) The reading of v here had probably a similar origin. The true reading is ἐπίασαν (οὐδέν) for which M has ἐποίασαν, and v ἐποίησαν. It may have been remarked that in Matth. xxi. 46, already quoted, MP write ποιᾶσαι for πιάσαι. On the other hand, in six of the seven other places in which forms of the same verb occur they are correctly written by all our MSS. Errors common to MPV.

Luc. vi. 1: the received text has the inexplicable word δευτεροπρώτῳ. Here M and P read δευτέρῳ πρώτῳ. v had originally the same, but over the first ω the first hand has written ο. L omits the word, but it is added in the margin.

Joh. viii. 4: for ἐπαυτοφώρῳ (which L has), MP write ἐπ' αὐτῷ τῷ φόρῳ; and V, ἐπ' αὐτῷ φόρῳ. This last, however, is found in other MSS. also.

Matth. xiii. 17: MP write οὐχίδον, and v οὐχ ἴδον. With this may be compared ἐφίδεν, above mentioned.

LPV have a curious error in Luc. xxiv. 42: ἀπὸ μελισσίου κηρίον for κηρίου.¹

In connexion with these errors, we may also refer to the instances of "grammatical peculiarities" common to two, three, or four of our codices, as indicated in the lists previously given, to which may be added ειπαν, Grammatical peculiarities.

---

¹ Scholz (followed by Tischendorf) erroneously gives κηριουν as the reading of V.

Grammatical peculiarities.

Matth. xiii. 27, 28, MPV (L def.); ελθατω, x. 13, MPV (L def.) Some of these may, perhaps, be more probably clerical errors. Even the form θυγατέραν, LMV, may be questionable, when we find ἐπεθυμήσαν, 1st pers. (Luc. xxii. 15, L); ἐσυκοφάντησαν, 1st pers. (Luc. xix. 8, M); and πενθερὰν, nom. (Luc. xii. 53, P). In either case, it is equally remarkable that in the other passages where θυγατέρα occurs it is without the final ν, namely, four times in M and V, and twice in L.

It deserves notice also that in Matth. xxiii. 30, MP have εἰ ἤμεθα .... ἤμεν. V had at first ἤμεν in both places, but has corrected the former to ἤμεθα. L has ἤμεθα *bis*.

Spelling of μωσῆς.

The different spellings of the name μωσῆς supply a very remarkable instance of coincidence, which may be suitably mentioned here. M and P agree thirteen times in the form μωσῆς, and eleven times in μωυσῆς, while they differ once only. L and P differ twice, and agree twenty-eight times (seventeen times μωσῆς, and eleven, μωυσῆς). Out of twenty-four places in which the three codices LMP are present, there are only two in which they differ. The form with υ predominates in the first two Gospels, the other in the two later. In all V has a tendency to assimilate the less common to the more common form. Thus it invariably has μωυσῆς in Matth.; but after Luc. ix. 30, it has, with two exceptions, μωσῆς. The coincidence is the more striking when the spelling varies within a few lines. Thus, in Matth. xix. 7, LMP write

INTRODUCTION. xxxix

μωσῆς, and in the next verse μωυσῆς. Marc. xii. 19, the same have μωυσῆς, but in verse 26, μωσῆς; and again in Luc. xx. 28, μωυσῆς, but in verse 37, μωσῆς. In Luc. ix. 30, LMPV all have μωυσῆς, and in verse 33, μωσῆς. It is hardly necessary to point out how great are the odds against such numerous coincidences occurring fortuitously.

<small>Spelling of μωσης.</small>

There are altogether in L (in the Gospels) 572 itacisms, of which 125 are common to it and P, and 45 of these also occur in M. M itself has 1320 itacisms, and of these 340 are also found in P. P, again, has 1523, and V 243. Of this last moderate number 100 are common to V and P, and about half of these occur in M also.[1] There are few, if any, errors common to M and V which are not also found in P.

<small>Number of itacisms.</small>

The remark already made with respect to trifling varieties of reading applies also to itacisms, viz.: a coincidence can only be ascribed either to chance or to the use of a common archetype. The proportions just given, especially the proportion of errors common to V and P, or M, seem too great to be fairly attributable to chance.

---

[1] About half the itacisms of M and P occur in St. Luke's Gospel. V has fewest in this portion. The confusion of ὑμεῖς and ἡμεῖς occurs in this Gospel twelve times in P and eleven times in M; and of these, eight are common to both. Two of these instances are in the institution of the Eucharist, Luc. xxii. 19, 20, where MP read both times ἡμῶν.

xl   INTRODUCTION.

Character of itacisms.

Before passing from the itacisms, I may point out the general character of these errors. In a large number of cases, especially where common words are concerned, the word as written is an existing form, as when λέγετε is written for λέγεται; οὗτος for οὕτως, &c.; and in such cases the accent generally corresponds with the erroneous spelling. In several cases the error consists in a transposition of vowels, *e.g.*, γεγοναινε, εμυνησας, επιτημισον, καταιβενεν, παιδες (for πεδαις), ει οισπορευομενοι. ανεκλιθη, κατακλιθης, κλισιας, are generally written with η instead of ι in M and P, and sometimes also in L and V. ευσπλαγχνισθη (MP usually) was, doubtless, suggested by a false etymology.

Omissions and additions.

We have still to take account of omissions and additions. These are much more numerous than the verbal differences, but are, for the most part, unimportant. In the following Table the first column shows that in 109 instances L adds something to the common reading of MPV, and in 281 instances omits something contained in these three; the other columns are to be read similarly:—

	L against MPV	M against LPV	P against LMV	V against LMP	LM against PV	LV against MP	LP against MP
Additions, .	109	89	32	186	10	27	7
Omissions, .	281	81	132	203	12	61	56

INTRODUCTION. xli

With few exceptions, these omissions and additions are of single words. For instance, if we take Marc. xiv. and Luc. ix. together, we find on the whole fifty-nine variations of this kind, eight of which concern only the article; five, καὶ; six, δὲ, and so on; and some are obviously slips. Such variations are of no weight as indications of independence, although they may help to prove a common origin of two MSS., if the coincidences are much beyond what can be expected from chance. L is particularly liable to errors of omission. Mr. Scrivener has counted in it, as we have seen, seventy-four omissions (in the entire N. T.), from homœoteleuton and the like causes. Of these thirty-six are in the Gospels. The scribe has not only omitted words essential to the sense, but even parts of words, writing απηλ, ιματι, &c. P has sometimes committed the same fault, and v has done so twice at least. What Griesbach says of P is still more applicable to L—that "the omissions of other good codices receive a great accession of weight from its support, but of itself it is of little weight in such variations." Indeed, omissions peculiar to either of these MSS. are not entitled to any consideration. *[Omissions and additions.]*

It would be useless to submit these variations to the same analysis as the verbal differences. In fact, in any given case where an article or particle can be added or omitted, without obvious injury to the sense, the chances are that several MSS. will be found on both sides, so that no inference can be drawn from such possibly acci-

xlii   INTRODUCTION.

Omissions and dental coincidences. I have, however, carefully com-
additions.   pared these variations in a few chapters, and the result
tends to confirm the conclusion drawn from the verbal
differences.

Amongst longer additions, the following deserve
mention:—

Marc. v. 33: after τρέμουσα v adds δι' ὃ πεποιήκει
λάθρα (= D, 2ᵖᵉ, Armen.)

Joh. vii. 29: (M def.) v adds, from chap. viii. 55, καὶ
ἐὰν εἴπω ὅτι οὐκ οἶδα αὐτόν, ἔσομαι ὅμοιος ὑμῶν ψεύστης.
(= 161). Several codices of the Vulgate have this ad-
dition. Codex 161 has the marginal note: εισ το ρω-
μαικον ευαγγελιον τουτο ευρον, which appears to be a
candid confession of the source from which the reading
was derived.

Total number Including every variation except itacisms, the total
of differences. number of differences between v and M is 956; between
v and P, 970; and between P and M, 490. L differs from v
1072 times, from M 868, and from P 782 times. The
following Table gives the analysis of these totals:—

Differs	L from M	L from P	L from V	M from P	M from V	P from V
By excess,	273	278	231	187	363	303
By defect,	438	386	535	132	306	401
Verbally,	157	118	306	71	287	266
Total.	868	782	1072	490	956	970

By way of comparison, it may be noted that the total number of differences between P and the received text is about 4000. *[Total differences from received text.]*

It is evident from these Tables that the closest connexion subsists between M and P, and that next comes the affinity of L and P. Professor Ferrar was at first disposed to think that L had copied P. He was led to this conjecture by observing several curious coincidences between these two MSS., in addition to those which are common to them with M. For example :— *[Did L copy P?]*

Luc. x. 15, 39 : L and P have ἤ twice for ἤ.

Ibid., xiv. 29 : both have θεμελιου for θεμελιον.

Joh. xx. 24 : L₁ has δυδυμος, corrected, L₂, to δυδιμος, the same as P.

Luc. ix. 28 : for ὡσεὶ ἡμέραι, L has ὡς ἡμέραι; but we find in P ὡσ εἱμεραι, which might easily have suggested L's reading as a correction.

We may add Luc. xii. 8, where L and P have (ὁμολογήσει) ἑαυτὸν for ἐν αὐτῷ, as if from a mistake, such as that already alluded to, of the mark for ν. M reads here ἐν αὐτὸν.

This conjecture appeared to be further confirmed when Prof. Ferrar found, on examining P more closely, that in Matth. xxviii. 17, where L writes ιδου for ιδουτες, the word is divided in P, ιδου ending a line. Similarly in Luc. xxiii. 34, where L writes ἱματι, the word is divided in P, ἱματι ending the line. The same is the case with ὅμοι, Luc. xii. 36 : του for τουτου, Luc. xiii. 1.

Did L copy P? Again, Luc. xxiii. 2, L writes λεγον for λεγοντα, but the word is written λεγον τα in P, with a space between. Again, in at least two instances, a letter which is omitted in L is found to be written outside the column in P: as, Marc. xiii. 16, L writes πισω, P has Οπισω, the Ο being outside column, and larger than π; and, Marc. xvi. 9, L writes ναστας, P has Αναστας, the Α being outside the column and very faint, in red and blue. In the same verse L writes σαβαατου, which seems to point to an original in which β was written somewhat like α, which is the case here in P. So the mistakes ασιου for αγιου, Luc. iv. 1; επαυγατο for επαυσατο, Luc. xi. 1, have probably arisen from the similarity in form of σ and γ. It is remarkable, also, that while P has few omissions of more than one word, most of these longer omissions are common to it with L (Luc. iv. 18; x. 22; xiii. 28, 29. Joh. vi. 32; xvii. 14).

There are, however, some instances adverse to this theory; *ex. gr.*, in Marc. vi. 53 (τὴν γῆν Γεννησαρέθ) P omits γην, which is supplied by correction; L omits την (so also M). But on the hypothesis of L copying P, might not the copyist have supposed that γην was to be substituted for την? In Luc. xvi. 16, L has πᾶς τις εἰς αὐτὴν βιάζεται: P writes πᾶς τις αὐτὴν β. This, also, is not absolutely inconsistent with the conjecture. Luc. xii. 47: P reads ἑτοίμασας, but L, ποιήσας.

More important is the circumstance that L contains lines omitted by P. In Luc. iv. 22, two lines are lost in P, but extant in L; and the same is the case in Luc. xvii. 7, [Did L copy P?] and Joh. vii. 19. In Joh. viii. 55 and 59, three or four words in each verse, omitted in P, are found in L. Such cases led Professor Ferrar to modify his first conjecture, and to suggest that L might be a free copy of a codex which P followed line for line.

The number of coincidences, again, between M and P suggest the conjecture that P might have copied M. [Did P copy M?] Several of these coincidences have appeared incidentally in the citations already given. A few others are here added:—

Joh. xv. 5 : ὁ μένων ἐν ὑμῖν (for ἐν ἐμοί).

Joh. xiv. 21 : ἐμφανίσω αὐτῶ ἐμαύτω (*sic*).

Luc. xviii. 28 : ἀφέντες πάντα τὰ ἴδια καὶ ἠκολουθήσαμέν σοι.

Joh. xi. 30: ἦν ἔτι ἐπὶ τῷ τόπῳ. Here LV have ἐπὶ without ἔτι (τοῦ τόπου L); all other recorded authorities have ἐν.

Joh. ix. 14, 17, 21, 26, 30, 32 : the 1st aor. of ἀνοίγω occurs, but different copies give it in three different forms: ἤνοιξε, ἀνέῳξε, ἠνέῳξε. MP agree in reading the first in verse 32; the second in verses 14, 30; and the third in verses 17, 26. They differ only in verse 21, where LPV have the first form, and M the third.

Matth. xii. 12 : καλωποιεῖν in one word, for καλῶς ποιεῖν (L. def.)

Matth. xiii. 13 : there are two readings : ὅτι βλέποντες οὐ βλέπουσιν καὶ κ. τ. λ. ; and ἵνα βλέποντες μὴ βλέπ-

Did P copy M? ὦσιν καὶ κ. τ. λ. MP have ὅτι ἵνα βλέποντες μὴ βλέπωσιν κ. τ. λ.

Marc. xii. 41: ἑστὼς κατενώπιον for καθίσας κατέναντι. A few MSS. have ἑστὼς κατέναντι.

Luc. vii. 32: ἐκόψασθε (ἐκκόψασθε P) for ἐκλαύσατε. This reading is quoted by Tischendorf from the margin of the uncial M, which in some other instances also agrees with our group.

Marc. vi. 49: ἰδόντες αὐτοὺς περιπατοῦντα (sic) ἐπὶ τῆς θαλάσσης.

The number of itacisms, &c., common to M and P is also very striking. It is unnecessary to cite these in detail, as a glance at the notes on almost any page in the book will convince the reader of this fact. Nevertheless, the suggestion that P copied M seems to be set aside by the fact that two or three lines omitted by M are found in P, Luc. iv. 29, and xi. 19. In Marc. ii. 7, for τί οὗτος οὕτως (λαλεῖ βλασφημίας), P has τί οὗτος οὗτος, while M has οὗτος once without οὕτως, as if the copyist had before him the misreading of P. The supposition, however, that M copied P is excluded by the numerous omissions in the latter. The only remaining possibility is, that they were copied from the same original, which was probably an uncial. As some of the mistakes in L appear to have arisen from confounding letters which in their cursive form were somewhat alike[1], it is possible that L

---

[1] σ and γ twice (see p. xliv); ν and ρ (φανες for φαρες, Luc. iii. 33;

was copied, not directly from this archetype, but from a copy. <small>Did P copy M?</small>

Indications that v copied a MS. very closely allied to M are frequent: *ex. gr.*, Joh. xxi. 3, already quoted, where M reads εποιασαν, by mistake for επιασαν, v has εποιησαν, which could not have originated directly from επιασαν, but was a correction. <small>Close connexion of V and M.</small>

Joh. ix. 30: the true reading is ἐν γὰρ τούτῳ θαυμαστόν. M has ἐν γαρ τουτο, and v ἐν γὰρ τοῦτο, as if attempting to correct M.

Joh. xiii. 24: already quoted, where, the true reading being πυθεσθαι, M has πιθεσθαι; P, πειθεσθε; and V, πειθεσθαι. The last might be a correction of M or of P.

Joh. xx. 23: M has κεκρατηντε; v had first κεκρατητε, over which the ν has been written. Compare Marc. x. 16, quoted above (τι θῶ).

There is no difficulty in supposing that the copyist of v used the same archetype as LMP; but, as we have seen, he consulted other copies.

It remains to consider what are the affinities of our group with other well-known MSS. There are two ways of examining such questions as these. One is, to enumerate the unusual readings found in our MSS., and then to ascertain what other MSS. agree with them in a greater or less number of these readings. This is the <small>Affinities with other MSS. Method of inquiry.</small>

ορος for ονος, Luc. xiv. 5). The confusion of ν and ρ, however, occurs once in M (Luc. xx. 22, φονον for φορον).

INTRODUCTION.

<small>Affinities with other MSS. Method of inquiry.</small>
most obvious method, and is that generally followed by critics.

This method was applied by Prof. Ferrar to Matth. xix., xx., and Marc. i.–ix. The MSS. with which he compares our group are ℵABCD, and the cursives 1, 28, 33. A is, however, deficient in the selected chapters of Matth. The result is as follows, no readings being reckoned except those in which LMPV are unanimous. These MSS., then, differ from the received text in Matth. xix., xx., 25 times. Of these variations 14 agree with ℵ; 18 with B; 12 with C; 17 with D; 11 with 1; 15 with 33, and 3 stand alone. In Marc. i.–ix., LMPV agree in 215 variations from the received text, of which 84 agree with ℵ; 50 with A; 88 with B; 60 with C (which is imperfect); 90 with D; 75 with 1; 89 with 28; 56 with 33, and 43 stand alone. These numbers suggest that our group is most nearly related to B, D, and 28, and next to ℵ and C.

<small>Necessary to reckon differences.</small>
This method, however, although useful in suggesting in what direction we should look for affinities, is fallacious, if regarded as justifying more than a provisional conclusion. Agreement in a reading which may be that of the genuine original text is no evidence of special affinity, and such are probably some at least of those above reckoned, as well as some of those which Treschow notes in 124 as being very peculiar. And, further, the unexamined readings in which our MSS. agree with the received text may possibly include so

INTRODUCTION.

large a number of variations from B and D as quite *Necessary to reckon differences.* to outweigh the coincidences with those codices. Yet if we reckon *coincidences* only, some such rule of selection must be adopted, else they might be multiplied *ad infinitum*. The alternative is to reckon differences. This is a more tedious task. I have, however, applied the method to Matth. xix., xx., Marc. i.–iv., and xiii., Luc. xiii., xiv., and Joh. xx. As a standard for the reader's guidance, I may premise that the number of various readings noted by Tischendorf from the important uncials ℵBCD (A def.) in Matth. xix., xx., exceeds 170. The three uncials ℵBD differ in 105 readings.

The following Table exhibits the number of times that the unanimous reading of our four MSS. differs from the text of any one of the MSS. mentioned therein, or from that of Stephens, in the chapters cited:—

	ℵ	A	B	C	D	L Uncial	1	33	Steph.
Matth. xix., xx.	58	hiat.	55	34	67	59	47	38	25
Marc. i.–iv., .	174	100	174	102*	216	143	100	143	126
Marc. xiii., .	44	30	51	†	62	49	14	21	24
Luc. xiii., xiv.,	66	31	61		118	49	32	33	35
Joh. xx., . .	34	14	26	hiat.	33	19	23	28	7
Total, .	376		367		496	319	216	263	217

* From i. 17 only. † Too imperfect to be worth counting.

INTRODUCTION.

Inferences. This analysis leads to a very different conclusion from that previously suggested. In fact, it overthrows altogether the hypothesis of a very close relation to D, especially when it is borne in mind that the variations of D are generally more considerable than those of the other codices. It should be remembered, however, that this codex is full of peculiar readings, and that a table like that just given, if constructed for almost any other cursive, would show a larger number of differences from D^1. It is not, then, inconsistent with the Table to say that our group approaches nearer to D than the received text. The two MSS. which seem to have most resemblance to ours are 28, and that called by Tischendorf 2^{pe}. These often agree with ours when none others do so; but the collations of them do not seem to be complete enough to make an enumeration of differences trustworthy. Of versions, we find most frequent agreement with the Armenian and some of the Italic, or Old Latin.[2]

---

[1] In Matth. xix., xx., the received text differs from ℵ seventy-three times, and from D ninety-seven times.

[2] The Armenian version was made directly from the Greek about the middle of the fifth century. Some codices of the Old Latin have an equal or greater antiquity.

This agreement is further exemplified by the reading of M in Matth. i. 16, where L and P are both deficient. Instead of τὸν ἄνδρα μαρίας ἐξ ἧς ἐγεννήθη ἰησοῦς ὁ λεγόμενος χριστός, M has ᾧ μνηστευθῆσα (sic) παρθένος μαριὰμ ἐγέννησεν ιν τὸν λεγόμενον χρ̅ν̅. This is the reading of the Armenian, of Cureton's Syriac, and several Old Latin codices.

INTRODUCTION.

One or two instances may be given in which our MSS. stand almost alone in preserving a reading known to be ancient, if not the genuine text.

Instances in which our MSS. almost alone preserve an ancient reading.

Matth. ix. 35: after ἐν τῷ λαῷ (L def.) add. MP (not v) καὶ πολλοὶ ἠκολούθησαν αὐτῷ (= אL unc., and a few others) (om. πολλοι א)[1].

Matth. x. 14 (L def.): after πόλεως add. MP ἢ κώμης (= א only).

Matth. x. 23 (L def.): (for φεύγετε εἰς τὴν ἄλλην) φεύγετε εἰς τὴν ἑτέραν (= אB, 33), add. κἂν ἐκ ταύτης διώκωσιν ὑμᾶς φεύγετε εἰς τὴν ἄλλην (= L, Origen, Arm., Ital., and a few codices; D has a similar addition, differing in words. Lachmann brackets it).

Matth. xiii. 35: Porphyry charged the Evangelist with ignorance in quoting from Isaiah the words "I will open my mouth in parables," &c. Jerome mentions that he had himself seen the reading "Isaiah" in some codices, and thinks that most copyists removed it, to avoid the appearance of error. He conjectures that the name of Asaph originally stood in the text, and that the first copyist, not knowing who the prophet was, substituted the name of Isaiah. Eusebius also mentions the reading, and, like Jerome, conjectures that it arose from a previous reading, ασαφ, but thinks that originally no name stood in the text. Now, the name Ἡσαίου is found

---

[1] Scholz erroneously cites v as an authority for this.

lii INTRODUCTION.

Instances in which our MSS. almost alone preserve an ancient reading.

in our codices MPV (L def.), and besides these, only in ℵ, 1, 33, 230. Tischendorf puts it into the text.

Matth. xiv. 24 (L def.): τὸ δὲ πλοῖον ἤδη σταδίους πολλοὺς ἀπὸ τῆς γῆς ἀπεῖχε (for μέσον τῆς θαλάσσης ἦν). This is the reading of B, of Cureton's Syriac, and of the Armenian; but only one other cursive has the words (omitting απο της γης).

Matth. xv. 6: MPV (L def.) read τὸν νόμον for τὴν ἐντολήν, being supported by ℵC and another ancient uncial, and by no other MS. Tischendorf puts it in the text.

Marc. iii. 29: LMP read ἁμαρτίας (= CD). v reads κρίσεως (= very many). The reading of ℵB, 28, 2^{pe} al. is ἁμαρτήματος.

Marc. vi. 43: ἦραν κλασμάτων δώδεκα κοφίνων πληρώματα. This reading, which Tischendorf adopts in consequence of his high esteem for ℵ, is presented by only one other MS. (209) besides this and our group.

Luc. xxiii. 35: our codices insert ὁ υἱός, reading ὁ χριστὸς ὁ υἱὸς τοῦ θεοῦ ὁ ἐκλεκτός. BD have υἱὸς in a different place. Besides these the reading is found in only three Greek codices, but in several versions (including the Peshito and Jerusalem Syriac, and the Armenian), and in Eusebius.

Luc. xiii. 19: κατεσκήνουν (after τὰ πετεινὰ) is found only in A, besides our MSS. The common reading is κατισκήνωσεν.

Matth. xvii. 20: the received text has εἶπεν αὐτοῖς.

διὰ τὴν ἀπιστίαν ὑμῶν· .... ἐρεῖτε τῷ ὄρει τούτῳ· μετα- *Instances in which our* βῆθι ἐντεῦθεν. MPV (L def.) read λέγει αὐτοῖς· διὰ τὴν *MSS. almost* ὀλιγοπιστίαν ὑμῶν· .... ἐρεῖτε τῷ ὄρει τούτῳ· μετάβα ἐν- *alone preserve an ancient* τεῦθεν (ενταυθα v). With the exception of the last word *reading.* (for which he reads ἔνθεν), this coincides with Tischendorf's text. It is, however, found only in אB, 1, and Origen, in addition to our codices. 33 agrees partially, having ολιγοπιστιαν.

Joh. ii. 15: κατέστρεψεν (καταστρεψεν Γ). This reading is found in א only, of uncials, three or four cursives, and Epiphanius. Most MSS. have ἀνέστρεψεν; B and a few others, ἀνέτρεψεν. In the parallels κατέστρεψεν is read without variety.

Joh. xx. 16: MP add. (after διδάσκαλε) καὶ προσέδραμεν ἅψασθαι αὐτοῦ (= א^ca, Cyr.).

Joh. vi. 71 (M def.): for ἰσκαριώτην (after Ἰούδαν Σίμωνος) P has ἀπὸ σκαρνώτου; V, ἀπὸ καρνώτου, and L, ἀποκαριώτου. This reading agrees with א alone among Greek codices, which has it with the spelling of v. The same form occurs in four other places (all in John) in D alone, but here D has σκαριωθ. It is by no means improbable that ἀπὸ καρυώτου is the genuine reading in St. John's Gospel, and that the other form has been introduced from the other Gospels. This is easier to believe than that any copyist had sufficient knowledge to give such an interpretation of ἰσκαριώτης, and at the same time left the latter untouched except in the fourth Gospel. It is remarkable that in two places (Joh. vi. 71

and xiii. 26) BC, 33, and others have Ἰούδαν (or Ἰούδᾳ) Σίμωνος Ἰσκαριώτου, as if ισκ. were the name of Judas' father. ℵ also reads thus in the latter place; and ℵᶜ has so corrected the former. It seems very probable that this originated, as in ℵᶜ, from a correction of the reading ἀπὸ καρυώτου.

Instances in which our MSS. almost alone preserve an ancient reading.

The peculiar position of the pericopa *de adultera* is a signal mark of the independence of the text; so that we are justified in speaking of our MSS. as the sole representatives of a particular "recension." This independence enhances the value of the support given by them to any reading.

Independence and high authority of our text.

It will have been observed that in the last-quoted passage, and in some others, the only other MS. agreeing with our text is ℵ. It appears, then, that prior to the discovery of this codex (Sinaiticus) our MSS. not unfrequently stood alone, or almost alone, in preserving what is not improbably the original text, and what certainly existed in more than one codex of the fifth century, and earlier. In this way the discovery of the Codex Sinaiticus has helped to heighten our estimate of the authority of these codices, already placed so high by Griesbach and other critics. We may, then, not unjustly claim for their combined testimony an importance little, if at all, inferior to that of even the most esteemed of our existing authorities.

INTRODUCTION.

The plan adopted by Prof. Ferrar, of giving, not the text of one MS., but that supposed to represent the archetype, has the advantage that, in looking over the page, the reader's attention is at once attracted to the deviations from the received text, which, probably at least, were found in the archetype. Fuller information can then be sought in the notes.

Any want of uniformity in the constitution of the following text, between the earlier and later portions, is to be attributed to the fact that, at the time of Prof. Ferrar's death, part of his work had been actually sent to press, while a considerable portion still remained to be completed. The punctuation is, in general, that of Tischendorf's eighth edition.

I take this opportunity of thanking the Rev. Dr. Salmon for much kind assistance.

EXPLANATION OF ABBREVIATIONS, Etc.

IN THE TEXT.

THE text is that of Stephens (1550), as edited by Scrivener (but with Tischendorf's punctuation), except where it is otherwise specified. The only change adopted without special notice is the substitution of ὅτ' ἄν for ὅταν. It is sufficient to mention this once for all.

§ indicates that the reading to which it is prefixed differs from Steph. The words to which it applies are printed in spaced type.

† signifies that a word or words are omitted which are found in Steph.

Where the variation only affects ν ἐφελκυστικόν, οὕτως for οὕτω, or an accent, it is mentioned in the notes, but there is no mark in the text.

IN THE NOTES.

+ signifies that the words to which it is prefixed are added in the copies specified.

− signifies that the words to which it is prefixed are omitted by the copies specified.

L is Codex 69.

M . . . 346.

P . 13.

V . . . 124.

s is Stephens' text as edited by Scrivener.

L_1 is L prima manu; L_2, secunda manu. So with P_1, P_2, etc. v' or v^* means a correction, whether by first or second hand not stated.

L treg. means Dr. Tregelles' collation of L.

v_a, v_b, v_h, signify the collations of v by Alter, Birch, and Hoffmann, respectively.

Alt. = Alter.

Cer. = Dr. Ceriani.

Hoffm. = Dr. Hoffmann, of Vienna, who collated v, as mentioned in the Introduction.

In general the authorities for the text are not stated, but it is intended to be understood that the MSS. read as in the text, except when otherwise mentioned. Great pains have been taken to ensure accuracy in this respect. Variations in accent and breathing are not always noted.

ADDENDA ET CORRIGENDA.

INTRODUCTION.

Page xiv, line 1, after xix. 7, *add* also Matth. xiii. 27^{mv}, 28^{mv} (L def.)

,, lines 1, 2, *for* εξηλθατε *read* εξηλθατε^v, and *insert* ελθατω^{mv} (L def.), Matth. x. 13.

,, line 7, *add* σπειραντι, Matth. xiii. 24^{mv} (L def.)

NOTES.

In the following places *dele* v :—

Page 41,	note on	v. 17.	
,, 42,	,,	vv. 24 and 27.	
,, 46,	,,	v. 6, after γενεσιων.	
,, ,,	,,	v. 7, after εαν.	
,, 48,	,,	v. 36.	
,, 54,	,,	v. 23, after στραφεις.	
,, 55,	,,	xvii. 2, after εγενετο.	
,, 56,	,,	v. 8.	

Page 41,	,,	v. 17, *insert* ουχιδον v.
,, 44,	,,	v. 48, after P *add* v.
,, 52,	,,	v. 23. Dr. Hoffmann confirms Alter's statement. He says that in the margin "nil exaratum est nisi glossula quædam. Initium glossæ rescissum esse videtur." Only two letters appear.
,, 55,	,,	v. 4, *for* μοϋση *read* μωϋση.
,, 234,	,,	v. 30, *add* αφεντε M.
,, 236,	,,	v. 6, *omit* παραδησω M.
,, 238,	,,	v. 28, *for* φιλιασσοντες *read* φιλασσοντες.
,, ,,	,,	v. 34. Dr. Ceriani states that the reading of M was at first σωματι, which was corrected so as to look like σωματου.
,, 252,	,,	v. 35, *for* ειξην *read* ειξη v.
,, 255,	,,	v. 25, *for* αυτους *read* αυτους.

ΕΥΑΓΓΕΛΙΟΝ

ΚΑΤΑ ΜΑΤΘΑΙΟΝ.

I.

1. Βίβλος γενέσεως Ἰησοῦ Χριστοῦ, υἱοῦ Δαβίδ, υἱοῦ Ἀβραάμ. 2. Ἀβραὰμ ἐγέννησε τὸν Ἰσαάκ, Ἰσαὰκ δὲ ἐγέννησε τὸν Ἰακώβ, Ἰακὼβ δὲ ἐγέννησε τὸν Ἰούδαν καὶ τοὺς ἀδελφοὺς αὐτοῦ, 3. Ἰούδας δὲ ἐγέννησε τὸν Φαρὲς καὶ τὸν Ζαρὰ ἐκ τῆς Θαμάρ, Φαρὲς δὲ ἐγέννησε τὸν Ἐσρώμ, Ἐσρὼμ δὲ ἐγέννησε τὸν Ἀράμ, 4. Ἀρὰμ δὲ ἐγέννησε τὸν Ἀμιναδάβ, Ἀμιναδὰβ δὲ ἐγέννησε τὸν Ναασσών, Ναασσὼν δὲ ἐγέννησε τὸν Σαλμών, 5. Σαλμὼν δὲ ἐγέννησε τὸν Βοὸζ ἐκ τῆς Ραχάβ, Βοὸζ δὲ ἐγέννησε τὸν Ὠβὴδ ἐκ τῆς Ῥούθ, Ὠβὴδ δὲ ἐγέννησε τὸν Ἰεσσαί, 6. Ἰεσσαὶ δὲ ἐγέννησε τὸν Δαβὶδ τὸν βασιλέα, Δαβὶδ δὲ ὁ βασιλεὺς ἐγέννησε τὸν §Σολομῶνα ἐκ τῆς τοῦ Οὐρίου, 7. Σολομὼν δὲ ἐγέννησε τὸν Ῥοβοάμ, Ῥοβοὰμ δὲ ἐγέν-

---

ΤΟ ΚΑΤΑ ΜΑΤΘΑΙΟΝ ΑΓΙΟΝ ΕΥΑΓΓΕΛΙΟΝ S.
Codex L mutilus est ab initio usque ad σου και αυτου μονου, cap. xviii. vers. 15 hujus evangelii.
Codex P mutilus est ab initio usque ad παιδιου, cap. ii. vers. 20 hujus evangelii.
Hiant LP.
1. 2. εγεννησεν (prim.?) v. | - δε   εγεννησε M.
    prim. M.   5. ιωβηδ bis v.
4. - τον αμιναδαβ, αμιναδαβ δε   6. σολομωντα S.

νησε τὸν Ἀβιά, Ἀβιὰ δὲ ἐγέννησε τὸν Ἀσά, 8. Ἀσὰ δὲ ἐγέννησε τὸν Ἰωσαφάτ, Ἰωσαφὰτ δὲ ἐγέννησε τὸν Ἰωράμ, Ἰωρὰμ δὲ ἐγέννησε τὸν Ὀζίαν, 9. Ὀζίας δὲ ἐγέννησε τὸν Ἰωάθαμ, Ἰωάθαμ δὲ ἐγέννησε τὸν Ἄχαζ, Ἄχαζ δὲ ἐγέννησε τὸν Ἐζεκίαν, 10. Ἐζεκίας δὲ ἐγέννησε τὸν Μανασσῆ, Μανασσῆς δὲ ἐγέννησε τὸν Ἀμών, Ἀμὼν δὲ ἐγέννησε τὸν Ἰωσίαν, 11. Ἰωσίας δὲ ἐγέννησε τὸν Ἰεχονίαν καὶ τοὺς ἀδελφοὺς αὐτοῦ ἐπὶ τῆς μετοικεσίας Βαβυλῶνος. 12. Μετὰ δὲ τὴν μετοικεσίαν Βαβυλῶνος Ἰεχονίας ἐγέννησε τὸν Σαλαθιήλ, Σαλαθιὴλ δὲ ἐγέννησε τὸν Ζοροβάβελ, 13. Ζοροβάβελ δὲ ἐγέννησε τὸν Ἀβιούδ, Ἀβιοὺδ δὲ ἐγέννησε τὸν Ἐλιακείμ, Ἐλιακεὶμ δὲ ἐγέννησε τὸν Ἀζώρ, 14. Ἀζὼρ δὲ ἐγέννησε τὸν Σαδώκ, Σαδὼκ δὲ ἐγέννησε τὸν Ἀχείμ, Ἀχεὶμ δὲ ἐγέννησε τὸν Ἐλιούδ, 15. Ἐλιοὺδ δὲ ἐγέννησε τὸν Ἐλεάζαρ, Ἐλεάζαρ δὲ ἐγέννησε τὸν Ματθάν, Ματθὰν δὲ ἐγέννησε τὸν Ἰακώβ, 16. Ἰακὼβ δὲ ἐγέννησε τὸν Ἰωσὴφ § ᾧ μνηστευθεῖσα παρθένος Μαριὰμ ἐγέννησεν Ἰησοῦν τὸν λεγόμενον χριστόν. 17. Πᾶσαι οὖν αἱ γενεαὶ ἀπὸ Ἀβραὰμ ἕως Δαβὶδ γενεαὶ δεκατέσσαρες, καὶ ἀπὸ Δαβὶδ ἕως τῆς μετοικεσίας Βαβυλῶνος γενεαὶ δεκατέσσαρες, καὶ ἀπὸ τῆς μετοικεσίας Βαβυλῶνος ἕως τοῦ Χριστοῦ γενεαὶ δεκατέσσαρες. 18. Τοῦ δὲ Ἰησοῦ Χριστοῦ ἡ γέννησις οὕτως ἦν. μνηστευθείσης γὰρ τῆς μητρὸς αὐτοῦ Μαρίας τῷ Ἰωσήφ, πρὶν ἢ συνελθεῖν αὐτοὺς

Hiant LP.
8. οζειαν M.
10. αμμων bis V.
12. μετοικεσιαο M. | ζορομβαβελ (sic r. 13) V.
13. - τον ελιακειμ, ελιακειμ δε εγεννησε V.
14. αχειμ, αχιμ M.

16. μνηστευθησα M. | τον ανδρα μαριας εξ ης εγεννηθη ιησους ο λεγομενος χριστος pro ᾧ μνηστευθησα usque ad fin. vers. 8V.
18. μνηστευθησεις M.

εὑρέθη ἐν γαστρὶ ἔχουσα ἐκ πνεύματος ἁγίου. 19. Ἰωσὴφ δὲ ὁ ἀνὴρ αὐτῆς, δίκαιος ὢν καὶ μὴ θέλων αὐτὴν παραδειγματίσαι, ἐβουλήθη λάθρα ἀπολῦσαι αὐτήν. 20. ταῦτα δὲ αὐτοῦ ἐνθυμηθέντος, ἰδοὺ ἄγγελος κυρίου κατ' ὄναρ ἐφάνη αὐτῷ λέγων· Ἰωσήφ, υἱὸς Δαβίδ, μὴ φοβηθῇς παραλαβεῖν Μαριὰμ τὴν γυναῖκά σου· τὸ γὰρ ἐν αὐτῇ γεννηθὲν ἐκ πνεύματός ἐστιν ἁγίου. 21. τέξεται δὲ υἱόν, καὶ καλέσεις τὸ ὄνομα αὐτοῦ Ἰησοῦν· αὐτὸς γὰρ σώσει τὸν λαὸν αὐτοῦ ἀπὸ τῶν ἁμαρτιῶν αὐτῶν. 22. τοῦτο δὲ ὅλον γέγονεν ἵνα πληρωθῇ τὸ ῥηθὲν ὑπὸ τοῦ κυρίου διὰ τοῦ προφήτου, λέγοντος· 23. ἰδοὺ ἡ παρθένος ἐν γαστρὶ ἕξει καὶ τέξεται υἱόν, καὶ καλέσουσι τὸ ὄνομα αὐτοῦ Ἐμμανουήλ, ὅ ἐστι μεθερμηνευόμενον μεθ' ἡμῶν ὁ θεός. 24. διεγερθεὶς δὲ ὁ Ἰωσὴφ ἀπὸ τοῦ ὕπνου, ἐποίησεν ὡς προσέταξεν αὐτῷ ὁ ἄγγελος κυρίου, καὶ παρέλαβε τὴν γυναῖκα αὐτοῦ, 25. καὶ οὐκ ἐγίνωσκεν αὐτὴν ἕως οὗ ἔτεκε τὸν υἱὸν αὐτῆς τὸν πρωτότοκον, καὶ ἐκάλεσε τὸ ὄνομα αὐτοῦ Ἰησοῦν.

II.

1. Τοῦ δὲ Ἰησοῦ γεννηθέντος ἐν Βηθλεὲμ τῆς Ἰουδαίας ἐν ἡμέραις Ἡρώδου τοῦ βασιλέως, ἰδοὺ μάγοι ἀπὸ ἀνατολῶν παρεγένοντο εἰς Ἱεροσόλυμα 2. λέγοντες· ποῦ ἐστὶν ὁ τεχθεὶς βασιλεὺς τῶν Ἰουδαίων; εἴδομεν γὰρ αὐτοῦ τὸν ἀστέρα ἐν τῇ ἀνατολῇ, καὶ ἤλθομεν προσκυνῆσαι αὐτῷ. 3. ἀκούσας δὲ Ἡρώδης ὁ βασιλεὺς ἐταράχθη, καὶ πᾶσα Ἱεροσόλυμα μετ' αὐτοῦ, 4. καὶ συναγαγὼν

Hiant l.r.
20. μη φοβειθης V, sed v' = s. | - εστιν M.
23. καλεσουσιν V, sed v' = s.
24. -ο ante ιωσηφ V.|παρελαβεν V.
25. ετεκεν V. | εκαλεσεν V, sed V = s.
II. 1. + χυ post τω M.
2. ηλθωμεν M.
3. ο βασιλευς ηρωδης V.

ΕΥΑΓΓΕΛΙΟΝ

πάντας τοὺς ἀρχιερεῖς καὶ γραμματεῖς τοῦ λαοῦ, ἐπυνθάνετο παρ᾽ αὐτῶν ποῦ ὁ Χριστὸς γεννᾶται. 5, οἱ δὲ εἶπον αὐτῷ· ἐν Βηθλεὲμ τῆς Ἰουδαίας· οὕτω γὰρ γέγραπται διὰ τοῦ προφήτου· 6. καὶ σὺ Βηθλεέμ, γῆ Ἰούδα, οὐδαμῶς ἐλαχίστη εἶ ἐν τοῖς ἡγεμόσιν Ἰούδα· ἐκ σοῦ γὰρ ἐξελεύσεται ἡγούμενος, ὅστις ποιμανεῖ τὸν λαόν μου τὸν Ἰσραήλ. 7. τότε Ἡρώδης λάθρα καλέσας τοὺς μάγους, ἠκρίβωσε παρ᾽ αὐτῶν τὸν χρόνον τοῦ φαινομένου ἀστέρος. 8. καὶ πέμψας αὐτοὺς εἰς Βηθλεὲμ εἶπε· πορευθέντες ἀκριβῶς ἐξετάσατε περὶ τοῦ παιδίου· ἐπὰν δὲ εὕρητε, ἀπαγγείλατέ μοι, ὅπως κἀγὼ ἐλθὼν προσκυνήσω αὐτῷ. 9. οἱ δὲ ἀκούσαντες τοῦ βασιλέως ἐπορεύθησαν καὶ ἰδοὺ ὁ ἀστήρ, ὃν εἶδον ἐν τῇ ἀνατολῇ, προῆγεν αὐτοὺς ἕως ἐλθὼν ἔστη ἐπάνω οὗ ἦν τὸ παιδίον. 10. ἰδόντες δὲ τὸν ἀστέρα ἐχάρησαν χαρὰν μεγάλην σφόδρα. 11. καὶ ἐλθόντες εἰς τὴν οἰκίαν § εἶδον τὸ παιδίον μετὰ Μαρίας τῆς μητρὸς αὐτοῦ, καὶ πεσόντες προσεκύνησαν αὐτῷ, καὶ ἀνοίξαντες τοὺς θησαυροὺς αὐτῶν προσήνεγκαν αὐτῷ δῶρα, χρυσὸν καὶ λίβανον καὶ σμύρναν. 12. καὶ χρηματισθέντες κατ᾽ ὄναρ μὴ ἀνακάμψαι πρὸς Ἡρώδην, δι᾽ ἄλλης ὁδοῦ ἀνεχώρησαν εἰς τὴν χώραν αὐτῶν. 13. Ἀναχωρησάντων δὲ αὐτῶν, ἰδοὺ ἄγγελος κυρίου φαίνεται κατ᾽ ὄναρ τῷ Ἰωσὴφ λέγων· ἐγερθεὶς παράλαβε τὸ παιδίον καὶ τὴν μητέρα αὐτοῦ, καὶ φεῦγε εἰς Αἴγυπτον, καὶ ἴσθι ἐκεῖ ἕως ἂν εἴπω σοί· μέλλει γὰρ Ἡρώδης ζητεῖν τὸ παιδίον τοῦ ἀπολέσαι αὐτό. 14. Ὁ δὲ ἐγερθεὶς παρέλαβε τὸ παιδίον καὶ τὴν μητέρα αὐτοῦ νυκτός, καὶ ἀνεχώρησεν εἰς Αἴγυπτον,

5. ουτως V.
7. ηκριβωσεν V, sed V′ = s, εκρυβωσε M.
6. ειπεν V. | εξετασατε ακριβως V. |
αναγγειλατε V.
10. – ο ante αστηρ V.
11. ευρον pro ειδον s, ιδοντες V.
14. παρελαβεν V, sed V′ = s.

ΚΑΤΑ ΜΑΤΘΑΙΟΝ.

15. καὶ ἦν ἐκεῖ ἕως τῆς τελευτῆς Ἡρώδου· ἵνα πληρωθῇ τὸ ῥηθὲν ὑπὸ τοῦ κυρίου διὰ τοῦ προφήτου λέγοντος· ἐξ Αἰγύπτου ἐκάλεσα τὸν υἱόν μου. 16. Τότε Ἡρώδης ἰδὼν ὅτι ἐνεπαίχθη ὑπὸ τῶν μάγων, ἐθυμώθη λίαν, καὶ ἀποστείλας ἀνεῖλε πάντας τοὺς παῖδας τοὺς ἐν Βηθλεὲμ καὶ ἐν πᾶσι τοῖς ὁρίοις αὐτῆς ἀπὸ διετοῦς καὶ κατωτέρω, κατὰ τὸν χρόνον ὃν ἠκρίβωσε παρὰ τῶν μάγων. 17. τότε ἐπληρώθη τὸ ῥηθὲν ὑπὸ Ἱερεμίου τοῦ προφήτου λέγοντος· 18. φωνὴ ἐν Ῥαμᾶ ἠκούσθη, θρῆνος καὶ κλαυθμὸς καὶ ὀδυρμὸς πολύς, Ῥαχὴλ κλαίουσα τὰ τέκνα αὐτῆς, καὶ οὐκ ἤθελε παρακληθῆναι, ὅτι οὐκ εἰσί. 19. Τελευτήσαντος δὲ τοῦ Ἡρώδου, ἰδοὺ ἄγγελος κυρίου § φαίνεται κατ' ὄναρ τῷ Ἰωσὴφ ἐν Αἰγύπτῳ 20. λέγων· ἐγερθεὶς παράλαβε τὸ παιδίον καὶ τὴν μητέρα αὐτοῦ καὶ πορεύου εἰς γῆν Ἰσραήλ· τεθνήκασι γὰρ οἱ ζητοῦντες τὴν ψυχὴν τοῦ παιδίου, 21. ὁ δὲ ἐγερθεὶς παρέλαβε τὸ παιδίον καὶ τὴν μητέρα αὐτοῦ, καὶ ἦλθεν εἰς γῆν Ἰσραήλ· 22. ἀκούσας δὲ ὅτι Ἀρχέλαος βασιλεύει † τῆς Ἰουδαίας ἀντὶ Ἡρώδου τοῦ πατρὸς αὐτοῦ, ἐφοβήθη ἐκεῖ ἀπελθεῖν· χρηματισθεὶς δὲ κατ' ὄναρ ἀνεχώρησεν εἰς τὰ μέρη τῆς Γαλιλαίας. 23. καὶ ἐλθὼν κατῴκησεν εἰς πόλιν § Ναζαρὲθ λεγομένην ὅπως πληρωθῇ τὸ ῥηθὲν διὰ τῶν προφητῶν ὅτι Ναζωραῖος κληθήσεται.

Hiat L.. Incipit P, v. 20.
16. ανειλεν V. | - τους ante εν M. | αυτοις pro αυτης M. | ηκριβωσεν V, sed v' = s.
18. ηθελεν V. | εισιν V.
19. κατ' οναρ φαινεται s.

20. τεθνηκασιν V, sed v' = s. | Codice P incipit a παιδιου.
21. παρελαβεν V, sed v' = s.
22. + επι s.
23. λεγομενην ναζαρετ sm.

III.

1. Ἐν δὲ ταῖς ἡμέραις ἐκείναις παραγίνεται Ἰωάννης ὁ βαπτιστὴς κηρύσσων ἐν τῇ ἐρήμῳ τῆς Ἰουδαίας, 2. καὶ λέγων· μετανοεῖτε· ἤγγικε γὰρ ἡ βασιλεία τῶν οὐρανῶν. 3. οὗτος γάρ ἐστιν ὁ ῥηθεὶς § διὰ Ἡσαΐου τοῦ προφήτου λέγοντος· φωνὴ βοῶντος ἐν τῇ ἐρήμῳ· ἑτοιμάσατε τὴν ὁδὸν κυρίου, εὐθείας ποιεῖτε τὰς τρίβους αὐτοῦ. 4. αὐτὸς δὲ † Ἰωάννης εἶχε τὸ ἔνδυμα αὐτοῦ ἀπὸ τριχῶν καμήλου, καὶ ζώνην δερματίνην περὶ τὴν ὀσφὺν αὐτοῦ· ἡ δὲ τροφὴ αὐτοῦ ἦν ἀκρίδες καὶ μέλι ἄγριον. 5. τότε ἐξεπορεύετο πρὸς αὐτὸν Ἱεροσόλυμα καὶ πᾶσα ἡ Ἰουδαία καὶ πᾶσα ἡ περίχωρος τοῦ Ἰορδάνου, 6. καὶ ἐβαπτίζοντο ἐν τῷ Ἰορδάνῃ ὑπ' αὐτοῦ, ἐξομολογούμενοι τὰς ἁμαρτίας αὐτῶν. 7. ἰδὼν δὲ πολλοὺς τῶν Φαρισαίων καὶ Σαδδουκαίων ἐρχομένους ἐπὶ τὸ βάπτισμα αὐτοῦ εἶπεν αὐτοῖς· γεννήματα ἐχιδνῶν, τίς ὑπέδειξεν ὑμῖν φυγεῖν ἀπὸ τῆς μελλούσης ὀργῆς; 8. ποιήσατε οὖν § καρπὸν ἄξιον τῆς μετανοίας. 9. καὶ μὴ δόξητε λέγειν ἐν ἑαυτοῖς· πατέρα ἔχομεν τὸν Ἀβραάμ· λέγω γὰρ ὑμῖν ὅτι δύναται ὁ θεὸς ἐκ τῶν λίθων τούτων ἐγεῖραι τέκνα τῷ Ἀβραάμ. 10. ἤδη δὲ καὶ ἡ ἀξίνη πρὸς τὴν ῥίζαν τῶν δένδρων κεῖται· πᾶν οὖν δένδρον μὴ ποιοῦν καρπὸν καλὸν ἐκκόπτεται, καὶ εἰς πῦρ βάλλεται. 11. ἐγὼ μὲν βαπτίζω ὑμᾶς ἐν ὕδατι εἰς μετανοίαν· ὁ δὲ ὀπίσω μου

Hiat 1.
III. 1. βαπτισθης M, *sed* M' = S.
2. ηγγικεν P. | - γαρ P.
3. υπο *pro* δια SM.
4. + ὁ *ante* ιωαν.SM. | τρυχων P. | καμηλον V.
5. εξεπορευοντο M. | - η *ante* ιουδαια V.
6. + ποταμω *post* ιορδανη M.

7. - ερχομενους P. | ιωαννου *pro* αυτου M.
8. καρπους αξιους S.
9. τουτον P. | εγειρε M, εγειρε P.
10. δενδρων *pro* δενδρον M.
11. δε *pro* μεν V. | + ουν *post* μεν P. | ὑμας βαπτιζω P. | ὁποισω M.

ἐρχόμενος ἰσχυρότερός μου ἐστίν, οὗ οὐκ εἰμὶ ἱκανὸς τὰ ὑποδήματα βαστάσαι· αὐτὸς ὑμᾶς βαπτίσει ἐν πνεύματι ἁγίῳ καὶ πυρί. 12. οὗ τὸ πτύον ἐν τῇ χειρὶ αὐτοῦ, καὶ διακαθαριεῖ τὴν ἅλωνα αὐτοῦ, καὶ συνάξει τὸν § μὲν σῖτον αὐτοῦ εἰς τὴν ἀποθήκην, τὸ δὲ ἄχυρον κατακαύσει πυρὶ ἀσβέστῳ. 13. Τότε παραγίνεται ὁ Ἰησοῦς ἀπὸ τῆς Γαλιλαίας ἐπὶ τὸν Ἰορδάνην πρὸς τὸν Ἰωάννην τοῦ βαπτισθῆναι ὑπ' αὐτοῦ. 14. ὁ δὲ Ἰωάννης διεκώλυεν αὐτὸν λέγων· ἐγὼ χρείαν ἔχω ὑπὸ σοῦ βαπτισθῆναι, καὶ σὺ ἔρχῃ πρός με; 15. § ὁ δὲ Ἰησοῦς ἀποκριθεὶς εἶπεν αὐτῷ· ἄφες ἄρτι· οὕτω γὰρ πρέπον ἐστὶν ἡμῖν πληρῶσαι πᾶσαν δικαιοσύνην. τότε ἀφίησιν αὐτόν. 16. † βαπτισθεὶς § δὲ ὁ Ἰησοῦς ἀνέβη εὐθὺς ἀπὸ τοῦ ὕδατος καὶ ἰδοὺ § ἠνεῴχθησαν αὐτῷ οἱ οὐρανοί, καὶ § ἴδεν τὸ πνεῦμα τοῦ θεοῦ καταβαῖνον ὡσεὶ περιστεράν, καὶ ἐρχόμενον ἐπ' αὐτόν. 17. καὶ ἰδοὺ φωνὴ ἐκ τῶν οὐρανῶν, λέγουσα· οὗτός ἐστιν ὁ υἱός μου ὁ ἀγαπητός, ἐν ᾧ εὐδόκησα.

IV.

1. Τότε ὁ Ἰησοῦς ἀνήχθη εἰς τὴν ἔρημον ὑπὸ τοῦ πνεύματος, πειρασθῆναι ὑπὸ τοῦ διαβόλου. 2. καὶ νηστεύσας ἡμέρας τεσσαράκοντα καὶ νύκτας τεσσαράκοντα, ὕστερον ἐπείνασεν. 3. καὶ προσελθὼν § ὁ πειράζων, εἶπεν αὐτῷ· εἰ υἱὸς εἶ τοῦ θεοῦ, εἰπὲ ἵνα οἱ λίθοι οὗτοι ἄρτοι γένωνται. 4. ὁ δὲ ἀποκριθεὶς εἶπε· γέγραπται·

Hiat ι..
11. ει μη pro ειμι M.
12. - μεν ante σιτον SM. | - αυτου post σιτον P.
14. και bis P. | ερχει P.
15. αποκριθεις δε ο ιησους ειπε προς αυτον SM. | πρεπων P. | αφιεισιν P.

16. και βαπτισθεις (βαπτισθης M) pro βαπτισθεις δε SM. | ανεῳχθησαν SM. | ειδε SM.
IV. 2. επεινασε S.
3. αυτω ο πειραζων ειπεν SM. | γενονται P.
4. ειπεν P.

ΕΥΑΓΓΕΛΙΟΝ

οὐκ ἐπ' ἄρτῳ μόνῳ ζήσεται ἄνθρωπος, ἀλλ' § ἐν παντὶ ῥήματι ἐκπορευομένῳ διὰ στόματος θεοῦ. 5. τότε παραλαμβάνει αὐτὸν ὁ διάβολος εἰς τὴν ἁγίαν πόλιν, καὶ ἵστησιν αὐτὸν ἐπὶ τὸ πτερύγιον τοῦ ἱεροῦ· 6. καὶ λέγει αὐτῷ· εἰ υἱὸς εἶ τοῦ θεοῦ, βάλε σεαυτὸν κάτω· γέγραπται γὰρ ὅτι τοῖς ἀγγέλοις αὐτοῦ ἐντελεῖται περὶ σοῦ καὶ ἐπὶ χειρῶν ἀροῦσίν σε, μήποτε προσκόψῃς πρὸς λίθον τὸν πόδα σοῦ. 7. ἔφη αὐτῷ ὁ Ἰησοῦς πάλιν· γέγραπται· οὐκ ἐκπειράσεις κύριον τὸν θεόν σου. 8. πάλιν παραλαμβάνει αὐτὸν ὁ διάβολος εἰς ὄρος ὑψηλὸν λίαν καὶ δείκνυσιν αὐτῷ πάσας τὰς βασιλείας τοῦ κόσμου καὶ τὴν δόξαν αὐτῶν, 9. καὶ λέγει αὐτῷ· ταῦτα πάντα σοι δώσω, ἐὰν πεσὼν προσκυνήσῃς μοι. 10. τότε λέγει αὐτῷ ὁ Ἰησοῦς· ὕπαγε σατανᾶ· γέγραπται γάρ· κύριον τὸν θεόν σου προσκυνήσεις καὶ αὐτῷ μόνῳ λατρεύσεις· 11. τότε ἀφίησιν αὐτὸν ὁ διάβολος, καὶ ἰδοὺ ἄγγελοι προσῆλθον καὶ διηκόνουν αὐτῷ.

12. Ἀκούσας δὲ ὁ Ἰησοῦς ὅτι Ἰωάννης παρεδόθη, ἀνεχώρησεν εἰς τὴν Γαλιλαίαν. 13. καὶ καταλιπὼν τὴν § Ναζαρὲθ ἐλθὼν κατῴκησεν εἰς Καπερναοὺμ τὴν παραθαλασσίαν ἐν ὁρίοις Ζαβουλὼν καὶ Νεφθαλείμ, 14. ἵνα πληρωθῇ τὸ ῥηθὲν διὰ Ἡσαΐου τοῦ προφήτου λέγοντος· 15. γῆ Ζαβουλὼν καὶ γῆ Νεφθαλείμ, ὁδὸν θαλάσσης πέραν τοῦ Ἰορδάνου, Γαλιλαία τῶν ἐθνῶν, 16. ὁ λαὸς ὁ καθήμενος ἐν σκότει § φῶς ἴδεν μέγα, καὶ τοῖς καθημένοις ἐν χώρᾳ καὶ σκιᾷ

Hiat l..
4. επι *pro* εν s. | εκπορευομενου Γ.
6. βαλαι v. | εντελειτε P. | αρουσι sm. | μηποται M.
7. παλιν *cum* γεγραπται *coujungunt* sm. | γεγραπτε Γ.
8. υψιλον Γ.
9. ειπεν *pro* λεγει P. | προσκυνη-
σεις M.
10. + οπισω μου *post* υπαγε M. | γεγραπτε Γ.
12. παρεδωθη P.
13. ναζαρετ sm. | καπερναουν M.
15. γαλιλαιαν Γ.
16. ειδε φως sm.

ΚΑΤΑ ΜΑΤΘΑΙΟΝ.

θανάτου φῶς ἀνέτειλεν αὐτοῖς. 17. Ἀπὸ τότε ἤρξατο ὁ Ἰησοῦς κηρύσσειν καὶ λέγειν· μετανοεῖτε· ἤγγικε γὰρ ἡ βασιλεία τῶν οὐρανῶν. 18. Περιπατῶν δὲ † παρὰ τὴν θάλασσαν τῆς Γαλιλαίας § ἴδεν δύο ἀδελφούς, Σίμωνα τὸν λεγόμενον Πέτρον καὶ Ἀνδρέαν τὸν ἀδελφὸν αὐτοῦ, βάλλοντας ἀμφίβληστρον εἰς τὴν θάλασσαν· ἦσαν γὰρ ἁλιεῖς. 19. καὶ λέγει αὐτοῖς· δεῦτε ὀπίσω μου καὶ ποιήσω ὑμᾶς ἁλιεῖς ἀνθρώπων. 20. οἱ δὲ εὐθέως ἀφέντες τὰ δίκτυα ἠκολούθησαν αὐτῷ. 21. Καὶ προβὰς ἐκεῖθεν § ἴδεν ἄλλους δύο ἀδελφούς, Ἰάκωβον τὸν τοῦ Ζεβεδαίου καὶ Ἰωάννην τὸν ἀδελφὸν αὐτοῦ, ἐν τῷ πλοίῳ μετὰ Ζεβεδαίου τοῦ πατρὸς αὐτῶν· καὶ ἐκάλεσεν αὐτούς· 22. οἱ δὲ εὐθέως ἀφέντες τὸ πλοῖον καὶ τὸν πατέρα αὐτῶν ἠκολούθησαν αὐτῷ.

23. Καὶ περιῆγεν ὅλην τὴν Γαλιλαίαν ὁ Ἰησοῦς, διδάσκων ἐν ταῖς συναγωγαῖς αὐτῶν καὶ κηρύσσων τὸ εὐαγγέλιον τῆς βασιλείας καὶ θεραπεύων πᾶσαν νόσον καὶ πᾶσαν μαλακίαν ἐν τῷ λαῷ. 24. καὶ ἀπῆλθεν ἡ ἀκοὴ αὐτοῦ εἰς ὅλην τὴν Συρίαν· καὶ προσήνεγκαν αὐτῷ πάντας τοὺς κακῶς ἔχοντας ποικίλαις νόσοις καὶ βασάνοις συνεχομένους καὶ δαιμονιζομένους καὶ σεληνιαζομένους καὶ παραλυτικούς, καὶ ἐθεράπευσεν αὐτούς. 25. καὶ ἠκολούθησαν αὐτῷ ὄχλοι πολλοὶ ἀπὸ τῆς Γαλιλαίας καὶ Δεκαπόλεως καὶ Ἱεροσολύμων καὶ Ἰουδαίας καὶ πέραν τοῦ Ἰορδάνου.

Iliat L.
18. + ο ιησους S. | ειδε SM.
20. ηκολουθεισαν M.
21. ειδεν SM.
22. ηκολουθεισαν M.
23. ο ιησους ολην την γαλιλαιαν

M. | διδασκον P.
24. προσηγαγον pro προσηνεγκαν
v. | – και ante δαιμονιζομενους P.

V.

1. Ἰδὼν δὲ τοὺς ὄχλους ἀνέβη εἰς τὸ ὄρος· καὶ καθίσαντος αὐτοῦ προσῆλθον αὐτῷ οἱ μαθηταὶ αὐτοῦ. 2. καὶ ἀνοίξας τὸ στόμα αὐτοῦ ἐδίδασκεν αὐτοὺς λέγων· 3. μακάριοι οἱ πτωχοὶ τῷ πνεύματι, ὅτι αὐτῶν ἐστὶν ἡ βασιλεία τῶν οὐρανῶν. 4. μακάριοι οἱ πενθοῦντες, ὅτι αὐτοὶ παρακληθήσονται. 5. μακάριοι οἱ πραεῖς, ὅτι αὐτοὶ κληρονομήσουσι τὴν γῆν. 6. μακάριοι οἱ πεινῶντες καὶ διψῶντες τὴν δικαιοσύνην, ὅτι αὐτοὶ χορτασθήσονται. 7. μακάριοι οἱ ἐλεήμονες, ὅτι αὐτοὶ ἐλεηθήσονται. 8. μακάριοι οἱ καθαροὶ τῇ καρδίᾳ, ὅτι αὐτοὶ τὸν θεὸν ὄψονται. 9. μακάριοι οἱ εἰρηνοποιοί, ὅτι † υἱοὶ θεοῦ κληθήσονται. 10. μακάριοι οἱ δεδιωγμένοι ἕνεκεν δικαιοσύνης, ὅτι αὐτῶν ἐστὶν ἡ βασιλεία τῶν οὐρανῶν. 11. μακάριοί ἐστε ὅτ' ἂν ὀνειδίσωσιν ὑμᾶς καὶ διώξωσι καὶ εἴπωσι πᾶν πονηρὸν ῥῆμα καθ' ὑμῶν ψευδόμενοι ἕνεκεν ἐμοῦ. 12. χαίρετε καὶ ἀγαλλιᾶσθε, ὅτι ὁ μισθὸς ὑμῶν πολὺς ἐν τοῖς οὐρανοῖς· οὕτω γὰρ ἐδίωξαν τοὺς προφήτας τοὺς πρὸ ὑμῶν. 13. Ὑμεῖς ἐστὲ τὸ ἅλας τῆς γῆς· ἐὰν δὲ τὸ ἅλας μωρανθῇ, ἐν τίνι ἁλισθήσεται; εἰς οὐδὲν ἰσχύει ἔτι εἰ μὴ § βληθὲν ἔξω † καταπατεῖσθαι ὑπὸ τῶν ἀνθρώπων. 14. Ὑμεῖς ἐστὲ τὸ φῶς τοῦ κόσμου. οὐ δύναται πόλις κρυβῆναι ἐπάνω ὄρους κειμένη. 15. οὐδὲ καίουσι λύχνον καὶ τιθέασιν αὐτὸν ὑπὸ τὸν μόδιον, ἀλλ' ἐπὶ τὴν λυχνίαν καὶ λάμπει πᾶσι τοῖς ἐν τῇ οἰκίᾳ.

Iliat L.

v. 1. καθησαντος P.
5. κληρονομησουσιν V, sed v' = s.
6. πινωντες M.
9. ρηνοποιοι M, ειρηνοποιοι V. | + αυτοι post οτι SM.
10. ενεκε M. | δικαιοσυνην P.
11. ονειδησωσιν M. | διωξωσι M, διωξουσι P, διωξουσιν V. |

ειπωσιν V. | πονηρων M.
12. χαιρε P. | και bis P, P' = s. | – τους post προφητας M.
13. ισχυι P. | βληθηναι s. | + και post εξω s.
14. δυνατε P. | πολοις κριβεινai M.
15. καιον P. | πασιν V.

16. οὕτως λαμψάτω τὸ φῶς ὑμῶν ἔμπροσθεν τῶν ἀνθρώπων, ὅπως ἴδωσιν ὑμῶν τὰ καλὰ ἔργα καὶ δοξάσωσι τὸν πατέρα ὑμῶν τὸν ἐν τοῖς οὐρανοῖς. 17. Μὴ νομίσητε ὅτι ἦλθον καταλῦσαι τὸν νόμον ἢ τοὺς προφήτας· οὐκ ἦλθον καταλῦσαι ἀλλὰ πληρῶσαι. 18. ἀμὴν γὰρ λέγω ὑμῖν, ἕως ἂν παρέλθῃ ὁ οὐρανὸς καὶ ἡ γῆ, ἰῶτα ἓν ἢ μία § κερέα οὐ μὴ παρέλθῃ ἀπὸ τοῦ νόμου § καὶ τῶν προφητῶν, ἕως ἂν πάντα γένηται. 19. ὃς ἐὰν οὖν λύσῃ μίαν τῶν ἐντολῶν τούτων τῶν ἐλαχίστων, καὶ διδάξῃ οὕτως τοὺς ἀνθρώπους, ἐλάχιστος κληθήσεται ἐν τῇ βασιλείᾳ τῶν οὐρανῶν· ὃς δ᾽ ἂν ποιήσῃ καὶ διδάξῃ, οὗτος μέγας κληθήσεται ἐν τῇ βασιλείᾳ τῶν οὐρανῶν. 20. λέγω γὰρ ὑμῖν ὅτι ἐὰν μὴ περισσεύσῃ § ὑμῶν ἡ δικαιοσύνη πλεῖον τῶν γραμματέων καὶ Φαρισαίων οὐ μὴ εἰσέλθητε εἰς τὴν βασιλείαν τῶν οὐρανῶν. 21. Ἠκούσατε ὅτι ἐρρέθη τοῖς ἀρχαίοις· οὐ φονεύσεις· ὃς δ᾽ ἂν φονεύσῃ, ἔνοχος ἔσται τῇ κρίσει. 22. ἐγὼ δὲ λέγω ὑμῖν ὅτι πᾶς ὁ ὀργιζόμενος τῷ ἀδελφῷ αὐτοῦ εἰκῇ ἔνοχος ἔσται τῇ κρίσει· ὃς δ᾽ ἂν εἴπῃ τῷ ἀδελφῷ αὐτοῦ § ρακκά, ἔνοχος ἔσται τῷ συνεδρίῳ· ὃς δ᾽ ἂν εἴπῃ § τῷ ἀδελφῷ αὐτοῦ μωρέ, ἔνοχος ἔσται εἰς τὴν γέενναν τοῦ πυρός. 23. ἐὰν οὖν προσφέρῃς τὸ δῶρόν σου ἐπὶ τὸ θυσιαστήριον κἀκεῖ μνησθῇς ὅτι ὁ ἀδελφός σου ἔχει τι κατὰ σοῦ, 24. ἄφες ἐκεῖ τὸ δῶρόν σου ἔμπροσθεν τοῦ θυσιαστη-

Hiat L.
16. ουτω SM. | ιδωσι M. | –υμων sec. M. | δοξασωσιν V.
17. νομηζητε M, νομησητε V.
18. – αν prim. P. | κεραια SV. | – και των προφητων SM.
19. – τουτων V. | διδαξει bis M, prim. V. | ουτω S, ουτος M. | ποιησει P. | ούτως pro ούτος P.
20. η δικαιοσυνη υμων SM.
21. φονευσει pro φονευση P.
22. ρακα SM. | – τω αδελφω αυτου ante μωρε SM.
23. προσφερεις M. | τω pro το sec. P. | και εκει μνησθεις M. | – τι P.

ρίου καὶ ὕπαγε πρῶτον διαλλάγηθι τῷ ἀδελφῷ σου, καὶ τότε ἐλθὼν πρόσφερε τὸ δῶρόν σου. 25. ἴσθι §ἐννοῶν τῷ ἀντιδίκῳ σου ταχὺ ἕως §οὗ εἶ §μετ᾽ αὐτοῦ ἐν τῇ ὁδῷ· μήποτέ σε παραδῷ ὁ ἀντίδικος τῷ κριτῇ καὶ ὁ κριτὴς † τῷ ὑπηρέτῃ, καὶ εἰς φυλακὴν βληθήσῃ. 26. ἀμὴν λέγω σοι, οὐ μὴ ἐξέλθῃς ἐκεῖθεν ἕως ἂν ἀποδῷς τὸν ἔσχατον κοδράντην. 27. Ἠκούσατε ὅτι ἐρρέθη τοῖς ἀρχαίοις· οὐ μοιχεύσεις. 28. ἐγὼ δὲ λέγω ὑμῖν ὅτι πᾶς ὁ βλέπων γυναῖκα πρὸς τὸ ἐπιθυμῆσαι §αὐτὴν ἤδη ἐμοίχευσεν αὐτὴν ἐν τῇ καρδίᾳ αὐτοῦ. 29. εἰ δὲ ὁ ὀφθαλμός σου ὁ δεξιὸς σκανδαλίζει σε, ἔξελε αὐτὸν καὶ βάλε ἀπὸ σοῦ· συμφέρει γάρ σοι ἵνα ἀπόληται ἓν τῶν μελῶν σου καὶ μὴ ὅλον τὸ σῶμά σου βληθῇ εἰς γέενναν. 30. καὶ εἰ §ἡ χείρ σου ἡ δεξιὰ σκανδαλίζει σε, ἔκκοψον αὐτὴν καὶ βάλε ἀπὸ σοῦ· συμφέρει γάρ σοι ἵνα ἀπόληται ἓν τῶν μελῶν σου καὶ μὴ ὅλον τὸ σῶμά σου βληθῇ εἰς γέενναν. 31. Ἐρρέθη δέ· † ὃς ἂν ἀπολύσῃ τὴν γυναῖκα αὐτοῦ, δότω αὐτῇ ἀποστάσιον. 32. ἐγὼ δὲ λέγω ὑμῖν ὅτι §πᾶς ὁ ἀπολύων τὴν γυναῖκα αὐτοῦ παρεκτὸς λόγου πορνείας, ποιεῖ αὐτὴν §μοιχευθῆναι, καὶ ὃς §ἂν ἀπολελυμένην γαμήσῃ, μοιχᾶται. 33. Πάλιν ἠκούσατε ὅτι ἐρρέθη τοῖς ἀρχαίοις· οὐκ ἐπιορκήσεις, ἀποδώσεις δὲ τῷ κυρίῳ τοὺς ὅρκους σου. 34. ἐγὼ δὲ λέγω

Hiat L.
24. διαλλαγηθη MP.
25. ευνοων S. | οτου *pro* ου SM. | εν τη οδω μετ᾽ αυτου SM, μετ᾽ αυτου εν οδω P. | + σε παραδω *post* κριτης SM.
26. αμην *his* V. | αποδω M.
27. ικουσατε P. | - τοις αρχαιοις M.
28. - δε P. | αυτης *pro* αυτην *prim.* SM.
29. σκανδαλιζη M. | τω *pro* το P. |

γεεενναν V.
30. - ει M. | η δεξια σου χειρ SM. | τω *pro* το P.
31. ερρηθη M. | - δε M. | + οτι *post* δε SM.
32. ος αν απολυση *pro* πας ο απολυων SM. | μοιχασθαι S. | εαν *pro* αν S. | απολελοιμενην V.
33. επιορκισης M.

ΚΑΤΑ ΜΑΤΘΑΙΟΝ.

ὑμῖν μὴ ὀμόσαι ὅλως· μήτε ἐν τῷ οὐρανῷ ὅτι θρόνος ἐστὶν τοῦ θεοῦ· 35. μήτε ἐν τῇ γῇ, ὅτι ὑποπόδιόν ἐστιν τῶν ποδῶν αὐτοῦ· μήτε εἰς Ἱεροσόλυμα, ὅτι πόλις ἐστὶν τοῦ μεγάλου βασιλέως· 36. § μήδε ἐν τῇ κεφαλῇ σου ὀμόσῃς, ὅτι οὐ δύνασαι μίαν τρίχα § ποιῆσαι λευκὴν ἢ μέλαιναν. 37. ἔστω δὲ ὁ λόγος ὑμῶν ναὶ ναί, οὒ οὔ· τὸ δὲ περισσὸν τούτων ἐκ τοῦ πονηροῦ ἐστίν. 38. Ἠκούσατε ὅτι ἐρρέθη· ὀφθαλμὸν ἀντὶ ὀφθαλμοῦ καὶ ὀδόντα ἀντὶ ὀδόντος. 39. ἐγὼ δὲ λέγω ὑμῖν μὴ ἀντιστῆναι τῷ πονηρῷ· ἀλλ' ὅστις σε ῥαπίσει ἐπὶ τὴν δεξιάν σου σιαγόνα, στρέψον αὐτῷ καὶ τὴν ἄλλην· 40. καὶ τῷ θέλοντί σοι κριθῆναι καὶ τὸν χιτῶνά σου λαβεῖν, ἄφες αὐτῷ καὶ τὸ ἱμάτιον· 41. καὶ ὅστις σε ἀγγαρεύσει § μήλιον ἕν, ὕπαγε μετ' αὐτοῦ δύο. 42. τῷ αἰτοῦντί σε § δός, καὶ τὸν θέλοντα ἀπὸ σοῦ § δανίσασθαι μὴ ἀποστραφῇς. 43. Ἠκούσατε ὅτι ἐρρέθη· ἀγαπήσεις τὸν πλησίον σου καὶ μισήσεις τὸν ἐχθρόν σου. 44. ἐγὼ δὲ λέγω ὑμῖν, ἀγαπᾶτε τοὺς ἐχθροὺς ὑμῶν, εὐλογεῖτε τοὺς καταρωμένους ὑμᾶς, καλῶς ποιεῖτε § τοῖς μισοῦσιν ὑμᾶς καὶ προσεύχεσθε ὑπὲρ τῶν ἐπηρεαζόντων ὑμᾶς καὶ διωκόντων ὑμᾶς· 45. ὅπως γένησθε υἱοὶ τοῦ πατρὸς ὑμῶν τοῦ ἐν § τοῖς οὐρανοῖς, ὅτι τὸν ἥλιον αὐτοῦ ἀνατέλλει ἐπὶ πονηροὺς καὶ ἀγαθοὺς καὶ βρέχει ἐπὶ δικαίους καὶ

Hiat L.
34. ομωσαι ολος P. | μηται M. | εστι SM.
35. μηται bis M. | εστι bis SM.
36. μητε s, μηται M, pro μηδε. | τριχαν M. | λευκην η μελαιναν ποιησαι SM. | μελεναν P.
38. – και P.
39. ραπεισει P. | – σου M. | σοι αγωνα pro σιαγονα M.

40. χιτονα P.
41. αγγαρευσῃ P. | μιλιον SM.
42. διδου SM. | δανεισασθαι s, δανησασθαι M.
43. μισησεις P.
44. τους μισουντας S. | προσευχεσθαι P. | επεριαζοντων M.
45. – τοις S.

ἀδίκους. 46. ἐὰν γὰρ ἀγαπήσητε τοὺς ἀγαπῶντας ὑμᾶς, τίνα μισθὸν § ἕξετε; οὐχὶ καὶ οἱ τελῶναι τὸ αὐτὸ ποιοῦσιν; 47. καὶ ἐὰν ἀσπάσησθε τοὺς ἀδελφοὺς ὑμῶν μόνον, τί περισσὸν ποιεῖτε; οὐχὶ καὶ οἱ τελῶναι § τὸ αὐτὸ ποιοῦσιν; 48. ἔσεσθε οὖν ὑμεῖς τέλειοι § ὡς ὁ πατὴρ ὑμῶν ὁ § οὐράνιος τέλειός ἐστιν.

VI.

1. Προσέχετε τὴν ἐλεημοσύνην ὑμῶν μὴ ποιεῖν ἔμπροσθεν τῶν ἀνθρώπων πρὸς τὸ θεαθῆναι αὐτοῖς· εἰ δὲ μήγε, μισθὸν οὐκ ἔχετε παρὰ τῷ πατρὶ ὑμῶν τῷ ἐν τοῖς οὐρανοῖς. 2. ὅτ᾽ ἂν οὖν ποιῇς ἐλεημοσύνην, μὴ σαλπίσῃς ἔμπροσθέν σου, ὥσπερ οἱ ὑποκριταὶ ποιοῦσιν ἐν ταῖς συναγωγαῖς καὶ ἐν ταῖς ῥύμαις, ὅπως δοξασθῶσιν ὑπὸ τῶν ἀνθρώπων· ἀμὴν λέγω ὑμῖν, ἀπέχουσι τὸν μισθὸν αὐτῶν. 3. σοῦ δὲ ποιοῦντος ἐλεημοσύνην μὴ γνώτω ἡ ἀριστερά σου τί ποιεῖ ἡ δεξία σου, 4. ὅπως ᾖ σου ἡ ἐλεημοσύνη ἐν τῷ κρυπτῷ, καὶ ὁ πατήρ σου ὁ βλέπων ἐν τῷ κρυπτῷ † ἀποδώσει σοι ἐν τῷ φανερῷ. 5. καὶ ὅτ᾽ ἂν προσεύχῃ, οὐκ ἔσῃ ὥσπερ οἱ ὑποκριταί· ὅτι φιλοῦσιν ἐν ταῖς συναγωγαῖς καὶ ἐν ταῖς γωνίαις τῶν πλατειῶν ἑστῶτες προσεύχεσθαι, ὅπως † φανῶσιν τοῖς ἀνθρώποις. ἀμὴν λέγω ὑμῖν, † ἀπέχουσι τὸν

Πiat L.
46. εχετε SM. | αυτω *pro* αυτο M. | ποιουσι S.
47. φιλους *pro* αδελφους M. | ουτω *pro* το αυτο S.
48. εσεσθαι P. | τελιοι PV. | ωσπερ *pro* ως SM. | και *post* ωσπερ M. | εν τοις ουρανοις *pro* ουρανιος S. | τελιος P. | εστι S.
VI. 1. προσεχεται P. | μιγε M. | εχεται P.

2. ποιεις P. | υποκριτε P. | αμην *bis* P. | + γαρ *post* αμην M.
3. ποιη M.
4. + αυτος *ante* αποδωσει SM. | δωσει M.
5. προσευχομινοι *pro* προσευχεσθαι P. | + αν *post* οπως SM. | φανωσι SM. | + οτι *ante* απεχουσι SM. | απεχουσιν V. | των *pro* τον M.

μισθὸν αὐτῶν. 6. σὺ δὲ ὅτ᾿ ἂν προσεύχῃ, εἴσελθε εἰς τὸ ταμιεῖόν σου καὶ κλείσας τὴν θύραν σου πρόσευξαι τῷ πατρί σου † ἐν τῷ κρυπτῷ, καὶ ὁ πατήρ σου ὁ βλέπων ἐν τῷ κρυπτῷ ἀποδώσει σοι ἐν τῷ φανερῷ. 7. Προσευχόμενοι δὲ μὴ βαττολογήσητε ὥσπερ οἱ § ἐθνηκοί· δοκοῦσι γὰρ ὅτι ἐν τῇ πολυλογίᾳ αὐτῶν εἰσακουσθήσονται. 8. μὴ οὖν ὁμοιωθῆτε αὐτοῖς· οἶδε γὰρ ὁ πατὴρ ὑμῶν ὧν χρείαν ἔχετε πρὸ τοῦ ὑμᾶς αἰτῆσαι αὐτόν. 9. οὕτως οὖν προσεύχεσθε ὑμεῖς· πάτερ ἡμῶν ὁ ἐν τοῖς οὐρανοῖς, ἁγιασθήτω τὸ ὄνομά σου· 10. ἐλθέτω ἡ βασιλεία σου· γενηθήτω τὸ θέλημά σου ὡς ἐν οὐρανῷ καὶ ἐπὶ τῆς γῆς· 11. τὸν ἄρτον ἡμῶν τὸν ἐπιούσιον δὸς ἡμῖν σήμερον· 12. καὶ ἄφες ἡμῖν τὰ ὀφειλήματα ἡμῶν, ὡς καὶ ἡμεῖς ἀφίεμεν τοῖς ὀφειλέταις ἡμῶν· 13. καὶ μὴ εἰσενέγκῃς ἡμᾶς εἰς πειρασμόν, ἀλλὰ ῥῦσαι ἡμᾶς ἀπὸ τοῦ πονηροῦ· ὅτι σοῦ ἐστιν ἡ βασιλεία καὶ ἡ δύναμις καὶ ἡ δόξα εἰς τοὺς αἰῶνας· ἀμήν. 14. Ἐὰν γὰρ ἀφῆτε τοῖς ἀνθρώποις τὰ παραπτώματα αὐτῶν, ἀφήσει καὶ ὑμῖν ὁ πατὴρ ὑμῶν ὁ οὐράνιος. 15. ἐὰν δὲ μὴ ἀφῆτε τοῖς ἀνθρώποις τὰ παραπτώματα αὐτῶν, οὐδὲ ὁ πατὴρ ὑμῶν ἀφήσει τὰ παραπτώματα ὑμῶν. 16. Ὅτ᾿ ἂν δὲ νηστεύητε, μὴ γίνεσθε ὥσπερ οἱ ὑποκριταὶ σκυθρωποί· ἀφανίζουσι γὰρ τὰ πρόσωπα αὐτῶν ὅπως φανῶσι τοῖς ἀνθρώποις νηστεύοντες. ἀμὴν λέγω ὑμῖν, ὅτι ἀπέχουσι τὸν μισθὸν αὐτῶν· 17. σὺ δὲ νηστεύων ἄλειψαί σου τὴν κεφαλὴν καὶ τὸ πρόσωπόν σου νίψαι,

---

Hiat L.
6. κλησας M. | + τω ante εν τω κρυπτω SM.
7. βαττωλογησητε P. | εθνικοι S. | δοκουσιν V. | εισακουσθησεται P.
8. οιδεν V. | εχεται P. | αιτεισαι M.
9. ουτος *pro* ουτως M.
10. - εν V, sed v' = s.

12. v *habet* αφιεμεν: *sed manus recentior hoc vocabulum subduxit, et in margine notat*: γρ. αφηκαμεν. | οφιλεταις P.
14. - υμων M. | + τα παραπτωματα υμων *post* ουρανιος P.
16. νηστευσετε M. | - οτι V. | απεχουσιν V.

18. ὅπως μὴ φανῇς τοῖς ἀνθρώποις νηστεύων ἀλλὰ τῷ πατρί σου τῷ ἐν τῷ κρυπτῷ, καὶ ὁ πατήρ σου ὁ βλέπων ἐν τῷ κρυπτῷ ἀποδώσει σοι ἐν τῷ φανερῷ. 19. Μὴ θησαυρίζετε ὑμῖν θησαυροὺς ἐπὶ τῆς γῆς ὅπου σὴς καὶ βρῶσις ἀφανίζει, καὶ ὅπου κλέπται διορύσσουσιν καὶ κλέπτουσιν· 20. θησαυρίζετε δὲ ὑμῖν θησαυροὺς ἐν οὐρανῷ, ὅπου οὔτε σὴς οὔτε βρῶσις ἀφανίζει, καὶ ὅπου κλέπται οὐ διορύσσουσιν οὐδὲ κλέπτουσιν. 21. ὅπου γάρ ἐστιν ὁ θησαυρὸς ὑμῶν, ἐκεῖ ἔσται καὶ ἡ καρδία ὑμῶν. 22. Ὁ λύχνος τοῦ σώματός ἐστιν ὁ ὀφθαλμός· ἐὰν οὖν ὁ ὀφθαλμός σου ἁπλοῦς ᾖ, ὅλον τὸ σῶμά σου φωτεινὸν ἔσται· 23. ἐὰν δὲ ὁ ὀφθαλμός σου πονηρὸς ᾖ, ὅλον τὸ σῶμά σου σκοτεινὸν ἔσται. εἰ οὖν τὸ φῶς τὸ ἐν σοὶ σκότος ἐστιν, τὸ σκότος πόσον; 24. Οὐδεὶς δύναται δυσὶ κυρίοις δουλεύειν· ἢ γὰρ τὸν ἕνα μισήσει καὶ τὸν ἕτερον ἀγαπήσει, ἢ ἑνὸς ἀνθέξεται καὶ τοῦ ἑτέρου καταφρονήσει. οὐ δύνασθε θεῷ δουλεύειν καὶ § μαμωνᾷ. 25. Διὰ τοῦτο λέγω ὑμῖν, μὴ § μεριμνήσητε τῇ ψυχῇ ὑμῶν τί φάγητε § ἢ τί πίητε, μηδὲ τῷ σώματι ὑμῶν τί ἐνδύσησθε. οὐχὶ ἡ ψυχὴ πλεῖόν ἐστιν τῆς τροφῆς καὶ τὸ σῶμα τοῦ ἐνδύματος; 26. ἐμβλέψατε εἰς τὰ πετεινὰ τοῦ οὐρανοῦ, ὅτι οὐ σπείρουσιν οὐδὲ συνάγουσιν εἰς ἀποθήκας, καὶ ὁ πατὴρ ὑμῶν ὁ οὐράνιος τρέφει αὐτά· οὐχ ὑμεῖς μᾶλλον διαφέρετε αὐτῶν; 27. τίς δὲ ἐξ ὑμῶν μεριμνῶν δύναται § προσθῆναι ἐπὶ τὴν ἡλικίαν αὐτοῦ πῆχυν ἕνα;

Iliat l..
18. – σοι M. | – εν τω φανερω P.
19. θυσαυρος M, θυσαυρους M'. | κλαιπται M. | διορυσσουσι S. | κλεπτουσι SP.
22. τω pro το P. | φωτινον MP.
23. τω pro το ante σωμα P. | εστι SM. | ποσον· M.
24. δυνατε P. | μισησει M. | ανθεξετε

P. | μαμμωνα S.
25. μεριμνατε SM. | και pro η SM. | ποιητε P. | ενδυσεσθε M. | εστι SM. | τω pro το P.
26. + τας ante αποθηκας M. | διαφερεται P.
27. προσθειναι SM. | πηχην MP.

28. καὶ περὶ ἐνδύματος τί μεριμνᾶτε; καταμάθετε τὰ κρίνα τοῦ ἀγροῦ πῶς αὐξάνει· οὐ κοπιᾷ οὐδὲ νήθει. 29. λέγω δὲ ὑμῖν ὅτι οὐδὲ Σολομὼν ἐν πάσῃ τῇ δόξῃ αὐτοῦ περιεβάλετο ὡς ἓν τούτων. 30. εἰ δὲ τὸν χόρτον τοῦ ἀγροῦ σήμερον ὄντα καὶ αὔριον εἰς κλίβανον βαλλόμενον ὁ θεὸς οὕτως ἀμφιέννυσιν, οὐ πολλῷ μᾶλλον ὑμᾶς, ὀλιγόπιστοι; 31. μὴ οὖν μεριμνήσητε λέγοντες· τί φάγωμεν ἢ τί πίωμεν ἢ τί περιβαλώμεθα; 32. § ταῦτα γὰρ πάντα τὰ ἔθνη §ἐπιζητοῦσιν· οἶδε γὰρ ὁ πατὴρ ὑμῶν ὁ οὐράνιος ὅτι χρῄζετε τούτων ἁπάντων. 33. ζητεῖτε δὲ πρῶτον τὴν βασιλείαν τοῦ θεοῦ καὶ τὴν δικαιοσύνην αὐτοῦ, καὶ ταῦτα πάντα προστεθήσεται ὑμῖν. 34. μὴ οὖν μεριμνήσητε εἰς τὴν αὔριον· ἡ γὰρ αὔριον μεριμνήσει τὰ ἑαυτῆς. ἀρκετὸν τῇ ἡμέρᾳ ἡ κακία § ἑαυτῆς.

VII.

1. Μὴ κρίνετε, ἵνα μὴ κριθῆτε· 2. ἐν ᾧ γὰρ κρίματι κρίνετε κριθήσεσθε, καὶ ἐν ᾧ μέτρῳ μετρεῖτε § ἀντιμετριθήσεται ὑμῖν. 3. τί δὲ βλέπεις τὸ κάρφος τὸ ἐν τῷ ὀφθαλμῷ τοῦ ἀδελφοῦ σου, τὴν δὲ ἐν τῷ σῷ ὀφθαλμῷ δοκὸν οὐ κατανοεῖς; 4. ἢ πῶς ἐρεῖς τῷ ἀδελφῷ σου· ἄφες ἐκβάλω τὸ κάρφος § ἐκ τοῦ ὀφθαλμοῦ σου, καὶ ἰδοὺ ἡ

Hiat L.
28. νηθη M, νιθει Γ.
30. αμφυεννυσιν M.
32. παντα γαρ ταυτα SM. | επιζητει SM. | οιδεν V. | - ο ante πατηρ V. | - υμων M. | χριζετε Γ.
33. προστεθησετε M.
34. - η γαρ αυριον μεριμνησει τα εαυτης Γ. | - τα V. | αυτης· pro εαυτης fin. SM, εαυτοις V.
VII. 2. αντιμετρηθησεται S.
3. τω pro το sec. PV.
4. απο pro εκ SM. | - και ιδου η δοκος εν τω οφθαλμω σου Γ. | ο pro η V.

δοκὸς ἐν τῷ ὀφθαλμῷ σου. 5. ὑποκριτά, ἔκβαλε πρῶτον τὴν δοκὸν ἐκ τοῦ ὀφθαλμοῦ σου, καὶ τότε διαβλέψεις ἐκβαλεῖν τὸ κάρφος § ἀπὸ τοῦ ὀφθαλμοῦ τοῦ ἀδελφοῦ σου. 6. Μὴ δῶτε τὸ ἅγιον τοῖς κυσί, μηδὲ βάλητε τοὺς μαργαρίτας ὑμῶν ἔμπροσθεν τῶν χοίρων, μήποτε §καταπατήσουσιν αὐτοὺς ἐν τοῖς ποσὶν αὐτῶν καὶ στραφέντες ῥήξωσιν ὑμᾶς. 7. Αἰτεῖτε, καὶ δοθήσεται ὑμῖν· ζητεῖτε, καὶ εὑρήσετε· κρούετε, καὶ ἀνοιγήσεται ὑμῖν. 8. πᾶς γὰρ ὁ αἰτῶν λαμβάνει, καὶ ὁ ζητῶν εὑρίσκει, καὶ τῷ κρούοντι ἀνοιγήσεται. 9. ἢ τίς ἐστιν ἐξ ὑμῶν ἄνθρωπος, ὃν ἐὰν αἰτήσῃ ὁ υἱὸς αὐτοῦ ἄρτον, μὴ λίθον ἐπιδώσει αὐτῷ; 10. §ἢ καὶ ἐὰν ἰχθὺν §αἰτήσει, μὴ ὄφιν ἐπιδώσει αὐτῷ; 11. εἰ οὖν ὑμεῖς πονηροὶ ὄντες οἴδατε δόματα ἀγαθὰ διδόναι τοῖς τέκνοις ὑμῶν, πόσῳ μᾶλλον ὁ πατὴρ ὑμῶν ὁ ἐν τοῖς οὐρανοῖς δώσει ἀγαθὰ τοῖς αἰτοῦσιν αὐτόν; 12. πάντα οὖν ὅσα ἂν θέλητε ἵνα ποιῶσιν ὑμῖν οἱ ἄνθρωποι, οὕτως καὶ ὑμεῖς ποιεῖτε αὐτοῖς· §οὕτως γάρ ἐστιν ὁ νόμος καὶ οἱ προφῆται. 13. §εἰσέλθατε διὰ τῆς στενῆς πύλης· ὅτι πλατεῖα ἡ πύλη καὶ εὐρύχωρος ἡ ὁδὸς ἡ ἀπάγουσα εἰς τὴν ἀπώλειαν, καὶ πολλοί εἰσιν οἱ §ἐρχόμενοι δι' αὐτῆς· 14. §τί στενὴ ἡ πύλη καὶ τεθλιμμένη ἡ ὁδὸς ἡ ἀπάγουσα εἰς τὴν ζωήν, καὶ ὀλίγοι εἰσὶν οἱ εὑρίσκοντες αὐτήν. 15. Προσέχετε

Πίατ ί..
5. του *pro* την V. | διαβλεψης M. |
  εκ *pro* απο SM.
6. δοτε P. | κυσιν V. | – βαλητε Γ.|
  χειρων M. | καταπατησωσιν SM.
7. + δε *post* αιτειτε V. | ευρησεται Γ.
8. ευρησκει Γ.
9. ο *pro* ον PV. | λιθων Γ.
10. – η SV. | αιτηση SM.
12. εαν *pro* αν P. | θελειτε M. | ουτω *pro* ουτως *prim.* SM. | ουτος *pro* ουτως *sec.* SM.
13. εισελθετε SM. | ευρυχορος MP. | εισερχομενοι *pro* ερχ. SM.
14. οτι *pro* τι S, τί; στενη V. | τεθλιμμενη MP.

δὲ ἀπὸ τῶν ψευδοπροφητῶν, οἵτινες ἔρχονται πρὸς ὑμᾶς ἐν ἐνδύμασι προβάτων, ἔσωθεν δέ εἰσι λύκοι ἅρπαγες. 16. ἀπὸ τῶν καρπῶν αὐτῶν ἐπιγνώσεσθε αὐτούς· μήτι συλλέγουσιν ἀπὸ ἀκανθῶν σταφυλὴν ἢ ἀπὸ τριβόλων σῦκα; 17. οὕτως πᾶν δένδρον ἀγαθὸν καρποὺς καλοὺς ποιεῖ, τὸ δὲ σαπρὸν δένδρον καρποὺς πονηροὺς ποιεῖ. 18. οὐ δύναται δένδρον ἀγαθὸν καρποὺς πονηροὺς ποιεῖν, οὐδὲ δένδρον σαπρὸν καρποὺς καλοὺς ποιεῖν. 19. πᾶν δένδρον μὴ ποιοῦν καρπὸν καλὸν ἐκκόπτεται καὶ εἰς πῦρ βάλλεται. 20. ἄραγε ἀπὸ τῶν καρπῶν αὐτῶν ἐπιγνώσεσθε αὐτούς. 21. Οὐ πᾶς ὁ λέγων μοι κύριε κύριε, εἰσελεύσεται εἰς τὴν βασιλείαν τῶν οὐρανῶν, ἀλλ᾽ ὁ ποιῶν τὸ θέλημα τοῦ πατρός μου τοῦ ἐν οὐρανοῖς. 22. πολλοὶ § ἐροῦσίν μοι ἐν ἐκείνῃ τῇ ἡμέρᾳ· κύριε κύριε, οὐ τῷ σῷ ὀνόματι § ἐπροφητεύσαμεν, καὶ τῷ σῷ ὀνόματι δαιμόνια ἐξεβάλομεν, καὶ τῷ σῷ ὀνόματι δυνάμεις πολλὰς ἐποιήσαμεν; 23. καὶ τότε ὁμολογήσω αὐτοῖς ὅτι οὐδέποτε ἔγνων ὑμᾶς, § ἀναχωρεῖτε ἀπ᾽ ἐμοῦ § πάντες οἱ ἐργαζόμενοι τὴν ἀνομίαν· 24. Πᾶς οὖν ὅστις ἀκούει μου τοὺς λόγους τούτους καὶ ποιεῖ αὐτοὺς § ὁμοιωθήσεται ἀνδρὶ φρονίμῳ, ὅστις § οἰκοδόμησεν τὴν οἰκίαν αὐτοῦ ἐπὶ τὴν πέτραν.

Hiat L.
15. εσωνθεν P. | εισῃ M, ησιν V, *pro* εισι, *sed* v' *marg.* = s.
16. επιγνωσεσθαι P. | μητινες *pro* μητι P.
17. ουτω SM.
18. δυνατε P.
19. + οαυ, *i.e.* ουν, *post* παν P.
20. επιγνωσεσθαι P.
21. + τοις *ante* ουρανοις V.
22. ερουσι SM. | προεφητευσαμεν SM. | — δαιμονια εξεβαλομεν

και τω σω ονοματι M. | — τω σω ονοματι δυναμεις πολλας v. "*Sed prima manus in margine addidit. Treschow asserit:* '*aliena manus apposuit.*'"
Alter.
23. εγνω P. | αποχωρειτε SM. | — παντες SM.
24. ομοιωσω αυτον *pro* ομοιωθησεται SM. | ωκοδομησε (... εν M.' SM, οικοδομησε P.

ΕΥΑΓΓΕΛΙΟΝ

25. καὶ κατέβη ἡ βροχὴ καὶ ἦλθον οἱ ποταμοὶ καὶ ἔπνευσαν οἱ ἄνεμοι καὶ § προσέπεσαν τῇ οἰκίᾳ ἐκείνῃ, καὶ οὐκ ἔπεσε· τεθεμελίωτο γὰρ ἐπὶ τὴν πέτραν. 26. καὶ πᾶς § ὅστις ἀκούει μου τοὺς λόγους τούτους καὶ μὴ § ποιεῖ αὐτοὺς ὁμοιωθήσεται ἀνδρὶ μωρῷ, ὅστις §οἰκοδόμησε τὴν οἰκίαν αὐτοῦ ἐπὶ τὴν ἄμμον. 27. καὶ κατέβη ἡ βροχὴ καὶ ἦλθον οἱ ποταμοὶ καὶ ἔπνευσαν οἱ ἄνεμοι καὶ § προσέκρουσαν τῇ οἰκίᾳ ἐκείνῃ, καὶ ἔπεσε, καὶ ἦν ἡ πτῶσις αὐτῆς μεγάλη § σφόδρα. 28. Καὶ ἐγένετο ὅτε § ἐτέλεσεν ὁ Ἰησοῦς τοὺς λόγους τούτους, ἐξεπλήσσοντο οἱ ὄχλοι ἐπὶ τῇ διδαχῇ αὐτοῦ· 29. ἦν γὰρ διδάσκων αὐτοὺς ὡς ἐξουσίαν ἔχων, καὶ οὐχ ὡς οἱ γραμματεῖς § αὐτῶν.

VIII.

1. § Καταβαίνοντος δὲ αὐτοῦ ἀπὸ τοῦ ὄρους, ἠκολούθησαν αὐτῷ ὄχλοι πολλοί. 2. καὶ ἰδοὺ λεπρὸς § προσελθὼν προσεκύνει αὐτῷ λέγων· κύριε, ἐὰν θέλῃς, δύνασαί με καθαρίσαι. 3. καὶ ἐκτείνας τὴν χεῖρα ἥψατο αὐτοῦ † λέγων· θελω, καθαρίσθητι. καὶ εὐθέως ἐκαθαρίσθη αὐτοῦ ἡ λέπρα. 4. καὶ λέγει αὐτῷ ὁ Ἰησοῦς· ὅρα μηδενὶ εἴπῃς, ἀλλ᾽ ὕπαγε σεαυτὸν δεῖξον τῷ ἱερεῖ καὶ προσένεγκε τὸ δῶρον ὃ προσέταξε § Μωϋσῆς, εἰς μαρτύριον αὐτοῖς.

Hiat L.

25. προσεπεσον S. | επεσεν *pro* επεσε V.
26. ο ακουων *pro* οστις ακουει SM. | ποιων *pro* ποιει SM. | μορω P. | οικυδομησε SM, οικοδομησεν V, *sed* v′ = t.t.
27. προσεκοψαν SM. | επεσεν P. | – σφοδρα SM.
28. συνετελεσεν SM.

29. – αυτων SM.
VIII. 1. καταβαντι δε αυτω SM.
2. ελθων *pro* προσελθων S, – προσελθων V. | προσεκυνησεν P.
3. χειραν P. | + αυτου *post* χειρα V. | + ο ιησους *post* αυτου SM.
4. μωσης SM.

5. § Εἰσελθόντος δὲ αὐτοῦ εἰς Καπερναούμ, προσῆλθεν αὐτῷ ἑκατόνταρχος παρακαλῶν αὐτὸν 6. καὶ λέγων· κύριε, ὁ παῖς μου βέβληται ἐν τῇ οἰκίᾳ παραλυτικός, δεινῶς βασανιζόμενος· 7. καὶ λέγει αὐτῷ ὁ Ἰησοῦς· ἐγὼ ἐλθὼν θεραπεύσω αὐτόν. 8. καὶ ἀποκριθεὶς ὁ ἑκατόνταρχος ἔφη· κύριε, οὐκ εἰμὶ ἱκανὸς ἵνα μου ὑπὸ τὴν στέγην εἰσέλθῃς· ἀλλὰ μόνον εἰπὲ § λόγῳ, καὶ ἰαθήσεται ὁ παῖς μου. 9. καὶ γὰρ ἐγὼ ἄνθρωπός εἰμι ὑπὸ ἐξουσίαν, ἔχων ὑπ' ἐμαυτὸν στρατιώτας, καὶ λέγω τούτῳ· πορεύθητι, καὶ πορεύεται, καὶ ἄλλῳ· ἔρχου, καὶ ἔρχεται, καὶ τῷ δούλῳ μου· ποίησον τοῦτο, καὶ ποιεῖ. 10. ἀκούσας δὲ ὁ Ἰησοῦς ἐθαύμασε καὶ εἶπε τοῖς ἀκολουθοῦσιν· ἀμὴν § ἀμὴν λέγω ὑμῖν, οὐδὲ ἐν τῷ Ἰσραὴλ τοσαύτην πίστιν εὗρον. 11. λέγω δὲ ὑμῖν ὅτι πολλοὶ ἀπὸ ἀνατολῶν καὶ δυσμῶν ἥξουσι καὶ § ἀνακληθήσονται μετὰ Ἀβραὰμ καὶ Ἰσαὰκ καὶ Ἰακὼβ ἐν τῇ βασιλείᾳ τῶν οὐρανῶν· 12. οἱ δὲ υἱοὶ τῆς βασιλείας ἐκβληθήσονται εἰς τὸ σκότος τὸ ἐξώτερον· ἐκεῖ ἔσται ὁ κλαυθμὸς καὶ ὁ βρυγμὸς τῶν ὀδόντων. 13. καὶ εἶπεν ὁ Ἰησοῦς τῷ § ἑκατοντάρχῃ· ὕπαγε, καὶ ὡς ἐπίστευσας γενηθήτω σοι. καὶ ἰάθη ὁ παῖς αὐτοῦ ἐν τῇ ὥρᾳ ἐκείνῃ.

Hiat 1..

5. εισελθοντι δε τω ιησου s, εισελθοντι δε αυτω M *pro* εισελθοντος δε αυτου. | + προς *post* προσηλθεν P. | παρακαλον P.| αυτων *pro* αυτου M.
6. βεβλητε P. | δεινος PV.
8. - ικανος P. | μονω P. | λογον s.
10. εθαυμασεν και ειπεν V. | + αυτω *post* ακολουθουσιν P. | - αμην *alt.* SM. | τωσαυτην P.
11. ηξουσιν V, *sed* V' - s. | ανακλιθησονται s.
13. εκατονταρχω s. | *fin.* + και υποστρεψαντες ὑ [*pro* οἱ] πεμφθεντες εις τον οικον ευρον τον ασθενουντα δουλον υγιαινοντα, V. *Super και prima manus scripsit signum variae et in margine inferiori prima manus scripsit*: και υποστρεψας ο εκατονταρχης εις τον οικον αυτου εν αυτη τη ωρα ευρον τον παιδα υγιαινοντα. *Alter.*

14. Καὶ ἐλθὼν ὁ Ἰησοῦς εἰς τὴν οἰκίαν Πέτρου § ἴδεν τὴν πενθερὰν αὐτοῦ βεβλημένην καὶ πυρέσσουσαν. 15. καὶ ἥψατο τῆς χειρὸς αὐτῆς, καὶ § εὐθέως ἀφῆκεν αὐτὴν ὁ πυρετός· καὶ ἠγέρθη καὶ διηκόνει αὐτοῖς· 16. ὀψίας δὲ γενομένης προσήνεγκαν αὐτῷ δαιμονιζομένους πολλούς· καὶ ἐξέβαλε τὰ πνεύματα λόγῳ, καὶ πάντας τοὺς κακῶς ἔχοντας ἐθεράπευσεν, 17. ὅπως πληρωθῇ τὸ ῥηθὲν διὰ Ἡσαίου τοῦ προφήτου λέγοντος· αὐτὸς τὰς ἀσθενείας ἡμῶν ἔλαβε καὶ τὰς νόσους ἐβάστασεν.

18. Ἰδὼν δὲ ὁ Ἰησοῦς πολλοὺς ὄχλους περὶ αὐτὸν ἐκέλευσεν ἀπελθεῖν εἰς τὸ πέραν. 19. καὶ προσελθὼν εἷς γραμματεὺς εἶπεν αὐτῷ· διδάσκαλε, ἀκολουθήσω σοι ὅπου ἐὰν ἀπέρχῃ. 20. καὶ λέγει αὐτῷ ὁ Ἰησοῦς· αἱ ἀλώπεκες φωλεοὺς ἔχουσι καὶ τὰ πετεινὰ τοῦ οὐρανοῦ κατασκηνώσεις, ὁ δὲ υἱὸς τοῦ ἀνθρώπου οὐκ ἔχει ποῦ τὴν κεφαλὴν § κλίνει. 21. ἕτερος δὲ τῶν μαθητῶν αὐτοῦ εἶπεν αὐτῷ· κύριε, ἐπίτρεψόν μοι πρῶτον ἀπελθεῖν καὶ θάψαι τὸν πατέρα μου. 22. ὁ δὲ Ἰησοῦς εἶπεν αὐτῷ· ἀκολούθει, καὶ ἄφες τοὺς νεκροὺς θάψαι τοὺς ἑαυτῶν νεκρούς.

23. Καὶ ἐμβάντι αὐτῷ εἰς † πλοῖον, ἠκολούθησαν αὐτῷ οἱ μαθηταὶ αὐτοῦ. 24. καὶ ἰδοὺ σεισμὸς μέγας ἐγένετο ἐν τῇ θαλάσσῃ, ὥστε τὸ πλοῖον καλύπτεσθαι ὑπὸ τῶν κυμάτων· αὐτὸς δὲ ἐκάθευ-

---

Hiat L..

14. - ο ιησους V. | ειδε S.
15. - ευθεως S. | αυτης *pro* αυτοις M.
16. + τα *ante* λογω P. | λεγων M, λεγω M′, *pro* λογω.
17. ελαβεν V.
18. αυτων *pro* αυτον M.

19. - αυτω P.
20. φωλαιους εχουσιν V. | ο δε ο υιος V. | κλινῃ S.
23. + το *ante* πλοιον S.
24. εκαθευδε S.

δεν. 25. καὶ προσελθόντες οἱ μαθηταὶ † ἤγειραν αὐτὸν λέγοντες· κύριε σῶσον, † ἀπολλύμεθα. 26. καὶ λέγει αὐτοῖς· τί δειλοί ἐστε, ὀλιγόπιστοι; τότε ἐγερθεὶς ἐπετίμησε §τῷ ἀνέμῳ καὶ τῇ θαλάσσῃ, καὶ ἐγένετο § γαλύνη μεγάλη. 27. οἱ δὲ ἄνθρωποι ἐθαύμασαν λέγοντες· ποταπός ἐστιν οὗτος, ὅτι καὶ οἱ ἄνεμοι καὶ ἡ θάλασσα ὑπακούουσιν αὐτῷ; 28. Καὶ § ἐλθόντος αὐτοῦ εἰς τὸ πέραν εἰς τὴν χώραν τῶν § Γεργεσινῶν, ὑπήντησαν αὐτῷ δύο δαιμονιζόμενοι ἐκ τῶν μνημείων ἐξερχόμενοι, χαλεποὶ λιάν, ὥστε μὴ ἰσχύειν τινὰ παρελθεῖν διὰ τῆς ὁδοῦ ἐκείνης. 29. καὶ ἰδοὺ ἔκραξαν λέγοντες· τί ἡμῖν καὶ σοί, Ἰησοῦ, υἱὲ τοῦ θεοῦ; ἦλθες ὧδε πρὸ καιροῦ βασανίσαι ἡμᾶς; 30. ἦν δὲ μακρὰν ἀπ' αὐτῶν ἀγέλη χοίρων πολλῶν βοσκομένη. 31. οἱ δὲ δαίμονες παρεκάλουν αὐτὸν λέγοντες· εἰ ἐκβάλλεις ἡμᾶς, ἐπίτρεψον ἡμῖν ἀπελθεῖν εἰς τὴν ἀγέλην τῶν χοίρων· 32. καὶ εἶπεν αὐτοῖς· ὑπάγετε· οἱ δὲ ἐξελθόντες ἀπῆλθον εἰς τὴν ἀγέλην τῶν χοίρων· καὶ ἰδοὺ ὥρμησε πᾶσα ἡ ἀγέλη † κατὰ τοῦ κρημνοῦ εἰς τὴν θάλασσαν, καὶ ἀπέθανον ἐν τοῖς ὕδασιν. 33. οἱ δὲ βόσκοντες ἔφυγον, καὶ ἀπελθόντες εἰς τὴν πόλιν ἀπήγγειλαν πάντα

---

lliat L.

25. + αυτου post μαθηται S. | αυτων pro αυτον M. | + ημας post σωσον SV.
26. ιπετιμησεν V. | τοις ανεμοις S. | γαληνη S, γαλινη V.
28. ελθοντι αυτω S. | γεργεσηνων S, γεργεσυνων M. | μνημειου Γ. | ισχυην Μ.
29. + φωνη μεγαλη post εκραξαν V. |
υμιν pro ημιν M. | συ pro σοι MV.
30. αγελοι Γ.
32. ισον V, sed Γ' = S. | ορμησαι Γ, ωρμησεν V. | + των χοιρων ante κατα SM. | κρυμνον M.
33. ανηγγειλαν V.

καὶ τὰ τῶν δαιμονιζομένων. 34. καὶ ἰδοὺ πᾶσα ἡ πόλις ἐξῆλθεν εἰς συνάντησιν τῷ Ἰησοῦ, καὶ ἰδόντες αὐτὸν παρεκάλεσαν ὅπως μεταβῇ ἀπὸ τῶν ὁρίων αὐτῶν.

IX.

1. Καὶ ἐμβὰς § ὁ Ἰησοῦς εἰς † πλοῖον διεπέρασεν, καὶ ἦλθεν εἰς τὴν ἰδίαν πόλιν. 2. καὶ ἰδοὺ προσέφερον αὐτῷ παραλυτικὸν ἐπὶ κλίνης βεβλημένον. καὶ ἰδὼν ὁ Ἰησοῦς τὴν πίστιν αὐτῶν εἶπε τῷ παραλυτικῷ· θάρσει τέκνον, ἀφέωνταί σοι αἱ ἁμαρτίαι σου. 3. καὶ ἰδού τινὲς τῶν γραμματέων εἶπον ἐν ἑαυτοῖς· οὗτος βλασφημεῖ. 4. καὶ ἰδὼν ὁ Ἰησοῦς τὰς ἐνθυμήσεις αὐτῶν εἶπεν § αὐτοῖς· ἵνα τί ὑμεῖς ἐνθυμεῖσθε πονηρὰ ἐν ταῖς καρδίαις ὑμῶν; 5. τί γάρ ἐστιν εὐκοπώτερον, εἰπεῖν· ἀφέωνταί σοι αἱ ἁμαρτίαι, ἢ εἰπεῖν· § ἔγειρε καὶ περιπάτει; 6. ἵνα δὲ εἰδῆτε ὅτι ἐξουσίαν ἔχει ὁ υἱὸς τοῦ ἀνθρώπου ἐπὶ τῆς γῆς ἀφιέναι ἁμαρτίας, τότε λέγει τῷ παραλυτικῷ· ἐγερθεὶς ἆρόν σου τὴν κλίνην καὶ ὕπαγε εἰς τὸν οἶκόν σου. 7. καὶ ἐγερθεὶς ἀπῆλθεν εἰς τὸν οἶκον αὐτοῦ. 8. ἰδόντες δὲ οἱ ὄχλοι ἐθαύμασαν καὶ ἐδόξασαν τὸν θεὸν τὸν δόντα ἐξουσίαν τοιαύτην τοῖς ἀνθρώποις.

Hiat L.
34. init. και bis M. | συναντισιν P. | αυτων pro αυτον M.
IX. 1. - ο ιησους SV. | + το ante πλοιον S. | διεπερασε S.
2. κληνης M. | αυτω pro αυτων M. | ειπεν V. | αφεονται P.
3. ειπεν pro ειπον M. | ουτως Γ.
4. - αυτοις S. | ενθυμεισθαι Γ.
5. ευκοποτερον P. | + τω παραλυτικω post ειπειν prim. V. | αφεονται P. | εγειραι S.
6. ηδειτε Γ.

9. Καὶ παράγων § ἐκεῖθεν ὁ Ἰησοῦς εἶδεν ἄνθρωπον καθήμενον ἐπὶ τὸ §τελώνειον, Ματθαῖον λεγόμενον, καὶ λέγει αὐτῷ· ἀκολούθει μοι. καὶ ἀναστὰς ἠκολούθησεν αὐτῷ. 10. καὶ ἐγένετο αὐτοῦ ἀνακειμένου ἐν τῇ οἰκίᾳ, καὶ ἰδοὺ πολλοὶ τελῶναι καὶ ἁμαρτωλοὶ ἐλθόντες συνανέκειντο τῷ Ἰησοῦ καὶ τοῖς μαθηταῖς αὐτοῦ. 11. καὶ ἰδόντες οἱ Φαρισαῖοι εἶπον τοῖς μαθηταῖς αὐτοῦ· διατί μετὰ τῶν τελωνῶν καὶ ἁμαρτωλῶν ἐσθίει ὁ διδάσκαλος ὑμῶν; 12. ὁ δὲ Ἰησοῦς ἀκούσας εἶπεν αὐτοῖς· οὐ χρείαν ἔχουσιν οἱ ἰσχύοντες ἰατροῦ ἀλλ᾽ οἱ κακῶς ἔχοντες. 13. πορευθέντες δὲ μάθετε τί ἐστιν· ἔλεον θέλω καὶ οὐ θυσίαν. οὐ γὰρ ἦλθον καλέσαι δικαίους § ἀλλὰ ἁμαρτωλοὺς εἰς μετάνοιαν.

14. Τότε προσέρχονται αὐτῷ οἱ μαθηταὶ Ἰωάννου λέγοντες· διατί ἡμεῖς καὶ οἱ Φαρισαῖοι νηστεύομεν πολλά, οἱ δὲ μαθηταί σου οὐ νηστεύουσιν; 15. καὶ εἶπεν αὐτοῖς ὁ Ἰησοῦς· μὴ δύνανται † υἱοὶ τοῦ νυμφῶνος πενθεῖν ἐφ᾽ ὅσον μετ᾽ αὐτῶν ἐστὶν ὁ νυμφίος ; ἐλεύσονται δὲ ἡμέραι ὅτ᾽ ἂν ἀπαρθῇ ἀπ᾽ αὐτῶν ὁ νυμφίος, καὶ τότε νηστεύσουσιν. 16. οὐδεὶς δὲ ἐπιβάλλει ἐπίβλημα § ῥάκκους ἀγνάφου ἐπὶ ἱματίῳ παλαιῷ· αἴρει γὰρ τὸ πλήρωμα αὐτοῦ ἀπὸ τοῦ ἱματίου, καὶ χεῖρον σχίσμα γίνεται. 17. οὐδὲ βάλλουσιν οἶνον νέον εἰς ἀσκοὺς παλαιούς· εἰ δὲ μήγε, ῥήγνυνται οἱ ἀσκοί, καὶ ὁ οἶνος ἐκχεῖται καὶ οἱ ἀσκοὶ § ἀπόλλυνται· ἀλλὰ βάλλουσιν οἶνον νέον εἰς ἀσκοὺς καινούς, καὶ § ἀμφότεροι συντηροῦνται.

Hiat L.
9. ο ιησους εκειθεν S. | ιδεν M. | τελωνιον SP.
11. + και πινη *post* εσθιει M.
13. ελαιον M. | αλλ᾽ s, αλλοι M ?, *sed* M′ = *txt.*
14. νηστευουσι SV′, *sed* V = *txt.*
15. + οι autr υιοι s.
16. επιβαλλη M. | ρακους s.
17. απολουνται s, απολλουνται M. | αμφοτερα s.

18. Ταῦτα αὐτοῦ λαλοῦντος αὐτοῖς, ἰδοὺ ἄρχων § τις προσ-
ελθὼν τῷ Ἰησοῦ προσεκύνει αὐτῷ, λέγων·† ἡ θυγάτηρ μου
ἄρτι ἐτελεύτησεν, ἀλλ' ἐλθὼν § ἐπείθες τὴν χεῖρά σου ἐπ' αὐτήν,
καὶ ζήσεται. 19. καὶ ἐγερθεὶς ὁ Ἰησοῦς ἠκολούθησεν αὐτῷ καὶ
οἱ μαθηταὶ αὐτοῦ. 20. καὶ ἰδοὺ γυνὴ αἱμορροοῦσα δώδεκα ἔτη
προσελθοῦσα ὄπισθεν ἥψατο τοῦ κρασπέδου τοῦ ἱματίου αὐτοῦ·
21. ἔλεγεν γὰρ ἐν ἑαυτῇ· ἐὰν μόνον ἅψωμαι τοῦ §κρασπέδου
αὐτοῦ, σωθήσομαι. 22. ὁ δὲ Ἰησοῦς §στραφεὶς καὶ ἰδὼν αὐτὴν
εἶπεν· θάρσει θύγατερ, ἡ πίστις σου σέσωκέ σε· καὶ ἐσώθη ἡ γυνὴ
ἀπὸ τῆς ὥρας ἐκείνης. 23. καὶ ἐλθὼν ὁ Ἰησοῦς εἰς τὴν οἰκίαν τοῦ
ἄρχοντος καὶ ἰδὼν τοὺς § αὐλιτὰς καὶ τὸν ὄχλον θορυβούμενον
ἔλεγεν·† 24. ἀναχωρεῖτε· οὐ γὰρ ἀπέθανε τὸ κοράσιον ἀλλὰ καθεύ-
δει. καὶ κατεγέλων αὐτοῦ. 25. ὅτε δὲ ἐξεβλήθη ὁ ὄχλος, εἰσελ-
θὼν ἐκράτησε τῆς χειρὸς αὐτῆς, καὶ § ἤγειρεν τὸ κοράσιον.
26. καὶ ἐξῆλθεν ἡ φήμη αὕτη εἰς ὅλην τὴν γῆν ἐκείνην.

27. Καὶ παράγοντι ἐκεῖθεν τῷ Ἰησοῦ, ἠκολούθησαν αὐτῷ δύο
τυφλοὶ κράζοντες·† ἐλέησον ἡμᾶς, υἱὲ Δαβίδ. 28. ἐλθόντι δὲ
εἰς τὴν οἰκίαν προσῆλθον αὐτῷ οἱ τυφλοί, καὶ λέγει αὐτοῖς ὁ
Ἰησοῦς· πιστεύετε ὅτι δύναμαι τοῦτο ποιῆσαι; λέγουσιν αὐτῷ·

Πiat L.

18. - τις SV. | ελθων s, προσηλθεν Μ, εισελθων V, pro προσελθων. | - τω ιησου SV. | προσεκεινη P. | + οτι post λεγων s. | αύτη pro αρτι Μ. | αλλα s. | επιθες s. | αυτη pro αυτην P.
21. ελεγε SM. | ιματιου pro κρασπεδου s. | σωθησωμαι P.
22. επιστραφεις SM. | ειπε SM. | σε-σωκεν V.
23. αυλητας s. | λεγει s. | fin. + αυτοις SM.
24. απεθανεν V.
25. εκρατησεν V. | ηγερθη s, ηγειρε Μ.
26. αυτης pro αυτη V.
27. + και λεγοντες post κραζοντες s. | + κυριε ante υιε P.

ναί, κύριε. 29. τότε ήψατο των οφθαλμών αυτών λέγων· κατά την πίστιν υμών γενηθήτω υμίν. 30. και ανεώχθησαν αυτών οι οφθαλμοί. και ενεβριμήσατο αυτοίς ο Ίησούς λέγων· οράτε μηδείς γινωσκέτω. 31. οι δε εξελθόντες § διεφήμησαν αυτόν εν όλη τη γη εκείνη. 32. Αυτών δε εξερχομένων, ιδού προσήνεγκαν αυτώ άνθρωπον κωφόν δαιμονιζόμενον. 33. και εκβληθέντος του δαιμονίου ελάλησεν ο κωφός. και εθαύμασαν οι όχλοι λέγοντες· † ουδέποτε εφάνη ούτως εν τω Ισραήλ. 34. οι δε Φαρισαίοι έλεγον· εν τω άρχοντι των δαιμονίων εκβάλλει τα δαιμόνια.

35. Και περιήγεν ο Ιησούς τας πόλεις πάσας και τας κώμας, διδάσκων εν ταις συναγωγαίς αυτών και κηρύσσων το ευαγγέλιον της βασιλείας και θεραπεύων πάσαν νόσον και πάσαν μαλακίαν 'ν τω λαώ, § και πολλοί ηκολούθησαν αυτώ. 36. ιδών δε τους όχλους § ο Ιησούς § ευσπλαγχνίσθη περί αυτών ότι ήσαν § εσκυλμένοι και ερριμμένοι ωσεί πρόβατα μη έχοντα ποιμένα. 37. τότε λέγει τοις μαθηταίς αυτού· ο μεν θερισμός πολύς, οι δε εργάται ολίγοι. 38. δεήθητε ούν του κυρίου του θερισμού όπως εκβάλη εργάτας εις τον θερισμόν αυτού.

Hiat L.
30. + παραχρημα *post* και *prim*. v.
31. εξερχομενων *pro* εξελθοντες M. | διεφημισαν sv.
32. - ανθρωπον v.
33. + οτι *ante* ουδεποτε s.
35. - και πολλοι ηκολουθησαν αυτω

sv.
36. - ο ιησους sv. | εσπλαγχνισθη s. | εκλελυμενοι s.
37. εργατε v.
38. δεηθηται M.

ΕΥΑΓΓΕΛΙΟΝ

X.

1. Καὶ προσκαλεσάμενος § ὁ Ἰησοῦς τοὺς δώδεκα μαθητὰς αὐτοῦ ἔδωκεν αὐτοῖς ἐξουσίαν πνευμάτων ἀκαθάρτων, ὥστε ἐκβάλλειν αὐτὰ καὶ θεραπεύειν πᾶσαν νόσον καὶ πᾶσαν μαλακίαν. 2. Τῶν † δώδεκα ἀποστόλων τὰ ὀνόματα § εἰσὶν ταῦτα· πρῶτος Σίμων ὁ λεγόμενος Πέτρος καὶ Ἀνδρέας ὁ ἀδελφὸς αὐτοῦ, Ἰάκωβος ὁ τοῦ Ζεβεδαίου καὶ Ἰωάννης ὁ ἀδελφὸς αὐτοῦ, 3. Φίλιππος καὶ Βαρθολομαῖος, Θωμᾶς καὶ Ματθαῖος ὁ τελώνης, Ἰάκωβος ὁ τοῦ Ἀλφαίου καὶ § Θαδδαῖος ὁ ἐπικληθεὶς Λεββαῖος, 4. Σίμων ὁ Κανανίτης καὶ Ἰούδας Ἰσκαριώτης § ὃς καὶ παρέδωκεν αὐτόν. 5. Τούτους τοὺς δώδεκα ἀπέστειλεν ὁ Ἰησοῦς παραγγείλας αὐτοῖς λέγων· εἰς ὁδὸν ἐθνῶν μὴ ἀπέλθητε, καὶ εἰς πόλιν Σαμαρειτῶν μὴ εἰσέλθητε. 6. πορεύεσθε δὲ μᾶλλον πρὸς τὰ πρόβατα τὰ ἀπολωλότα οἴκου Ἰσραήλ. 7. πορευόμενοι δὲ κηρύσσετε λέγοντες ὅτι ἤγγικεν ἡ βασιλεία τῶν οὐρανῶν. 8. ἀσθενοῦντας θεραπεύετε, § νεκροὺς ἐγείρετε, λεπροὺς καθαρίζετε, δαιμόνια ἐκβάλλετε· δωρεὰν ἐλάβετε, δωρεὰν § δῶτε. 9. μὴ κτήσησθε χρυσὸν § μήτε ἄργυρον § μήτε χαλκὸν εἰς τὰς ζώνας ὑμῶν, 10. μὴ § πεῖραν εἰς ὁδὸν § μήτε δύο χιτῶνας § μήτε ὑποδήματα § μήτε § ῥάβδους·

Matt 1..
X. 1. - ο ιησους sv. | - τους M.
2. + δε *post* των SP. | εστι sv´, εστιν
v, *pro* εισιν.
3. λεββαιος ο επικληθεις θαδδαιος
s. | - ο επικληθεις λεββαιος
v.
4. + ο *ante* ισκαριωτης v. | ο και
παραδους s.
5. οδων M.

6. πορευεσθαι Γ.
7. κηρυσσεται Γ.
8. θεραπευεται Γ. | λεπρους καθαριζετε, νεκρους εγειρετε s. | - νεκρους εγειρετε v. | - δωρεαν ελαβετε M. | δοτε sv.
9. μηδε *pro* μητε *semper in* vss. 9, 10 s.
10. πηραν sv. | ραβδον s.

ἄξιος γὰρ ὁ ἐργάτης τῆς τροφῆς αὐτοῦ. † 11. εἰς ἣν δ᾽ ἂν πόλιν § εἰσέλθητε ἢ κώμην, ἐξετάσατε τίς ἐν αὐτῇ ἄξιός ἐστιν· κἀκεῖ μείνατε ἕως ἂν ἐξέλθητε. 12. εἰσερχόμενοι δὲ εἰς τὴν οἰκίαν ἀσπάσασθε αὐτήν. 13. καὶ ἐὰν μὲν ᾖ ἡ οἰκία ἀξία, § ἐλθάτω ἡ εἰρήνη ὑμῶν ἐπ᾽ αὐτήν· ἐὰν δὲ μὴ ᾖ ἀξία, ἡ εἰρήνη ὑμῶν πρὸς ὑμᾶς ἐπιστραφήτω. 14. καὶ ὃς § ἂν μὴ δέξηται ὑμᾶς μηδὲ ἀκούσῃ τοὺς λόγους ὑμῶν, ἐξερχόμενοι τῆς οἰκίας ἢ τῆς πόλεως § ἢ κώμης ἐκείνης § ἐκτεινάξατε τὸν κονιορτὸν τῶν ποδῶν ὑμῶν. 15. ἀμὴν λέγω ὑμῖν, ἀνεκτότερον ἔσται γῇ Σοδόμων καὶ Γομόρρων ἐν ἡμέρᾳ κρίσεως ἢ τῇ πόλει ἐκείνῃ. 16. Ἰδοὺ ἐγὼ ἀποστέλλω ὑμᾶς ὡς πρόβατα ἐν μέσῳ λύκων· γίνεσθε οὖν φρόνιμοι ὡς οἱ ὄφεις καὶ ἀκέραιοι ὡς αἱ περιστεραί. 17. προσέχετε δὲ ἀπὸ τῶν ἀνθρώπων· παραδώσουσι γὰρ ὑμᾶς εἰς συνέδρια, καὶ ἐν ταῖς συναγωγαῖς αὐτῶν μαστιγώσουσιν ὑμᾶς· 18. καὶ ἐπὶ ἡγεμόνας δὲ καὶ βασιλεῖς ἀχθήσεσθε ἕνεκεν ἐμοῦ, εἰς μαρτύριον αὐτοῖς καὶ τοῖς ἔθνεσιν. 19. ὅτ᾽ ἂν δὲ § παραδώσουσιν ὑμᾶς, μὴ μεριμνήσητε πῶς ἢ τί λαλήσετε· δοθήσεται γὰρ ὑμῖν ἐν ἐκείνῃ τῇ ὥρᾳ τί § λαλήσητε. 20. οὐ γὰρ ὑμεῖς ἐστὲ οἱ λαλοῦντες, ἀλλὰ τὸ πνεῦμα τοῦ πατρὸς ὑμῶν τὸ λαλοῦν ἐν ὑμῖν. 21. παραδώσει δὲ ἀδελφὸς ἀδελφὸν εἰς θάνατον καὶ πατὴρ τέκνον, καὶ ἐπαναστήσονται τέκνα ἐπὶ γονεῖς καὶ θανατώσουσιν αὐτούς. 22. καὶ ἔσεσθε μισούμενοι ὑπὸ πάντων διὰ τὸ ὄνομά μου· ὁ δὲ ὑπομείνας εἰς τέλος, οὗτος σωθήσεται.

Hiat I..
10. *fin.* + εστιν SP.
11. - ην P. | η κωμην εισελθητε S. | εστι S.
12. *fin.* + λεγοντες ειρηνη εν τω οικω τουτω M.
13. ηκουα *pro* οικια M. | ελθετω S.
14. εαν SM. | - η κωμης SV. | εκτι-

ναξατε S. | κονιορτων P.
16. οφις MP. | ακεραιοι V.
17. παραδωσουσιν V.
19. παραδιδωσιν SP. | δοθησετε P. λαλησετε S.
22. ουτως P.

23. ὅτ᾽ ἂν δὲ §διώκουσιν ὑμᾶς ἐν τῇ πόλει ταύτῃ, φεύγετε εἰς §ἑτέραν· κἂν ἐκ ταύτης διώκωσιν ὑμᾶς φεύγετε εἰς τὴν ἄλλην. ἀμὴν γὰρ λέγω ὑμῖν, οὐ μὴ τελέσητε τὰς πόλεις τοῦ Ἰσραὴλ ἕως ἂν ἔλθῃ ὁ υἱὸς τοῦ ἀνθρώπου. 24. Οὐκ ἔστιν μαθητὴς ὑπὲρ τὸν διδάσκαλον §αὐτοῦ, οὐδὲ δοῦλος ὑπὲρ τὸν κύριον αὐτοῦ. 25. ἀρκετὸν τῷ μαθητῇ ἵνα γένηται ὡς ὁ διδάσκαλος αὐτοῦ, καὶ ὁ δοῦλος ὡς ὁ κύριος αὐτοῦ. εἰ τὸν οἰκοδεσπότην Βεελζεβοὺλ §ἐπεκάλεσαν, πόσῳ μᾶλλον τοὺς οἰκιακοὺς αὐτοῦ; 26. μὴ οὖν φοβηθῆτε αὐτούς· οὐδὲν γάρ ἐστιν §συγκεκαλυμμένον ὃ οὐκ ἀποκαλυφθήσεται, καὶ κρυπτὸν ὃ οὐ γνωσθήσεται. 27. ὃ λέγω ὑμῖν ἐν τῇ σκοτίᾳ, εἴπατε ἐν τῷ φωτί· καὶ ὃ εἰς τὸ οὖς ἀκούετε, κηρύξατε ἐπὶ τῶν δωμάτων. 28. καὶ μὴ §φοβεῖσθαι ἀπὸ τῶν §ἀποκτενόντων τὸ σῶμα, τὴν δὲ ψυχὴν μὴ δυναμένων ἀποκτεῖναι· φοβήθητε δὲ μᾶλλον τὸν δυνάμενον † §τὴν ψυχὴν καὶ §τὸ σῶμα ἀπολέσαι ἐν γεέννῃ. 29. οὐχὶ δύο στρουθία ἀσσαρίου πωλεῖται; καὶ ἓν ἐξ αὐτῶν οὐ πεσεῖται ἐπὶ τὴν γῆν ἄνευ τοῦ πατρὸς ὑμῶν. 30. ὑμῶν δὲ καὶ αἱ τρίχες τῆς κεφαλῆς πᾶσαι ἠριθμημέναι εἰσίν. 31. μὴ οὖν φοβήθητε §αὐτούς· πολλῶν στρουθίων διαφέρετε ὑμεῖς. 32. Πᾶς οὖν ὅστις ὁμολογήσει ἐν ἐμοὶ ἔμπροσθεν τῶν ἀνθρώπων, ὁμολογήσω κἀγὼ ἐν αὐτῷ ἔμπροσθεν τοῦ πατ-

---

Hiat l..

23. διωκωσιν *pro* διωκουσιν s. | -ετεραν *usque ad* εις s. | διωκυυσιν *pro* διωκωσιν M.
24. εστι s. | τιον *pro* τον *prim.* P. | - αυτου sv. | του κυριου M.
25. οι *pro* τι M. | εκαλεσαν sv.
26. εστι s. | κεκαλυμμενον s.
28. φοβηθητε sv. | αποκτεινοντων s. | + και *post* δυναμενον sv. | - την *sec.* s. | - το *sec.* s, τω *pro* τυ *sec.* P.
29. πωλειται P.
30. εισι s.
31. - αυτους sv. | διαφερεται P.

ρός μου τοῦ ἐν § τοῖς οὐρανοῖς· 33. ὅστις δ' ἂν §ἀπαρνήσητέ με ἔμπροσθεν τῶν ἀνθρώπων ἀρνήσομαι αὐτὸν κἀγὼ ἔμπροσθεν τοῦ πατρός μου τοῦ ἐν οὐρανοῖς. 34. Μὴ νομίσητε ὅτι ἦλθον βαλεῖν εἰρήνην ἐπὶ τὴν γῆν· οὐκ ἦλθον βαλεῖν εἰρήνην ἀλλὰ μάχαιραν. 35. ἦλθον γὰρ διχάσαι ἄνθρωπον κατὰ τοῦ πατρὸς αὐτοῦ καὶ θυγατέρα κατὰ τῆς μητρὸς αὐτῆς καὶ νύμφην κατὰ τῆς πενθερᾶς αὐτῆς, 36. καὶ ἐχθροὶ τοῦ ἀνθρώπου οἱ οἰκιακοὶ αὐτοῦ. 37. Ὁ φιλῶν πατέρα ἢ μητέρα ὑπὲρ ἐμὲ οὐκ ἔστι μου ἄξιος, καὶ ὁ φιλῶν υἱὸν ἢ θυγατέρα ὑπὲρ ἐμὲ οὐκ ἔστι μου ἄξιος. 38. καὶ ὃς οὐ λαμβάνει τὸν σταυρὸν αὐτοῦ καὶ ἀκολουθεῖ ὀπίσω μου, οὐκ ἔστι μου ἄξιος. 39. ὁ εὑρὼν τὴν ψυχὴν αὐτοῦ ἀπολέσει αὐτήν, καὶ ὁ ἀπολέσας τὴν ψυχὴν αὐτοῦ ἕνεκεν ἐμοῦ εὑρήσει αὐτήν. 40. Ὁ δεχόμενος ὑμᾶς ἐμὲ δέχεται, καὶ ὁ ἐμὲ δεχόμενος δέχεται τὸν ἀποστείλαντά με. 41. ὁ δεχόμενος προφήτην εἰς ὄνομα προφήτου μισθὸν προφήτου λήψεται, καὶ ὁ δεχόμενος δίκαιον εἰς ὄνομα δικαίου μισθὸν δικαίου λήψεται. 42. καὶ ὃς ἐὰν §ποτήσῃ ἕνα τῶν §μικρὸν τούτων ποτήριον ψυχροῦ μόνον εἰς ὄνομα μαθητοῦ, ἀμὴν λέγω ὑμῖν, οὐ μὴ ἀπολέσῃ τὸν μισθὸν αὐτοῦ.

Hiat l..
32. – τοις SV.
33. αρνησηται S. | + τοις ante ουρανοις V.
34. νομησητε P. | – επι την γην P.
36. – οι M.
37. εστιν bis V.
38. εστιν V.
41. μησθον prim. P.
42. αν V. | ποτιση S, ποτισει M. | μικρων SV, τον μικρον P. | απολισει M.

XI.

1. Καὶ ἐγένετο ὅτε ἐτέλεσεν ὁ Ἰησοῦς διατάσσων τοῖς δώδεκα μαθηταῖς αὐτοῦ, μετέβη ἐκεῖθεν τοῦ διδάσκειν καὶ κηρύσσειν ἐν ταῖς πόλεσιν αὐτῶν. 2. Ὁ δὲ Ἰωάννης ἀκούσας ἐν τῷ δεσμωτηρίῳ τὰ ἔργα τοῦ Χριστοῦ, πέμψας δύο τῶν μαθητῶν αὐτοῦ 3. εἶπεν αὐτῷ· σὺ εἶ ὁ ἐρχόμενος, ἢ ἕτερον προσδοκῶμεν; 4. καὶ ἀποκριθεὶς ὁ Ἰησοῦς εἶπεν αὐτοῖς· πορευθέντες ἀπαγγείλατε § τῷ Ἰωάννῃ ἃ ἀκούετε καὶ βλέπετε· 5. τυφλοὶ ἀναβλέπουσι καὶ χωλοὶ περιπατοῦσιν, λεπροὶ καθαρίζονται καὶ κωφοὶ ἀκούουσι, § καὶ πτωχοὶ εὐαγγελίζονται καὶ νεκροὶ ἐγείρονται. 6. καὶ μακάριός ἐστιν ὃς ἐὰν μὴ σκανδαλισθῇ ἐν ἐμοί. 7. Τούτων δὲ πορευομένων ἤρξατο ὁ Ἰησοῦς λέγειν τοῖς ὄχλοις περὶ Ἰωάννου· τί ἐξήλθετε εἰς τὴν ἔρημον θεάσασθαι; κάλαμον ὑπὸ ἀνέμου σαλευόμενον; 8. ἀλλὰ τί § ἐξήλθατε ἰδεῖν; ἄνθρωπον ἐν μαλακοῖς ἱματίοις ἠμφιεσμένον; ἰδοὺ οἱ τὰ μαλακὰ φοροῦντες ἐν τοῖς οἴκοις τῶν βασιλέων εἰσίν. 9. ἀλλὰ τί ἐξήλθετε ἰδεῖν; προφήτην; ναὶ λέγω ὑμῖν, καὶ περισσότερον προφήτου. 10. οὗτος γάρ ἐστι περὶ οὗ γέγραπται· ἰδοὺ ἐγὼ ἀποστέλλω τὸν ἄγγελόν μου § προπροσώπου σου, ὃς κατασκευάσει τὴν ὁδόν σου ἔμπροσθέν σου. 11. ἀμὴν λέγω ὑμῖν, οὐκ

Hiat L.
XI. 2. δια pro δυο v.
4. – τω sv.
5. βλεπουσιν v, βλεπουσι v'. | χωλοι P. | περιπατουσι SMv', sed v = t.rt. | ακουουσιν v, sed v' = s. | νεκροι εγειρονται και πτωχοι ευαγγελιζονται pro και πτωχοι κ. τ. λ. s.
7. εξηλθατε v. | θεασασθε P, θεασεσθε v.
8. εξηλθετε SMP, sed P' = t.rt.
10. εστιν v sed v', = s. | πρὸ προσώπου s. | κατασκευασοι M.

ΚΑΤΑ ΜΑΤΘΑΙΟΝ.

ἐγήγερται ἐν γεννητοῖς γυναικῶν μείζων Ἰωάννου τοῦ βαπτιστοῦ· ὁ δὲ μικρότερος ἐν τῇ βασιλείᾳ τῶν οὐρανῶν μείζων αὐτοῦ ἐστιν. 12. ἀπὸ δὲ τῶν ἡμερῶν Ἰωάννου τοῦ βαπτιστοῦ ἕως ἄρτι ἡ βασιλεία τῶν οὐρανῶν βιάζεται, καὶ βιασταὶ ἁρπάζουσιν αὐτήν. 13. πάντες γὰρ οἱ προφῆται καὶ ὁ νόμος ἕως Ἰωάννου § ἐπροφήτευσαν, 14. καὶ εἰ θέλετε δέξασθαι, αὐτός ἐστιν Ἠλίας ὁ μέλλων ἔρχεσθαι. 15. ὁ ἔχων ὦτα ἀκούειν, ἀκουέτω. 16. Τίνι δὲ ὁμοιώσω τὴν γενεὰν ταύτην; ὁμοία ἐστι § παιδίοις καθημένοις ἐν ἀγοραῖς ἃ προσφωνοῦντα τοῖς ἑτέροις αὐτῶν 17. λέγουσιν· ηὐλήσαμεν ὑμῖν, καὶ οὐκ ὠρχήσασθε· ἐθρηνήσαμεν ὑμῖν, καὶ οὐκ ἐκόψασθε. 18. ἦλθεν γὰρ § πρὸς ὑμᾶς Ἰωάννης μήτε ἐσθίων μήτε πίνων, καὶ λέγουσι· δαιμόνιον ἔχει. 19. ἦλθεν ὁ υἱὸς τοῦ ἀνθρώπου ἐσθίων καὶ πίνων, καὶ λέγουσιν· ἰδοὺ ἄνθρωπος φάγος καὶ οἰνοπότης, § φίλος τελωνῶν καὶ ἁμαρτωλῶν. καὶ ἐδικαιώθη ἡ σοφία ἀπὸ § πάντων τῶν τέκνων αὐτῆς.
20. Τότε ἤρξατο § ὁ Ἰησοῦς ὀνειδίζειν τὰς πόλεις ἐν αἷς ἐγένοντο αἱ πλεῖσται δυνάμεις αὐτοῦ, ὅτι οὐ μετενόησαν· 21. οὐαί σοι § Χωραζεῖν, οὐαί σοι Βηθσαϊδάν, ὅτι εἰ ἐν Τύρῳ καὶ Σιδῶνι ἐγένοντο αἱ δυνάμεις αἱ γενόμεναι ἐν ὑμῖν, πάλαι ἂν ἐν σάκκῳ καὶ

Hiat L.
12. βιαζετε M.
13. προεφητευσαν S, επροεφητευσαν M.
16. εστιν V, sed v' = s. | παιδαριοις εν αγοραις καθημενοις και προσφωνουσι τοις εταιροις αυτων pro παιδιοις usq. αυτων s.
17. init. + και s. | - λεγουσιν v. |

ηυλισαμεν P.
18. ηλθε s. | - προς υμας s. | + ο βαπτιστης ante ιωαννης M. | λεγουσιν v, sed v' = s.
19. + γαρ post ηλθεν M. | τελωνων φιλος sv. | - παντων s. | εργων pro τεκνων V.
20. - ο ιησους s. | πλησται P.
21. χοραζιν s.

E

σπυδῷ μετενόησαν. 22. πλὴν λέγω ὑμῖν, Τύρῳ καὶ Σιδῶνι ἀνεκτότερον ἔσται ἐν ἡμέρᾳ κρίσεως, ἢ ὑμῖν. 23. καὶ σὺ Καπερναούμ, § ἡ ἕως τοῦ οὐρανοῦ § ὑψώθης, ἕως ᾅδου § καταβιβασθήσει, ὅτι εἰ ἐν Σοδόμοις ἐγένοντο αἱ δυνάμεις αἱ γενόμεναι ἐν σοί, ἔμειναν ἂν μέχρι τῆς σήμερον. 24. πλὴν λέγω ὑμῖν ὅτι γῇ Σοδόμων ἀνεκτότερον ἔσται ἕν ἡμέρᾳ κρίσεως ἢ σοί. 25. Ἐν ἐκείνῳ τῷ καιρῷ ἀποκριθεὶς ὁ Ἰησοῦς εἶπεν· ἐξομολογοῦμαί σοι πάτερ, κύριε τοῦ οὐρανοῦ καὶ τῆς γῆς, ὅτι ἀπέκρυψας ταῦτα ἀπὸ σοφῶν καὶ συνετῶν, καὶ ἀπεκάλυψας αὐτὰ νηπίοις· 26. ναὶ ὁ πατήρ, ὅτι οὕτως ἐγένετο εὐδοκία ἔμπροσθέν σου. 27. Πάντα μοι παρεδόθη ὑπὸ τοῦ πατρός μου, καὶ οὐδεὶς ἐπιγινώσκει τὸν υἱὸν εἰ μὴ ὁ πατήρ, οὐδὲ τὸν πατέρα τις ἐπιγινώσκει εἰ μὴ ὁ υἱὸς καὶ ᾧ ἐὰν βούληται ὁ υἱὸς ἀποκαλύψαι. 28. Δεῦτε πρός με πάντες οἱ κοπιῶντες καὶ πεφορτισμένοι, κἀγὼ ἀναπαύσω ὑμᾶς. 29. ἄρατε τὸν ζυγόν μου ἐφ' ὑμᾶς καὶ μάθετε ἀπ' ἐμοῦ, ὅτι πρᾷός εἰμι καὶ ταπεινὸς τῇ καρδίᾳ, καὶ εὑρήσετε ἀνάπαυσιν ταῖς ψυχαῖς ὑμῶν. 30. ὁ γὰρ ζυγός μου χρηστὸς καὶ τὸ φορτίον μου ἐλαφρόν ἐστιν.

XII.

1. Ἐν ἐκείνῳ τῷ καιρῷ ἐπορεύθη ὁ Ἰησοῦς τοῖς σάββασιν διὰ τῶν σπορίμων· οἱ δὲ μαθηταὶ αὐτοῦ ἐπείνασαν, καὶ ἤρξαντο τίλλειν

Hint L.
22. - η υμιν M.
23. ἡ *pro* ἦ SV. | ὑψωθεισα SV. | καταβιβασθηση SM.
24. υμιν *pro* σοι V.
25. νηπιοις Γ.
27. παρεδωθη P. | ειμι *pro* ει μη *bis*

M. | ὁ αν βουλεται *pro* ὡ εαν βουληται V.
29. - μου P. | ευρησεται MP.
30. χριστος P.
XII. 1. σαββασι SMV', *sed* V = *txt.*

ΚΑΤΑ ΜΑΤΘΑΙΟΝ.

στάχυας καὶ ἐσθίειν. 2. οἱ δὲ Φαρισαῖοι ἰδόντες § αὐτοὺς εἶπον αὐτῷ· ἰδοὺ οἱ μαθηταί σου ποιοῦσιν ὃ οὐκ ἔξεστιν ποιεῖν ἐν σαββάτῳ. 3. ὁ δὲ εἶπεν αὐτοῖς· οὐκ ἀνέγνωτε τί ἐποίησεν Δαβίδ, ὅτε ἐπείνασεν αὐτὸς καὶ οἱ μετ' αὐτοῦ; 4. πῶς εἰσῆλθεν εἰς τὸν οἶκον τοῦ θεοῦ καὶ τοὺς ἄρτους τῆς προθέσεως ἔφαγεν, § ὃ οὐκ ἐξὸν ἦν αὐτῷ φαγεῖν οὐδὲ τοῖς μετ' αὐτοῦ, εἰ μὴ τοῖς ἱερεῦσι μόνοις; 5. ἢ οὐκ ἀνέγνωτε ἐν τῷ νόμῳ ὅτι § τοῖς ἐν τῷ ἱερῷ τοῖς σάββασιν οἱ ἱερεῖς ἐν τῷ ἱερῷ τὸ σάββατον βεβηλοῦσιν καὶ ἀναίτιοί εἰσι; 6. λέγω δὲ ὑμῖν ὅτι τοῦ ἱεροῦ § μεῖζον ἐστὶν ὧδε. 7. εἰ δὲ ἐγνώκειτε τί ἐστιν· ἔλεον θέλω καὶ οὐ θυσίαν, οὐκ ἂν κατεδικάσατε τοὺς ἀναιτίους. 8. κύριος γάρ ἐστιν † τοῦ σαββάτου ὁ υἱὸς τοῦ ἀνθρώπου.

9. Καὶ μεταβὰς ἐκεῖθεν ἦλθεν εἰς τὴν συναγωγὴν αὐτῶν, 10. καὶ ἰδοὺ ἄνθρωπος ἦν § ἐκεῖ τὴν § χεῖραν ἔχων ξηράν· καὶ ἐπηρώτησαν αὐτὸν λέγοντες· εἰ ἔξεστιν τοῖς σάββασιν θεραπεύειν; ἵνα κατηγορήσωσιν αὐτοῦ. 11. ὁ δὲ εἶπεν αὐτοῖς· τίς † ἐξ ὑμῶν ἄνθρωπος ὃς ἕξει πρόβατον ἕν, καὶ † ἐμπέσῃ τοῦτο τοῖς σάββασιν εἰς βόθυνον, οὐχὶ κρατήσει αὐτὸ καὶ § ἐγείρει; 12. πόσῳ οὖν

Hiat L.

2. - αυτους S. | - αυτω M. | εξεστι SM.
3. + ιησους ante ειπεν M. | εποιησε SM. | - αυτους V. | οἱ P.
4. οὓς S, η M pro ὃ. | ιερευσιν V.
5. - τοις εν τω ιερω post οτι SV. | βεβηλουσι SMV', sed V = txt. | - και αναιτιοι εισι P. | ἀναίτιοι V. | εισιν V.
6. μειζων SM, μεῖζων P, μειζον V.
7. ελαιον M, ελιος V.

8. εστι SMV', sed V = txt. | + και post εστιν sva, sed vb = txt. Post εστι erasum esse videtur compendium vocis καὶ. Hoffm.
10. - εκει S. | χειρα SP. | εξεστι SV', sed V = txt. | σαβ/βασι SV', sed V = txt.
11. + εσται post τις SP. | + εαν ante εμπεση SP. | εμπεσει M, επεσει P. | αυτον pro αυτο P. | εγερει S.

ΕΥΑΓΓΕΛΙΟΝ

§ μᾶλλον διαφέρει ἄνθρωπος προβάτου; ὥστε ἔξεστι τοῖς σάββασι §καλωποιεῖν. 13. τότε λέγει τῷ ἀνθρώπῳ· ἔκτεινόν §σου τὴν χεῖρα. καὶ ἐξέτεινεν, καὶ §ἀπεκατεστάθη ὑγιὴς ὡς ἡ ἄλλη. 14. οἱ δὲ Φαρισαῖοι §ἐξελθόντες συμβούλιον ἔλαβον κατ' αὐτοῦ, ὅπως αὐτὸν ἀπολέσωσιν. 15. Ὁ δὲ Ἰησοῦς γνοὺς ἀνεχώρησεν ἐκεῖθεν. καὶ ἠκολούθησαν αὐτῷ ὄχλοι πολλοί, καὶ ἐθεράπευσεν αὐτοὺς πάντας, 16. καὶ ἐπετίμησεν αὐτοῖς ἵνα μὴ φανερὸν αὐτὸν ποιήσωσιν· 17. ὅπως πληρωθῇ τὸ ῥηθὲν διὰ Ἡσαΐου τοῦ προφήτου λέγοντος· 18. ἰδοὺ ὁ παῖς μου ὃν ᾑρέτισα, ὁ ἀγαπητός μου εἰς §ὃ εὐδόκησεν ἡ ψυχή μου· θήσω τὸ πνεῦμά μου ἐπ' αὐτόν, καὶ κρίσιν τοῖς ἔθνεσιν ἀπαγγελεῖ. 19. οὐκ §ἐρείσει οὐδὲ κραυγάσει, οὐδὲ ἀκούσει τις ἐν ταῖς πλατείαις τὴν φωνὴν αὐτοῦ. 20. κάλαμον συντετριμμένον οὐ κατεάξει καὶ §λίνον τυφόμενον οὐ σβέσει, ἕως ἂν §ἐκβάλει εἰς νῖκος τὴν κρίσιν. 21. καὶ † τῷ ὀνόματι αὐτοῦ ἔθνη ἐλπιοῦσιν.

22. Τότε προσηνέχθη αὐτῷ δαιμονιζόμενος τυφλὸς καὶ κωφός· καὶ ἐθεράπευσεν αὐτόν, ὥστε τὸν §κωφὸν καὶ τυφλὸν † λαλεῖν καὶ βλέπειν. 23. καὶ ἐξίσταντο πάντες οἱ ὄχλοι καὶ ἔλεγον· μήτι οὗτός ἐστιν ὁ υἱὸς Δαβίδ; 24. οἱ δὲ Φαρισαῖοι ἀκούσαντες εἶπον· οὗτος οὐκ ἐκβάλλει τὰ δαιμόνια εἰ μὴ ἐν τῷ Βεελζεβοὺλ

Hiat L.

12. – μαλλον s. | σαββασιν v, sed v' = t.rt. | καλως ποιειν sv.
13. την χειρα σου s. | εξετεινε smv', sed v = t.rt. | αποκατεσταθη s.
14. συμβουλιον ελαβον κατ' αυτου εξελθοντες s.
15. οικολουθησαν v, sed v' = t.rt.
18. ηρετησα p, ηρετηπα v. | ον pro ὁ

post εις sv. | αυτων pro αυτου p, sed p' = s.
19. ερισει sm. | πλατιαις v.
20. λινον s. | εκβαλη sm.
21. + εν post και s. | ελπιουσι sm.
22. κοφος p. | τυφλον και κωφον s. | + και ante λαλειν s.
21. ειμι pro ει μη p.

ἄρχοντι τῶν δαιμονίων. 25. εἰδὼς δὲ ὁ Ἰησοῦς τὰς ἐνθυμήσεις αὐτῶν εἶπεν αὐτοῖς· πᾶσα βασιλεία μερισθεῖσα καθ' ἑαυτῆς ἐρημοῦται, καὶ πᾶσα πόλις ἢ οἰκία μεριυθεῖσα καθ' ἑαυτῆς οὐ § στήσεται. 26. καὶ εἰ ὁ Σατανᾶς τὸν Σατανᾶν ἐκβάλλει, ἐφ' ἑαυτὸν ἐμερίσθη· πῶς οὖν σταθήσεται ἡ βασιλεία αὐτοῦ; 27. καὶ εἰ ἐγὼ ἐν Βεελζεβοὺλ ἐκβάλλω τὰ δαιμόνια, οἱ υἱοὶ ὑμῶν ἐν τίνι ἐκβάλλουσιν; διὰ τοῦτο αὐτοὶ ὑμῶν ἔσονται κριταί. 28. εἰ δὲ § ἐν πνεύματι θεοῦ ἐγὼ ἐκβάλλω τὰ δαιμόνια, ἄρα ἔφθασεν ἐφ' ὑμᾶς ἡ βασιλεία τοῦ θεοῦ. 29. ἢ πῶς δύναταί τις εἰσελθεῖν εἰς τὴν οἰκίαν τοῦ ἰσχυροῦ καὶ τὰ σκεύη αὐτοῦ διαρπάσαι, ἐὰν μὴ πρῶτον § τὸν ἰσχυρὸν δήσῃ, καὶ τότε τὴν οἰκίαν αὐτοῦ § διαρπάσῃ; 30. ὁ μὴ ὢν μετ' ἐμοῦ κατ' ἐμοῦ ἐστι, καὶ ὁ μὴ συνάγων μετ' ἐμοῦ σκορπίζει. 31. Διὰ τοῦτο λέγω ὑμῖν, πᾶσα ἁμαρτία καὶ βλασφημία ἀφεθήσεται τοῖς ἀνθρώποις, ἡ δὲ τοῦ πνεύματος βλασφημία οὐκ ἀφεθήσεται τοῖς ἀνθρώποις. 32. καὶ ὃς ἂν εἴπῃ λόγον κατὰ τοῦ υἱοῦ τοῦ ἀνθρώπου, ἀφεθήσεται αὐτῷ· ὃς δ' ἂν εἴπῃ κατὰ τοῦ § ἁγίου πνεύματος, οὐκ ἀφεθήσεται αὐτῷ οὔτε ἐν §τῷ αἰῶνι τούτῳ οὔτε ἐν τῷ μέλλοντι. 33. Ἢ ποιήσατε τὸ δένδρον καλὸν καὶ τὸν καρπὸν αὐτοῦ καλόν, ἢ ποιήσατε τὸ δένδρον σαπρὸν καὶ τὸν καρπὸν αὐτοῦ σαπρόν· ἐκ γὰρ τοῦ καρποῦ τὸ δένδρον γινώσκεται. 34. γεννήματα ἐχιδνῶν, πῶς δύνασθε

Hiat 1..
25. ειδων *pro* ειδως P. | μερισθησα *prim.* P. | η *pro* η V. | μερισθησα *sec.* V, *sed* V' = s. | σταθησεται s.
27. εκβαλλουσι SMV', *sed* V = *txt.* | κριται εσονται υμων V.
28. εγω εν πνευματι θεου s.

29. δησῃ τον ισχυρον s. | διαρπασει s, διαρπασαι M.
30. εστιν V.
32. πνευματος του αγιου s. | τουτω τω αιωνι s.
33. τον *pro* το *prim.* M.

ἀγαθὰ λαλεῖν πονηροὶ ὄντες; ἐκ γὰρ τοῦ περισσεύματος τῆς καρδίας τὸ στόμα λαλεῖ. 35. ὁ ἀγαθὸς ἄνθρωπος ἐκ τοῦ ἀγαθοῦ θησαυροῦ† ἐκβάλλει τὰ ἀγαθά, καὶ ὁ πονηρὸς ἄνθρωπος ἐκ τοῦ πονηροῦ θησαυροῦ ἐκβάλλει § τὰ πονηρά. 36. λέγω δὲ ὑμῖν ὅτι πᾶν ῥῆμα ἀργὸν ὃ ἐὰν λαλήσωσιν οἱ ἄνθρωποι, ἀποδώσουσιν περὶ αὐτοῦ λόγον ἐν ἡμέρᾳ κρίσεως. 37. ἐκ γὰρ τῶν λόγων σου δικαιωθήσῃ καὶ ἐκ τῶν λόγων σου καταδικασθήσῃ. 38. Τότε ἀπεκρίθησαν § αὐτῷ τινες τῶν γραμματέων καὶ Φαρισαίων λέγοντες· διδάσκαλε, θέλομεν ἀπὸ σοῦ σημεῖον ἰδεῖν. 39. ὁ δὲ ἀποκριθεὶς εἶπεν αὐτοῖς· γενεὰ πονηρὰ καὶ § μηχαλεῖς σημεῖον ἐπιζητεῖ, καὶ σημεῖον οὐ δοθήσεται αὐτῇ εἰ μὴ τὸ σημεῖον Ἰωνᾶ τοῦ προφήτου. 40. ὥσπερ γὰρ ἦν Ἰωνᾶς ἐν τῇ κοιλίᾳ τοῦ κήτους τρεῖς ἡμέρας καὶ τρεῖς νύκτας, οὕτως ἔσται ὁ υἱὸς τοῦ ἀνθρώπου ἐν τῇ καρδίᾳ τῆς γῆς τρεῖς ἡμέρας καὶ τρεῖς νύκτας. 41. ἄνδρες § Νινευῖται ἀναστήσονται ἐν τῇ κρίσει μετὰ τῆς γενεᾶς ταύτης καὶ κατακρινοῦσιν αὐτήν, ὅτι μετενόησαν εἰς τὸ κήρυγμα Ἰωνᾶ, καὶ ἰδοὺ πλεῖον Ἰωνᾶ ὧδε. 42. § βασίλεισσα νότου ἐγερθήσεται ἐν τῇ κρίσει μετὰ τῆς γενεᾶς ταύτης καὶ κατακρινεῖ αὐτήν, ὅτι ἦλθεν § ἀπὸ τῶν περάτων τῆς γῆς ἀκοῦσαι τὴν σοφίαν § Σολομῶνος, καὶ ἰδοὺ πλεῖον § Σολομῶνος ὧδε. 43. Ὅτ᾽ ἂν δὲ τὸ ἀκάθαρτον πνεῦμα ἐξέλθῃ ἀπὸ τοῦ ἀνθρώπου,

---

Hiat 1..
35. + της καρδιας post θησαυρου s. | - τα ante αγαθα v. | - τα ante πονηρα sv.
36. - ρημα v, sed v′ marg. = s. | αποδωσουσι SM.
37. δικαιωθησει P.
38. - αυτω s. | γραμματαιων M.
39. μυιχαλις sv, μηχαλης P. | σει-μειον pro σημειον tert. M.
40. κυιτους P.
41. νινευιται SM.
42. βασιλισσα sv. | κατακρινουσιν pro κατακρινει M. | εκ pro απο s. | σαλομωντος bis s, σολομωνος bis v.

διέρχεται δι' ἀνύδρων τόπων ζητοῦν ἀνάπαυσιν, καὶ οὐχ εὑρίσκει. 44. τότε λέγει· § ὑποστρέψω εἰς τὸν οἶκόν μου ὅθεν ἐξῆλθον. καὶ § ἐλθὼν εὑρίσκει σχολάζοντα σεσαρωμένον καὶ § κοσμημένον. 45. τότε πορεύεται καὶ παραλαμβάνει μεθ' ἑαυτοῦ ἑπτὰ ἕτερα πνεύματα πονηρότερα ἑαυτοῦ, καὶ § εἰσελθὼν κατοικεῖ ἐκεῖ, καὶ γίνεται τὰ ἔσχατα τοῦ ἀνθρώπου ἐκείνου χείρονα τῶν § πρώτον. οὕτως ἔσται καὶ τῇ γενεᾷ ταύτῃ τῇ πονηρᾷ. 46. Ἔτι δὲ αὐτοῦ λαλοῦντος τοῖς ὄχλοις, ἰδοὺ ἡ μήτηρ καὶ οἱ ἀδελφοὶ αὐτοῦ εἱστήκεισαν ἔξω ζητοῦντες § λαλῆσαι αὐτῷ. 47. εἶπεν δέ τις αὐτῷ· ἰδοὺ ἡ μήτηρ σου καὶ οἱ ἀδελφοί σου ἔξω ἑστήκασι ζητοῦντές σοι λαλῆσαι. 48. ὁ δὲ ἀποκριθεὶς εἶπεν τῷ εἰπόντι αὐτῷ· τίς ἐστιν ἡ μήτηρ μου, καὶ τίνες εἰσὶν οἱ ἀδελφοί μου; 49. καὶ ἐκτείνας τὴν χεῖρα αὐτοῦ ἐπὶ τοὺς μαθητὰς αὐτοῦ εἶπεν· ἰδοὺ ἡ μήτηρ μου καὶ οἱ ἀδελφοί μου· 50. ὅστις γὰρ § ἐὰν ποιήσει τὸ θέλημα τοῦ πατρός μου τοῦ ἐν οὐρανοῖς, αὐτός μου § καὶ ἀδελφὸς καὶ ἀδελφὴ καὶ μήτηρ ἐστίν.

XIII.

1. Ἐν δὲ τῇ ἡμέρᾳ ἐκείνῃ ἐξελθὼν ὁ Ἰησοῦς ἀπὸ τῆς οἰκίας ἐκάθητο παρὰ τὴν θάλασσαν. 2. καὶ συνήχθησαν πρὸς αὐτὸν

---

lliat 1..
43. διανυδρον P.
44. επιστρεψω S, υποστρεψατω M. | οις *pro* εις P. | + εαν *ante* ελθων V. | ελθον S. | κεκοσμημενον SP, κοσμημενων M.
45. εισελθοντα S. | κατεικει M. | γινετε M. | χειρωνα V. | πρωτων SV.
46. + και *post* ιδου P.| αυτω λαλησαι S.
47. ειπε S. | - εξω εστηκασι P. | εστηκασιν V.
48. ειπε S.
49. - μου *prim.* P.
50. αν S. | ποιηση SV. | - και *prim* s.
XIII. 1. - απο V. | εκαθητω P.

ὄχλοι πολλοί, ὥστε αὐτὸν εἰς τὸ πλοῖον ἐμβάντα καθῆσθαι, καὶ πᾶς ὁ ὄχλος ἐπὶ τὸν αἰγιαλὸν εἰστήκει. 3. καὶ ἐλάλησεν αὐτοῖς πολλὰ ἐν παραβολαῖς, λέγων· ἰδοὺ ἐξῆλθεν ὁ σπείρων τοῦ §σπεῖραι. 4. καὶ ἐν τῷ σπείρειν αὐτὸν ἃ μὲν ἔπεσε παρὰ τὴν ὁδόν, καὶ § ἐλθόντα τὰ πετεινὰ §τοῦ οὐρανοῦ† κατέφαγεν αὐτά. 5. ἄλλα δὲ ἔπεσεν ἐπὶ τὰ πετρώδη ὅπου οὐκ εἶχε γῆν πολλήν, καὶ εὐθέως ἐξανέτειλεν διὰ τὸ μὴ ἔχειν βάθος γῆς· 6. ἡλίου δὲ ἀνατείλαντος ἐκαυματίσθη, καὶ διὰ τὸ μὴ ἔχειν §βάθος ρίζης ἐξηράνθη. 7. ἄλλα δὲ ἔπεσεν § εἰς τὰς ἀκάνθας καὶ ἀνέβησαν αἱ ἄκανθαι καὶ §ἔπνιξαν αὐτά. 8. ἄλλα δὲ ἔπεσεν ἐπὶ τὴν γῆν τὴν καλὴν καὶ ἐδίδου καρπόν, ὃ μὲν ἑκατόν, ὃ δὲ ἑξήκοντα, ὃ δὲ τριάκοντα. 9. ὁ ἔχων ὦτα ἀκούειν ἀκουέτω.

10. Καὶ προσελθόντες οἱ μαθηταὶ εἶπον αὐτῷ· διατί ἐν παραβολαῖς λαλεῖς αὐτοῖς; 11. ὁ δὲ ἀποκριθεὶς εἶπεν αὐτοῖς· ὅτι ὑμῖν δέδοται γνῶναι τὰ μυστήρια τῆς βασιλείας τῶν οὐρανῶν, ἐκείνοις δὲ οὐ δέδοται. 12. ὅστις γὰρ ἔχει, δοθήσεται αὐτῷ καὶ περισσευθήσεται· ὅστις δὲ οὐκ ἔχει, καὶ ὃ ἔχει ἀρθήσεται ἀπ' αὐτοῦ. 13. διὰ τοῦτο ἐν παραβολαῖς §λαλῶ αὐτοῖς, §ὅτι ἵνα βλέποντες μὴ βλέπωσιν καὶ ἀκούοντες μὴ ἀκούωσιν καὶ μὴ συνιῶσιν § μήποτε ἐπιστρέψωσιν. 14. καὶ ἀναπλη-

---

Hiat L.

2. - το V. | - και πας *usque ad fin. vers.* P.
3. σπειρειν S.
4. επεσε V. | + και κατεπατηθη *post* οδον M. | ηλθε *pro* ελθοντα S. | - του ουρανου S. | + και *ante* κατεφαγεν S.
5. ειχεν V. | εξανετειλε SM.
6. ριζαν *pro* βαθος ριζης S.

7. επι *pro* εις S. | απεπνιξαν S.
10. λαλοις P.
11. δεδωται *prim.* P.
12. εχυι (*prim.?*) P.
13. αυτοις λαλω S. | οτι βλεποντες ου βλεπουσι και ακουοντες ουκ ακουουσιν ουδε συνιουσι S, - οτι V, οτ' *pro* οτι P. | - μηποτε επιστρεψωσιν S.

ρούται† αὐτοῖς ἡ προφητεία Ἡσαΐου ἡ λέγουσα· ἀκοῇ §ἀκούσητε καὶ οὐ μὴ συνῆτε, καὶ βλέποντες βλέψετε καὶ οὐ μὴ ἴδητε. 15. ἐπαχύνθη γὰρ ἡ καρδία τοῦ λαοῦ τούτου, καὶ τοῖς ὠσὶν βαρέως ἤκουσαν, καὶ τοὺς ὀφθαλμοὺς αὐτῶν ἐκάμμυσαν, μήποτε ἴδωσιν τοῖς ὀφθαλμοῖς καὶ τοῖς ὠσὶν ἀκούσωσιν καὶ τῇ καρδίᾳ §συνιῶσιν καὶ ἐπιστρέψωσι, καὶ §ἰάσομαι αὐτούς. 16. ὑμῶν δὲ μακάριοι οἱ ὀφθαλμοὶ ὅτι βλέπουσιν, καὶ τὰ ὦτα ὑμῶν ὅτι §ἀκούωσιν. 17. ἀμὴν γὰρ λέγω ὑμῖν ὅτι πολλοὶ προφῆται καὶ δίκαιοι ἐπεθύμησαν ἰδεῖν ἃ βλέπετε, καὶ §οὐχ ἴδον, καὶ §ἀκοῦσε ἃ ἀκούετε, καὶ οὐκ ἤκουσαν. 18. ὑμεῖς οὖν ἀκούσατε τὴν παραβολὴν τοῦ §σπείραντος. 19. Παντὸς ἀκούοντος τὸν λόγον τῆς βασιλείας καὶ μὴ συνιέντος, ἔρχεται ὁ πονηρὸς καὶ ἁρπάζει τὸ ἐσπαρμένον ἐν τῇ καρδίᾳ αὐτοῦ· οὗτός ἐστιν ὁ παρὰ τὴν ὁδὸν σπαρείς. 20. ὁ δὲ ἐπὶ τὰ πετρώδη σπαρείς, οὗτός ἐστιν ὁ τὸν λόγον ἀκούων καὶ εὐθὺς μετὰ χαρᾶς λαμβάνων αὐτόν· 21. οὐκ ἔχει δὲ ῥίζαν ἐν ἑαυτῷ ἀλλὰ πρόσκαιρός ἐστι, γενομένης δὲ θλίψεως ἢ διωγμοῦ διὰ τὸν λόγον εὐθὺς σκανδαλίζεται. 22. ὁ δὲ εἰς τὰς ἀκάνθας σπαρείς, οὗτός ἐστιν ὁ τὸν λόγον ἀκούων, καὶ ἡ μέριμνα τοῦ αἰῶνος τούτου καὶ ἡ ἀπάτη τοῦ πλούτου συμπνίγει τὸν λόγον, καὶ ἄκαρπος γίνεται. 23. ὁ δὲ ἐπὶ τὴν γῆν τὴν καλὴν σπαρείς, οὗτός ἐστιν ὁ

Hiat L.
14. + επ' ante αυτοις S. | αυτης P. |
 – ἡ P. | λεγοντος pro ἡ λεγουσα M. | ακουσετε S. | βλεψητε M.
15. ωσι S. | εκαμμησαν M. | ιδωσι S, ειδωσιν P. | ακουσωσι SM. | συνωσι S. | επιστρεψωσιν V. | ιασωμαι S.
16. βλεπουσι SM. | ακουει S.

17. ουκ S. | ειδον S. | ακουσαι SV. | + μου post ακουσαι P.
18. σπειροντος SV.
19. – τον V. | ερχετε P.
21. εστιν P. | σκανδαλιζετε P.
22. συνπνιγει P.
23. την καλην γην V. | – την scr. P. | των λογων P.

τὸν λόγον ἀκούων καὶ συνιών, ὃς δὴ καρποφορεῖ καὶ ποιεῖ ὁ μὲν ἑκατόν, ὁ δὲ ἑξήκοντα, ὁ δὲ τριάκοντα.

24. Ἄλλην παραβολὴν παρέθηκεν αὐτοῖς λέγων· ὡμοιώθη ἡ βασιλεία τῶν οὐρανῶν ἀνθρώπῳ §σπείραντι καλὸν σπέρμα ἐν τῷ ἀγρῷ αὐτοῦ. 25. ἐν δὲ τῷ καθεύδειν τοὺς ἀνθρώπους ἦλθεν αὐτοῦ ὁ ἐχθρὸς καὶ ἔσπειρεν ζιζάνια ἀνὰ μέσον τοῦ σίτου καὶ ἀπῆλθεν. 26. ὅτε δὲ ἐβλάστησεν ὁ χόρτος καὶ καρπὸν ἐποίησεν, τότε ἐφάνη† τὰ ζιζάνια. 27. προσελθόντες δὲ οἱ δοῦλοι τοῦ οἰκοδεσπότου §εἶπαν αὐτῷ· κύριε, οὐχὶ καλὸν σπέρμα ἔσπειρας ἐν τῷ σῷ ἀγρῷ; πόθεν οὖν ἔχει τὰ ζιζάνια; 28. ὁ δὲ ἔφη αὐτοῖς· ἐχθρὸς ἄνθρωπος τοῦτο ἐποίησεν. οἱ δὲ δοῦλοι §εἶπαν αὐτῷ· θέλεις οὖν §ἐλθόντες συλλέξομεν αὐτά; 29. ὁ δὲ ἔφη· §οὔχι, μήποτε συλλέγοντες τὰ ζιζάνια ἐκριζώσητε ἅμα αὐτοῖς τὸν σῖτον. 30. ἄφετε συναυξάνεσθαι ἀμφότερα μέχρι τοῦ θερισμοῦ, καὶ ἐν† καιρῷ τοῦ θερισμοῦ ἐρῶ τοῖς θερισταῖς· συλλέξατε πρῶτον τὰ ζιζάνια καὶ δήσατε αὐτὰ εἰς δέσμας πρὸς τὸ κατακαῦσαι αὐτά, τὸν δὲ σῖτον συναγάγετε εἰς τὴν ἀποθήκην μου. 31. Ἄλλην παραβολὴν §ἐλάλησεν αὐτοῖς λέγων· ὁμοία ἐστὶν ἡ βασιλεία τῶν οὐρανῶν κόκκῳ σινάπεως, ὃν λαβὼν ἄνθρωπος ἔσπειρεν. ἐν τῷ ἀγρῷ αὐτοῦ· 32. ὃ μικρότερον μέν ἐστι πάντων † σπερμάτων, ὅταν δὲ §αὐξήσῃ, §μείζων τῶν λαχάνων ἐστὶν καὶ γίνεται δέν-

---

Hiat L.

24. ομοιωθη P. | σπειροντι SV.
25. εσπειρε SM. | μεσων P.
26. εποιησε SM. | + και post εφανη S.
27. ειπον SV.
29. ειπον S. | απελθοντες συλλεξωμεν SV.
29. ου pro ουχι S.

30. αφεται P. | + τω ante καιρω S. | αυτου pro μου V.
31. παρεθηκεν pro ελαλησεν S.
32. εστιν V. | + των ante σπερματων SP. | αυξηθη S. | μειζον SP. | εστι SM.

δρον, ὥστε ἐλθεῖν τὰ πετεινὰ τοῦ οὐρανοῦ καὶ κατασκηνοῦν ἐν τοῖς κλάδοις αὐτοῦ. 33. Ἄλλην παραβολὴν ἐλάλησεν αὐτοῖς § λέγων· ὁμοία ἐστὶν ἡ βασιλεία τῶν οὐρανῶν ζύμῃ, ἣν λαβοῦσα γυνὴ § ἔκρυψεν εἰς ἀλεύρου σάτα τρία, ἕως οὗ ἐζυμώθη ὅλον. 34. Ταῦτα πάντα ἐλάλησεν ὁ Ἰησοῦς ἐν παραβολαῖς τοῖς ὄχλοις, καὶ χωρὶς παραβολῆς § οὐδὲν ἐλάλει αὐτοῖς, 35. ὅπως πληρωθῇ τὸ ῥηθὲν διὰ § Ἡσαΐου τοῦ προφήτου λέγοντος· ἀνοίξω ἐν παραβολαῖς τὸ στόμα μου, ἐρεύξομαι κεκρυμμένα ἀπὸ καταβολῆς κόσμου.
36. Τότε ἀφεὶς τοὺς ὄχλους ἦλθεν εἰς τὴν οἰκίαν ὁ Ἰησοῦς. καὶ προσῆλθον αὐτῷ οἱ μαθηταὶ αὐτοῦ λέγοντες· φράσον ἡμῖν τὴν παραβολὴν τῶν ζιζανίων τοῦ ἀγροῦ. 37. ὁ δὲ ἀποκριθεὶς εἶπεν αὐτοῖς· ὁ σπείρων τὸ καλὸν σπέρμα ἐστὶν ὁ υἱὸς τοῦ ἀνθρώπου. 38. ὁ δὲ ἀγρός ἐστιν ὁ κόσμος· τὸ δὲ καλὸν σπέρμα, οὗτοί εἰσιν οἱ υἱοὶ τῆς βασιλείας· τὰ δὲ ζιζάνιά εἰσιν οἱ υἱοὶ τοῦ πονηροῦ, 39. ὁ δὲ ἐχθρὸς ὁ σπείρας αὐτά ἐστιν ὁ διάβολος· ὁ δὲ θερισμὸς συντέλεια † αἰῶνός ἐστιν, οἱ δὲ θερισταὶ ἄγγελοί εἰσιν. 40. ὥσπερ οὖν συλλέγεται τὰ ζιζάνια καὶ πυρὶ § καίεται, οὕτως ἔσται ἐν τῇ συντελείᾳ τοῦ αἰῶνος τούτου. 41. ἀποστελεῖ ὁ υἱὸς τοῦ ἀνθρώπου τοὺς ἀγγέλους αὐτοῦ, καὶ συλλέξουσιν ἐκ τῆς βασιλείας αὐτοῦ πάντα τὰ σκάνδαλα καὶ τοὺς ποιοῦντας τὴν ἀνομίαν, 42. καὶ βαλοῦσιν αὐτοὺς εἰς τὴν κάμινον τοῦ πυρός· ἐκεῖ ἔσται ὁ

Hiat L.

32. πεινα V, πετεινα V. | κατασκυνουν P.
33. - λεγων S. | ενεκρυψεν SP.
34. ουκ ρro ουδεν SV.
35. - ησαιου S.
36. οικειαν P.
39. + του ante αιωνος S.
40. κατακαιεται S, καιετε M.

κλαυθμὸς καὶ ὁ βρυγμὸς τῶν ὀδόντων. 43. τότε οἱ δίκαιοι ἐκλάμψουσιν ὡς ὁ ἥλιος ἐν τῇ βασιλείᾳ τοῦ πατρὸς αὐτῶν. ὁ ἔχων ὦτα ἀκούειν ἀκουέτω. 44. Πάλιν ὁμοία ἐστὶν ἡ βασιλεία τῶν οὐρανῶν θησαυρῷ κεκρυμμένῳ ἐν τῷ ἀγρῷ, ὃν εὑρὼν ἄνθρωπος ἔκρυψε, καὶ ἀπὸ τῆς χαρᾶς αὐτοῦ ὑπάγει καὶ πάντα ὅσα ἔχει πωλεῖ καὶ ἀγοράζει τὸν ἀγρὸν ἐκεῖνον. 45. Πάλιν ὁμοιά ἐστιν ἡ βασιλεία τῶν οὐρανῶν ἀνθρώπῳ ἐμπόρῳ ζητοῦντι καλοὺς μαργαρίτας· 46. ὃς εὑρὼν ἕνα πολύτιμον μαργαρίτην ἀπελθὼν πέπρακε πάντα ὅσα εἶχεν καὶ ἠγόρασεν αὐτόν. 47. Πάλιν ὁμοία ἐστὶν ἡ βασιλεία τῶν οὐρανῶν σαγήνῃ βληθείσῃ εἰς τὴν θάλασσαν καὶ ἐκ παντὸς γένους συναγαγούσῃ· 48. ἣν ὅτε ἐπληρώθη §ἀναβηβάσαντες ἐπὶ τὸν αἰγιαλὸν καὶ §καθήσαντες συνέλεξαν τὰ καλὰ εἰς ἀγγεῖα, τὰ δὲ σαπρὰ ἔξω ἔβαλον. 49. οὕτως ἔσται ἐν τῇ συντελείᾳ τοῦ αἰῶνος· ἐξελεύσονται οἱ ἄγγελοι καὶ ἀφοριοῦσιν τοὺς πονηροὺς ἐκ μέσου τῶν δικαίων, 50. καὶ §βάλλουσιν αὐτοὺς εἰς τὴν κάμινον τοῦ πυρός· ἐκεῖ ἔσται ὁ κλαυθμὸς καὶ ὁ βρυγμὸς τῶν ὀδόντων. 51. λέγει αὐτοῖς ὁ Ἰησοῦς· συνήκατε ταῦτα πάντα; λέγουσιν αὐτῷ· ναί.† 52. ὁ δὲ εἶπεν αὐτοῖς· διὰ τοῦτο πᾶς γραμματεὺς μαθητευθεὶς §τῇ βασιλείᾳ τῶν οὐρανῶν ὁμοιός ἐστιν ἀνθρώπῳ οἰκοδεσπότῃ, ὅστις ἐκβάλλει ἐκ τοῦ θησαυροῦ αὐτοῦ καινὰ καὶ παλαιά.

Hiat ι..
43. λαμψουσι νb, sed νh = s. | των ουρανων pro του πατρος αυτων v.
44. εκρυψεν P. | αυτων pro αυτου P.
46. + δε post ευρων v. | - ενα v. | πεπρακεν v. | ειχε sm.
47. βληθησα m, βληθησει P. | συναγαγουσι P.
48. αναβιβασαντες sv. | - και P. | καθισαντες sv. | αγγη v.
49. ελευσονται m. | αφοριουσι sm.
50. βαλουσιν s.
51. ουν ταις pro αυτοις m, sed m' = s. | + κυριε post ναι s.
52. εις την βασιλειαν pro τη βασιλεια s.

53. Καὶ ἐγένετο ὅτε ἐτέλεσεν ὁ Ἰησοῦς τὰς παραβολὰς ταύτας, μετῆρεν ἐκεῖθεν. 54. καὶ ἐλθὼν εἰς τὴν πατρίδα αὐτοῦ ἐδίδασκεν αὐτοὺς ἐν τῇ συναγωγῇ αὐτῶν, ὥστε § ἐκπλήσσεσθαι αὐτοὺς καὶ λέγειν· πόθεν τούτῳ ἡ σοφία αὕτη καὶ αἱ δυνάμεις; 55. οὐχ οὗτός ἐστιν ὁ τοῦ τέκτονος υἱός; § οὐχ ἡ μήτηρ αὐτοῦ λέγεται Μαριὰμ καὶ οἱ ἀδελφοὶ αὐτοῦ Ἰάκωβος καὶ Ἰωσῆς καὶ Σίμων καὶ Ἰούδας; 56. καὶ αἱ ἀδελφαὶ αὐτοῦ οὐχὶ πᾶσαι πρὸς ἡμᾶς εἰσιν; πόθεν οὖν τούτῳ ταῦτα πάντα; 57. καὶ ἐσκανδαλίζοντο ἐν αὐτῷ. ὁ δὲ Ἰησοῦς εἶπεν αὐτοῖς· οὐκ ἔστιν προφήτης ἄτιμος εἰ μὴ ἐν τῇ § ἰδίᾳ πατρίδι† καὶ ἐν τῇ οἰκίᾳ αὐτοῦ. 58. καὶ οὐκ ἐποίησεν ἐκεῖ δυνάμεις πολλὰς διὰ τὴν ἀπιστίαν αὐτῶν.

XIV.

1. Ἐν ἐκείνῳ τῷ καιρῷ ἤκουσεν Ἡρώδης ὁ τετράρχης τὴν ἀκοὴν Ἰησοῦ, 2. καὶ εἶπεν τοῖς παισὶν αὐτοῦ· Οὗτός ἐστιν Ἰωάννης ὁ βαπτιστής· αὐτὸς ἠγέρθη ἀπὸ τῶν νεκρῶν, καὶ διὰ τοῦτο αἱ δυνάμεις ἐνεργοῦσιν ἐν αὐτῷ. 3. ὁ γὰρ Ἡρώδης § τότε κρατήσας τὸν Ἰωάννην ἔδησεν αὐτὸν καὶ § ἐν φυλακῇ ἀπέθετο διὰ Ἡρωδιάδα τὴν γυναῖκα Φιλίππου τοῦ ἀδελφοῦ αὐτοῦ. 4. ἔλεγε γὰρ αὐτῷ ὁ Ἰωάννης· οὐκ ἔξεστί σοι ἔχειν αὐτήν. 5. καὶ θέλων αὐτὸν ἀποκτεῖναι ἐφοβήθη τὸν ὄχλον, ὅτι ὡς προφήτην αὐτὸν εἶχον.

IIiat 1..
54. εκπληττεσθαι s. | τουτο P. | ἐυναμις P.
55. ουχι pro ουχ acc. s. | Σημων M.
56. εισι s.
57. εστι SM. | – ιδια s, ἴδια P. | + αυτου post πατριδι s.

XIV. 2. ειπε SM.
3. – τοτε s. | εθετο εν φυλακη s, απεθετο εν φυλακη P.
4. ελεγεν V.
5. εις pro ως V.

6. §γενεσίον δὲ ἀγομένων τοῦ Ἡρώδου ὠρχήσατο ἡ θυγάτηρ τῆς Ἡρωδιάδος ἐν τῷ μέσῳ καὶ ἤρεσε τῷ Ἡρώδῃ, 7. ὅθεν μεθ' ὅρκου §ὤμωσεν αὐτῇ δοῦναι ὃ §ἂν αἰτήσηται. 8. ἡ δὲ προβιβασθεῖσα ὑπὸ τῆς μητρὸς αὐτῆς· δός μοι, φησίν, ὧδε ἐπὶ πίνακι τὴν κεφαλὴν Ἰωάννου τοῦ βαπτιστοῦ. 9. καὶ §λυπηθὴς ὁ βασιλεὺς διὰ† τοὺς ὅρκους καὶ τοὺς συνανακειμένους ἐκέλευσε δοθῆναι §αὐτῇ. 10. καὶ πέμψας ἀπεκεφάλισε τὸν Ἰωάννην ἐν τῇ φυλακῇ. 11. καὶ ἠνέχθη ἡ κεφαλὴ αὐτοῦ ἐπὶ πίνακι καὶ ἐδόθη τῷ κορασίῳ, καὶ ἤνεγκεν τῇ μητρὶ αὐτῆς. 12. καὶ προσελθόντες οἱ μαθηταὶ αὐτοῦ ἦραν τό §πτῶμα καὶ ἔθαψαν αὐτό, καὶ ἐλθόντες ἀπήγγειλαν τῷ Ἰησοῦ. 13. §ἀκούσας δὲ ὁ Ἰησοῦς ἀνεχώρησεν ἐκεῖθεν ἐν πλοίῳ εἰς ἔρημον τόπον κατ' ἰδίαν· καὶ ἀκούσαντες οἱ ὄχλοι ἠκολούθησαν αὐτῷ πεζῇ ἀπὸ τῶν πόλεων.

14. Καὶ ἐξελθὼν ὁ Ἰησοῦς §ἴδεν πολὺν ὄχλον, καὶ ἐσπλαγχνίσθη ἐπ' §αὐτοῖς, καὶ ἐθεράπευσε τοὺς ἀρρώστους αὐτῶν. 15. ὀψιᾶς δὲ γενομένης προσῆλθον αὐτῷ οἱ μαθηταὶ αὐτοῦ λέγοντες· ἔρημός ἐστιν ὁ τόπος καὶ ἡ ὥρα ἤδη παρῆλθεν· ἀπόλυσον τοὺς ὄχλους, ἵνα ἀπελθόντες εἰς τὰς κώμας ἀγοράσωσιν ἑαυτοῖς βρώματα. 16. ὁ δὲ Ἰησοῦς εἶπεν αὐτοῖς· οὐ χρείαν ἔχουσιν ἀπελθεῖν·

Hiat I..

6. γενεσιων SV. | ηρεσεν V.
7. ωμολογησεν S, ωμοσεν V. | αυτην pro αυτη M. | εαν SV. | αιτισεται P, αιτησητε V.
8. προβηβασθησα M, πρυβιβασθησα P.
9. ελυπηθη S, λυπηθεις V. | + δε post δια S. | εκελευσεν V. | − αυτη S.
10. απεκεφαλησε P. απεκεφαλισεν V.
11. ηνεγκε SM.
12. σωμα S. | αυτω pro αυτο V.
13. και ακουσας S | πλειω P.
14. − ὁ ιησους V. | ειδε S. | αυτους S, αυτης M. | εθεραπευσεν V.
15. − αυτου M. | αγωρασωσιν P.

ΚΑΤΑ ΜΑΤΘΑΙΟΝ. 47

δότε αὐτοῖς ὑμεῖς φαγεῖν. 17. οἱ δὲ λέγουσιν αὐτῷ· οὐκ ἔχομεν ὧδε εἰ μὴ πέντε ἄρτους καὶ δύο ἰχθύας. 18. ὁ δὲ εἶπεν· φέρετέ μοι αὐτοὺς ὧδε. 19. καὶ κελεύσας τοὺς ὄχλους ἀνακλιθῆναι ἐπὶ τοὺς χόρτους,† λαβὼν τοὺς πέντε ἄρτους καὶ τοὺς δύο ἰχθύας ἀναβλέψας εἰς τὸν οὐρανὸν εὐλόγησεν, καὶ κλάσας ἔδωκε τοῖς μαθηταῖς § αὐτοῦ τοὺς ἄρτους, οἱ δὲ μαθηταὶ τοῖς ὄχλοις. 20. καὶ ἔφαγον πάντες καὶ ἐχορτάσθησαν, καὶ ἦραν τὸ § περισσεῦων τῶν κλασμάτων δώδεκα κοφίνους πλήρεις. 21. οἱ δὲ ἐσθίοντες ἦσαν ἄνδρες ὡσεὶ πεντακισχίλιοι χωρὶς γυναικῶν καὶ παιδιῶν.

22. Καὶ εὐθέως ἠνάγκασεν ὁ Ἰησοῦς τοὺς μαθητὰς αὐτοῦ ἐμβῆναι εἰς τὸ πλοῖον καὶ προάγειν αὐτὸν εἰς τὸ πέραν, ἕως οὗ ἀπολύσῃ τοὺς ὄχλους. 23. καὶ ἀπολύσας τοὺς ὄχλους ἀνέβη εἰς τὸ ὄρος κατ' ἰδίαν προσεύξασθαι. ὀψίας δὲ γενομένης μόνος ἦν ἐκεῖ. 24. τὸ δὲ πλοῖον ἤδη § σταδίους πολλοὺς ἀπὸ τῆς γῆς ἀπεῖχε βασανιζόμενον ὑπὸ τῶν κυμάτων· ἦν γὰρ ἐναντίος ὁ ἄνεμος. 25. τετάρτῃ δὲ φυλακῇ τῆς νυκτὸς § ἦλθεν πρὸς αὐτοὺς ὁ Ἰησοῦς περιπατῶν ἐπὶ § τὴν θάλασσαν. 26. § οἱ δὲ μαθηταὶ ἰδόντες αὐτὸν περιπατοῦντα ἐπὶ τῆς θαλάσσης ἐταράχθησαν λέγοντες ὅτι φάντασμά ἐστι, καὶ ἀπὸ τοῦ φόβου ἔκραξαν. 27. εὐθὺς

Hiat ι..
17. δυο P.
18. ειπε SM.
19. του χορτου V. | +και ante λαβων s. | ευλογησε SM. | εδωκεν V. | - αυτου s.
20. - και tert. P. | περισσευον SM.
22. - ὁ ιησους V. | - το prim. V. | απολυσει M.
24. μεσον της θαλασσης ην pro σταδιους πολλους απο της γης

απειχε s. | απηχε M, απειχεν V.
25. απηλθε s, ηλθε M.
26. και ιδοντες αυτον οἱ μαθηται επι την θαλασσαν περιπατουντα pro οἱ δε usq. θαλασσης s. | +οἱ post δε M. | εστιν V.
27. ευθεως s.

ΕΥΑΓΓΕΛΙΟΝ

δὲ ἐλάλησεν αὐτοῖς ὁ Ἰησοῦς λέγων· θαρσεῖτε, ἐγώ εἰμι· μὴ φοβεῖσθε. 28. ἀποκριθεὶς δὲ αὐτῷ ὁ Πέτρος εἶπεν· κύριε, εἰ σὺ εἶ, κέλευσόν με §ἐλθεῖν πρός σε ἐπὶ τὰ ὕδατα. 29. ὁ δὲ εἶπεν· ἐλθέ. καὶ καταβὰς ἀπὸ τοῦ πλοίου ὁ Πέτρος περιεπάτησεν ἐπὶ τὰ ὕδατα ἐλθεῖν πρὸς τὸν Ἰησοῦν. 30. βλέπων δὲ τὸν ἄνεμον ἰσχυρὸν ἐφοβήθη, καὶ ἀρξάμενος καταποντίζεσθαι ἔκραξε λέγων· κύριε, σῶσόν με. 31. εὐθέως δὲ ὁ Ἰησοῦς ἐκτείνας τὴν χεῖρα ἀπελάβετο αὐτοῦ καὶ λέγει αὐτῷ· ὀλιγόπιστε, εἰς τί ἐδίστασας; 32. καὶ §ἀναβάντων αὐτῶν εἰς τὸ πλοῖον ἐκόπασεν ὁ ἄνεμος. 33. οἱ δὲ ἐν τῷ πλοίῳ §προσελθόντες προσεκύνησαν αὐτῷ λέγοντες· ἀληθῶς θεοῦ υἱὸς εἶ.

34. Καὶ διαπεράσαντες ἦλθον §ἐπὶ τὴν γῆν Γεννησαρέθ. 35. καὶ §ἐπιγνώντες αὐτὸν οἱ ἄνδρες § ἐκείνου τοῦ τόπου ἀπέστειλαν εἰς ὅλην τὴν περίχωρον ἐκείνην, καὶ προσήνεγκαν αὐτῷ πάντας τοὺς κακῶς ἔχοντας, 36. καὶ παρεκάλουν αὐτὸν ἵνα §κἂν μόνον ἅψωνται τοῦ κρασπέδου τοῦ ἱματίου αὐτοῦ· καὶ ὅσοι ἥψαντο διεσώθησαν.

XV.

1. Τότε προσέρχονται τῷ Ἰησοῦ οἱ ἀπὸ Ἱεροσολύμων §Φαρισαῖοι

Hiat L.
28. ειπε SM. | προς σε ελθειν S, απελθειν προς σε M.
30. βλεπον P. | εκραξεν V.
32. εμβαντων S.
33. ελθοντες S.
34. διαπερρασαντες P. | εις pro επι S. | γεννησαρετ S.
35. επιγνοντες SM. | αυτων pro αυτον V. | του τοπου εκεινου S. | περιχορον P.
36. – καν SV.
XV. 1. – οἱ ante απο MV, sed V marg. = txt. | – απο M. | οἰερουσολυμων M. | γραμματεις και φαρισαιοι S.

καὶ γραμματεῖς λέγοντες· 2. διατί οἱ μαθηταί σου παραβαίνουσι τὴν παράδοσιν τῶν πρεσβυτέρων; οὐ γὰρ νίπτονται τὰς χεῖρας αὐτῶν ὅταν ἄρτον ἐσθίωσιν. 3. ὁ δὲ ἀποκριθεὶς εἶπεν αὐτοῖς· διατί καὶ ὑμεῖς παραβαίνετε τὴν ἐντολὴν τοῦ θεοῦ διὰ τὴν §παράδωσιν ὑμῶν; 4. ὁ γὰρ θεὸς ἐνετείλατο λέγων· τίμα τον πατέρα σοῦ καὶ τὴν μητέρα, καὶ ὁ κακολογῶν πατέρα ἢ μητέρα θανάτῳ τελευτάτω· 5. ὑμεῖς δὲ λέγετε· ὃς ἂν εἴπῃ τῷ πατρὶ ἢ τῇ μητρί· δῶρον ὃ ἐὰν ἐξ ἐμοῦ ὠφεληθῇς, καὶ οὐ μὴ §τιμήσει τὸν πατέρα αὐτοῦ ἢ τὴν μητέρα.† 6. καὶ ἠκυρώσατε §τὸν νόμον τοῦ θεοῦ διὰ τὴν παράδοσιν ὑμῶν. 7. ὑποκριταί, καλῶς προεφήτευσεν περὶ ὑμῶν Ἡσαΐας λέγων· 8. ἐγγίζει μοι ὁ λαὸς οὗτος τῷ στόματι αὐτῶν καὶ τοῖς χείλεσί με τιμᾷ, ἡ δὲ καρδία αὐτῶν πόρρω ἀπέχει ἀπ' ἐμοῦ. 9. μάτην δὲ σέβονταί με διδάσκοντες διδασκαλίας ἐντάλματα ἀνθρώπων. 10. Καὶ προσκαλεσάμενος τὸν ὄχλον εἶπεν αὐτοῖς· ἀκούετε καὶ συνίετε· 11. οὐ τὸ εἰσερχόμενον εἰς τὸ στόμα κοινοῖ τὸν ἄνθρωπον, ἀλλὰ τὸ ἐκπορευόμενον ἐκ τοῦ στόματος, τοῦτο κοινοῖ τὸν ἄνθρωπον. 12. τότε προσελθόντες οἱ μαθηταὶ† §λέγουσιν αὐτῷ· οἶδας ὅτι οἱ Φαρισαῖοι ἀκούσαντες τὸν λόγον ἐσκανδαλίσθησαν; 13. ὁ δὲ ἀποκριθεὶς

IIiat L.
2. παραβαινουσιν V. | παραδωσιν P. | νιπτονται P. | ταις χερσιν M. | εσθιουσιν M.
3. ημεις παραβαινεται P. | παραδοσιν SV.
4. ειπεν pro ενετειλατο λεγων V. | κακολογον P.
5. + δ' post ὃς V. | τιμηση S. | + αυτου fin. S.
6. την εντολην S.

7. προεφητευσε SM. | επροφητευσε V.
8. – εγγιζει μοι V. | ουτως pro ουτος P. | – τω στοματι αυτων και V. | χειλεσιν V.
9. σεβονται P. | + και post με M. | διδασκαλειας P.
10. συνίτε P.
11. – τουτο κοινοι τον ανθρωπον V.
12. + αυτου post μαθηται S. | ειπον S.

εἶπεν· πᾶσα §φυτία ἣν οὐκ ἐφύτευσεν ὁ πατήρ μου ὁ οὐράνιος ἐκριζωθήσεται. 14. ἄφετε αὐτούς· §τυφλοὶ εἰσι ὁδηγοί τυφλῶν, τυφλὸς δὲ τυφλὸν ὁδηγὸν σφαλήσεται καὶ ἀμφότεροι πεσοῦνται εἰς τὸν βόθυνον· 15. ἀποκριθεὶς δὲ ὁ Πέτρος εἶπεν αὐτῷ· φράσον ἡμῖν §ταύτην τὴν παραβολήν. 16. ὁ δὲ Ἰησοῦς εἶπεν· ἀκμὴν καὶ ὑμεῖς ἀσύνετοί ἐστε; 17. οὔπω νοεῖτε ὅτι πᾶν τὸ εἰσπορευόμενον εἰς τὸ στόμα εἰς τὴν κοιλίαν χωρεῖ καὶ εἰς ἀφεδρῶνα ἐκβάλλεται; 18. τὰ δὲ ἐκπορευόμενα ἐκ τοῦ στόματος ἐκ τῆς καρδίας ἐξέρχεται §καὶ ἐκεῖνα κοινοῖ τὸν ἄνθρωπον. 19. ἐκ γὰρ τῆς καρδίας ἐξέρχονται διαλογισμοὶ πονηροί, φόνοι, μοιχεῖαι, πορνεῖαι, κλοπαί, ψευδομαρτυρίαι, βλασφημίαι. 20. ταῦτά ἐστι τὰ κοινοῦντα τὸν ἄνθρωπον· τὸ δὲ ἀνίπτοις χερσί φαγεῖν οὐ κοινοῖ τὸν ἄνθρωπον.
21. Καὶ ἐξελθὼν ἐκεῖθεν ὁ Ἰησοῦς ἀνεχώρησεν εἰς τὰ μέρη Τύρου καὶ Σιδῶνος. 22. καὶ ἰδοὺ γυνὴ Χαναναία ἀπὸ τῶν ὁρίων ἐκείνων ἐξελθοῦσα §ἔκραξεν† λέγουσα· ἐλέησόν με, κύριε υἱὲ Δαβίδ· ἡ θυγάτηρ μου κακῶς δαιμονίζεται. 23. ὁ δὲ οὐκ ἀπεκρίθη αὐτῇ λόγον. καὶ προσελθόντες οἱ μαθηταὶ αὐτοῦ ἠρώτων αὐτὸν λέγοντες· ἀπόλυσον αὐτήν, ὅτι κράζει ὄπισθεν ἡμῶν. 24. ὁ δὲ

Hiat L.

13. ειπε SM. | φυτεια S.
14. οδηγοι εισι τυφλοι τυφλων· τυφλος δε τυφλοι εαν οδηγη, αμφοτεροι εις βοθυνον πεσουνται S. | εισιν V. (οδηγον sic MPV.)
15. ειπεν αυτω ὁ πετρος V. | την παραβολην ταυτην S.
17. ουμο *pro* ουπω V, *sed* V* = S. | αφαιδρωνα P.
18. *κακεινα S.
20. εστιν V. | χερσιν V.
21. θεος *pro* ιησους M. | συδωνος P.
22. εκραυγασεν S. | + αυτω *post* εκραξεν S.
23. αυτω *pro* αυτη P, *sed* P' = S. | λογω P. | κραζη P.

ἀποκριθεὶς εἶπεν· οὐκ ἀπεστάλην εἰ μὴ εἰς τὰ πρόβατα τὰ ἀπολωλότα οἴκου Ἰσραήλ. 25. ἡ δὲ ἐλθοῦσα προσεκύνει αὐτῷ λέγουσα· κύριε, βοήθει μοι· 26. ὁ δὲ ἀποκριθεὶς εἶπεν· οὐκ ἔστι καλὸν λαβεῖν τὸν ἄρτον τῶν τέκνων καὶ βαλεῖν τοῖς κυναρίοις. 27. ἡ δὲ εἶπεν· ναί, κύριε· καὶ γὰρ τὰ κυνάρια ἐσθίει ἀπὸ τῶν ψιχίων τῶν πιπτόντων ἀπὸ τῆς τραπέζης τῶν κυρίων αὐτῶν. 28. τότε ἀποκριθεὶς ὁ Ἰησοῦς εἶπεν αὐτῇ· ὦ γύναι, μεγάλη σου ἡ πίστις· γενηθήτω σοι ὡς θέλεις. καὶ ἰάθη ἡ θυγάτηρ αὐτῆς ἀπὸ τῆς ὥρας ἐκείνης.

29. Καὶ μεταβὰς ἐκεῖθεν ὁ Ἰησοῦς ἦλθεν παρὰ τὴν θάλασσαν τῆς Γαλιλαίας, καὶ ἀναβὰς εἰς τὸ ὄρος ἐκάθητο ἐκεῖ, 30. καὶ προσῆλθον αὐτῷ ὄχλοι πολλοὶ ἔχοντες μεθ᾽ ἑαυτῶν χωλοὺς τυφλοὺς κωφοὺς κυλλοὺς καὶ ἑτέρους πολλούς, καὶ ἔρριψαν αὐτοὺς παρὰ τοὺς πόδας § αὐτοῦ· καὶ ἐθεράπευσεν αὐτούς, 31. ὥστε § τὸν ὄχλον θαυμάσαι βλέποντας κωφοὺς λαλοῦντας, κυλλοὺς ὑγιεῖς, § καὶ χωλοὺς περιπατοῦντας καὶ τυφλοὺς βλέποντας· καὶ ἐδόξασαν τὸν θεὸν Ἰσραήλ.

32. Ὁ δὲ Ἰησοῦς προσκαλεσάμενος τοὺς μαθητὰς αὐτοῦ εἶπεν· σπλαγχνίζομαι ἐπὶ τὸν ὄχλον, ὅτι ἤδη ἡμέρας τρεῖς προσμένουσί μοι καὶ οὐκ ἔχουσι τί φάγωσι· καὶ ἀπολῦσαι αὐτοὺς νήστεις οὐ θέλω, μήποτε ἐκλυθῶσιν ἐν τῇ ὁδῷ. 33. καὶ λέγουσιν αὐτῷ οἱ μαθηταὶ αὐτοῦ· πόθεν ἡμῖν ἐν ἐρημίᾳ ἄρτοι τοσοῦτοι ὥστε χορτάσαι

Hint L.
25. ει pro ἡ P. | προσεκυνει M, προσεκεινη P. | βοηθη P.
26. εστιν V.
27. ειπε ВМ.
28. θελης M. | ἡ ἀθη pro ιαθη P.
29. ηλθε S. | + ὁ ιησους post ορος M.
30. τον ιησου pro αυτου S.

31. τους οχλους S. | + και ante κυλλους P. | - και ante χωλους SM. | περιπατειν V.
32. ειπε SM. | προσμενουσιν V. | εχουσιν V. | φαγωσιν V. | νηστης P.
33. - αυτου V, sed V' marg. - s.

ΕΥΑΓΓΕΛΙΟΝ

ὄχλον τοσοῦτον; 34. καὶ λέγει αὐτοῖς ὁ Ἰησοῦς· πόσους ἄρτους ἔχετε; οἱ δὲ εἶπον· ἑπτά, καὶ ὀλίγα ἰχθύδια. 35. καὶ § παραγγείλας τῷ ὄχλῳ ἀναπεσεῖν ἐπὶ τὴν γῆν, 36. §ἔλαβεν τοὺς ἑπτὰ ἄρτους καὶ τοὺς ἰχθύας § καὶ εὐχαριστήσας ἔκλασε καὶ § ἐδίδου τοῖς μαθηταῖς †, οἱ δὲ μαθηταὶ § τοῖς ὄχλοις. 37. καὶ ἔφαγον πάντες καὶ ἐχορτάσθησαν, καὶ ἦραν τὸ περισσεῦον τῶν κλασμάτων ἑπτὰ σπυρίδας πλήρεις. 38. οἱ δὲ ἐσθίοντες ἦσαν § ὡς τετρακισχίλιοι ἄνδρες χωρὶς γυναικῶν καὶ παιδίων. 39. καὶ ἀπολύσας τοὺς ὄχλους § ἀνέβη εἰς † πλοῖον, καὶ ἦλθεν εἰς τὰ ὅρια Μαγδαλά.

XVI.

1. Καὶ προσελθόντες οἱ Φαρισαῖοι καὶ Σαδδουκαῖοι πειράζοντες § ἐπηρώτων αὐτὸν σημεῖον ἐκ τοῦ οὐρανοῦ ἐπιδεῖξαι αὐτοῖς. 2. ὁ δὲ ἀποκριθεὶς εἶπεν αὐτοῖς·† 4. γενεὰ πονηρὰ καὶ § μοιχαλεὶς

Hint L.
34. – και *prim.* v. | εχεται p. | ειπαν p.
35. εκελευσε τοις οχλοις s.
36. + και *ante* ελαβεν M. | και λαβων *pro* ελαβεν s. | ελαβε p. | – τους *ante* ιχθυας p. | + διο *ante* ιχθυας v. | – και *ante* ευχαριστησας sm. | εδωκε s | + αυτου *post* μαθηταις s. | τω οχλω s.
38. – ὡς s. | παιδιων και γυναικων v.
39. ενεβη sv. | + το *ante* πλοιον s.
XVI. 1. – οἱ v. | επηρωτησαν s. | αυτων *pro* αυτον p.
2. 3. + οψιας γενομενης λεγετε· (λεγεται M.) | ευδια, πυρραζει

γαρ ο ουρανος· και πρωι· σημερον χειμων, πυρραζει γαρ στυγναζων ο ουρανος. υποκριται το μεν προσωπον του ουρανου γινωσκετε (γινωσκεται M.) διακρινειν,τα δε σημεια των καιρων ου δυνασθε (δυνιεται M.) sm. *etiam* v* *marg. Tresch. Alter autem dicit: Prima manus ponit quidem ante sequentia signum.* ς. *et in margine etiam aliquae litterae conspiciuntur, ex quibus tamen nil exsculpi potest, cum ceterae litterae abscissae sint.*
4. + ἡ γενεα αὑτη *ante* γενεα v. |

ΚΑΤΑ ΜΑΤΘΑΙΟΝ.

σημεῖον ἐπιζητεῖ, καὶ σημεῖον οὐ δοθήσεται αὐτῇ εἰ μὴ τὸ σημεῖον Ἰωνᾶ τοῦ προφήτου. καὶ καταλιπὼν αὐτοὺς ἀπῆλθεν. 5. Καὶ § ἐξελθόντες οἱ μαθηταὶ † εἰς τὸ πέραν ἐπελάθοντο ἄρτους λαβεῖν. 6. ὁ δὲ Ἰησοῦς εἶπεν αὐτοῖς· ὁρᾶτε καὶ προσέχετε ἀπὸ τῆς ζύμης τῶν Φαρισαίων καὶ Σαδδουκαίων. 7. οἱ δὲ διελογίζοντο ἐν ἑαυτοῖς λέγοντες ὅτι ἄρτους οὐκ ἐλάβομεν. 8. γνοὺς δὲ ὁ Ἰησοῦς εἶπεν αὐτοῖς· τί διαλογίζεσθε ἐν αὑτοῖς, ὀλιγόπιστοι, ὅτι ἄρτους οὐκ § ἔχετε; 9. οὔπω νοεῖτε, οὐδὲ μνημονεύετε τοὺς πέντε ἄρτους τῶν πεντακισχιλίων καὶ πόσους κοφίνους ἐλάβετε; 10. οὐδὲ τοὺς ἑπτὰ ἄρτους τῶν τετρακισχιλίων καὶ πόσας σπυρίδας ἐλάβετε; 11. πῶς οὐ νοεῖτε ὅτι οὐ περὶ § ἄρτων εἶπον ὑμῖν; § προσέχετε ἀπὸ τῆς ζύμης τῶν Φαρισαίων καὶ Σαδδουκαίων. 12. τότε συνῆκαν ὅτι οὐκ εἶπεν προσέχειν ἀπὸ τῆς ζύμης τοῦ ἄρτου ἀλλὰ ἀπὸ τῆς διδαχῆς τῶν Φαρισαίων καὶ Σαδδουκαίων.

13. Ἐλθὼν δὲ ὁ Ἰησοῦς εἰς τὰ μέρη Καισαρείας τῆς Φιλίππου ἠρώτα τοὺς μαθητὰς αὐτοῦ λέγων· τίνα με λέγουσιν οἱ ἄνθρωποι εἶναι, τὸν υἱὸν τοῦ ἀνθρώπου; 14. οἱ δὲ εἶπον· οἱ μὲν Ἰωάννην τὸν βαπτιστήν, ἄλλοι δὲ Ἠλίαν, ἕτεροι δὲ Ἰερεμίαν ἢ ἕνα τῶν προφητῶν. 15. λέγει αὐτοῖς· ὑμεῖς δὲ τίνα με λέγετε εἶναι;

Hiat L.

+ εστιν post μοιχαλις V. | μοιχαλις SV. | καταλιπον P'. | απηλθε SM.
5. ελθοντες SV. | + αυτου post μαθηται SV.
6. – και ante προσεχετε V. | προσεχεται P.
8. – αυτοις V, sed V' = S. | διαλογιζεσθαι P. | ελαβετε S.
9. ου pro ουπω P.

11. αρτου S. | ειμιν pro υμιν P. | προσεχειν S, + προσεχειν ante προσεχετε M.
12. ειπε SM. | – του αρτου V, sed V' marg. = S. | αλλ' SM. | – και Σαδδουκαιων P.
13. εξελθων M.
14. αλλη pro αλλοι M.
15. ειπε SM.

16. ἀποκριθεὶς δὲ Σίμων Πέτρος εἶπεν· σὺ εἶ ὁ Χριστὸς ὁ υἱὸς τοῦ θεοῦ τοῦ ζῶντος. 17. †ἀποκριθεὶς § δὲ ὁ Ἰησοῦς εἶπεν αὐτῷ· μακάριος εἶ Σίμων Βὰρ Ἰωνᾶ ὅτι σὰρξ καὶ αἷμα οὐκ ἀπεκάλυψέν σοι ἀλλ' ὁ πατήρ μου ὁ § οὐράνιος· 18. κἀγὼ δέ σοι λέγω ὅτι σὺ εἶ Πέτρος, καὶ ἐπὶ ταύτῃ τῇ πέτρᾳ οἰκοδομήσω μου τὴν ἐκκλη-, σίαν, καὶ πύλαι ᾅδου οὐ κατισχύσουσιν αὐτῆς, 19. καὶ δώσω σοὶ τὰς κλεῖς τῆς βασιλείας τῶν οὐρανῶν, καὶ ὃ ἐὰν δήσῃς ἐπὶ τῆς γῆς ἔσται δεδεμένον ἐν τοῖς οὐρανοῖς, καὶ ὃ ἐὰν λύσῃς ἐπὶ τῆς γῆς ἔσται λελυμένον ἐν τοῖς οὐρανοῖς. 20. τότε διεστείλατο τοῖς μαθηταῖς αὐτοῦ ἵνα μηδενὶ εἴπωσιν ὅτι αὐτός ἐστιν Ἰησοῦς ὁ Χριστός.

21. Ἀπὸ τότε ἤρξατο ὁ Ἰησοῦς δεικνύειν τοῖς μαθηταῖς αὐτοῦ ὅτι δεῖ αὐτὸν § εἰς Ἱεροσόλυμα ἀπελθεῖν καὶ πολλὰ παθεῖν ἀπὸ τῶν § ἀρχιερέων καὶ πρεσβυτέρων καὶ γραμματέων §τοῦ λαοῦ καὶ ἀποκτανθῆναι καὶ τῇ τρίτῃ ἡμέρᾳ ἐγερθῆναι. 22. καὶ προσλαβόμενος αὐτὸν ὁ Πέτρος ἤρξατο § αὐτῷ ἐπιτιμᾶν λέγων· ἵλεώς σοι, κύριε· οὐ μὴ ἔσται σοι τοῦτο. 23. Ὁ δὲ § ἐπιστραφεὶς εἶπεν τῷ Πέτρῳ· ὕπαγε ὀπίσω μου, Σατανᾶ· σκάνδαλον § εἶ ἐμοῦ, ὅτι οὐ φρονεῖς τὰ τοῦ θεοῦ ἀλλὰ τὰ τῶν ἀνθρώπων.

24. Τότε ὁ Ἰησοῦς εἶπεν τοῖς μαθηταῖς αὐτοῦ· εἴ τις θέλει

Hiat L.

17. και αποκριθεις (- δε) s. | απ:καλυψε sm. | εν τοις ουρανοις pro ουρανιος s.
18. συ λεγων pro σοι λεγω P. | οικοδωμησω P.
19. σι pro σοι P.
20. - ιησους V.

21. - ηρξατο P. | απελθειν εις ιεροσολυμα s. | πρεσβυτερων και αρχιερεων s. | - του λαου s.
22. επιτιμαν αυτω s.
22. ιλεως sm. | εστω P, sed P' = s.
23. στραφεις sv. | ειπε sm. | μου ει s.
24. ειπε sm.

ὀπίσω μου ἐλθεῖν, ἀπαρνησάσθω ἑαυτὸν καὶ ἀράτω τὸν σταυρὸν αὐτοῦ, καὶ ἀκολουθείτω μοι. 25. ὃς γὰρ ἂν θέλῃ τὴν ψυχὴν αὐτοῦ σῶσαι, ἀπολέσει αὐτήν· ὃς δ᾽ἂν ἀπολέσῃ τὴν ψυχὴν αὐτοῦ ἕνεκεν ἐμοῦ, εὑρήσει αὐτήν. 26. τί γὰρ § ὠφεληθήσεται ἄνθρωπος, ἐὰν τὸν κόσμον ὅλον κερδήσῃ, τὴν δὲ ψυχὴν αὐτοῦ ζημιωθῇ; ἢ τί δώσει ἄνθρωπος ἀντάλλαγμα τῆς ψυχῆς αὐτοῦ; 27. μέλλει γὰρ ὁ υἱὸς τοῦ ἀνθρώπου ἔρχεσθαι ἐν τῇ δόξῃ τοῦ πατρὸς αὐτοῦ μετὰ τῶν ἀγγέλων αὐτοῦ, καὶ τότε ἀποδώσει ἑκάστῳ κατὰ τὴν πρᾶξιν αὐτοῦ. 28. ἀμὴν λέγω ὑμῖν § ὅτι εἰσίν τινες τῶν ὧδε § ἑστώτων οἵτινες οὐ μὴ § γεύσονται θανάτου ἕως ἂν ἴδωσιν τὸν υἱὸν τοῦ ἀνθρώπου ἐρχόμενον ἐν τῇ βασιλείᾳ αὐτοῦ.

XVII.

1. Καὶ μεθ᾽ ἡμέρας ἓξ παραλαμβάνει ὁ Ἰησοῦς τὸν Πέτρον καὶ Ἰάκωβον καὶ Ἰωάννην τὸν ἀδελφὸν αὐτοῦ, καὶ ἀναφέρει αὐτοὺς εἰς ὄρος ὑψηλὸν κατ᾽ ἰδίαν. 2. καὶ μετεμορφώθη ἔμπροσθεν αὐτῶν, καὶ ἔλαμψε τὸ πρόσωπον αὐτοῦ ὡς ὁ ἥλιος, τὰ δὲ ἱμάτια αὐτοῦ § ἐγένοντο λευκὰ ὡς τὸ φῶς. 3. καὶ ἰδοὺ § ὤφθη αὐτοῖς Μωϋσῆς καὶ Ἠλίας μετ᾽ αὐτοῦ συλλαλοῦντες. 4. ἀποκριθεὶς δὲ ὁ Πέτρος εἶπεν τῷ Ἰησοῦ· κύριε, καλόν ἐστιν ἡμᾶς ὧδε εἶναι· εἰ θέλεις, ποιήσωμεν ὧδε τρεῖς σκηνάς, σοὶ μίαν καὶ § Μωϋσῇ μίαν

Hiat L.
24. απαρνισασθω P. | ακολουθητο P.
25. απολεσει p'ο απολεση M.
26. ωφελειται S. | – όλον V.
28. – ότι S. | εισι S, εισιϋ V. | εστηκοτων S. | γευσωνται S. | ιδωσι SM.

XVII. 2. ελαμψεν V. | εγενετο SV.
3. ωφθησαν S. | μωσης S.
4. ειπε SM. | εστι P. | – και μωϋση μιαν M. | μωση S.

καὶ § Ἠλίᾳ μίαν. 5. ἔτι αὐτοῦ λαλοῦντος, ἰδοὺ νεφέλη § φωτὸς ἐπεσκίασεν αὐτούς, καὶ ἰδοὺ φωνὴ ἐκ τῆς νεφέλης λέγουσα· οὗτός ἐστιν ὁ υἱός μου ὁ ἀγαπητός, ἐν ᾧ εὐδόκησα· αὐτοῦ ἀκούετε. 6. καὶ ἀκούσαντες οἱ μαθηταὶ § ἔπεσαν ἐπὶ πρόσωπον αὐτῶν καὶ ἐφοβήθησαν σφόδρα. 7. καὶ προσελθὼν ὁ Ἰησοῦς §καὶ ἁψάμενος αὐτῶν † εἶπεν· ἐγέρθητε καὶ μὴ φοβεῖσθε. 8. ἐπάραντες δὲ τοὺς ὀφθαλμοὺς αὐτῶν οὐδένα § ἴδον εἰ μὴ τὸν Ἰησοῦν μόνον. 9. καὶ καταβαινόντων αὐτῶν § ἐκ τοῦ ὄρους ἐνετείλατο αὐτοῖς ὁ Ἰησοῦς λέγων· μηδενὶ εἴπητε τὸ ὅραμα ἕως οὗ ὁ υἱὸς τοῦ ἀνθρώπου ἐκ νεκρῶν ἀναστῇ. 10. Καὶ ἐπηρώτησαν αὐτὸν οἱ μαθηταὶ αὐτοῦ λέγοντες· τί οὖν οἱ γραμματεῖς λέγουσιν ὅτι Ἠλίαν δεῖ ἐλθεῖν πρῶτον; 11. ὁ δὲ Ἰησοῦς ἀποκριθεὶς εἶπεν αὐτοῖς· Ἠλίας μὲν ἔρχεται πρῶτον καὶ ἀποκαταστήσει § τὰ πάντα. 12. λέγω δὲ ὑμῖν ὅτι Ἠλίας ἤδη ἦλθεν, καὶ οὐκ ἐπέγνωσαν αὐτόν, ἀλλ᾽ ἐποίησαν ἐν αὐτῷ ὅσα ἠθέλησαν. οὕτως καὶ ὁ υἱὸς τοῦ ἀνθρώπου μέλλει πάσχειν ὑπ᾽ αὐτῶν. 13. τότε συνῆκαν οἱ μαθηταί ὅτι περὶ Ἰωάννου τοῦ βαπτιστοῦ εἶπεν αὐτοῖς.

14. Καὶ ἐλθόντων αὐτῶν πρὸς τὸν ὄχλον προσῆλθεν αὐτῷ ἄνθρωπος γονυπετῶν § αὐτὸν 15. καὶ λέγων· κύριε, ἐλέησόν μου τὸν υἱόν, ὅτι σεληνιάζεται καὶ κακῶς πάσχει· πολλάκις γὰρ πίπτει εἰς τὸ πῦρ καὶ πολλάκις εἰς τὸ ὕδωρ. 16. καὶ προσήνεγκα αὐτὸν

Iliat I..
4. μιαν ηλια S. | ηλιαν M.
5. φωτεινη S.
6. επεσουν S.
7. ήψατο *pro* και αψαμενος S. | + και *ante* ειπεν S.
8. ιδων M, ειδων SV. | ειμε *pro* ει μη P.
9. απο *pro* εκ B.
10. – αυτου V. | δε *pro* δει P.
11. – αυτοις V, *sed* v' *marg.* = s. | – τα *ante* παντα SP.
12. ηλθε 8M. | – εν P. | ουτώ sM.
13. συνεικαν M.
14. – αυτων V. | αυτω *pro* αυτον S.
16. προσηνεγκαν MP, *sed* p' = s.

τοῖς μαθηταῖς σου, καὶ οὐκ ἠδυνήθησαν αὐτὸν θεραπεῦσαι. 17. ἀποκριθεὶς δὲ ὁ Ἰησοῦς εἶπεν· ὦ γενεὰ ἄπιστος καὶ διεστραμμένη, § ἕως πότε ἀνέξομαι ὑμῶν; ἕως πότε μεθ' ὑμῶν ἔσομαι; φέρετέ μοι αὐτὸν ὧδε. 18. καὶ ἐπετίμησεν αὐτῷ ὁ Ἰησοῦς καὶ ἐξῆλθεν ἀπ' αὐτοῦ τὸ δαιμόνιον, καὶ ἐθεραπεύθη ὁ παῖς ἀπὸ τῆς ὥρας ἐκείνης. 19. Τότε προσελθόντες οἱ μαθηταὶ τῷ Ἰησοῦ κατ' ἰδίαν εἶπον· διατί ἡμεῖς οὐκ ἠδυνήθημεν ἐκβαλεῖν αὐτό; 20. ὁ δὲ Ἰησοῦς § λέγει αὐτοῖς· διὰ τὴν § ὀλιγοπιστίαν ὑμῶν· ἀμὴν γὰρ λέγω ὑμῖν, ἐὰν ἔχητε πίστιν ὡς κόκκον σινάπεως, ἐρεῖτε τῷ ὄρει τούτῳ· § μετάβα ἐντεῦθεν ἐκεῖ, καὶ μεταβήσεται, καὶ οὐδὲν ἀδυνατήσει ὑμῖν. τοῦτο δὲ τὸ γένος οὐκ ἐκπορεύεται εἰ μὴ ἐν προσευχῇ καὶ νηστείᾳ.

22. Ἀναστρεφομένων δὲ αὐτῶν ἐν τῇ Γαλιλαίᾳ εἶπεν αὐτοῖς ὁ Ἰησοῦς· μέλλει ὁ υἱὸς τοῦ ἀνθρώπου παραδίδοσθαι εἰς χεῖρας ἀνθρώπων, 23. καὶ ἀποκτενοῦσιν αὐτόν, καὶ τῇ τρίτῃ ἡμέρᾳ § ἀναστήσεται. καὶ ἐλυπήθησαν σφόδρα.

24. Ἐλθόντων δὲ αὐτῶν εἰς Καπερναοὺμ προσῆλθον οἱ τὰ δίδραχμα λαμβάνοντες τῷ Πέτρῳ καὶ εἶπον· ὁ διδάσκαλος ὑμῶν οὐ τελεῖ τὰ δίδραχμα; 25. λέγει· ναί. καὶ § εἰσελθόντων εἰς τὴν οἰκίαν προέφθασεν αὐτὸν ὁ Ἰησοῦς λέγων· τί σοι δοκεῖ, Σίμων;

Hiat 1..
17. γεα pro γενεα V, sed V* = S. |
εως ποτε εσομαι μεθ' υμων
(μεθ' υμων εσομαι V.); εως
ποτε ανεξομαι υμων; SV.
19. υμεις pro ημεις P.
20. -ιησους V. ειπεν S. | απιστιαν s. |
μεταβηθι S. | εντευθα pro εντευθεν V.

22. παραδιδωθε P.
23. εγερθησεται S.
24. προσελθοντες pro προσηλθον Μ.
25. οτε εισηλθον pro εισελθοντων S.

ΕΥΑΓΓΕΛΙΟΝ

οἱ βασιλεῖς τῆς γῆς ἀπὸ τίνων λαμβάνουσιν τέλη ἢ κῆνσον; ἀπὸ τῶν υἱῶν αὐτῶν ἢ ἀπὸ τῶν ἀλλοτρίων; 26. λέγει αὐτῷ ὁ Πέτρος· ἀπὸ τῶν ἀλλοτρίων. ἔφη αὐτῷ ὁ Ἰησοῦς· ἄραγε ἐλεύθεροί εἰσιν † υἱοί. 27. ἵνα δὲ μὴ σκανδαλίσωμεν αὐτούς, πορευθεὶς εἰς τὴν θάλασσαν βάλε ἄγκιστρον καὶ τὸν ἀναβάντα πρῶτον ἰχθὺν ἆρον, καὶ ἀνοίξας τὸ στόμα αὐτοῦ εὑρήσεις στατῆρα· ἐκεῖνον λαβὼν δὸς αὐτοῖς ἀντὶ ἐμοῦ καὶ σοῦ.

XVIII.

1. Ἐν ἐκείνῃ τῇ ὥρᾳ προσῆλθον οἱ μαθηταὶ τῷ Ἰησοῦ λέγοντες· τίς ἄρα μείζων ἐστὶν ἐν τῇ βασιλείᾳ τῶν οὐρανῶν; 2. καὶ προσκαλεσάμενος ὁ Ἰησοῦς παιδίον ἔστησεν αὐτὸ ἐν μέσῳ αὐτῶν 3. καὶ εἶπεν· ἀμὴν λέγω ὑμῖν, ἐὰν μὴ στραφῆτε καὶ γένησθε ὡς τὰ παιδία, οὐ μὴ εἰσέλθητε εἰς τὴν βασιλείαν τῶν οὐρανῶν. 4. ὅστις οὖν § ταπεινώσει ἑαυτὸν ὡς τὸ παιδίον τοῦτο, οὗτός ἐστιν ὁ μείζων ἐν τῇ βασιλείᾳ τῶν οὐρανῶν. 5. καὶ ὃς ἐὰν δέξηται § ἓν παιδίον τοιοῦτον ἐπὶ τῷ ὀνόματί μου, ἐμὲ δέχεται. 6. ὃς δ' ἂν σκανδαλίσῃ ἕνα τῶν μικρῶν τούτων τῶν πιστευόντων εἰς ἐμέ, συμφέρει αὐτῷ ἵνα κρεμασθῇ μύλος ὀνικὸς § εἰς τὸν †τράχηλον αὐτοῦ καὶ καταποντισθῇ ἐν τῷ πελάγει τῆς θαλάσσης.

Hiat L.
25. λα/ιβανουσι SM, λαμβανουσιν V.|
κινσον V.
26. + οἱ ante υἱοι SV.
27. μη δε pro δε μη M. | αναβαιροντα M. | ευρυσεις P.
XVIII. 1. μειζον P.
3. γηνεσθαι P.

4. init. + και P. | ταπεινωσῃ s. |
τουτον P.
5. δεξητε M. | παιδιον τοιουτον εν s. | − εν V, sed γ΄ = s. | δεχετε P.
6. των pro των P. | επι S. | πελαγη P.

ΚΑΤΑ ΜΑΤΘΑΙΟΝ.

7. Οὐαὶ τῷ κόσμῳ ἀπὸ τῶν σκανδάλων· ἀνάγκη γάρ ἐστιν ἐλθεῖν τὰ σκάνδαλα, πλὴν οὐαὶ τῷ ἀνθρώπῳ ἐκείνῳ δι᾽ οὗ §τὰ σκάνδαλα ἔρχεται. 8. εἰ δὲ ἡ χείρ σου ἢ ὁ πούς σου σκανδαλίζει σε, ἔκκοψον §αὐτὸν καὶ βάλε ἀπὸ σοῦ· καλόν σοι ἐστὶν εἰσελθεῖν εἰς τὴν ζωὴν χωλὸν ἢ κυλλόν, ἢ δύο χεῖρας ἢ δύο πόδας ἔχοντα βληθῆναι εἰς τὸ πῦρ τὸ αἰώνιον. 9. καὶ εἰ ὁ ὀφθαλμός σου σκανδαλίζει σε, ἔξελε αὐτὸν καὶ βάλε ἀπὸ σοῦ· καλόν σοι ἐστὶ μονόφθαλμον εἰς τὴν ζωὴν εἰσελθεῖν, ἢ δύο ὀφθαλμοὺς §ἔχειν καὶ βληθῆναι εἰς τὴν γέενναν τοῦ πυρός. 10. Ὁρᾶτε μὴ καταφρονήσητε ἑνὸς τῶν μικρῶν τούτων· λέγω γὰρ ὑμῖν ὅτι οἱ ἄγγελοι αὐτῶν ἐν οὐρανοῖς διὰ παντὸς βλέπουσι τὸ πρόσωπον τοῦ πατρός μου τοῦ ἐν οὐρανοῖς. 11. ἦλθε γὰρ ὁ υἱὸς τοῦ ἀνθρώπου σῶσαι τὸ ἀπολωλός. 12. Τί ὑμῖν δοκεῖ; ἐὰν §γένωνταί τινι ἀνθρώπῳ ἑκατὸν πρόβατα καὶ πλανηθῇ ἐν ἐξ αὐτῶν, οὐχὶ §ἀφήσει τὰ §ἐνενήκοντα ἐννέα πρόβατα ἐπὶ τὰ ὄρη §καὶ πορευθεὶς §ζητήσει τὸ §πλανόμενον; 13. καὶ ἐὰν γένηται §τοῦ εὑρεῖν αὐτό, ἀμὴν λέγω ὑμῖν ὅτι χαίρει § ἐν αὐτῷ μᾶλλον ἢ ἐπὶ τοῖς § ἐνενήκοντα ἐννέα τοῖς μὴ πεπλανημένοις. 14. οὕτως οὐκ ἔστι θέλημα ἔμπροσθεν τοῦ πατρός §μου τοῦ

Hiat ι..
7. το σκανδαλον s.
8. αυτα s.
9. εξι pro εξελε P. | εστιν P. | εχοντα pro εχειν και s.
10. καταφρονησετε M, καταφρονισητε V. | τουτον pro τουτων P. | − εν ουρανοις prim. P. | βλεπουσιν V.
11. Totus versus deest in P. | ηλθεν V. | + ζητησαι και ante σωσαι M.
12. γενηται s, γενονται M. | αφεις s. | εννενηκονταεννεα s, ενενικοντα εννεα P. | − προβατα sec. sv. | − και sec. s. | ζητει s. | πλανωμενον s.
13. − του s. | επ' s. | εννενηκονταεννεα s.
14. εστιν V. | ὑμων pro μου s. | − του s c. V.

ΕΥΑΓΓΕΛΙΟΝ

ἐν οὐρανοῖς ἵνα ἀπόληται εἷς τῶν μικρῶν τούτων. 15. Ἐὰν † ἁμαρτήσῃ εἰς σὲ ὁ ἀδελφός σου, ὕπαγε † ἔλεγξον αὐτὸν μεταξὺ σοῦ καὶ αὐτοῦ μόνου· ἐάν σου ἀκούσῃ, ἐκέρδησας τὸν ἀδελφόν σου. 16. ἐὰν δὲ μὴ ἀκούσῃ, παράλαβε μετὰ § σεαυτοῦ ἔτι ἕνα ἢ δύο, ἵνα ἐπὶ στόματος δύο μαρτύρων ἢ τριῶν σταθῇ πᾶν ῥῆμα. 17. ἐὰν δὲ παρακούσῃ αὐτῶν, εἰπὲ τῇ ἐκκλησίᾳ· ἐὰν δὲ καὶ τῆς ἐκκλησίας παρακούσῃ, ἔστω σοι ὥσπερ ὁ § ἐθνηκὸς καὶ ὁ τελώνης. 18. Ἀμὴν λέγω ὑμῖν, ὅσα §ἂν δήσητε ἐπὶ τῆς γῆς ἔσται δεδεμένα ἐν τῷ οὐρανῷ, καὶ ὅσα §ἂν λύσητε ἐπὶ τῆς γῆς ἔσται λελυμένα ἐν τῷ οὐρανῷ. 19. Πάλιν § ἀμὴν λέγω ὑμῖν ὅτι ἐὰν δύο § ἐξ ὑμῶν συμφωνήσωσιν ἐπὶ τῆς γῆς περὶ παντὸς πράγματος οὗ ἐὰν §αἰτήσονται, γενήσεται αὐτοῖς παρὰ τοῦ πατρός μου τοῦ ἐν οὐρανοῖς. 20. § ὅπου γάρ εἰσι δύο ἢ τρεῖς συνηγμένοι εἰς τὸ ἐμὸν ὄνομα, ἐκεῖ εἰμὶ ἐν μέσῳ αὐτῶν. 21. Τότε προσελθὼν αὐτῷ ὁ Πέτρος εἶπεν· κύριε, ποσάκις §ἁμαρτήσῃ §ὁ ἀδελφός μου εἰς ἐμὲ καὶ ἀφήσω αὐτῷ; ἕως ἑπτάκις; 22. λέγει αὐτῷ ὁ Ἰησοῦς· οὐ λέγω σοι ἕως ἑπτάκις ἀλλ' ἕως ἑβδομηκοντάκις ἑπτά. 23. διὰ τοῦτο ὡμοιώθη ἡ βασιλεία τῶν οὐρανῶν ἀνθρώπῳ βασιλεῖ, ὃς ἠθέλησεν συνᾶραι λόγον μετὰ τῶν δούλων

Incipit L. v. 15.

15. + δε post εαν SM. | + και post υπαγε s. | Codex L incipit cum verbis σου και αυτου μονου.
16. σου s, σου αυτου M, εαυτου V pro σεαυτου. | μαρτυρων ενο V.
17. αυτων M. | εθνικος SL.
18. εαν pro αν bis s. | εστε pro εσται bis V. | - τω bis V. | λελυμαινα M.
19. - παλιν V, sed v* marg. = s. |

- αμην s. | αιαν pro εαν P. | -εξ s. | αιτησωνται SL. | γενησονται M.
20. ου s. | εισιν V. | ονωμα P.
21. ειπε SM. | αμαρτησει SLV. | εις εμε ο αδελφος μου s.
23. διατουτο L. | τουτω P. | ομοιωθη L. ομηωθη P. | ως pro ος P. | ηθελησε SLM, εθελησεP V. | του pro των sec. P.

ΚΑΤΑ ΜΑΤΘΑΙΟΝ.

αὐτοῦ. 24. ἀρξαμένου δὲ αὐτοῦ συναίρειν, προσηνέχθη αὐτῷ εἷς ὀφειλέτης μυρίων ταλάντων. 25. μὴ ἔχοντος δὲ αὐτοῦ ἀποδοῦναι, ἐκέλευσεν αὐτὸν ὁ κύριος αὐτοῦ πραθῆναι καὶ τὴν γυναῖκα αὐτοῦ καὶ τὰ τέκνα καὶ πάντα ὅσα εἶχε, καὶ ἀποδοθῆναι. 26. πεσὼν οὖν ὁ δοῦλος προσεκύνει αὐτῷ λέγων· κύριε, μακροθύμησον ἐπ' ἐμοί, καὶ πάντα § ἀποδώσω σοι. 27. σπλαγχνισθεὶς δὲ ὁ κύριος τοῦ δούλου ἐκείνου ἀπέλυσεν αὐτόν, καὶ τὸ § δάνιον ἀφῆκεν αὐτῷ. 28. ἐξελθὼν δὲ ὁ δοῦλος ἐκεῖνος εὗρεν ἕνα τῶν συνδούλων αὐτοῦ ὃς ὤφειλεν αὐτῷ ἑκατὸν δηνάρια, καὶ κρατήσας αὐτὸν ἔπνιγε λέγων· ἀπόδος μοι §εἴ τι ὀφείλῃς. 29. πεσὼν οὖν ὁ σύνδουλος αὐτοῦ εἰς τοὺς πόδας αὐτοῦ παρεκάλει αὐτὸν λέγων· μακροθύμησον ἐπ' ἐμοὶ καὶ § ἅπαντά σοι ἀποδώσω. 30. ὁ δὲ οὐκ § ἠθέλησεν, ἀλλὰ ἀπελθὼν ἔβαλεν αὐτὸν εἰς φυλακὴν ἕως οὗ ἀποδῷ τὸ ὀφειλόμενον. 31. ἰδόντες δὲ οἱ σύνδουλοι αὐτοῦ τὰ γενόμενα ἐλυπήθησαν σφόδρα, καὶ § ἀπελθόντες διεσάφησαν τῷ κυρίῳ αὐτῶν πάντα τὰ γενόμενα. 32. τότε προσκαλεσάμενος αὐτὸν ὁ κύριος αὐτοῦ λέγει αὐτῷ· δοῦλε πονηρέ, πᾶσαν τὴν ὀφειλὴν ἐκείνην ἀφῆκά σοι, ἐπεὶ παρεκάλεσάς με. 33. οὐκ ἔδει καὶ σὲ ἐλεῆσαι τὸν σύνδουλόν σου, ὡς καὶ ἐγώ σε ἠλέησα; 34. καὶ ὀργισθεὶς ὁ κύριος αὐτοῦ

---

25. εχει *pro* ειχε V.
26. συνδουλος P. | προς εκεινη *pro* προσεκυνει P. | σοι αποδωσω SM.
27. σπλαγχισθεις L. | – εκεινου V. | δανειον SM. | αυτου *pro* αυτω M.
28. δυναρια P. | επνιγεν V. | ὁ τι *pro* ει τι S. | οφειλεις SV.

29. – εις τους ποδας αυτου V. | παντα αποδωσω σοι S, παντα σοι αποδωσω P, *sed* p' = *txt*.
30. ηθελεν S. | αυτον *bis script*. L. | + παν *post* αποδω V.
31. ελθοντες S. | εσαφησαν L. | αυτων *pro* αυτου V.
32. επαρεκαλεσας P.

παρέδωκεν αὐτὸν τοῖς βασανισταῖς ἕως οὗ ἀποδῷ πᾶν τὸ ὀφειλόμενον αὐτῷ. 35. οὕτως καὶ ὁ πατήρ μου ὁ ἐπουράνιος ποιήσει ὑμῖν, ἐὰν μὴ ἀφῆτε ἕκαστος τῷ ἀδελφῷ αὐτοῦ ἀπὸ τῶν καρδιῶν ὑμῶν τὰ παραπτώματα αὐτῶν.

XIX.

1. Καὶ ἐγένετο ὅτε ἐτέλεσεν ὁ Ἰησοῦς τοὺς λόγους τούτους, μετῆρεν ἀπὸ τῆς Γαλιλαίας καὶ ἦλθεν εἰς τὰ ὅρια τῆς Ἰουδαίας πέραν τοῦ Ἰορδάνου. 2. καὶ ἠκολούθησαν αὐτῷ ὄχλοι πολλοί, καὶ ἐθεράπευσεν αὐτοὺς ἐκεῖ.

3. Καὶ προσῆλθον αὐτῷ οἱ Φαρισαῖοι πειράζοντες αὐτὸν καὶ λέγοντες αὐτῷ· εἰ ἔξεστιν ἀνθρώπῳ ἀπολῦσαι τὴν γυναῖκα αὐτοῦ κατὰ πᾶσαν αἰτίαν; 4. ὁ δὲ ἀποκριθεὶς εἶπεν αὐτοῖς· οὐκ ἀνέγνωτε ὅτι ὁ ποιήσας ἀπ' ἀρχῆς ἄρσεν καὶ θῆλυ ἐποίησεν αὐτούς; 5. καὶ εἶπεν· ἕνεκεν τούτου καταλείψει ἄνθρωπος τὸν πατέρα § αὐτοῦ καὶ τὴν μητέρα καὶ § κολληθήσεται τῇ γυναικὶ αὐτοῦ, καὶ ἔσονται οἱ δύο εἰς σάρκα μίαν. 6. ὥστε § οὐκ ἔτι εἰσὶ δύο ἀλλὰ σὰρξ μία. ὁ οὖν ὁ θεὸς συνέζευξεν, ἄνθρωπος μὴ χωριζέτω. 7. λέγουσιν αὐτῷ· τί οὖν Μωσῆς ἐνετείλατο δοῦναι βιβλίον ἀποστασίου καὶ ἀπολῦσαι αὐτήν; 8. λέγει αὐτοῖς· ὅτι § Μωϋσῆς πρὸς τὴν σκληροκαρδίαν ὑμῶν ἐπέτρεψεν ὑμῖν ἀπολῦσαι τὰς γυναῖκας

---

34. - τοις L. | - αυτω V, sed v' = S.
35. ουτω S.
XIX. 3. αυτω pro αυτον L. | - αυτω sec. V.
4. κτισας pro ποιησας V. | απ' αρχης ὁ ποιησας L. | θηλη MP (ἤ M, ἤ P).
5. καταληψει L., καταλειψη M, κατα-

λυψει P. | - αυτου S. | την μητερα αυτου και τον πατερα L. | προσκολληθησεται SV. | δικαιοι pro δυο V* marg.
6. εισιν V. | ουκετι SL.
7. μωϋσης V.
8. μωσης S. | σκλυροκαρδιαν P.

ΚΑΤΑ ΜΑΤΘΑΙΟΝ.

ὑμῶν· §ἀπάρχῆς δὲ οὐ γέγονεν οὕτως. 9. λέγω δὲ ὑμῖν ὅτι ὃς ἂν ἀπολύσῃ τὴν γυναῖκα αὐτοῦ §παρεκτὸς λόγου πορνείας καὶ γαμήσῃ ἄλλην, μοιχᾶται· καὶ ὁ ἀπολελυμένην § γαμῶν μοιχᾶται. 10. λέγουσιν αὐτῷ οἱ μαθηταὶ αὐτοῦ· εἰ οὕτως ἐστὶν ἡ αἰτία τοῦ ἀνθρώπου μετὰ τῆς γυναικός, οὐ συμφέρει γαμῆσαι. 11. ὁ δὲ εἶπεν αὐτοῖς· οὐ πάντες χωροῦσιν τὸν λόγον τοῦτον, ἀλλ᾽ οἷς δέδοται. 12. εἰσὶ γὰρ εὐνοῦχοι οἵτινες ἐκ κοιλίας μητρὸς ἐγεννήθησαν οὕτως, καὶ εἰσιν εὐνοῦχοι οἵτινες εὐνουχίσθησαν ὑπὸ τῶν ἀνθρώπων, καί εἰσιν εὐνοῦχοι οἵτινες εὐνούχισαν ἑαυτοὺς διὰ τὴν βασιλείαν τῶν οὐρανῶν. ὁ δυνάμενος χωρεῖν χωρείτω. 13. Τότε προσηνέχθη αὐτῷ παιδία, ἵνα τὰς χεῖρας ἐπιθῇ αὐτοῖς καὶ προσεύξηται· οἱ δὲ μαθηταὶ ἐπετίμησαν αὐτοῖς. 14. ὁ δὲ Ἰησοῦς εἶπεν· ἄφετε τὰ παιδία καὶ μὴ § κωλύσητε αὐτὰ ἐλθεῖν πρός με· τῶν γὰρ τοιούτων ἐστὶν ἡ βασιλεία τῶν οὐρανῶν. 15. καὶ ἐπιθεὶς §τὰς χεῖρας αὐτοῖς ἐπορεύθη ἐκεῖθεν.

16. Καὶ ἰδοὺ εἷς προσελθὼν §αὐτῷ εἶπεν· διδάσκαλε ἀγαθέ, τί ἀγαθὸν ποιήσω ἵνα ἔχω ζωήν αἰώνιον; 17. ὁ δὲ εἶπεν αὐτῷ· τί με λέγεις ἀγαθόν; οὐδεὶς ἀγαθός, εἰ μὴ εἷς ὁ θεός· εἰ δὲ θέλεις εἰσελθεῖν εἰς τὴν ζωήν, τήρησον τὰς ἐντολάς. 18. λέγει αὐτῷ· ποίας; ὁ δὲ † § ἔφη· τὸ οὐ φονεύσεις, οὐ μοιχεύσεις, οὐ κλέψεις,

---

8. ἀπ' ἀρχῆς SM. | οὕτω SM.
9. ει μη επι πορνεια *pro* παρεκτος λογου πορνειας S. | πορνειας – και ὁ απολελυμενην *usq. fin. vers.* L. | γαμησας S.
11· χωρουσι SLM, χωρουσιν V. | δεδωται V.
12. εισιν *prim.* V. | οὕτω S. | + οἱ *ante* εισιν *tert.* L. | ευνουχησαν L.

13. επιθει Γ.
14. κωλυετε SM, κωλυσετε L, *sed* L*2* = L*1*.
15. αυτοις τας χειρας S.
16. – αυτω V. | ειπεν αυτω S.
17. – δε *scr.* V. | εις την ζωην εισελθειν V.
18. ιησους *post* δε S*1*. | ειπε S, ειπεν L. *pro* εφη.

οὐ ψευδομαρτυρήσεις, 19. τίμα τὸν πατέρα σου καὶ τὴν μητέρα, καὶ ἀγαπήσεις τὸν πλησίον σου ὡς σεαυτόν. 20. λέγει αὐτῷ ὁ νεανίσκος· § ταῦτα πάντα ἐφυλαξάμην ἐκ νεότητός μου· τί ἔτι ὑστερῶ; 21. § λέγει αὐτῷ ὁ Ἰησοῦς· εἰ θέλεις τέλειος εἶναι, ὕπαγε πώλησόν σου τὰ ὑπάρχοντα καὶ δὸς πτωχοῖς, καὶ ἕξεις θησαυρὸν ἐν οὐρανῷ, καὶ δεῦρο ἀκολούθει μοι· 22. ἀκούσας δὲ ὁ νεανίσκος τὸν λόγον ἀπῆλθεν λυπούμενος· ἦν γὰρ ἔχων κτήματα πολλά. 23. Ὁ δὲ Ἰησοῦς εἶπεν τοῖς μαθηταῖς αὐτοῦ· ἀμὴν λέγω ὑμῖν ὅτι § πλούσιος δυσκόλως εἰσελεύσεται εἰς τὴν βασιλείαν τῶν οὐρανῶν. 24. πάλιν δὲ λέγω ὑμῖν εὐκοπώτερόν ἐστι κάμηλον διὰ τρυπήματος ῥαφίδος § εἰσελθεῖν ἢ § πλούσιος εἰς τὴν βασιλείαν τοῦ θεοῦ εἰσελθεῖν. 25. ἀκούσαντες δὲ οἱ μαθηταὶ † ἐξεπλήσσοντο σφόδρα λέγοντες· τίς ἄρα δύναται σωθῆναι; 26. ἐμβλέψας δὲ ὁ Ἰησοῦς εἶπεν αὐτοῖς· παρὰ ἀνθρώποις τοῦτο ἀδύνατόν ἐστιν, παρὰ δὲ θεῷ πάντα δύναται †.
27. Τότε ἀποκριθεὶς ὁ Πέτρος εἶπεν αὐτῷ· ἰδοὺ ἡμεῖς ἀφήκαμεν πάντα καὶ ἠκολουθήσαμέν σοι· τί ἄρα ἔσται ἡμῖν; 28. ὁ δὲ Ἰησοῦς εἶπεν αὐτοῖς· ἀμὴν λέγω ὑμῖν ὅτι ὑμεῖς οἱ ἀκολουθήσαντές μοι, ἐν τῇ παλιγγενεσίᾳ ὅταν καθίσῃ ὁ υἱὸς τοῦ ἀνθρώπου ἐπὶ θρόνου δόξης αὐτοῦ, § καθήσεσθε καὶ ὑμεῖς ἐπὶ δώδεκα θρόνους κρίνοντες τὰς

---

19. - σου sec. M. | εαυτον LV.
20. παντα ταυτα S.
21. εφη S. | δευρω V.
22. απηλθε SLM.
23. ειπε SLM. | δυσκολως πλουσιος S.
24. ευκοπωτερον P. | εστιν V. | τρυμαλιας V. | διελθειν pro εισελθειν prim. sv. | πλουσιον sv. |

v ponit εισελθειν sec. statim post πλουσιων.
25. + αυτου post μαθηται SM. | δυνατε P.
26. εστι SM. | fin. + εστι S.
28. καθηση P. | καθισεσθε SM. | ευμεις? L, αυτοι V pro υμεις sec.

δώδεκα φυλὰς τοῦ Ἰσραήλ. 29. καὶ πᾶς §ὅστις ἀφῆκεν οἰκίας ἢ ἀδελφοὺς ἢ ἀδελφὰς ἢ πατέρα ἢ μητέρα ἢ γυναῖκα ἢ τέκνα ἢ ἀγροὺς ἕνεκεν τοῦ ὀνόματός μου, ἑκατονταπλασίονα λήψεται καὶ ζωὴν αἰώνιον κληρονομήσει. 30. πολλοὶ δὲ ἔσονται πρῶτοι ἔσχατοι καὶ §οἱ ἔσχατοι πρῶτοι.

XX.

1. Ὁμοία γάρ ἐστιν ἡ βασιλεία τῶν οὐρανῶν ἀνθρώπῳ οἰκοδεσπότῃ, ὅστις ἐξῆλθεν ἅμα πρωῒ μισθώσασθαι ἐργάτας εἰς τὸν ἀμπελῶνα αὐτοῦ. 2. συμφωνήσας δὲ μετὰ τῶν ἐργατῶν ἐκ δηναρίου τὴν ἡμέραν ἀπέστειλεν αὐτοὺς εἰς τὸν ἀμπελῶνα αὐτοῦ. 3. καὶ ἐξελθὼν περὶ † τρίτην ὥραν §ἴδεν ἄλλους §ἐν τῇ ἀγορᾷ ἑστῶτας ἀργούς, 4. §καὶ ἐκείνοις εἶπεν· ὑπάγετε καὶ ὑμεῖς εἰς τὸν ἀμπελῶνά §μου, καὶ ὃ ἐὰν ᾖ δίκαιον δώσω ὑμῖν. οἱ δὲ ἀπῆλθον. 5. πάλιν ἐξελθὼν περὶ ἕκτην καὶ §ἐνάτην ὥραν ἐποίησεν ὡσαύτως. 6. περὶ δὲ τὴν ἑνδεκάτην ὥραν ἐξελθὼν εὗρεν ἄλλους ἑστῶτας ἀργούς, καὶ λέγει αὐτοῖς· τί ὧδε ἑστήκατε ὅλην τὴν ἡμέραν ἀργοί; 7. λέγουσιν αὐτῷ· ὅτι οὐδεὶς ἡμᾶς ἐμισθώσατο. λέγει αὐτοῖς· ὑπάγετε καὶ ὑμεῖς εἰς τὸν ἀμπελῶνα, καὶ ὃ ἐὰν ᾖ δίκαιον λήψεσθε. 8. ὀψίας δὲ γενομένης λέγει ὁ κύριος τοῦ ἀμπελῶνος τῷ

---

v. | φίλας P. | τουτο *pro* του sec. L₁.
29. ος S. | του εμου ονοματος V.
30. – οι SV.
XX. 2. *init.* + και MV. | – δε V. | δυναριου P.
3. + την *post* περι S. | ιιδεν SIM. |

εστωτας εν τη αγορα S.
4. κακεινοις SV. | εκεινους M. | – μου S.
5. εννατην SM.
6. ωδε IP.
7. † μου *post* αμπελωνα M. | ει ον *pro* δικαιον L₁. | ληψισθαι V.

ἐπιτρόπῳ αὐτοῦ· κάλεσον τοὺς ἐργάτας καὶ ἀπόδος αὐτοῖς τὸν μισθόν, ἀρξάμενος ἀπὸ τῶν ἐσχάτων ἕως τῶν πρώτων. 9. † ἐλθόντες § οὖν οἱ περὶ τὴν ἑνδεκάτην ὥραν ἔλαβον ἀνὰ δηνάριον. 10. § καὶ ἐλθόντες† οἱ πρῶτοι ἐνόμισαν ὅτι § π λ ε ῖ ο ν λήψονται·† ἔλαβον καὶ αὐτοὶ ἀνὰ δηνάριον. 11. λαβόντες δὲ ἐγόγγυζον κατὰ τοῦ οἰκοδεσπότου 12. λέγοντες ὅτι οὗτοι οἱ ἔσχατοι μίαν ὥραν ἐποίησαν, καὶ ἴσους ἡμῖν αὐτοὺς ἐποίησας τοῖς βαστάσασι τὸ βάρος τῆς ἡμέρας καὶ τὸν καύσωνα. 13. ὁ δὲ ἀποκριθεὶς εἶπεν ἑνὶ αὐτῶν· ἑταῖρε, οὐκ ἀδικῶ σε. οὐχὶ δηναρίου συνεφώνησάς μοι; 14. ἆρον τὸ σὸν καὶ ὕπαγε. θέλω δὲ τούτῳ τῷ ἐσχάτῳ δοῦναι ὡς καὶ σοί· 15. ἢ οὐκ ἔξεστί μοι § ὃ θ έ λ ω π ο ι ῆ σ α ι ἐν τοῖς ἐμοῖς; εἰ ὁ ὀφθαλμός σου πονηρός ἐστιν ὅτι ἐγὼ ἀγαθός εἰμι; 16. οὕτως ἔσονται οἱ ἔσχατοι πρῶτοι καὶ οἱ πρῶτοι ἔσχατοι· πολλοὶ γάρ εἰσι κλητοί, ὀλίγοι δὲ ἐκλεκτοί.

17. Καὶ ἀναβαίνων ὁ Ἰησοῦς εἰς Ἱεροσόλυμα παρέλαβεν τοὺς δώδεκα μαθητὰς § αὐτοῦ κατ᾽ ἰδίαν, § καὶ ἐν τῇ ὁδῷ † εἶπεν αὐτοῖς· 18. ἰδοὺ ἀναβαίνομεν εἰς Ἱεροσόλυμα, καὶ ὁ υἱὸς τοῦ ἀνθρώπου παραδοθήσεται τοῖς ἀρχιερεῦσιν καὶ γραμματεῦσιν, καὶ κατακρινοῦσιν αὐτὸν θανάτῳ. 19. καὶ παραδώσουσιν αὐτὸν τοῖς ἔθνεσιν

---

9. init. + και sv*, sed v = txt. |
 - ουν s. | + και αυτοι post ελαβον P. | αναδηναριον P.
10. - και s. | + δε post ελθοντες s. | ενομησαν P. | πλειονα s. | + και ante ελαβον slv. | αναδήναριον l., αναδηνάριον P.
12. αυτους ημιν lv.
13. ενι αυτων ειπεν v. | ετερε P.
15. εξεστιν v. | ποιησαι ο θελω s. | μου pro σου l..

16. εισιν v.
17. - ο ι̅ς̅ P. | ι̅ς̅ pro εις P (i. e. pro ο ι̅ς̅ εις habet ι̅ς̅). | παρελαβε slm. | - αυτου post μαθητας slv. | - και acc. sm. | + και ante ειπεν s.
18. αναβαινωμεν P. | εις bis script. P. | αρχιερευσι slm, αρχιερευσιν v. | γραμματευσι slm. | κατακρινουσιν l.
19 αυτους pro αυτον v, sed v* = s.

εἰς τὸ ἐμπαῖξαι καὶ μαστιγῶσαι καὶ σταυρῶσαι, καὶ τῇ τρίτῃ ἡμέρᾳ ἀναστήσεται. 20. Τότε προσῆλθεν αὐτῷ ἡ μήτηρ τῶν υἱῶν Ζεβεδαίου μετὰ τῶν υἱῶν αὐτῆς, προσκυνοῦσα καὶ αἰτοῦσά τι παρ' αὐτοῦ. 21. ὁ δὲ εἶπεν αὐτῇ· τί θέλεις; λέγει αὐτῷ· εἰπὲ ἵνα καθίσωσιν οὗτοί οἱ δύο υἱοί μου εἷς ἐκ δεξιῶν σου καὶ εἷς ἐξ εὐωνύμων§ σου ἐν τῇ βασιλείᾳ σου. 22. ἀποκριθεὶς δὲ ὁ Ἰησοῦς εἶπεν· οὐκ οἴδατε τί αἰτεῖσθε. δύνασθε πιεῖν τὸ ποτήριον ὃ ἐγὼ μέλλω πίνειν, ἢ τὸ βάπτισμα ὃ ἐγὼ βαπτίζομαι βαπτισθῆναι; λέγουσιν αὐτῷ· δυνάμεθα. 23. καὶ λέγει αὐτοῖς §ὁ Ἰησοῦς· τὸ μὲν ποτήριόν μου πίεσθε καὶ τὸ βάπτισμα ὃ ἐγὼ βαπτίζομαι βαπτισθήσεσθε, τὸ δὲ καθίσαι ἐκ δεξιῶν μου καὶ ἐξ εὐωνύμων μου, οὐκ ἔστιν ἐμὸν δοῦναι ἀλλ' οἷς ἡτοίμασται ὑπὸ τοῦ πατρός μου. 24. †ἀκούσαντες § δὲ οἱ δέκα ἠγανάκτησαν περὶ τῶν δύο ἀδελφῶν. 25. ὁ δὲ Ἰησοῦς προσκαλεσάμενος αὐτοὺς εἶπεν· οἴδατε ὅτι οἱ ἄρχοντες τῶν ἐθνῶν κατακυριεύουσιν αὐτῶν. καὶ οἱ μεγάλοι κατεξουσιάζουσιν αὐτῶν. 26. οὐχ οὕτως† ἔσται ἐν ὑμῖν· ἀλλ' ὃς ἐὰν θέλῃ ἐν ὑμῖν μέγας γενέσθαι, § ἔσται ὑμῶν διάκονος, 27. καὶ ὃς ἐὰν θέλῃ ἐν ὑμῖν εἶναι πρῶτος, §ἔσται ὑμῶν δοῦλος. 28. ὥσπερ ὁ υἱὸς τοῦ ἀνθρώπου οὐκ ἦλθεν διακονηθῆναι, ἀλλὰ διακονῆσαι καὶ δοῦναι τὴν ψυχὴν αὐτοῦ λύτρον ἀντὶ πολλῶν.

21. θελης M. | εξωνυμων I.P. |
 − σου post ευωνυμων S.
22. − δε P. | αιτισθε P. | ποιειν pro πιειν P. | πινει pro πινειν P. | και pro η S.
23. − και V. | − ο ιησους S. | + μου post βαπτισμα L.. | − ὁ εγω βαπτιζομαι L.. | − μου post δεξιων L.. | εξευωνυμων I.P |

− μου post ευωνυμων P. |
+ τουτο ante δουναι M.
24. init. + και SMV*, sed V = t.t. | − δε SMV.
25. κατακυριει σουσιν V.
26. ουτος P. | + δε post ουτως SM. | ὡς pro ὡς P. | εστω pro εσται acc. S.
27. εστω pro εσται S.
28. ηλθε SLM.

29. Καὶ ἐκπορευομένων αὐτῶν ἀπὸ Ἱεριχὼ ἠκολούθησεν αὐτῷ ὄχλος πολύς. 30. καὶ ἰδοὺ δύο τυφλοὶ καθήμενοι παρὰ τὴν ὁδόν, ἀκούσαντες ὅτι Ἰησοῦς παράγει, ἔκραξαν λέγοντες· ἐλέησον ἡμᾶς † § υἱὲ Δαβίδ. 31. ὁ δὲ ὄχλος ἐπετίμησεν αὐτοῖς ἵνα σιωπήσωσιν· οἱ δὲ §μεῖζων § ἐκραύγαζον λέγοντες· §κύριε, ἐλέησον ἡμᾶς, υἱὸς Δαβίδ. 32. καὶ στὰς ὁ Ἰησοῦς ἐφώνησεν αὐτοὺς καὶ εἶπεν· τί θέλετε ποιήσω ὑμῖν; 33. λέγουσιν αὐτῷ· κύριε, ἵνα § ἀνοιγῶσιν ἡμῶν οἱ ὀφθαλμοί. 34. σπλαγχνισθεὶς δὲ ὁ Ἰησοῦς ἥψατο τῶν § ὀμμάτων αὐτῶν, καὶ εὐθέως ἀνέβλεψαν αὐτῶν οἱ ὀφθαλμοὶ καὶ ἠκολούθησαν αὐτῷ.

XXI.

1. Καὶ ὅτε ἤγγισαν εἰς Ἱεροσόλυμα καὶ ἦλθον εἰς §Βηθσφαγῆ καὶ Βηθανίαν πρὸς τὸ ὄρος τῶν ἐλαιῶν, τότε ὁ Ἰησοῦς ἀπέστειλε δύο §τῶν μαθητῶν αὐτοῦ 2. λέγων αὐτοῖς· §πορεύεσθε εἰς τὴν κώμην τὴν §κατέναντι ὑμῶν, καὶ εὐθέως εὑρήσετε ὄνον δεδεμένην καὶ πῶλον μετ' αὐτῆς· λύσαντες ἀγάγετέ μοι. 3. καὶ ἐάν τις ὑμῖν § εἴπῃ, τί ἐρεῖτε ὅτι ὁ κύριος αὐτῶν χρείαν ἔχει· εὐθέως δὲ § ἀποστέλλει αὐτούς. 4. τοῦτο δὲ ὅλον γέγονεν ἵνα πληρωθῇ τὸ ῥηθὲν §ὑπὸ τοῦ προφήτου λέγοντος· 5. εἴπατε τῇ θυγατρὶ Σιών·

---

30. + κυριε s, + ιησου L, + κυριε ιησου ν *ante* υιε | υἱὸς *pro* υἱὲ s.
31. μειζον sm. | εκραζον s. | ελεησον ημας κυριε s. | – υἱὸς δαβιδ v.
32. – και *sec.* M. | ειπε s.
33. ανοιχθωσιν s.
34. οφθαλμων s. | – αυτων οι οφθαλμοι v, *sed* v² *marg.* = s. | οικολουθησαν ρ.

XXI. 1. βηθφαγη s. | – και βηθανιαν sv. | απεστηλε m, απεστειλεν v. | μαθητας *pro* των μαθητων αυτου s.
2. πορευθητε s, πορευεσθαι p. | απεναντι s.
3. ειπη τι, sv [m *hic cranuit.*] | αποστελει s, αποστιλει l. [m *hic cranuit.*]
4. δια *pro* υπο s.

ΚΑΤΑ ΜΑΤΘΑΙΟΝ.

ἰδοὺ ὁ βασιλεύς σου ἔρχεταί σοι πραῢς καὶ ἐπιβεβηκὼς ἐπὶ ὄνυν καὶ πῶλον υἱὸν ὑποζυγίου. 6. πορευθέντες δὲ οἱ μαθηταὶ καὶ ποιήσαντες καθὼς προσέταξεν αὐτοῖς ὁ Ἰησοῦς, 7. ἤγαγον τὴν ὄνον καὶ τὸν πῶλον, καὶ ἐπέθηκαν † § αὐτῷ τὰ ἱμάτια αὐτῶν, καὶ ἐπεκάθισεν ἐπάνω αὐτῶν. 8. ὁ δὲ πλεῖστος ὄχλος ἔστρωσαν § αὐτῶν τὰ ἱμάτια ἐν τῇ ὁδῷ, ἄλλοι δὲ ἔκοπτον κλάδους ἀπὸ τῶν δένδρων καὶ ἐστρώννυον ἐν τῇ ὁδῷ. 9. οἱ δὲ ὄχλοι οἱ προάγοντες καὶ οἱ ἀκολουθοῦντες ἔκραζον λέγοντες· § ὡς ἀννὰ τῷ υἱῷ Δαβίδ, εὐλογημένος ὁ ἐρχόμενος ἐν ὀνόματι κυρίου, § ὡς ἀννὰ ἐν τοῖς ὑψίστοις. 10. Καὶ εἰσελθόντος αὐτοῦ εἰς Ἱεροσόλυμα ἐσείσθη πᾶσα ἡ πόλις λέγουσα· τίς ἐστιν οὗτος; 11. οἱ δὲ ὄχλοι ἔλεγον· οὗτός ἐστιν † ὁ προφήτης ὁ ἀπὸ Ναζαρὲτ τῆς Γαλιλαίας.

12. Καὶ εἰσῆλθεν ὁ Ἰησοῦς εἰς τὸ ἱερὸν τοῦ θεοῦ, καὶ ἐξέβαλεν πάντας τοὺς πωλοῦντας καὶ ἀγοράζοντας ἐν τῷ ἱερῷ, καὶ τὰς τραπέζας τῶν κολλυβιστῶν κατέστρεψεν καὶ τὰς καθέδρας τῶν πωλούντων τὰς περιστεράς. 13. καὶ λέγει αὐτοῖς· γέγραπται· ὁ οἶκός μου οἶκος προσευχῆς κληθήσεται, ὑμεῖς δὲ αὐτὸν ἐποιήσατε σπήλαιον λῃστῶν. 14. Καὶ προσῆλθον αὐτῷ τυφλοὶ καὶ χωλοὶ †, καὶ ἐθεράπευσεν αὐτούς. 15. ἰδόντες δὲ § οἱ γραμματεῖς καὶ οἱ ἀρχιερεῖς τὰ θαυμάσια ἃ ἐποίησεν καὶ τοὺς παῖδας κράζοντας ἐν

---

5. − και ante πωλον L. | + επι ante πωλον Υ.
6. προεταξεν L.
7. την pro τον LV. | + επανω S, + επ' L ante αυτω. | αυτων pro αυτω S. |
8. ιαυτων pro αυτων SM. | αυτων post ιματια ponit P. | δενδρων P.
9. + αυτον post προαγοντες LV. | ωσαννα bis s.
10. τι L.
11. + ιησους post εστιν SLM. | ναζαριθ P.
12. − του θεου P. | εξιβαλε SLM. | κατεστρεψε SLM.
13. ποιειτε V.
14. + εν τω ιερω post χωλοι SMV.
15. οἱ αρχιερεις και οἱ γραμματεις s.| γραμματοις P. | εποιησε SM. |

τῷ ἱερῷ καὶ λέγοντας· § ὡς ἀννὰ τῷ υἱῷ Δαβίδ, ἠγανάκτησαν, 16. καὶ εἶπον αὐτῷ· ἀκούεις τί οὗτοι λέγουσιν; ὁ δὲ Ἰησοῦς λέγει αὐτοῖς· ναί· οὐδέποτε ἀνέγνωτε ὅτι ἐκ στόματος νηπίων καὶ θηλαζόντων κατηρτίσω αἶνον; 17. καὶ καταλιπὼν αὐτοὺς ἐξῆλθεν ἔξω τῆς πόλεως εἰς Βηθανίαν, καὶ ηὐλίσθη ἐκεῖ. 18. Πρωΐας δὲ ἐπανάγων εἰς τὴν πόλιν ἐπείνασεν. 19. καὶ ἰδὼν συκῆν μίαν ἐπὶ τῆς ὁδοῦ ἦλθεν ἐπ' αὐτήν, καὶ οὐδὲν εὗρεν ἐν αὐτῇ εἰ μὴ φύλλα μόνον, καὶ λέγει αὐτῇ· μηκέτι ἐκ σοῦ καρπὸς γένηται εἰς τὸν αἰῶνα. καὶ ἐξηράνθη παραχρῆμα ἡ συκῆ. 20. καὶ ἰδόντες οἱ μαθηταὶ ἐθαύμασαν λέγοντες· πῶς παραχρῆμα ἐξηράνθη ἡ συκῆ; 21. ἀποκριθεὶς δὲ ὁ Ἰησοῦς εἶπεν αὐτοῖς· ἀμὴν λέγω ὑμῖν, ἐὰν ἔχητε πίστιν καὶ μὴ διακριθῆτε, οὐ μόνον τὸ τῆς συκῆς ποιήσετε, ἀλλὰ κἂν τῷ ὄρει τούτῳ εἴπητε· ἄρθητι καὶ βλήθητι εἰς τὴν θάλασσαν, γενήσεται. 22. καὶ πάντα ὅσα ἂν αἰτήσητε ἐν τῇ προσευχῇ πιστεύοντες λήψεσθε.

23. Καὶ § ἐλθόντος αὐτοῦ εἰς τὸ ἱερόν, προσῆλθον αὐτῷ διδάσκοντι οἱ ἀρχιερεῖς καὶ οἱ πρεσβύτεροι τοῦ λαοῦ λέγοντες· ἐν ποίᾳ ἐξουσίᾳ ταῦτα ποιεῖς; καὶ τίς σοι ἔδωκεν τὴν ἐξουσίαν ταύτην; 24. ἀποκριθεὶς δὲ ὁ Ἰησοῦς εἶπεν αὐτοῖς· ἐρωτήσω ὑμᾶς κἀγὼ λόγον ἕνα, ὃν ἐὰν εἴπητέ μοι, § καὶ ἐγὼ ὑμῖν ἐρῶ ἐν ποίᾳ

---

15. ωσαννα S.
16. + ουκ *ante* ακουεις M.
17. καταλειπων P.
18. επεινασε SM.
19. ιδου *pro* ιδων M. | συκῆν Γ (*at infra* συκη). | μηκέτι LP.
20. + αυτον *post* ιδοντες V.
21. ποιησεται M, ποιησητε V. |
    ειπητε V.
22. εαν *pro* αν L. | αιτησηται LP, αιτησηιτε V. | ληψεσται P.
23. ελθοντι αυτω S. | εδωκε SI., δεδωκεν M.
24. ερωτισω P. | κάγω *pro* και εγω SM.

ἐξουσίᾳ ταῦτα ποιῶ. 25. τὸ βάπτισμα Ἰωάννου πόθεν ἦν; ἐξ οὐρανοῦ ἢ ἐξ ἀνθρώπων; οἱ δὲ διελογίζοντο παρ' ἑαυτοῖς λέγοντες· ἐὰν εἴπωμεν· ἐξ οὐρανοῦ, ἐρεῖ ἡμῖν· διατί οὖν οὐκ ἐπιστεύσατε αὐτῷ; 26. ἐὰν δὲ εἴπωμεν· ἐξ ἀνθρώπων, φοβούμεθα τὸν ὄχλον· πάντες γὰρ ἔχουσι τὸν Ἰωάννην ὡς προφήτην. 27. καὶ ἀποκριθέντες τῷ Ἰησοῦ εἶπον· οὐκ οἴδαμεν. ἔφη αὐτοῖς καὶ αὐτός· οὐδὲ ἐγὼ § ὑμῖν λέγω ἐν ποίᾳ ἐξουσίᾳ ταῦτα ποιῶ. 28. Τί † ὑμῖν δοκεῖ; ἄνθρωπός § τις εἶχε τέκνα δύο· καὶ προσελθὼν τῷ πρώτῳ εἶπεν· τέκνον, ὕπαγε σήμερον ἐργάζου ἐν τῷ ἀμπελῶνι †. 29. ὁ δὲ ἀποκριθεὶς εἶπεν· § ὑπάγω κύριε, καὶ οὐκ ἀπῆλθεν. 30. † προσελθὼν § δὲ τῷ § ἑτέρῳ εἶπεν ὡσαύτως· ὁ δὲ ἀποκριθεὶς εἶπεν· § οὐ θέλω, ὕστερον δὲ μεταμεληθεὶς ἀπῆλθεν. 31. τίς ἐκ τῶν δύο ἐποίησε τὸ θέλημα τοῦ πατρός; λέγουσιν†· ὁ § ἔσχατος. λέγει αὐτοῖς ὁ Ἰησοῦς· ἀμὴν λέγω ὑμῖν ὅτι οἱ τελῶναι καὶ αἱ πόρναι προάγουσιν ὑμᾶς εἰς τὴν βασιλείαν τοῦ θεοῦ. 32. ἦλθεν γὰρ πρὸς ὑμᾶς Ἰωάννης ἐν ὁδῷ δικαιοσύνης, καὶ οὐκ ἐπιστεύσατε αὐτῷ· οἱ δὲ τελῶναι καὶ αἱ πόρναι ἐπίστευσαν αὐτῷ· ὑμεῖς δὲ ἰδόντες § οὐδὲ μετεμελήθητε ὕστερον τοῦ πιστεῦσαι αὐτῷ.

---

25. τω *pro* το P. | ειν *pro* ην P. | ουρανω *pro* εξ ουρανου Va. | διελογιζον L. | διὰ τί P.
26. ειπωμεν V. | ανθρωπον P. | εχουσιν V. | – ὡς L.
27. ειπαν V. | λεγω υμιν sv. | ποι L1.
28. + δε *post* τι s. | – τις s. | ειχεν V. | ειπε s. | *fin.* + μου sl.
29. ου θελω υστερον δε μεταμεληθεις απηλθε *pro* υπαγω *usq. fin. vers.* s.
30. *init.* + και s. | προσελθον P. | – δε s. | δευτερω s. | εγω κυριε και ουκ απηλθε *pro* ου θελω *usq. fin. vers.* s.
31. εποιησεν V. | + αυτω *post* λεγουσιν s [M *hic erasuit.*] | πρωτος s [M *hic erasuit.*] | αἱ *pro* οἱ L1. | των ουρανων *pro* του θεου P.
32. ηλθε slm. | ου *pro* ουδε sm. | μεταμεληθητε L. | – του V.

33. Ἄλλην παραβολὴν ἀκούσατε. ἄνθρωπός τις ἦν οἰκοδεσπότης, ὅστις ἐφύτευσεν ἀμπελῶνα, καὶ φραγμὸν αὐτῷ περιέθηκεν καὶ ὤρυξεν ἐν αὐτῷ ληνὸν καὶ ᾠκοδόμησε πύργον, καὶ ἐξέδοτο αὐτὸν γεωργοῖς, καὶ ἀπεδήμησεν. 34. ὅτε δὲ ἤγγισεν ὁ καιρὸς τῶν καρπῶν, ἀπέστειλε τοὺς δούλους αὐτοῦ πρὸς τοὺς γεωργοὺς λαβεῖν τοὺς καρποὺς αὐτοῦ· 35. καὶ λαβόντες οἱ γεωργοὶ τοὺς δούλους αὐτοῦ ὃν μὲν ἔδειραν, ὃν δὲ ἀπέκτειναν, ὃν δὲ ἐλιθοβόλησαν. 36. πάλιν ἀπέστειλεν ἄλλους δούλους πλείονας τῶν πρώτων, καὶ ἐποίησαν αὐτοῖς ὡσαύτως. 37. ὕστερον δὲ ἀπέστειλεν πρὸς αὐτοὺς τὸν υἱὸν αὐτοῦ, λέγων· ἐντραπήσονται τὸν υἱόν μου. 38. οἱ δὲ γεωργοὶ ἰδόντες τὸν υἱὸν εἶπον ἐν ἑαυτοῖς· οὗτός ἐστιν ὁ κληρονόμος· δεῦτε ἀποκτείνωμεν αὐτὸν καὶ κατασχῶμεν τὴν κληρονομίαν αὐτοῦ. 39. καὶ λαβόντες αὐτὸν ἐξέβαλον ἔξω τοῦ ἀμπελῶνος καὶ ἀπέκτειναν. 40. ὅταν οὖν ἔλθῃ ὁ κύριος τοῦ ἀμπελῶνος, τί ποιήσει τοῖς γεωργοῖς ἐκείνοις ; 41. λέγουσιν αὐτῷ· κακοὺς κακῶς ἀπολέσει αὐτούς, καὶ τὸν ἀμπελῶνα ἐκδόσεται ἄλλοις γεωργοῖς, οἵτινες ἀποδώσουσιν αὐτῷ τοὺς καρποὺς ἐν τοῖς καιροῖς αὐτῶν. 42. λέγει αὐτοῖς ὁ Ἰησοῦς· οὐδέποτε ἀνέγνωτε ἐν ταῖς γραφαῖς· λίθον ὃν ἀπεδοκίμασαν οἱ οἰκοδομοῦντες, οὗτος ἐγενήθη εἰς κεφαλὴν γωνίας· παρὰ κυρίου ἐγένετο αὕτη, καὶ ἔστι θαυμαστὴ ἐν ὀφθαλμοῖς § ὑμῶν; 43. διὰ τοῦτο λέγω ὑμῖν ὅτι ἀρθήσεται ἀφ' ὑμῶν ἡ βασιλεία τοῦ θεοῦ καὶ δοθήσεται ἔθνει ποιοῦντι τοὺς καρ-

---

33. περιεθηκε SM. | – εν L. | οκοδομησε P, ωκοδομησεν V.
34. απεστειλεν V.
35. – και λαβοντες usque ad αυτου L.. | ελιθοβολισαν L..
36. πρωτον M. | – αυτοις L..
37. απεστειλε SI.M.
38. κατασχωμεν SM. | fin. αυτων L₁.
39. – εξεβαλον L.
41. – λεγουσιν αυτω L. | εκδοσετε M.
42. απεδωκιμασαν P. | ουτως P. | fin. ημων SM.
43. διατουτο L. | ημων pro υμων V. | εθνη MP.

ΚΑΤΑ ΜΑΤΘΑΙΟΝ. 73

πούς αυτής. 44. καὶ ὁ πεσὼν ἐπὶ τὸν λίθον τοῦτον συνθλασθήσεται· ἐφ' ὃν † ἂν πέσῃ λικμήσει αὐτόν. 45. καὶ ἀκούσαντες οἱ ἀρχιερεῖς καὶ οἱ Φαρισαῖοι τὰς παραβολὰς αὐτοῦ ἔγνωσαν ὅτι περὶ αὐτῶν λέγει· 46. καὶ ζητοῦντες αὐτὸν § ποιᾶσαι ἐφοβήθησαν τοὺς ὄχλους, ἐπειδὴ ὡς προφήτην αὐτὸν εἶχον.

XXII.

1. Καὶ ἀποκριθεὶς ὁ Ἰησοῦς πάλιν εἶπεν ἐν παραβολαῖς αὐτοῖς, λέγων· 2. § ὁμοιώθη ἡ βασιλεία τῶν οὐρανῶν ἀνθρώπῳ βασιλεῖ, ὅστις ἐποίησε γάμους τῷ υἱῷ αὐτοῦ. 3. καὶ ἀπέστειλε τοὺς δούλους αὐτοῦ καλέσαι τοὺς κεκλημένους εἰς τοὺς γάμους, καὶ οὐκ ἤθελον ἐλθεῖν. 4. πάλιν ἀπέστειλεν ἄλλους δούλους λέγων· εἴπατε τοῖς κεκλημένοις· ἰδοὺ τὸ ἄριστόν μου ἡτοίμασα, οἱ ταῦροί μου καὶ τὰ σιτιστὰ τεθυμένα, καὶ πάντα ἕτοιμα· δεῦτε εἰς τοὺς γάμους. 5. οἱ δὲ ἀμελήσαντες ἀπῆλθον, § ὃς μὲν εἰς τὸν ἴδιον ἀγρόν, § ὃς δὲ § ἐπὶ τὴν ἐμπορίαν αὐτοῦ. 6. οἱ δὲ λοιποὶ κρατήσαντες τοὺς δούλους αὐτοῦ ὕβρισαν καὶ ἀπέκτειναν. 7. § ὁ δὲ βασιλεὺς ἀκούσας ὠργίσθη, καὶ πέμψας τὰ στρατεύματα αὐτοῦ ἀπώλεσε τοὺς § φωνεῖς ἐκείνους καὶ τὴν πόλιν αὐτῶν ἐνέπρησεν. 8. τότε

---

44. *init.* - και v. | λιθων P. | + δ' *post* ον SL. *In* v δ' *crasum est.* | ον *pro* αν M.
46. αυτων *pro* αυτον *prim.* P. | κρατησαι SL.V. | επι δει *pro* επειδη P.
XXII. 1. αυτοις εν παραβολαις SP. *Totum versum omittit* M.
2. ωμοιωθη SV. | εποιησεν V. | - υίω V, *sed* v* *marg.* = s.

8. απεστειλεν v.
4. ετοιμασα V. | τεθημενα P. | ητημα *pro* ετοιμα M.
5. αμελισαντες M. | ο *pro* ος *his* s. | ις *pro* εις P. | εις *pro* επι s.
7. ακουσας δε ο βασιλευς s. | απωλεσεν v. | φονεις SM. | ενεπρησε s, ενεπρισε M, ενεπρισεν P.

Κ

λέγει τοῖς δούλοις αὐτοῦ, ὁ μὲν γάμος ἕτοιμός ἐστιν, οἱ δὲ κεκλημένοι οὐκ ἦσαν ἄξιοι· 9. πορεύεσθε οὖν ἐπὶ τὰς διεξόδους τῶν ὁδῶν, καὶ ὅσους §ἐὰν εὕρητε καλέσατε εἰς τοὺς γάμους. 10. καὶ ἐξελθόντες οἱ δοῦλοι ἐκεῖνοι εἰς τὰς ὁδοὺς συνήγαγον πάντας ὅσους εὗρον, πονηρούς τε καὶ ἀγαθούς, καὶ ἐπλήσθη ὁ γάμος §τῶν ἀνακειμένων. 11. εἰσελθὼν δὲ ὁ βασιλεὺς θεάσασθαι τοὺς ἀνακειμένους §ἴδεν ἐκεῖ ἄνθρωπον οὐκ ἐνδεδυμένον ἔνδυμα γάμου. 12. καὶ λέγει αὐτῷ· ἑταῖρε, πῶς εἰσῆλθες ὧδε μὴ ἔχων ἔνδυμα γάμου; ὁ δὲ §ἐφημώθη. 13. τότε §ὁ βασιλεὺς εἶπεν τοῖς διακόνοις· δήσαντες αὐτοῦ πόδας καὶ χεῖρας † §βάλετε εἰς τὸ σκότος τὸ ἐξώτερον· ἐκεῖ ἔσται ὁ κλαυθμὸς καὶ ὁ βρυγμὸς τῶν ὀδόντων. 14. πολλοὶ γάρ εἰσι κλητοί, ὀλίγοι δὲ ἐκλεκτοί.
15. Τότε πορευθέντες οἱ Φαρισαῖοι συμβούλιον ἔλαβον ὅπως αὐτὸν παγιδεύσωσιν ἐν λόγῳ. 16. καὶ ἀποστέλλουσιν αὐτῷ τοὺς μαθητὰς αὐτῶν μετὰ τῶν Ἡρωδιανῶν λέγοντες· διδάσκαλε, οἴδαμεν ὅτι ἀληθὴς εἶ καὶ τὴν ὁδὸν τοῦ θεοῦ ἐν ἀληθείᾳ διδάσκεις, καὶ οὐ μέλει σοι περὶ οὐδενός, οὐ γὰρ βλέπεις εἰς πρόσωπον ἀνθρώπων. 17. εἰπὲ οὖν ἡμῖν, τί σοι δοκεῖ; ἔξεστι δοῦναι κῆνσον Καίσαρι ἢ οὔ; 18. γνοὺς δὲ ὁ Ἰησοῦς τὴν πονηρίαν αὐτῶν εἶπεν· τί με πειράζετε, ὑποκριταί; 19. ἐπιδείξατέ μοι τὸ νόμισμα τοῦ κήν-

---

9. πορευεσθαι M. | αν SV. | καλασατε P.
10. οὑς *pro* οσους V. | επλεισθη L. | - των S.
11. ειδεν SL.
12. ετέρε P. | ὧδε L. | εφιμιωθη S.
13. ειπεν ὁ βασιλευς S | ειπε L. |
+ αρατε αυτον και ante βαλετε

SMV' *marg.* (- και), *sed* V = *txt.* | εκβαλετε S, εμβαλλετε M.
14. εισιν V.
16. αληθεις *pro* αληθης MP. | μελλη L.
17. ὑμιν *pro* ἡμιν LP. | εξιστοι L.
18. ειπε S. | πειραζεται P.

σου. οἱ δὲ προσήνεγκαν αὐτῷ δηνάριον. 20. καὶ λέγει αὐτοῖς § ὁ Ἰησοῦς· τίνος ἡ εἰκὼν αὕτη καὶ ἐπιγραφή; 21. λέγουσιν αὐτῷ· Καίσαρος. τότε λέγει αὐτοῖς· ἀπόδοτε οὖν τὰ Καίσαρος Καίσαρι καὶ τὰ τοῦ θεοῦ τῷ θεῷ. 22. καὶ ἀκούσαντες ἐθαύμασαν, καὶ ἀφέντες αὐτὸν ἀπῆλθον. 23. Ἐν ἐκείνῃ τῇ ἡμέρᾳ προσῆλθον αὐτῷ § οἱ Σαδδουκαῖοι οἱ λέγοντες μὴ εἶναι ἀνάστασιν, καὶ ἐπηρώτησαν αὐτόν 24. λέγοντες· διδάσκαλε, § Μωϋσῆς εἶπεν· ἐάν τις ἀποθάνῃ μὴ ἔχων τέκνα, § καὶ ἐπιγαμβρεύσει ὁ ἀδελφὸς αὐτοῦ τὴν γυναῖκα αὐτοῦ καὶ ἀναστήσει σπέρμα τῷ ἀδελφῷ αὐτοῦ. 25. ἦσαν δὲ παρ' ἡμῖν ἑπτὰ ἀδελφοί, καὶ ὁ πρῶτος γαμήσας ἐτελεύτησεν, καὶ μὴ ἔχων σπέρμα ἀφῆκεν τὴν γυναῖκα αὐτοῦ τῷ ἀδελφῷ αὐτοῦ. 26. ὁμοίως καὶ ὁ δεύτερος καὶ ὁ τρίτος, ἕως τῶν ἑπτά. 27. ὕστερον δὲ πάντων ἀπέθανεν καὶ ἡ γυνή. 28. ἐν τῇ §ἀναστάσει οὖν τίνος τῶν ἑπτὰ ἔσται γυνή; πάντες γὰρ ἔσχον αὐτήν. 29. ἀποκριθεὶς δὲ ὁ Ἰησοῦς εἶπεν αὐτοῖς· πλανᾶσθε, μὴ εἰδότες τὰς γραφὰς μηδὲ τὴν δύναμιν τοῦ θεοῦ. 30. ἐν γὰρ τῇ ἀναστάσει οὔτε γαμοῦσιν οὔτε § ἐγγαμίζονται, ἀλλ' ὡς ἄγγελοι † θεοῦ § εἰσιν ἐν τῷ οὐρανῷ. 31. περὶ δὲ τῆς ἀναστάσεως τῶν νεκρῶν οὐκ ἀνέγνωτε τὸ ῥηθὲν ὑμῖν ὑπὸ

---

20. - ὁ ιησους s. | εἰ pro ἡ prim. v.
22. αυτων pro αυτον P.
23. - οἱ prim. s. | - οἱ sec, P.
24. μωσης s. | - και prim. sv.
25. γημας v. | ετελευτησε s [M hic evanuit.] | αφηκε SL. [M hic evanuit.]
27. απεθανε SLM.
28. ουν αναστασει s. | αναστησει LP, αναστασῃ M. | τινως P.

29. ιδοντες P. pro ειδοτες | μὴ δὲ LP.
30. αναστασῃ M. | γαμουνται pro γαμιουσιν P. | εκγαμιζονται s, εγγαμισκονται L, ενγαμιζονται P, γαμισκονται v. | + του αντε θεου s. | εν ουρανω εισι s.
31. αν εγνωτε L. | - ὑμιν v, sed v* marg. = s.

τοῦ θεοῦ λέγοντος· 32. ἐγώ εἰμι ὁ θεὸς Ἀβραὰμ καὶ ὁ θεὸς Ἰσαὰκ καὶ ὁ θεὸς Ἰακώβ; οὐκ ἔστιν § δὲ ὁ θεὸς θεὸς νεκρῶν ἀλλὰ ζώντων. 33. καὶ ἀκούσαντες οἱ ὄχλοι ἐξεπλήσσοντο ἐπὶ τῇ διδαχῇ αὐτοῦ. 34. Οἱ δὲ Φαρισαῖοι ἀκούσαντες ὅτι § ἐφήμωσεν τοὺς Σαδδουκαίους, συνήχθησαν ἐπὶ τὸ αὐτό, 35. καὶ ἐπηρώτησεν εἷς ἐξ αὐτῶν νομικὸς πειράζων αὐτὸν καὶ λέγων· 36. διδάσκαλε, ποία ἐντολὴ μεγάλη ἐν τῷ νόμῳ; 37. ὁ δὲ Ἰησοῦς εἶπεν αὐτῷ· ἀγαπήσεις κύριον τὸν θεόν σου ἐν ὅλῃ † καρδίᾳ σου καὶ ἐν ὅλῃ τῇ ψυχῇ σου § καὶ ἐν ὅλῃ τῇ ἰσχύϊ σου καὶ ἐν ὅλῃ τῇ διανοίᾳ σου. 38. αὕτη ἐστὶν § ἡ μεγάλη καὶ πρώτη ἐντολή. 39. δευτέρα δὲ ὁμοία § αὕτη· ἀγαπήσεις τὸν πλησίον σου ὡς σεαυτόν. 40. ἐν ταύταις ταῖς δυσὶν ἐντολαῖς ὅλος ὁ νόμος καὶ οἱ προφῆται κρέμανται.

41. Συνηγμένων δὲ τῶν Φαρισαίων ἐπηρώτησεν αὐτοὺς ὁ Ἰησοῦς 42. λέγων· τί ὑμῖν δοκεῖ περὶ τοῦ Χριστοῦ; τίνος υἱός ἐστιν; λέγουσιν αὐτῷ· τοῦ Δαβίδ. 43. λέγει αὐτοῖς· πῶς οὖν Δαβὶδ ἐν πνεύματι κύριον αὐτὸν καλεῖ λέγων· 44. εἶπεν ὁ κύριος τῷ κυρίῳ μου· κάθου ἐκ δεξιῶν μου ἕως ἂν θῶ τοὺς ἐχθρούς σου § ὑποκάτω τῶν ποδῶν σου. 45. εἰ οὖν Δαβὶδ § ἐν πνεύ-

---

32. — και ὁ θεος ιακωβ L. | — δε S. | ζοντων P.
33. επη pro επι P.
34. εφιμωσε S, εφιμωσεν L. | αυτω P.
35. init. — και M.
37. † τη ante καρδια S. | — και εν ολη τη ισχυι σου S.
38. εστι πρωτη και μεγαλη S.
39. ομοι I₁. | αυτῇ S. [M hic evanuit, ut videtur.] [εαυτον LV.
40. κρεμαντε P.
42. εστι S.
43. καλει αυτον L.
44. υποποδιον SP.
45. — εν πνευματι S. | εστι SM.

ματι καλεῖ αὐτὸν κύριον, πῶς υἱὸς αὐτοῦ ἐστίν; 46. καὶ οὐδεὶς ἐδύνατο § ἀποκριθῆναι αὐτῷ λόγον, οὐδὲ ἐτόλμησέν τις ἀπ' ἐκείνης τῆς ἡμέρας ἐπερωτῆσαι αὐτὸν οὐκέτι.

XXIII.

1. Τότε § ἐλάλησεν ὁ Ἰησοῦς τοῖς ὄχλοις καὶ τοῖς μαθηταῖς αὐτοῦ 2. λέγων· ἐπὶ τῆς § καθέδρας Μωϋσέως ἐκάθισαν οἱ γραμματεῖς καὶ οἱ Φαρισαῖοι. 3. πάντα οὖν ὅσα § ἐὰν εἴπωσιν ὑμῖν τηρεῖν τηρεῖτε καὶ ποιεῖτε, κατὰ δὲ τὰ ἔργα αὐτῶν μὴ ποιεῖτε· λέγουσι γὰρ καὶ οὐ ποιοῦσιν. 4. δεσμεύουσι γὰρ φορτία βαρέα καὶ δυσβάστακτα καὶ ἐπιτιθέασιν ἐπὶ τοὺς ὤμους τῶν ἀνθρώπων, τῷ δὲ δακτύλῳ αὐτῶν οὐ θέλουσι κινῆσαι αὐτά. 5. πάντα δὲ τὰ ἔργα αὐτῶν ποιοῦσι πρὸς τὸ θεαθῆναι τοῖς ἀνθρώποις· πλατύνουσι § γὰρ τὰ φυλακτήρια αὐτῶν καὶ μεγαλύνουσι τὰ κράσπεδα τῶν ἱματίων αὐτῶν, 6. φιλοῦσι § δὲ τὴν § πρωτοκλησίαν ἐν τοῖς δείπνοις καὶ τὰς πρωτοκαθεδρίας ἐν ταῖς συναγωγαῖς 7. καὶ τοὺς ἀσπασμοὺς ἐν ταῖς ἀγοραῖς καὶ καλεῖσθαι ὑπὸ τῶν ἀνθρώπων § ῥαββεί, ῥαββεί. 8. ὑμεῖς δὲ μὴ κληθῆτε § ῥαββεί. εἷς γάρ ἐστιν ὑμῶν ὁ καθηγητής, ὁ Χριστός, πάντες δὲ ὑμεῖς ἀδελφοί ἐστε. 9. καὶ πατέρα μὴ καλέσητε ὑμῶν ἐπὶ τῆς γῆς· εἷς γάρ ἐστιν ὁ

---

46. αυτω αποκριθηναι S. | λογων P. | ετολμησε SMP. | απεκεινης P.
XXIII. 1. ὁ ιησους ελαλησε S.
2. μωσεως καθεδρας S, μωυσεως καθεδρας V. | εκαθησαν MP.
3. αν S. | ειπωσιν V. | – τηρειν V. | τηρειται P. | ποιησατε και τηρειτε *pro* τηρειτε και ποιειτε V. | λεγουσιν V. | ποιουσι SLM.
4. δεσμευουσιν V. | ομους P. | θελωσι

MP, θελουσιν V. | κυνησαι M.
5. ποιουσιν V. | δε *pro* γαρ S.
6. φιλουσιν V. | τε *pro* δε S. | πρωτοκλισιαν SV. | – τοις P.
7. ραββι ραββι S. | – ραββει *sec.* P.
8. – υμεις δε μη κληθητε ραββει V, sed v' *marg.* = *txt.* | – μη L. | κληθειτε P. | ῥαββι S. | – ὁ χριστος V.

ΕΥΑΓΓΕΛΙΟΝ

πατὴρ ὑμῶν ὁ §οὐράνιος. 10. μηδὲ κληθῆτε καθηγηταί, εἷς γάρ §ἐστιν ὁ καθηγητὴς ὑμῶν ὁ Χριστός. 11. ὁ δὲ μείζων ὑμῶν ἔσται ὑμῶν διάκονος. 12. ὅστις δὲ ὑψώσει ἑαυτὸν ταπεινωθήσεται καὶ ὅστις ταπεινώσει ἑαυτὸν ὑψωθήσεται. 14. §οὐαὶ δὲ ὑμῖν, γραμματεῖς καὶ Φαρισαῖοι ὑποκριταί, ὅτι κλείετε τὴν βασιλείαν τῶν οὐρανῶν ἔμπροσθεν τῶν ἀνθρώπων· ὑμεῖς γὰρ οὐκ εἰσέρχεσθε, οὐδὲ τοὺς εἰσερχομένους ἀφίετε εἰσελθεῖν. 13. οὐαὶ δὲ ὑμῖν, γραμματεῖς καὶ Φαρισαῖοι ὑποκριταί, ὅτι κατεσθίετε τὰς οἰκίας τῶν χηρῶν καὶ προφάσει μακρὰ προσευχόμενοι· διὰ τοῦτο λήψεσθε περισσότερον κρίμα. 15. οὐαὶ ὑμῖν, γραμματεῖς καὶ Φαρισαῖοι ὑποκριταί, ὅτι περιάγετε τὴν θάλασσαν καὶ τὴν ξηρὰν §τοῦ ποιῆσαι ἕνα προσήλυτον, καὶ ὅταν γένηται, ποιεῖτε αὐτὸν υἱὸν γεέννης διπλότερον ὑμῶν. 16. οὐαὶ ὑμῖν, ὁδηγοὶ τυφλοὶ οἱ λέγοντες· ὃς ἂν ὀμόσῃ ἐν τῷ ναῷ, οὐδέν ἐστιν· ὃς δ' ἂν ὀμόσῃ ἐν τῷ χρυσῷ τοῦ ναοῦ, ὀφείλει. 17. μωροὶ καὶ τυφλοί, τίς γὰρ μείζων ἐστίν, ὁ χρυσὸς ἢ ὁ ναὸς ὁ ἁγιάζων τὸν χρυσόν; 18. καὶ· ὃς ἂν ὀμόσῃ ἐν τῷ θυσιαστηρίῳ, οὐδέν ἐστιν· ὃς δ' ἂν ὀμόσῃ ἐν τῷ δώρῳ τῷ ἐπάνω αὐτοῦ, ὀφείλει. 19. μωροὶ .καὶ

---

9. εν τοις ουρανοις *pro* ουρανιος SM.
10. μήδε P. | κληθηται L. | ὑμων εστιν ὁ καθηγητης S. | ὁτι καθηγητης ὑμων εστιν *pro* εἰς γαρ εστιν ὁ καθηγητης ὑμων V.
13, 14. *Versum* 13 *versui* 14 *praeponit* S.
14. ου V *pro* ουαι, *sed* v' = txt. | - δε

8. | κλειεται P.
13. - δε V. | κατεσθιεται P. | χειρων M. | μικρα P. | διατοῦτο L.
15. περιαγεται L. | ξεραν M. | - του S. | ποιητε M.
16. ὁδιγοι M.|ὁμοση *bis* L.| οφειλη MP.
17. μωρει M. | μιζων M.
18. εαν *pro* αν S. | ὁμοση *bis* L. | το *pro* τω *tert*. L. | ὑφειλη P.

ΚΑΤΑ ΜΑΤΘΑΙΟΝ.

τυφλοί, τί γάρ §ἐστιν §μείζων, τὸ δῶρον ἢ τὸ θυσιαστήριον τὸ ἁγιάζον τὸ δῶρον; 20. ὁ οὖν ὀμόσας ἐν τῷ θυσιαστηρίῳ ὀμνύει ἐν αὐτῷ καὶ ἐν πᾶσι τοῖς ἐπάνω αὐτοῦ· 21. καὶ ὁ ὀμόσας ἐν τῷ ναῷ ὀμνύει ἐν αὐτῷ καὶ ἐν τῷ κατοικοῦντι αὐτόν· 22. καὶ ὁ ὀμόσας ἐν τῷ οὐρανῷ ὀμνύει ἐν τῷ θρόνῳ τοῦ θεοῦ καὶ ἐν τῷ καθημένῳ ἐπάνω αὐτοῦ. 23. οὐαὶ ὑμῖν, γραμματεῖς καὶ Φαρισαῖοι ὑποκριταί, ὅτι ἀποδεκατοῦτε τὸ ἡδύοσμον καὶ τὸ ἄνηθον καὶ τὸ κύμινον, καὶ ἀφήκατε τὰ βαρύτερα τοῦ νόμου §καὶ τὴν κρίσιν καὶ τὸν ἔλεον καὶ τὴν πίστιν· ταῦτα ἔδει ποιῆσαι κἀκεῖνα μὴ ἀφιέναι. 24. ὁδηγοὶ τυφλοί, οἱ διϋλίζοντες τὸν κώνωπα, τὴν δὲ κάμηλον καταπίνοντες. 25. οὐαὶ ὑμῖν, γραμματεῖς καὶ Φαρισαῖοι ὑποκριταί, ὅτι καθαρίζετε τὸ ἔξωθεν τοῦ ποτηρίου καὶ τῆς παροψίδος, ἔσωθεν δὲ γέμουσιν ἐξ ἁρπαγῆς καὶ ἀκρασίας. 26. Φαρισαῖε τυφλέ, καθάρισον πρῶτον τὸ ἐντὸς τοῦ ποτηρίου καὶ τῆς παροψίδος, ἵνα γένηται καὶ τὸ ἐκτὸς §αὐτοῦ καθαρόν. 27. οὐαὶ ὑμῖν, γραμματεῖς καὶ Φαρισαῖοι ὑποκριταί, ὅτι παρομοιάζετε τάφοις κεκονιαμένοις, οἵτινες §μὲν ἔξωθεν φαίνονται ὡραῖοι, ἔσωθεν δὲ γέμουσιν ὀστέων νεκρῶν καὶ πάσης ἀκαθαρσίας. 28. οὕτως καὶ ὑμεῖς ἔξωθεν μὲν φαίνεσθε τοῖς ἀνθρώποις δίκαιοι, ἔσωθεν δὲ §ἐστὲ μεστοὶ ὑπο-

---

19. − εστιν s, εστι L. | μειζον SL. | ἁγιαζων P.
20. ομοσας LP. | + αυτω post εν prim. v. | ομνυει L. | πασιν V.
21. ομοσας L. | ομνυει L.
22. ομοσας L. | ομνυει L.
23. αποδεκατουται LP. ! τον pro το tert. P, [M hic eranuit]. | − και quart. s. [M hic eranuit]. | το ελεος V, sed V' = s. | ελαιον MP. | ποιειν V. | κἀκεῖνα s.
25. + και του πινακος post παροψιδος v. [M hic eranuit, sed του apparet post παροψιδος.] | εξωθεν pro εσωθεν L.
26. αυτων s.
27. παρομοιαζεται LP, παρομιαζετε M. | κεκονιασμενοις L. | εξωθεν μεν s. | ὁραιοι P'.
28. οὑτω SLM. | φαινεσθαι P. − δε L. | μεστοι εστε s. | εσται P.

κρίσεως καὶ ἀνομίας. 29. οὐαὶ ὑμῖν, γραμματεῖς καὶ Φαρισαῖοι ὑποκριταί, ὅτι §οἰκοδομεῖται τοὺς τάφους τῶν προφητῶν καὶ κοσμεῖτε τὰ μνημεῖα τῶν δικαίων, 30. καὶ λέγετε· εἰ §ἤμεθα ἐν ταῖς ἡμέραις τῶν πατέρων ἡμῶν, οὐκ ἂν ἦμεν §αὐτῶν κοινωνοὶ ἐν τῷ αἵματι τῶν προφητῶν. 31. ὥστε μαρτυρεῖτε §αὐτοῖς ὅτι υἱοί ἐστε τῶν φονευσάντων τοὺς προφήτας. 32. καὶ ὑμεῖς πληρώσατε τὸ μέτρον τῶν πατέρων ὑμῶν. 33. ὄφεις, γεννήματα ἐχιδνῶν, πῶς φύγητε ἀπὸ τῆς κρίσεως τῆς γεέννης; 34. διὰ τοῦτο † ἐγὼ ἀποστέλλω πρὸς ὑμᾶς προφήτας καὶ σοφοὺς καὶ γραμματεῖς. † ἐξ αὐτῶν ἀποκτενεῖτε καὶ σταυρώσετε, καὶ ἐξ αὐτῶν μαστιγώσετε ἐν ταῖς συναγωγαῖς ὑμῶν καὶ διώξετε ἀπὸ πόλεως εἰς πόλιν· 35. ὅπως §ἂν ἔλθῃ ἐφ᾿ ὑμᾶς πᾶν αἷμα δίκαιον ἐκχυνόμενον ἐπὶ τῆς γῆς ἀπὸ τοῦ αἵματος Ἄβελ τοῦ δικαίου ἕως τοῦ αἵματος Ζαχαρίου υἱοῦ Βαραχίου, ὃν ἐφονεύσατε μεταξὺ τοῦ ναοῦ καὶ τοῦ θυσιαστηρίου. 36. ἀμὴν λέγω ὑμῖν §ὅτι ἥξει ταῦτα πάντα ἐπὶ τὴν γενεὰν ταύτην. 37. Ἱερουσαλὴμ Ἱερουσαλήμ, ἡ §ἀποκτένουσα τοὺς προφήτας καὶ λιθοβολοῦσα τοὺς ἀπεσταλμένους πρὸς αὐτήν, ποσάκις ἠθέλησα ἐπισυναγαγεῖν τὰ τέκνα σου, ὃν τρόπον §ὄρνεις ἐπισυνάγει τὰ νεοσσία ἑαυτῆς ὑπὸ τὰς πτέρυγας, καὶ οὐκ ἠθελήσατε. 38. ἰδού

---

29. οικυδομειτε SV, οικοδομηται L. | κοσμειται LP.
30. ημεν S, ημεν V, sed V* = txt. | ημεθα pro ημεν L. | κοινωνοι αυτων S. | κεινωνοι M.
31. ἑαυτοις SM. | - αυτοις L.
33. οφις M. | φυγετε L.
34. διατοῦτο L. | + ιδου S, + ειδου L.1 post τουτο. | - εγω PV. |

σταυρωσεται M. | + και ante εξ prim. s. | + της ante πολεως M. | πολεος P.
35. - αν S. | - παν L.. | εκχυνναμενον P, εκχύνον V.
36. - ότι SV.
37. αποκτεινουσα s. | ορνης M, ορνις L. | επισυναγει ορνις s.

§ ἀφίετε ὑμῖν ὁ οἶκος ὑμῶν ἔρημος. 39. λέγω γὰρ ὑμῖν §ὅτι οὐ μή με ἴδητε §ἀπάρτι ἕως ἂν εἴπητε· εὐλογημένος ὁ ἐρχόμενος ἐν ὀνόματι κυρίου.

XXIV.

1. Καὶ ἐξελθὼν ὁ Ἰησοῦς §ἀπὸ τοῦ ἱεροῦ ἐπορεύετο, καὶ προσῆλθον οἱ μαθηταὶ αὐτοῦ ἐπιδεῖξαι αὐτῷ τὰς οἰκοδομὰς τοῦ ἱεροῦ. 2. ὁ δὲ †§ἀποκριθεὶς εἶπεν αὐτοῖς· οὐ βλέπετε §ταῦτα πάντα; ἀμὴν λέγω ὑμῖν, οὐ μὴ ἀφεθῇ ὧδε λίθος ἐπὶ λίθον, ὃς οὐ † καταλυθήσεται. 3. καθημένου δὲ αὐτοῦ ἐπὶ τοῦ ὄρους τῶν ἐλαιῶν προσῆλθον αὐτῷ οἱ μαθηταὶ κατ' ἰδίαν λέγοντες· εἰπὲ ἡμῖν, πότε ταῦτα ἔσται, καὶ τί τὸ σημεῖον τῆς σῆς παρουσίας καὶ τῆς συντελείας τοῦ αἰῶνος; 4. καὶ ἀποκριθεὶς ὁ Ἰησοῦς εἶπεν αὐτοῖς· βλέπετε μή τις ὑμᾶς πλανήσῃ. 5. πολλοὶ γὰρ ἐλεύσονται ἐπὶ τῷ ὀνόματί μου λέγοντες· ἐγώ εἰμι ὁ Χριστός, καὶ πολλοὺς πλανήσουσι. 6. μελλήσετε δὲ ἀκούειν πολέμους καὶ ἀκοὰς πολέμων· ὁρᾶτε μὴ θροεῖσθε· δεῖ γὰρ πάντα γενέσθαι, ἀλλ' οὔπω ἐστὶ τὸ τέλος. 7. ἐγερθήσεται γὰρ ἔθνος ἐπὶ ἔθνος καὶ βασιλεία ἐπὶ βασιλείαν, καὶ ἔσονται λιμοὶ καὶ λοιμοὶ καὶ σεισμοὶ κατὰ τόπους.

---

38. αφιεται S.
39. - οτι S. | απ' αρτι S. | ιπειτε P, ειπητε V. | - ὁ V.
XXIV. 1. επορευετο απο του ιερου S. | - του *prim.* V. | *ie pro* ιερου v, *sed* v' *marg.* = s.
2. + ιησους *post* δε SM. | - αποκρι-

θεις S. | παντα ταυτα S. | +μη *ante* καταλυθησεται SM.
3. υμιν *pro* ημιν M.
5. πλανησουσιν V.
6. - δε V. | γενεσθε P. | εστιν P.
7. λιμοι και λιμοι P.

L

8. § ταῦτα δὲ πάντα ἀρχὴ ὠδίνων. 9. τότε παραδώσουσιν ὑμᾶς εἰς θλίψιν καὶ ἀποκτενοῦσιν ὑμᾶς, καὶ ἔσεσθε μισούμενοι ὑπὸ πάντων τῶν ἐθνῶν διὰ τὸ ὄνομά μου. 10. καὶ τότε σκανδαλισθήσονται πολλοὶ καὶ ἀλλήλους παραδώσουσιν καὶ μισήσουσιν ἀλλήλους. 11. καὶ πολλοὶ ψευδοπροφῆται ἐγερθήσονται καὶ πλανήσουσι πολλούς. 12. καὶ διὰ τὸ πληθυνθῆναι τὴν ἀνομίαν ψυγήσεται ἡ ἀγάπη τῶν πολλῶν. 13. ὁ δὲ ὑπομείνας εἰς τέλος, οὗτος σωθήσεται. 14. καὶ κηρυχθήσεται τοῦτο τὸ εὐαγγέλιον τῆς βασιλείας ἐν ὅλῃ τῇ οἰκουμένῃ εἰς μαρτύριον πᾶσι τοῖς ἔθνεσι, καὶ τότε ἥξει τὸ τέλος. 15. Ὅταν οὖν ἴδητε τὸ βδέλυγμα τῆς ἐρημώσεως τὸ ῥηθὲν διὰ Δανιὴλ τοῦ προφήτου § ἑστὼς ἐν τόπῳ ἁγίῳ, ὁ ἀναγινώσκων νοείτω, 16. τότε οἱ ἐν τῇ Ἰουδαίᾳ φευγέτωσαν ἐπὶ τὰ ὄρη, 17. ὁ ἐπὶ τοῦ δώματος μὴ καταβαινέτω §ἆραι §τὰ ἐκ τῆς οἰκίας αὐτοῦ, 18. καὶ ὁ ἐν τῷ ἀγρῷ μὴ ἐπιστρεψάτω ὀπίσω ἆραι § τὸ ἱμάτιον αὐτοῦ. 19. οὐαὶ δὲ ταῖς ἐν γαστρὶ ἐχούσαις καὶ ταῖς θηλαζούσαις ἐν ἐκείναις ταῖς ἡμέραις. 20. προσεύχεσθε δὲ ἵνα μὴ γένηται ἡ φυγὴ ὑμῶν χειμῶνος μηδὲ † σαββάτῳ. 21. ἔσται γὰρ τότε θλίψις μεγάλη, § οἷα οὐ γέγονεν § ἀπαρχῆς κόσμου ἕως τοῦ νῦν οὐδὲ οὐ μὴ γένηται. 22. καὶ εἰ μὴ

---

8. παντα δε ταυτα S. | – δε P. | αρχι M. | οδινων P.
10. παραδωσυυσι S. | + εις θανατον post παραδωσουσι V. | μησησουσιν MP.
11. πλανησουσιν V.
12. πληθουνθηναι M.
13. οὕτως P.
14. κυρηχθησετε P. | πασιν τοις εθνεσιν V.
15. ἑστος SMV, ἑστως P.
16. εις pro επι V.
17. init. + και M. | δυματος V. | καταβατω V. | ἀραι SV. | τι pro τα S.
18. τα ιματια S.
19. εγγαστρι M.
20. προσευχεσθαι P. | γενητε M. | μὴ δὲ I.P. | + εν post μηδε S.
21. θλιψεις MP. | οἷα S. | ἀπ' ἀρχης SM.

ἐκολοβώθησαν αἱ ἡμέραι ἐκεῖναι, οὐκ ἂν ἐσώθη πᾶσα σάρξ· διὰ δὲ τοὺς ἐκλεκτοὺς κολοβωθήσονται αἱ ἡμέραι ἐκεῖναι. 23. τότε ἐάν τις ὑμῖν εἴπῃ· ἰδοὺ ὧδε ὁ Χριστός, ἢ ὧδε, μὴ πιστεύσητε. 24. ἐγερθήσονται γὰρ ψευδόχριστοι καὶ ψευδοπροφῆται, καὶ δώσουσι σημεῖα μεγάλα καὶ τέρατα, ὥστε πλανῆσαι, εἰ δυνατόν, καὶ τοὺς ἐκλεκτούς. 25. ἰδοὺ προείρηκα ὑμῖν. 26. ἐὰν οὖν εἴπωσιν ὑμῖν· ἰδοὺ ἐν τῇ ἐρήμῳ ἐστίν, μὴ ἐξέλθητε· ἰδοὺ ἐν τοῖς §ταμίοις, μὴ πιστεύσητε. 27. ὥσπερ γὰρ ἡ ἀστραπὴ ἐξέρχεται ἀπὸ ἀνατολῶν καὶ φαίνεται ἕως δυσμῶν, οὕτως ἔσται καὶ ἡ παρουσία τοῦ υἱοῦ τοῦ ἀνθρώπου. 28. ὅπου γὰρ ἐὰν ᾖ τὸ πτῶμα, ἐκεῖ συναχθήσονται οἱ ἀετοί. 29. Εὐθέως δὲ μετὰ τὴν θλῖψιν τῶν ἡμερῶν ἐκείνων ὁ ἥλιος σκοτισθήσεται καὶ ἡ σελήνη οὐ δώσει τὸ φέγγος αὐτῆς, καὶ οἱ ἀστέρες πεσοῦνται ἀπὸ τοῦ οὐρανοῦ, καὶ αἱ δυνάμεις τῶν οὐρανῶν σαλευθήσονται. 30. καὶ τότε φανήσεται τὸ σημεῖον τοῦ υἱοῦ τοῦ ἀνθρώπου ἐν τῷ οὐρανῷ, καὶ §κόψονται τότε πᾶσαι αἱ φυλαὶ τῆς γῆς καὶ ὄψονται τὸν υἱὸν τοῦ ἀνθρώπου ἐρχόμενον ἐπὶ τῶν νεφελῶν τοῦ οὐρανοῦ μετὰ δυνάμεως καὶ δόξης πολλῆς. 31. καὶ ἀποστελεῖ τοὺς ἀγγέλους αὐτοῦ μετὰ σάλπιγγος φωνῆς μεγάλης, καὶ ἐπισυνάξουσι τοὺς ἐκλεκτοὺς αὐτοῦ ἐκ τῶν τεσσάρων ἀνέμων ἀπ' ἄκρων §τῶν οὐρανῶν ἕως §τῶν ἄκρων αὐτῶν. 32. Ἀπὸ δὲ τῆς συκῆς μάθετε τὴν παραβολήν. ὅταν ἤδη ὁ κλάδος

---

22. εκολοβοθησαν MV. | κολοβωθησονται PV.
23. υμων pro υμιν L. | ωδε bis L.?, ωδε prim. P.
24. ψευδοχρηστοι L. | δωσουση M, διωσουσιν V. | δουνατον M.
26. εστι SM. | ταμειοις SL, ταμιεις P.
27. φενεται P.
29. σκοτισθησετε M.
30. τυ pro τοτε prim. L. | τοτε κοψονται S. | – τοτε sec. P.
31. επισυναξουσιν V. | απακρων V. | – των sec. et tert. S.

ΕΥΑΓΓΕΛΙΟΝ

αὐτῆς γένηται ἁπαλὸς καὶ τὰ φύλλα ἐκφύῃ, γινώσκετε ὅτι ἐγγὺς τὸ θέρος. 33. οὕτως καὶ ὑμεῖς ὅταν ἴδητε § ταῦτα πάντα, γινώσκετε ὅτι ἐγγύς ἐστιν ἐπὶ θύραις. 34. ἀμὴν λέγω ὑμῖν § ὅτι οὐ μὴ παρέλθῃ ἡ γενεὰ αὕτη ἕως ἂν § ταῦτα πάντα γένηται. 35. ὁ οὐρανὸς καὶ ἡ γῆ παρελεύσονται, οἱ δὲ λόγοι μου οὐ μὴ παρέλθωσιν. 36. Περὶ δὲ τῆς ἡμέρας ἐκείνης καὶ † ὥρας οὐδεὶς οἶδεν, οὐδὲ οἱ ἄγγελοι τῶν οὐρανῶν § οὐδὲ ὁ υἱός, εἰ μὴ ὁ πατὴρ † μόνος. 37. ὥσπερ δὲ αἱ ἡμέραι τοῦ Νῶε, οὕτως ἔσται καὶ ἡ παρουσία τοῦ υἱοῦ τοῦ ἀνθρώπου. 38. ὥσπερ γὰρ ἦσαν ἐν ταῖς ἡμέραις ταῖς πρὸ τοῦ κατακλυσμοῦ τρώγοντες καὶ πίνοντες, γαμοῦντες καὶ § ἐγγαμίζοντες, ἄχρις † ἡμέρας εἰσῆλθεν Νῶε εἰς τὴν κιβωτόν, 39. καὶ οὐκ ἔγνωσαν ἕως ἦλθεν ὁ κατακλυσμὸς καὶ ἦρεν ἅπαντας, οὕτως ἔσται καὶ ἡ παρουσία τοῦ υἱοῦ τοῦ ἀνθρώπου. 40. τότε δύο ἔσονται ἐν τῷ ἀγρῷ, ὁ εἷς παραλαμβάνεται καὶ ὁ εἷς ἀφίεται· 41. δύο ἀλήθουσαι ἐν τῷ μύλωνι, μία παραλαμβάνεται καὶ μία ἀφίεται· § δύο ἐπὶ κλίνης μιᾶς, εἷς παραλαμβάνεται καὶ εἷς ἀφίεται. 42. γρηγορεῖτε οὖν, ὅτι οὐκ οἴδατε ποίᾳ § ἡμέρᾳ ὁ κύριος ὑμῶν ἔρχεται. 43. Ἐκεῖνο δὲ γινώσκετε ὅτι εἰ ᾔδει ὁ οἰκοδεσπότης ποίᾳ § ὥρᾳ ὁ κλέπτης ἔρχεται ἐγρηγόρησεν ἂν καὶ οὐκ ἂν εἴασε διορυγῆναι

---

32. ἁπαλλος L. | εκφυει V, sed v' = s.
33. οὕτω SM. | παντα ταυτα s.
34. - ὅτι s. | παντα ταυτα s. | γενητε M.
35. παρελθωσι SMP.
36. + της ante ὥρας s. | - ουδε ὁ υιος SL. | + μου post πατηρ sv.
37. - αἱ L.
38. τρογωντες P. | εκγαμιζοντες

SLM. | αχρι s. | + ἧς post αχρι s. | εισηλθε SM, ηλθεν v.
39. + ὁτου post ἑως M.
40. - ὁ bis v.
41. μηλωνι M. | - δυο επι κλινης usq. fin. vers. sv. | εἰς bis MP.
42. ὥρα SM.
43. εκεινω v. | ειδη L. | οικυδεσπωτης L₁. | φυλακη s. | ειασεν διορυχθηναι v.

τὴν οἰκίαν αὐτοῦ. 44. διὰ τοῦτο καὶ ὑμεῖς γίνεσθε ἕτοιμοι ὅτι ᾗ ὥρᾳ οὐ δοκεῖτε ὁ υἱὸς τοῦ ἀνθρώπου ἔρχεται. 45. Τίς ἄρα ἐστὶν ὁ πιστὸς δοῦλος καὶ φρόνιμος, ὃν κατέστησεν ὁ κύριος αὐτοῦ ἐπὶ τῆς § οἰκετίας αὐτοῦ τοῦ § δοῦναι αὐτοῖς τὴν τροφὴν ἐν καιρῷ; 46. μακάριος ὁ δοῦλος ἐκεῖνος ὃν ἐλθὼν ὁ κύριος αὐτοῦ εὑρήσει § οὕτως ποιοῦντα. 47. ἀμὴν λέγω ὑμῖν ὅτι ἐπὶ πᾶσι τοῖς ὑπάρχουσιν αὐτοῦ καταστήσει αὐτόν. 48. ἐὰν δὲ εἴπῃ ὁ κακὸς δοῦλος ἐκεῖνος ἐν τῇ καρδίᾳ αὐτοῦ· χρονίζει ὁ κύριός μου ἐλθεῖν, 49. καὶ ἄρξηται τύπτειν τοὺς συνδούλους § αὐτοῦ, § ἐσθίει δὲ καὶ § πίνῃ μετὰ τῶν μεθυόντων· 50. ἥξει ὁ κύριος τοῦ δούλου ἐκείνου ἐν ἡμέρᾳ ᾗ οὐ προσδοκᾷ καὶ ἐν ὥρᾳ ᾗ οὐ γινώσκει, 51. καὶ διχοτομήσει αὐτόν, καὶ τὸ μέρος αὐτοῦ μετὰ τῶν ὑποκριτῶν θήσει· ἐκεῖ ἔσται ὁ κλαυθμὸς καὶ ὁ βρυγμὸς τῶν ὀδόντων.

XXV.

1. Τότε ὁμοιωθήσεται ἡ βασιλεία τῶν οὐρανῶν δέκα παρθένοις, αἵτινες λαβοῦσαι τὰς λαμπάδας αὐτῶν ἐξῆλθον εἰς ἀπάντησιν τοῦ νυμφίου. 2. πέντε δὲ ἦσαν ἐξ αὐτῶν φρόνιμοι καὶ αἱ πέντε μωραί.

---

44. διαγοῦτο L.
45. φρονημος V. | θεραπειας SV, οικιας L. | διδοναι S.
46. + εστιν post μακαριος V. | ποιουντα ουτως S.
48. − μου V.
49. αρξεται L. | τυπτει L₁. | − αυτου SM. | εσθιειν S, εσθιη LV. | πινειν S, πινει L.
50. ὡρα P.

XXV. 1. λαμπαδιας αυτων V. | κυριου pro νυμφιου P, sed P' = t.xt. | fin. + και της νυμφης Vt. Additamentum και της νυμφης ex dimidia parte erasum apparet. Treschow. Alter contra: Post νυμφιου rasura est duorum forte vocabulorum quae legi non possunt.
2. εξ αυτων ησαν V. | πενται sec. L.

ΕΥΑΓΓΕΛΙΟΝ

3. αἵτινες μωραὶ λαβοῦσαι τὰς λαμπάδας §αὐτῶν οὐκ ἔλαβον μεθ' ἑαυτῶν ἔλαιον· 4. αἱ δὲ φρόνιμοι ἔλαβον ἔλαιον ἐν τοῖς § ἀγγίοις αὐτῶν μετὰ τῶν λαμπάδων αὐτῶν. 5. χρονίζοντος δὲ τοῦ νυμφίου ἐνύσταξαν πᾶσαι καὶ ἐκάθευδον. 6. μέσης δὲ νυκτὸς κραυγὴ γέγονεν· ἰδοὺ ὁ νυμφίος ἔρχεται, ἐξέρχεσθε εἰς ἀπάντησιν αὐτοῦ. 7. τότε ἠγέρθησαν πᾶσαι αἱ παρθένοι ἐκεῖναι καὶ ἐκόσμησαν τὰς λαμπάδας αὐτῶν. 8. αἱ δὲ μωραὶ ταῖς φρονίμοις εἶπον· δότε ἡμῖν ἐκ τοῦ ἐλαίου ὑμῶν, ὅτι αἱ λαμπάδες ἡμῶν σβέννυνται. 9. ἀπεκρίθησαν δὲ αἱ φρόνιμοι λέγουσαι· μήποτε οὐκ ἀρκέσῃ ἡμῖν καὶ ὑμῖν· πορεύεσθε δὲ μᾶλλον πρὸς τοὺς πωλοῦντας καὶ ἀγοράσατε ἑαυταῖς. 10. ἀπερχομένων δὲ αὐτῶν ἀγοράσαι ἦλθεν ὁ νυμφίος, καὶ αἱ ἕτοιμοι εἰσῆλθον μετ' αὐτοῦ εἰς τοὺς γάμους, καὶ ἐκλείσθη ἡ θύρα. 11. ὕστερον δὲ ἔρχονται καὶ αἱ λοιπαὶ παρθένοι λέγουσαι· κύριε κύριε, ἄνοιξον ἡμῖν. 12. ὁ δὲ ἀποκριθεὶς εἶπεν· ἀμὴν λέγω ὑμῖν, οὐκ οἶδα ὑμᾶς. 13. γρηγορεῖτε οὖν ὅτι οὐκ οἴδατε τὴν ἡμέραν οὐδὲ τὴν ὥραν ἐν ᾗ ὁ υἱὸς τοῦ ἀνθρώπου ἔρχεται. 14. Ὥσπερ γὰρ ἄνθρωπος ἀποδημῶν ἐκάλεσε τοὺς ἰδίους δούλους καὶ παρέδωκεν αὐτοῖς τὰ ὑπάρχοντα αὐτοῦ, 15. καὶ ᾧ μὲν ἔδωκεν πέντε τάλαντα, ᾧ δὲ δύο, ᾧ δὲ ἕν, ἑκάστῳ κατὰ τὴν ἰδίαν δύναμιν, καὶ ἀπεδήμησεν εὐθέως. 16. πορευθεὶς δὲ ὁ τὰ πέντε τάλαντα λαβὼν §ἠργάσατο ἐν αὐτοῖς καὶ ἐποίησεν ἄλλα

---

3. λαμπαδιας V. | εαυτων S.
4. αγγειοις SL₁M, sed L₂ = txt. | -αυτων prim. V.
7. εκοσμισαν P.
8. σβεννυται P.
9. αρκεσει M. | υμιν pro ημιν L₁. | ουμιν pro υμιν P. | πορευεσθαι P.

10. - αι L. | ετιμοι M.
14. εκαλεσεν V. | αυτοις pro αυτου M.
15. εδωκε SLM.
15, 16. ευθεως δε πορευθεις pro ευθ. πορ. δε V.
16. ειργασατο SM. | εποιησε P, εκερδησεν LV. | -ταλαντα sec. V.

πέντε τάλαντα. 17. ὡσαύτως καὶ ὁ τὰ δύο ἐκέρδησεν καὶ αὐτὸς ἄλλα δύο. 18. ὁ δὲ τὸ ἓν λαβὼν ἀπελθὼν ὤρυξεν ἐν τῇ γῇ καὶ ἀπέκρυψεν τὸ ἀργύριον τοῦ κυρίου αὐτοῦ. 19. μετὰ δὲ §πολὺν χρόνον ἔρχεται ὁ κύριος τῶν δούλων ἐκείνων καὶ συναίρει μετ' αὐτῶν λόγον. 20. καὶ προσελθὼν ὁ τὰ πέντε τάλαντα λαβὼν προσήνεγκεν ἄλλα πέντε τάλαντα λέγων· κύριε, πέντε τάλαντά μοι παρέδωκας, ἴδε ἄλλα πέντε τάλαντα ἐκέρδησα ἐπ' αὐτοῖς. 21. ἔφη δὲ αὐτῷ ὁ κύριος αὐτοῦ· εὖ, δοῦλε ἀγαθὲ καὶ πιστέ, ἐπὶ ὀλίγα ἦς πιστός, ἐπὶ πολλῶν σε καταστήσω· εἴσελθε εἰς τὴν χαρὰν τοῦ κυρίου σου. 22. προσελθὼν δὲ καὶ ὁ τὰ δύο τάλαντα λαβὼν εἶπεν· κύριε, δύο τάλαντά μοι παρέδωκας, ἴδε ἄλλα δύο τάλαντα ἐκέρδησα ἐπ' αὐτοῖς. 23. ἔφη αὐτῷ ὁ κύριος αὐτοῦ· εὖ, δοῦλε ἀγαθὲ καὶ πιστέ, ἐπὶ ὀλίγα ἦς πιστός, ἐπὶ πολλῶν σε καταστήσω· εἴσελθε εἰς τὴν χαρὰν τοῦ κυρίου σου. 24. προσελθὼν δὲ καὶ ὁ τὸ ἓν τάλαντον εἰληφὼς εἶπεν· κύριε, ἔγνων σε ὅτι σκληρὸς εἶ ἄνθρωπος, θερίζων ὅπου οὐκ ἔσπειρας, καὶ συνάγων ὅθεν οὐ διεσκόρπισας. 25. καὶ φοβηθεὶς ἀπελθὼν ἔκρυψα τὸ τάλαντόν σου ἐν τῇ γῇ· ἴδε ἔχεις τὸ σόν. 26. ἀποκριθεὶς δὲ ὁ κύριος αὐτοῦ εἶπεν αὐτῷ· πονηρὲ δοῦλε καὶ ὀκνηρέ, ᾔδεις ὅτι θερίζω ὅπου οὐκ ἔσπειρα, καὶ συνάγω ὅθεν οὐ διεσκόρπισα; 27. ἔδει οὖν σε βαλεῖν τὸ ἀργύριόν μου τοῖς τραπεζίταις, καὶ ἐλθὼν ἐγὼ

17. εκερδησε SI.M.
18. απεκρυψε SI.M.
19. χρονον πολυν S. | του pro των L₁. | λογον μετ' αυτων V. | λογων P.
20. - επ' αυτοις V.

21. - δε V. | - αυτω M. | εις pro ης L.
22. - λαβων LV. | ειπε S. | - επ' αυτοις V.
24. ειπε S. | ανθρωπος ει V.
26. ιδεις L. | ὃ pro ὅτι L.
27. τραπιζηταις L. | εκομησαμην M.

ἐκομισάμην ἂν τὸ ἐμὸν σὺν τόκῳ. 28. ἄρατε οὖν ἀπ' αὐτοῦ τὸ τάλαντον καὶ δότε τῷ ἔχοντι τὰ δέκα τάλαντα. 29. τῷ γὰρ ἔχοντι παντὶ δοθήσεται καὶ περισσευθήσεται· ἀπὸ δὲ τοῦ μὴ ἔχοντος, καὶ ὃ ἔχει ἀρθήσεται ἀπ' αὐτοῦ. 30. καὶ τὸν ἀχρεῖον δοῦλον § ἐκβάλετε εἰς τὸ σκότος τὸ ἐξώτερον· ἐκεῖ ἔσται ὁ κλαυθμὸς καὶ ὁ βρυγμὸς τῶν ὀδόντων. § ταῦτα λέγων ἐφώνει· ὁ ἔχων ὦτα ἀκούειν ἀκουέτω. 31. Ὅταν δὲ ἔλθῃ ὁ υἱὸς τοῦ ἀνθρώπου ἐν τῇ δόξῃ αὐτοῦ καὶ πάντες οἱ ἅγιοι ἄγγελοι μετ' αὐτοῦ, τότε § καθήσει ἐπὶ θρόνου δόξης αὐτοῦ. 32. καὶ § συναχθήσονται ἔμπροσθεν αὐτοῦ πάντα τὰ ἔθνη, καὶ ἀφοριεῖ αὐτοὺς ἀπ' ἀλλήλων, ὥσπερ ὁ ποιμὴν ἀφορίζει τὰ πρόβατα ἀπὸ τῶν ἐρίφων, 33. καὶ στήσει τὰ μὲν πρόβατα ἐκ δεξιῶν αὐτοῦ, καὶ τὰ ἐρίφια ἐξ εὐωνύμων. 34. τότε ἐρεῖ ὁ βασιλεὺς τοῖς ἐκ δεξιῶν αὐτοῦ· δεῦτε οἱ εὐλογημένοι τοῦ πατρός μου, κληρονομήσατε τὴν ἡτοιμασμένην ὑμῖν βασιλείαν ἀπὸ καταβολῆς κόσμου. 35. ἐπείνασα γὰρ καὶ ἐδώκατέ μοι φαγεῖν, ἐδίψησα καὶ ἐποτίσατέ με, ξένος ἤμην καὶ συνηγάγετέ με, 36. γυμνὸς καὶ περιεβάλετέ με, ἠσθένησα καὶ ἐπεσκέψασθέ με, ἐν φυλακῇ ἤμην καὶ § ἤλθατε πρός με. 37. τότε ἀποκριθήσονται † οἱ δίκαιοι λέγοντες· κύριε πότε σὲ § ἴδομεν πεινῶντα καὶ ἐθρέψαμεν· ἢ

---

28. το *pro* τω L.
29. του δε *pro* απο δε του V. | δοκει εχειν *pro* εχει L.
30. αχρειον LP. | εκβαλλετε S, βαλλεται L. | εξοτερον L. | – ὁ *sec.* L.. | – ταυτα λεγων *usque fin. vers.* S. | εφωνη P.
31. ουν *pro* δε V. | – ἅγιοι V. | καθισει SV, καθηση MP.
32. συναχθησεται S.
33. στηση M. | ἐξευωνυμων LP.
34. ἀποκαταβολης L.
35. ημιν *pro* ημην P. | *fin.* μὸι L₁.
36. ηλθετε S.
37. +αυτω *ante* οἱ SLV. | ειδομεν S, ιδωμεν P. | ιθρεψαμεν; SLV. |

διψῶντα καὶ ἐποτίσαμεν· 38. πότε δέ σε § ἴδομεν ξένον καὶ συνηγάγομεν; ἢ γυμνὸν καὶ περιεβάλομεν; 39. πότε δέ σε § ἴδομεν ἀσθενῆ ἢ ἐν φυλακῇ καὶ ἤλθομεν πρός σε; 40. καὶ ἀποκριθεὶς ὁ βασιλεὺς ἐρεῖ αὐτοῖς· ἀμὴν λέγω ὑμῖν, § ἐφόσον ἐποιήσατε ἑνὶ τούτων τῶν ἀδελφῶν μου τῶν ἐλαχίστων, ἐμοὶ ἐποιήσατε. 41. τότε ἐρεῖ καὶ τοῖς § ἐξευωνύμων· πορεύεσθε ἀπ' ἐμοῦ οἱ κατηραμένοι εἰς τὸ πῦρ τὸ αἰώνιον τὸ ἡτοιμασμένον τῷ διαβόλῳ καὶ τοῖς ἀγγέλοις αὐτοῦ. 42. ἐπείνασα γὰρ καὶ οὐκ ἐδώκατέ μοι φαγεῖν, ἐδίψησα καὶ οὐκ ἐποτίσατέ με, 43. ξένος ἤμην καὶ οὐ συνηγάγατέ με, γυμνὸς καὶ οὐ περιεβάλετέ με, ἀσθενὴς καὶ ἐν φυλακῇ καὶ οὐκ ἐπεσκέψασθέ με. 44. τότε ἀποκριθήσονται † καὶ αὐτοὶ λέγοντες· κύριε, πότε σὲ § ἴδομεν πεινῶντα ἢ διψῶντα ἢ ξένον ἢ γυμνὸν ἢ ἀσθενῆ ἢ ἐν φυλακῇ, καὶ οὐ διηκονήσαμέν σοι; 45. τότε ἀποκριθήσεται αὐτοῖς λέγων· ἀμὴν λέγω ὑμῖν, ἐφ' ὅσον οὐκ ἐποιήσατε ἑνὶ τούτων τῶν ἐλαχίστων, οὐδὲ ἐμοὶ ἐποιήσατε. 46. καὶ ἀπελεύσονται οὗτοι εἰς κόλασιν αἰώνιον, οἱ δὲ δίκαιοι εἰς ζωὴν αἰώνιον.

XXVI.

1. Καὶ ἐγένετο ὅτε ἐτέλεσεν ὁ Ἰησοῦς πάντας τοὺς λόγους τούτους, εἶπεν τοῖς μαθηταῖς αὐτοῦ· 2. οἴδατε ὅτι μετὰ δύο

επιτισαμεν L.
38. ειδομεν S. | συνηγαγωμεν P. | περιεβαλωμεν MP.
39. ειδομεν S. | σε post ιδομ. V. | ασθενουντα V.
40. εφ' ὁσον SM.
41. ἐξ εὐωνυμων S. | τω pro το tert. P.
42. fin. μοι L.
43. - γυμνος και ου περιεβαλετε με V.

44. + αυτω ante και αυτοι S. | ειδομεν S, ιδωμεν M, sed M' = let. ξενων P.
45. + και ante αυτοις V. | αμιν ? L₁. | ἐφόσον P. (In M ὁ periit.) | τούτούτων L₁. | + των αδελφων μου post τουτων V. | - ουδε L.
XXVI. 1. - παντας V, sed V' marg. = S. | ειπε SLM.

ἡμέρας τὸ πάσχα γίνεται καὶ ὁ υἱὸς τοῦ ἀνθρώπου παραδίδοται εἰς τὸ σταυρωθῆναι.

3. Τότε συνήχθησαν οἱ ἀρχιερεῖς † καὶ οἱ πρεσβύτεροι τοῦ λαοῦ εἰς τὴν αὐλὴν τοῦ ἀρχιερέως τοῦ λεγομένου Καϊάφα, 4. καὶ συνεβούλευσαντο ἵνα τὸν Ἰησοῦν § δόλῳ κρατήσωσιν καὶ ἀποκτείνωσιν. 5. ἔλεγον δέ· μὴ ἐν τῇ ἑορτῇ, ἵνα μὴ θόρυβος γένηται ἐν τῷ λαῷ.

6. Τοῦ δὲ Ἰησοῦ γενομένου ἐν Βηθανίᾳ ἐν οἰκίᾳ Σίμωνος τοῦ λεπροῦ, 7. προσῆλθεν αὐτῷ γυνὴ § ἔχουσα ἀλάβαστρον μύρου βαρυτίμου καὶ κατέχεεν ἐπὶ § τῆς κεφαλῆς αὐτοῦ ἀνακειμένου. 8. ἰδόντες δὲ οἱ μαθηταὶ αὐτοῦ ἠγανάκτησαν λέγοντες· εἰς τί ἡ ἀπώλεια αὕτη; 9. ἠδύνατο γὰρ τοῦτο τὸ μύρον πραθῆναι πολλοῦ καὶ δοθῆναι πτωχοῖς. 10. γνοὺς δὲ ὁ Ἰησοῦς εἶπεν αὐτοῖς· τί κόπους παρέχετε τῇ γυναικί; ἔργον γὰρ καλὸν εἰργάσατο εἰς ἐμέ. 11. πάντοτε γὰρ τοὺς πτωχοὺς ἔχετε μεθ' ἑαυτῶν, ἐμὲ δὲ οὐ πάντοτε ἔχετε. 12. βαλοῦσα γὰρ αὕτη τὸ μύρον τοῦτο ἐπὶ τοῦ σώματός μου πρὸς τὸ ἐνταφιάσαι με ἐποίησεν. 13. ἀμὴν λέγω ὑμῖν, ὅπου ἐὰν κηρυχθῇ τὸ εὐαγγέλιον τοῦτο ἐν ὅλῳ τῷ κόσμῳ, λαληθήσεται καὶ ὃ ἐποίησεν αὕτη εἰς μνημόσυνον αὐτῆς. ·

---

2. γινετε P. | παραδιδοτε LV.
3. + και οι γραμματεις post αρχιερεις SM. | λεγωμενου P.
4. κρατησωσι δολω S. | κρατεισωσιν P. | αποκτεινουσιν L.
6. βιθανια L. | σειμωνος M.
7. αλαβαστρον μυρου εχουσα S. | την κεφαλην SV, τοις κεφαλης M, τοις κεφαλεις ut videtur M'.

8. − αυτου LV. | ηγανακτησιν L₁.
9. πραθυναι M. | + τοις ante πτωχοις V.
10. παρεχεται P. | ηργασατο P.
11. τους πτωχους γαρ παντοτε L.
12. τουτον pro τουτο P.
13. αν pro εαν L. | − τουτο L. | −λαληθησεται L. | αὕτηι cum iota adscr. M.

14. Τότε πορευθεὶς εἶς τῶν δώδεκα, ὁ λεγόμενος Ἰούδας Ἰσκαριώτης, πρὸς τοὺς ἀρχιερεῖς 15. εἶπεν· τί θέλετέ μοι δοῦναι, κἀγὼ ὑμῖν παραδώσω αὐτόν; οἱ δὲ ἔστησαν αὐτῷ τριάκοντα ἀργύρια. 16. καὶ ἀπὸ τότε ἐζήτει εὐκαιρίαν ἵνα αὐτὸν παραδῷ. 17. Τῇ δὲ πρώτῃ τῶν ἀζύμων προσῆλθον οἱ μαθηταὶ τῷ Ἰησοῦ λέγοντες αὐτῷ· ποῦ θέλεις § ἀπελθόντες ἑτοιμάσωμέν σοι φαγεῖν τὸ πάσχα; 18. ὁ δὲ §Ἰησοῦς εἶπεν §αὐτοῖς· ὑπάγετε εἰς τὴν πόλιν πρὸς τὸν δεῖνα καὶ εἴπατε αὐτῷ· ὁ διδάσκαλος λέγει· ὁ καιρός μου ἐγγύς ἐστιν, πρὸς σὲ ποιῶ τὸ πάσχα μετὰ τῶν μαθητῶν μου. 19. καὶ ἐποίησαν οἱ μαθηταὶ ὡς συνέταξεν αὐτοῖς ὁ Ἰησοῦς, καὶ ἡτοίμασαν τὸ πάσχα.

20. Ὀψίας δὲ γενομένης ἀνέκειτο μετὰ τῶν δώδεκα. 21. καὶ ἐσθιόντων αὐτῶν εἶπεν· ἀμὴν λέγω ὑμῖν ὅτι εἷς ἐξ ὑμῶν παραδώσει με. 22. καὶ λυπούμενοι σφόδρα ἤρξαντο λέγειν § εἷς ἕκαστος αὐτῶν· μήτι ἐγώ εἰμι, κύριε; 23. ὁ δὲ §Ἰησοῦς ἀποκριθεὶς εἶπεν· ὁ ἐμβάψας μετ' ἐμοῦ ἐν τῷ τρυβλίῳ τὴν χεῖρα, οὗτός με παραδώσει. 24. ὁ μὲν υἱὸς τοῦ ἀνθρώπου ὑπάγει καθὼς γέγραπται περὶ αὐτοῦ. οὐαὶ δὲ τῷ ἀνθρώπῳ ἐκείνῳ δι' οὗ ὁ υἱὸς τοῦ ἀνθρώπου παραδίδοται· καλὸν ἦν αὐτῷ εἰ οὐκ ἐγεννήθη ὁ ἄνθρωπος ἐκεῖνος. 25. ἀποκριθεὶς δὲ Ἰούδας ὁ παραδιδοὺς αὐτὸν εἶπεν· μήτι ἐγώ εἰμι, ῥαββί; λέγει αὐτῷ § ὁ Ἰησοῦς· σὺ εἶπας. 26. § αὐτῶν δὲ

---

14. ων pro των (init. pag.) M.
15. ειπε S. | ἐστησαν L.
16. ἀποτότε L.
17. - αυτω L. | θελης M. | - ἀπελθοντες SLV. | ἑτοιμασομεν L.
18. - ιησους S. | - αυτοις S. | εστι SL. | προσε L.
19. ετηιμασαν M.

21. εστι οντων Γ L₁, ετι οντων L₂ pro εσθιοντων. | λε pro λεγω L₁.
22. αυτω pro εις S. | εις ἕκασ. λεγειν M.
23. - ιησους S. | τρυβλυω M, sed M' = Lct. | ούτως P.
24. η pro ει L.
25. αποκριθης M. | αυτων pro αυτον P. | ειπε S. | - ὁ ιησους SLM.

ΕΥΑΓΓΕΛΙΟΝ

ἐσθιόντων λαβὼν ὁ Ἰησοῦς τὸν ἄρτον καὶ § εὐχαριστήσας ἔκλασε καὶ § δοὺς τοῖς μαθηταῖς † εἶπεν· λάβετε φάγετε τοῦτό ἐστι τὸ σῶμά μου. 27. καὶ λαβὼν τὸ ποτήριον καὶ εὐχαριστήσας ἔδωκεν αὐτοῖς λέγων· πίετε ἐξ αὐτοῦ πάντες· 28. τοῦτο γάρ ἐστι τὸ αἷμά μου τὸ τῆς καινῆς διαθήκης τὸ περὶ πολλῶν ἐκχυνόμενον εἰς ἄφεσιν ἁμαρτιῶν. 29. λέγω δὲ ὑμῖν, † οὐ μὴ πίω § ἀπάρτι ἐκ τούτου τοῦ § γενήματος τῆς ἀμπέλου ἕως τῆς ἡμέρας ἐκείνης ὅταν αὐτὸ πίνω μεθ᾽ ὑμῶν καινὸν ἐν τῇ βασιλείᾳ τοῦ πατρός μου.

30. Καὶ ὑμνήσαντες ἐξῆλθον εἰς τὸ ὄρος τῶν ἐλαιῶν. 31. τότε λέγει αὐτοῖς ὁ Ἰησοῦς· πάντες ὑμεῖς σκανδαλισθήσεσθε ἐν ἐμοὶ ἐν τῇ νυκτὶ ταύτῃ. γέγραπται γάρ· πατάξω τὸν ποιμένα, καὶ § διασκορπισθήσονται τὰ πρόβατα τῆς ποίμνης. 32. μετὰ δὲ τὸ ἐγερθῆναί με προάξω ὑμᾶς εἰς τὴν Γαλιλαίαν. 33. ἀποκριθεὶς δὲ ὁ Πέτρος εἶπεν αὐτῷ· εἰ † πάντες σκανδαλισθήσονται ἐν σοί, ἐγὼ οὐδέποτε σκανδαλισθήσομαι. 34. ἔφη αὐτῷ ὁ Ἰησοῦς· ἀμὴν λέγω σοι ὅτι ἐν ταύτῃ τῇ νυκτὶ πρὶν ἀλέκτορα φωνῆσαι τρὶς ἀπαρνήσῃ με. 35. λέγει αὐτῷ ὁ Πέτρος· κἂν δέῃ με σὺν σοὶ ἀποθανεῖν, οὐ μή σε ἀπαρνήσομαι. ὁμοίως καὶ πάντες οἱ μαθηταὶ εἶπον.

Hiat P a v. 33, αποκριθεις.

26. εσθιοντων δε αυτων sv. | αυτος pro αυτων M. | ευλογησας s. εκλασεν V. | εδιδου sMV. | + και ante ειπεν sMV. | ειπε s. | εστιν V. | τω pro το P.
27. – το prim. MP.
28. τω pro το tert. P. | εκχυνομενων L₁.
29. + οτι post υμιν sMV. | απ'αρτι sL₂V, απαρτι L₁. | γεννηματος sL. | ὅτ' αν M. | αυτω pro αυτο P. | πεινω L.

31. σκανδαλισθησεσθαι P. | – εν εμοι L. | διασκυρπισθησεται s.
33. Codex P hiat a verbo αποκριθεις usq. v. 52. | + και post ει s. (M eran.) | + δε post εγω L.
34. τρεις L. | αλεκτωρα M. | απαρνησαι L₁, απαρνησοι? L₁.
35. δεοιμι pro δεη με L. | μαι pro με V. | απαρνησωμαι L. | + δε ante και V. | δε pro και L. | ειπαν L.

36. Τότε ἔρχεται μετ' αὐτῶν ὁ Ἰησοῦς εἰς χωρίον λεγόμενον §Γεθσημανεῖ, καὶ λέγει §αὐτοῖς· καθίσατε αὐτοῦ ἕως ἂν ἀπελθὼν §ἐκεῖ προσεύξωμαι. 37. καὶ παραλαβὼν τὸν Πέτρον καὶ τοὺς δύο υἱοὺς Ζεβεδαίου ἤρξατο λυπεῖσθαι καὶ ἀδημονεῖν. 38. τότε λέγει αὐτοῖς· περίλυπός ἐστιν ἡ ψυχή μου ἕως θανάτου· μείνατε ὧδε καὶ γρηγορεῖτε μετ' ἐμοῦ. 39. καὶ §προσελθὼν μικρὸν ἔπεσεν ἐπὶ πρόσωπον αὐτοῦ προσευχόμενος καὶ λέγων· πάτερ μου εἰ δυνατόν ἐστι §παρελθάτω ἀπ' ἐμοῦ τὸ ποτήριον τοῦτο πλὴν οὐχ ὡς ἐγὼ θέλω ἀλλ' ὡς σύ. §ὤφθη δὲ αὐτῷ ἄγγελος ἀπ' οὐρανοῦ ἐνισχύων αὐτόν. καὶ γενόμενος ἐν ἀγωνίᾳ ἐκτενέστερον προσηύχετο. ἐγένετο δὲ ὁ ἱδρὸς αὐτοῦ ὡσεὶ θρόμβη αἵματος καταβαίνοντες ἐπὶ τὴν γῆν. 40. καὶ ἔρχεται πρὸς τοὺς μαθητὰς καὶ εὑρίσκει αὐτοὺς καθεύδοντας, καὶ λέγει §αὐτοῖς· οὕτως οὐκ ἰσχύσατε μίαν ὥραν γρηγορῆσαι μετ' ἐμοῦ; 41. γρηγορεῖτε καὶ προσεύχεσθε ἵνα μὴ εἰσέλθητε εἰς πειρασμόν. τὸ μὲν πνεῦμα πρόθυμον, ἡ δὲ σὰρξ ἀσθενής. 42. πάλιν ἐκ δευτέρου ἀπελθὼν προσηύξατο §ὁ Ἰησοῦς λέγων· πάτερ μου, εἰ οὐ δύναται τοῦτο τὸ ποτήριον παρελθεῖν ἀπ'

ἐμοῦ ἐὰν μὴ αὐτὸ πίω, γενηθήτω τὸ θέλημά σου. 43. καὶ ἐλθὼν §πάλιν εὗρεν αὐτοὺς καθεύδοντας· ἦσαν γὰρ αὐτῶν οἱ ὀφθαλμοὶ βεβαρημένοι. 44. καὶ ἀφεὶς αὐτοὺς §πάλιν ἀπελθὼν †προσηύξατο ἐκ τρίτου, τὸν αὐτὸν λόγον εἰπών. 45. τότε ἔρχεται πρὸς τοὺς μαθητὰς † καὶ λέγει αὐτοῖς· καθεύδετε τὸ λοιπὸν καὶ ἀναπαύεσθε. ἰδοὺ ἤγγικεν ἡ ὥρα καὶ ὁ υἱὸς τοῦ ἀνθρώπου παραδίδοται εἰς χεῖρας ἁμαρτωλῶν. 46. ἐγείρεσθε, ἄγωμεν· ἰδοὺ ἤγγικεν ὁ παραδιδούς με.

47. Καὶ ἔτι αὐτοῦ λαλοῦντος, ἰδοὺ Ἰούδας εἷς τῶν δώδεκα ἦλθε, καὶ μετ' αὐτοῦ ὄχλος πολὺς μετὰ μαχαιρῶν καὶ ξύλων ἀπὸ τῶν ἀρχιερέων καὶ πρεσβυτέρων τοῦ λαοῦ. 48. ὁ δὲ παραδιδοὺς αὐτὸν ἔδωκεν αὐτοῖς σημεῖον λέγων· ὃν ἂν φιλήσω, αὐτός ἐστι· κρατήσατε αὐτόν. 49. καὶ εὐθέως προσελθὼν τῷ Ἰησοῦ εἶπεν· χαῖρε ῥαββί, καὶ κατεφίλησεν αὐτόν. 50. ὁ δὲ Ἰησοῦς εἶπεν αὐτῷ· ἑταῖρε, ἐφ' §ὃ πάρει; τότε προσελθόντες ἐπέβαλον τὰς χεῖρας ἐπὶ τὸν Ἰησοῦν καὶ ἐκράτησαν αὐτόν. 51. καὶ ἰδοὺ εἷς τῶν μετὰ Ἰησοῦ ἐκτείνας τὴν χεῖρα ἀπέσπασε τὴν μάχαιραν αὐτοῦ, καὶ πατάξας τὸν δοῦλον τοῦ ἀρχιερέως ἀφεῖλεν αὐτοῦ τὸ ὠτίον. 52. τότε λέγει αὐτῷ ὁ Ἰησοῦς· ἀπόστρεψον §τὴν μάχαιράν σου εἰς τὸν τό-

---

Iliat Ρ.

43. ευρισκει (ευρεν L.) αυτους παλιν sl.. | βεβαρϋμενοι L, βεβαρυμενοι V.
44. παλιν post απελθων pon. s, post ειπων V. In M evan. at spat. est ante απ.
45. + αυτου post μαθητας s. | ηδου pro ιδου V. | παραδιδοτε L₁. | + ανθρωπων post χειρας M.
47. τουτου pro αυτου L. | ηλθεν V.
48. εαν pro αν V. | εστιν V. (M prim. scr. εστινρατ. deinde ex v fecit κ.)
49. ειπε s.
50. ᾧ pro ὃ s.
51. απεσπασεν V.
52. αυτως pro αυτω V. | σου την μαχαιραν sm. | αυτου pro αυτης M. | μαχαιρη pro μαχαιρα V. | Codex P incipit post hiatum

πον αυτής· πάντες γὰρ οἱ λαβόντες μάχαιραν ἐν μαχαίρᾳ § ἀποθανοῦνται. 53. ἢ δοκεῖς ὅτι οὐ δύναμαι ἄρτι παρακαλέσαι τὸν πατέρα μου, καὶ παραστήσει μοι πλείους ἢ δώδεκα λεγεῶνας ἀγγέλων; 54. πῶς οὖν πληρωθῶσιν αἱ γραφαί, ὅτι οὕτως δεῖ γενέσθαι; 55. ἐν ἐκείνῃ τῇ ὥρᾳ εἶπεν ὁ Ἰησοῦς τοῖς ὄχλοις· ὡς ἐπὶ λῃστὴν § ἐξήλθατε μετὰ μαχαιρῶν καὶ ξύλων συλλαβεῖν με· καθ' ἡμέραν πρὸς ὑμᾶς ἐκαθεζόμην διδάσκων ἐν τῷ ἱερῷ, καὶ οὐκ ἐκρατήσατέ με. 56. τοῦτο δὲ ὅλον γέγονεν ἵνα πληρωθῶσιν αἱ γραφαὶ τῶν προφητῶν. τότε οἱ μαθηταὶ πάντες ἀφέντες αὐτὸν ἔφυγον.

57. Οἱ δὲ κρατήσαντες τὸν Ἰησοῦν ἀπήγαγον πρὸς Καϊάφαν τὸν ἀρχιερέα, ὅπου οἱ γραμματεῖς καὶ οἱ πρεσβύτεροι συνήχθησαν. 58. ὁ δὲ Πέτρος ἠκολούθει αὐτῷ ἀπὸ μακρόθεν ἕως τῆς αὐλῆς τοῦ ἀρχιερέως, καὶ εἰσελθὼν ἔσω ἐκάθητο μετὰ τῶν ὑπηρετῶν ἰδεῖν τὸ τέλος.

59. Οἱ δὲ ἀρχιερεῖς καὶ οἱ πρεσβύτεροι καὶ τὸ συνέδριον ὅλον ἐζήτουν ψευδομαρτύριαν κατὰ τοῦ Ἰησοῦ, ὅπως αὐτὸν θανατώσωσιν καὶ οὐχ εὗρον· 60. καὶ πολλῶν ψευδομαρτύρων προσελθόντων οὐχ εὗρον. ὕστερον δὲ προσελθόντες δύο ψευδομάρτυρες 61. εἶπον· οὗτος ἔφη· δύναμαι καταλῦσαι τὸν ναὸν τοῦ θεοῦ καὶ διὰ τριῶν ἡμερῶν οἰκοδομῆσαι αὐτόν. 62. καὶ ἀναστὰς ὁ ἀρχιερεὺς εἶπεν

Incipit P post hiatum, c. 52.
- νουνται, η δοκεις. | απολουνται SV.
53. λεγεωνων P.
54. ουτω S, ουτος P.
55. επιλῃστὴν LP. | εξηλθετε S. (M hic evanuit: ex restig. videtur = txt.) | εν τω ιερω εκαθεζομην διδασκων V. | fin. μοι L.
58. ηκολουθη PV. | απομακροθεν L. | εκαθητω P.

59. - και οι πρεσβυτεροι L. | θανατωσωσι S. | ευρισκον pro ευρον V.
60. - και V. | ψευδωμαρτυρων L₁. | ελθοντων L. | προσελθουντων ψευδομαρτυρων V. | - ουχ ευρον V. | - ψευδομαρτυρες V.
61. ειπαν V. | ουτως P. | δυναμε M. | - αυτον L, αυτω pro αυτον M.

ΕΥΑΓΓΕΛΙΟΝ

αὐτῷ· οὐδὲν ἀποκρίνῃ τί οὗτοί σου καταμαρτυροῦσιν; 63. ὁ δὲ Ἰησοῦς ἐσιώπα. καὶ † ὁ ἀρχιερεὺς εἶπεν αὐτῷ· ἐξορκίζω σε κατὰ τοῦ θεοῦ τοῦ ζῶντος, ἵνα ἡμῖν εἴπῃς εἰ σὺ εἶ ὁ Χριστὸς ὁ υἱὸς τοῦ θεοῦ. 64. λέγει αὐτῷ ὁ Ἰησοῦς· σὺ εἶπας· πλὴν λέγω ὑμῖν, § ἀπάρτι ὄψεσθε τὸν υἱὸν τοῦ ἀνθρώπου καθήμενον ἐκ δεξιῶν τῆς δυνάμεως καὶ ἐρχόμενον ἐπὶ τῶν νεφελῶν τοῦ οὐρανοῦ. 65. τότε ὁ ἀρχιερεὺς διέρρηξεν τὰ ἱμάτια αὐτοῦ λέγων ὅτι ἐβλασφήμησεν· τί ἔτι χρείαν ἔχομεν μαρτύρων; ἴδε νῦν ἠκούσατε τὴν βλασφημίαν αὐτοῦ. 66. τί ὑμῖν δοκεῖ; οἱ δὲ ἀποκριθέντες εἶπον· ἔνοχος θανάτου ἐστίν. 67. Τότε ἐνέπτυσαν εἰς τὸ πρόσωπον αὐτοῦ καὶ § ἐκολάφησαν αὐτόν, οἱ δὲ ἐρράπισαν 68. λεγοντες· προφήτευσον ἡμῖν, Χριστέ, τίς ἐστιν ὁ παίσας σε;

69. Ὁ δὲ Πέτρος § ἐκάθητο ἔξω ἐν τῇ αὐλῇ· καὶ προσῆλθεν αὐτῷ μία παιδίσκη λέγουσα· καὶ σὺ ἦσθα μετὰ Ἰησοῦ τοῦ Γαλιλαίου. 70. ὁ δὲ ἠρνήσατο ἔμπροσθεν πάντων λέγων· οὐκ οἶδα τί λέγεις. 71. ἐξελθόντα δὲ αὐτὸν εἰς τὸν πυλῶνα, § ἴδεν αὐτὸν ἄλλη καὶ λέγει § αὐτοῖς· ἐκεῖ καὶ οὗτος ἦν μετὰ Ἰησοῦ τοῦ Ναζωραίου. 72. καὶ πάλιν ἠρνήσατο μεθ᾽ ὅρκου ὅτι οὐκ οἶδα τὸν ἄνθρωπον. 73. μετὰ μικρὸν δὲ προσελθόντες οἱ ἑστῶτες εἶπον τῷ Πέτρῳ· ἀληθῶς καὶ σὺ ἐξ αὐτῶν εἶ· καὶ γὰρ ἡ λαλιά σου δῆλόν σε ποιεῖ. 74. τότε ἤρξατο § καταθεματίζειν καὶ ὀμνύειν ὅτι

---

63. + αποκριθεις *post* και SMV. | ὁρκίζω L, ὁρκίζω V.
64. ἀπ᾽ αρτι SV. | ερχομενων P.
65. διερρηξε SL. (M *evan.*) | εβλασφημησε S. (M *evan.*) | εχωμεν M.
66. δοκῃ L. | εστι S. (M *evan.*)
67. εκολαφισαν SL. | ερραπησαν V.
68. προφιτευσον M. (*pro evan.*)
69. εξω εκαθητο SL, εκαθηθο εξωθεν P.
70. + αυτων *post* εμπροσθεν V.
71. −αυτον *prim.* P. | ειδεν S.(Meran.) | τοις *pro* αυτοις SP. *Post* εκει *interpungunt* SLP. | ωύτος P.
72. ηρνισατο P.
73. ειπων P.
74. καταναθεματιζειν S. | αλεκτωρ L. | εφωνησε SL.

ΚΑΤΑ ΜΑΤΘΑΙΟΝ. 97

οὐκ οἶδα τὸν ἄνθρωπον· καὶ εὐθέως ἀλέκτωρ ἐφώνησεν. 75. καὶ ἐμνήσθη ὁ Πέτρος τοῦ ῥήματος τοῦ Ἰησοῦ εἰρηκότος αὐτῷ ὅτι πρὶν ἀλέκτορα φωνῆσαι τρὶς ἀπαρνήσῃ με· καὶ ἐξελθὼν ἔξω ἔκλαυσε πικρῶς.

XXVII.

1. Πρωΐας δὲ γενομένης συμβούλιον ἔλαβον πάντες οἱ ἀρχιερεῖς καὶ οἱ πρεσβύτεροι τοῦ λαοῦ κατὰ τοῦ Ἰησοῦ, ὥστε θανατῶσαι αὐτόν. 2. καὶ δήσαντες αὐτὸν ἀπήγαγον καὶ παρέδωκαν αὐτὸν Ποντίῳ Πιλάτῳ τῷ ἡγεμόνι. 3. Τότε ἰδὼν Ἰούδας ὁ παραδιδοὺς αὐτὸν ὅτι κατεκρίθη, μεταμεληθεὶς ἀπέστρεψε τὰ τριάκοντα ἀργύρια τοῖς ἀρχιερεῦσιν καὶ τοῖς πρεσβυτέροις 4. λέγων· ἥμαρτον παραδοὺς αἷμα ἀθῶον. οἱ δὲ § εἶπαν· τί πρὸς ἡμᾶς; σὺ § ὄψῃ. 5. καὶ ῥίψας τὰ ἀργύρια § εἰς τὸν ναὸν ἀνεχώρησεν, καὶ ἀπελθὼν ἀπήγξατο. 6. οἱ δὲ ἀρχιερεῖς λαβόντες τὰ ἀργύρια εἶπον· οὐκ ἔξεστι βαλεῖν αὐτὰ εἰς τὸν §κορβονᾶν, ἐπεὶ τιμὴ αἵματός ἐστιν. 7. συμβούλιον δὲ λαβόντες ἠγόρασαν ἐξ αὐτῶν τὸν ἀγρὸν τοῦ κεραμέως εἰς ταφὴν τοῖς ξένοις. 8. διὸ ἐκλήθη ὁ ἀγρὸς ἐκεῖνος ἀγρὸς αἵματος ἕως τῆς σήμερον. 9. τότε ἐπληρώθη τὸ ῥηθὲν διὰ Ἱερεμίου τοῦ προφήτου λέγοντος·

---

75. ειρη V, sed κοτος add. in marg. | αλεκτορ L, αλεκτωρ Γ. | απαρνησει με τρεις L. | εκλαυσεν V.
XXVII. 1. γεναμενης Γ. | αυτον θανατωσαι L. | θανατωσουσιν L₂ marg.
2. δισαντες L₁. | αυτον και παρεδωκαν pro και παρ. αυτον Γ. | ηγεμωνη ΓV.
3. μεταμελιθεις ΓV. | απεστρεψαι L.

απεστρεψεν V. | αρχιερευσι SL.
4. ειπον SLV. | οψει SL₂, L₁ = txt.
5. εν τω ναω S. | ανεχωρησε S.
6. εξεστιν V. | κυρβαναν S, γολγοθαν L₁, L₂ marg. = txt. | εστι SL.
8. δι' ö V.
9. ηρεμιου L, ιερμιου Γ.

N

καὶ ἔλαβον τὰ τριάκοντα ἀργύρια, τὴν τιμὴν τοῦ τετιμημένου ὃν ἐτιμήσαντο ἀπὸ υἱῶν Ἰσραήλ, 10. καὶ ἔδωκαν αὐτὰ εἰς τὸν ἀγρὸν τοῦ κεραμέως, καθὰ συνέταξέ μοι κύριος.

11. Ὁ δὲ Ἰησοῦς ἔστη ἔμπροσθεν τοῦ ἡγεμόνος· καὶ ἐπηρώτησεν αὐτὸν ὁ ἡγεμὼν λέγων· σὺ εἶ ὁ βασιλεὺς τῶν Ἰουδαίων; ὁ δὲ Ἰησοῦς ἔφη αὐτῷ· σὺ λέγεις. 12. καὶ ἐν τῷ κατηγορεῖσθαι αὐτὸν ὑπὸ τῶν ἀρχιερέων καὶ † πρεσβυτέρων οὐδὲν ἀπεκρίνατο. 13. τότε λέγει αὐτῷ ὁ Πιλᾶτος· οὐκ ἀκούεις πόσα σοῦ καταμαρτυροῦσιν; 14. καὶ οὐκ ἀπεκρίθη αὐτῷ πρὸς οὐδὲ ἓν ῥῆμα, ὥστε θαυμάζειν τὸν ἡγεμόνα λίαν. 15. κατὰ δὲ ἑορτὴν §εἰώθη ὁ ἡγεμὼν ἀπολύειν §τῷ ὄχλῳ ἕνα δέσμιον ὃν ἤθελον. 16. εἶχον δὲ τότε δέσμιον ἐπίσημον λεγόμενον Βαραββᾶν, §ὅστις διὰ φθόνον ἦν βεβλημένος εἰς φυλακήν. 17. συνηγμένων §δὲ αὐτῶν εἶπεν αὐτοῖς ὁ Πιλᾶτος· τίνα θέλετε ἀπολύσω ὑμῖν, Βαραββᾶν ἢ Ἰησοῦν τὸν λεγόμενον Χριστόν; 18. ᾔδει γὰρ ὅτι διὰ φθόνον παρέδωκαν αὐτόν. 19. καθημένου δὲ αὐτοῦ ἐπὶ τοῦ βήματος ἀπέστειλε πρὸς αὐτὸν ἡ γυνὴ αὐτοῦ λέγουσα· μηδέν σοι καὶ τῷ δικαίῳ ἐκείνῳ· πολλὰ γὰρ ἔπαθον σήμερον κατ' ὄναρ δι' αὐτόν. 20. οἱ δὲ ἀρχιερεῖς καὶ οἱ πρεσβύτεροι ἔπεισαν τοὺς ὄχλους ἵνα §αἰτήσονται τὸν Βαραββᾶν,

---

10. εβαλον *pro* εδωκαν L. | συνεταξεν V.
11. ιστη ? L. | ηγεμωνος Γ.
12. κατηγορεισθε M. | + των *ante* πρεσβυτερων S. υπο ... ν και γραμματεων και πρεσβυτερ.. M.
13. καταμαρτυρουσι S. (M *etiam*.)
14. ουδ' εν Γ.
15. ειωθει SV. | ενα τω οχλω S. | ειθελον Γ.
16. βαρναβαν L₁, βαρραβαν L₂. | – υστις *usq. fin. vers.* SI, υστις

ην δια στασιν τινα γενομενην εν τη πολει και φονον βεβλημενον (sic) εις φυλακην V. 0 *in* φθυνον *erasum in* M. | βεβλημενος ην M.
17. ουν *pro* δε S. | βαρναβαν L₁, βαρραβαν L₂.
19. απεστειλεν V.
18. αφθόνον *pro* δια φθονον Γ. (*init. lin.*)
20. αιτησωνται SLV, αιτισονται Γ.

τὸν δὲ Ἰησοῦν ἀπολέσωσιν. 21. ἀποκριθεὶς δὲ ὁ ἡγεμὼν εἶπεν αὐτοῖς· τίνα θέλετε ἀπὸ τῶν δύο ἀπολύσω ὑμῖν; οἱ δὲ εἶπον· Βαραββᾶν. 22. λέγει αὐτοῖς ὁ Πιλᾶτος· τί οὖν ποιήσω Ἰησοῦν τὸν λεγόμενον Χριστόν; λέγουσιν αὐτῷ πάντες· σταυρωθήτω. 23. ὁ δὲ ἡγεμὼν ἔφη· τί γὰρ κακὸν ἐποίησεν; οἱ δὲ περισσῶς ἔκραζον λέγοντες· σταυρωθήτω. 24. ἰδὼν δὲ ὁ Πιλᾶτος ὅτι οὐδὲν ὠφελεῖ ἀλλὰ μᾶλλον θόρυβος γίνεται, λαβὼν ὕδωρ ἀπενίψατο τὰς χεῖρας ἀπέναντι τοῦ ὄχλου λέγων· ἀθῶός εἰμι ἀπὸ τοῦ αἵματος τοῦ δικαίου τούτου· ὑμεῖς ὄψεσθε. 25. καὶ ἀποκριθεὶς πᾶς ὁ λαὸς εἶπεν· τὸ αἷμα αὐτοῦ ἐφ' ἡμᾶς καὶ ἐπὶ τὰ τέκνα ἡμῶν. 26. τότε ἀπέλυσεν αὐτοῖς τὸν Βαραββᾶν, τὸν δὲ Ἰησοῦν φραγελλώσας παρέδωκεν ἵνα σταυρωθῇ.

27. Τότε οἱ στρατιῶται τοῦ ἡγεμόνος παραλαβόντες τὸν Ἰησοῦν εἰς τὸ πραιτώριον συνήγαγον ἐπ' αὐτὸν ὅλην τὴν σπεῖραν. 28. καὶ ἐκδύσαντες αὐτὸν § χλαμύδα κοκκίνην περιέθηκαν αὐτῷ, 29. καὶ πλέξαντες στέφανον ἐξ ἀκανθῶν § ἔθηκαν ἐπὶ § τῆς κεφαλῆς αὐτοῦ καὶ κάλαμον § ἐν τῇ δεξιᾷ αὐτοῦ, καὶ γονυπετήσαντες ἔμπροσθεν αὐτοῦ ἐνέπαιζον αὐτῷ λέγοντες· χαῖρε ὁ βασιλεὺς τῶν Ἰουδαίων, 30. καὶ ἐμπτύσαντες εἰς αὐτὸν ἔλαβον τὸν κάλαμον καὶ ἔτυπτον εἰς τὴν κεφαλὴν αὐτοῦ. 31. καὶ ὅτε ἐνέπαι-

---

Hiat p a r. 26 βαραββαν τον.
21. απολεσω M.
22. λεγουσι L. | – αυτω L.
23. – ηγεμων L.
24. οφελει L. | απενηψατο L1. | αθωος P.
25. ειπε S. | fin. ὑμων L.
26. Codex p hiat inde a verbis βαραββαν τον usq. cap. xxviii. v. 9.
27. ηγεμ. partim evan. in M, videtur

fuisse ηγεμωνος. | πρετοριον L., πραιτοριον M.
28. περιεθηκαν αυτω χλαμυδα κοκκινην S. | χλαμιδα L. | κοκινην M.
29. εξακανθων L. | επεθηκαν SM. | την κεφαλην S. | επι την δεξιαν S. | γονυπετουντες L. | ενπιζον L.
30. – εις prim. M.

ξαν αὐτῷ, ἐξέδυσαν αὐτὸν τὴν χλαμύδα καὶ ἐνέδυσαν αὐτὸν τὰ ἱμάτια αὐτοῦ, καὶ ἀπήγαγον αὐτὸν εἰς τὸ σταυρῶσαι. 32. Ἐξερχόμενοι δὲ εὗρον ἄνθρωπον § Κυριναῖον, ὀνόματι Σίμωνα· τοῦτον ἠγγάρευσαν ἵνα ἄρῃ τὸν σταυρὸν αὐτοῦ. 33. καὶ ἐλθόντες εἰς τόπον λεγόμενον Γολγοθᾶ, ὅς ἐστι λεγόμενος κρανίου τόπος, 34. ἔδωκαν αὐτῷ πιεῖν ὄξος μετὰ χολῆς μεμιγμένον· καὶ γευσάμενος οὐκ § ἠθέλησε πιεῖν. 35. σταυρώσαντες δὲ αὐτὸν διεμερίσαντο τὰ ἱμάτια αὐτοῦ βάλλοντες κλῆρον, ἵνα πληρωθῇ τὸ ῥηθὲν § διὰ τοῦ προφήτου· διεμερίσαντο τὰ ἱμάτιά μου ἑαυτοῖς καὶ ἐπὶ τὸν ἱματισμόν μου ἔβαλον κλῆρον. 36. καὶ καθήμενοι ἐτήρουν αὐτὸν ἐκεῖ. 37. καὶ ἐπέθηκαν ἐπάνω τῆς κεφαλῆς αὐτοῦ τὴν αἰτίαν αὐτοῦ γεγραμμένην· οὗτος ἐστιν Ἰησοῦς ὁ βασιλεὺς τῶν Ἰουδαίων. 38. Τότε σταυροῦνται σὺν αὐτῷ δύο λῃσταί, εἷς ἐκ δεξιῶν καὶ εἷς ἐξ εὐωνύμων. 39. οἱ δὲ παραπορευόμενοι ἐβλασφήμουν αὐτόν, κινοῦντες τὰς κεφαλὰς αὐτῶν 40. καὶ λέγοντες· ὁ καταλύων τὸν ναὸν καὶ ἐν τρισὶν ἡμέραις οἰκοδομῶν, σῶσον σεαυτόν· εἰ υἱὸς εἶ τοῦ θεοῦ, κατάβηθι ἀπὸ τοῦ σταυροῦ. 41. ὁμοίως † καὶ οἱ ἀρχιερεῖς ἐμπαίζοντες μετὰ τῶν γραμματέων καὶ πρεσβυτέρων ἔλεγον· 42. ἄλλους ἔσωσεν, ἑαυτὸν οὐ δύναται σῶσαι· εἰ βασιλεὺς Ἰσραήλ

Hiat p.
31. αυτον *pro* αυτω M. | αυτου *pro* αυτον *prim.* L. | – αυτον *tert.* L.
32. κυρηναιον S. | αρη L.
33. ὅς *pro* ὁ SV. | εστιν V (M *evan.*). | – λεγομενος V.
34. οινον *pro* οξος L. | μεμηγμενον M. | ηθελε S, εθελησεν V, ηθελησεν V'.
35. αὕτου V. | ὑπο *pro* δια S. | *fin.* κληρους L₂.
36. ετερουν L.
37. ισ ισ (*sed prim.* ισ *erasum est*) V. | – ιησους M.
38. ἐξευωνυμων L.
39. αυτ ον (*sic*) L.
40. των ναων M, *mutato tamen acc. in* ναων.
41. + δε SV. | εμπεζοντες L. | + και φαρισαιων *ante* ελεγον M.
42. σωσαι; L.

ἐστι, καταβάτω νῦν ἀπὸ τοῦ σταυροῦ καὶ §πιστεύσωμεν §ἐπ' αὐτῷ. 43. πέποιθεν ἐπὶ τὸν θεόν, ῥυσάσθω νῦν αὐτὸν εἰ θέλει αὐτόν· εἶπεν γάρ ὅτι θεοῦ εἰμι υἱός. 44. τὸ δ' αὐτὸ καὶ οἱ λησταὶ οἱ §συνσταυρωθέντες αὐτῷ ὠνείδιζον §αὐτόν. 45. Ἀπὸ δὲ ἕκτης ὥρας σκότος ἐγένετο ἐπὶ πᾶσαν τὴν γῆν ἕως ὥρας §ἐνάτης. 46. περὶ δὲ τὴν §ἐνάτην ὥραν §ἐβόησεν ὁ Ἰησοῦς φωνῇ μεγάλῃ λέγων· ἠλί ἠλὶ §λιμὰς ἀβαχθανί; τοῦτ' ἔστι· θεέ μου θεέ μου, ἱνατί με ἐγκατέλιπες; 47. τινὲς δὲ τῶν ἐκεῖ ἑστώτων ἀκούσαντες ἔλεγον ὅτι Ἠλίαν φωνεῖ οὗτος. 48. καὶ εὐθέως δραμὼν εἷς ἐξ αὐτῶν καὶ λαβὼν σπόγγον πλήσας τε ὄξους καὶ περιθεὶς καλάμῳ ἐπότιζεν αὐτόν· 49. οἱ δὲ λοιποὶ §εἶπαν· ἄφες ἴδωμεν εἰ ἔρχεται Ἠλίας σώσων αὐτόν.
50. Ὁ δὲ Ἰησοῦς πάλιν κράξας φωνῇ μεγάλῃ ἀφῆκε τὸ πνεῦμα. 51. καὶ ἰδοὺ τὸ καταπέτασμα τοῦ ναοῦ ἐσχίσθη εἰς δύο §ἀπάνωθεν ἕως κάτω, καὶ ἡ γῆ ἐσείσθη καὶ §αἱ πέτραι ἐσχίσθησαν, 52. καὶ τὰ μνημεῖα ἀνεῴχθησαν, καὶ πολλὰ·σώματα τῶν κεκοιμημένων ἁγίων §ἠγέρθησαν· 53. καὶ ἐξελθόντες ἐκ τῶν μνημείων μετὰ τὴν ἔγερσιν αὐτοῦ εἰσῆλθον εἰς τὴν ἁγίαν πόλιν καὶ ἐνεφανίσθησαν πολλοῖς. 54. ὁ δὲ ἑκατόνταρχος καὶ οἱ μετ' αὐτοῦ τηροῦντες τὸν

Hiat P.
42. εστιν V. | πιστευσομεν SM', at
   M = txt. | – επ' SMV.
43. – νυν L. | ειπε SL.
44. συσταυρωθεντες SL. | ονειδιζον
   L, ωνιδιζον M. | fin. αυτω S.
45. εννατης SL..
46. εννατην SL.. | ανεβοησεν SM. | ἠλὶ
   ἠλὶ L.. | λαμα σαβαχθανι S,
   λιμα σαβ. M, λιμας ἀβαχθανει L, λειμας ἀβαχθανι V. |
   τουτέστι L.. | εστιν V. | εγκατελιπας M.

47. ἑστηκοτων V. | ἠλ. V. (et v. 49) | φωνη M.
48. οξου L..
49. ελεγον S, ειπον L. | σωσαι L., σωσον M.
50. αφηκεν V.
51. απο ανωθεν S, επανωθεν L, απ'ανωθεν V, post ω M ecan. | αἱ pro ἐ SV.
52. ηγερθη S, post ὂη M evan. | μνημειον ut vid. M.

ΕΥΑΓΓΕΛΙΟΝ

Ἰησοῦν ἰδόντες τὸν σεισμὸν καὶ τὰ γενόμενα ἐφοβήθησαν σφόδρα, λέγοντες· ἀληθῶς θεοῦ υἱὸς ἦν οὗτος. 55. Ἦσαν δὲ ἐκεῖ γυναῖκες πολλαὶ ἀπὸ μακρόθεν θεωροῦσαι, αἵτινες ἠκολούθησαν τῷ Ἰησοῦ ἀπὸ τῆς Γαλιλαίας διακονοῦσαι αὐτῷ· 56. ἐν αἷς ἦν Μαρία ἡ §Μαγδαλινή, καὶ Μαρία ἡ τοῦ Ἰακώβου καὶ Ἰωσῆ μήτηρ, καὶ ἡ μήτηρ τῶν υἱῶν Ζεβεδαίου. 57. Ὀψίας δὲ γενομένης ἦλθεν ἄνθρωπος πλούσιος ἀπὸ §Ἀριμαθείας, τοὔνομα Ἰωσήφ, ὃς καὶ αὐτὸς ἐμαθήτευσε τῷ Ἰησοῦ· 58. οὗτος προσελθὼν τῷ Πιλάτῳ, ᾐτήσατο τὸ σῶμα τοῦ Ἰησοῦ· τότε ὁ Πιλᾶτος ἐκέλευσεν ἀποδοθῆναι τὸ σῶμα. 59. καὶ λαβὼν τὸ σῶμα ὁ Ἰωσὴφ §ἐνείλησεν αὐτὸ σινδόνι καθαρᾷ, 60. καὶ ἔθηκεν αὐτὸ ἐν τῷ καινῷ αὐτοῦ μνημείῳ ὃ ἐλατόμησεν ἐν τῇ πέτρᾳ, καὶ προσκυλίσας λίθον μέγαν τῇ θύρᾳ τοῦ μνημείου ἀπῆλθεν. 61. ἦν δὲ ἐκεῖ Μαρία ἡ §Μαγδαλινή καὶ ἡ ἄλλη Μαρία, καθήμεναι ἀπέναντι τοῦ τάφου.

62. Τῇ δὲ ἐπαύριον, ἥτις ἐστὶ μετὰ τὴν παρασκευήν, συνήχθησαν οἱ ἀρχιερεῖς καὶ οἱ Φαρισαῖοι πρὸς Πιλάτον 63. λέγοντες· κύριε, ἐμνήσθημεν ὅτι §ὁ πλάνος ἐκεῖνος εἶπεν ἔτι ζῶν· μετὰ τρεῖς ἡμέρας ἐγείρομαι. 64. κέλευσον οὖν ἀσφαλισθῆναι τὸν τάφον ἕως τῆς τρίτης ἡμέρας, μήποτε ἐλθόντες οἱ μαθηταὶ αὐτοῦ † κλέψωσιν αὐτόν, καὶ εἴπωσι τῷ λαῷ· ἠγέρθη ἀπὸ τῶν νεκρῶν, καὶ

Iliat P.
54. οὕτως *pro* οὗτος M.
55. απομακροθεν L.
56. μαγδαληνη SL. | ιωσῆφ L₂.
57. αριμαθαιας SL., αριμαθεας M. | εμαθητευσαι L, εμαθητευσεν V.
58. ητοισατο M.
59. ις̅ *pro* ιωσηφ V, *sed* V* = S. | ενετυλιξεν S, ενειλυσεν L, ενειλισεν V. | αυτο σινδονη αυτω σινδο-

νη L.
60. - αυτο L., αυτω *pro* αυτο M. | κενω L. | προσκιλυσας L. | μεγα L.
61. μαγδαληνη SL.
62. - δε V, *sed* V' *marg.* = S.
63. εκεινος ὁ πλανος S.
64. + νυκτος *post* αυτου SL. | ειπωσιν V. | ÷ ὅτι *ante* ηγερθη M.

ΚΑΤΑ ΜΑΤΘΑΙΟΝ. 103

ἔσται ἡ ἐσχάτη πλάνη χείρων τῆς πρώτης. 65. ἔφη † αὐτοῖς ὁ Πιλάτος· ἔχετε κουστωδίαν· ὑπάγετε, ἀσφαλίσασθε ὡς οἴδατε. 66. οἱ δὲ πορευθέντες ἠσφαλίσαντο τὸν τάφον, σφραγίσαντες τὸν λίθον μετὰ τῆς κουστωδίας.

XXVIII.

1. Ὀψὲ δὲ σαββάτων, τῇ ἐπιφωσκούσῃ εἰς μίαν σαββάτων, ἦλθεν Μαρία ἡ §Μαγδαλινή καὶ ἡ ἄλλη Μαρία θεωρῆσαι τὸν τάφον. 2. καὶ ἰδοὺ σεισμὸς ἐγένετο μέγας· ἄγγελος γὰρ κυρίου καταβὰς ἐξ οὐρανοῦ, προσελθὼν ἀπεκύλισεν τὸν λίθον ἀπὸ τῆς θύρας, καὶ ἐκάθητο ἐπάνω αὐτοῦ. 3. ἦν δὲ ἡ ἰδέα αὐτοῦ ὡς ἀστραπή, καὶ τὸ ἔνδυμα αὐτοῦ λευκὸν ὡσεὶ χιών. 4. ἀπὸ δὲ τοῦ φόβου αὐτοῦ ἐσείσθησαν οἱ τηροῦντες, καὶ ἐγένοντο ὡσεὶ νεκροί. 5. ἀποκριθεὶς δὲ ὁ ἄγγελος εἶπε ταῖς γυναιξίν· μὴ φοβεῖσθε ὑμεῖς· οἶδα γὰρ ὅτι Ἰησοῦν τὸν ἐσταυρωμένον ζητεῖτε. 6. οὐκ ἔστιν ὧδε· ἠγέρθη γάρ, καθὼς εἶπεν· δεῦτε ἴδετε τὸν τόπον ὅπου ἔκειτο ὁ κύριος. 7. καὶ ταχὺ πορευθεῖσαι εἴπατε τοῖς μαθηταῖς αὐτοῦ, ὅτι ἠγέρθη ἀπὸ τῶν νεκρῶν· καὶ ἰδοὺ προάγει ὑμᾶς εἰς τὴν Γαλιλαίαν· ἐκεῖ αὐτὸν ὄψεσθε. ἰδοὺ εἶπον ὑμῖν. 8. καὶ § ἀπελθοῦσαι ταχὺ ἀπὸ τοῦ μνημείου μετὰ φόβου καὶ χαρᾶς μεγάλης ἔδραμον ἀπαγγεῖλαι

Hiat P.
64. χειρον L..
65. +δε post εφη S. | κουστοδιαν L..
66. κουστυδιας L. | κωστωδιας M.
XXVIII. 1. – δε M. | ηλθε S. | μαγδαληνη SL..
2. απεκυλισε S, απεκυληησε L. | +του μνημειου post θυρας M.
3. ειδεα V. | ωσ η L..
4. εσισθησαν M. | ως οί L..

5. ειπεν V. | γυναιξι SL.|φοβηησθε L.| εσταυρωμενων M.
6. ωδε L. | ειπε S. | – ιδετε V. Prima manus supra in margine minio scripsit. Alter.
7. πορευθησαι L.. | οτη M. | οψεσθαι M.
8. εξιλθουσαι S.

τοῖς μαθηταῖς αὐτοῦ. 9. ὡς δὲ ἐπορεύοντο ἀπαγγεῖλαι τοῖς μαθηταῖς αὐτοῦ, καὶ ἰδοὺ ὁ Ἰησοῦς § ὑπήντησεν αὐταῖς λέγων· χαίρετε. αἱ δὲ προσελθοῦσαι ἐκράτησαν αὐτοῦ τοὺς πόδας, καὶ προσεκύνησαν αὐτῷ. 10. τότε λέγει αὐταῖς ὁ Ἰησοῦς· μὴ φοβεῖσθε· ὑπάγετε ἀπαγγείλατε τοῖς ἀδελφοῖς μου ἵνα ἀπέλθωσιν εἰς τὴν Γαλιλαίαν, § καὶ ἐκεῖ με ὄψονται. 11. Πορευομένων δὲ αὐτῶν, ἰδοὺ τινὲς τῆς κουστωδίας ἐλθόντες εἰς τὴν πόλιν ἀπήγγειλαν τοῖς ἀρχιερεῦσιν ἅπαντα τὰ γενόμενα. 12. καὶ συναχθέντες μετὰ τῶν πρεσβυτέρων συμβούλιόν τε λαβόντες ἀργύρια ἱκανὰ ἔδωκαν τοῖς στρατιώταις, 13. λέγοντες· εἴπατε ὅτι οἱ μαθηταὶ αὐτοῦ νυκτὸς ἐλθόντες ἔκλεψαν αὐτὸν ἡμῶν κοιμωμένων. 14. καὶ ἐὰν ἀκουσθῇ τοῦτο ἐπὶ τοῦ ἡγεμόνος, ἡμεῖς πείσομεν αὐτὸν καὶ ὑμᾶς ἀμερίμνους § ποιήσωμεν. 15. οἱ δὲ λαβόντες τὰ ἀργύρια ἐποίησαν ὡς ἐδιδάχθησαν. καὶ διεφημίσθη ὁ λόγος οὗτος παρὰ Ἰουδαίοις μέχρι τῆς σήμερον.

16. Οἱ δὲ ἕνδεκα μαθηταὶ ἐπορεύθησαν εἰς τὴν Γαλιλαίαν, εἰς τὸ ὄρος οὗ ἐτάξατο αὐτοῖς ὁ Ἰησοῦς, 17. καὶ ἰδόντες αὐτόν, προσεκύνησαν αὐτῷ, οἱ δὲ ἐδίστασαν. 18. καὶ προσελθὼν ὁ Ἰησοῦς ἐλάλησεν αὐτοῖς λέγων· ἐδόθη μοι πᾶσα ἐξουσία ἐν οὐρανῷ καὶ ἐπὶ γῆς. 19. πορευθέντες οὖν μαθητεύσατε πάντα τὰ ἔθνη, βαπτί-

---

Hiat P usq. ad v. 9.

8. μαθαιταις M, sed corr. pr. man. |
 – αυτου L.
9. – ὡς δε usque ad μαθητας αυτου L. (ex homoeot.) | απηντησεν SI. |
 Codex P pergit post hiat. a verbis αυτου τους ποδας.
10. φοβησθε L, φοβεισθαι P. | κακει S.
11. κουστοδιας L.

14. ηγεμωνος M. | πεισωμεν LP. |
 ποιησομεν S.
15. επει ησαν pro εποιησαν M. | διεφημησθη L. | μεχρη τοις P.
17. ιδυν pro ιδοντες L. | αυτον pro αυτω M.
18. μι pro μοι P.
19. – ουν LV.

ζοντες αὐτοὺς εἰς τὸ ὄνομα τοῦ πατρὸς καὶ τοῦ υἱοῦ καὶ τοῦ ἁγίου πνεύματος, 20. διδάσκοντες αὐτοὺς τηρεῖν πάντα ὅσα ἐνετειλάμην ὑμῖν· καὶ ἰδοὺ ἐγὼ μεθ᾽ ὑμῶν εἰμι πάσας τὰς ἡμέρας ἕως τῆς συντελείας τοῦ αἰῶνος. Ἀμήν.

ἐκ τοῦ κατὰ ματθαῖον εὐαγγελίου· ἐγράφη ἑβραϊστὶ ἐν παλαιστίνῃ μετὰ ἡ ἔτη τῆς ἀναλήψεως τοῦ κ̅υ̅· ἔχει δὲ ῥήματα β̅φ̅κ̅β̅· ἔχει δὲ στίχους β̅φ̅ξ̅.

20. διδασκον L₁, διδασκοντες I₂.
Subscriptio.—ευαγγελιον κατα ματθαιον pro εκ του κατα ματθαιον ευαγγελιου V. | ματθαιου pro ματθαιον P. | εβραϊστι M,
εβραϊστη P. | παλαιστινι M, παλαιστηνι P. | οκτω pro η M. | ετη P. | αναλιψεος M. | εχη prim. εχι sec. M. | β̅φ̅ζ̅ pro β̅φ̅ξ̅ V.
L nil subscriptum habet.

O

ΕΥΑΓΓΕΛΙΟΝ

ΚΑΤΑ ΜΑΡΚΟΝ.

I.

1. Ἀρχὴ τοῦ εὐαγγελίου Ἰησοῦ Χριστοῦ υἱοῦ τοῦ θεοῦ, 2. ὡς γέγραπται ἐν τοῖς προφήταις· ἰδοὺ ἐγὼ ἀποστέλλω τὸν ἄγγελόν μου πρὸ προσώπου σου ὃς κατασκευάσει τὴν ὁδόν σου ἔμπροσθέν σου. 3. φωνὴ βοῶντος ἐν τῇ ἐρήμῳ ἑτοιμάσατε τὴν ὁδὸν κυρίου, εὐθείας ποιεῖτε τὰς τρίβους αὐτοῦ. 4. ἐγένετο Ἰωάννης βαπτίζων ἐν τῇ ἐρήμῳ καὶ κηρύσσων βάπτισμα μετανοίας εἰς ἄφεσιν ἁμαρτιῶν. 5. καὶ ἐξεπορεύετο πρὸς αὐτὸν πᾶσα ἡ Ἰουδαία χώρα καὶ οἱ §Ἱεροσολυμεῖται, καὶ §πάντες ἐβαπτίζοντο ἐν τῷ Ἰορδάνῃ ποταμῷ ὑπ' αὐτοῦ ἐξομολογούμενοι τὰς ἁμαρτίας αὐτῶν. 6. ἦν δὲ Ἰωάννης ἐνδεδυμένος τρίχας καμήλου καὶ ζώνην δερματίνην περὶ τὴν ὀσφὺν αὐτοῦ, καὶ ἐσθίων ἀκρίδας καὶ μέλι ἄγριον. 7. καὶ

---

* το κατα μαρκον αγιον ευαγγελιον S, εκ του κατα μαρκον ευαγγελιον (-λιου L *treg.*) L *scr. rubro.*
I. 2. προπροσώπου MP. | μου *pro* σου *prim.* L₁.
5. ενεπορευετο L, εξιπορευοντο V. |

ιεροσολυμιται S. | - και *tert.* L. | - παντες L. | εβαπτιζοντο παντες S.
6. +ὁ *ante* ιωαννης L. | καμελου M.

ἐκήρυσσε λέγων· ἔρχεται ὁ ἰσχυρότερός μου ὀπίσω μου, οὗ οὐκ εἰμὶ ἱκανὸς κύψας λῦσαι τὸν ἱμάντα τῶν ὑποδημάτων αὐτοῦ. 8. ἐγὼ μὲν §ὑμᾶς ἐβάπτισα ἐν ὕδατι, αὐτὸς †§ὑμᾶς βαπτίσει ἐν πνεύματι ἁγίῳ. 9. καὶ ἐγένετο ἐν ἐκείναις ταῖς ἡμέραις, ἦλθεν ὁ Ἰησοῦς ἀπὸ §Ναζαρὲθ τῆς Γαλιλαίας καὶ ἐβαπτίσθη §εἰς τὸν Ἰορδάνην ὑπὸ Ἰωάννου. 10. καὶ εὐθέως ἀναβαίνων §ἐκ τοῦ ὕδατος, §ἴδεν σχιζομένους τοὺς οὐρανοὺς καὶ τὸ πνεῦμα ὡσεὶ περιστερὰν καταβαῖνον §εἰς αὐτόν· 11. καὶ φωνὴ ἐγένετο ἐκ τῶν οὐρανῶν σὺ εἶ ὁ υἱός μου ὁ ἀγαπητός, ἐν §σοὶ εὐδόκησα. 12. Καὶ εὐθὺς τὸ πνεῦμα §ἐκβάλλει αὐτὸν εἰς τὴν ἔρημον. 13. καὶ ἦν †ἐν τῇ ἐρήμῳ §ἐπὶ ἡμέρας τεσσαράκοντα §καὶ τεσσαράκοντα νύκτας πειραζόμενος ὑπὸ τοῦ σατανᾶ, καὶ ἦν μετὰ τῶν θηρίων, καὶ οἱ ἄγγελοι διηκόνουν αὐτῷ.

14. Μετὰ δὲ τὸ παραδοθῆναι τὸν Ἰωάννην ἦλθεν ὁ Ἰησοῦς εἰς τὴν Γαλιλαίαν, κηρύσσων τὸ εὐαγγέλιον τῆς βασιλείας τοῦ θεοῦ, καὶ λέγων 15. ὅτι πεπλήρωται ὁ καιρὸς καὶ ἤγγικεν ἡ βασιλεία τοῦ θεοῦ· μετανοεῖτε καὶ πιστεύετε ἐν τῷ εὐαγγελίῳ.

16. §Καὶ παράγων παρὰ τὴν θάλασσαν τῆς Γαλιλαίας §ἴδεν τὸν Σίμωνα καὶ Ἀνδρέαν τὸν ἀδελφὸν §τοῦ Σίμωνος

---

7. εκηρυσσεν V. | υπο δεματων M.
8. –μεν LV. | εβαπτισα υμας S. | + δε post αυτος S. | βαπτισει υμας S.
9. –ὁ S. | ναζαρετ SL₁, sed L₂ = l.rt.| υπο ιωαννου εις τον ιορδανην S.
10. απο pro εκ S. | ειδε S, ιδε I.M. | καταβαινων M. | επ' pro εις S.
11. –ει M. | ᾧ pro σοι SV.

12. αυτον εκβαλλει S, εκβαλλει αυτον το πνευμα V.
13. + εκει post ην SLV. | – εν τη ερημω LV. | – επι S. | – και τεσσαρακοντα νυκτας SLV.
14. παραδωθηναι M. | κηρυσσον V. | – της βασιλειας L.
16. περιπατων δε S. | ειδε S, ειδεν L.| – τον S. | αυτου pro του σιμω-

ΕΥΑΓΓΕΛΙΟΝ

§ ἀμφιβάλλοντας τὰ δίκτυα εἰς τὴν θάλασσαν· ἦσαν γὰρ ἁλιεῖς· 17. καὶ εἶπεν αὐτοῖς ὁ Ἰησοῦς· δεῦτε ὀπίσω μου, καὶ ποιήσω ὑμᾶς †ἁλιεῖς ἀνθρώπων· 18. καὶ εὐθέως ἀφέντες τὰ δίκτυα †ἠκολούθησαν αὐτῷ. 19. καὶ προβὰς ἐκεῖθεν ὀλίγον §ἶδεν Ἰάκωβον τὸν τοῦ Ζεβεδαίου καὶ Ἰωάννην τὸν ἀδελφὸν αὐτοῦ, καὶ αὐτοὺς ἐν τῷ πλοίῳ καταρτίζοντας τὰ δίκτυα. 20. καὶ εὐθέως ἐκάλεσεν αὐτούς· καὶ § εὐθὺς ἀφέντες τὸν πατέρα αὐτῶν Ζεβεδαῖον ἐν τῷ πλοίῳ μετὰ τῶν μισθωτῶν ἀπῆλθον ὀπίσω αὐτοῦ.
21. Καὶ εἰσπορεύονται εἰς § Καφαρναούμ· καὶ εὐθέως τοῖς σάββασιν §ἐδίδασκεν εἰς τὴν συναγωγήν. 22. καὶ ἐξεπλήσσοντο ἐπὶ τῇ διδαχῇ αὐτοῦ· ἦν γὰρ διδάσκων αὐτοὺς ὡς ἐξουσίαν ἔχων, καὶ οὐχ ὡς οἱ γραμματεῖς.
23. Καὶ ἦν ἐν τῇ συναγωγῇ αὐτῶν ἄνθρωπος ἐν πνεύματι ἀκαθάρτῳ, καὶ ἀνέκραξε λέγων· 24. ἔα, τί ἡμῖν καὶ σοί, Ἰησοῦ § Ναζαρινέ; ἦλθες ἀπολέσαι ἡμᾶς· οἶδά σε τίς εἶ, ὁ ἅγιος τοῦ θεοῦ. 25. καὶ ἐπετίμησεν αὐτῷ ὁ Ἰησοῦς λέγων· §φημώθητι, καὶ ἔξελθε ἐξ αὐτοῦ. 26. καὶ σπαράξαν αὐτὸν τὸ πνεῦμα τὸ ἀκάθαρτον καὶ κράξαν φωνῇ μεγάλῃ ἐξῆλθεν ἐξ αὐτοῦ. 27. καὶ ἐθαμβήθησαν

Hiat P a ϛ. 20, απηλθον.

νος S. | βαλλοντας S. | αμφιβληστρον *pro* τα δικτυα S. | δυκτυα MP. | εν τη θαλασση S. | ιϛ *pro* εις P. | ἁλιεις LM.
17. πιησω P. | +γενεσθαι *post* ὑμας SMV. | ἁλιεις L.
18. δυκτυα M, δυκτια P. | +αυτων *post* δικτυα SV.
19. -εκειθεν V. | ειδεν S. | κατασκευαζοντας *pro* καταρτιζοντας V.
20. -ευθεως V. | -ευθυς S, ευθεως V. | μισθοτων M. | Hiat P a verbo απηλθον *usq. v.* 45.
21. καπερναουμ SM. | εισελθων εις την συναγωγην εδιδασκε S, εδιδασκεν εισελθων εις την συναγωγην V.
23. ανεκραξεν V.
24. ναζωρινε L, ναζαρηνε S.
25. φιμωθητι S.

πάντες, ὥστε συζητεῖν πρὸς § ἑαυτοὺς λέγοντας· τί ἐστιν τοῦτο; τίς ἡ § καινὴ διδαχὴ αὕτη, ὅτι κατ' ἐξουσίαν καὶ τοῖς πνεύμασι τοῖς ἀκαθάρτοις ἐπιτάσσει, καὶ ὑπακούουσιν αὐτῷ; 28. ἐξῆλθεν δὲ ἡ ἀκοὴ αὐτοῦ εὐθὺς § πανταχοῦ εἰς ὅλην τὴν περίχωρον τῆς Γαλιλαίας. 29. Καὶ § εὐθὺς ἐκ τῆς συναγωγῆς § ἐξελθὼν ἦλθεν εἰς τὴν οἰκίαν Σίμωνος καὶ Ἀνδρέου μετὰ Ἰακώβου καὶ Ἰωάννου. 30. ἡ δὲ πενθερὰ § τοῦ Σίμωνος κατέκειτο πυρέσσουσα, καὶ § εὐθὺς λέγουσιν αὐτῷ περὶ αὐτῆς. 31. καὶ προσελθὼν ἤγειρεν αὐτὴν §καὶ κρατήσας τῆς χειρὸς αὐτῆς, καὶ ἀφῆκεν αὐτὴν ὁ πυρετὸς εὐθέως, καὶ διηκόνει αὐτοῖς. 32. Ὀψίας δὲ γενομένης, ὅτε ἔδυ ὁ ἥλιος, ἔφερον § πάντες πρὸς αὐτὸν πάντας τοὺς κακῶς ἔχοντας καὶ τοὺς δαιμονιζομένους· 33. καὶ ἡ πόλις ὅλη §ἦν συνηγμένη πρὸς τὴν θύραν. 34. καὶ ἐθεράπευσε πολλοὺς κακῶς ἔχοντας § ποικίλοις νόσοις, καὶ δαιμόνια πολλὰ ἐξέβαλεν καὶ οὐκ ἤφιεν λαλεῖν τὰ δαιμόνια, ὅτι ᾔδεισαν αὐτὸν § τὸν χριστὸν εἶναι.
35. Καὶ πρωῒ ἔννυχον λίαν § καὶ ἀναστὰς ἐξῆλθεν καὶ ἀπῆλθεν εἰς ἔρημον τόπον, κἀκεῖ προσηύχετο. 36. καὶ κατεδίωξαν αὐτὸν ὅ § τε Σίμων καὶ οἱ μετ' αὐτοῦ, 37. καὶ εὑρόντες αὐτὸν λέγουσιν

Hiat r.
27. αυτους s. | λεγοντες M. | εστι sl.. | διδαχη η καινη s. | κατεξουσιαν I.M.
28. εξηλθε sl.. | – πανταχου s. | περιχορον M.
29. ευθεως sv. | εξελθοντες ηλθον s.
30. – του s | ευθεως s.
31. προσελθον M. | – και scc. s. | διηκονη M.
32. εδη M. | – παντες s, παντας pro παντες M'.
33. επισυνηγμενη ην s. | τας θυρας v.
34. ποικιλαις st. | εξεβαλε sl.. | ηφιε s. | – τον χριστον ειναι s.
35. – και scc. sv. | εξηλθε s.
36. – τε sm.

αὐτῷ ὅτι πάντες §σε ζητοῦσιν. 38. καὶ λέγει αὐτοῖς· ἄγωμεν εἰς τὰς ἐχυμένας κωμοπόλεις, ἵνα §καὶ ἐκεῖ κηρύξω· εἰς τοῦτο γὰρ §ἐλήλυθα. 39. καὶ ἦν κηρύσσων §εἰς τὰς συναγωγὰς αὐτῶν εἰς ὅλην τὴν Γαλιλαίαν καὶ τὰ δαιμόνια ἐκβάλλων. 40. Καὶ ἔρχεται πρὸς αὐτὸν λεπρός, παρακαλῶν αὐτὸν καὶ γονυπετῶν αὐτὸν καὶ λέγων αὐτῷ ὅτι ἐὰν θέλῃς δύνασαί με καθαρίσαι. 41. ὁ δὲ Ἰησοῦς σπλαγχνισθείς, ἐκτείνας τὴν χεῖρα, ἥψατο αὐτοῦ, §λέγων αὐτῷ· θέλω, καθαρίσθητι. 42. καὶ εἰπόντος αὐτοῦ, εὐθέως ἀπῆλθεν ἀπ' αὐτοῦ ἡ λέπρα, καὶ ἐκαθαρίσθη. 43. καὶ ἐμβριμησάμενος αὐτῷ εὐθέως ἐξέβαλεν αὐτόν, 44. καὶ λέγει αὐτῷ· ὅρα μηδενὶ † εἴπῃς, ἀλλ' ὕπαγε σεαυτὸν δεῖξον τῷ §ἀρχιερεῖ καὶ προσένεγκε περὶ τοῦ καθαρισμοῦ σου ἃ προσέταξε §Μωϋσῆς εἰς μαρτύριον αὐτοῖς. 45. ὁ δὲ ἐξελθὼν ἤρξατο κηρύσσειν πολλὰ καὶ διαφημίζειν τὸν λόγον, ὥστε μηκέτι αὐτὸν δύνασθαι φανερῶς εἰς πόλιν εἰσελθεῖν, ἀλλ' ἔξω ἐν ἐρήμοις τόποις ἦν, καὶ ἤρχοντο πρὸς αὐτὸν πανταχόθεν.

Hiat P *usq. ad v.* 45, ἤρχοντο.
37. – σε L. | ζητουσι σε S.
38. αγομεν M. | ερχομενας πυλεις L.| κομοπολεις V. | κακει S. | εξεληλυθα S.
39. εν ταις συναγωγαις S.
40. πετρος L₁ *scr*, λεπρος L₂ *scr*, πετρος L₁ *treg.* | – αυτον *sec.* L.. | – και γονυπετων αυτου V. | γονυπετον M. | – και *tert.* L₁. | + κυριε *post* θελης V.
41. και λεγει *pro* λεγων S. | + και ante λεγων M.
42. – ειποντος αυτου L₁ | *fin.*+ απ' αυτου M.
43. εμβρισαμενος L.. | *fin.* αυτω L.
44. + μηδεν *post* μηδενι SM. | αλλα V.| ιερει SV. | προσεταξεν V. | μωσης SL. | *fin.* αυτης M.
45. δυνασθε M. | εις πολιν φανερος V. | επ' *pro* εν V. *Pergit* P *post hiatum a verbo* ηρχοντο.

II.

1. Καὶ § εἰσῆλθεν πάλιν εἰς Καπερναοὺμ δι' ἡμερῶν, καὶ ἠκούσθη ὅτι εἰς οἶκόν ἐστιν. 2. καὶ εὐθέως συνήχθησαν πολλοί, ὥστε μηκέτι χωρεῖν μηδὲ τὰ πρὸς τὴν θύραν, καὶ ἐλάλει αὐτοῖς τὸν λόγον. 3. καὶ ἔρχονται πρὸς αὐτὸν § φέροντες παραλυτικὸν αἰρόμενον ὑπὸ τεσσάρων. 4. καὶ μὴ δυνάμενοι προσεγγίσαι αὐτῷ διὰ τὸν ὄχλον, ἀπεστέγασαν τὴν στέγην ὅπου ἦν, καὶ § ἐξορύξαντες χαλῶσι τὸν § κράβαττον ἐφ' § οὗ ὁ παραλυτικὸς κατέκειτο. 5. § καὶ ἰδὼν ὁ Ἰησοῦς τὴν πίστιν αὐτῶν λέγει τῷ παραλυτικῷ· τέκνον, § ἀφέονταί σου αἱ ἁμαρτίαι †. 6. ἦσαν δέ τινες τῶν γραμματέων ἐκεῖ καθήμενοι καὶ διαλογιζόμενοι ἐν ταῖς καρδίαις αὐτῶν· 7. τί οὗτος οὕτω λαλεῖ βλασφημίας; τίς δύναται ἀφιέναι ἁμαρτίας εἰ μὴ εἷς ὁ θεός; 8. καὶ εὐθέως ἐπιγνοὺς ὁ Ἰησοῦς τῷ πνεύματι αὐτοῦ ὅτι οὕτως § αὐτοὶ διαλογίζονται ἐν ἑαυτοῖς, εἶπεν αὐτοῖς· τί ταῦτα διαλογίζεσθε ἐν ταῖς καρδίαις ὑμῶν; 9. τί ἐστιν εὐκοπώτερον, εἰπεῖν τῷ παραλυτικῷ· ἀφέωνταί § σου αἱ ἁμαρτίαι, ἢ εἰπεῖν· § ἔγειρε, καὶ ἆρον § τὸν κράβαττόν σου καὶ περιπάτει; 10. ἵνα δὲ εἰδῆτε ὅτι ἐξουσίαν ἔχει ὁ υἱὸς τοῦ

II. 1. παλιν εισηλθεν s, εισηλθε παλιν L, και εισελθων ὁ ιησους παλιν εις καφαρναουμ ηκουσθη v. | καπερ mutatum in L: cf. cap. i. v. 21. | εστι s.
2. μηδὲ L.
3. παραλυτικον φεροντες s. | αιρομενον L.
4. αυτον pro αυτω P. | εξορυξαντες s. | κραββατον s. | ω pro ού sv.
5. ιδων δε s. | αφεωνται sm. | σοι pro σου sv. | fin. + σου spv.
5. γραμματαιων P.
7. – ουτω m, ουτος ουτος pro ουτος ουτω P. | ειμι pro ει μη P.
8. – αυτοι sv. | διαλογιζεσθαι m.
9. αφεονται L. | σοι pro σου prim. s. | + σου post αμαρτιαι P (cf. v. 5). | εγειραι smp. | σου τον κραββατον s.
10. ιδειτε P. | αμαρτιαν P.

ἀνθρώπου ἀφιέναι ἐπὶ τῆς γῆς ἁμαρτίας, λέγει τῷ παραλυτικῷ· σοὶ λέγω, §ἔγειρε καὶ ἆρον τὸν §κράβαττόν σου καὶ ὕπαγε εἰς τὸν οἶκόν σου. 12. καὶ ἠγέρθη εὐθέως, καὶ ἄρας τὸν §κράβαττον ἐξῆλθεν ἐναντίον πάντων, ὥστε ἐξίστασθαι πάντας καὶ δοξάζειν τὸν θεόν λέγοντας ὅτι οὐδέποτε οὕτως §ἴδωμεν. 13. Καὶ ἐξῆλθεν §ὁ Ἰησοῦς πάλιν παρὰ τὴν θάλασσαν· καὶ πᾶς ὁ ὄχλος ἤρχετο πρὸς αὐτόν, καὶ ἐδίδασκεν αὐτούς. 14. §παράγων δὲ ἴδεν §Ἰάκωβον τὸν τοῦ Ἀλφαίου, καθήμενον ἐπὶ τὸ §τελώνειον καὶ λέγει αὐτῷ· ἀκολούθει μοι. καὶ ἀναστὰς ἠκολούθησεν αὐτῷ. 15. καὶ ἐγένετο † κατακεῖσθαι αὐτὸν ἐν τῇ οἰκίᾳ αὐτοῦ, καὶ πολλοὶ τελῶναι καὶ ἁμαρτωλοὶ συνανέκειντο τῷ Ἰησοῦ καὶ τοῖς μαθηταῖς αὐτοῦ· ἦσαν γὰρ πολλοί, καὶ ἠκολούθησαν αὐτῷ. 16. καὶ οἱ γραμματεῖς καὶ οἱ Φαρισαῖοι ἰδόντες αὐτὸν ἐσθίοντα μετὰ τῶν τελωνῶν καὶ ἁμαρτωλῶν ἔλεγον τοῖς μαθηταῖς αὐτοῦ· τί ὅτι μετὰ τῶν ἀτελωνῶν καὶ μαρτωλῶν ἐσθίει καὶ πίνει §ὁ διδάσκαλος ὑμῶν ; 17. καὶ ἀκούσας ὁ Ἰησοῦς λέγει αὐτοῖς· οὐ χρείαν ἔχουσιν οἱ ἰσχύοντες ἰατροῦ ἀλλ' οἱ κακῶς ἔχοντες. οὐκ ἦλθον καλέσαι δικαίους ἀλλὰ ἁμαρτωλοὺς εἰς μετάνοιαν. 18. Καὶ ἦσαν οἱ μαθηταὶ Ἰωάννου καὶ οἱ §Φαρισαῖοι·νησ-

---

11. εγειραι SP. | "– και *prim.* Γ. | κραββατον S.
12. εναντιων MP. | ειδομεν S, ειδωμεν L, ιδομεν V. | κραββατον S.
13. εξηλθε SV', *sed* V = *txt.* | – ὁ ιησους SV. | επι *pro* παρα L₁.
14. και παραγων SM. | + ὁ ιησους *post* παραγων M. | ειδε S, ιδε M | λευιν S', λευι M, *pro* ιακωβον (εν αλλ. λευιν V *marg.*) | τω *pro* το P. | τελωνιον S. | ηκο-
λου ησαν L.
15. + εν τω *post* εγενετο S. | ὁδω οικια L.
16. των φαρισαιων *pro* και οἱ φαρισαιοι V. | ειδοντες L. | – και αμαρτωλων L. | – ὁ διδασκαλος ὑμων SPV. | εσθιετε και πινετε V.
17. ἡ *pro* οἱ *prim.* M.
18. των φαρισαιων *pro* φαρισαιοι SM. | νηστευουσι *sec.* S.

ΚΑΤΑ ΜΑΡΚΟΝ.

τεύοντες· καὶ ἔρχονται καὶ λέγουσιν αὐτῷ· διατί οἱ μαθηταὶ Ἰωάννου καὶ οἱ τῶν Φαρισαίων νηστεύουσιν, οἱ δὲ σοὶ μαθηταὶ οὐ νηστεύουσιν; 19. καὶ εἶπεν αὐτοῖς ὁ Ἰησοῦς· μὴ δύνανται οἱ υἱοὶ τοῦ νυμφῶνος ἐν ᾧ ὁ νυμφίος μετ᾽ αὐτῶν ἐστὶν νηστεύειν; ὅσον χρόνον μεθ᾽ ἑαυτῶν ἔχουσιν τὸν νυμφίον, οὐ δύνανται νηστεύειν· 20. ἐλεύσονται δὲ ἡμέραι ὅταν § ἀρθῇ ἀπ᾽ αὐτῶν ὁ νυμφίος, καὶ τότε νηστεύσουσιν ἐν § ἐκείνῃ τῇ ἡμέρᾳ. 21. † οὐδεὶς ἐπίβλημα § ῥάκκους ἀγνάφου § ἐπιράπτει † ἱματίῳ παλαιῷ· εἰ δὲ μή, αἴρει τὸ πλήρωμα † τὸ καινὸν § ἀπὸ τοῦ παλαιοῦ, καὶ χεῖρον σχίσμα γίνεται. 22. καὶ οὐδεὶς βάλλει οἶνον νέον εἰς ἀσκοὺς παλαιούς· εἰ δὲ μή, ῥήσσει ὁ οἶνος † τοὺς ἀσκοὺς, καὶ ὁ οἶνος ἐκχεῖται καὶ οἱ ἀσκοὶ ἀπολοῦνται· ἀλλὰ οἶνον νέον εἰς ἀσκοὺς καινοὺς βλητέον.

23. Καὶ § πάλιν ἐγένετο § αὐτὸν πορεύεσθαι ἐν τοῖς σάββασιν διὰ τῶν σπορίμων, καὶ § οἱ μαθηταὶ αὐτοῦ ἤρξαντο ὁδοιποροῦντες τίλλοντες τοὺς στάχυας. 24. καὶ οἱ Φαρισαῖοι ἔλεγον αὐτῷ· ἴδε τί ποιοῦσιν § οἱ μαθηταί σου † τοῖς σάββασιν ὃ οὐκ ἔξεστι; 25. καὶ † § λέγει αὐτοῖς· οὐδέποτε ἀνέγνωτε

---

19. μετα *prim.* M. | εστι SM. | εαυτον LP. | εχουσι SLM. | εχουσιν μετ᾽ αυτων V.
20. απαρθη S, ἀρθη L *scr.*, *sed* L *treg.* = *txt.* | εκειναις ταις ημεραις SV.
21. *init.* + και SV. | ρακους S. | επιρραπτει S. | + επι *post* επιραπτει S. | μηγε *pro* μη M. | αἴρει L. | + αυτου *post* πληρωμα S, + απ᾽ αυτου *ante* το πληρωμα M. | - απο S. | χείρων M.

22. ναιον P. | ῥισσει M. | + ὁ νεος *post* οινος *prim.* SMV. | απολλυνται V. | αλλ᾽ V. | βλυτεον M.
23. - παλιν S. | παραπορευεσθαι αυτον S, αυτον παραπορευεσθαι M. | σαββασι SL. | ηρξαντο οι μαθηται αυτου οδον ποιειν S.
24. - οἱ μαθηται σου S. | εν *ante* τοις S.
25. + αυτος *post* και SM. | ελεγεν SM. | + ὁ ιησους *post* αυτοις V.

Ρ

τί ἐποίησε Δαβίδ, ὅτε χρείαν ἔσχεν καὶ ἐπείνασεν αὐτὸς καὶ οἱ μετ' αὐτοῦ; 26. πῶς εἰσῆλθεν εἰς τὸν οἶκον τοῦ θεοῦ ἐπὶ Ἀβιάθαρ τοῦ ἀρχιερέως καὶ τοὺς ἄρτους τῆς προθέσεως ἔφαγεν, οὓς οὐκ ἔξεστι φαγεῖν εἰ μὴ § μόνοις τοῖς ἱερεῦσιν, καὶ ἔδωκε καὶ τοῖς σὺν αὐτῷ οὖσιν; 27. καὶ ἔλεγεν αὐτοῖς· τὸ σάββατον διὰ τὸν ἄνθρωπον ἐγένετο, οὐχ ὁ ἄνθρωπος διὰ τὸ σάββατον· ὥστε κύριός ἐστιν ὁ υἱὸς τοῦ ἀνθρώπου καὶ τοῦ σαββάτου.

III.

1. Καὶ εἰσῆλθεν πάλιν εἰς τὴν συναγωγήν, καὶ ἦν ἐκεῖ ἄνθρωπος ἐξηραμμένην ἔχων τὴν χεῖρα· 2. καὶ παρετήρουν αὐτὸν εἰ τοῖς σάββασι θεραπεύσει αὐτόν, ἵνα κατηγορήσωσιν αὐτοῦ. 3. καὶ λέγει τῷ ἀνθρώπῳ τῷ ἐξηραμμένην ἔχοντι τὴν χεῖρα· § ἔγειρε εἰς τὸ μέσον. 4. καὶ λέγει αὐτοῖς· ἔξεστιν § ἐν τοῖς σάββασιν ἀγαθοποιῆσαι ἢ κακοποιῆσαι; ψυχὴν σῶσαι ἢ ἀποκτεῖναι; οἱ δὲ ἐσιώπων. 5. καὶ περιβλεψάμενος αὐτοὺς μετ' ὀργῆς, συλλυπούμενος ἐπὶ τῇ πωρώσει τῆς καρδίας αὐτῶν, λέγει τῷ ἀνθρώπῳ· ἔκτεινόν § σου τὴν χεῖρα. καὶ ἐξέτεινεν καὶ § ἀπεκατεστάθη

εποιησεν V. | χρεια P. | εσχε SMP.
26. - του scc. V. | εξεστιν V. | ειμι pro ει μη M. | -μονοις S. | ιερευσι S, ιερευσαι M. | εδωκεν V. | ουσι S.
III. 1. εισηλθε SL. | εχον MP.
2. ευ pro ει M. | σαββασιν MV. | κατηγωρησωσιν L. | fin. αυτω M.
3. την χειρα εχοντι εξηραμμενην V. |

εγειραι S. | μεσων P.
4. εξεστι S. | - εν S. | + μαλλον post σωσαι V. | αποκτηναι M, απολεσαι V.
5. συλληπουμενος P. | πορωσει P. | την χειρα σου SLV, σου την χειρα σου P. | εξετεινε S, εξετηνεν M. | απokατεσταθη S, απεκτανθη L.

ἡ χεὶρ αὐτοῦ ὑγιὴς ὡς ἡ ἄλλη. 6. καὶ ἐξελθόντες οἱ Φαρισαῖοι εὐθέως μετὰ τῶν Ἡρωδιανῶν συμβούλιον § ἐδίδουν κατ' αὐτοῦ, ὅπως αὐτὸν ἀπολέσωσιν. 7. Καὶ ὁ Ἰησοῦς § μετὰ τῶν μαθητῶν αὐτοῦ ἀνεχώρησεν § παρὰ τὴν θάλασσαν· καὶ πολὺ πλῆθος ἀπὸ τῆς Γαλιλαίας ἠκολούθησαν αὐτῷ, 8. καὶ ἀπὸ τῆς Ἰουδαίας καὶ ἀπὸ Ἱεροσολύμων καὶ ἀπὸ τῆς Ἰδουμαίας καὶ πέραν τοῦ Ἰορδάνου καὶ οἱ περὶ Τύρον καὶ Σιδῶνα, πλῆθος πολύ, § ἀκούοντες ὅσα ἐποίει, ἦλθον πρὸς αὐτόν. 9. καὶ εἶπεν τοῖς μαθηταῖς αὐτοῦ ἵνα πλοιάριον προσκαρτερῇ αὐτῷ διὰ τὸν ὄχλον ἵνα μὴ θλίβωσιν αὐτὸν § οἱ ὄχλοι. 10. πολλοὺς γὰρ ἐθεράπευσεν, ὥστε ἐπιπίπτειν αὐτῷ, ἵνα αὐτῷ ἅψωνται ὅσοι εἶχον μάστιγας· 11. καὶ †πνεύματα †ἀκάθαρτα, ὅταν αὐτὸν § ἐθεώρουν, προσέπιπτον αὐτῷ καὶ § ἔκραζον λέγοντα ὅτι σὺ εἶ ὁ υἱὸς τοῦ θεοῦ. 12. καὶ πολλὰ ἐπετίμα αὐτοῖς, ἵνα μὴ αὐτὸν φανερὸν § ποιῶσιν. 13. Καὶ ἀναβαίνει εἰς τὸ ὄρος § ὁ Ἰησοῦς, καὶ προσκαλεῖται οὓς § ἠθέλησεν αὐτός· καὶ ἀπῆλθον πρὸς αὐτόν. 14. καὶ ἐποίησε δώδεκα § οὓς καὶ ἀποστόλους ὠνόμασεν, ἵνα ὦσιν μετ'

---

5. - ὑγιης M.
6. εποιουν S. | απολεσωσι S.
7. ανεχωρησε μετα των μαθητων αυτου S. | ανεχωρησε LM. | προς S. | - ηκολουθησαν αυτω V.
8. init. - και L. | - απο της prim. V. | τυρων M. | σιδονα LP. | πολυς M. | ακουσαντες S.
9. ειπε SL. | + ἐν post πλοιαριον M. προσκαρτερει PV. | ει pro οἱ M. - οι οχλοι S.
10. αυτοι pro αυτω SM. | αψονται M.
11. + τα bis SM. | αυτων P. | εθεωρει, προσεπιπτεν S. | εκραζε S. | λεγοντες L. | + θεος ante υιος L.
12. ποιησωσι S, ποιωσι P.
13. ανεβαινει P. | - ὁ ιησους SMP. | ηθελεν S. | απηλθεν V.
14. εποιησεν V. | - ους και αποστολους ωνομασεν S. | ονομασεν MP. | ωσι S, ωσιν V.

αυτού, και ίνα αποστέλλη αυτούς κηρύσσειν, 15. και έχειν εξουσίαν θεραπεύειν τας νόσους, και εκβάλλειν τα δαιμόνια· 16. § πρώτον Σίμωνα· και επέθηκεν τω Σίμωνι όνομα Πέτρον· 17. και Ιάκωβον τον του Ζεβεδαίου, και Ιωάννην τον αδελφόν † Ιακώβου· και επέθηκεν αυτοίς ονόματα § Βοανηργές, ό εστιν υιοί βροντής· και Ανδρέαν και Φίλιππον και Βαρθολομαίον και Ματθαίον § τον τελώνην και Θωμάν και Ιάκωβον τον του Αλφαίου και Θαδδαίον και Σίμωνα τον Κανανίτην 19. και Ιούδαν Ισκαριώτην, ός και παρέδωκεν αυτόν.

Και έρχονται εις οίκον· 20. και συνέρχεται πάλιν όχλος, ώστε μη δύνασθαι αυτούς § μηδέ άρτον φαγείν. 21. και ακούσαντες οι παρ' αυτού εξήλθον κρατήσαι αυτόν· έλεγον γαρ ότι §εξέσταται. 22. και οι γραμματείς οι από Ιεροσολύμων καταβάντες έλεγον ότι Βεελζεβούλ έχει, και ότι εν τω άρχοντι των § δαιμόνων εκβάλλει τα δαιμόνια. 23. και προσκαλεσάμενος αυτούς εν παραβολαίς έλεγεν αυτοίς· πως δύναται σατανάς σατανάν §εκβαλείν; 24. και εάν βασιλεία εφ' εαυτήν μερισθή, ου δύναται σταθήναι η βασιλεία εκείνη· 25. και εάν οικία εφ' εαυτήν μερισθή, ου δύναται σταθήναι η οικία εκείνη· 26. και ει ο σατανάς ανέστη εφ' εαυτόν και

---

14. αποστελλει MP.
16. – πρωτον σιμωνα S. | επεθηκε SL, επεθικε M. | πετρου P L₁.
17. † του ante ιακωβου S. | αυτου pro ιακωβου L. | βοανεργες SV.
18. βαρθολαμαιος L₁. | – τον τελωνην S.
19. ιουδαν L.
20. δυνασθε L₁M. | μητε SL. | αρτου M.

21. εξεστη SV, εξισταται M.
22. – οι scc. P. | κατά|Πάντες M pro καταβαντες, sed β, nescio qua manu, superscriptum est. Cer. | δαιμονων SP.
23. εκβαλλειν S.
24. βασιλειαν εφ' εαυτη P. | δυνατε M.
25. Deest versus ob ομοιοτελ. in L. | εαυτή P. | fin. εκεινοι V.

μεμέρισται, ού δύναται σταθῆναι ἀλλὰ τέλος ἔχει. 27. § ἀλλ' οὐδεὶς δύναται τὰ σκεύη τοῦ ἰσχυροῦ εἰσελθὼν εἰς τὴν οἰκίαν αὐτοῦ § ἁρπάσαι, ἐὰν μὴ πρῶτον τὸν ἰσχυρὸν δήσῃ, καὶ τότε τὴν οἰκίαν αὐτοῦ διαρπάσει. 28. ἀμὴν λέγω ὑμῖν ὅτι πάντα ἀφεθήσεται τὰ ἁμαρτήματα τοῖς υἱοῖς τῶν ἀνθρώπων καὶ § αἱ βλασφημίαι, § ὅσα ἂν βλασφημήσωσιν· 29. ὃς δ' ἂν βλασφημήσῃ εἰς τὸ πνεῦμα τὸ ἅγιον, οὐκ ἔχει ἄφεσιν εἰς τὸν αἰῶνα, ἀλλ' ἔνοχός ἐστιν αἰωνίου § ἁμαρτίας. 30. ὅτι ἔλεγον· πνεῦμα ἀκάθαρτον ἔχει.
31. § Καὶ ἔρχονται οἱ ἀδελφοὶ καὶ ἡ μήτηρ αὐτοῦ καὶ ἔξω ἑστῶτες ἀπέστειλαν πρὸς αὐτὸν § καλοῦντες αὐτόν. 32. καὶ ἐκάθητο § περὶ αὐτὸν ὄχλος, καὶ λέγουσιν αὐτῷ· ἰδοὺ ἡ μήτηρ σου καὶ οἱ ἀδελφοί σου ἔξω ζητοῦσί σε. 33. καὶ ἀπεκρίθη αὐτοῖς § καὶ λέγει· τίς ἐστιν † μήτηρ μου ἢ οἱ ἀδελφοί μου; 34. καὶ περιβλεψάμενος § τοὺς κύκλῳ περὶ αὐτὸν μαθητὰς καθημένους εἶπεν· ἰδοὺ ἡ μήτηρ μου καὶ οἱ ἀδελφοί μου. 35. ὃς γὰρ ἂν § ποιήσει τὸ θέλημα τοῦ θεοῦ, οὗτος ἀδελφός μου καὶ ἀδελφὴ † καὶ μήτηρ ἐστίν.

---

27. ου δυναται ουδεις S. | σκευε M. | διαρπασαι SV, δι' ἁρπᾶσαι M. | – εαν V.
28. τοις υιοις των ανθρωπων τα αμαρτηματα V. | – αι S. | ὅσας S.
29. βλασφηση L₁, βλασφημιση L₂ M, βλασφημησει P. | κρισεως pro αμαρτιας SV.
31. ερχονται ουν S, και ερχονται ουν M. | εστηκοτες V. | φωνουντες pro καλουντες S.

32. οχλος περι αυτον S. | ειπον δε pro και λεγουσιν S. | + και αι αδελφαι σου post σου sec. V. | ζητουσι S, ζητουσιν M.
33. λεγων pro και λεγει SV. | + ἡ ante μητηρ SLV.
34. κυκλω τους περι αυτον καθημενους λεγει S. | αυτου P. | ιδε S.
35. ποιηση SLV. | +μου post αδελφη SV. | +ἡ ante μητηρ M. | εστι SL.

IV.

1. § Πάλιν δὲ ἤρξατο διδάσκειν παρὰ τὴν θάλασσαν. καὶ § συνάγεται πρὸς αὐτὸν ὄχλος πολύς, ὥστε αὐτὸν ἐμβάντα § καθῆσθαι εἰς τὸ πλοῖον ἐν τῇ θαλάσσῃ· καὶ πᾶς ὁ ὄχλος πρὸς τὴν θάλασσαν ἐπὶ τῆς γῆς ἦν. 2. καὶ ἐδίδασκεν αὐτοὺς ἐν παραβολαῖς πολλά, καὶ ἔλεγεν αὐτοῖς ἐν τῇ διδαχῇ αὐτοῦ· 3. ἀκούετε. ἰδοὺ ἐξῆλθεν ὁ σπείρων τοῦ σπεῖραι· 4. καὶ ἐγένετο ἐν τῷ σπείρειν, ὃ μὲν ἔπεσεν παρὰ τὴν ὁδόν, καὶ ἦλθεν τὰ πετεινὰ † καὶ κατέφαγεν αὐτό. 5. § ἄλλα δὲ ἔπεσεν ἐπὶ τὸ πετρῶδες, ὅπου οὐκ εἶχεν γῆν πολλήν· καὶ εὐθέως § ἐξεβλάστησεν, διὰ τὸ μὴ ἔχειν βάθος γῆς· 6. ἡλίου δὲ ἀνατείλαντος ἐκαυματίσθη, καὶ διὰ τὸ μὴ ἔχειν ῥίζαν ἐξηράνθη. 7. καὶ ἄλλο ἔπεσεν εἰς τὰς ἀκάνθας, καὶ ἀνέβησαν αἱ ἄκανθαι καὶ συνέπνιξαν αὐτό, καὶ καρπὸν οὐκ ἔδωκε. 8. καὶ ἄλλο ἔπεσεν εἰς τὴν γῆν τὴν καλήν, καὶ ἐδίδου καρπὸν ἀναβαίνοντα καὶ αὐξάνοντα, καὶ ἔφερεν ἐν τριάκοντα, καὶ ἐν ἑξήκοντα, καὶ ἐν ἑκατόν. 9. καὶ ἔλεγεν· † ὁ ἔχων ὦτα ἀκούειν ἀκουέτω. 10. Ὅτε δὲ ἐγένετο §κατὰ μόνας §ἐπηρώτησαν αὐτὸν οἱ μαθηταὶ αὐτοῦ. τίς ἡ παραβολὴ αὕτη. 11. καὶ ἔλεγεν αὐτοῖς.

IV. 1. και παλιν s. | συνηχθη s, συναγαγεται M. | οστε M. | εις το πλοιον καθησθαι s. | την γην M.
3. ακουεται Γ.
4. ὁ *pro* ὃ Γ. | επεσε sl. | ηλθε sl. + του ουρανου *post* πετεινα s.
5. αλλο s, ἀλλὰ M. | τω *pro* το *prim.* Γ. | ειχε sl. | εξανετειλε s, εξεβλαστησε L.

7. συνεπνηξαν M. | αυτα V. | εδωκε s, ἐδωκεν *sine spir. leni* Γ.
8. αλλα V. | επι *pro* εις V. | φερει V.
9. + αυτοις *post* ελεγεν s.
10. καταμονας slv. | ερωτησαν αυτον οἱ περι αυτον συν τοις δωδεκα την παραβολην s. | *fin.* αὐτη Γ.

ὑμῖν δέδοται γνῶναι τὸ μυστήριον τῆς βασιλείας τοῦ θεοῦ· ἐκείνοις δὲ τοῖς ἔξω ἐν παραβολαῖς τὰ πάντα γίνεται, 12. ἵνα βλέποντες βλέπωσιν καὶ μὴ ἴδωσιν, καὶ ἀκούοντες ἀκούσωσιν καὶ μὴ συνιῶσιν, μήποτε ἐπιστρέψωσιν καὶ ἀφεθῇ αὐτοῖς τὰ ἁμαρτήματα. 13. καὶ λέγει αὐτοῖς· οὐκ οἴδατε τὴν παραβολὴν ταύτην, καὶ πῶς πάσας τὰς παραβολὰς γνώσεσθε; 14. ὁ σπείρων τὸν λόγον σπείρει. 15. οὗτοι δέ εἰσιν οἱ παρὰ τὴν ὁδὸν ὅπου σπείρεται ὁ λόγος, καὶ ὅταν ἀκούσωσιν, εὐθέως ἔρχεται ὁ σατανᾶς καὶ αἴρει τὸν λόγον τὸν ἐσπαρμένον § εἰς αὐτούς. 16. καὶ οὗτοί εἰσιν ὁμοίως οἱ ἐπὶ τὰ πετρώδη σπειρόμενοι, οἳ ὅταν ἀκούσωσιν τὸν λόγον § εὐθὺς μετὰ χαρᾶς λαμβάνουσιν, 17. †καὶ οὐκ ἔχουσιν ῥίζαν ἐν ἑαυτοῖς ἀλλὰ πρόσκαιροί εἰσιν, εἶτα γενομένης θλίψεως ἢ διωγμοῦ διὰ τὸν λόγον εὐθέως σκανδαλίζονται. 18. καὶ † οἱ εἰς τὰς ἀκάνθας σπειρόμενοι, οὗτοί εἰσιν οἱ τὸν λόγον § ἀκούσαντες, 19. καὶ αἱ μέριμναι τοῦ αἰῶνος τούτου καὶ ἡ ἀπάτη τοῦ πλούτου καὶ αἱ περὶ τὰ λοιπὰ ἐπιθυμίαι εἰσπορευόμεναι συμπνίγουσι τὸν λόγον, καὶ ἄκαρπος γίνε-

---

11. δεδωται P. | γνων L. | εκεινος (sic) δε ου δεδωται τοις εξω αλλ' pro εκεινοις δε τοις εξω M. | παντα εν παραβολαις λεγεται pro εν παραβολαις τα παντα γινεται V.
12. βλεπωντες L. | βλεπωσι SL. | + ου ante μη prim. M. | ιδωσι S. | ακουωσι SL., ακουωσιν V. | συνιωσι S. | επιστρεψωσι SL., επιστρεψουσιν M, επιστραφωσιν V. | αφεθη L.
13. παραλην pro παραβολην P.
14. σπειρη M.
15. ευθυς L. | αιρει L., τρει MP. | εν ταις καρδιαις αυτων pro εις αυτους SMV.
16. - και P. | + ομοιως post εισιν SMV. | ει pro οι P. | ακουσωσι SL. | ευθεως SMV. | fin. + αυτον SM.
17. εχουσι SL. | δι' ωγμου M.
18. + ουτοι εισιν post και S. | - οι P. | ακουοντες S.
19. περοι pro περι V. | επυθυμιαι V, sed V' = S. | πορευομεναι L. | συμπνηγουσι M. | συμπνιγουσιν εισπορευομεν·α V. | ακαρποι γινονται V.

ται. 20. καὶ οὗτοί εἰσιν οἱ ἐπὶ τὴν γῆν τὴν καλὴν σπαρέντες, οἵτινες ἀκούουσιν τὸν λόγον καὶ παραδέχονται καὶ καρποφοροῦσιν § ἐν τριάκοντα καὶ § ἐν ἑξήκοντα καὶ § ἐν ἑκατόν. 21. Καὶ ἔλεγεν αὐτοῖς· § ἴδετε μήτι † λύχνος § καίεται ἵνα ὑπὸ τὸν μόδιον τεθῇ ἢ § ἵνα ὑπὸ τὴν κλίνην § τεθῇ; οὐχ ἵνα § ὑπὸ τὴν λυχνίαν § τεθῇ; 22. οὐ γάρ ἐστιν † κρυπτόν, εἰ μὴ ἵνα φανερωθῇ· οὐδὲ ἐγένετο ἀπόκρυφον, ἀλλ᾽ ἵνα εἰς φανερὸν ἔλθῃ. 23. εἴτις ἔχει ὦτα ἀκούειν, ἀκουέτω. 24. Καὶ ἔλεγεν αὐτοῖς· βλέπετε τί ἀκούετε, †καὶ προστεθήσεται ὑμῖν τοῖς ἀκούουσιν. 25. ὃς § ἔχει γὰρ, δοθήσεται αὐτῷ· καὶ ὃς οὐκ ἔχει, καὶ ὃ ἔχει ἀρθήσεται ἀπ᾽ αὐτοῦ. § ἐν ᾧ μέτρῳ μετρεῖτε μετριθήσεται ὑμῖν καὶ προστεθήσεται ὑμῖν. 26. Καὶ ἔλεγεν· οὕτως ἐστὶν ἡ βασιλεία τοῦ θεοῦ, § ὥσπερ ἄνθρωπος βάλῃ † σπόρον ἐπὶ τῆς γῆς, 27. καὶ § καθεύδει καὶ § ἐγείρεται νύκτα καὶ ἡμέραν, καὶ ὁ σπόρος βλαστάνῃ καὶ μηκύνηται ὡς οὐκ οἶδεν αὐτός. 28. αὐτομάτη γὰρ ἡ γῆ καρποφορεῖ, πρῶ-

20. επι την καλην γην V. | ακουουσι S, ακουωσι L. | – τον L. | εν ter s, εν prim. et sec., sed ιν tert. P.
21. – ιδετε S. | + ὁ ante λυχνος SM. | ερχεται pro καιεται S, καιετε M. | – ινα sec. S. | τεθη sec. s. | επι pro υπο SV. | fin. επιτεθη s.
22. εστι SL. | + τι post εστιν s. | ὁ εαν μη SV, εαν μη M, pro ει μη ινα.
23. εχειν L. | – ωτα L.
24. + εν ᾧ μετρω μετρειτε μετρηθησεται (μετρι-V.) ὑμιν post

ακουετε SV (vid. v. 25).
25. γαρ αν εχη SV, (εχει V.) | δοκη εχειν pro εχει tert. M. | – εν ᾧ usque fin. SV. | μετρηθησεται L. | προστεθησεται M.
26. οὑτος MP. | ὡς εαν S. | βαλλει L. | + τον ante σπορον S. | σπειρον M.
27. init. – και M. | καθευδη SP. | εγειρηται s, εγειρετε M. | βλαστανει V. | μηκυνεται MV (μὴ κύνεται M.) | ὁς pro ὡς P. | αυτοις fin. M.
28. αυτοματει V.

τον χόρτον, εἶτα στάχυν, εἶτα πλήρη σῖτον ἐν τῷ στάχυϊ. 29. ὅταν δὲ παραδῷ ὁ καρπός, εὐθέως § ἐξαποστέλλει τὸ δρέπανον, ὅτι παρέστηκεν ὁ θερισμός.

30. Καὶ ἔλεγεν· § πῶς ὁμοιώσω τὴν βασιλείαν τοῦ θεοῦ; ἢ ἐν § τίνι παραβολῇ § αὐτὴν θῶμεν; 31. § παραβάλομεν αὐτὴν ὡς § κόκκον σινάπεως, ὃς ὅταν σπαρῇ ἐπὶ τῆς γῆς, μικρότερος πάντων τῶν σπερμάτων ἐστὶν τῶν ἐπὶ τῆς γῆς· 32. καὶ ὅταν σπαρῇ, ἀναβαίνει καὶ γίνεται πάντων τῶν λαχάνων μείζων, καὶ ποιεῖ κλάδους μεγάλους, ὥστε δύνασθαι ὑπὸ τὴν σκιὰν αὐτοῦ τὰ πετεινὰ τοῦ οὐρανοῦ κατασκηνοῦν.

33. Καὶ τοιαύταις παραβολαῖς πολλαῖς ἐλάλει αὐτοῖς τὸν λόγον, καθὼς § ἐδύναντο ἀκούειν· 34. χωρὶς δὲ παραβολῆς οὐκ ἐλάλει αὐτοῖς, κατ᾽ ἰδίαν δὲ τοῖς μαθηταῖς αὐτοῦ ἐπέλυεν πάντα.

35. Καὶ § ἔλεγεν αὐτοῖς ἐν ἐκείνῃ τῇ ἡμέρᾳ ὀψίας γενομένης· διέλθωμεν εἰς τὸ πέραν. 36. καὶ § ἀφίουσιν τὸν ὄχλον § καὶ παραλαμβάνουσιν αὐτὸν ὡς ἦν ἐν τῷ πλοίῳ, καὶ ἄλλα δὲ § πλοῖα ἦν μετ᾽ αὐτοῦ. 37. καὶ γίνεται § λέλαψ § μεγάλη ἀνέμου, § καὶ

χορτων P. | + και *post* χορτον L. | επειτα *pro* ειτα (*bis* ?) V. | σιτον P. | σταχει L.
29. αποστελλει SV. | παρεστικεν P.
30. ελεγε S. | + αυτοις *post* ελιγεν L. | τινι ὁμοιωσωμεν S. | ποια *pro* τινι SV. | παραβαλωμεν αυτην SV.
31. — παραβαλομεν αυτην SV. | κοκκω SV. | ὡς *pro* ὅς L. | μικροτερος *usq. fin. vers.* L. | μικροτερον P, *sed* P' = S.

| εστι SLV.
32. σπαρει MP. | — τα MP. | κατασκινουν P.
33. ηδυναντο SV.
34. παραβολαις M. | κατϊδιαν L. | επελυε S, επελυσε L, απελυε V. M.
35. ελεγε S.
36. αφιεντες S, αφιουσι L. | — και *sec.* S. | πλοιαρια SV.
37. λαιλαψ SV. | ανεμου μεγαλη SV.|

τὰ κύματα ἐπέβαλλεν εἰς τὸ πλοῖον, ὥστε αὐτὸ ἤδη γεμίζεσθαι. 38. καὶ ἦν αὐτὸς § ἐν τῇ πρύμνῃ ἐπὶ τὸ προσκεφάλαιον καθεύδων· καὶ § ἐγείραντες αὐτὸν † λέγουσιν αὐτῷ· διδάσκαλε, οὐ μέλει σοι ὅτι ἀπολλύμεθα; 39. καὶ.§ ἐγερθεὶς ἐπιτίμησεν τῷ ἀνέμῳ καὶ εἶπεν τῇ θαλάσσῃ· σιώπα, πεφίμωσο. καὶ ἐκόπασεν ὁ ἄνεμος, καὶ ἐγένετο γαλήνη μεγάλη. 40. καὶ εἶπεν αὐτοῖς· § τί οὕτως δειλοί ἐστε; οὔπω ἔχετε πίστιν; 41. καὶ ἐφοβήθησαν φόβον μέγαν, καὶ ἔλεγον πρὸς ἀλλήλους· τίς ἄρα οὗτός ἐστιν, ὅτι καὶ ὁ ἄνεμος καὶ ἡ θάλασσα § αὐτῷ ὑπακούει;

V.

1. Καὶ § ἦλθεν εἰς τὸ πέραν † εἰς τὴν χώραν τῶν Γαδαρηνῶν. 2. καὶ § ἐξελθόντος αὐτοῦ ἐκ τοῦ πλοίου, εὐθέως § ὑπήντησεν αὐτῷ ἐκ τῶν μνημείων ἄνθρωπος ἐν πνεύματι ἀκαθάρτῳ, 3. ὃς τὴν κατοίκησιν εἶχεν ἐν τοῖς § μνήμασιν καὶ οὔτε ἁλύσεσιν § οὐκέτι οὐδεὶς § ἐδύνατο αὐτὸν δῆσαι, 4. διὰ τὸ αὐτὸν πολλάκις § πέδες καὶ ἁλύσεσι δεδέσθαι καὶ διεσπᾶσθαι ὑπ' αὐτοῦ τὰς ἁλύσεις καὶ τὰς πέδας συντετρίφθαι, καὶ οὐδεὶς § ἴσχυεν

τα δε SM. | επεβαλεν V. | ἡ δε pro ηδη M. | γεμιζεσθε M.
38. επι S. | διεγειρουσιν S. | + και post αυτον S. | αυτο pro αυτω L. | μελλει L.
39. init. – και P. | διεγερθεις SM. | επετιμησε SL. | ειπε SL. | γαλυνη P.
40. δειλοι εστε ουτω (ουτως V.) SV. | ούτος M. | ξηλοι MP. | πως ουκ pro ουπω SV.
41. ούτως pro ούτος P. | ὑπακουουσιν αυτω SV.

V. 1. ηλθον S | + της θαλασσης post περαν SMV.
2. εξελθοντι αυτω S. | απηντησεν S, απητησεν V. | – ανθρωπος P.
3. μνημειοις S, I̯ᵩ = trt. | αλυσεσιν MP (sic semper in MP). | – ουκετι S. | ηδυνατο S. | δισαι M.
4. πεδαις SVP, παιδες L₁. | αλυσεσιν M. | απ' pro υπ' M. | παιδας pro πεδας M. | αυτον ισχυε S.

αὐτὸν δαμάσαι, 5. καὶ διαπαντὸς νυκτὸς καὶ ἡμέρας ἐν τοῖς §μνημείοις καὶ ἐν τοῖς ὄρεσιν ἦν §κραυγάζων καὶ κατακόπτων ἑαυτὸν λίθοις. 6. §καὶ ἰδὼν τὸν Ἰησοῦν ἀπὸ μακρόθεν, ἔδραμεν καὶ προσεκύνησεν αὐτῷ, 7. καὶ κράξας φωνῇ μεγάλῃ εἶπεν· τί ἐμοὶ καὶ σοί, Ἰησοῦ υἱὲ τοῦ θεοῦ τοῦ ὑψίστου; ὁρκίζω σε τὸν θεόν, μή με βασανίσῃς. 8. ἔλεγεν γὰρ αὐτῷ· ἔξελθε τὸ πνεῦμα τὸ ἀκάθαρτον ἐκ τοῦ ἀνθρώπου. 9. καὶ ἐπηρώτα αὐτόν· τί §ὄνομα σοι; καὶ §λέγει αὐτῷ· λεγεὼν ὄνομά μοι §ἐστιν, ὅτι πολλοί ἐσμεν. 10. καὶ παρεκάλει αὐτὸν πολλὰ ἵνα μὴ αὐτοὺς ἀποστείλῃ ἔξω τῆς χώρας. 11. ἦν δὲ ἐκεῖ §ἀγέλη χοίρων μεγάλη πρὸς τὸ ὄρει βοσκομένη· 12. καὶ § παρακαλέσαντες αὐτὸν †§εἶπον· πέμψον ἡμᾶς εἰς τοὺς χοίρους, ἵνα εἰς αὐτοὺς εἰσέλθωμεν. 13. καὶ ἐπέτρεψεν αὐτοῖς εὐθέως ὁ Ἰησοῦς. καὶ ἐξελθόντα τὰ πνεύματα τὰ ἀκάθαρτα εἰσῆλθον εἰς τοὺς χοίρους· καὶ ὥρμησεν ἡ ἀγέλη κατὰ τοῦ κρημνοῦ εἰς τὴν θάλασσαν· ἦσαν δὲ ὡς δισχίλιοι· καὶ ἐπνίγοντο ἐν τῇ θαλάσσῃ. 14. §καὶ οἱ βόσκοντες §αὐτοὺς ἔφυγον καὶ ἀνήγγειλαν εἰς τὴν πόλιν καὶ εἰς τοὺς ἀγρούς· καὶ ἐξῆλθον ἰδεῖν τί ἐστι τὸ

---

5. – και εν τοις ορεσιν V, ορεσι και εν τοις μνημασιν S. | κραζων S.
6. ιδων δε SV. | απομακροθεν L.P. | εδραμε SL.
7. ειπε SL.
8. ελεγε SLMV, sed v' = l.cl. | τω pro το prim. P.
9. σοι ονομα SV. | απεκριθη λεγων pro λεγει αυτω SV. | – εστιν S.
10. – μη LP.
11. προς τα ορη αγελη χοιρων μεγαλη S. | βοσκομενη μεγαλη προς το ορει M. | το sic LMPV.
12. παρεκαλεσαν (παρακαλεσαντες v) αυτον παντες οι δαιμονες λεγοντες SV.
13. επεστρεψεν P. | εθεως L. | χειρους P. | κρυμνου M.
14. οἱ δὲ S. | τους χοιρους S. | εστιν M.

γεγονός. 15. καὶ ἔρχονται πρὸς τὸν Ἰησοῦν, καὶ θεωροῦσιν τὸν δαιμονιζόμενον καθήμενον † ἱματισμένον καὶ σωφρονοῦντα, τὸν ἐσχηκότα τὸν λεγεῶνα, καὶ ἐφοβήθησαν. 16. καὶ διηγήσαντο αὐτοῖς οἱ ἰδόντες πῶς ἐγένετο τῷ δαιμονιζομένῳ καὶ περὶ τῶν χοίρων. 17. καὶ ἤρξαντο παρακαλεῖν αὐτὸν ἀπελθεῖν ἀπὸ τῶν ὁρίων αὐτῶν. 18. καὶ ἐμβάντος αὐτοῦ εἰς τὸ πλοῖον, παρεκάλει αὐτὸν ὁ δαιμονισθεὶς ἵνα § μετ' αὐτοῦ ᾖ. 19. § καὶ ὁ Ἰησοῦς οὐκ ἀφῆκεν αὐτόν, ἀλλὰ λέγει αὐτῷ· ὕπαγε εἰς τὸν οἶκόν σου πρὸς τοὺς σούς, καὶ § διάγγειλον αὐτοῖς ὅσα σοι. ὁ Κύριος § πεποίηκεν, καὶ ἠλέησέν σε. 20. καὶ ἀπῆλθεν, καὶ ἤρξατο κηρύσσειν ἐν τῇ Δεκαπόλει ὅσα ἐποίησεν αὐτῷ ὁ Ἰησοῦς, καὶ πάντες ἐθαύμαζον.
21. Καὶ διαπεράσαντος τοῦ Ἰησοῦ ἐν τῷ πλοίῳ πάλιν § ἦλθεν εἰς τὸ πέραν, συνήχθη ὄχλος πολὺς § πρὸς αὐτόν, καὶ ἦν παρὰ τὴν θάλασσαν. 22. καὶ ἰδοὺ ἔρχεται εἷς τῶν ἀρχισυναγώγων, ὀνόματι Ἰάειρος, καὶ ἰδὼν αὐτὸν § προσπίπτει πρὸς τοὺς πόδας αὐτοῦ, 23. καὶ παρεκάλει αὐτὸν πολλὰ λέγων· † τὸ θυγάτριόν μου ἐσχάτως ἔχει· ἵνα ἐλθὼν § ἐπιθεὶς § χεῖρα αὐτῇ § ἵνα σωθῇ καὶ § ζήσῃ. 24. καὶ ἀπῆλθεν μετ' αὐτοῦ, καὶ ἠκολούθει. αὐτῷ ὄχλος πολύς, καὶ συνέθλιβον αὐτόν. 25. καὶ γυνή τις οὖσα ἐν ῥύσει αἵματος § δώδεκα ἔτη, 26. καὶ πολλὰ παθοῦσα ὑπὸ πολ-

---

15. θεωρουσι SLV. | + και post καθημενον SV.
16. δαιμονιζωμενω MP.
18. εμβαινοντος V. | η μετ αυτου S.| ει pro η M.
19. ὁ δε S. | αναγγειλον S. | εποιησε S. | ηλεησε SL, ελεησεν M.
20. απηλθε SL. | ὁτι pro ὁσα M.

21. – ηλθεν SV. | επ' pro προς S.
22. αρχησυναγωγων L. | πιπτει S.
23. + οτι post λεγων SMV. | επιθης SL. | αυτη τας χειρας S. | οπως SV. | ζησεται S, ζησει M.
24. απηλθε SL., ὑπηγεν V. | ηκολουθη MP.
25. ετη δωδεκα S.

λῶν ἰατρῶν καὶ δαπανήσασα τὰ παρ' §αὐτῆς πάντα, καὶ μηδὲν ὠφεληθεῖσα ἀλλὰ μᾶλλον εἰς τὸ χεῖρον ἐλθοῦσα, 27. ἀκούσασα περὶ τοῦ Ἰησοῦ, ἐλθοῦσα § εἰς τὸν ὄχλον ὄπισθεν ἥψατο τοῦ ἱματίου αὐτοῦ· 28. ἔλεγε γάρ ὅτι κἂν τῶν ἱματίων αὐτοῦ ἅψωμαι, σωθήσομαι. 29. καὶ εὐθέως ἐξηράνθη ἡ πηγὴ τοῦ αἵματος αὐτῆς, καὶ ἔγνω τῷ σώματι ὅτι ἴαται ἀπὸ τῆς μάστιγος. 30. καὶ εὐθέως ὁ Ἰησοῦς ἐπιγνοὺς ἐν ἑαυτῷ τὴν ἐξ αὐτοῦ δύναμιν ἐξελθοῦσαν, ἐπιστραφεὶς ἐν τῷ ὄχλῳ ἔλεγεν· τίς μου ἥψατο τῶν ἱματίων; 31. καὶ ἔλεγον αὐτῷ οἱ μαθηταὶ αὐτοῦ· βλέπεις τὸν ὄχλον συνθλίβοντά σε, καὶ λέγεις· τίς μου ἥψατο; 32. καὶ περιεβλέπετο ἰδεῖν τὴν τοῦτο ποιήσασαν. 33. ἡ δὲ γυνὴ φοβηθεῖσα καὶ τρέμουσα, εἰδυῖα ὃ γέγονεν ἐπ' §αὐτήν, ἦλθεν καὶ προσέπεσεν αὐτῷ καὶ εἶπεν αὐτῷ § ἔμπροσθεν πάντων πᾶσαν τὴν §αἰτίαν αὐτῆς. 34. ὁ δὲ §Ἰησοῦς εἶπεν αὐτῇ· θύγατερ, ἡ πίστις σου σέσωκέν σε· ὕπαγε εἰς εἰρήνην, καὶ ἴσθι ὑγιὴς ἀπὸ τῆς μάστιγός σου. 35. ἔτι αὐτοῦ λαλοῦντος ἔρχονται ἀπὸ τοῦ ἀρχισυναγώγου λέγοντες ὅτι ἡ θυγάτηρ σου ἀπέθανεν, τί ἔτι § σκύλλης τὸν διδάσκαλον; 36. ὁ δὲ Ἰησοῦς εὐθέως ἀκούσας τὸν λόγον λαλούμενον λέγει τῷ ἀρχι-

---

26. ἑαυτης S. | απαντα V. | ωφεληθησα M, οφεληθεισα P.
27. εν τω οχλω S. | ιψατο P.
28. ελεγεν V. | + εν εαυτη *post* γαρ M. | αψομαι L., αψωμαι M. | σωθησωμαι L.
29. πληγη *pro* πηγη P. | ἴαται L.
30. αυτων *pro* αυτον P. | ελεγε S.
31. των *pro* του P.
33. φοβηθησα MP. | + δι' ὁ πεποιηκει λαθρα *post* τρεμουσα V. |

γεγωνεν P. | αυτη S. | ηλθε SL. | – και ειπεν αυτω M. | – εμπροσθεν παντων S. | αληθειαν *pro* αιτιαν αυτης SV.
34. – ιησους S. | αυτω *pro* αυτη M. | σεσωκε SL. | ισθη MV, ἦσθι P. | ὑγιεις P.
35. αρχησυναγωγου L.. | απεθανε SL.. | σκυλλεις SV.
36. ὁ δὲ ὁ ιησους V.

συναγώγῳ· μὴ φοβοῦ, μόνον πίστευε. 37. καὶ οὐκ ἀφῆκεν οὐδένα αὐτῷ συνακολουθῆσαι εἰ μὴ Πέτρον καὶ Ἰάκωβον καὶ Ἰωάννην τὸν ἀδελφὸν Ἰακώβου. 38. καὶ ἔρχεται εἰς τὸν οἶκον τοῦ ἀρχισυναγώγου, καὶ θεωρεῖ θόρυβον § καὶ κλαίοντας καὶ ἀλαλάζοντας πολλά, 39. καὶ εἰσελθὼν λέγει αὐτοῖς· τί θορυβεῖσθε καὶ κλαίετε; τὸ παιδίον οὐκ ἀπέθανεν ἀλλὰ καθεύδει. 40. καὶ κατεγέλων αὐτοῦ § εἰδότες ὅτι ἀπέθανεν. ὁ δὲ ἐκβαλὼν § πάντας ἔξω παραλαμβάνει τὸν πατέρα τοῦ παιδίου καὶ τὴν μητέρα καὶ τοὺς μετ᾽ αὐτοῦ, καὶ εἰσπορεύεται ὅπου ἦν τὸ παιδίον § κατακεκλιμένον. 41. καὶ κρατήσας τῆς χειρὸς τοῦ παιδίου λέγει αὐτῇ· § ταλειθὰ κουμεῖ, ὅ ἐστι μεθερμηνευόμενον· τὸ κοράσιον, σοὶ λέγω, § ἔγειρε. 42. καὶ εὐθέως ἀνέστη τὸ κοράσιον καὶ περιεπάτει· ἦν γὰρ ἐτῶν δώδεκα· καὶ ἐξέστησαν ἐκστάσει μεγάλῃ. 43. καὶ διεστείλατο αὐτοῖς πολλὰ ἵνα μηδεὶς γνῷ τοῦτο, καὶ εἶπε δοθῆναι αὐτῇ φαγεῖν.

VI.

1. Καὶ ἐξῆλθεν ἐκεῖθεν, καὶ ἦλθεν εἰς τὴν πατρίδα αὐτοῦ, καὶ ἀκολουθοῦσιν αὐτῷ οἱ μαθηταὶ αὐτοῦ. 2. καὶ γενομένου σαββάτου ἤρξατο ἐν τῇ συναγωγῇ διδάσκειν· καὶ § οἱ πολλοὶ § ἀκούσαντες ἐξεπλήσσοντο, λέγοντες· πόθεν § τοῦτο ταῦτα; καὶ τίς

---

37. αυτων pro αυτω P. | ακολουθησαι M, συνακολουσησαι Γ, παρακολουθησαι V. | + τον ante ιακωβου V.
38. – και S.
39. θορυβεισθαι M.
40. – ειδοτες οτι απεθανεν S. | + ιησους post ο δε V. | ἅπαντας S. | –εξω SLV. | ἑαυτοῦ pro μετ᾽ αυτου V. | ανακειμενον SV.

κατακεκλιμενον M.
41. ταλιθα κουμι (ταλιθᾶ V.) SV. | κουμη Γ. | εγειραι S (M hic evanuit).
42. περιεπατη M. | + ωσει ante ετων V. | μεγαλει L.
43. ειπεν V. | αυτω pro αυτη M.
VI. 1. – και ηλθεν P.
2. ηρξαντο M. | – οἱ SV. | ακουοντες S. | τουτω pro τουτο SV

ἡ σοφία ἡ δοθεῖσα αὐτῷ; † καὶ δυνάμεις τοιαῦται διὰ τῶν χειρῶν αὐτοῦ γίνονται; 3. οὐχ οὗτός ἐστιν ὁ §τοῦ τέκτονος ὁ υἱὸς καὶ τῆς Μαρίας, ἀδελφὸς δὲ Ἰακώβου καὶ §Ἰωσῆτος καὶ Ἰούδα καὶ Σίμωνος; καὶ οὐκ εἰσὶν αἱ ἀδελφαὶ αὐτοῦ ὧδε πρὸς ἡμᾶς; καὶ ἐσκανδαλίζοντο ἐν αὐτῷ. 4. ἔλεγεν δε † ὁ Ἰησοῦς· † οὐκ ἔστιν προφήτης ἄτιμος εἰ μὴ ἐν τῇ πατρίδι §ἑαυτοῦ καὶ ἐν τοῖς §συγγενεῦσιν καὶ ἐν τῇ οἰκίᾳ αὐτοῦ. 5. καὶ οὐκ §ἐδύνατο ἐκεῖ οὐδεμίαν δύναμιν ποιῆσαι, εἰ μὴ ὀλίγοις ἀρρώστοις ἐπιθεὶς τὰς χεῖρας ἐθεράπευσεν. 6. καὶ ἐθαύμαζεν διὰ τὴν ἀπιστίαν αὐτῶν.

Καὶ περιῆγεν §ὁ Ἰησοῦς §τὰς κύκλῳ κώμας διδάσκων· 7. καὶ προσκαλεῖται τοὺς δώδεκα, καὶ ἤρξατο αὐτοὺς ἀποστέλλειν δύο δύο, καὶ ἐδίδου αὐτοῖς ἐξουσίαν † πνευμάτων † ἀκαθάρτων. 8. καὶ παρήγγειλεν αὐτοῖς ἵνα μηδὲν §ἄρωσιν εἰς ὁδὸν εἰ μὴ ῥάβδον μόνον, μὴ πήραν, μὴ ἄρτον, μὴ εἰς τὴν ζώνην χαλκόν, 9. ἀλλ᾽ ὑποδεδεμένους σανδάλια, καὶ μὴ ἐνδύσησθε δύο χιτῶνας. 10. καὶ ἔλεγεν αὐτοῖς· ὅπου ἐὰν εἰσέλθητε εἰς οἰκίαν, ἐκεῖ μένετε ἕως ἂν ἐξέλθητε ἐκεῖθεν. 11. καὶ §ὃς ἂν τόπος μὴ δέξηται

δοθησα M. | † ὅτι post αυτω S, + ἵνα MV.
3. τεκτωνος L. | τεκτων ὁ υιος S, τεκτων ὁ υιος της V. | – ὁ sec. L. | – και prim. M. | – της L. | ιωση S.
4. ελεγε sl.. | + αυτοις post δε sv. | + ὅτι post ιησους s. | εστι slv*, sed v = txt. | εαυτου πατριδι L. | αυτου pro εαυτου s. | συγγενεσι s, συγγενευσι L..
5. ἠδυνατο sl.. | ουδὲ μίαν lm. | ποιησαι δυναμιν v | ἐθεραπευσε s |

fin. + αυτους V.
6. εθαυμαζε slv' (εθαυμαζεν v, sed δ (τοῦ δια) a prima manu loco literulae v exarata est. Hoffm.) | περιηγε s. | – ιησους s. | τας κωμας κυκλω s.
7. προσκαλειτε P, προσκαλει | Και M. | + των ante πνευματων s. | + των ante ακαθαρτων s.
8. παρηγγειλεν M. | αιρωσιν sv, ἀρωσιν LP.
9. ενδησεσθε M, ενδυσασθαι v.
11. ὅσοι αν μη δεξωνται s. | ἡμας

ὑμᾶς μηδὲ ἀκούσωσιν ὑμῶν, ἐκπορευόμενοι ἐκεῖθεν ἐκτινάξατε τὸν χοῦν τὸν ὑποκάτω τῶν ποδῶν ὑμῶν εἰς μαρτύριον αὐτοῖς. ἀμὴν λέγω ὑμῖν, ἀνεκτότερον ἔσται Σοδόμοις ἢ Γομόρροις ἐν ἡμέρᾳ κρίσεως ἢ τῇ πόλει ἐκείνῃ. 12. καὶ ἐξελθόντες ἐκήρυσσον ἵνα μετανοήσωσιν, 13. καὶ δαιμόνια πολλὰ § ἐξέβαλον καὶ ἤλειφον ἐλαίῳ πολλοὺς ἀρρώστους καὶ ἐθεράπευον § αὐτούς.
14. Καὶ ἤκουσεν ὁ βασιλεὺς Ἡρώδης § τὴν ἀκοὴν Ἰησοῦ, φανερὸν γὰρ ἐγένετο τὸ ὄνομα αὐτοῦ, καὶ ἔλεγεν ὅτι Ἰωάννης ὁ § βαπτιστὴς ἐκ νεκρῶν ἠγέρθη, καὶ διὰ τοῦτο ἐνεργοῦσιν αἱ δυνάμεις ἐν αὐτῷ. 15. ἄλλοι § δὲ ἔλεγον ὅτι Ἡλίας ἐστίν· ἄλλοι δὲ ἔλεγον ὅτι προφήτης ἐστὶν † ὡς εἷς τῶν προφητῶν. 16. ἀκούσας δὲ † Ἡρώδης εἶπεν ὅτι ὃν ἐγὼ ἀπεκεφάλισα Ἰωάννην, οὗτός ἐστιν· †§ ἐκ νεκρῶν ἠγέρθη.
17. Αὐτὸς γὰρ † Ἡρώδης ἀποστείλας ἐκράτησε τὸν Ἰωάννην καὶ ἔδησεν αὐτὸν § καὶ ἔβαλεν εἰς φυλακὴν διὰ Ἡρωδιάδα τὴν γυναῖκα Φιλίππου τοῦ ἀδελφοῦ αὐτοῦ, ὅτι αὐτὴν ἐγάμησεν· 18. ἔλεγε γὰρ ὁ Ἰωάννης· τῷ Ἡρώδῃ ὅτι οὐκ ἔξεστί σοι ἔχειν τὴν

---

pro υμας P. | μῄδέ LM. | εκτειναξατε MV. | χοβῦ pro χουν P. | των pro τον sec. M.
12. + οἱ μαθηται ante εκηρυσσον M. | εκηρυσσων P. | μετανοησωσι SP.
13. εξεβαλλον SLMV′, sed v = txt. | ηλιφεν M, ηλιφον P. | αρρωστοις? M₁, M₂ = txt. | - αυτους s.
14. - την ακοην ιησου SV, sed v′ = txt. | βαπτιζων SV. | διαι οὗτο L. | δια το V, sed v′ marg.

= txt. | αἱ δυναμεις ενεργουσιν P. | - αι V.
15. - δε S. | αλλη pro αλλοι sec. M. | + η ante ὡς S.
16. + ὁ post δε SLV. | - ὅτι post ειπεν V. | απεκεφαλησα M. | - εστιν L. | + αυτος ante εκ SV. | ηγερθη εκ νεκρων S.
17. + ὁ post γαρ S. | εκρατηση M, εκρατησεν V. | εν τη φυλακη pro και εβαλεν εις φυλακην S.
18. ελεγεν V. | εξεστιν V.

γυναῖκα τοῦ ἀδελφοῦ σου. 19. ἡ δὲ Ἡρωδιὰς ἐνεῖχεν αὐτῷ καὶ ἤθελεν αὐτὸν ἀποκτεῖναι, καὶ οὐκ ἠδύνατο· 20. ὁ γὰρ Ἡρώδης ἐφοβεῖτο τὸν Ἰωάννην, εἰδὼς αὐτὸν ἄνδρα δίκαιον καὶ ἅγιον, καὶ συνετήρει αὐτόν· καὶ ἀκούσας αὐτοῦ πολλὰ § ἅ ἐποίει, καὶ ἡδέως αὐτοῦ ἤκουεν. 21. καὶ γενομένης ἡμέρας εὐκαίρου ὅτε Ἡρώδης τοῖς γενεσίοις αὐτοῦ δεῖπνον § ἐποίησεν τοῖς μεγιστᾶσιν αὐτοῦ καὶ τοῖς χιλιάρχοις καὶ τοῖς πρώτοις τῆς Γαλιλαίας, 22. καὶ εἰσελθούσης τῆς θυγατρὸς αὐτῆς τῆς Ἡρωδιάδος καὶ ὀρχησαμένης καὶ ἀρεσάσης τῷ Ἡρώδῃ καὶ τοῖς συνανακειμένοις, εἶπεν ὁ βασιλεὺς τῷ κυρασίῳ· αἴτησόν με ὃ ἐὰν θέλῃς, καὶ δώσω σοι· 23. καὶ ὤμοσεν αὐτῇ ὅτι ὃ ἐάν † αἰτήσῃς δώσω σοι ἕως ἡμίσους τῆς βασιλείας μου. 24. ἡ δὲ ἐξελθοῦσα εἶπεν τῇ μητρὶ αὐτῆς· τί αἰτήσομαι; ἡ δὲ εἶπεν· τὴν κεφαλὴν Ἰωάννου τοῦ βαπτιστοῦ. 25. καὶ εἰσελθοῦσα εὐθέως μετὰ σπουδῆς πρὸς τὸν βασιλέα ᾐτήσατο λέγουσα· θέλω ἵνα μοι δῷς ἐξ αὐτῆς ἐπὶ πίνακι τὴν κεφαλὴν Ἰωάννου τοῦ βαπτιστοῦ. 26. καὶ περίλυπος γενόμενος ὁ βασιλεὺς διὰ τοὺς ὅρκους καὶ τοὺς συνανακειμένους οὐκ ἠθέλησεν αὐτὴν ἀθετῆσαι. 27. καὶ εὐθέως ἀποστείλας ὁ βασιλεὺς § σπεκουλάτορα ἐπέταξεν ἐνεχθῆναι τὴν κεφαλὴν αὐτοῦ. 28. ὁ δὲ ἀπελθὼν ἀπεκεφάλισεν αὐτὸν

---

19. ειδυνατο P.
20. εφοβειτω MV. | - ά S. | ηκουε S, ηκουσεν L.
21. εποιει S, εποιησε MP. | μεγειστασιν V, μεγίστάσιν MP. | της pro τοις quart. P.
22. συνανακειμενης M. | αν pro εαν L.
23. ωμωσεν P. | - ὁ V. | αν pro εαν L. | + με post εαν SV.
24. ειπε SLP. | αιτησωμαι MV, sed V*

= Lvt., αιτισομαι P. | ει pro ή sec. P. | ειπε S.
25. ητοισατο M. | μη pro μοι P. | εξ αυτης L, ἐξαύτης MP.
26. περυλιπος P, | + ὁ ηρωδης post γενομενος M. | - αυτην L. | αυταθετησαι L.
27. σπεκουλατωρα S. | αχθηναι seu ἐχθηναι L.
28. και pro ὁ δὲ V. | απεκεφαλησεν M.

ἐν τῇ φυλακῇ, καὶ ἤνεγκε τὴν κεφαλὴν αὐτοῦ ἐπὶ πίνακι καὶ ἔδωκεν αὐτὴν τῷ κορασίῳ, καὶ τὸ κοράσιον ἔδωκεν αὐτὴν τῇ μητρὶ αὐτῆς. 29. καὶ ἀκούσαντες οἱ μαθηταὶ αὐτοῦ ἦλθον καὶ ἦραν τὸ πτῶμα αὐτοῦ, καὶ ἔθηκαν αὐτὸ ἐν † μνημείῳ. 30. Καὶ συνάγονται οἱ ἀπόστολοι πρὸς τὸν Ἰησοῦν, καὶ ἀπήγγειλαν αὐτῷ πάντα, καὶ ὅσα ἐποίησαν καὶ ὅσα ἐδίδαξαν. 31. καὶ εἶπεν αὐτοῖς § ὁ Ἰησοῦς· δεῦτε ὑμεῖς αὐτοὶ κατ' ἰδίαν εἰς ἔρημον τόπον, καὶ § ἀναπαύσασθε ὀλίγον. ἦσαν γὰρ οἱ ἐρχόμενοι καὶ οἱ ὑπάγοντες πολλοί, καὶ οὐδὲ φαγεῖν § εὐκαίρουν. 32. καὶ § ἀπῆλθεν ἐν τῷ πλοίῳ εἰς ἔρημον τόπον κατ' ἰδίαν. 33. καὶ § ἴδον αὐτοὺς ὑπάγοντας οἱ ὄχλοι καὶ ἐπέγνωσαν αὐτόν,† καὶ πεζῇ ἀπὸ πασῶν τῶν πόλεων συνέδραμον ἐκεῖ καὶ § προσῆλθεν αὐτοὺς καὶ § συνεισῆλθον πρὸς αὐτόν.
34. Καὶ ἐξελθὼν § ἴδεν † πολὺν ὄχλον, καὶ ἐσπλαγχνίσθη ἐπ' αὐτοῖς, ὅτι ἦσαν ὡς πρόβατα μὴ ἔχοντα ποιμένα, καὶ ἤρξατο διδάσκειν αὐτοὺς πολλά. 35. καὶ ἤδη ὥρας πολλῆς γενομένης προσελθόντες αὐτῷ οἱ μαθηταὶ § αὐτῷ λέγουσιν ὅτι ἔρημός ἐστιν ὁ τόπος, καὶ ἤδη ὥρα πολλή· 36. ἀπόλυσον αὐτοὺς ἵνα ἀπελθόν-

---

28. τω *pro* το P.
29. ηλθεν M. | ηραν I.P. | αυτω L, αυτον M, *pro* αυτο. | + τω ante μνημειω SL.
30. επειησαν M.
31. – ὁ ιησους S. | κατιδιαν L, κατ' οιδιαν P. | αναπαυεσθε SV. | – οἱ *sec*. P. | ουδεν P. | ηυκαιρουν S.
32. απηλθον εις ερημον τοπον τω πλοιω S. | κατιδιαν L, κατ' οιδιαν P.
33. ιδον SV, ιδων MP. | + πολλοι *post* αυτον SV. | πεζει M. | προηλθον SV, προσηλθον L. | αυτω *pro* αυτους *sec*. L. | συνηηλθον SV. | – και συνηλθον προς αυτον P. | αυτους *pro* αυτον *sec*. MV.
34. ειδεν S. | + ὁ ιησους *post* ειδεν S. | ευσπλαγχνισθη MP. | ἠσαν MP.
35. πολλοις M. | + αυτον *post* μαθηται SV. | – αυτω S.
36. ἑαυτους *pro* ἑαυτοις L.

τες εἰς τοὺς κύκλῳ ἀγροὺς καὶ κώμας ἀγοράσωσιν ἑαυτοῖς ἄρτους· τί γὰρ φάγωσιν οὐκ ἔχουσιν. 37. ὁ δὲ ἀποκριθεὶς εἶπεν αὐτοῖς· δότε αὐτοῖς ὑμεῖς φαγεῖν. καὶ λέγουσιν αὐτῷ· ἀπελθόντες ἀγοράσωμεν § δηναρίων διακοσίων ἄρτους, καὶ § δώσωμεν αὐτοῖς φαγεῖν § ἵνα ἕκαστος βραχὺ λάβῃ; 38. ὁ δὲ λέγει αὐτοῖς· πόσους ἄρτους ἔχετε; ὑπάγετε καὶ ἴδετε. καὶ γνόντες § λέγουσιν αὐτῷ· πέντε, καὶ δύο ἰχθύας. 39. καὶ ἐπέταξεν αὐτοῖς § ἀνακλιθῆναι πάντας συμπόσια συμπόσια ἐπὶ τῷ § χλορῷ χόρτῳ. 40. καὶ ἀνέπεσον πρασιαὶ πρασιαί, ἀνὰ ἑκατὸν καὶ ἀνὰ πεντήκοντα. 41. καὶ λαβὼν τοὺς πέντε ἄρτους καὶ τοὺς δύο ἰχθύας ἀναβλέψας εἰς τὸν οὐρανόν εὐλόγησεν, καὶ κατέκλασεν τοὺς ἄρτους καὶ ἐδίδου τοῖς μαθηταῖς αὐτοῦ ἵνα παραθῶσιν αὐτοῖς, καὶ τοὺς δύο ἰχθύας ἐμέρισεν πᾶσιν. 42. καὶ ἔφαγον πάντες καὶ ἐχορτάσθησαν· 43. καὶ ἦραν κλασμάτων δώδεκα § κοφίνων πληρώματα, καὶ ἀπὸ τῶν ἰχθύων. 44. καὶ ἦσαν οἱ φαγόντες τοὺς ἄρτους † πεντακισχίλιοι ἄνδρες.

45. Καὶ εὐθέως ἠνάγκασεν § ὁ Ἰησοῦς τοὺς μαθητὰς αὐτοῦ ἐμβῆναι εἰς τὸ πλοῖον καὶ προάγειν § αὐτὸν εἰς τὸ πέραν πρὸς Βηθσαϊδάν, ἕως αὐτὸς § ἀπολύσει τὸν ὄχλον. 46. καὶ ἀποταξά-

---

37. διακοσιων δηναριων s. | δωμεν s. | αυτοις bis post δωσωμεν L. | – ινα εκαστος βραχυ λαβη s. | λεγουσι s. | –αυτω s.
38. + υμεις post εχετε V. | γνωντες MP. | λεγουσι s. | – αυτω s.
39. ανακλιναι sv, ανακλιθηναι L. – συμποσια prim. L₁? marg. χλωρω sv.
40. εν επεσον M.
41. + και ante αναβλεψας P. | ευλο-

γησε s. | κατεκλασε slv. | αυτους pro τους tert. P | – και quart. P. | εμερισε slv. | πασι sv.
43. ηραν LP. | κοφινους πληρεις s. | – δυο s.
44. + ωσει post αρτους s.
45. ηναγκασε slv. | – ὁ ιησους slv. | ενβηναι P. | – αυτον s. | αυτον pro αυτος M. | απολυση sm. | τους οχλους L.

μενος αὐτοῖς ἀπῆλθεν εἰς τὸ ὄρος προσεύξασθαι. 47. καὶ ὀψίας γενομένης ἦν τὸ πλοῖον ἐν μέσῳ τῆς θαλάσσης, καὶ αὐτὸς μόνος ἐπὶ τῆς γῆς. 48. καὶ §ἴδεν αὐτοὺς βασανιζομένους ἐν τῷ ἐλαύνειν, ἦν γὰρ ὁ ἄνεμος ἐναντίος αὐτοῖς §σφόδρα· καὶ περὶ τετάρτην φυλακὴν τῆς νυκτὸς ἔρχεται πρὸς αὐτοὺς περιπατῶν ἐπὶ τῆς θαλάσσης. καὶ ἤθελεν παρελθεῖν αὐτούς· 49. οἱ δὲ ἰδόντες αὐτὸν περιπατοῦντα ἐπὶ τῆς θαλάσσης ἔδοξαν φάντασμα εἶναι, καὶ ἀνέκραξαν· 50. πάντες γὰρ αὐτὸν §ἴδον, καὶ ἐταράχθησαν. καὶ εὐθέως ἐλάλησεν μετ' αὐτῶν, καὶ λέγει αὐτοῖς· θαρσεῖτε, ἐγώ εἰμι, μὴ φοβεῖσθε. 51. καὶ ἀνέβη πρὸς αὐτοὺς εἰς τὸ πλοῖον, καὶ ἐκόπασεν ὁ ἄνεμος· καὶ λίαν ἐκ περισσοῦ ἐν ἑαυτοῖς ἐξίσταντο καὶ ἐθαύμαζον. 52. οὐ γὰρ συνῆκαν ἐπὶ τοῖς ἄρτοις, ἦν γὰρ §αὐτῶν ἡ καρδία πεπωρωμένη.

53. Καὶ διαπεράσαντες ἦλθον ἐπὶ τὴν γῆν §Γεννησαρὲθ καὶ §προσορμίσθησαν. 54. καὶ ἐξελθόντων αὐτῶν ἐκ τοῦ πλοίου §εὐθὺς ἐπιγνόντες αὐτὸν §οἱ ἄνδρες τοῦ τόπου 55. §περιέδραμον εἰς ὅλην τὴν περίχωρον ἐκείνην §καὶ ἤρξαντο ἐπὶ †§κραβάττοις τοὺς κακῶς ἔχοντας περιφέρειν, ὅπου

---

48. ειδεν SV. | - σφοδρα S. | ηθελε SL.
49. ιδε *pro* οι δε P. | οἰδοντες L. | αυτους *pro* αυτον MP..
50. ειδον SLV. | ελαλησε SLV. | θαρσειται P.
52. ἡ καρδια αυτων SL.
53. ηλθεν ? M. | -την LM, -γην P, *sed* P' = S. | γενησαριτ S, γενησαριτ V, γενησαριθ L. | προσωρμισθησαν SL, προσορμησθησαν M, προσωρμηθησαν V.
51. ελθοντες *pro* εξελθοντων P. | ευθεως SV. | επιγνωντες P. | - οἱ ανδρες του τοπου S.
55. περιεδραμοντες S. | - εις S. | - και S. | + τοις *post* επι SV. | κραββατοις S, κριβαντοις P, κραβατοις V*, *sed* V = *cet.* | εστι SLV.

ἤκουον ὅτι ἐκεῖ ἐστιν. 56. καὶ ὅπου ἂν εἰσεπορεύετο εἰς κώμας ἢ πόλεις ἢ ἀγρούς, ἐν ταῖς ἀγοραῖς ἐτίθουν τοὺς ἀσθενοῦντας, καὶ παρεκάλουν αὐτὸν ἵνα κἂν τοῦ κρασπέδου τοῦ ἱματίου αὐτοῦ ἅψωνται· καὶ ὅσοι ἂν § ἥψαντο αὐτοῦ, § διεσώζοντο.

VII.

1. Καὶ συνάγονται πρὸς αὐτὸν οἱ Φαρισαῖοι καί τινες τῶν γραμματέων ἐλθόντες ἀπὸ Ἱεροσολύμων. 2. καὶ ἰδόντες τινὰς τῶν μαθητῶν αὐτοῦ κοιναῖς χερσίν, τοῦτ' ἔστιν ἀνίπτοις, ἐσθίοντας § τοὺς ἄρτους ἐμέμψαντο· 3. οἱ γὰρ Φαρισαῖοι καὶ πάντες οἱ Ἰουδαῖοι ἐὰν μὴ πυγμῇ νίψωνται τὰς χεῖρας οὐκ ἐσθίουσιν, κρατοῦντες τὴν § παράδωσιν τῶν πρεσβυτέρων, 4. καὶ ἀπὸ ἀγορᾶς ἐὰν μὴ βαπτίσωνται οὐκ ἐσθίουσιν, καὶ ἄλλα πολλά ἐστιν ἃ παρέλαβον κρατεῖν, βαπτισμοὺς ποτηρίων καὶ ξεστῶν καὶ χαλκίων καὶ κλινῶν· 5. ἔπειτα ἐπερωτῶσιν αὐτὸν οἱ Φαρισαῖοι καὶ οἱ γραμματεῖς § λέγοντες· διατί οἱ μαθηταί σου οὐ περιπατοῦσιν κατὰ τὴν § παράδωσιν τῶν πρεσβυτέρων, ἀλλὰ § κοιναῖς χερσὶν ἀνίπτοις ἐσθίουσιν τὸν ἄρτον; 6. ὁ δὲ ἀποκριθεὶς εἶπεν αὐτοῖς ὅτι καλῶς § ἐπροφήτευσεν Ἡσαΐας περὶ ὑμῶν τῶν ὑποκριτῶν, ὡς γέγραπται· οὗτος ὁ λαὸς τοῖς χείλεσίν με τιμᾷ, ἡ δὲ καρδία αὐτῶν

---

56. ἁψονται M, ἁψωνται P. | ἥπτοντο S, ἥψαντο MP. | εσωζοντο S.
VII. 1. ἱεροσωλυμων P.
2. ιδωντες P. | χερσι SV. | τουτέστι L. | ανυπτοις P. | - τους S.
3. + οἱ post φαρισαιοι P. | νιψονται MP. | εσθιουσι S. | παραδοσιν SL.
4. βαπτησονται P, βαπτισονται MV, sed V'- s. | εσθιουσι S. | ξεσ-

των P. | χαλκιων LP.
5. ερωτωσιν V. | - αυτον L. | γραμμεις P. | - λεγοντες S. | περιπατουσι SV. | παραδοσιν SL. | ανιπτοις χερσιν (- κοιναις) S. | εσθιουσι S. | τον αρτον εσθιουσιν V. | των pro τον M.
6. προεφητευσεν SL. | ούτως P. | χειλεσι SL. | μετα απ' αυτου L.

πόρρω ἀπέχει ἀπ' ἐμοῦ· 7. μάτην δὲ σέβονταί με διδάσκοντες διδασκαλίας ἐντάλματα ἀνθρώπων. 8. ἀφέντες γὰρ τὴν ἐντολὴν τοῦ θεοῦ κρατεῖτε τὴν §παράδωσιν τῶν ἀνθρώπων, βαπτισμοὺς ξεστῶν καὶ ποτηρίων, καὶ ἄλλα παρόμοια τοιαῦτα πολλὰ ποιεῖτε. 9. καὶ ἔλεγεν αὐτοῖς· καλῶς ἀθετεῖτε τὴν ἐντολὴν τοῦ θεοῦ, ἵνα τὴν §παράδωσιν ὑμῶν τηρήσητε. 10. § Μωϋσης γὰρ εἶπεν· τίμα τὸν πατέρα σου καὶ τὴν μητέρα, † καὶ· ὁ κακολογῶν πατέρα ἢ μητέρα θανάτῳ τελευτάτω. 11. ὑμεῖς δὲ λέγετε· ἐὰν εἴπῃ ἄνθρωπος τῷ πατρὶ ἢ τῇ μητρί· κορβᾶν, ὅ ἐστιν δῶρον, † ἐὰν ἐξ ἐμοῦ ὠφεληθῇς· 12. † οὐκέτι ἀφίετε αὐτὸν οὐδὲν ποιῆσαι τῷ πατρὶ † ἢ τῇ μητρὶ †, 13. ἀκυροῦντες τὸν λόγον τοῦ θεοῦ τῇ §παραδώσει ὑμῶν ᾗ παρεδώκατε. καὶ παρόμοια §πολλὰ τοιαῦτα ποιεῖτε. 14. καὶ προσκαλεσάμενος πάντα τὸν ὄχλον ἔλεγεν αὐτοῖς· ἀκούετέ μου πάντες καὶ συνίετε. 15. οὐδέν ἐστιν ἔξωθεν τοῦ ἀνθρώπου εἰσπορευόμενον εἰς αὐτὸν ὃ δύναται αὐτὸν κοινῶσαι· ἀλλὰ τὰ ἐκπορευόμενα ἀπ' αὐτοῦ, ἐκεῖνά ἐστι τὰ κοινοῦντα τὸν ἄνθρωπον. 16. εἴτις ἔχει ὦτα ἀκούειν, ἀκουέτω. 17. καὶ ὅτε εἰσῆλθεν εἰς οἶκον ἀπὸ τοῦ ὄχλου, ἐπηρώτων αὐτὸν οἱ μαθηταὶ αὐτοῦ περὶ τῆς παραβολῆς. 18. καὶ λέγει αὐτοῖς· § οὕτως καὶ ὑμεῖς ἀσύνετοί

---

7. σεβοντες P. | διδασκαλειας V. | + και *ante* ενταλματα L₂.
8. - γαρ V. | παραδοσιν SLV. | παρ' ὁμοια L. | ποιειται L₁.
9. παραδυσιν SLV.
10. μωσης SV. | ειπε S. | + σου *post* μητερα SMV.
11. εστι SLV. | + ὁ *post* δωρον SV. | ὠφελήθῃς PV.
12. *init.* + και SV. | οὐκ ἔτι M. | + αυτου *post* πατρι SV. | + αυτου *post* μητρι SV.
13. παραδοσει SV. | τοιαυτα πολλα S.
14. συνιεται P.
15. εξωθεν M. | δυνατε M. | εστιν *acc.* M.
17. αυτων *pro* αυτον P.
18. ούτω S.

ΚΑΤΑ ΜΑΡΚΟΝ.

ἐστε ; οὐ νοεῖτε ὅτι πᾶν τὸ ἔξωθεν εἰσπορευόμενον εἰς τὸν ἄνθρωπον οὐ δύναται αὐτὸν κοινῶσαι ; 19. ὅτι οὐκ εἰσπορεύεται αὐτοῦ εἰς τὴν καρδίαν § ἀλλὰ εἰς τὴν κοιλίαν, καὶ εἰς τὸν ἀφεδρῶνα ἐκπορεύεται, § καθαρίζων πάντα τὰ βρώματα ; 20. ἔλεγεν δὲ ὅτι τὸ ἐκ τοῦ ἀνθρώπου ἐκπορευόμενον, ἐκεῖνο κοινοῖ τὸν ἄνθρωπον. 21. ἔσωθεν γὰρ ἐκ τῆς καρδίας τῶν ἀνθρώπων οἱ διαλογισμοὶ οἱ κακοὶ ἐκπορεύονται, §μοιχεῖαι, §πορνεῖαι, φόνοι, κλοπαί, 22. πλεονεξίαι, πονηρίαι, δόλος, § ἀσέλγεια, ὀφθαλμὸς πονηρός, βλασφημία, ὑπερηφανία, ἀφροσύνη. 23. πάντα ταῦτα τὰ πονηρὰ ἔσωθεν ἐκπορεύεται, καὶ κοινοῖ τὸν ἄνθρωπον.

24. Καὶ ἐκεῖθεν ἀναστὰς ἀπῆλθεν εἰς τὰ § ὅρια Τύρου καὶ Σιδῶνος. καὶ εἰσελθὼν εἰς † οἰκίαν, οὐδένα § ἠθέλησεν γνῶναι, καὶ οὐκ ἠδυνήθη λαθεῖν· 25. ἀκούσασα γὰρ § ἡ γυνὴ περὶ αὐτοῦ, ἧς εἶχεν τὸ θυγάτριον † § ἐν πνεύματι ἀκαθάρτῳ, ἐλθοῦσα προσέπεσεν § αὐτῷ· 26. ἦν δὲ ἡ γυνὴ Ἑλληνίς, § Σύρα Φοινίκισσα τῷ γένει· καὶ ἠρώτα αὐτὸν ἵνα τὸ δαιμόνιον § τῆς θυγατρὸς αὐτῆς ἐκβάλῃ. 27. ὁ δὲ Ἰησοῦς εἶπεν αὐτῇ· ἄφες πρῶτον χορτασθῆναι τὰ τέκνα· οὐ γὰρ καλόν ἐστιν λαβεῖν τὸν

19. εισπορευετε Γ. | ἀλλ᾽ s. | εκπορευετε P. | καθαριζον s.
20. ελεγε SL. | κινει L, κοινοὶ MP. | των ανθρωπων M.
21. μοιχειαι SLV. | πορνειαι SV. | κλοπαι φονοι V.
22. ασελγεια S, ασελγιαι LM. | βλασφιμιαι, υπεριφανια M.
23. ταυτα παντα P. | – τα P. | κινει L, κοινει M. | των P.
24. μεθορια SV. | τυρους V. | + την ante οικιαν s. | ηθελε s. ηθελησε LV. | ηδυ pro ηδυνηθη P.
25. – ἡ SV. | ειχε SLV. | + αυτης post θυγατριον SV. | πνευμα ακαθαρτον SV. | προσεπεσε προς τους ποδας αυτου SV.
26. συροφοινισσα S. | ηρωτα MP. | εκβαλλη (εκβαλη V) εκ της θυγατρος αυτης SV. | εκβαλλη L.
27. εστι καλον V. | εστιν s.

ἄρτον τῶν τέκνων καὶ βαλεῖν τοῖς κυναρίοις. 28. ἡ δὲ ἀπεκρίθη §λέγουσα· † κύριε, καὶ † τὰ κυνάρια §ὑπὸ κάτω τῆς τραπέζης ἐσθίουσιν ἀπὸ τῶν ψιχίων τῶν παιδίων. 29. καὶ εἶπεν αὐτῇ· διὰ τοῦτον τὸν λόγον ὕπαγε, ἐξελήλυθεν τὸ δαιμόνιον ἐκ τῆς θυγατρός σου. 30. καὶ ἀπελθοῦσα εἰς τὸν οἶκον αὐτῆς εὗρεν τὸ δαιμόνιον ἐξεληλυθός, καὶ τὴν θυγατέρα βεβλημένην ἐπὶ τῆς κλίνης. 31. Καὶ πάλιν ἐξελθὼν §ὁ Ἰησοῦς ἐκ τῶν ὁρίων Τύρου καὶ Σιδῶνος ἦλθεν §εἰς τὴν θάλασσαν τῆς Γαλιλαίας §ἀναμέσον τῶν ὁρίων Δεκαπόλεως. 32. καὶ φέρουσιν αὐτῷ κωφὸν §μογγιλάλον, καὶ παρακαλοῦσιν αὐτὸν ἵνα ἐπιθῇ αὐτῷ τὴν χεῖρα. 33. καὶ ἀπολαβόμενος αὐτὸν ἀπὸ τοῦ ὄχλου κατ' ἰδίαν §ἐπέβαλε τοὺς δακτύλους αὐτοῦ §πτύσας εἰς τὰ ὦτα αὐτοῦ καὶ ἥψατο τῆς γλώσσης αὐτοῦ, 34. καὶ ἀναβλέψας εἰς τὸν οὐρανὸν §ἀνεστέναξεν, καὶ λέγει αὐτῷ· ἐφφαθά, ὅ ἐστι διανοίχθητι. 35. καὶ εὐθέως διηνοίχθησαν αὐτοῦ αἱ ἀκοαί, καὶ ἐλύθη ὁ δεσμὸς τῆς γλώσσης αὐτοῦ, καὶ ἐλάλει ὀρθῶς. 36. καὶ διεστείλατο αὐτοῖς §αὐτὸς ἵνα μηδενὶ εἴπωσιν· ὅσον δὲ αὐτὸς αὐτοῖς διεστέλλετο, μᾶλλον περισσότερον ἐκήρυσσον. 37. καὶ ὑπερπερισσῶς ἐξε-

---

28. απεκρυθη P. | και λεγει αυτω *pro* λεγουσα SMV. | +ναι *ante* κυριε SMV. | +γαρ *post* και SMV. | υποκατω S. | εσθιει SV. | ψυχιων M.
29. διατοῦτυν L. | εξεληλυθε SLV.
30. εὕρε SLV. | εξεληλυθων M, εξεληλυθως P. | θυγατεραν M. | κληνης P.
31. – ὁ ιησους SP. | ὁριων *prim.* L. | σινδωνος L. | ηλθε προς S. | ἀναμέσον L., ἀνὰ μέσον S. |
ὁριων *sec.* S. (v?).
32. κοφον P. | μογιλαλον SV.
33. κατιδιαν L. | εβαλε S. | εις τα ωτα αυτου και πτυσας S. | πτυσας *post* γλ. αυτου *pon.* V.
34. εστεναξε S, ανεστεναξε LV. | εστιν P.
35. διηνοιγησαν αυτω V. | αιλυθη P.
36. αυτος αυτοις V, –αυτος SL. | ειποσιν M.
37. ὑπερ' περισως L. | εξεπληττοντο

πλήσσοντο, λέγοντες· καλῶς πάντα πεποίηκεν· καὶ τοὺς κωφοὺς ποιεῖ ἀκούειν, καὶ τοὺς ἀλάλους λαλεῖν.

VIII.

˜1. Ἐν ἐκείναις ταῖς ἡμέραις § πάλιν πόλλου ὄχλου ὄντος καὶ μὴ ἐχόντων τί φάγωσιν, προσκαλεσάμενος ὁ Ἰησοῦς τοὺς μαθητὰς αὐτοῦ λέγει αὐτοῖς· 2. σπλαγχνίζομαι ἐπὶ τὸν ὄχλον, ὅτι ἤδη ἡμέρας τρεῖς προσμένουσίν μοι καὶ οὐκ ἔχουσι τί φάγωσιν· 3. καὶ ἐὰν ἀπολύσω αὐτοὺς νήστεις εἰς § τὸν οἶκον αὐτῶν, ἐκλυθήσονται ἐν τῇ ὁδῷ· τινὲς γὰρ αὐτῶν § ἀπομακρόθεν ἥκασιν. 4. καὶ ἀπεκρίθησαν αὐτῷ οἱ μαθηταὶ αὐτοῦ· πόθεν τούτους § δυνήσεταί τις ὧδε χορτάσαι ἄρτων ἐπ' ἐρημίας; 5. καὶ ἐπηρώτα αὐτούς· πόσους § ἄρτους ἔχετε; οἱ δὲ εἶπον· ἑπτά. 6. καὶ παρήγγειλεν τῷ ὄχλῳ ἀναπεσεῖν ἐπὶ τῆς γῆς· καὶ λαβὼν τοὺς ἑπτὰ ἄρτους εὐχαριστήσας ἔκλασεν καὶ ἐδίδου τοῖς μαθηταῖς αὐτοῦ ἵνα § παρατιθῶσιν· καὶ παρέθηκαν τῷ ὄχλῳ. 7. καὶ εἶχον ἰχθύδια ὀλίγα· καὶ § αὐτὰ εὐλογήσας εἶπεν § παραθῆναι † αὐτά. 8. ἔφα-

---

L.. | πεποιηκε SL..
VIII. 1. παμπολλου S, παλιν παμπολλου V pro παλιν πολλου. | οντως P. | φαγωσι SV. | ειπεν pro λεγει V.
2. ἤδη MP. | ἡμεραι V. | προσμενουσι SL.. | εχουσιν M. | φαγωσι S, φαγουσιν M.
3. - τον S. | μακροθεν S. | ηκασι S, ηκασιν L, ηκουσιν P, - ηκασι M.

4. δυνησεται SV. | τοις pro τις P. | - ωδε L. | επερημιας MP.
5. εχετε αρτους SLM.
6. παρηγγειλε SLV, παρηγγηλεν M. | εκλασε SL.. | παραθωσι SV.
7. - αυτα prim. S. | ειπε SLM. | παραθειναι SL, παρατιθειναι V (παρατεθῃναι errore Va, παρητιθεναι vb). | + και ante αυτα SLP. | fin. - αυτα V.

S

ΕΥΑΓΓΕΛΙΟΝ

γον δὲ καὶ ἐχορτάσθησαν, καὶ ἦραν περισσεύματα κλασμάτων ἑπτὰ σπυρίδας § πλήρεις. 9. ἦσαν δὲ οἱ φαγόντες ὡς τετρακισχίλιοι· καὶ ἀπέλυσεν αὐτούς. 10. Καὶ § ἐμβὰς εὐθὺς εἰς † πλοῖον μετὰ τῶν μαθητῶν αὐτοῦ ἦλθεν εἰς τὰ μέρη § Μαγδαλά. 11. καὶ ἐξῆλθον οἱ Φαρισαῖοι καὶ ἤρξαντο § συνζητεῖν αὐτῷ, ζητοῦντες παρ' αὐτοῦ σημεῖον § ἐκ τοῦ οὐρανοῦ, πειράζοντες αὐτόν. 12. καὶ ἀναστενάξας τῷ πνεύματι αὐτοῦ λέγει· τί ἡ γενεὰ αὕτη σημεῖον ἐπιζητεῖ; ἀμὴν λέγω ὑμῖν, § οὐ δοθήσεται τῇ γενεᾷ ταύτῃ σημεῖον. 13. καὶ ἀφεὶς αὐτοὺς § πάλιν ἐμβὰς εἰς τὸ πλοῖον ἀπῆλθεν εἰς τὸ πέραν.

14. Καὶ ἐπελάθοντο § οἱ μαθηταὶ αὐτοῦ § ἄρτους λαβεῖν § ἕνα μόνον ἔχοντες ἄρτον μεθ' ἑαυτῶν ἐν τῷ πλοίῳ. 15. καὶ § διεστείλατο αὐτοῖς λέγων· ὁρᾶτε § καὶ βλέπετε ἀπὸ τῆς ζύμης τῶν Φαρισαίων καὶ § ἀπὸ τῆς ζύμης § τῶν Ἡρωδιανῶν. 16. καὶ διελογίζοντο πρὸς ἀλλήλους λέγοντες ὅτι ἄρτους οὐκ ἔχομεν· 17. καὶ γνοὺς ὁ Ἰησοῦς λέγει αὐτοῖς· τί διαλογίζεσθε § ἐν ἑαυτοῖς ὀλιγόπιστοι ὅτι ἄρτους οὐκ ἔχετε; οὔπω νοεῖτε οὐδὲ συνίετε; ἔτι πεπωρωμένην ἔχετε τὴν καρδίαν ὑμῶν; 18. ὀφθαλ-

---

8. και εφαγον (− δε) v. | ηραν sv. | − πληρεις s, πληρης v.
10. ευθεως εμβας s. | ευθεως v. | + το ante πλοιον s. | ειλθεν p, ηλθον v. | δαλμανουθα sv.
11. συζητειν sv, συζητουντες L pro συνζητειν. | − αυτω ζητουντες L, − ζητουντες p. | + τι post ζητουντες v. | απο pro εκ sv.
12. ει pro ου s.
13. εμβας παλιν sv.

14. − οι μαθηται αυτου s. | λαβειν αρτους smv. | και ει μη ενα αρτον ουκ ειχον sv.
15. διεστελλετο sv. | − και post ορατε s. | − απο sec. s. | ηρωδου pro των ηρωδιανων sv.
16. εχωμεν m.
17. διαλογιζεσθαι p. | − εν εαυτοις ολιγοπιστοι s. | εν ταις καρδιαις υμων pro εν εαυτοις v. | − ετι v.

μοὺς ἔχοντες οὐ βλέπετε, καὶ ὦτα ἔχοντες οὐκ ἀκούετε, καὶ οὐ μνημονεύετε, 19. ὅτε τοὺς πέντε ἄρτους § οὓς ἔκλασα εἰς τοὺς πεντακισχιλίους, πόσους κοφίνους † κλασμάτων ἤρατε; λέγουσιν αὐτῷ· δώδεκα. 20. ὅτε δὲ τοὺς ἑπτὰ § ἄρτους εἰς τοὺς τετρακισχιλίους, πόσων σπυρίδων πληρώματα κλασμάτων ἤρατε; οἱ δὲ εἶπον· ἑπτά. 21. καὶ ἔλεγεν αὐτοῖς· πῶς § οὖν οὔπω συνίετε; 22. Καὶ § ἔρχονται εἰς Βηθσαϊδάν. καὶ φέρουσιν αὐτῷ τυφλόν, καὶ παρακαλοῦσιν αὐτὸν ἵνα αὐτοῦ ἅψηται. 23. καὶ ἐπιλαβόμενος τῆς χειρὸς τοῦ τυφλοῦ ἐξήγαγεν αὐτὸν ἔξω τῆς κώμης, καὶ πτύσας εἰς τὰ ὄμματα αὐτοῦ § καὶ ἐπιθεὶς τὰς χεῖρας αὐτῷ, ἐπηρώτα αὐτὸν εἴ τι βλέπει. 24. καὶ ἀναβλέψας § λέγει· βλέπω τοὺς ἀνθρώπους, ὅτι ὡς δένδρα ὁρῶ περιπατοῦντας. 25. εἶτα πάλιν ἐπέθηκεν τὰς χεῖρας ἐπὶ τοὺς ὀφθαλμοὺς αὐτοῦ, καὶ ἐποίησεν αὐτὸν ἀναβλέψαι· § καὶ διέβλεψεν καὶ § ἀπεκατεστάθη, καὶ § ἐνέβλεπεν τηλαυγῶς § ἅπαντα· 26. καὶ ἀπέστειλεν αὐτὸν εἰς τὸν οἶκον αὐτοῦ λέγων· § ὕπαγε εἰς τὸν οἶκόν σου καὶ ἐὰν εἰς τὴν κώμην εἰσέλθῃς § μηδενὶ εἴπῃς § μηδὲ ἐν τῇ κώμῃ.

27. Καὶ ἐξῆλθεν ὁ Ἰησοῦς καὶ οἱ μαθηταὶ αὐτοῦ εἰς τὰς κώμας Καισαρείας τῆς Φιλίππου· καὶ ἐν τῇ ὁδῷ ἐπηρώτα τοὺς μαθητὰς αὐτοῦ λέγων αὐτοῖς· τίνα με λέγουσιν οἱ ἄνθρωποι εἶναι; 28. οἱ δὲ

---

18. μνημονευετε οτε sic jung. LMPV.
19. οτι L. | - ους SV. | + πληρεις post κοφινους S, post κλασματων V, sed v' = S. | ηρατε LP.
20. - αρτους S. | πληρωματων pro πληρωματα κλασματων M. | ηρατε MP. | ωδε οπου M.
21. ου pro ουν ουπω S. | ουπως V.
22. ερχεται S. | βηθσαϊδα L.
23. - και sec. S. | επιθης M. | βλεπειν P.

24. ελεγε S, ελεγεν V. | ωρω P, ωρω M.
25. επεθηκε SLV. | - και διεβλεψεν SV. | αποκατεσταθη S. | ενεβλεψε S, ανεβλεπεν M, ανεβλεψε V. | απαντας SV.
26. - υπαγε εις τον οικον σου και S. | μηδε pro εαν SV. | μηδε pro μηδενι SV. | τινι SV, μηδε LP, μηδε M pro μηδε.
27. αυτους pro αυτοις M.

ἀπεκρίθησαν §αὐτῷ λέγοντες· οἱ μὲν Ἰωάννην τὸν βαπτιστήν, †ἄλλοι §δὲ Ἡλίαν, §καὶ ἄλλοι †ἕνα τῶν προφητῶν. 29. καὶ αὐτὸς λέγει αὐτοῖς· ὑμεῖς δὲ τίνα με λέγετε εἶναι; ἀποκριθεὶς δὲ ὁ Πέτρος λέγει αὐτῷ· σὺ εἶ ὁ Χριστός §ὁ υἱὸς τοῦ θεοῦ τοῦ ζῶντος. 30. καὶ ἐπετίμησεν αὐτοῖς ἵνα μηδενὶ λέγωσι περὶ αὐτοῦ. 31. Καὶ §ἀπὸ τότε ἤρξατο διδάσκειν αὐτοὺς ὅτι δεῖ τὸν υἱὸν τοῦ ἀνθρώπου πολλὰ παθεῖν, καὶ ἀποδοκιμασθῆναι ἀπὸ τῶν §ἀρχιερέων καὶ πρεσβυτέρων καὶ §τῶν γραμματέων καὶ ἀποκτανθῆναι καὶ §τῇ τρίτῃ ἡμέρᾳ ἀναστῆναι. 32. καὶ παρρησίᾳ τὸν λόγον ἐλάλει. καὶ προσλαβόμενος αὐτὸν ὁ Πέτρος ἤρξατο ἐπιτιμᾶν αὐτῷ. 33. ὁ δὲ ἐπιστραφεὶς καὶ ἰδὼν τοὺς μαθητὰς αὐτοῦ ἐπετίμησεν τῷ Πέτρῳ λέγων· ὕπαγε ὀπίσω μου, σατανᾶ, ὅτι οὐ φρονεῖς τὰ τοῦ θεοῦ ἀλλὰ τὰ τῶν ἀνθρώπων.

34. Καὶ προσκαλεσάμενος τὸν ὄχλον σὺν τοῖς μαθηταῖς αὐτοῦ εἶπεν αὐτοῖς· §εἴ τις θέλει ὀπίσω μου ἐλθεῖν, ἀπαρνησάσθω ἑαυτὸν καὶ ἀράτω τὸν σταυρὸν αὐτοῦ, καὶ ἀκολουθείτω μοι. 35. ὃς γὰρ ἂν θέλῃ τὴν ψυχὴν αὐτοῦ σῶσαι, ἀπολέσει αὐτήν. ὃς δ᾽ ἂν §ἀπολέσει τὴν §ἑαυτοῦ ψυχὴν ἕνεκεν ἐμοῦ καὶ τοῦ εὐαγγελίου, οὗτος σώσει αὐτήν. 36. τί γὰρ ὠφελήσει §ἄνθρωπος ἐὰν κερδήσῃ τὸν κόσμον ὅλον καὶ ζημιωθῇ τὴν ψυχὴν αὐτοῦ; 37. ἢ τί δώσει

---

28. - αυτω λεγοντες οι μεν S. | και αλλοι ηλιαν (- δε) SV. | αλλοι δε ενα (- και) S.
29. λεγεται V. | - ο υιος του θευυ του ζωντος S.
30. λεγωσιν L.
31. - απο τοτε S. | πρεσβυτερων και αρχιερεων S. | - των scc. S. |
    μετα τρεις ημερας S.
32. αυτω επιτιμαν V.
33. επετιμησε SLV. | του του pro του M.
31. όστις S.
35. θελει P. | απολεση pro απολεσει scc. SLV. | ψυχην αυτου S. | ενεκεν MP. | ουτως MP.
36. ανθρωπον S, τον ανθρωπον V.

ἄνθρωπος ἀντάλλαγμα τῆς ψυχῆς αὐτοῦ; 38. ὃς γὰρ ἂν § ἐπεσ- χυνθῇ με καὶ τοὺς ἐμοὺς λόγους ἐν τῇ γενεᾷ ταύτῃ τῇ μοιχαλίδι καὶ ἁμαρτωλῷ, καὶ ὁ υἱὸς τοῦ ἀνθρώπου ἐπαισχυνθήσεται αὐτόν, ὅταν ἔλθῃ ἐν τῇ δόξῃ τοῦ πατρὸς αὐτοῦ μετὰ τῶν ἀγγέλων τῶν ἁγίων. IX. 1. καὶ ἔλεγεν αὐτοῖς· ἀμὴν λέγω ὑμῖν ὅτι εἰσὶ τινὲς τῶν ὧδε ἑστηκότων οἵτινες οὐ μὴ § γεύσονται θανάτου ἕως ἂν ἴδωσι τὴν βασιλείαν τοῦ θεοῦ § ἐληλυθεῖα ἐν δυνάμει.

IX.

2. Καὶ μεθ᾽ ἡμέρας ἓξ παραλαμβάνει ὁ Ἰησοῦς τὸν Πέτρον καὶ τὸν Ἰάκωβον καὶ τὸν Ἰωάννην, καὶ ἀναφέρει αὐτοὺς εἰς ὄρος ὑψηλὸν κατ᾽ ἰδίαν μόνους, καὶ § ἐν τῷ προσεύχεσθαι αὐτοὺς μετεμορφώθη § ὁ Ἰησοῦς ἔμπροσθεν αὐτῶν, 3. καὶ τὰ ἱμάτια αὐτοῦ § ἐγένοντο στίλβοντα λευκὰ λίαν ὡς χιών, οἷα γναφεὺς ἐπὶ τῆς γῆς οὐ δύναται § οὕτως λευκᾶναι. 4. καὶ § ἰδοὺ ὤφθη αὐτοῖς Ἡλίας σὺν § Μωσῇ, καὶ ἦσαν § συνλαλοῦντες τῷ Ἰησοῦ. 5. καὶ ἀποκριθεὶς ὁ Πέτρος § ἔλεγεν τῷ Ἰησοῦ· ῥαββί, καλόν ἐστιν ἡμᾶς ὧδε εἶναι, § θέλεις ποιήσωμεν σκηνὰς τρεῖς, σοὶ μίαν καὶ § Μωϋσῇ μίαν καὶ Ἡλίᾳ μίαν; 6. οὐ γὰρ ᾔδει τί § λαλήσει·

---

37. ανταλαγμα L.
38. επαισχυνθη SL. | + πονηρα και post ταυτη τη V. | μιχαλλιδι M, μοιχαλλιδι P. | επεσχυνθησε- ται M. | + αυτου post αγγελων V.
IX. 1. γευσωνται S. | εληλυθυιαν SV, εληλυθυϊα M.
2. + λιαν post υψηλον V. | κατιδιαν L. | - εν τω προσευχεσθαι αυ-

τους S. | - ο ιησους S.
3. εγενετο S. | - στιλβοντα M. | γναφεις M, κναφευς V. | - ουτως S. | λευκαναι S.
4. - ιδου SV. | ωφθησαν V. | μωσει SLV. | συλλαλουντες SL.
5. λεγει S, ελεγε L. | και pro θελεις S. | μωσει S, μωϋσει L. | ηλιαν M.
6. ηδει L, ιδει M. | λαλησῃ S.

ἦσαν γὰρ ἔκφοβοι. 7. καὶ §ἰδοὺ ἐγένετο νεφέλη ἐπισκιάζουσα §αὐτούς, καὶ §φωνὴ ἦλθεν ἐκ τῆς νεφέλης λέγουσα· οὗτός ἐστιν ὁ υἱός μου ὁ ἀγαπητός, αὐτοῦ ἀκούετε. 8. καὶ ἐξάπινα περιβλεψάμενοι οὐκέτι οὐδένα §ἴδον ἀλλὰ τὸν Ἰησοῦν μόνον μεθ' ἑαυτῶν. 9. Καταβαινόντων δὲ αὐτῶν ἀπὸ τοῦ ὄρους, διεστείλατο αὐτοῖς ἵνα μηδενὶ §ἃ ἴδον ἐξηγήσωνται, εἰ μὴ ὅταν ὁ υἱὸς τοῦ ἀνθρώπου ἐκ νεκρῶν ἀναστῇ. 10. §οἱ δὲ τὸν λόγον ἐκράτησαν πρὸς ἑαυτοὺς §συνζητοῦντες τί ἐστιν §ὅτ' ἂν ἐκ νεκρῶν ἀναστῆναι. 11. καὶ §ἐπηρώτησαν αὐτὸν λέγοντες· §πῶς οὖν λέγουσιν οἱ γραμματεῖς ὅτι Ἡλίαν δεῖ ἐλθεῖν πρῶτον; 12. ὁ δὲ ἀποκριθεὶς εἶπεν αὐτοῖς· Ἡλίας μὲν ἐλθὼν πρῶτον ἀποκαθιστᾷ §τὰ πάντα. καὶ πῶς γέγραπται ἐπὶ τὸν υἱὸν τοῦ ἀνθρώπου; ἵνα πολλὰ πάθῃ καὶ §ἐξουθενωθῇ. 13. ἀλλὰ λέγω ὑμῖν ὅτι †Ἡλίας ἐλήλυθεν, καὶ ἐποίησαν αὐτῷ ὅσα ἠθέλησαν, καθὼς γέγραπται §περὶ αὐτοῦ.

14. Καὶ ἐλθὼν πρὸς τοὺς μαθητὰς §αὐτοῦ §ἴδεν ὄχλον πολὺν περὶ αὐτοὺς καὶ §τοὺς γραμματεῖς §συνζητοῦντας αὐτοῖς. 15. καὶ §εὐθὺς πᾶς ὁ ὄχλος §ἰδόντες αὐτόν §ἐξεθαμβήθησαν,

---

7. − ιδου S. | αυτοις S. | ηλθε φωνη S. | με P, μαυτου P' *pro* αυτου. | ακουεται V.
8. ευθεως *pro* εξαπινα L.. | ιδον P, ειδον SL..
9. διηγησωνται α ειδον SV. | ειδον SLV. | εξηγηντονται P.
10. *init.* και S, ει δε MP. | + οἱ μαθηται *post* εκρατησαν L. | συζητουντες SLV. | εστι SMV. | το *pro* οταν S, ὅταν L. | αναστη LV.
11. επηρωτων S. | ὁτι *pro* πως ουν S. | δι *pro* δει P.
12. − τα SLV.·| εξουδενωθη SPV.
13. + και *post* οτι SPV. | εληλυθι SV. ·εποιησαντο L. | καθὼς SV. | *fin.* επ' αυτον S.
14. − αυτου SV. | ειδεν SLV. | − τους *sec.* SM. | συζητουντας SL. | προς αυτους *pro* αυτοίς V.
15. ευθεως SV. | ιδων S. | αυτο *pro* αυτον *prim* V. | εξεθαμβηθη S.

καὶ προστρέχοντες ἠσπάζοντο αὐτόν. 16. καὶ ἐπηρώτησεν τοὺς γραμματεῖς· τί § συνζητεῖτε πρὸς αὐτούς; 17. καὶ ἀποκριθεὶς § ἐκ τοῦ ὄχλου εἷς εἶπεν αὐτῷ· διδάσκαλε, ἤνεγκα τὸν υἱόν μου πρός σε, ἔχοντα πνεῦμα ἄλαλον, 18. καὶ ὅπου ἂν αὐτὸν καταλάβῃ, ῥήσσει αὐτόν, καὶ ἀφρίζει καὶ τρίζει τοὺς ὀδόντας † καὶ § ξηρένεται· καὶ εἶπον τοῖς μαθηταῖς σου ἵνα αὐτὸ ἐκβάλωσι, καὶ οὐκ ἴσχυσαν. 19. § καὶ ἀποκριθεὶς ὁ Ἰησοῦς λέγει· ὦ γενεὰ ἄπιστος § καὶ διεστραμμένη, ἕως πότε πρὸς ὑμᾶς ἔσομαι; ἕως πότε ἀνέξομαι ὑμῶν; φέρετε αὐτὸν πρός με. 20. καὶ ἤνεγκαν αὐτὸν πρὸς αὐτόν· καὶ ἰδὼν αὐτόν, εὐθέως τὸ πνεῦμα ἐσπάραξε § τὸ παιδίον, καὶ πεσὼν ἐπὶ τῆς γῆς ἐκυλίετο ἀφρίζων. 21. καὶ ἐπηρώτησεν τὸν πατέρα αὐτοῦ § λέγων· πόσος χρόνος ἐστὶν § ἀφ' οὗ τοῦτο γέγονεν αὐτῷ; ὁ δὲ εἶπεν· παιδιόθεν· 22. καὶ πολλάκις αὐτὸν † εἰς πῦρ ἔβαλε καὶ εἰς ὕδατα, ἵνα ἀπολέσῃ αὐτόν· ἀλλ' εἴ τι δύνασαι, βοήθησον ἡμῖν σπλαγχνισθεὶς ἐφ' ἡμᾶς. 23. ὁ δὲ Ἰησοῦς εἶπεν αὐτῷ· † εἰ δύνασαι πιστεῦσαι, πάντα δυνατὰ τῷ πιστεύοντι. 24. καὶ εὐθέως κράξας ὁ πατὴρ τοῦ παιδίου μετὰ δακρύων § εἶπεν· πιστεύω, κύριε· βοήθει μου τῇ ἀπιστίᾳ. 25. ἰδὼν δὲ

---

16. επηρωτησε SLV. | συζητειτε S, συζυτειτε L, ζητειτε V.
17. εἷς εκ του οχλου S. | ειπε S. | – αυτω S, αυτοις *pro* αυτω L.
18. ρησει L. | τριζη P. | + αυτου *post* οδοντας SM, + αυτους V. | ξηραινεται SL.
19. ὁ δε αποκριθεις αυτω (– ο ιησους) S. | – και διεστραμμενη S. | ανεξωμαι L. | φερεται P.
20. εσπαραξεν αυτον SV.
21. επηρωτησε SLM. | + ὁ ιησους

post επηρωτησεν V. | – λεγων S. | ὡς *pro* αφ' οὗ SL. | – ο δε ειπεν P. | ειπε S. | παιδιωθεν P.
22. + και *post* αυτον *prim.* SV. | + το *ante* πυρ V. | εβαλεν V. | ευρασε P. | βοηθεισον M.
23. + το *post* αυτω S. | πιστευσαι L.
24. μετα δακρυων ὁ πατηρ του παιδιου V. | ελεγε S, ελεγεν V. | απιστεια MP.

ὁ Ἰησοῦς ὅτι ἐπισυντρέχει § ὁ ὄχλος, ἐπετίμησεν τῷ πνεύματι τῷ ἀκαθάρτῳ λέγων αὐτῷ· τὸ πνεῦμα τὸ ἄλαλον καὶ κωφόν, ἐγώ σοι ἐπιτάσσω, ἔξελθε ἐξ αὐτοῦ καὶ μηκέτι εἰσέλθῃς εἰς αὐτόν. 26. καὶ πολλὰ σπαράξαν αὐτὸν ἐξῆλθεν· καὶ ἐγένετο ὡσεὶ νεκρός, ὥστε πολλοὺς λέγειν ὅτι ἀπέθανεν. 27. ὁ δὲ Ἰησοῦς κρατήσας §τῆς χειρὸς αὐτοῦ ἤγειρεν αὐτόν, καὶ ἀνέστη. 28. καὶ § εἰσελθόντος αὐτοῦ εἰς οἶκον § προσῆλθον αὐτῷ οἱ μαθηταὶ αὐτοῦ § κατ' ἰδίαν, καὶ ἐπηρώτησαν αὐτὸν λέγοντες· ὅτι ἡμεῖς οὐκ ἠδυνήθημεν ἐκβαλεῖν αὐτό; 29. καὶ εἶπεν αὐτοῖς· τοῦτο τὸ γένος ἐν οὐδενὶ δύναται ἐξελθεῖν εἰ μὴ ἐν προσευχῇ καὶ νηστείᾳ.

30. Καὶ ἐκεῖθεν ἐξελθόντες παρεπορεύοντο διὰ τῆς Γαλιλαίας, καὶ οὐκ ἤθελεν ἵνα τις γνῷ· 31. ἐδίδασκε γὰρ τοὺς μαθητὰς αὐτοῦ, καὶ ἔλεγεν αὐτοῖς ὅτι ὁ υἱὸς τοῦ ἀνθρώπου § παραδοθήσεται εἰς χεῖρας ἀνθρώπων, καὶ ἀποκτενοῦσιν αὐτόν, καὶ ἀποκτανθεὶς τῇ τρίτῃ ἡμέρᾳ § ἐγερθήσεται. 32. οἱ δὲ ἠγνόουν τὸ ῥῆμα, καὶ ἐφοβοῦντο αὐτὸν § ἐρωτῆσαι.

33. Καὶ § εἰσῆλθεν εἰς Καπερναούμ. καὶ ἐν τῇ οἰκίᾳ γενόμενος ἐπηρώτα αὐτούς· τί ἐν τῇ ὁδῷ § διελογίζεσθε πρὸς ἑαυτούς; 34. οἱ δὲ ἐσιώπων· πρὸς ἀλλήλους γὰρ διελέχθησαν ἐν

---

25. - ὁ acc. S. | επετιμησε SLV. | των pro τω prim. L₁. | - τω πνευματι V.
26. εξηλθε S.
27. αυτον της χειρος SV.
28. εισελθοντα αυτον SV. | - προσηλθον αυτω SV. | επηρωτων αυτον κατ ιδιαν (- λεγοντες) SV. | κατιδιαν L.
30. παρεπορευετο P, sed P' = S.
31. παραδιδοται SV. | αναστησεται SV.
32. + οἱ V, + η V' post δε. | εφοβουντω P. | επερωτησαι SV.
33. ηλθεν SMV. | προς εαυτους διελογιζεσθε SV. | διελογισθη L., διελογιζεσθαι P.

τῇ ὁδῷ τίς § αὐτῶν μείζων § εἴη. 35. καὶ § καθήσας ἐφώνησε τοὺς δώδεκα, καὶ λέγει αὐτοῖς· εἴ τις θέλει πρῶτος εἶναι, ἔσται πάντων ἔσχατος καὶ πάντων διάκονος. 36. καὶ λαβὼν παιδίον ἔστησεν αὐτὸ ἐν μέσῳ αὐτῶν, καὶ ἐναγκαλισάμενος αὐτὸ εἶπεν αὐτοῖς· 37. ὃς § ἂν § ἐκ τῶν τοιούτων παιδίων δέξηται ἐπὶ τῷ ὀνόματί μου, ἐμὲ δέχεται· καὶ ὃς ἐὰν ἐμὲ δέξηται, οὐκ ἐμὲ δέχεται § μόνον ἀλλὰ § καὶ τὸν ἀποστείλαντά με. 38. § Καὶ ἀποκριθεὶς αὐτῷ † Ἰωάννης § εἶπεν· διδάσκαλε, εἴδομέν τινα § ἐν τῷ ὀνόματί σου ἐκβάλλοντα δαιμόνια, ὃς οὐκ ἀκολουθεῖ ἡμῖν, καὶ ἐκωλύσαμεν αὐτόν. † 39. ὁ δὲ † εἶπεν· μὴ κωλύετε αὐτόν· οὐδεὶς γάρ ἐστιν ὃς ποιήσει δύναμιν § ἐν τῷ ὀνόματί μου καὶ δυνήσεται ταχὺ κακολογῆσαί με· 40. ὃς γὰρ οὐκ ἔστιν καθ' § ἡμῶν, ὑπὲρ § ἡμῶν ἐστίν. 41. ὃς γὰρ ἂν ποτίσῃ ὑμᾶς ποτήριον ὕδατος § ἐπὶ τῷ ὀνόματί μου, ὅτι Χριστοῦ ἐστε, ἀμὴν λέγω ὑμῖν, οὐ μὴ ἀπολέσῃ τὸν μισθὸν αὐτοῦ. 42. Καὶ ὃς ἂν σκανδαλίσῃ ἕνα τῶν μικρῶν τῶν πιστευόντων εἰς ἐμέ, καλόν ἐστιν αὐτῷ μᾶλλον εἰ περίκειται § μυλωνικὸς λίθος περὶ τὸν τράχηλον αὐ-

---

34. - αυτων SV. | ειη SV.
35. καθισας SL. | εστω P.
36. παιδιων V. | αυτω *pro* αυτο *prim.* MP. | εγκαλισαμενος M. | αυτω *pro* αυτο *sec.* P.
37. εαν SV. | ἐν *pro* εκ S, - εκ V. | δεχηται *pro* δεξηται V. | εν *pro* επι L. | - μονον SV. | - και *sec.* SMV.
38. απεκριθη δε SV. | + ο *ante* ιωαννης S. | λεγων *pro* ειπεν SV. | ειδαμεν M. | - εν SL. | υμιν *pro* ημιν M. | - και εκωλυσαμεν

αυτον V. | *fin.* + οτι ουκ ακολουθει ημιν S.
39. + ιησους *post* δε SV. | ειπε S. | επι *pro* εν SV.
40. εστι *prim.* SLV. | υμων *bis* SV.
41. ποτηση M, ποτηση P. | εν *pro* επι SV. | - τω V, επι τω εν τω ονοματι (*sic*) M.
42. + δ' *post* ος M. | εαν *pro* αν V. | + τουτων *post* μικρων V. | λιθος μυλικος SV. | μυλονικος M. | των *pro* τον M.

T

τοῦ καὶ βέβληται εἰς τὴν θάλασσαν. 43. καὶ ἐὰν σκανδαλίζῃ σε ἡ χείρ σου, ἀπόκοψον αὐτήν· καλόν † ἐστίν § σε κυλλὸν εἰς τὴν ζωὴν εἰσελθεῖν, ἢ τὰς δύο χεῖρας ἔχοντα ἀπελθεῖν εἰς τὴν γέενναν, εἰς τὸ πῦρ τὸ ἄσβεστον, 44. ὅπου ὁ σκώληξ αὐτῶν οὐ τελευτᾷ, καὶ τὸ πῦρ οὐ σβέννυται. 45. καὶ ἐὰν ὁ πούς σου σκανδαλίζῃ σε, ἀπόκοψον αὐτόν· καλόν ἐστίν § σε εἰσελθεῖν εἰς τὴν ζωὴν χωλόν, ἢ τοὺς δύο πόδας ἔχοντα βληθῆναι εἰς † γέενναν, εἰς τὸ πῦρ τὸ ἄσβεστον, 46. ὅπου ὁ σκώληξ αὐτῶν οὐ τελευτᾷ καὶ τὸ πῦρ οὐ σβέννυται. 47. καὶ ἐὰν ὁ ὀφθαλμός σου σκανδαλίζῃ σε, ἔκβαλε αὐτόν· καλόν † ἐστι μονόφθαλμον εἰσελθεῖν § σε εἰς τὴν βασιλείαν τοῦ θεοῦ, ἢ δύο ὀφθαλμοὺς ἔχοντα βληθῆναι εἰς τὴν γέενναν τοῦ πυρός, 48. ὅπου ὁ σκώληξ αὐτῶν οὐ τελευτᾷ καὶ τὸ πῦρ οὐ σβέννυται. 49. πᾶς γὰρ πυρὶ ἁλισθήσεται, καὶ πᾶσα θυσία ἀλὶ ἁλισθήσεται. 50. καλὸν § γὰρ τὸ ἅλας· ἐὰν § γὰρ τὸ ἅλας ἄναλον γένηται, ἐν τίνι αὐτὸ § ἀρτύσητε; § ὑμεῖς οὖν ἔχετε ἐν ἑαυτοῖς ἅλας καὶ εἰρηνεύετε ἐν ἀλλήλοις.

X.

§ Καὶ ἐκεῖθεν ἀναστὰς ἔρχεται εἰς τὰ ὅρια τῆς Ἰουδαίας πέραν τοῦ Ἰορδάνου, καὶ § συμπορεύεται ὄχλος πρὸς αὐτόν,

---

43. + σοι *ante* εστιν SV. | εστι SV. | - σε SLV, sed L₂ = *txt*.
45. εστι σοι S, σοι εστι V. | εχοντας L₁. | κληθηναι P. | + την *ante* γεενναν SMV.
47. + σοι *post* καλον SV. | εστι S, - εστιν L. | - σε SV. | εις την ζωην και εις την βασιλειαν του θεου εισελθειν V. | γεεν-

να P.
49. ἀλι ἁλισθησεται MP.
50. καλο V. | - γαρ *prim*. s. | δε *pro* γαρ *sec*. SV. | ἔντινι L. αρτυσιτε SV, αρτησητε M. | - υμεις ουν SV. | εχεται P.
X. 1. κακειθεν S. | ὑρια S. | + δια του *ante* περαν S. | συμπορευονται παλιν οχλοι S, συμπορευονται

καὶ ὡς εἰώθει πάλιν ἐδίδασκεν αὐτούς. 2. καὶ προσελθόντες οἱ Φαρισαῖοι ἐπηρώτησαν αὐτὸν εἰ ἔξεστιν ἀνδρὶ γυναῖκα ἀπολῦσαι, πειράζοντες αὐτόν. 3. ὁ δὲ ἀποκριθεὶς εἶπεν αὐτοῖς· τί ὑμῖν ἐνετείλατο § Μωϋσῆς; 4. οἱ δὲ εἶπον· Μωσῆς ἐπέτρεψεν βιβλίον ἀποστασίου γράψαι καὶ ἀπολῦσαι. 5. καὶ ἀποκριθεὶς ὁ Ἰησοῦς εἶπεν αὐτοῖς· πρὸς τὴν σκληροκαρδίαν ὑμῶν ἔγραψεν † τὴν ἐντολὴν ταύτην. 6. ἀπὸ δὲ ἀρχῆς κτίσεως ἄρσεν καὶ θῆλυ ἐποίησεν αὐτοὺς ὁ θεός. § καὶ εἶπεν· 7. ἕνεκεν τούτου καταλείψει ἄνθρωπος τὸν πατέρα αὐτοῦ καὶ τὴν μητέρα καὶ προσκολληθήσεται πρὸς τὴν γυναῖκα αὐτοῦ, 8. καὶ ἔσονται οἱ δύο εἰς σάρκα μίαν, ὥστε οὐκέτι εἰσὶν δύο ἀλλὰ § σὰρξ μία. 9. ὃ οὖν ὁ θεὸς συνέζευξεν, ἄνθρωπος μὴ χωριζέτω. 10. καὶ ἐν τῇ οἰκίᾳ πάλιν οἱ μαθηταὶ αὐτοῦ περὶ τοῦ αὐτοῦ ἐπηρώτησαν αὐτόν. 11. καὶ λέγει αὐτοῖς· § ἐὰν ἀνὴρ ἀπολύσῃ τὴν γυναῖκα αὐτοῦ καὶ γαμήσῃ ἄλλην, μοιχᾶται ἐπ' αὐτήν· 12. καὶ § γυνὴ ἐὰν ἐξέλθῃ ἀπὸ ἀνδρὸς καὶ γαμήσῃ ἄλλον μοιχᾶται.

13. Καὶ προσέφερον αὐτῷ παιδία ἵνα ἅψηται αὐτῶν· οἱ δὲ μαθηταὶ ἐπετίμων τοῖς προσφέρουσιν. 14. ἰδὼν δὲ ὁ Ἰησοῦς ἠγανάκτησεν καὶ § ἐπιτιμήσας αὐτοῖς εἶπεν· ἄφετε τὰ παιδία ἔρχεσθαι

οχλοι πολλοι V. | ειωθη P.
2. - οι L.
3. μωσης SV.
4. μωϋσης M. | επετρεψε SV*, sed V = lut.
5. εγραψε L., επετρεψεν V. | + υμιν post εγραψεν S.
6. θηλη M. | - και ειπεν S.
7. καταλυψη M.

8. εισι SLV. | μια σαρξ s.
10. - περι του αυτου M. | - του V.
11. ος εαν pro εαν ανηρ s. | απολυσει MP.
12. εαν γυνη απολυση τον ανδρα αυτης και γαμηθη αλλω s.
13. αυτων αψηται V.
14. ηγανακτησε SLV. | - επιτιμησας s. | ειπεν αυτοις s. | + και ante

πρός με, † μὴ κωλύετε αὐτά· τῶν γὰρ τοιούτων ἐστὶν ἡ βασιλεία τοῦ θεοῦ. 15. ἀμὴν λέγω ὑμῖν, ὃς ἐὰν μὴ δέξηται τὴν βασιλείαν τοῦ θεοῦ ὡς παιδίον, οὐ μὴ εἰσέλθῃ εἰς αὐτήν. 16. καὶ § ἐναγκαλισάμενος αὐτά, § τίθων τὰς χεῖρας ἐπ᾽ αὐτά, § εὐλόγει αὐτά. 17. Καὶ ἐκπορευομένου αὐτοῦ εἰς ὁδόν, § ἰδού τις πλούσιος προσδραμὼν † καὶ § γονυπετῶν αὐτὸν ἐπηρώτα αὐτὸν § λέγων· διδάσκαλε ἀγαθέ, τί ποιήσω ἵνα ζωὴν αἰώνιον κληρονομήσω; 18. ὁ δὲ Ἰησοῦς εἶπεν αὐτῷ· τί με λέγεις ἀγαθόν; οὐδεὶς ἀγαθὸς εἰ μὴ εἷς ὁ θεός. 19. τὰς ἐντολὰς οἶδας· μὴ μοιχεύσῃς, μὴ φονεύσῃς, μὴ κλέψῃς, μὴ ψευδομαρτυρήσῃς, μὴ ἀποστερήσῃς, τίμα τὸν πατέρα σου καὶ τὴν μητέρα. 20. ὁ δὲ ἀποκριθεὶς εἶπεν αὐτῷ· διδάσκαλε, ταῦτα πάντα ἐφυλαξάμην ἐκ νεότητός μου· § τί ἔτι ὑστερῶ; 21. ὁ δὲ Ἰησοῦς ἐμβλέψας αὐτῷ ἠγάπησεν αὐτὸν καὶ § λέγει αὐτῷ· § εἰ θέλεις τέλειος εἶναι ἔν σοι ὑστερεῖ· ὕπαγε, ὅσα ἔχεις πώλησον καὶ § διαδὸς † πτωχοῖς, καὶ ἕξεις θησαυρὸν ἐν οὐρανῷ, καὶ § ἄρας τὸν σταυρόν σου δεῦρο ἀκολούθει μοι. 22. ὁ δὲ στυγνάσας ἐπὶ § τούτῳ τῷ λόγῳ ἀπῆλθεν λυπούμενος·

μη S. | των γαρ των L₁.
15. αν pro εαν P. | εισελθει P.
16. εναγκαλισαμενος S. | τιθεις S, τί θῶ V. | ηυλογει S. | - ευλογει αυτα M.
17. - ιδου τις πλουσιος S. | + εἰς post προσδραμων S. | γονυπετησας S. | - λεγων S. | κληρονομισω M.
18. εἰς pro ις (ιησους) M.
19. οἶδας LP. | ψευδομαρτυρισης M. |

- μη αποστερησης L, sed L₂ marg. = s. | αποστερισης M. | fin. + σου V.
20. - τι ετι υστερω S.
21. ειπεν S. | - ει θελεις τελειος ειναι S. | πολυσον M. | δος SV. | + τοις ante πτωχοις S. | δευρο ακολουθει μοι αρας τον σταυρον S. | αρας LP.
22. - τουτω S, | απηλθε SL, απηλθον M.

ἦν γὰρ ἔχων κτήματα πολλά. 23. καὶ περιβλεψάμενος ὁ Ἰησοῦς λέγει τοῖς μαθηταῖς αὐτοῦ· πῶς δυσκόλως οἱ τὰ χρήματα ἔχοντες εἰς τὴν βασιλείαν τοῦ θεοῦ εἰσελεύσονται· 24. οἱ δὲ μαθηταὶ ἐθαμβοῦντο ἐπὶ τοῖς λόγοις αὐτοῦ. ὁ δὲ Ἰησοῦς πάλιν ἀποκριθεὶς λέγει αὐτοῖς· τέκνα, πῶς δύσκολόν ἐστιν τοὺς πεποιθότας ἐπὶ τοῖς χρήμασιν § εἰσελθεῖν εἰς τὴν βασιλείαν τοῦ θεοῦ. 25. § εὐκοπότερόν ἐστιν κάμηλον διὰ § τρυπήματος βελόνης διελθεῖν ἢ § πλούσιος εἰς τὴν βασιλείαν τοῦ θεοῦ εἰσελθεῖν. 26. οἱ δὲ περισσῶς ἐξεπλήσσοντο λέγοντες πρὸς ἑαυτούς· καὶ τίς δύναται σωθῆναι; 27. ἐμβλέψας δὲ αὐτοῖς ὁ Ἰησοῦς λέγει· παρὰ § μὲν ἀνθρώποις § τοῦτο ἀδύνατον, ἀλλ᾽ οὐ παρὰ † θεῷ· πάντα γὰρ δυνατά ἐστιν παρὰ τῷ θεῷ.

28. † Ἤρξατο § δὲ ὁ Πέτρος λέγειν αὐτῷ· ἰδοὺ ἡμεῖς ἀφήκαμεν πάντα καὶ ἠκολουθήσαμέν σοι. 29. § καὶ ἀποκριθεὶς † ὁ Ἰησοῦς εἶπεν· ἀμὴν λέγω ὑμῖν, οὐδείς ἐστιν ὃς ἀφῆκεν οἰκίαν ἢ ἀδελφοὺς ἢ ἀδελφὰς ἢ πατέρα ἢ μητέρα ἢ γυναῖκα ἢ τέκνα ἢ ἀγροὺς ἕνεκεν ἐμοῦ καὶ § ἕνεκεν τοῦ εὐαγγελίου, 30. ἐὰν μὴ λάβῃ ἑκατονταπλασίονα νῦν ἐν τῷ καιρῷ τούτῳ οἰκίας καὶ ἀδελφοὺς καὶ ἀδελφὰς καὶ μητέρας καὶ τέκνα καὶ ἀγροὺς μετὰ διωγμῶν,

---

24. εστι SV. | πεποιθωτας P. | εις την βασιλειαν του θεου εισελθειν S.
25. ευκοπωτερον SL. | εστι SLV. | καμιλον P, | της τρυμαλιας της ραφιδος S, τρυπηματος βελωνης V. | εισελθειν pro διελθειν SL. | πλουσιον SP. | + ης την βασιλιαν του θῦ (sic) post πλουσιος M₂ marg.
26. τι pro οι V.
27. - μεν S. | - τουτο S. | + τω ante θεω SP. | - παντα γαρ usq. ad fin. vers. L. | εστι SL, - εστι V. | - τω V.
28. init. + και S. | - δε post ηρξατο SLP. | αυτω λεγειν ο πετρος V.
29. αποκριθεις δε (- και) S. | - ενεκεν S.
30. + και πατερας M, + και πατερα V, ante και μητερας. | + και γυναικα post μητερας V.

καὶ ἐν τῷ αἰῶνι τῷ ἐρχομένῳ ζωὴν αἰώνιον. 31. πολλοὶ δὲ ἔσονται πρῶτοι ἔσχατοι καὶ οἱ ἔσχατοι πρῶτοι.

32. ῏Ησαν δὲ ἐν τῇ ὁδῷ ἀναβαίνοντες εἰς Ἱεροσόλυμα, καὶ ἦν προάγων αὐτοὺς ὁ Ἰησοῦς, καὶ ἐθαμβοῦντο, καὶ ἀκολουθοῦντες § αὐτὸν ἐφοβοῦντο. καὶ παραλαβὼν πάλιν τοὺς δώδεκα ἤρξατο αὐτοῖς λέγειν τὰ μέλλοντα αὐτῷ συμβαίνειν, 33. ὅτι ἰδοὺ ἀναβαίνομεν εἰς Ἱεροσόλυμα, καὶ ὁ υἱὸς τοῦ ἀνθρώπου παραδοθήσεται τοῖς ἀρχιερεῦσι καὶ τοῖς γραμματεῦσι, καὶ κατακρινοῦσιν αὐτὸν θανάτῳ καὶ παραδώσουσιν αὐτὸν τοῖς ἔθνεσιν, 34. καὶ ἐμπαίξουσιν αὐτῷ καὶ μαστιγώσουσιν αὐτὸν καὶ ἐμπτύσουσιν αὐτῷ καὶ ἀποκτενοῦσιν αὐτόν, καὶ τῇ τρίτῃ ἡμέρᾳ ἀναστήσεται.

35. Καὶ προσπορεύονται αὐτῷ Ἰάκωβος καὶ Ἰωάννης οἱ υἱοὶ Ζεβεδαίου, λέγοντες· διδάσκαλε, θέλομεν ἵνα ὃ ἐάν § σε αἰτήσωμεν ποιήσῃς ἡμῖν. 36. ὁ δὲ εἶπεν αὐτοῖς· τί θέλετε § ποιήσω † ὑμῖν; 37. οἱ δὲ εἶπον αὐτῷ· δὸς ἡμῖν ἵνα εἷς ἐκ δεξιῶν σου καὶ εἷς § ἐξευωνύμων σου καθίσωμεν ἐν τῇ § βασιλείᾳ τῆς δόξης σου. 38. ὁ δὲ Ἰησοῦς § ἀποκριθεὶς εἶπεν αὐτοῖς· οὐκ οἴδατε τί αἰτεῖσθε. δύνασθε πιεῖν τὸ ποτήριον ὃ ἐγὼ πίνω, § ἢ τὸ βάπτισμα ὃ ἐγὼ βαπτίζομαι βαπτισθῆναι; 39. οἱ δὲ εἶπον αὐτῷ· δυνάμεθα. ὁ δὲ

---

31. - οι V.
32. ην *pro* ην MP. | προαγω P. | - αυτον s. | + μαθητας αυτου *post* δωδεκα v.
33. - τοις *sec.* V. | γραμματευσιν M. | αυτω *pro* αυτον *prim.* P. | παραδωσουσιν L. | εθνεσι sv.
34. εμπαιξουσιν LP. | αυτων L₁P, αυτω M *pro* αυτον *prim.* | - και εμπτυσουσιν αυτω M. | εμπτυσωσιν V. | αυτον *pro* αυτω *sec* l..
35. θελωμεν M. | αν *pro* εαν L. | - σε s. | αιτησομεν V. | ποιησεις M.
36. ποιησαι με sv.
37. υἱς *pro* εἰς M. | ἐξ εὐωνυμων s. | καθησωμεν M. | δοξη *pro* βασ. της δ. s.
38. - αποκριθεις s. | ποιειν MP. | και *pro* η s.

ΚΑΤΑ ΜΑΡΚΟΝ.

Ἰησοῦς εἶπεν αὐτοῖς· τὸ μὲν ποτήριον ὃ ἐγὼ πίνω πίεσθε, καὶ τὸ βάπτισμα ὃ ἐγὼ βαπτίζομαι βαπτισθήσεσθε· 40. τὸ δὲ καθίσαι ἐκ δεξιῶν μου καὶ § ἐξευωνύμων † οὐκ ἔστιν ἐμὸν δοῦναι, ἀλλ' οἷς ἡτοίμασται. 41. Καὶ ἀκούσαντες οἱ δέκα ἤρξαντο ἀγανακτεῖν περὶ Ἰακώβου καὶ Ἰωάννου. 42. ὁ δὲ Ἰησοῦς προσκαλεσάμενος αὐτοὺς λέγει αὐτοῖς· § οὐκ οἴδατε ὅτι οἱ δοκοῦντες ἄρχειν τῶν ἐθνῶν κατακυριεύουσιν αὐτῶν καὶ οἱ μεγάλοι αὐτῶν κατεξουσιάζουσιν αὐτῶν. 43. οὐχ § οὕτως δὲ ἔσται ἐν ὑμῖν· ἀλλ' ὃς § ἂν θέλῃ § μέγας γενέσθαι ἐν ὑμῖν, ἔσται § ὑμῶν διάκονος, 44. καὶ ὃς § ἐὰν θέλῃ ὑμῶν γενέσθαι πρῶτος, ἔσται πάντων δοῦλος· 45. καὶ γὰρ ὁ υἱὸς τοῦ ἀνθρώπου οὐκ ἦλθεν διακονηθῆναι, ἀλλὰ διακονῆσαι καὶ δοῦναι τὴν ψυχὴν αὐτοῦ λύτρον ἀντὶ πολλῶν.

46. Καὶ ἔρχονται εἰς Ἱεριχώ· καὶ ἐκπορευομένου αὐτοῦ ἀπὸ Ἱεριχῶ καὶ τῶν μαθητῶν αὐτοῦ καὶ ὄχλου ἱκανοῦ § ἰδοὺ ὁ υἱὸς Τιμαίου § Βαρτιμαῖος ὁ τυφλὸς ἐκάθητο παρὰ τὴν ὁδὸν προσαιτῶν. 47. καὶ ἀκούσας ὅτι Ἰησοῦς ὁ Ναζωραῖός ἐστιν, ἤρξατο κράζειν καὶ λέγειν· § Ἰησοῦ † υἱὸς Δαβίδ, † ἐλέησόν με. 48. καὶ ἐπετίμων αὐτῷ πολλοὶ ἵνα σιωπήσῃ· ὁ δὲ πολλῷ μᾶλλον ἔκραζεν·

---

39. πιεσθαι Μ. | fin. βαπτισθησεμαι L₁, βαπτισθησεσθαι P.
40. εξ ευωνυμων s, – εξ v, sed inserit V₂. | + μου post ευωνυμων s. | ητοιμασθαι L..
41. ηρξατο Μ.
42. κυριος pro ιησους L (i.e. κς pro ις). | – ουκ s. | κατεξουσιν L.
43. ουτω s, ουτος Μ. | εαν sv. | γενεσθαι μεγας s. | γενεσθε v'. | εστω pro εσται sec. L. | διακο-
νος υμων s.
44. αν sm.
45. ηλθε sl. | λυτρων m..
46. ιεριχω bis s, (v?) ιερηχω prim. ιερηκω sec. m. | – ιδου ο s. βαρτιμαιος s(v?). | – o sec.v. εκαθητω P.
47. ο υιος δαβιδ ιησου sv.
48. πολλα pro πολλοι Μ. | σιωπιση P. | – ιησου s, κυριε pro ιησου v. | υιος pro υιε v.

§ Ἰησοῦ υἱὲ Δαβίδ, ἐλέησόν με. 49. καὶ στὰς ὁ Ἰησοῦς εἶπεν αὐτὸν φωνηθῆναι· καὶ φωνοῦσιν τὸν τυφλὸν λέγοντες αὐτῷ· § θαρσῶν ἐγείρου, φωνεῖ σε. 50. ὁ δὲ ἀποβαλὼν τὸ ἱμάτιον αὐτοῦ ἀναστὰς ἦλθεν πρὸς τὸν Ἰησοῦν. 51. καὶ ἀποκριθεὶς λέγει αὐτῷ ὁ Ἰησοῦς· τί θέλεις ποιήσω σοί; ὁ δὲ τυφλὸς εἶπεν αὐτῷ· § ῥαβουνί, ἵνα ἀναβλέψω. 52. ὁ δὲ Ἰησοῦς εἶπεν αὐτῷ· ὕπαγε, ἡ πίστις σου σέσωκέν σε. καὶ εὐθέως ἀνέβλεψεν, καὶ ἠκολούθει § αὐτῷ ἐν τῇ ὁδῷ.

XI.

1. Καὶ ὅτε § ἤγγισαν εἰς § Ἱεροσόλυμα εἰς § Βηθσφαγὴ καὶ Βηθανίαν πρὸς τὸ ὄρος τῶν ἐλαιῶν, ἀποστέλλει δύο τῶν μαθητῶν αὐτοῦ 2. § λέγων αὐτοῖς· ὑπάγετε εἰς τὴν κώμην τὴν κατέναντι ὑμῶν, καὶ εὐθέως εἰσπορευόμενοι εἰς αὐτὴν εὑρήσετε πῶλον δεδεμένον, ἐφ' ὃν οὐδεὶς ἀνθρώπων § οὔπω § κεκάθηκεν· § καὶ λύσαντες αὐτὸν ἀγάγετε. 3. καὶ ἐάν τις ὑμῖν εἴπῃ· τί § λύετε τὸν πῶλον; εἴπατε ὅτι ὁ κύριος αὐτοῦ χρείαν ἔχει, καὶ εὐθέως αὐτὸν § ἀποστέλλει ὧδε. 4. ἀπῆλθον § οὖν καὶ εὗρον † πῶλον δε-

---

49. αυτω *pro* αυτον L. | φωνουσι SLV. | θαρσει SV. | εγειραι S, εγειρε V. | φωνη L₁. | σαι *pro* σε P.
50. ηλθε SLM.
51. – ο *prim.* P. | ραββονι S, ραββουνι V.
52. σεσωκε SL. | ανεβλεψε SL. | ηκολουθησεν M, ηκολουθη P. | τω ιησου *pro* αυτω S.
XI. 1. εγγιζουσιν S, ηγγισεν P. | ιερου-
σαλημ S. | βηθφαγη SM, βηφαγη L, βησφαγη P. | βηθανια V.
2. *init.* και λεγει SV. | – ουπω S. | κεκαθικεν S. | – και *ante* λυσαντες SV.
3. ποιειτε τουτο *pro* λυιτε τον πωλον S. | – ο P. | απυστελει S.
4. δε *pro* ουν S. | + τον *ante* πωλον S.

ΚΑΤΑ ΜΑΡΚΟΝ.

δεμένον προς την θύραν έξω επί του αμφόδου, και λύουσιν αυτόν. 5. † τινες § δε των εκεί εστηκότων έλεγον αυτοίς· τί ποιείτε λύοντες τον πώλον; 6. οι δε είπον αυτοίς καθώς ενετείλατο § αυτοίς ο Ιησούς· και αφήκαν αυτούς. 7. και § άγουσιν τον πώλον προς τον Ιησούν, και επέβαλον αυτώ τα ιμάτια αυτών, και εκάθισεν επ' αυτώ. 8. πολλοί δε τα ιμάτια αυτών έστρωσαν εις την οδόν, άλλοι δε § στιβάδας έκοπτον εκ των δένδρων, και εστρώννυον εις την οδόν. 9. και οι προάγοντες και οι ακολουθούντες έκραζον, λέγοντες· § ώς αννά § τω υψίστω, ευλογημένος ο ερχόμενος εν ονόματι κυρίου. 10. ευλογημένη η ερχομένη βασιλεία † του πατρός ημών Δαβίδ, § ώς αννά εν τοις υψίστοις.

11. Και εισήλθεν εις Ιεροσόλυμα ο Ιησούς εις το ιερόν· και περιβλεψάμενος πάντα, οψίας ήδη ούσης της § ημέρας, εξήλθεν εις Βηθανίαν μετά των δώδεκα.

12. Και τη επαύριον εξελθόντων † από Βηθανίας επείνασεν. 13. και ιδών συκήν § απομακρόθεν έχουσαν φύλλα, ήλθεν § εις αυτήν ει άρα ευρήσει τι εν αυτή, και ελθών επ' αυτήν ουδέν εύρεν ει μη φύλλα § μόνον· ου γαρ ην καιρός σύκων. 14. και αποκριθείς

---

5. και τινες (– δε) sv. | των pro τον L.
6. ειπεν pro ενετειλατο v. | – αυτοις sm. | fin. αυτον L₂, αυτοις? L₁. pro αυτους.
7. ηγαγον s, αγουσι L. | των pro τον prim. M.
8. εν τη οδω prim. L. | στοιβαδας sv. | εστρωνυον L, εστρωνυιον P. | fin. οδων M.
9. ώσαννα s, ώς ανά L. | – τω υψιστω s.

10. + εν ονοματι κυριου post βασιλεια s. | ωσαννα s, ως ανα L.
11. + και post ιησους sv. | περιβλεψαμμενος L. | ωρας s.
12. + αυτων post εξελθοντων sv. | βιθανιας P. | επεινασε s.
13. συκην s. | μακροθεν s. | φυλλα bis L. | ηλθον v. | – εις αυτην s. | ευρηση P. | – μονον s.
14. init. μη pro και L. | + ο ιησους

ΕΥΑΓΓΕΛΙΟΝ

† εἶπεν αὐτῇ· μηκέτι ἐκ σοῦ εἰς τὸν αἰῶνα μηδεὶς καρπὸν § φάγῃ. καὶ ἤκουον οἱ μαθηταὶ αὐτοῦ.

15. Καὶ ἔρχονται εἰς Ἱεροσόλυμα. καὶ εἰσελθὼν ὁ Ἰησοῦς εἰς τὸ ἱερὸν ἤρξατο ἐκβάλλειν τοὺς πωλοῦντας καὶ ἀγοράζοντας ἐν τῷ ἱερῷ, καὶ τὰς τραπέζας τῶν κολλυβιστῶν §ἐξέχεεν, καὶ τὰς καθέδρας τῶν πωλούντων τὰς περιστερὰς κατέστρεψεν, 16. καὶ οὐκ ἤφιεν ἵνα τις διενέγκῃ σκεῦος διὰ τοῦ ἱεροῦ, 17. καὶ ἐδίδασκεν § καὶ ἔλεγεν αὐτοῖς· οὐ γέγραπται ὅτι ὁ οἶκός μοι οἶκος προσευχῆς κληθήσεται πᾶσι τοῖς ἔθνεσιν; ὑμεῖς δὲ ἐποιήσατε αὐτὸν σπήλαιον λῃστῶν. 18. καὶ ἤκουσαν οἱ γραμματεῖς καὶ οἱ ἀρχιερεῖς, καὶ ἐζήτουν πῶς αὐτὸν § ἀπολέσωσιν· ἐφοβοῦντο γὰρ αὐτόν, § πᾶς γὰρ ὁ ὄχλος ἐξεπλήσσετο ἐπὶ τῇ διδαχῇ αὐτοῦ.

19. Καὶ ὅτε ὀψὲ § ἐγίνετο ἐξεπορεύετο ἔξω τῆς πόλεως.

20. Καὶ πρωῒ παραπορευόμενοι §ἴδον τὴν § συκῆν ἐξηραμμένην ἐκ ῥιζῶν. 21. καὶ ἀναμνησθεὶς ὁ Πέτρος λέγει αὐτῷ· ῥαββί, ἴδε ἡ § συκῆ ἣν κατηράσω ἐξήρανται. 22. καὶ ἀποκριθεὶς § ὁ Ἰησοῦς λέγει αὐτοῖς· § εἰ ἔχετε πίστιν θεοῦ. 23. ἀμὴν γὰρ λέγω ὑμῖν ὅτι ὃς § ἐὰν εἴπῃ τῷ ὄρει τούτῳ· ἄρθητι καὶ βλήθητι εἰς τὴν θάλασσαν, καὶ μὴ διακριθῇ ἐν τῇ καρδίᾳ αὐτοῦ, ἀλλὰ πιστεύσῃ ὅτι ἃ λέγει

---

ante ειπεν SV. | φαγοι SV.
15. - ο ιησους V. | πολουντας M. | - εξεχεεν S. | κατεστρεψε S.
17. εδιδασκε SL. | λεγων pro και ελεγεν SV. +αυτους ante λεγων V. | οτι pro ου L. | - οτι L. | πασιν M.
18. οι αρχιερεις και οι γραμματεις V. | αυτων pro αυτου prim. M. | απολεσουσιν S. | οτι πας SV. |

επη P.
19. εγενετο SMV. | εξεπορευοντο V.
20. ειδον SV. | συκῆν SV, sed v' = txt. | εξηραμενην L.
21. συκῆ SMV. | εξηραται L.
22. - ο S. | - ει S.
23. - γαρ V. | αν SV. | ορη M. | αρθηναι και βληθηναι V. | πιστευσητε L, πιστευσει V. | + εν

γίνεται, ἔσται αὐτῷ ὃ ἐὰν εἴπῃ. 24. διὰ τοῦτο λέγω ὑμῖν, πάντα ὅσα ἂν προσευχόμενοι αἰτεῖσθε, πιστεύετε ὅτι λαμβάνετε, καὶ ἔσται ὑμῖν. 25. καὶ ὅταν § στήκετε προσευχόμενοι, ἀφίετε εἴ τι ἔχετε κατά τινος, ἵνα καὶ ὁ πατὴρ ὑμῶν ὁ ἐν τοῖς οὐρανοῖς ἀφῇ ὑμῖν τὰ παραπτώματα ὑμῶν. 26. εἰ δὲ ὑμεῖς οὐκ ἀφίετε, οὐδὲ ὁ πατὴρ ὑμῶν ὁ ἐν τοῖς οὐρανοῖς ἀφήσει § ὑμῖν τὰ παραπτώματα ὑμῶν. 27. Καὶ ἔρχονται πάλιν εἰς Ἱεροσόλυμα. καὶ ἐν τῷ ἱερῷ περιπατοῦντος αὐτοῦ ἔρχονται πρὸς αὐτὸν οἱ ἀρχιερεῖς καὶ οἱ γραμματεῖς καὶ οἱ πρεσβύτεροι, 28. καὶ λέγουσιν αὐτῷ· ἐν ποίᾳ ἐξουσίᾳ ταῦτα ποιεῖς; καὶ τίς σοι τὴν ἐξουσίαν ταύτην § δέδωκεν ἵνα ταῦτα § ποιεῖς; 29. ὁ δὲ Ἰησοῦς ἀποκριθεὶς εἶπεν αὐτοῖς· ἐπερωτήσω ὑμᾶς § καὶ ἐγὼ ἕνα λόγον, καὶ ἀποκρίθητέ μοι, καὶ ἐρῶ ὑμῖν ἐν ποίᾳ ἐξουσίᾳ ταῦτα ποιῶ. 30. τὸ βάπτισμα Ἰωάννου ἐξ οὐρανοῦ ἦν ἢ ἐξ ἀνθρώπων; ἀποκρίθητέ μοι. 31. καὶ § διελογίζοντο πρὸς ἑαυτοὺς λέγοντες· § τί εἴπωμεν; ἐὰν εἴπωμεν §ὅτι ἐξ οὐρανοῦ, ἐρεῖ §ἡμῖν· διατί οὖν οὐκ ἐπιστεύσατε αὐτῷ; 32. ἀλλ᾽ ἐὰν εἴπωμεν· ἐξ ἀνθρώπων, §φοβούμεθα τὸν λαόν· ἅπαντες

---

post εσται V.
24. διατουτο L. | λαμβανεται PV, sed V* = txt.
25. στηκητε S. | αφησει pro αφη M.
26. αφισει P. | — υμιν SMV. | fin. + λεγω δε υμιν· αιτειτε και δοθησεται υμιν· ζητειτε και ευρησετε· κρουετε και ανοιγησεται υμιν· πας γαρ ο αιτων λαμβανει· και ο ζητων ευρισκει και τω κρουοντι ανοιγησεται M.
28. σου pro σοι M. | εδωκεν την εξ-

ουσιαν ταυτην V. | εδωκεν SPV. | ποιης sec. SV', sed V = txt.
29. καγω S. | λογον ενα V. | — και ερω usque ad fin. v. 30, L. | ποιω V.
31. ελογιζοντο S. | — λεγοντες L. | — τι ειπωμεν S. | — οτι SPV. | — ημιν S. | υμιν pro ημιν M. | — ουν M.
32. ουρων pro ανων L. | εφοβουντο S. | των pro τον sec. M. | — ου-

ΕΥΑΓΓΕΛΙΟΝ

γὰρ εἶχον τὸν Ἰωάννην § ὄντως ὅτι προφήτης ἦν. 33. καὶ ἀποκριθέντες § τῷ Ἰησοῦ λέγουσιν· οὐκ οἴδαμεν. καὶ § ἀποκριθεὶς ὁ Ἰησοῦς λέγει αὐτοῖς· οὐδὲ ἐγὼ λέγω ὑμῖν ἐν ποίᾳ ἐξουσίᾳ ταῦτα ποιῶ.

XII.

1. Καὶ ἤρξατο αὐτοῖς ἐν παραβολαῖς § λαλεῖν. § ἄνθρωπός τις ἐφύτευσεν ἀμπελῶνα, καὶ περιέθηκεν φραγμὸν καὶ ὤρυξεν ὑπολήνιον καὶ § οἰκοδόμησε § πύργον, καὶ ἐξέδοτο αὐτὸν γεωργοῖς, καὶ ἀπεδήμησεν. 2. καὶ ἀπέστειλεν πρὸς τοὺς γεωργοὺς τῷ καιρῷ δοῦλον, ἵνα παρὰ τῶν γεωργῶν λάβῃ ἀπὸ τοῦ καρποῦ τοῦ ἀμπελῶνος· 3. οἱ δὲ λαβόντες αὐτὸν ἔδειραν καὶ ἀπέστειλαν κενόν. 4. καὶ πάλιν ἀπέστειλεν πρὸς αὐτοὺς ἄλλον δοῦλον· κἀκεῖνον § λιθοβολίσαντες ἐκεφαλαίωσαν, καὶ ἀπέστειλαν ἠτιμωμένον. 5. καὶ πάλιν ἄλλον ἀπέστειλεν· κἀκεῖνον ἀπέκτειναν, καὶ πολλοὺς ἄλλους, τοὺς μὲν δέροντες, τοὺς δὲ § ἀποκτένοντες. 6. § ὕστερον δὲ ἔτι ἕνα υἱὸν ἔχων § τὸν ἀγαπητὸν αὐτοῦ ἀπέστειλεν καὶ αὐτὸν § ἔσχατον πρὸς αὐτοὺς λέγων ὅτι ἐντραπή-

---

τως V. | οτι οντως S.
33. λεγουσι τω ιησου S. | ο ιησους αποκριθεις SV.
XII. 1. λεγειν S. | αμπελωνα εφυτευσεν ανθρωπος SV. | περιεθηκε SL. | υπολυνιον M. | ωκοδομησε S, οικοδομησειν M. | πυργον SV. | εξεδετο M, εξεδωτο V. | απεδημησε S.
2. απεστειλε SL. | + εν ante τω L₂.
3. + και απεκτειναν post εδειραν M. |

καινον *pro* κενον V, sed v´ = *txt*.
4. απεστειλε SL. | λιθοβολησαντες SV. | ητιμωμενων M.
5. απεστειλε S. | απεκτεινεν L *tr*. | δαιροντες L. | αποκτεινοντες S.
6. - υστερον δε S. | + ουν *post* ετι S.| - τον S. | απεστειλε SL. | προς αυτους *ante* και αυτον *pon.* V. | προς αυτους εσχατον S.

ΚΑΤΑ ΜΑΡΚΟΝ.

σονται τὸν υἱόν μου. 7. ἐκεῖνοι δὲ οἱ γεωργοὶ § θεασάμενοι αὐτὸν ἐρχόμενον πρὸς αὐτοὺς εἶπον † ὅτι οὗτός ἐστιν ὁ κληρονόμος· δεῦτε ἀποκτείνωμεν αὐτὸν καὶ ἡμῶν ἔσται ἡ κληρονομία. 8. καὶ λαβόντες αὐτὸν § ἐξέβαλον ἔξω τοῦ ἀμπελῶνος καὶ ἀπέκτειναν. 9. τί οὖν ποιήσει ὁ κύριος τοῦ ἀμπελῶνος; ἐλεύσεται καὶ ἀπολέσει τοὺς γεωργούς, καὶ δώσει τὸν ἀμπελῶνα ἄλλοις. 10. οὐδὲ τὴν γραφὴν ϛαύτην ἀνέγνωτε· λίθον ὃν ἀπεδοκίμασαν οἱ οἰκοδομοῦντες, οὗτος ἐγενήθη εἰς κεφαλὴν γωνίας· 11. παρὰ κυρίου ἐγένετο §αὕτη καὶ ἔστιν θαυμαστὴ ἐν ὀφθαλμοῖς ἡμῶν; 12. καὶ ἐζήτουν αὐτὸν κρατῆσαι, καὶ ἐφοβήθησαν τὸν ὄχλον· ἔγνωσαν γὰρ ὅτι πρὸς αὐτοὺς τὴν παραβολὴν εἶπεν. καὶ ἀφέντες αὐτὸν ἀπῆλθον.

13. Καὶ ἀποστέλλουσιν πρὸς αὐτὸν τινὰς § ἐκ τῶν Φαρισαίων καὶ τῶν Ἡρωδιανῶν, ἵνα αὐτὸν ἀγρεύσωσιν λόγῳ. 14. οἱ δὲ ἐλθόντες § ἤρξαντο ἐρωτᾶν αὐτὸν ἐν δόλῳ λέγοντες· διδάσκαλε, οἴδαμεν ὅτι ἀληθὴς εἶ· καὶ οὐ μέλει σοι περὶ οὐδενός· οὐ γὰρ βλέπεις εἰς πρόσωπον ἀνθρώπων, ἀλλ' ἐπ' ἀληθείας τὴν ὁδὸν τοῦ θεοῦ διδάσκεις· ἔξεστιν κῆνσον Καίσαρι δοῦναι ἢ οὔ; δῶμεν ἢ μὴ δῶμεν; 15. ὁ δὲ §'Ιησοῦς §ἰδὼν αὐτῶν τὴν ὑπόκρισιν εἶπεν αὐτοῖς· τί με πειράζετε, §ὑποκριταί; φέρετέ μοι δηνάριον ἵνα ἴδω.

---

7. – θεασαμενοι αυτον ερχομενον προς αυτους S. | + προς εαυτους *post* ειπον S. | ημων εσται ημων Μ.
8. απεκτειναν και εξεβαλον εξω του αμπελωνος S.
9. ελευσετε Μ.
10. απεδωκιμασαν Μ. | ουτως P.
11. αὕτη Sl.V. | εστι Sl., εστην Μ.
12. ειπε S.
13. αποστελλουσι Sl.V. | – εκ SV. |

φαρισαιων P. | αγρευσωσι Sl.V. | *fin.* λογον L₁.
14. ελθωντες P. | λεγουσιν αυτω *pro* ηρξαντο ερωταν αυτον εν δολω λεγοντες S. | μελλει L.. | επαληθειας P. | ÷ ειπον ουν υμιν (*sic*) ante εξεστιν V.|εξεστι Sl.V.| επικεφαλαιον *pro* κηνσον V.
15. – ιησους S. | ειδως SV, ειδων Μ. | – υποκριται S. | δεναριον Μ. | ἴδω L..

16. οἱ δὲ ἤνεγκαν. καὶ λέγει αὐτοῖς· τίνος ἡ εἰκὼν αὕτη καὶ ἡ ἐπιγραφή; οἱ δὲ εἶπον· †Καίσαρος. 17. καὶ ἀποκριθεὶς ὁ Ἰησοῦς εἶπεν αὐτοῖς· ἀπόδοτε §οὖν τὰ Καίσαρος Καίσαρι καὶ τὰ τοῦ θεοῦ τῷ θεῷ. καὶ ἐθαύμασαν ἐπ᾽ αὐτῷ. 18. Καὶ ἔρχονται Σαδδουκαῖοι πρὸς αὐτόν, οἵτινες λέγουσιν· §ἀνάστασις οὐκ ἔστιν· καὶ ἐπηρώτησαν αὐτὸν λέγοντες· 19. διδάσκαλε, § Μωϋσῆς ἔγραψεν ἡμῖν ὅτι ἐάν τινος ἀδελφὸς ἀποθάνῃ καὶ καταλίπῃ γυναῖκα καὶ τέκνα μὴ ἀφῇ, ἵνα λάβῃ ὁ ἀδελφὸς αὐτοῦ τὴν γυναῖκα αὐτοῦ καὶ §ἐξαναστήσει σπέρμα τῷ ἀδελφῷ αὐτοῦ. 20. ἑπτὰ ἀδελφοὶ ἦσαν §παρ᾽ ἡμῖν· καὶ ὁ πρῶτος ἔλαβεν γυναῖκα, καὶ ἀποθνῄσκων οὐκ ἀφῆκεν σπέρμα. 21. καὶ ὁ δεύτερος ἔλαβεν αὐτήν, καὶ ἀπέθανεν καὶ οὐδὲ αὐτὸς ἀφῆκεν σπέρμα· καὶ ὁ τρίτος· ὡσαύτως 22. καὶ † οἱ ἑπτά, καὶ οὐκ ἀφῆκαν σπέρμα. §ἔσχατον δὲ πάντων §καὶ ἡ γυνὴ ἀπέθανεν. 23. §ὅταν οὖν ἀναστῶσιν ἐν τῇ ἀναστάσει, τίνος αὐτῶν ἔσται γυνή; οἱ γὰρ ἑπτὰ ἔσχον αὐτὴν γυναῖκα. 24. §ἀποκριθεὶς δὲ ὁ Ἰησοῦς εἶπεν αὐτοῖς· οὐ διὰ τοῦτο πλανᾶσθε μὴ εἰδότες τὰς γραφὰς μηδὲ τὴν δύναμιν τοῦ θεοῦ; 25. ὅταν γὰρ ἐκ νεκρῶν ἀναστῶσιν, οὔτε γαμοῦσιν οὔτε γαμίσκονται, ἀλλ᾽ εἰσὶν ὡς ἄγγελοι

---

16. εἴκων L.. | + αυτω *post* ειπον sv.
17. - ουν s.
18. -'λεγουσιν L.. | αναστασιν μη ειναι s.
19. μωσης s. | υμιν L.. | -οτι L.. | καταλειπη L.. | εξαναστηση s, εξαναστησεις v.
20. - παρ᾽ ημιν s. | ελαβε sl.. | γυναῖ L.. | αποθνισκων M. | αφηκε sl..
21. απεθανε s. | αφηκε sl.. | ωσαυτως *cum* τριτος *conjung.* sv.
22. + ελαβον (ελαβεν v) αυτην *post* και *prim.* sv. | αφηκεν mv. | εσχατη (- δε) sv. | απεθανε (... νεν v) και η γυνη sv.
23. εν τη ουν αναστασει οταν αναστωσι (... σιν v) sv. | + η *ante* γυνη p.
24. και αποκριθεις s. | διατοῦτο L.. | πλανασθαι p. | μηδὲ l.p.
25. γαμιπκωνται p, γαμιζονται v. |

§ θεοῦ οἱ ἐν τοῖς οὐρανοῖς. 26. περὶ δὲ § τῆς ἀναστάσεως τῶν νεκρῶν, ὅτι ἐγείρονται, οὐκ ἀνέγνωτε ἐν τῇ βίβλῳ Μωσέως ἐπὶ § τοῦ βάτου ὡς εἶπεν αὐτῷ ὁ θεὸς λέγων· ἐγὼ ὁ θεὸς 'Αβραάμ καὶ ὁ θεὸς 'Ισαάκ καὶ ὁ θεὸς 'Ιακώβ; 27. οὐκ ἔστιν ὁ θεὸς § θεὸς νεκρῶν ἀλλὰ † ζώντων. ὑμεῖς οὖν πολὺ πλανᾶσθε. 28. Καὶ προσελθὼν εἷς τῶν γραμματέων, ἀκούσας αὐτῶν § συνζητούντων, § ἰδὼν ὅτι καλῶς § ἀπεκρίθη αὐτοῖς, ἐπηρώτησεν αὐτόν· ποία ἐστὶν πρώτη † ἐντολή; 29. ὁ δὲ Ἰησοῦς § εἶπεν αὐτῷ, ὅτι πρώτη § πάντων τῶν ἐντολῶν § ἐστίν· ἄκουε Ισραήλ, κύριος ὁ θεὸς ἡμῶν κύριος εἷς ἐστίν, 30. καὶ ἀγαπήσεις κύριον τὸν θεόν σου ἐξ ὅλης τῆς καρδίας σου καὶ ἐξ ὅλης τῆς ψυχῆς σου καὶ ἐξ ὅλης τῆς διανοίας σου καὶ ἐξ ὅλης τῆς ἰσχύος σου. αὕτη πρώτη ἐντολή. 31. καὶ δευτέρα ὁμοία § ταύτῃ· ἀγαπήσεις τὸν πλησίον σου ὡς σεαυτόν. μείζων τούτων ἄλλη ἐντολὴ οὐκ ἔστιν. 32. καὶ εἶπεν αὐτῷ ὁ γραμματεύς· καλῶς, διδάσκαλε, ἐπ᾽ ἀληθείας εἶπας ὅτι εἷς ἐστὶν § ὁ θεὸς καὶ οὐκ ἔστιν ἄλλος πλὴν αὐτοῦ. 33. καὶ τὸ ἀγαπᾶν αὐτὸν ἐξ ὅλης τῆς καρδίας καὶ ἐξ ὅλης τῆς συνέσεως καὶ ἐξ ὅλης τῆς ψυχῆς καὶ ἐξ ὅλης τῆς ἰσχύος, καὶ τὸ ἀγαπᾶν τὸν πλησίον ὡς

− Θεου sv. | − οι L.
26. − της αναστασεως s. | ανεγνωται L.P. | επι τη | βλῳ μωϋσεως (sic) v. | της pro του sv. | ἀβρααμ s. | ἰσαακ L.?
27. − θεος sec. s. | + θεος ante ζωντων s. | πλανασθαι P.
28. συζητουντων sl.v*, sed v = txt. | ειδως sv. | αυτοις απεκριθη sv. | εστι sv. | + πασων s, + παντων v post πρωτη. | εντωλη M.

29. απεκρίθη pro ειπεν sv. | πασων s. | − εστιν prim. sv. | fin. εστι s.
30. αγαπησης P. | − της prim. et − της sec. M.
31. αὕτη pro ταυτη sp, αὐτῇ v. | ἑαυτον l.v. | − εντολη P. | fin. εστι s.
32. επαληθειας L. | εστι prim. s. | − o s.
33. + σου post ψυχης M. | το pro του

ΕΥΑΓΓΕΛΙΟΝ

ἑαυτόν πλεῖόν ἐστιν πάντων τῶν ὁλοκαυτωμάτων καὶ τῶν θυσιῶν. 34. καὶ § ἰδὼν ὁ Ἰησοῦς αὐτὸν ὅτι νουνεχῶς ἀπεκρίθη, εἶπεν αὐτῷ· οὐ μακρὰν εἶ ἀπὸ τῆς βασιλείας τοῦ θεοῦ. καὶ οὐδεὶς § ἐτόλμα οὐκέτι αὐτὸν § ἐπερωτᾶν. 35. Καὶ ἀποκριθεὶς ὁ Ἰησοῦς ἔλεγεν διδάσκων ἐν τῷ ἱερῷ· πῶς λέγουσιν οἱ γραμματεῖς ὅτι ὁ Χριστὸς υἱὸς § Δαβίδ ἐστιν; 36. αὐτὸς † Δαβὶδ εἶπεν ἐν † πνεύματι † ἁγίῳ· εἶπεν ὁ κύριος τῷ κυρίῳ μου· κάθου ἐκ δεξιῶν μου ἕως ἂν θῶ τοὺς ἐχθρούς σου ὑποπόδιον τῶν ποδῶν σου. 37. αὐτὸς οὖν Δαβὶδ λέγει αὐτὸν κύριον, καὶ § πῶς υἱὸς αὐτοῦ ἐστιν; καὶ ὁ πολὺς ὄχλος ἤκουεν αὐτοῦ ἡδέως. 38. Καὶ ἔλεγεν αὐτοῖς ἐν τῇ διδαχῇ αὐτοῦ· βλέπετε ἀπὸ τῶν γραμματέων τῶν θελόντων ἐν στολαῖς περιπατεῖν καὶ ἀσπασμοὺς ἐν ταῖς ἀγοραῖς 39. καὶ πρωτοκαθεδρίας ἐν ταῖς συναγωγαῖς καὶ § πρωτοκλησίας ἐν τοῖς δείπνοις· 40. § οἳ κατεσθίοντες τὰς οἰκίας τῶν χηρῶν § καὶ ὀρφανῶν καὶ προφάσει μακρὰ προσευχόμενοι, § οἵτινες λήψονται περισσότερον κρίμα. 41. Καὶ § ἑστὼς ὁ Ἰησοῦς § κατενώπιον τοῦ γαζοφυλακίου ἐθεώρει πῶς ὁ ὄχλος § ἔβαλλεν τὸν χαλκὸν εἰς τὸ γαζοφυλάκιον·

P. | πληον P. | εστι SV. | – των sec. v, sed v' = s.
34. ο ιησους ιδων SLV. | ουκετι ετολμα S. | επερωτησαι SV
35. ελεγε SL. | + ὁ ante υιος L. | εστι δαβιδ SV.
36. + γαρ post αυτος SMV. | ὁ δαβιδ λεγει V. | + τω ante πνευματι et + τω ante αγιω S.
37. ποθεν pro πως SV. | εστι S. | λεγων eras. ante ηδεως L.

38. – αυτοις V. | εντολαις pro εν στολαις L. | + φιλουντων ante ασπασμους M.
39. πρωτοκαθεδριαις LM. | πρωτοκλισιας SV.
40. οἱ SM. | – και ορφανων S. | προφασιν M. | οὗτοι SV. | περισσωτερον P.
41. καθισας SV. | κατεναντι SLV. | βαλλει S, εβαλε L₁, εβαλλε L₂. | – τον S.

πολλοὶ πλούσιοι ἔβαλλον πολλά· 42. καὶ ἐλθοῦσα μία χήρα πτωχὴ ἔβαλεν λεπτὰ δύο, ὅ ἐστι κοδράντης. 43. καὶ προσκαλεσάμενος τοὺς μαθητὰς αὐτοῦ λέγει αὐτοῖς· ἀμὴν λέγω ὑμῖν ὅτι ἡ χήρα αὕτη ἡ πτωχὴ πλεῖον πάντων βέβληκεν τῶν § βαλλόντων εἰς τὸ γαζοφυλάκιον· 44. πάντες γὰρ ἐκ τοῦ περισσεύοντος αὐτοῖς ἔβαλον, αὕτη δὲ ἐκ τῆς ὑστερήσεως αὐτῆς πάντα ὅσα εἶχεν ἔβαλεν, ὅλον τὸν βίον αὐτῆς.

XIII.

1. Καὶ ἐκπορευομένου αὐτοῦ ἐκ τοῦ ἱεροῦ, λέγει αὐτῷ εἷς § ἐκ τῶν μαθητῶν αὐτοῦ· διδάσκαλε, ἴδε ποταποὶ λίθοι καὶ ποταπαὶ οἰκοδομαί. 2. καὶ § ἀποκριθεὶς ὁ Ἰησοῦς εἶπεν αὐτῷ· βλέπεις ταύτας τὰς § οἰκοδομὰς τὰς μεγάλας; § ἀμὴν λέγω σοι· οὐ μὴ ἀφεθῇ § ὧδε λίθος ἐπὶ § λίθον, ὃς οὐ μὴ § καταλυθήσεται. 3. καὶ καθημένου αὐτοῦ εἰς τὸ ὄρος τῶν ἐλαιῶν κατέναντι τοῦ ἱεροῦ, § ἐπηρώτα αὐτὸν κατ' ἰδίαν Πέτρος καὶ § Ἰωάννης καὶ Ἰάκωβος καὶ Ἀνδρέας· 4. § εἰπὸν ἡμῖν, πότε ταῦτα ἔσται; καὶ τί τὸ σημεῖον ὅτ' ἂν § μέλλει § ταῦτα πάντα συντελεῖσθαι;

---

42. χειρα P. | εβαλε S, εβαλλε L.. | εστιν P. | κοδραντις M.
43. τοις μαθηταις L.. | χειρα P. | βεβληκε S, εβαλεν P. | τον pro των M. |–των βαλλοντων P. | βαλοντων S. | γαζοφυλακειον L..
44. εβαλλεν L₂.|αὑτηP.|fin. αυτοις M.
XIII 1. – εκ sec. SM.
2. ο ιησους αποκριθεις S. | εικοδομας P. | μεγαλας οικοδομιας

s. | – αμην λεγω σοι s. | – ωδε SL. | λιθω s, λιθων P. | καταλυθη SV, καταλιθησεται M, καταληλιθησεται P.
3. επηρωτων SV, επειρωτα M. | ιακωβος και ιωαννης S.
4. ειπε SV. | υμιν LP. | οταν SL., οτι pro οταν V. | μελλη SMV', sed V = t.rl. | παντα ταυτα SV, – παντα P.

X

ΕΥΑΓΓΕΛΙΟΝ

5. § καὶ ἀποκριθεὶς ὁ Ἰησοῦς ἤρξατο αὐτοῖς λέγειν· βλέπετε μή τις ὑμᾶς πλανήσῃ. 6. πολλοὶ γὰρ ἐλεύσονται ἐπὶ τῷ ὀνόματί μου, λέγοντες ὅτι ἐγώ εἰμι § ὁ χριστός, καὶ πολλοὺς πλανήσουσιν· 7. ὅταν δὲ § ἀκούετε πολέμους καὶ ἀκοὰς πολέμων, μὴ θροεῖσθε· δεῖ γὰρ γενέσθαι, ἀλλ' οὔπω τὸ τέλος. 8. ἐγερθήσεται γὰρ ἔθνος § ἐπ' ἔθνος, καὶ βασιλεία ἐπὶ βασιλείαν, καὶ ἔσονται σεισμοὶ κατὰ τόπους, καὶ ἔσονται λιμοὶ καὶ ταραχαί. 9. § ταῦτα δὲ πάντα ἀρχὴ ὠδίνων. βλέπετε δὲ ὑμεῖς ἑαυτούς. παραδώσουσι γὰρ ὑμᾶς εἰς συνέδρια καὶ εἰς συναγωγὰς δαρήσεσθε καὶ ἐπὶ ἡγεμόνων καὶ βασιλέων σταθήσεσθε ἕνεκεν ἐμοῦ, εἰς μαρτύριον αὐτοῖς. 10. καὶ εἰς πάντα τὰ ἔθνη δεῖ πρῶτον κηρυχθῆναι τὸ εὐαγγέλιον. 11. ὅτ' ἂν δὲ § ἄγωσιν ὑμᾶς παραδιδόντες, μὴ προμεριμνᾶτε § πῶς ἢ τί λαλήσητε, μηδὲ μελετᾶτε, ἀλλ' ὃ ἐὰν δοθῇ ὑμῖν ἐν ἐκείνῃ τῇ ὥρᾳ, § ἐκεῖνο λαλεῖτε· οὐ γάρ ἐστε ὑμεῖς οἱ λαλοῦντες, ἀλλὰ τὸ πνεῦμα τὸ ἅγιον. 12. παραδώσει δὲ ἀδελφὸς ἀδελφὸν εἰς θάνατον καὶ πατὴρ τέκνον, καὶ ἐπαναστήσονται τέκνα ἐπὶ γονεῖς καὶ θανατώσουσιν αὐτούς· 13. καὶ ἔσεσθε μισούμενοι ὑπὸ πάντων διὰ τὸ ὄνομά μου· ὁ δὲ ὑπομείνας εἰς τέλος, οὗτος σωθήσεται.

5. ο δε ιησους αποκριθεις αυτοις ηρξατο S. | λεγειν αυτοις P. | πλανησει P.
6. − ο χριστος S.
7. ακουσητε S, ακουσετε L, ακουεται M, ακουετε PV. | θροεισθαι M.
8. επι SV.
9. − και ante βασιλεια V. | αρχαι ωδινων ταυτα S. | αρχαι L. | − βλεπετε δε υμεις εαυτους V. | τε pro δε L. | παραδωσουσιν V,

sed V* = S. | − γαρ V. | δαρησασθε M, δαρησεσθαι P. | σταθησεσθαι P.
9, 10. αυτοις και εις παντα τα εθνη· πρωτον δε δει interpung. V.
11. ὅταν SL, ὅτ᾽ ἂν M. | αγαγωσιν SV, αγουσιν M. | − πως η S. | λαλησηται V. | − μηδε μελιτατε L. | τουτο S, εκεινω M.
12. − αδελφος P. | γωνεις M.
13. ούτως MP.

14. Ὅτ᾽ ἂν δὲ ἴδητε τὸ βδέλυγμα τῆς ἐρημώσεως, τὸ ῥηθὲν ὑπὸ Δανιὴλ τοῦ προφήτου, §στῆκον ὅπου οὐ δεῖ· ὁ ἀναγινώσκων νοείτω, τότε οἱ ἐν τῇ Ἰουδαίᾳ φευγέτωσαν εἰς τὰ ὄρη, 15. ὁ δὲ ἐπὶ τοῦ δώματος μὴ καταβάτω εἰς τὴν οἰκίαν §μὴ δὲ §εἰσελθάτω ἆραί τι ἐκ τῆς οἰκίας αὐτοῦ, 16. καὶ ὁ εἰς τὸν ἀγρὸν ὢν μὴ ἐπιστρεψάτω εἰς τὰ ὀπίσω, ἆραι τὸ ἱμάτιον αὐτοῦ. 17. οὐαὶ δὲ ταῖς ἐν γαστρὶ ἐχούσαις καὶ ταῖς θηλαζούσαις ἐν ἐκείναις ταῖς ἡμέραις. 18. προσεύχεσθε δὲ ἵνα μὴ γένηται §ταῦτα χειμῶνος. 19. ἔσονται γὰρ αἱ ἡμέραι ἐκεῖναι §θλίψεις, οἷα οὐ γέγονεν τοιαύτη ἀπ᾽ ἀρχῆς κτίσεως ἧς ἔκτισεν ὁ θεὸς ἕως τοῦ νῦν §οὐδ᾽ οὐ μὴ γένηται. 20. καὶ εἰ μὴ §ὁ θεὸς ἐκολόβωσεν τὰς ἡμέρας §ἐκείνας οὐκ ἂν ἐσώθη πᾶσα σάρξ· †διὰ §δὲ τοὺς ἐκλεκτοὺς οὓς ἐξελέξατο ἐκολόβωσεν τὰς ἡμέρας. 21. καὶ τότε ἐάν τις ὑμῖν εἴπῃ· ἰδοὺ ὧδε ὁ Χριστός, †ἰδοὺ ἐκεῖ, μὴ §πιστεύετε. 22. ἐγερθήσονται γὰρ §ψευδόχρηστοι καὶ ψευδοπροφῆται καὶ §ποιήσουσιν σημεῖα καὶ τέρατα πρὸς τὸ ἀποπλανᾶν, εἰ δυνατόν, καὶ τοὺς ἐκλεκτούς. 23. ὑμεῖς δὲ βλέπετε· ἰδοὺ προείρηκα ὑμῖν πάντα. 24. Ἀλλ᾽ ἐν ἐκείναις ταῖς ἡμέραις, μετὰ τὴν θλίψιν §τῶν ἡμε-

---

14. οταν sl.. | - της ερημωσεως L. | εστος s, εστως V. | ορει M.
15. μηδὲ s, μήδὲ LP. | εισελθετω sl.. | ἆραι sv. | εικιας M.
16. πισω l.. | ἆραι M ut t. 15 (cf. (Matt. xxiv. 17, 18).
17. αικεινοις M.
18. γενητε M. | η φυγη υμων pro ταυτα sMV. | +η εν σαββατω post χειμωνος M.
19. Θλιψις s, θλιψης V, (l₁ = txt.) | γεγονε sl.. | κτησεως P. | εκ-

τησεν M. | και pro ουδ᾽ sV.
20. μι pro μη P. | κυριος pro ο θεος sV. | εκολοβωσι sl., εκωλοβωσεν M. | - εκειναις s. | αλλα δια pro δια δε sV. | εκολοβωσε sec. sl..
21. + η ante ιδου sec. sV. | πιστευσητε sV.
22. ψευδοχριστοι s, -ψευδοχρηστοι και V. | δωσουσι s, ποιησουσι L. | πλαναν V.

ρῶν ἐκείνων ὁ ἥλιος σκοτισθήσεται, καὶ ἡ σελήνη οὐ δώσει τὸ φέγγος αὐτῆς, 25. καὶ οἱ ἀστέρες § ἐκ τοῦ οὐρανοῦ ἔσονται ἐκπίπτοντες, καὶ αἱ δυνάμεις αἱ ἐν τοῖς οὐρανοῖς σαλευθήσονται. 26. καὶ τότε ὄψονται τὸν υἱὸν τοῦ ἀνθρώπου ἐρχόμενον ἐν § νεφέλῃ μετὰ δυνάμεως § καὶ δόξης πολλῆς. 27. καὶ τότε ἀποστελεῖ τοὺς ἀγγέλους αὐτοῦ καὶ ἐπισυνάξει τοὺς ἐκλεκτοὺς αὐτοῦ ἐκ τῶν τεσσάρων ἀνέμων, ἀπ' ἄκρου § τῆς γῆς ἕως ἄκρου § τοῦ οὐρανοῦ. 28. Ἀπὸ δὲ τῆς συκῆς μάθετε τὴν παραβολήν. ὅταν § ἤδη ὁ κλάδος αὐτῆς ἁπαλὸς γένηται καὶ ἐκφυῇ τὰ φύλλα, § γινώσκεται ὅτι ἐγγὺς τὸ θέρος ἐστίν· 29. οὕτως καὶ ὑμεῖς ὅταν § ἴδητε ταῦτα γινόμενα, γινώσκετε ὅτι ἐγγύς ἐστιν ἐπὶ θύραις. 30. ἀμὴν λέγω ὑμῖν ὅτι οὐ μὴ παρέλθῃ ἡ γενεὰ αὕτη § ἕως ἂν ταῦτα πάντα γένηται. 31. ὁ οὐρανὸς καὶ ἡ γῆ παρελεύσονται, οἱ δὲ λόγοι μου οὐ μὴ παρέλθωσιν. 32. Περὶ δὲ τῆς ἡμέρας ἐκείνης καὶ † ὥρας οὐδεὶς οἶδεν οὐδὲ οἱ ἄγγελοι οἱ ἐν οὐρανῷ οὐδὲ ὁ υἱός, εἰ μὴ ὁ πατὴρ § μόνος. 33. βλέπετε § δὲ § καὶ ἀγρυπνεῖτε καὶ προσεύχεσθε· οὐκ οἴδατε γὰρ πότε ὁ καιρός ἐστιν. 34. § ὥσπερ γὰρ ἄνθρωπος ἀπόδημος ἀφεὶς τὴν οἰκίαν αὐτοῦ καὶ δοὺς τοῖς δούλοις αὐτοῦ τὴν ἐξουσίαν, καὶ ἑκάστῳ τὸ ἔργον αὐτοῦ, καὶ τῷ θυρωρῷ ἐνετείλατο ἵνα γρηγορῇ. 35. γρηγορεῖτε οὖν· οὐκ οἴδατε γὰρ πότε ὁ κύριος

---

24. εκεινην *pro* των ημ. εκ. SPV. | σκοτησθησεται V, *sed* v* = s.
25. αστεραις M. | - εκ s.
26. νεφελαις sv, ναιφελαι M. | πολλης και δοξης s.
27. - της s. | - του s.
28. αυτης ηδη ο κλαδος sv. | - εκφυη v. | + εν αυτη *post* φυλλα v. | γινωσκετε SLV.
29. ουτω s. | ιδετε v. | ταυτα ιδητε s.
30. μεχρις ου παντα ταυτα s.
31. παρελθωσι s.
32. + της *ante* ωρας s. | - οι *sec.* v. | ειμι *pro* ει μη M. | - μονος SL.
33. - δε s. | - και *prim.* s. | + οτι *ante* ουκ M.
34. ως *pro* ωσπερ γαρ s. | γρηγυρει MP.

τῆς οἰκίας ἔρχεται, ὀψὲ ἢ μεσονυκτίου ἢ §ἀλεκτροφωνίας ἢ πρωΐ· 36. μὴ ἐλθὼν §ἐξέφνης εὕρῃ ὑμᾶς καθεύδοντας. 37. ἃ δὲ ὑμῖν λέγω, πᾶσιν λέγω, γρηγορεῖτε.

XIV.

1. Ἦν δὲ τὸ πάσχα καὶ τὰ ἄζυμα μετὰ δύο ἡμέρας, καὶ ἐζήτουν οἱ ἀρχιερεῖς καὶ οἱ γραμματεῖς πῶς αὐτὸν † δόλῳ κρατήσαντες ἀποκτείνωσιν· 2. ἔλεγον δέ· μὴ ἐν τῇ ἑορτῇ, μήποτε θόρυβος ἔσται τοῦ λαοῦ.

3. Καὶ ὄντος αὐτοῦ ἐν Βηθανίᾳ ἐν τῇ οἰκίᾳ Σίμωνος τοῦ λεπροῦ, κατακειμένου αὐτοῦ §προσῆλθεν αὐτῷ γυνὴ ἔχουσα ἀλάβαστρον μύρου νάρδου πιστικῆς §πολυτίμου, καὶ συντρίψασα τὸ ἀλάβαστρον κατέχεεν αὐτοῦ κατὰ τῆς κεφαλῆς. 4. ἦσαν δέ τινες §τῶν μαθητῶν ἀγανακτοῦντες πρὸς ἑαυτοὺς καὶ λέγοντες· εἰς τί ἡ ἀπώλεια αὕτη τοῦ μύρου γέγονεν; 5. ἠδύνατο γὰρ §πραθῆναι τὸ μῦρον τοῦτο ἐπάνω τριακοσίων δηναρίων καὶ δοθῆναι τοῖς πτωχοῖς· καὶ ἐνεβριμῶντο αὐτῇ. 6. ὁ δὲ Ἰησοῦς εἶπεν· ἄφετε αὐτήν· τί αὐτῇ κόπους παρέχετε; καλὸν § γὰρ ἔργον εἰργάσατο §ἐν ἐμοί. 7. πάντοτε γὰρ τοὺς πτωχοὺς ἔχετε μεθ᾽ ἑαυτῶν καὶ ὅταν θέλητε δύνασθε §αὐτοῖς εὖ ποιῆσαι, ἐμὲ δὲ οὐ πάντοτε ἔχετε. 8. ὃ εἶχεν

---

35 αλεκτοροφωνιας S.
36. εξαιφνης SL.
37. πασι SI.P.
XIV. 1. + εν ante δολω SV.
3. ηλθε pro προσηλθεν αυτω S. | πολυτελους S. | τον pro το V.
4. -των μαθητων S. | αγανακτων-

τες L.
5. τουτο πραθηναι S. | διναριων L.
6. αυτη pro αυτην P. | κοπους παρεχετε αυτη P. | -γαρ S. | ηργασατο LV. | εις εμε S.
7. αυτους S.
8. εσχεν pro ειχεν V. | + αυτη post

† ἐποίησεν· προέλαβεν μυρίσαι μου τὸ σῶμα εἰς τὸν ἐνταφιασμόν. 9. ἀμὴν λέγω ὑμῖν, ὅπου ἂν κηρυχθῇ τὸ εὐαγγέλιον † εἰς ὅλον τὸν κόσμον, καὶ ὃ ἐποίησεν αὕτη λαληθήσεται εἰς μνημόσυνον αὐτῆς. 10. Καὶ § ἰδοὺ †'Ιούδας †'Ισκαριώτης, εἷς τῶν δώδεκα, ἀπῆλθεν πρὸς τοὺς ἀρχιερεῖς ἵνα αὐτὸν παραδῷ αὐτοῖς. 11. οἱ δὲ ἀκούσαντες ἐχάρησαν καὶ ἐπηγγείλαντο αὐτῷ ἀργύριον δοῦναι· καὶ ἐζήτει πῶς εὐκαίρως αὐτὸν παραδῷ. 12. Καὶ τῇ πρώτῃ ἡμέρᾳ τῶν ἀζύμων, ὅτε τὸ πάσχα ἔθυον, λέγουσιν αὐτῷ οἱ μαθηταὶ αὐτοῦ· ποῦ θέλεις ἀπελθόντες ἑτοιμάσωμεν ἵνα φάγῃς τὸ πάσχα; 13. καὶ ἀποστέλλει § τῶν μαθητῶν αὐτοῦ δύο καὶ λέγει αὐτοῖς· ὑπάγετε εἰς τὴν πόλιν· καὶ §εἰσελθόντων ὑμῶν εἰς τὴν πόλιν ἀπαντήσει ὑμῖν ἄνθρωπος κεράμιον ὕδατος βαστάζων, § καὶ ἀκολουθήσατε αὐτῷ, 14. καὶ ὅπου ἐὰν εἰσέλθῃ εἴπατε τῷ οἰκοδεσπότῃ ὅτι ὁ διδάσκαλος λέγει· ποῦ ἐστι τὸ κατάλυμά § μου, ὅπου τὸ πάσχα μετὰ τῶν μαθητῶν μου § φάγομαι; 15. καὶ αὐτὸς ὑμῖν δείξει ἀνώγαιον μέγα ἐστρωμένον ἕτοιμον· ἐκεῖ ἑτοιμάσατε ἡμῖν. 16. καὶ ἐξῆλθον οἱ μαθηταὶ αὐτοῦ καὶ ἦλθον εἰς τὴν πόλιν καὶ εὗρον καθὼς εἶπεν αὐτοῖς, καὶ ἡτοίμασαν τὸ πάσχα.

ειχεν SV. | εποιησε S. | προελαβε Sl..
9. + οτι *post* υμιν V. | εαν *pro* αν V. | + τουτο *post* ευαγγελιον SV. | αυτη P.
10. – ιδου S. | + ο *ante* ιουδας S. | ιουδας SV. | + ο *ante* ισκαριωτης SV. | ισκαριοτης M. | απηλθε S. | παραδω αυτον SV.
11. εχαρισαν P. | απηγγειλαντο V.
12. θελης M. | ετοιμασομεν L.

13. δυο των μαθητων αυτου SV. | – εισελθοντων υμων εις την πολιν S. | – και *post* βασταζων S.
14. εστιν M. | – μου SV. | φαγω S, φαγωμαι M.
15. δειξη L. | ανωγεον sl.*scr at* αναγεον l.*treg*. | – μεγα M. | ετοιμον MP. | + και *ante* εκει M.
16. + ετοιμασαι *post* εξηλθον V. | αυτω *pro* αυτου V.

17. Καὶ ὀψίας γενομένης ἔρχεται μετὰ τῶν δώδεκα. 18. καὶ ἀνακειμένων αὐτῶν καὶ ἐσθιόντων εἶπεν ὁ Ἰησοῦς· ἀμὴν λέγω ὑμῖν ὅτι εἷς ἐξ ὑμῶν παραδώσει με, ὁ ἐσθίων μετ' ἐμοῦ. 19. οἱ δὲ ἤρξαντο λυπεῖσθαι καὶ λέγειν αὐτῷ εἷς καθ' εἷς· μή τι ἐγώ εἰμι; καὶ ἄλλος, μή τι ἐγώ; 20. ὁ δὲ ἀποκριθεὶς εἶπεν αὐτοῖς· εἷς ἐκ τῶν δώδεκα, ὁ ἐμβαπτόμενος μετ' ἐμοῦ εἰς τὸ τρυβλίον. 21. ὁ μὲν υἱὸς τοῦ ἀνθρώπου ὑπάγει, καθὼς γέγραπται περὶ αὐτοῦ· οὐαὶ δὲ τῷ ἀνθρώπῳ ἐκείνῳ δι' οὗ ὁ υἱὸς τοῦ ἀνθρώπου παραδίδοται· καλὸν ἦν αὐτῷ εἰ οὐκ ἐγεννήθη ὁ ἄνθρωπος ἐκεῖνος.

22. Καὶ ἐσθιόντων αὐτῶν λαβὼν ὁ Ἰησοῦς ἄρτον § καὶ εὐλογήσας ἔκλασεν καὶ § ἐδίδου αὐτοῖς καὶ εἶπεν· λάβετε, φάγετε· τοῦτό ἐστι τὸ σῶμά μου. 23. καὶ λαβὼν † ποτήριον εὐχαριστήσας ἔδωκεν αὐτοῖς, καὶ ἔπιον ἐξ αὐτοῦ πάντες. 24. καὶ εἶπεν αὐτοῖς· τοῦτό ἐστι τὸ αἷμά μου, τὸ τῆς καινῆς διαθήκης, τὸ § ὑπὲρ πολλῶν ἐκχυνόμενον § εἰς ἄφεσιν ἁμαρτιῶν. 25. ἀμὴν λέγω ὑμῖν ὅτι οὐκέτι οὐ μὴ πίω ἐκ τοῦ § γενήματος τῆς ἀμπέλου ἕως τῆς ἡμέρας ἐκείνης ὅταν αὐτὸ πίνω καινὸν ἐν τῇ βασιλείᾳ τοῦ θεοῦ.

26. Καὶ ὑμνήσαντες ἐξῆλθον εἰς τὸ ὄρος τῶν ἐλαιῶν. 27. καὶ λέγει αὐτοῖς ὁ Ἰησοῦς ὅτι πάντες § ὑμεῖς σκανδαλισθήσεσθε ἐν

---

19. - ειμι S. | + ειμι post εγω sec. M, sed - ειμι M'.
20. τριβλιον M. | + αυτος με παραδωσει post τριβλιον M.
21. υἱου pro οὗ M. | εγενηθη L.
22. + τον ante αρτον L. | - και SV. | εκλασε SL. | εδωκεν S, εcιδι P. | τοις μαθηταις pro αυτοις L. | ειπε S.

23. λαβον P. | + το ante ποτηριον SLM.
24. περι pro υπερ S. | - εις αφεσιν αμαρτιων S.
25. + δε post αμην M. | γεννηματος S. | αυτω P.
27. - υμεις S. | σκανδαλισθησεσθαι M. | εν bis ante εμοι P. | + εν

ΕΥΑΓΓΕΛΙΟΝ

ἐμοὶ † τῇ νυκτὶ ταύτῃ, ὅτι γέγραπται· πατάξω τὸν ποιμένα καὶ § τὰ πρόβατα διασκορπισθήσεται. 28. ἀλλὰ μετὰ τὸ ἐγερθῆναί με προάξω ὑμᾶς εἰς τὴν Γαλιλαίαν. 29. ὁ δὲ Πέτρος § ἀποκριθεὶς λέγει αὐτῷ· § εἰ καὶ πάντες σκανδαλισθήσονται, ἀλλ' οὐκ ἐγώ. 30. καὶ λέγει αὐτῷ ὁ Ἰησοῦς· ἀμὴν λέγω σοι ὅτι § σὺ σήμερον † τῇ νυκτὶ ταύτῃ πρὶν § ἀλέκτορα δὶς φωνῆσαι τρίς §με ἀπαρνήσει. 31. ὁ δὲ § Πέτρος §μᾶλλον περισσῶς ἔλεγεν ὅτι ἐὰν § δέῃ με συναποθανεῖν σοι, οὐ μή σε ἀπαρνήσομαι. ὡσαύτως δὲ καὶ πάντες ἔλεγον.

32. Καὶ ἔρχονται εἰς χωρίον οὗ τὸ ὄνομα § Γεθσημανεῖ, καὶ λέγει τοῖς μαθηταῖς αὐτοῦ· καθίσατε ὧδε ἕως § ἂν ἀπελθὼν § προσεύξομαι. 33. καὶ παραλαμβάνει τὸν Πέτρον καὶ τὸν Ἰάκωβον καὶ § τὸν Ἰωάννην § μετ' αὐτοῦ, καὶ ἤρξατο ἐκθαμβεῖσθαι καὶ ἀδημονεῖν. 34. § τότε λέγει αὐτοῖς· περίλυπός ἐστιν ἡ ψυχή μου ἕως θανάτου· μείνατε ὧδε καὶ γρηγορεῖτε. 35. καὶ § προσελθὼν μικρὸν ἔπεσεν § ἐπὶ πρόσωπον ἐπὶ § τὴν γῆν καὶ προσηύχετο † εἰ δυνατόν ἐστιν § ἵνα παρέλθῃ ἀπ' αὐτοῦ ἡ ὥρα,

---

ante τη νυκτι SV. | διασκορπισθησεται τα προβατα SV.
28. + και *post* αλλα P.
29. εφη S. | και ει S. | σκανδαλισθησεται M. | ου και *pro* ουκ P.
30. - συ S. | + εν *ante* τη νυκτι SV. | η δις αλεκτορα SV. | τρις L₁, *sed* L₂ = txt. | - μη L.. | απαρνηση μη SV. | απαρνησι P₂, απαρνησαι M.
31. - πετρος S. | εκ περισσου ελεγε μαλλον S. | με δεη S. | μι *pro* μη M. | απαρνησωμαι M.

32. καθησατε M. | - αν απελθων SV. | προσευξωμαι SL.
33. - τον *ante* ιωαννην S. | μεθ' εαυτου SV. | ασιμονειν M.
34. *init.* και *pro* τοτε S.
35. προελθων S. | - επι προσωπον S, (επιπρόσωπον V *uno accentu*). | τη γη S. | + ινα ante ει SL, V *omittit, sed prima manus in margine minio scripsit. Alter.* | ή *pro* ει M. | - ινα ante παρελθη SV', *sed* V = txt.

36. καὶ ἔλεγεν· ἀββᾶ ὁ πατήρ §μου, πάντα §σοι δυνατά ἐστιν· παρένεγκε τὸ ποτήριον §τοῦτο ἀπ' ἐμοῦ· ἀλλ' §οὐχ ὡς ἐγὼ θέλω §ἀλλ' ὡς σύ. 37. καὶ ἔρχεται καὶ εὑρίσκει αὐτοὺς καθεύδοντας, καὶ λέγει τῷ Πέτρῳ· Σίμων, καθεύδεις; οὐκ §ἰσχύσατε μίαν ὥραν γρηγορῆσαι; 38. γρηγορεῖτε καὶ προσεύχεσθε, ἵνα μὴ §ἔλθητε εἰς πειρασμόν. τὸ μὲν πνεῦμα πρόθυμον, ἡ δὲ σὰρξ ἀσθενής. 39. καὶ πάλιν ἀπελθὼν §εὔξατο τὸν αὐτὸν λόγον εἰπών. 40. καὶ ὑποστρέψας εὗρεν αὐτοὺς πάλιν καθεύδοντας. ἦσαν γὰρ οἱ ὀφθαλμοὶ αὐτῶν §καταβαρυνόμενοι, καὶ οὐκ ᾔδεισαν τί αὐτῷ ἀποκριθῶσιν. 41. καὶ ἔρχεται τὸ τρίτον καὶ λέγει αὐτοῖς· καθεύδετε τὸ λοιπὸν καὶ ἀναπαύεσθε· ἀπέχει §τὸ τέλος· ἦλθεν ἡ ὥρα, ἰδοὺ παραδίδοται ὁ υἱὸς τοῦ ἀνθρώπου εἰς τὰς χεῖρας †ἁμαρτωλῶν. 42. ἐγείρεσθε, ἄγωμεν· ἰδοὺ ὁ παραδιδούς με ἤγγικε. 43. Καὶ †ἔτι αὐτοῦ λαλοῦντος παραγίνεται Ἰούδας §Ἰσκαριώτης εἷς† τῶν δώδεκα, καὶ μετ' αὐτοῦ ὄχλος πολὺς μετὰ μαχαιρῶν καὶ ξύλων παρὰ τῶν ἀρχιερέων καὶ †γραμματέων καὶ †πρεσβυτέρων. 44. δεδώκει δὲ ὁ παραδιδοὺς αὐτὸν σύσσημον αὐτοῖς λέγων· ὃν ἂν φι-

---

36. ἀββά P, ἀβᾶ L. | – μου s. | δυνατα σοι SV. | – εστιν s. | απ' εμου τουτο s. | ου τί *pro* ουχ ως s. | αλλα τί *pro* αλλ' ως SV. | σοι *pro* συ V.
37. ισχυσας s.
38. προσευχεσθαι M. | εισελθητε SLV.
39. απελθων παλιν L. | προσηυξατο, SV, ηυξατο L. | ειπον P.
40. βεβαρημενοι *pro* καταβαρυνομενοι s. | ηευσαν M. | αυτω τι L. | αποκριθωσι s.

41. – το *ante* λοιπον P. | – το τελος s. | παραδιδοτε V, παραδιδωκαι M. | – τας L. | + των *ante* αμαρτωλων SV.
42. ηγγικεν LV.
43. + ευθεως *ante* ετι SV. | – ισκαριωτης SLP. | + ὦν *post* εις s, + ὦν LM. | – πολυς *post* οχλος LP. | + των *ante* γραμματεων SV. | + των *ante* πρεσβυτερων s. | πρεσβυτερων και των γραμματεων V.
44. δεδωκει PV. | αυτων *pro* αυτον

Υ

λήσω, αυτός εστιν· κρατήσατε αυτόν και απαγάγετε ασφαλώς. 45. και ελθών ευθέως προσελθών αυτώ λέγει· § χαίρε ραββί, και κατεφίλησεν αυτόν. 46. οι δε επέβαλον † τας χείρας § αυτώ, και εκράτησαν αυτόν. 47. είς δέ τις των παρεστηκότων σπασάμενος την μάχαιραν § έπεισεν τον δούλον του αρχιερέως, και αφείλεν αυτού το ωτίον. 48. και αποκριθείς ο Ιησούς είπεν αυτοίς· ως επί ληστήν § εξήλθατε μετά μαχαιρών και ξύλων συλλαβείν με· 49. καθ' ημέραν ήμην προς υμάς εν τω ιερώ διδάσκων, και ουκ εκρατήσατέ με· αλλ' ίνα πληρωθώσιν αι γραφαί § των προφητών. 50. § τότε § οι μαθηταί αφέντες αυτόν † έφυγον.

51. Και είς τις νεανίσκος § ηκολούθησεν αυτώ περιβεβλημένος σινδόνα § γυμνός· § οι δε νεανίσκοι εκράτησαν αυτόν· 52. ο δε καταλιπών την σινδόνα γυμνός έφυγεν απ' αυτών.

53. Και απήγαγον τον Ιησούν προς τον αρχιερέα §Καϊάφαν, και συνέρχονται †πάντες οι αρχιερείς και οι πρεσβύτεροι και οι γραμματείς. 54. και ο Πέτρος § απομακρόθεν § ηκολούθει

---

prim. M. | λεγων αυτοις V. | φιλισω M. | εστι S, εστιν V. | απαγετε L.
45. + αυτω *post* λεγει V. | ραββι ραββι *pro* χαιρε ραββι S. | κατεφιλισεν M.
46. επεβαλοντες P. | + επ' αυτον *post* επεβαλον SV' (επ' V *ex correct. sed quid primo scriptum fuerit, dispici nequit. Hoffm.*). | αυτων *pro* αυτω SV (αυτων V).
47. - την V. | επεσε L, επαισεν V, επαισε S.

48. εξηλθετε S.
49. - των προφητων S.
50. και *pro* τοτε S. | - οι μαθηται S. | + παντες *post* αυτον SV, + απαντες L.
51. ηκολουθει S. | σινδονας P. | επι γυμνου *pro* γυμνος SV (*uno verbo* V). | και κρατουσιν αυτον οι νεανισκοι S.
52. κατα λοιπών P, καταλιπον M.
53. - καιαφαν S. | + αυτω *post* συνερχονται SV' *marg.*
54. από μακρόθεν EM.| ηκολουθη M,

ΚΑΤΑ ΜΑΡΚΟΝ. 171

αὐτῷ ἕως ἔσω εἰς τὴν αὐλὴν τοῦ ἀρχιερέως, καὶ ἦν συγκαθήμενος μετὰ τῶν ὑπηρετῶν § αὐτοῦ † θερμαινόμενος πρὸς τὸ φῶς. 55. Οἱ δὲ ἀρχιερεῖς καὶ ὅλον τὸ συνέδριον ἐζήτουν κατὰ τοῦ Ἰησοῦ μαρτυρίαν εἰς τὸ θανατῶσαι αὐτόν, καὶ οὐχ εὕρισκον. 56. πολλοὶ γὰρ ἐψευδομαρτύρουν κατ' αὐτοῦ, καὶ ἴσαι αἱ μαρτυρίαι οὐκ ἦσαν. 57. § ἄλλοι δὲ ἀναστάντες ἐψευδομαρτύρουν κατ' αὐτοῦ λέγοντες 58. ὅτι ἡμεῖς ἠκούσαμεν αὐτοῦ λέγοντος ὅτι ἐγὼ καταλύσω τὸν ναὸν τοῦτον τὸν χειροποίητον καὶ διὰ τριῶν ἡμερῶν ἄλλον ἀχειροποίητον οἰκοδομήσω. 59. καὶ οὐδὲ οὕτως ἴση ἦν ἡ μαρτυρία αὐτῶν. 60. καὶ ἀναστὰς ὁ ἀρχιερεὺς εἰς † μέσον ἐπηρώτησεν τὸν Ἰησοῦν λέγων· οὐκ ἀποκρίνῃ οὐδὲν τί οὗτοί σου καταμαρτυροῦσιν; 61. ὁ δὲ ἐσιώπα καὶ οὐδὲν ἀπεκρίνατο. § καὶ πάλιν ὁ ἀρχιερεὺς ἐπηρώτα αὐτὸν § ἐκ δευτέρου καὶ λέγει αὐτῷ· σὺ εἶ ὁ Χριστὸς ὁ υἱὸς τοῦ εὐλογητοῦ; 62. ὁ δὲ Ἰησοῦς § ἀποκριθεὶς εἶπεν § αὐτῷ· σὺ εἶπας ὅτι ἐγώ εἰμι, καὶ ὄψεσθε τὸν υἱὸν τοῦ ἀνθρώπου § ἐκ δεξιῶν καθήμενον τῆς δυνάμεως καὶ ἐρχόμενον μετὰ τῶν νεφελῶν τοῦ οὐρανοῦ. 63. ὁ δὲ ἀρχιερεὺς διαρρήξας τοὺς χιτῶνας αὐτοῦ λέγει· τί ἔτι χρείαν § ἔχωμεν μαρ-

---

ηκολουθησεν s. | -εσω P. | -αυτου s. | +και *ante* θερμαινομενος sv. | θερμενομενος LP.
56. κ' αυτ' *pro* κατ' v. | ισαι L? | + αυτων *post* μαρτυριων L.
57. και τινες *pro* αλλοι δε s.
58. λεγοντες *pro* λεγοντος P. | -τον *post* τουτον P.
59. ιδ' *pro* ουδε P, ουδ' M. | ιση *post* αυτων *ponit* v.

60. + αυτων *post* αναστας v. | + το *ante* μεσον s. | μεσων P. | επηρωτησε sl.. | τοι *pro* τι P.
61. -και *sec.* s. | εκ δευτερου *post* παλιν *legit* v, - εκ δευτερου s. | + του θεου *post* υιος M.
62. -ιησους P. | -αποκριθεις s. | -αυτω s. | -συ ειπας οτι s. | καθημενον εκ δεξιων s.
63. + ευθεως *ante* διαρρηξας v. | εχομεν sv.

τύρων; ηκούσατε § τὴν βλασφημίαν § τοῦ στόματος αὐτοῦ· τί ὑμῖν φαίνεται; § καὶ πάντες κατέκριναν αὐτὸν εἶναι ἔνοχον θανάτου.

65. Καὶ ἤρξαντό τινες ἐμπτύειν αὐτῷ καὶ περικαλύπτειν τὸ πρόσωπον αὐτοῦ καὶ κολαφίζειν αὐτὸν καὶ λέγειν †· προφήτευσον § νῦν Χρίστε τίς ἐστιν ὁ παίσας σε; καὶ οἱ ὑπηρέται ῥαπίσμασιν αὐτὸν § ἐλάμβανον.

66. Καὶ ὄντος τοῦ Πέτρου ἐν τῇ αὐλῇ κάτω ἔρχεται μία τῶν παιδισκῶν τοῦ ἀρχιερέως, 67. καὶ ἰδοῦσα αὐτὸν θερμαινόμενον ἐμβλέψασα αὐτῷ λέγει· καὶ σὺ μετὰ τοῦ § Ναζαρινοῦ Ἰησοῦ § εἶς. 68. ὁ δὲ ἠρνήσατο λέγων· οὐκ οἶδα § οὔτε ἐπίσταμαι τί σὺ λέγεις. καὶ ἐξῆλθεν § εἰς τὴν ἔξω προαύλιον, καὶ ἀλέκτωρ ἐφώνησεν. 69. καὶ ἡ παιδίσκη ἰδοῦσα αὐτὸν πάλιν ἤρξατο λέγειν τοῖς παρεστηκόσιν ὅτι § καὶ οὗτος ἐξ αὐτῶν ἐστίν. 70. ὁ δὲ πάλιν § ἠρνήσατο. καὶ μετὰ μικρὸν πάλιν οἱ παρεστῶτες ἔλεγον τῷ Πετρῷ· ἀληθῶς ἐξ αὐτῶν εἶ· καὶ γὰρ Γαλιλαῖος εἶ καὶ ἡ λαλιά σου ὁμοιάζει. 71. ὁ δὲ ἤρξατο ἀναθεματίζειν καὶ ὀμνύειν ὅτι οὐκ

---

64. + παντες post ηκουσατε V. | της βλασφημιας S. | + αυτου εκ post βλασφημιαν V.| - του στοματος αυτου S. | οἱ δε pro και S.
65. προσωπον L. | + αυτω post λεγειν S. | ουν pro νυν M. | εστι P. | σαι pro σε M. | - νυν usq. σε S. | εβαλλυν pro ελαμβανον SV.
66. οντως P. | + κατω L.
67. του πετρον pro αυτου SV. | θερμενομενον LP.|ναζαρηνουsLV.|
ἧς pro εις P, ησθα SV.
68. ουδε pro ουτε S. | εισηλθεν pro εξηλθεν M. | εξω εις το pro εις την εξω S. | εφωνησε SLM.
69. παλιν cum sequentibus jungit V. | παρεστηκωσιν M.| - και sec. S.| ουτως pro ουτος P.
70. ηρνειτο S. | παρεστηκοτες V. | ελεγων P. | ει; prim. L. | ομιαζει M.
71. ὀμνύειν L.

οἶδα τὸν ἄνθρωπον τοῦτον ὃν λέγετε. 72. καὶ § εὐθέως ἐκ δευτέρου ἀλέκτωρ ἐφώνησεν. καὶ §ἀναμνησθεὶς ὁ Πέτρος τοῦ ῥήματος οὗ εἶπεν αὐτῷ ὁ Ἰησοῦς ὅτι πρὶν ἀλεκτόρα φωνῆσαι δὶς ἀπαρνήσῃ με τρίς καὶ ἐπιβαλὼν ἔκλαιεν.

XV.

1. Καὶ εὐθέως ἐπὶ τὸ πρωῒ συμβούλιον ποιήσαντες οἱ ἀρχιερεῖς μετὰ τῶν πρεσβυτέρων καὶ γραμματέων καὶ ὅλον τὸ συνέδριον, δήσαντες τὸν Ἰησοῦν ἀπήνεγκαν καὶ παρέδωκαν § αὐτὸν τῷ Πιλάτῳ. 2. καὶ ἐπηρώτησεν αὐτὸν ὁ Πιλᾶτος § λέγων· σὺ εἶ ὁ βασιλεὺς τῶν Ἰουδαίων; ὁ δὲ ἀποκριθεὶς εἶπεν αὐτῷ· σὺ λέγεις. 3. καὶ κατηγόρουν § αὐτῷ οἱ ἀρχιερεῖς πολλά, § αὐτὸς δὲ οὐδὲν ἀπεκρίνατο. 4. ὁ δὲ Πιλᾶτος πάλιν § ἐπηρώτα αὐτὸν λέγων· οὐκ ἀποκρίνῃ οὐδέν; ἴδε πόσα σου καταμαρτυροῦσιν· 5. ὁ δὲ Ἰησοῦς οὐκέτι οὐδὲν §ἀπεκρίνατο, ὥστε θαυμάζειν τὸν Πιλᾶτον.
6. Κατὰ δὲ ἑορτὴν § εἰώθει ὁ ἡγεμὼν ἀπολύειν αὐτοῖς ἕνα δέσμιον §ὃν ἂν ᾐτοῦντο. 7. ἦν. δὲ § τότε ὁ λεγόμενος Βαραββᾶς μετὰ τῶν § στασιαστῶν δεδέμενος, οἵτινες ἐν τῇ

---

72. − ευθεως S. | εφωνησε S. | ανεμνησθη pro αναμνησθεις S. | αλεκτωρα PM. | εκλαιε S.
XV. 1. τω πρωι M. | ολων M. | απηγαγον pro απηνεγκαν V. | − αυτον SV. | το pro τω ante πιλατω P.
2. − λεγων S.
3. αυτου pro αυτω S. | − αυτος usq. απεκρινατο S.
4. επηρωτησεν S.
5. απεκριθη SV.
6. ειωθη MP. | απελυεν pro ειωθει ο ηγεμων απολυειν S. | ουπερ pro ον αν S.
7. − τοτε S. | συστασιαστων SV.

στάσει φόνον πεποιήκεισαν. 8. καὶ ἀναβοήσας ὁ ὄχλος ἤρξατο αἰτεῖσθαι καθὼς ἀεὶ ἐποίει αὐτοῖς. 9. ὁ δὲ Πιλάτος ἀπεκρίθη αὐτοῖς λέγων· θέλετε ἀπολύσω ὑμῖν τὸν βασιλέα τῶν Ἰουδαίων ; 10. § ᾔδει γὰρ ὅτι διὰ φθόνον § παρέδωκαν αὐτὸν οἱ ἀρχιερεῖς. 11. οἱ δὲ ἀρχιερεῖς ἀνέσεισαν τὸν ὄχλον ἵνα μᾶλλον τὸν Βαραββᾶν § ἀπολύσει αὐτοῖς. 12. ὁ δὲ Πιλάτος ἀποκριθεὶς πάλιν εἶπεν αὐτοῖς· τί οὖν † ποιήσω † § τὸν βασιλέα τῶν Ἰουδαίων; 13. οἱ δὲ πάλιν § ἔκραζον ἀνασειόμενοι ὑπὸ τῶν ἀρχιερέων καὶ ἔλεγον· σταύρωσον αὐτόν. 14. ὁ δὲ Πιλάτος ἔλεγεν αὐτοῖς· τί γὰρ κακὸν ἐποίησεν; οἱ δὲ § περισσῶς ἔκραζον· σταύρωσον αὐτόν. 15. ὁ δὲ Πιλάτος βουλόμενος τῷ ὄχλῳ τὸ ἱκανὸν ποιῆσαι ἀπέλυσεν αὐτοῖς τὸν Βαραββᾶν, καὶ παρέδωκεν τὸν Ἰησοῦν φραγελλώσας ἵνα σταυρωθῇ.

16. Οἱ δὲ στρατιῶται ἀπήγαγον αὐτὸν § εἰς τὴν αὐλὴν, ὅ ἐστι πραιτώριον, καί συγκαλοῦσιν ὅλην τὴν σπεῖραν· 17. καὶ ἐνδιδύσκουσιν αὐτὸν § χλαμύδα κοκκινὴν καί πορφύραν καὶ § περιτιθοῦσιν αὐτῷ πλέξαντες ἀκάνθινον στέφανον· 18. καὶ ἤρξαντο ἀσπάζεσθαι αὐτόν· χαῖρε § ὁ βασιλεὺς τῶν Ἰουδαίων·

---

8. ηρξαντο V. | ἀ *pro* αει M.
10. εγινωσκε *pro* ηδει S, εγινωσκεν V, ηδει L.. | παραδεδωκεισαν S. | αρχιεεις (*sic*) M.
11. βαραβαν L. | απολυση SLM.
12. — παλιν P. | + θελετε *post* ουν SMV. | + ὁν λεγετε *post* ποιησω SMV. | — τον *ante* βασιλεα SV.
13. εκραξαν S. | ανασιομενοι M. | — ανασειομενοι *usq.* ελεγον S.
14. περισσοτερως εκραξαν SV.
15. + ελεγεν αυτοις *ante* βουλομενος L.₂ (*recenti manu*). | παρεδωκε SL.
16. της αυλης *pro* εις την αυλην SV.
17. ενδυουσιν SV. | — χλαμυδα κοκκινην και S. (χλαμῦδα V). | περιτιθεασιν S.
18. + και λεγειν *ante* χαιρε M. | βασιλευ *pro* ὁ βασ. S. | αυτων *pro* των L.₁.

19. καὶ ἔτυπτον αὐτοῦ τὴν κεφαλὴν καλάμῳ καὶ ἐνέπτυον αὐτῷ, καὶ τιθέντες τὰ γόνατα προσεκύνουν αὐτῷ. 20. καὶ ὅτε ἐνέπαιξαν αὐτῷ, ἐξέδυσαν αὐτὸν § τὴν χλαμύδα καὶ τὴν πορφύραν καὶ ἐνέδυσαν αὐτὸν τὰ ἱμάτια τὰ ἴδια. Καὶ ἐξάγουσιν αὐτὸν ἵνα σταυρώσωσιν αὐτόν. 21. καὶ ἀγγαρεύουσι παράγοντά τινα Σίμωνα τὸν § Κυριναῖον, ἐρχόμενον ἀπ' ἀγροῦ, τὸν πατέρα Ἀλεξάνδρου καὶ Ῥούφου, ἵνα ἄρῃ τὸν σταυρὸν αὐτοῦ. 22. καὶ §·ἄγουσιν αὐτὸν § εἰς τὸν Γολγοθᾶ τόπον, ὅ ἐστι μεθερμηνευόμενον κρανίου τόπος. 23. καὶ ἐδίδουν αὐτῷ πιεῖν ἐσμυρνισμένον οἶνον· ὁ δὲ οὐκ ἔλαβεν. 24. καὶ σταυρώσαντες αὐτὸν § διεμερίζοντο τὰ ἱμάτια αὐτοῦ, βάλλοντες § κλήρους ἐπ' αὐτὰ τίς τί ἄρῃ. 25. ἦν δὲ ὥρα τρίτη § ὅτε ἐσταύρωσαν αὐτόν. 26. καὶ ἦν ἡ ἐπιγραφὴ τῆς αἰτίας αὐτοῦ ἐπιγεγραμμένη· ὁ βασιλεὺς τῶν Ἰουδαίων.

27. Καὶ σὺν αὐτῷ σταυροῦσι δύο λῃστάς, ἕνα ἐκ δεξιῶν καὶ ἕνα § ἐξευωνύμων αὐτοῦ. 28. καὶ ἐπληρώθη ἡ γραφὴ ἡ λέγουσα· καὶ μετὰ ἀνόμων ἐλογίσθη. 29. καὶ οἱ παραπορευόμενοι ἐβλασφήμουν αὐτὸν κινοῦντες τὰς κεφαλὰς αὐτῶν καὶ λέγοντες· οὐὰ ὁ καταλύων τὸν ναὸν καὶ ἐν τρισὶν ἡμέραις οἰκοδομῶν, 30. σῶσον σεαυτὸν καὶ κατάβα ἀπὸ τοῦ σταυροῦ. 31. ὁμοίως † καὶ οἱ ἀρχιε-

---

20. init. - και L. | - την χλαμυδα και S. | σταυρωσουσιν L.
21. αγγαρευουσιν V. | κυρηναιον S, κηρυναιον L. | απαγρου M, απο αγρου P. | ινα P. | αρη L.
22. φερουσιν pro αγουσιν SV. | επι pro εις τον S.
23. ποιειν pro πιειν M. | ελαβε S.
24. διεμεριζον S, διεμεριζωντω P. |

κληρον SLV.
25. και pro οτε S. | εσταυρωσαν σαν (sic) M.
26. - ἡ P. | επιγεγραμμενην (sic) M.
27. σταυρουσιν V. | λησταν M, sed ληστας M'. | εξ ευωνυμων S.
29. - αυτων post κεφαλας M. | ουὰ SM.
31. + δε post ομοιως S. | + προς αλ-

ρεῖς ἐμπαίζοντες † μετὰ τῶν γραμματέων ἔλεγον· ἄλλους ἔσωσεν, ἑαυτὸν οὐ δύναται σῶσαι· 32. ὁ Χριστὸς † βασιλεὺς † Ἰσραὴλ καταβάτω νῦν ἀπὸ τοῦ σταυροῦ, ἵνα ἴδωμεν καὶ πιστεύσωμεν § αὐτῷ. καὶ οἱ συνεσταυρωμένοι αὐτῷ § ὀνείδιζον αὐτόν. 33. § Καὶ γενομένης † ὥρας ἕκτης σκότος ἐγένετο ἐφ᾽ ὅλην τὴν γῆν ἕως ὥρας § ἐνάτης. 34. καὶ τῇ § ἐνάτῃ ὥρᾳ ἐβόησεν ὁ Ἰησοῦς φωνῇ μεγάλῃ λέγων· ἐλωῒ ἐλωῒ § λιμᾶς ἀβαχθανί, ὅ ἐστιν μεθερμηνευόμενον· ὁ θεὸς † ὁ θεός μου, εἰς τί με ἐγκατέλιπες; 35. καὶ τινὲς τῶν παρεστηκότων ἀκούσαντες ἔλεγον· § ἴδε Ἡλίαν φωνεῖ. 36. § καὶ δραμόντες ἐγέμησαν σπόγγον ὄξους § καὶ περιθέντες καλάμῳ § ἐπότιζον αὐτόν, § λέγοντες· ἄφες ἴδωμεν εἰ ἔρχεται Ἡλίας καθελεῖν αὐτόν. 37. ὁ δὲ Ἰησοῦς ἀφεὶς φωνὴν μεγάλην ἐξέπνευσεν. 38. καὶ τὸ καταπέτασμα τοῦ ναοῦ ἐσχίσθη εἰς δύο § ἀπάνωθεν ἕως κάτω. 39. ἰδὼν δὲ ὁ κεντυρίων ὁ παρεστηκὼς § ἐξεναντίας αὐτοῦ ὅτι οὕτως κράξας ἐξέπνευσεν, εἶπεν· ἀληθῶς ὁ ἄνθρωπος οὗτος υἱὸς ἦν θεοῦ.

λήλους post εμπαιζοντες SMV (uno verbo V). | δυνατε M. | σωσαι. SMVP, at σωσαι; Γ'.
32. + ὁ ante βασιλευς SLV. | + του ante ισραηλ SV. | καταβατων ουν M. | - αυτω prim. S. | ωνειδιζον SLV.
33. - και S. | + δε post γενομενης S. | εννατης S.
34. τη ωρα τη εννατη (εναττη V) SV. | ελωι bis L. | λειμάς V, λαμμᾶ σαβαχθανί S. | εστι SLV. | + μου post θεος prim. SV | κατελιπες με V.
35. - ακουσαντες V. | ιδου pro ιδε S. ηλιαν V.

36. δραμωντες P. | εγεμισαν LV. | δραμων δε εις και γεμισας pro και δραμοντες εγεμησαν S. | σπογυν V, sed σπογγον V', - σπογγον M. | - οξους V. | περιθεις τε pro και περιθεντες S. | εποτιζεν S. | λεγων S. | αφετε S. | ηλιας σωσον και pro ιδωμεν ει ερχεται ηλιας L.
37. εξεπνευσε S.
38. απ' ανω P, απο ανωθεν SV. | κατωθεν L, κατωι V (= κατω).
39. - ὁ prim. L₁. | κεντηριων LM. | παρεστικως P. | εξ εναντιας S. | ουτω SL. | + του ante θεου LV.

40. Ἦσαν δὲ καὶ γυναῖκες ἀπὸ μακρόθεν θεωροῦσαι, ἐν αἷς ἦν †Μαρία ἡ Μαγδαληνὴ καὶ Μαρία †'Ιακώβου τοῦ μικροῦ καὶ §'Ιωσῆτος μήτηρ καὶ Σαλώμη, 41. αἳ καὶ ὅτε ἦν ἐν τῇ Γαλιλαίᾳ ἠκολούθουν αὐτῷ καὶ διηκόνουν αὐτῷ, καὶ ἄλλαι πολλαὶ αἱ συναναβᾶσαι αὐτῷ εἰς Ἱεροσόλυμα. 42. Καὶ ἤδη ὀψίας γενομένης, ἐπεὶ ἦν παρασκευή, ὅ ἐστιν §πρὸς σάββατον, 43. §ἐλθὼν Ἰωσὴφ ὁ ἀπὸ §'Αριμαθίας, εὐσχήμων βουλευτής, ὃς καὶ αὐτὸς ἦν προσδεχόμενος τὴν βασιλείαν τοῦ θεοῦ, τολμήσας εἰσῆλθεν πρὸς Πιλάτον καὶ ᾐτήσατο τὸ σῶμα τοῦ Ἰησοῦ. 44. ὁ δὲ Πιλᾶτος ἐθαύμασεν εἰ ἤδη τέθνηκεν, καὶ προσκαλεσάμενος τὸν κεντυρίωνα ἐπηρώτησεν αὐτὸν εἰ πάλαι ἀπέθανεν· 45. καὶ γνοὺς ἀπὸ τοῦ κεντυριώνος ἐδωρήσατο τὸ σῶμα τῷ Ἰωσήφ. 46. καὶ ἀγοράσας σινδόνα καὶ καθελὼν αὐτὸν ἐνείλησεν τῇ σινδόνι καὶ §ἔθηκεν αὐτὸν ἐν μνημείῳ ὃ ἦν λελατομημένον §ἐν τῇ πέτρᾳ, καὶ προσεκύλισε λίθον ἐπὶ τὴν θύραν τοῦ μνημείου. 47. ἡ δὲ Μαρία ἡ Μαγδαληνὴ καὶ Μαρία §'Ιακώβου καὶ Ἰωσῆτος μήτηρ ἐθεώρουν ποῦ §τέθηται.

---

40. απομακροθεν L. | + και *post* ην SM. | μαγδαλινη P. | + η του *ante* ιακωβου s. | ιωση sv.
42. εστι SLV. | προσαββατον *pro* προς σαββατον sl.
43. ηλθεν *pro* ελθων sv. | - ὁ P. | αριμαθειας SP, αριμαθεας M. ευσχημον M. | εισηλθε SLM. | ητισατο P. | τω *pro* το P.
44. τεθνηκε S. | κεντηριωνα LM. | επερωτησεν LM. | η *pro* ει M. |
απεθανε s.
45. παρα *pro* απο V. | κεντηριωνος L. | τω *pro* το M.
46. καθελων MP. | ενειλησε s, ενειλισεν M, ενειλυσε L. | σινδονη LM. | κατεθηκεν s. | εκ πετρας s. | προσεκυλισεν V, προσεκυλησε L.
47. μαγδαλινη P. | - ιακωβου και s. | ιωση *pro* ιωσητος sv. | τιθεται sv, τεθειται L..

XVI.

1. Καὶ διαγενομένου τοῦ σαββάτου Μαρία ἡ Μαγδαληνὴ καὶ Μαρία † Ἰακώβου καὶ Σαλώμη ἠγόρασαν ἀρώματα, ἵνα ἐλθοῦσαι ἀλείψωσι § τὸν Ἰησοῦν. 2. καὶ λίαν πρωῒ τῆς μιᾶς § τῶν σαββάτων ἔρχονται ἐπὶ τὸ μνημεῖον, ἀνατείλαντος τοῦ ἡλίου. 3. καὶ ἔλεγον πρὸς ἑαυτάς· τίς ἀποκυλίσει ἡμῖν τὸν λίθον § ἀπὸ τῆς θύρας τοῦ μνημείου; 4. καὶ ἀναβλέψασαι θεωροῦσιν ὅτι ἀποκεκύλισται ὁ λίθος· ἦν γὰρ μέγας σφόδρα. 5. καὶ ἀπελθοῦσαι εἰς τὸ μνημεῖον εἶδον νεανίσκον καθήμενον ἐν τοῖς δεξιοῖς περιβεβλημένον στολὴν λευκήν, καὶ ἐξεθαμβήθησαν. 6. ὁ δὲ λέγει αὐταῖς· μὴ ἐκθαμβεῖσθε. Ἰησοῦν ζητεῖτε τὸν § Ναζαρινὸν τὸν ἐσταυρωμένον· ἠγέρθη, οὐκ ἔστιν ὧδε· ἴδε ὁ τόπος ὅπου ἔθηκαν αὐτόν. 7. ἀλλ' ὑπάγετε εἴπατε τοῖς μαθηταῖς αὐτοῦ καὶ τῷ Πέτρῳ ὅτι προάγει ὑμᾶς εἰς τὴν Γαλιλαίαν· ἐκεῖ αὐτὸν ὄψεσθε, καθὼς εἶπεν ὑμῖν. 8. καὶ ἐξελθοῦσαι † ἔφυγον ἀπὸ τοῦ μνημείου· εἶχεν δὲ αὐτὰς τρόμος καὶ ἔκστασις· καὶ οὐδενὶ οὐδὲν εἶπον· ἐφοβοῦντο γάρ.

9. Ἀναστὰς § ὁ Ἰησοῦς πρωῒ πρώτῃ σαββάτου ἐφάνη πρῶτον

XVI. 1. μαγδαλινη P. | + ἡ του ante ιακωβου S. | σαλωνη P. | αλειψωσιν SV, αληψωσι P. | αυτον pro τον ιησουν S.
2. – των S.
3. αποκυλυσει L. | εκ pro απο SV.
4. αποκεκυλυσται L.
5. ιδον M.

6. εκθαμβεισθαι L,P. | ναζαρηνον SV, ναζωρηνον L.
7. αλλα V. | υπατε pro ειπατε M. | οψεσθαι P.
8. + ταχυ ante εφυγον S, | ειχε SL.
9. ναστας L. | + δε post αναστας SM. | – ο ιησους S. | σαβαατων

Μαρία τῇ Μαγδαληνῇ, ἀφ' ἧς ἐκβεβλήκει ἑπτὰ δαιμόνια. 10. ἐκείνη πορευθεῖσα ἀπήγγειλε τοῖς μετ' αὐτοῦ γενομένοις, πενθοῦσιν καὶ κλαίουσιν. 11. κἀκεῖνοι ἀκούσαντες ὅτι ζῇ καὶ ἐθεάθη ὑπ' αὐτῆς ἠπίστησαν. 12. Μετὰ δὲ ταῦτα δυσὶν ἐξ αὐτῶν περιπατοῦσιν ἐφανερώθη ἐν ἑτέρᾳ μορφῇ, πορευομένοις εἰς ἀγρόν. 13. κἀκεῖνοι ἀπελθόντες ἀπήγγειλαν τοῖς λοιποῖς· οὐδὲ ἐκείνοις ἐπίστευσαν. 14. Ὕστερον ἀνακειμένοις αὐτοῖς τοῖς ἕνδεκα ἐφανερώθη, καὶ ὠνείδισε τὴν ἀπιστίαν αὐτῶν καὶ σκληροκαρδίαν, ὅτι τοῖς θεασαμένοις αὐτὸν § ἐγειγερμένον § ἐκ νεκρῶν οὐκ ἐπίστευσαν. 15. καὶ εἶπεν αὐτοῖς· πορευθέντες εἰς τὸν κόσμον ἅπαντα κηρύξατε τὸ εὐαγγέλιον πάσῃ τῇ κτίσει. 16. ὁ πιστεύσας καὶ βαπτισθεὶς σωθήσεται, ὁ δὲ ἀπιστήσας κατακριθήσεται. 17. σημεῖα δὲ τοῖς πιστεύσασι ταῦτα παρακολουθήσει· ἐν τῷ ὀνόματί μου δαιμόνια ἐκβαλοῦσιν, γλώσσαις λαλήσουσι καιναῖς, 18. ὄφεις ἀροῦσιν, κἂν θανάσιμόν τι πίωσιν οὐ μὴ αὐτοὺς § βλάψῃ, ἐπὶ ἀρρώστους χεῖρας ἐπιθήσουσιν καὶ καλῶς ἕξουσιν. 19. ὁ μὲν οὖν κύριος μετὰ τὸ λαλῆσαι αὐτοῖς ἀνελήφθη εἰς § τοὺς οὐρανοὺς καὶ ἐκάθισεν ἐκ δεξιῶν τοῦ θεοῦ. 20. ἐκεῖνοι δὲ ἐξελθόντες ἐκήρυξαν πανταχοῦ

L₁. | μαγδαλινὴ P. | εβεβλήκει M.
10. πορευθησα MP. | γινομενοις L. | απηγγειλεν V. | πενθουσι SLM. κλαιουσι SL.
11. αυτοις *pro* αυτης M. | ηπιστεισαν L.
13. απειγγειλαν P.
14. - αυτοις P. | ἑνδεκα P. | ωνειδησε M. | απιστειαν P. | εγηγερμενον SP, εγερϋομενον M. | - εκ νεκρων S. | *fin.* + και ουκ επιστευσαν M.
15. κτησει P.
17. εκβαλουσί SL.
18. ὄφεις P. | αρουσι SP, ἀρουσι L. | ποιωσιν *pro* πιωσιν L. | βλαψει S. | επιθησουσι SLP.
19. + ιησους *post* κυριος V. | λαλυσαι M. | τον ουρανον S. | εκαθησεν M.
20. πάντα χῦ (i. e. χριστου) *pro*

ΕΥΑΓΓΕΛΙΟΝ ΚΑΤΑ ΜΑΡΚΟΝ.

τοῦ κυρίου συνεργοῦντος καὶ τὸν λόγον βεβαιοῦντος διὰ τῶν ἐπακολουθούντων σημείων. Ἀμήν.

Εὐαγγέλιον κατὰ μάρκον ἐγράφη ῥωμαϊστὶ ἐν ῥώμῃ μετὰ ιβ̄ ἔτη τῆς ἀναλήψεως τοῦ κυρίου· ἔχει δὲ ῥήματα α̅χ̅ο̅ε στίχους α̅χ̅ι̅ς.

παντάχου L. | + των ante σημειων P.
Subscriptio. ρωμαιστη (sic) MP. | εχη pro εχει P. | L nil habet

subscriptum. s habet: τὸ κατὰ Μάρκον εὐαγγέλιον ἐγράφη ἐν στίχοις αφη, κεφαλαίοις σλς΄.

ΕΥΑΓΓΕΛΙΟΝ
ΚΑΤΑ ΛΟΥΚΑΝ.

I.

1. Ἐπειδήπερ πολλοὶ ἐπεχείρησαν ἀνατάξασθαι διήγησιν περὶ τῶν πεπληροφορημένων ἐν ἡμῖν πραγμάτων, 2. καθὼς παρέδοσαν ἡμῖν οἱ § ἀπαρχῆς αὐτόπται καὶ ὑπηρέται γενόμενοι τοῦ λόγου, 3. ἔδοξε κἀμοὶ παρηκολουθηκότι ἄνωθεν πᾶσιν ἀκριβῶς καθεξῆς σοι γράψαι, κράτιστε Θεόφιλε, 4. ἵνα ἐπιγνῷς περὶ ὧν κατηχήθης λόγων τὴν § ἀσφάλιαν. 5. Ἐγένετο ἐν ταῖς ἡμέραις Ἡρώδου τοῦ βασιλέως τῆς Ἰουδαίας ἱερεύς τις ὀνόματι Ζαχαρίας ἐξ ἐφημερίας Ἀβιά, καὶ ἡ γυνὴ αὐτοῦ ἐκ τῶν θυγατέρων Ἀαρών, καὶ τὸ ὄνομα αὐτῆς Ἐλισάβετ. 6. ἦσαν δὲ δίκαιοι ἀμφότεροι ἐνώπιον τοῦ θεοῦ, πορευόμενοι ἐν πάσαις ταῖς ἐντολαῖς καὶ δικαιώμασι τοῦ κυρίου ἄμεμπτοι. 7. καὶ οὐκ ἦν αὐτοῖς τέκνον, § καθότι † Ἐλισάβετ ἦν στεῖρα, καὶ ἀμφότεροι προβε-

---

Inscriptio. εκ του κατα λουκαν ευαγγελιον (sic) L scr. ευαγγελιου L treg.
1. 2. ἀπ᾿ ἀρχῆς S. | παρεδωσαν MP.
3. εδωξε P. | παρακολουθηκοτὴ P.
4. κρατισται P. | ασφαλειαν SL.
5 εφ᾿ ἡμεριας M.(et r. S.) | ἐλισάβετ L.
7. τεκνων MP. | καθοτι SL. | + ἡ

ΕΥΑΓΓΕΛΙΟΝ

βηκότες ἐν ταῖς ἡμέραις αὐτῶν ἦσαν. 8. ἐγένετο δὲ ἐν τῷ ἱερατεύειν αὐτὸν ἐν τῇ τάξει τῆς ἐφημερίας αὐτοῦ § ἐναντίον τοῦ θεοῦ, 9. κατὰ τὸ ἔθος τῆς ἱερατείας ἔλαχε τοῦ θυμιᾶσαι εἰσελθὼν εἰς τὸν ναὸν τοῦ κυρίου, 10. καὶ πᾶν τὸ πλῆθος τοῦ λαοῦ ἦν προσευχόμενον ἔξω τῇ ὥρᾳ τοῦ θυμιάματος. 11. ὤφθη δὲ αὐτῷ ἄγγελος κυρίου, ἑστὼς ἐκ δεξιῶν τοῦ θυσιαστηρίου τοῦ θυμιάματος. 12. καὶ ἐταράχθη Ζαχαρίας ἰδών, καὶ φόβος ἐπέπεσεν ἐπ' αὐτόν. 13. εἶπε δὲ πρὸς αὐτὸν ὁ ἄγγελος· μὴ φοβοῦ, Ζαχαρία, διότι εἰσηκούσθη ἡ δέησίς σου, καὶ ἡ γυνή σου Ἐλισάβετ γεννήσει υἱόν σοι, καὶ καλέσεις τὸ ὄνομα αὐτοῦ Ἰωάννην· 14. καὶ ἔσται χαρά σοι καὶ ἀγαλλίασις, καὶ πολλοὶ § ἐν τῇ γεννήσει αὐτοῦ χαρήσονται. 15. ἔσται γὰρ μέγας ἐνώπιον τοῦ § θεοῦ, καὶ οἶνον καὶ σίκερα οὐ μὴ πίῃ, καὶ πνεύματος ἁγίου πλησθήσεται ἔτι ἐκ κοιλίας μητρὸς αὐτοῦ, 16. καὶ πολλοὺς τῶν υἱῶν Ἰσραὴλ ἐπιστρέψει ἐπὶ κύριον τὸν θεὸν αὐτῶν· 17. καὶ αὐτὸς προελεύσεται ἐνώπιον αὐτοῦ ἐν πνεύματι καὶ δυνάμει Ἡλιοῦ, ἐπιστρέψαι καρδίας πατέρων ἐπὶ τέκνα καὶ ἀπειθεῖς ἐν φρονήσει δικαίων, ἑτοιμάσαι κυρίῳ λαὸν § κατασκευασμένον. καὶ εἶπεν Ζαχαρίας πρὸς τὸν ἄγγελον· 18. κατὰ τί γνώσομαι τοῦτο; ἐγὼ γάρ εἰμι πρεσβύτης καὶ ἡ γυνή μου πρεβεβηκυῖα ἐν ταῖς ἡμέραις αὐτῆς. 19. καὶ ἀποκριθεὶς ὁ ἄγγελcs

---

ante ελισαβετ SV.
8. εναντι S.
9. +και ante κατα V. | ιερατιας LM. | ελαχεν V.
10. της ωρας L.
12. αυτω pro αυτον fin. M.
13. ειπεν V. | δι' οτι P. | ελισαβετ L.. | καλεσης P. | αυτω pro

αυτου L..
14. επι pro εν SM.
15. κυριου pro θεου S.
17. προσελευσεται M. | ηλίου S, ηλιου MV. | ανθρωπων pro πατερων L.. | κατεσκευασμενον S, κατασκευασμενων P.
18. ειπε SL.. | γνωσωμαι M.

ΚΑΤΑ ΛΟΥΚΑΝ.

εἶπεν αὐτῷ· ἐγώ εἰμι Γαβριὴλ ὁ παρεστηκὼς ἐνώπιον τοῦ θεοῦ, καὶ ἀπεστάλην λαλῆσαι πρός σε, καὶ εὐαγγελίσασθαί σοι ταῦτα· 20. καὶ ἰδοὺ ἔσῃ σιωπῶν καὶ μὴ δυνάμενος λαλῆσαι ἄχρι ἧς ἡμέρας γένηται ταῦτα, ἀνθ' ὧν οὐκ ἐπίστευσας τοῖς λόγοις μου, οἵτινες πληρωθήσονται εἰς τὸν καιρὸν αὐτῶν. 21. καὶ ἦν ὁ λαὸς προσδοκῶν τὸν Ζαχαρίαν, καὶ ἐθαύμαζον ἐν τῷ χρονίζειν αὐτὸν ἐν τῷ ναῷ. 22. ἐξελθὼν δὲ οὐκ ἠδύνατο λαλῆσαι αὐτοῖς, καὶ ἐπέγνωσαν ὅτι ὀπτασίαν ἑώρακεν ἐν τῷ ναῷ· καὶ αὐτὸς ἦν διανεύων αὐτοῖς, καὶ διέμενε κωφός. 23. καὶ ἐγένετο ὡς ἐπλήσθησαν αἱ ἡμέραι τῆς λειτουργίας αὐτοῦ, ἀπῆλθεν εἰς τὸν οἶκον αὐτοῦ. 24. μετὰ δὲ § τὰς ἡμέρας ταύτας συνέλαβεν Ἐλισάβετ ἡ γυνὴ αὐτοῦ, καὶ περιέκρυβεν ἑαυτὴν μῆνας πέντε, λέγουσα 25. ὅτι οὕτως μοι πεποίηκεν ὁ κύριος ἐν ἡμέραις, αἷς § ἐφ' ἴδεν ἀφελεῖν τὸ ὄνειδός μου ἐν ἀνθρώποις.

26. Ἐν δὲ τῷ μηνὶ τῷ ἕκτῳ ἀπεστάλη ὁ ἄγγελος Γαβριὴλ § ἀπὸ τοῦ θεοῦ εἰς πόλιν τῆς Γαλιλαίας ᾗ ὄνομα § Ναζαρέθ, 27. πρὸς παρθένον μεμνηστευμένην ἀνδρὶ ᾧ ὄνομα Ἰωσήφ, ἐξ οἴκου Δαβίδ, καὶ τὸ ὄνομα τῆς παρθένου Μαριάμ. 28. καὶ εἰσελθὼν ὁ ἄγγελος πρὸς αὐτὴν εἶπεν· χαῖρε κεχαριτωμένη, ὁ κύριος μετὰ σοῦ, εὐλογημένη σὺ ἐν γυναιξίν. 29. ἡ δὲ ἰδοῦσα διεταράχθη ἐπὶ τῷ

---

19. ευαγγελυσασθαι M.
20. καιρων P.
21. ναω (=txt.) M, sed corr. prima, ut videtur, manus λαω. Cer.
22. - αυτοις LP. | οπτασιαν SV. | δι' ανευων V. | διεμεινε M. | διεμειναν V.
23. λειτουργειας MP.
24. ταυτας τας ημερας SV. | ελισαβετ

L.. | περιεκριβεν L..
25. - οτι P. | ουτω S. | οις M. | εφιδεν L.. | επειδεν S.
26. - ο L.. | υπο pro απο SV. | - του LM. | ναζαρετ S.
27. τω pro το P.
28. προς αυτην ο αγγελος L.. | ειπε S. | γυναιξι L..

λόγῳ αὐτοῦ, καὶ διελογίζετο ποταπὸς § εἴ ὁ ἀσπασμὸς οὗτος. 30. καὶ εἶπεν § αὐτῇ ὁ ἄγγελος· μὴ φοβοῦ, Μαριάμ· εὗρες γὰρ χάριν παρὰ τῷ θεῷ. 31. καὶ ἰδοὺ συλλήψῃ ἐν γαστρὶ καὶ τέξῃ υἱόν, καὶ καλέσεις τὸ ὄνομα αὐτοῦ Ἰησοῦν. 32. οὗτος ἔσται μέγας, καὶ υἱὸς ὑψίστου κληθήσεται, καὶ δώσει αὐτῷ κύριος ὁ θεὸς τὸν θρόνον Δαβὶδ τοῦ πατρὸς αὐτοῦ, 33. καὶ βασιλεύσει ἐπὶ τὸν οἶκον Ἰακὼβ εἰς τοὺς αἰῶνας, καὶ τῆς βασιλείας αὐτοῦ οὐκ ἔσται τέλος. 34. εἶπε δὲ Μαριὰμ πρὸς τὸν ἄγγελον· πῶς ἔσται § μοι τοῦτο, ἐπεὶ ἄνδρα οὐ γινώσκω; 35. καὶ ἀποκριθεὶς ὁ ἄγγελος εἶπεν αὐτῇ· πνεῦμα ἅγιον ἐπελεύσεται ἐπὶ σέ, καὶ δύναμις ὑψίστου ἐπισκιάσει σοι· διὸ καὶ τὸ § γεννόμενον ἅγιον κληθήσεται υἱὸς θεοῦ. 36. καὶ ἰδοὺ Ἐλισάβετ ἡ § συγγενίς σου, καὶ αὐτὴ συνειληφυῖα υἱὸν ἐν § γήρει αὐτῆς, καὶ οὗτος μὴν ἕκτος ἐστὶν αὐτῇ τῇ καλουμένῃ στείρᾳ· 37. ὅτι οὐκ ἀδυνατήσει παρὰ τῷ θεῷ πᾶν ῥῆμα. 38. εἶπεν δὲ Μαριάμ· ἰδοὺ ἡ δούλη κυρίου· γένοιτό μοι κατὰ τὸ ῥῆμά σου. καὶ ἀπῆλθεν ἀπ᾿ αὐτῆς ὁ ἄγγελος.

39. Ἀναστᾶσα δὲ Μαριὰμ ἐν ταῖς ἡμέραις ταύταις ἐπορεύθη εἰς τὴν ὀρεινὴν μετὰ σπουδῆς εἰς πόλιν Ἰούδα, 40. καὶ εἰσῆλθεν εἰς τὸν οἶκον Ζαχαρίου καὶ ἠσπάσατο τὴν Ἐλισάβετ. 41. καὶ

---

29. ειη S. | ουτως *pro* ουτος P.
30. ειπαν L. | ο αγγελος αυτη S, ο αγγελος αυτοις M.
31. συλληψει LM. | τεξει L.
32. ουτως *pro* ουτος P.
34. ειπεν V. | – μοι S.
35. αγγελος L. | γεννωμενον S. | + εκ σου *post* γεννομενον V.
36. ελισαβεθ L₁, ελισαβετ L₂. | συγγενης S, συγγενι V. | αὐτῇ L,

αὐτῇ P, αὐτῇ V. | συνηληφυια M. | γηρα S. | στηρα P.
37. αδυνατηση L, αδυνατη V, αδυνατησει V'.
38. ειπε SL.
39. αναστας L. | – δε P| ορινην M.| ιουδα SMV.
40. ησπασατο L. | ἐλισαβετ L (*ita* r. 41. *bis*).

ἐγένετο ὡς ἤκουσεν § τὸν ἀσπασμὸν τῆς Μαρίας ἡ Ἐλισάβετ, ἐσκίρτησε τὸ βρέφος ἐν τῇ κοιλίᾳ αὐτῆς. καὶ ἐπλήσθη πνεύματος ἁγίου ἡ Ἐλισάβετ, 42. καὶ § ἀνεβόησεν φωνῇ μεγάλῃ, καὶ εἶπεν· εὐλογημένη σὺ ἐν γυναιξίν, καὶ εὐλογημένος ὁ καρπὸς τῆς κοιλίας σου. 43. καὶ πόθεν μοι τοῦτο ἵνα ἔλθῃ ἡ μήτηρ τοῦ κυρίου μου πρός με; 44. ἰδοὺ γὰρ ὡς ἐγένετο ἡ φωνὴ τοῦ ἀσπασμοῦ σου εἰς τὰ ὦτά μου, ἐσκίρτησεν ἐν ἀγαλλιάσει τὸ βρέφος ἐν τῇ κοιλίᾳ μου. 45. καὶ μακαρία ἡ πιστεύσασα· ὅτι ἔσται ἡ τελείωσις τοῖς λελαλημένοις αὐτῇ παρὰ κυρίου.

46. Καὶ εἶπεν Μαριάμ· μεγαλύνει ἡ ψυχή μου τὸν κύριον, 47. καὶ ἠγαλλίασε τὸ πνεῦμά μου ἐπὶ τῷ θεῷ τῷ σωτῆρί μου, 48. ὅτι ἐπέβλεψεν ἐπὶ τὴν ταπείνωσιν τῆς δούλης αὐτοῦ. ἰδοὺ γὰρ ἀπὸ τοῦ νῦν μακαριοῦσί με πᾶσαι αἱ γενεαί, 49. ὅτι ἐποίησέ μοι μεγαλεῖα ὁ δυνατός, καὶ ἅγιον τὸ ὄνομα αὐτοῦ, 50. καὶ τὸ ἔλεος αὐτοῦ εἰς § γενεὰν καὶ γενεὰν τοῖς φοβουμένοις αὐτόν. 51. ἐποίησε κράτος ἐν βραχίονι αὐτοῦ, διεσκόρπισεν ὑπερηφάνους διανοίᾳ καρδίας αὐτῶν· 52. καθεῖλεν δυνάστας ἀπὸ θρόνων καὶ ὕψωσε ταπεινούς, 53. πεινῶντας ἐνέπλησεν ἀγαθῶν καὶ πλουτοῦντας ἐξαπέστειλε κενούς. 54. ἀντελάβετο Ἰσραὴλ παιδὸς αὐτοῦ, μνησθῆναι ἐλέους, 55. καθὼς ἐλάλησε πρὸς τοὺς πατέρας ἡμῶν, τῷ Ἀβραὰμ καὶ τῷ σπέρματι αὐτοῦ § ἕως αἰῶνος.

---

41. ηκουσε LV, ἤκ. sp. asp. LMP. | η ελισαβετ τον ασπασμον της μαριας s, ἐλ. sp. asp. LP. | εσκηρτησε PM.
42. ανεφωνησε pro ανεβοησεν s, ανεβοησε L. | γυναιξι SLV.
43. ελθει P.
44. το βρεφος εν αγαλλιασει LV.
45. Post πιστευσασα punctum habent

PV. | – η ante τελειωσις SLV.
46. ειπε SL. | μεγαλυνη P.
47. – και init. M.
48. δουλοις M. | μακαριουσιν V.
49. εποιησεν V.
50. εις γενεας γενεων s.
52. καθειλε SL. | υψωσεν V.
53. εξαπειλε M, εξαπεστειλεν V.
55. αβρααμ ΕM. | εις τυν αιωνα SV.

ΕΥΑΓΓΕΛΙΟΝ

56. Ἔμεινε δὲ Μαριὰμ σὺν αὐτῇ ὡσεὶ μῆνας τρεῖς, καὶ ὑπέστρεψεν εἰς τὸν οἶκον αὐτῆς. 57. §Τῆς δὲ Ἐλισάβετ ἐπλήσθη ὁ χρόνος τοῦ τεκεῖν αὐτήν, καὶ ἐγέννησεν υἱόν. 58. καὶ ἤκουσαν οἱ περίοικοι καὶ οἱ συγγενεῖς αὐτῆς ὅτι ἐμεγάλυνε κύριος τὸ ἔλεος αὐτοῦ μετ' αὐτῆς, καὶ συνέχαιρον αὐτῇ. 59. καὶ ἐγένετο ἐν τῇ §ἡμέρᾳ τῇ ὀγδόῃ ἦλθον περιτεμεῖν τὸ παιδίον, καὶ ἐκάλουν αὐτὸ ἐπὶ τῷ ὀνόματι τοῦ πατρὸς αὐτοῦ Ζαχαρίαν. 60. καὶ ἀποκριθεῖσα ἡ μήτηρ αὐτοῦ εἶπεν· οὐχί, ἀλλὰ κληθήσεται Ἰωάννης. 61. καὶ εἶπον πρὸς αὐτὴν ὅτι οὐδείς ἐστιν ἐν τῇ συγγενείᾳ σου ὃς καλεῖται τῷ ὀνόματι τούτῳ. 62. ἐνένευον δὲ τῷ πατρὶ αὐτοῦ τὸ τί ἂν θέλοι καλεῖσθαι §αὐτό. 63. καὶ αἰτήσας πινακίδιον ἔγραψε λέγων· Ἰωάννης ἐστὶ τὸ ὄνομα αὐτοῦ· καὶ ἐθαύμασαν πάντες. 64. ἀνεῴχθη δὲ τὸ στόμα αὐτοῦ παραχρῆμα καὶ ἡ γλῶσσα αὐτοῦ, καὶ ἐλάλει εὐλογῶν τὸν θεόν. 65. καὶ ἐγένετο ἐπὶ πάντας φόβος τοὺς περιοικοῦντας αὐτούς, καὶ ἐν ὅλῃ τῇ ὀρεινῇ τῆς Ἰουδαίας διελαλεῖτο πάντα τὰ ῥήματα ταῦτα, 66. καὶ ἔθεντο πάντες οἱ ἀκούσαντες ἐν τῇ καρδίᾳ αὐτῶν, λέγοντες· τί ἄρα τὸ παιδίον τοῦτο ἔσται; καὶ χεὶρ κυρίου ἦν μετ' §αὐτῶν.

67. Καὶ Ζαχαρίας ὁ πατὴρ αὐτοῦ ἐπλήσθη πνεύματος ἁγίου. καὶ §ἐπροεφήτευσε λέγων· εὐλογητὸς κύριος ὁ θεὸς τοῦ Ἰσ-

---

56. εμεινεν V. | – ωσει L.
57. τη *pro* της SP. | ελισαβετ L. | + και *post* χρονος L.
58. οικουσαν *pro* ηκουσαν P. | περιηκοι P. | συγγενης M. | συναιχιρεν αυτης L.
59. τη ογδυη ημερα S. | περιτεμην M. | αυτω *pro* αυτο L, αυτον P.
60. αποκριθησα M. | κλησεται V, κληθησεται V' *marg*.
61. ειπεν V. | συγγενια MP.
62. θελει M. | αυτον S.
63. αιτισας V. | εγραψεν V.
64. ελαλη M.
65. ορινη V.
66. – αυτων P. | αρα L. | *fin*. αυτου S.
67. προεφητευσε SLM.

ραήλ, ὅτι ἐπεσκέψατο καὶ ἐποίησεν λύτρωσιν † λαῷ αὐτοῦ, 69. καὶ ἤγειρεν κέρας σωτηρίας ἡμῖν ἐν τῷ οἴκῳ Δαβὶδ τοῦ παιδὸς αὐτοῦ, 70. καθὼς ἐλάλησε διὰ στόματος τῶν ἁγίων † ἀπ' αἰῶνος προφητῶν αὐτοῦ, 71. σωτηρίαν ἐξ ἐχθρῶν ἡμῶν καὶ ἐκ χειρὸς πάντων τῶν μισούντων ἡμᾶς, 72. ποιῆσαι ἔλεος μετὰ τῶν πατέρων ἡμῶν καὶ μνησθῆναι διαθήκης ἁγίας αὐτοῦ, 73. ὅρκον ὃν ὤμοσε πρὸς Ἀβραὰμ τὸν πατέρα ἡμῶν, τοῦ δοῦναι ἡμῖν 74. ἀφόβως ἐκ χειρὸς †ἐχθρῶν † ῥυσθέντας, λατρεύειν αὐτῷ 75. ἐν ὁσιότητι καὶ δικαιοσύνῃ ἐνώπιον αὐτοῦ πάσας τὰς ἡμέρας τῆς ζωῆς ἡμῶν. 76. καὶ σὺ παιδίον προφήτης ὑψίστου κληθήσῃ· προπορεύσῃ γὰρ πρὸ προσώπου κυρίου ἑτοιμάσαι ὁδοὺς αὐτοῦ, 77. τοῦ δοῦναι γνῶσιν σωτηρίας τῷ λαῷ αὐτοῦ ἐν ἀφέσει ἁμαρτιῶν αὐτῶν 78. διὰ σπλάγχνα ἐλέους θεοῦ ἡμῶν, ἐν οἷς ἐπεσκέψατο ἡμᾶς ἀνατολὴ ἐξ ὕψους 79. ἐπιφᾶναι τοῖς ἐν σκότει καὶ σκιᾷ θανάτου καθημένοις, τοῦ κατευθῦναι τοὺς πόδας ἡμῶν εἰς ὁδὸν εἰρήνης.

80. Τὸ δὲ παιδίον ηὔξανε καὶ ἐκραταιοῦτο πνεύματι, καὶ ἦν ἐν ταῖς ἐρήμοις ἕως ἡμέρας ἀναδείξεως αὐτοῦ πρὸς τὸν Ἰσραήλ.

---

68. εποιησε SLP.
69. τω *ante* λαω S. | ηγειρε SL.
70. +των *post* αγιων S.
73. ὤμωσε P, ὤμοσε L, ὤμωσε M. | ἀβρααμ SV. | των *pro* τον P.
74. αφοβος MP. | +των *ante* εχθρων SMV. |+ημων *post* εχθρων SMV.

75. Post ρυσθεντας *punctum habent* MPV. | δικαιοσυνην P.
76. προπροσώπου M.
77. ἐν ἀφεσει L, ἐναφεσει P.
78. ανατολυ P.
79. ἐπιφᾶναι SV.
80. ηὔξανε L. | +της *ante* ημερας M.

II.

1. Ἐγένετο δὲ ἐν ταῖς ἡμέραις ἐκείναις ἐξῆλθε δόγμα παρὰ Καίσαρος Αὐγούστου § ἀπογράψασθαι πᾶσαν τὴν οἰκουμένην. 2. αὕτη ἡ ἀπογραφὴ πρώτη ἐγένετο ἡγεμονεύοντος τῆς Συρίας § Κυρινίου. 3. καὶ ἐπορεύοντο πάντες ἀπογράφεσθαι, ἕκαστος εἰς τὴν ἰδίαν πόλιν. 4. ἀνέβη δὲ καὶ Ἰωσὴφ ἀπὸ τῆς Γαλιλαίας ἐκ πόλεως § Ναζαρέθ εἰς τὴν Ἰουδαίαν εἰς πόλιν Δαβίδ ἥτις καλεῖται Βηθλεέμ, διὰ τὸ εἶναι αὐτὸν ἐξ οἴκου καὶ πατριᾶς Δαβίδ, 5. ἀπογράψασθαι σὺν Μαριὰμ τῇ μεμνηστευμένῃ αὐτῷ γυναικί, οὔσῃ ἐγκύῳ. 6. Ἐγένετο δὲ ἐν τῷ εἶναι αὐτοὺς ἐκεῖ ἐπλήσθησαν αἱ ἡμέραι τοῦ τεκεῖν αὐτήν, 7. καὶ ἔτεκεν τὸν υἱὸν αὐτῆς τὸν πρωτότοκον, καὶ ἐσπαργάνωσεν αὐτὸν καὶ ἀνέκλινεν αὐτὸν ἐν τῇ φάτνῃ, διότι οὐκ ἦν αὐτοῖς τόπος ἐν τῷ καταλύματι.

8. Καὶ ποιμένες ἦσαν ἐν τῇ χώρᾳ τῇ αὐτῇ ἀγραυλοῦντες καὶ φυλάσσοντες φυλακὰς τῆς νυκτὸς ἐπὶ τὴν ποίμνην αὐτῶν. 9. καὶ ἰδοὺ, ἄγγελος κυρίου ἐπέστη αὐτοῖς καὶ δόξα κυρίου περιέλαμψεν αὐτούς, καὶ ἐφοβήθησαν φόβον μέγαν. 10. καὶ εἶπεν αὐτοῖς ὁ ἄγγελος· μὴ φοβεῖσθε· ἰδοὺ γὰρ εὐαγγελίζομαι ὑμῖν χαρὰν μεγάλην, ἥτις ἔσται παντὶ τῷ λαῷ, 11. ὅτι ἐτέχθη ὑμῖν σήμερον σωτήρ, ὅς ἐστι Χριστὸς κύριος, ἐν πόλει Δαβίδ. 12. καὶ τοῦτο ὑμῖν τὸ ση-

---

1. 1. εξηλθε sl.m. | απογραφεσθαι sv.
2. κυρηνιου s.
4. ναζαρετ s. | ιουδαια v, ιουδαιαν v'. | ειτις m. | βιθλεεμ p, βεθλεεμ m.
7. ετεκε sl.

8. ποιμαινες l., ποιμεναις m. | τη αυτη χωρα l.
9. πιμνην p.
10. φοβεισθαι m.
11. εστιν p. | σωτηρ pro κυριος m.

μεῖον, § εὑρήσεται βρέφος § ἐσπαργανομένον κείμενον ἐν † φάτνῃ. 13. καὶ ἐξαίφνης ἐγένετο σὺν τῷ ἀγγέλῳ πλῆθος στρατιᾶς οὐρανίου αἰνούντων τὸν θεὸν καὶ λεγόντων· 14. δόξα ἐν ὑψίστοις θεῷ καὶ ἐπὶ γῆς εἰρήνη ἐν ἀνθρώποις εὐδοκία. 15. Καὶ ἐγένετο ὡς ἀπῆλθον ἀπ' αὐτῶν § οἱ ἄγγελοι εἰς τὸν οὐρανόν, καὶ οἱ ἄνθρωποι οἱ ποιμένες εἶπον πρὸς § ἑαυτούς· διέλθωμεν δὴ ἕως Βηθλέεμ καὶ ἴδωμεν τὸ ῥῆμα τοῦτο τὸ γεγονὸς ὃ ὁ κύριος ἐγνώρισεν ἡμῖν. 16. καὶ ἦλθον σπεύσαντες, καὶ § εὗρον τήν τε Μαριὰμ καὶ τὸν Ἰωσήφ καὶ τὸ βρέφος κείμενον ἐν τῇ φάτνῃ· 17. ἰδόντες δὲ διεγνώρισαν περὶ τοῦ ῥήματος τοῦ λαληθέντος αὐτοῖς περὶ τοῦ παιδίου τούτου. 18. καὶ πάντες οἱ ἀκούσαντες ἐθαύμασαν περὶ τῶν λαληθέντων ὑπὸ τῶν ποιμένων πρὸς αὐτούς· 19. ἡ δὲ Μαριὰμ πάντα συνετήρει τὰ ῥήματα ταῦτα συμβάλλουσα ἐν τῇ καρδίᾳ αὐτῆς. καὶ § ὑπέστρεψαν οἱ ποιμένες, δοξάζοντες καὶ αἰνοῦντες τὸν θεὸν ἐπὶ πᾶσιν οἷς ἤκουσαν καὶ § ἴδον καθὼς ἐλαλήθη πρὸς αὐτούς.

21. Καὶ ὅτε ἐπλήσθησαν § αἱ ἡμέραι ὀκτὼ τοῦ περιτεμεῖν τὸ παιδίον, † ἐκλήθη τὸ ὄνομα αὐτοῦ Ἰησοῦς, τὸ κληθὲν ὑπὸ τοῦ ἀγγέλου πρὸ τοῦ συλληφθῆναι αὐτὸν ἐν τῇ κοιλίᾳ.

22. Καὶ ὅτε ἐπλήσθησαν αἱ ἡμέραι τοῦ καθαρισμοῦ αὐτῶν, κα-

---

12. ευρησετε SM. | εσπαργανωμενον s. | †τη ante φατνη s.
13. εξεφνης MP.
15. απηλθεν L₁. | των ουρανων M, εις τον ουρανον οι αγγελοι s. | οιπον M. | αυτους pro εαυτους P, εαυτους P', αλληλους sv. | διελθομεν L.. | βεθλεεμ M. | ειδομεν P.
16. ανευρον s. | φανη V, sed manus recentior τ supra addidit. Alter.
17. - τουτου v.
18. ποιμαινων M.
19. παντας L.. | τον θεον post δοξ. M, sed corr. pr. m.
20. οἱπεστρεψαν L, επιστρεψαν s. | ειδον s. | ελαληθει LM.
21. επλησθησαι M. | - αἱ ante ημεραι sv. | †και ante εκληθη s.
22. των pro των V, των V'. | νομιον

τὰ τὸν νόμον § Μωϋσέως, ἀνήγαγον αὐτὸν εἰς Ἱεροσόλυμα παραστῆσαι τῷ κυρίῳ 23. καθὼς γέγραπται ἐν νόμῳ κυρίου ὅτι πᾶν ἄρσεν διανοῖγον μήτραν ἅγιον τῷ κυρίῳ κληθήσεται, 24. καὶ τοῦ δοῦναι θυσίαν κατὰ τὸ εἰρημένον ἐν νόμῳ κυρίου, ζεῦγος τρυγόνων ἢ δύο νοσσοὺς περιστερῶν. 25. Καὶ ἰδοὺ ἦν ἄνθρωπος ἐν Ἱερουσαλήμ, ᾧ ὄνομα Συμεών, καὶ ὁ ἄνθρωπος οὗτος δίκαιος καὶ εὐλαβής, προσδεχόμενος παράκλησιν τοῦ Ἰσραήλ, καὶ πνεῦμα § ἦν ἅγιον ἐπ' αὐτόν· 26. καὶ ἦν αὐτῷ κεχρηματισμένον ὑπὸ τοῦ πνεύματος τοῦ ἁγίου, μὴ ἰδεῖν θάνατον πρὶν † § ἰδεῖν τὸν Χριστὸν κυρίου. 27. καὶ ἦλθεν ἐν τῷ πνεύματι εἰς τὸ ἱερόν· καὶ ἐν τῷ εἰσαγαγεῖν τοὺς γονεῖς τὸ παιδίον Ἰησοῦν τοῦ ποιῆσαι αὐτοὺς κατὰ τὸ § ἰθισμένον τοῦ νόμου περὶ αὐτοῦ, 28. καὶ αὐτὸς ἐδέξατο § αὐτὸν εἰς τὰς ἀγκάλας αὐτοῦ καὶ εὐλόγησεν τὸν θεὸν καὶ εἶπεν· 29. νῦν ἀπολύεις τὸν δοῦλόν σου, δέσποτα, κατὰ τὸ ῥῆμά σου ἐν εἰρήνῃ, 30. ὅτι εἶδον οἱ ὀφθαλμοί μου τὸ σωτήριόν σου, 31. ὃ ἡτοίμασας κατὰ πρόσωπον πάντων τῶν λαῶν, 32. φῶς εἰς ἀποκάλυψιν ἐθνῶν καὶ δόξαν λαοῦ σου Ἰσραήλ. 33. καὶ ἦν Ἰωσὴφ καὶ ἡ μήτηρ αὐτοῦ θαυμάζοντες ἐπὶ τοῖς λαλουμένοις περὶ αὐτοῦ. 34. καὶ εὐλόγησεν αὐτοὺς Συμεὼν καὶ εἶπεν πρὸς Μαριὰμ τὴν μητέρα αὐτοῦ· ἰδοὺ οὗτος κεῖται

M. | μωσεως S. | παρα pro παραστησαι M.
23. – τω ante κυριω P.
24. ἡ LP.
25. ειερουσαλημ L.. | συμεων (sic praesim) SL.. | ευλαβις M. | αγιου ην S.
26. κεχρηματισμενων Γ, κεχρισματισμενυν L., κεχριματισμενον

M. | πριν η ιδη pro πριν ιδειν S.
27. εισαγειν L. | ιθισμενον P, ειθισμενον SV.
28. αυτο pro αυτον S. | ευλογησε SLP. | ειπε S.
32. πῶς pro φῶς L₁, sed L₂ = txt.
34. ευλογισεν M. | ειπε SL. | οὕτως pro οὗτος P.

εἰς πτῶσιν καὶ ἀνάστασιν πολλῶν ἐν τῷ Ἰσραήλ καὶ εἰς σημεῖον ἀντιλεγόμενον· 35. καὶ σοῦ δὲ αὐτῆς τὴν ψυχὴν διελεύσεται ρομφαία, ὅπως ἂν ἀποκαλυφθῶσιν ἐκ πολλῶν καρδιῶν διαλογισμοί. 36. καὶ ἦν Ἄννα § προφήτης, θυγάτηρ Φανουήλ, ἐκ φυλῆς Ἀσήρ· αὕτη προβεβηκυῖα ἐν ἡμέραις πολλαῖς, ζήσασα § μετὰ ἀνδρὸς ἔτη ἑπτὰ ἀπὸ τῆς παρθενίας αὐτῆς, 37. καὶ § αὐτῇ χήρα ὡς ἐτῶν ὀγδοηκοντατεσσάρων, ἣ οὐκ ἀφίστατο ἀπὸ τοῦ ἱεροῦ νηστείαις καὶ δεήσεσι λατρεύουσα § νύκταν καὶ ἡμέραν. 38. καὶ αὕτη αὐτῇ τῇ ὥρᾳ ἐπιστᾶσα ἀνθωμολογεῖτο τῷ κυρίῳ, καὶ ἐλάλει περὶ αὐτοῦ πᾶσι τοῖς προσδεχομένοις λύτρωσιν ἐν Ἰερουσαλήμ.

39. Καὶ ὡς ἐτέλεσαν ἅπαντα † κατὰ τὸν νόμον κυρίου, ὑπέστρεψαν εἰς τὴν Γαλιλαίαν εἰς τὴν πόλιν § ἑαυτῶν Ναζαρέθ. 40. τὸ δὲ παιδίον ηὔξανε καὶ ἐκραταιοῦτο πνεύματι πληρούμενον σοφίας, καὶ χάρις θεοῦ ἦν ἐπ' § αὐτῷ.

41. Καὶ ἐπορεύοντο οἱ γονεῖς αὐτοῦ κατ' ἔτος εἰς Ἰερουσαλὴμ τῇ ἑορτῇ τοῦ πάσχα. 42. καὶ ὅτε ἐγένετο ἐτῶν δώδεκα, ἀναβάντων αὐτῶν εἰς Ἱεροσόλυμα κατὰ τὸ ἔθος τῆς ἑορτῆς, 43. καὶ τελειωσάντων τὰς ἡμέρας, ἐν τῷ ὑποστρέφειν αὐτοὺς ὑπέμεινεν Ἰησοῦς ὁ παῖς ἐν Ἰερουσαλήμ, καὶ οὐκ ἔγνω Ἰωσὴφ καὶ ἡ μήτηρ αὐτοῦ. 44. νομίσαντες δὲ αὐτὸν ἐν τῇ συνοδίᾳ εἶναι ἦλθον ἡμέρας

---

35. ρομφαιαν M.
36. προφητις SL. | + του ante ανδρος MV. | ετη ante μετα ponunt SV.
37. αυτη S, αυτηι χηραι V. | δεκατεσσαρων V, sed v' marg. = txt. | αφηστατο M. | νυκτα SV.
38. - αὐτῇ V. | ἐπὶ στάσα P. | ανθ' ὡμολογειτω PV, sed in V primum cornu ultimi ω puncto notatur. Alter. | ελαλη P.
39. + τα post απαντα S. | - την ante πολιν M. | αυτων SP. | ναζαρετ S.
40. ηυξανεν V, ηύξανε L. | fin. αυτο SV.
41. πορευοντο L. | κατετος LP.
43. υπεμειν εν M. | + ὁ ante ιησους L.
44. νομησαντες M. | ειναι εν τη συν-

ὁδὸν καὶ ἀνεζήτουν αὐτὸν ἐν τοῖς § συγγενεῦσιν καὶ † τοῖς γνωστοῖς, 45. καὶ μὴ εὑρόντες αὐτὸν ὑπέστρεψαν εἰς Ἱερουσαλὴμ § ἀναζητοῦντες αὐτόν. 46. καὶ ἐγένετο μεθ' ἡμέρας τρεῖς εὗρον αὐτὸν ἐν τῷ ἱερῷ καθεζόμενον ἐν μέσῳ τῶν διδασκάλων καὶ ἀκούοντα αὐτῶν καὶ ἐπερωτῶντα αὐτούς· 47. ἐξίσταντο δὲ πάντες οἱ ἀκούοντες αὐτοῦ ἐπὶ τῇ συνέσει καὶ ταῖς ἀποκρίσεσιν αὐτοῦ. 48. καὶ ἰδόντες αὐτὸν ἐξεπλάγησαν, καὶ πρὸς αὐτὸν ἡ μήτηρ αὐτοῦ εἶπεν· τέκνον, τί ἐποίησας ἡμῖν οὕτως; ἰδοὺ ὁ πατήρ σου § καὶ ἐγὼ ὀδυνόμενοι ἐζητοῦμέν σε. 49. † εἶπεν § δὲ πρὸς αὐτούς· τί ὅτι ἐζητεῖτέ με; οὐκ § ᾔδητε ὅτι ἐν τοῖς τοῦ πατρός μου δεῖ § με εἶναι; 50. καὶ αὐτοὶ οὐ συνῆκαν τὸ ῥῆμα ὃ ἐλάλησεν αὐτοῖς. 51. καὶ κατέβη μετ' αὐτῶν καὶ ἦλθεν εἰς § Ναζαρέθ, καὶ ἦν ὑποτασσόμενος αὐτοῖς. † ἡ § δὲ μήτηρ αὐτοῦ διετήρει πάντα τὰ ῥήματα ταῦτα ἐν τῇ καρδίᾳ αὐτῆς. 52. καὶ Ἰησοῦς προέκοπτε σοφίᾳ καὶ ἡλικίᾳ καὶ χάριτι παρὰ θεῷ καὶ ἀνθρώποις.

III.

1. Ἐν ἔτει δὲ πεντεκαιδεκάτῳ τῆς ἡγεμονίας Τιβερίου Καίσαρος, ἡγεμονεύοντος Ποντίου Πιλάτου τῆς Ἰουδαίας, καὶ τετραρ-

---

οδια V. | συγγενευσι V, συγγενεσι S. | + εν ante τοις γνωστοις S.
45. -αυτον prim. V. | ζητουντες S.
46. μεθημερας P.
47. παντες οι ακουοντες αυτου post αποκρισεσιν αυτου ponit L. | επη pro επι M.
48. καγω S. | οδυνωμενοι SV, οδυναμενοι M. | ζητουμεν L.
49. + και ante ειπεν SV. | ειπε SL. | - δε SV. | ζητειτε M. | ηδειτε SV, ιδητε L. | ειναι με SV.
50. - ου M.
51. ναζαρετ S. | και η μητηρ pro η δε μητηρ S.
52. προεκοπτεν V.
III. 1. - δε post ετει PV. | ιρωδου P. |

χοῦντος τῆς Γαλιλαίας Ἡρώδου, Φιλίππου δὲ τοῦ ἀδελφοῦ αὐτοῦ τετραρχοῦντος τῆς Ἰτουραίας καὶ § Τετραχωνίτιδος χώρας, καὶ Λυσανίου τῆς Ἀβιληνῆς τετραρχοῦντος, 2. ἐπ' ἀρχιερέων Ἄννα καὶ Καϊάφα, ἐγένετο ῥῆμα θεοῦ ἐπὶ Ἰωάννην τὸν τοῦ Ζαχαρίου υἱὸν ἐν τῇ ἐρήμῳ, 3. καὶ ἦλθεν εἰς πᾶσαν τὴν περίχωρον τοῦ Ἰορδάνου κηρύσσων βάπτισμα μετανοίας εἰς ἄφεσιν ἁμαρτιῶν, 4. ὡς γέγραπται ἐν βίβλῳ λόγων Ἡσαΐου τοῦ προφήτου λέγοντος· φωνὴ βοῶντος ἐν τῇ ἐρήμῳ· ἑτοιμάσατε τὴν ὁδὸν κυρίου, εὐθείας ποιεῖτε τὰς τρίβους αὐτοῦ· 5. πᾶσα φάραγξ πληρωθήσεται καὶ πᾶν ὄρος καὶ βουνὸς ταπεινωθήσεται, καὶ ἔσται τὰ σκολιὰ εἰς εὐθεῖαν καὶ αἱ τραχεῖαι εἰς ὁδοὺς § λίας, 6. καὶ ὄψεται πᾶσα σὰρξ τὸ σωτήριον τοῦ θεοῦ. 7. ἔλεγε § δὲ τοῖς ἐκπορευομένοις ὄχλοις βαπτισθῆναι ὑπ' αὐτοῦ· γεννήματα ἐχιδνῶν, τίς ὑπέδειξεν ὑμῖν φυγεῖν ἀπὸ τῆς μελλούσης ὀργῆς; 8. ποιήσατε οὖν καρποὺς ἀξίους τῆς μετανοίας, καὶ μὴ ἄρξησθε λέγειν ἐν ἑαυτοῖς· πατέρα ἔχομεν τὸν Ἀβραάμ· λέγω γὰρ ὑμῖν ὅτι δύναται ὁ θεὸς ἐκ τῶν λίθων τούτων ἐγεῖραι τέκνα τῷ Ἀβραάμ, 9. ἤδη δὲ καὶ ἡ ἀξίνη πρὸς τὴν ῥίζαν τῶν δένδρων κεῖται· πᾶν οὖν δένδρον μὴ ποιοῦν καρπὸν καλὸν ἐκκόπτεται καὶ εἰς πῦρ βάλλεται. 10. καὶ § ἐπηρώτουν αὐτὸν οἱ ὄχλοι

της γαλιλαιας *pro* της ιτουραιας V (*prima manus in margine notat*: εν αλλ. της ιτουραιας). ιτουρεας P. | τραχωνιτιδος SV. | λυσαιου V. | αβυλινης V, αβιλινης P.
2. αρχιερεως LV.
3. την πασαν *pro* πασαν την V.
4. - λεγοντος V, λεγων P.
5. φαραξ L. | ὁρος L. | τραχιαι M. | λείας S, λείας L.
7. ελεγεν S. ελεγεγεν V. | ουν *pro* δε S. | - υμιν M.
8. αρξεσθε M. | ιαυτης P. | εχωμεν M. | αβρααμ *bis* SMV. | του αβρααμ M.
9. ιδε *pro* ηδη P. | αξηνη P. | δενδρων *pro* δενδρον MP. | + το *ante* πυρ L.
10. επηρωτων SV.

λέγοντες· τί οὖν §ποιήσωμεν; 11. ἀποκριθεὶς δὲ §ἔλεγεν αὐτοῖς· ὁ ἔχων δύο χιτῶνας μεταδότω τῷ μὴ ἔχοντι, καὶ ὁ ἔχων βρώματα ὁμοίως §ποιήτω. 12. ἦλθον δὲ καὶ τελῶναι βαπτισθῆναι, καὶ εἶπον πρὸς αὐτόν· διδάσκαλε, τί ποιήσομεν; 13. ὁ δὲ εἶπεν πρὸς αὐτούς· μηδὲν πλέον παρὰ τὸ διατεταγμένον ὑμῖν §πράσσεται. 14. ἐπηρώτων δὲ αὐτὸν καὶ στρατευόμενοι λέγοντες· §τί ποιήσωμεν καὶ ἡμεῖς; καὶ εἶπεν πρὸς αὐτούς· μηδένα διασείσητε, μηδὲ §συκοφαντήσειτε, καὶ ἀρκεῖσθε τοῖς ὀψωνίοις ὑμῶν. 15. Προσδοκῶντος δὲ τοῦ λαοῦ καὶ διαλογιζομένων πάντων ἐν ταῖς καρδίαις αὐτῶν περὶ † Ἰωάννου, μήποτε αὐτὸς §εἴ ὁ Χριστός, 16. ἀπεκρίνατο ὁ Ἰωάννης ἅπασι λέγων· ἐγὼ μὲν §ὑμᾶς βαπτίζω ἐν ὕδατι, ἔρχεται δὲ ὁ ἰσχυρότερός μου, οὗ οὐκ εἰμὶ ἱκανὸς §κύψας λῦσαι τὸν ἱμάντα τῶν ὑποδημάτων αὐτοῦ, αὐτὸς ὑμᾶς βαπτίσει ἐν πνεύματι ἁγίῳ καὶ πυρί· 17. οὗ τὸ πτύον ἐν τῇ χειρὶ αὐτοῦ, καὶ διακαθαριεῖ τὴν ἅλωνα αὐτοῦ· καὶ συνάξει τὸν §μὲν σῖτον εἰς τὴν ἀποθήκην αὐτοῦ τὸ δὲ ἄχυρον κατακαύσει πυρὶ ἀσβέστῳ.

18. Πολλὰ μὲν οὖν καὶ ἕτερα παρακαλῶν εὐηγγελίζετο τὸν

---

10. ποιησομεν S.
11. λεγει S. | μεταδωτω M. | ποιειτω 3M.
12. – και sec. L. | ποιησωμεν M.
13. ειπε S. | –υμιν P. | πρασσετε SI..
14. επηρωτον P, επηρωτουν M. | ὑμεις pro ἡμεις MP, και ἡμεις τι ποιησομεν S. | ειπε S. | διασησειτε P. | μὴ δὲ L. | συκοφαντησητε S, – μηδε συκοφαντησητε M. | αρκησθε M. |

οψονιοις LM.
15. προσδικωντος L. | +του ante ιωαννου S. | ειη pro ει SV', sed V = t.rt.
16. – ὁ ante ιωαννης L, –ὁ ιωαννης V. | υδατι βαπτιζω υμας S. | βαπτιζων M. | –δε post ερχεται M. | –κυψας S.
17. ἅλωνα P, ανωλα L. | –μεν S.
18. αλλα pro ετερα L¹, sed L² marg. = t.rt.

λαόν. 19. ὁ δὲ Ἡρώδης ὁ τετράρχης, ἐλεγχόμενος ὑπ' αὐτοῦ περὶ Ἡρωδιάδος τῆς γυναικὸς † τοῦ ἀδελφοῦ αὐτοῦ καὶ περὶ πάντων ὧν ἐποίησε πονηρῶν ὁ Ἡρώδης, 20. προσέθηκε καὶ τοῦτο ἐπὶ πᾶσιν, καὶ κατέκλεισε τὸν Ἰωάννην ἐν τῇ φυλακῇ. 21. Ἐγένετο δὲ ἐν τῷ βαπτισθῆναι ἅπαντα τὸν λαόν, καὶ Ἰησοῦ βαπτισθέντος καὶ προσευχομένου, ἀνεῳχθῆναι τὸν οὐρανόν, 22. καὶ καταβῆναι τὸ πνεῦμα τὸ ἅγιον σωματικῷ εἴδει ὡσεὶ περιστερὰν ἐπ' αὐτόν, καὶ φωνὴν ἐξ οὐρανοῦ γενέσθαι §πρὸς αὐτόν· λέγουσαν· σὺ εἶ ὁ υἱός μου ὁ ἀγαπητός, ἐν σοὶ § εὐδόκησά. 23. καὶ αὐτὸς ἦν ὁ Ἰησοῦς § ἀρχόμενος εἶναι ὡς ἐτῶν τριάκοντα, † ὡς ἐνομίζετο, υἱὸς Ἰωσήφ, τοῦ §Ἡλεὶ 24. τοῦ Ματθὰν τοῦ §Λευεὶ τοῦ §Μελχεὶ τοῦ §Ἰανναὶ τοῦ Ἰωσὴφ 25. τοῦ Ματταθίου τοῦ Ἀμὼς τοῦ Ναοὺμ τοῦ § Ἐσσαὶ τοῦ Ναγγαὶ 26. τοῦ §Μαὰτ τοῦ Ματταθίου. τοῦ §Σεμεεὶ τοῦ § Ἰωσὴχ τοῦ §Ἰώδα 27. τοῦ Ἰωαννὰν τοῦ Ῥησὰ τοῦ Ζοροβάβελ τοῦ Σαλαθιὴλ τοῦ §Νηρεὶ 28. τοῦ Μελχεὶ τοῦ Ἀδδὶ τοῦ Κωσὰμ τοῦ § Ἐλμωδὰν τοῦ Ἢρ 29. τοῦ §Ἰησοῦ τοῦ § Ἐλεάζερ τοῦ

---

19. + φιλιππου post γυναικος s.
20. πασι sv. | κατεκλησε m.
21. - δε l.p.
22. ουρανων l.. | τον ουνον pro το πνα m, sed corr. manus prima. | - προς αυτον sv. | ηυδοκησα s.
23. ουν pro ην l.. | ο ιησους ην mp. | ωσει pro ως v. | λ¹ pro τριακοντα l.. | ωσει ετων τριακοντα αρχομενος (- ειναι) s. | + ων ante ως ενομιζετο s. | ἠλει v, ἠλι s.

21. ματθατ sv. | λευι s. | μελχι s. | ιαννα s, ιωαννα v, ιωανναι m.
25. εσλι s, εσλει v.
26. μααθ sv. | ματθιου lv. | σεμει s, σεεμει l. | ιωσηφ sv. | ιουδα sv.
27. ιωνναν m, ιωαννα s. | ρησσα l, ρασα p. | ροζοβαβελ l. | νηρι s.
28. μελχι s. | ελμωδαμ s, ελμωδα l. | ηρ l..
29. ιωση pro ιησου sv. | ελιεζερ s, ελιεζερ pv, ελιαζαρ m, sed m¹

§Ἰωρὲμ τοῦ §Μαθθὰτ τοῦ Λευὶ 30. τοῦ Συμεὼν τοῦ Ἰούδα τοῦ Ἰωσὴφ τοῦ §Ἰωνὰμ τοῦ Ἐλιακεὶμ 31. τοῦ Μελεᾶ τοῦ §Μεννὰ τοῦ Ματταθὰ τοῦ Ναθὰν τοῦ Δαβὶδ 32. τοῦ Ἰεσσαὶ τοῦ §Ἰωβὴδ τοῦ Βοὸζ τοῦ §Σαλμὰν τοῦ Νααssὼν 33. τοῦ Ἀμιναδὰβ τοῦ §Ἀδμὶν τοῦ Ἀρηὶ τοῦ Ἑσρὼμ τοῦ Φαρὲς τοῦ Ἰούδα 34. τοῦ Ἰακὼβ τοῦ Ἰσαὰκ τοῦ Ἀβραὰμ τοῦ Θάρρα τοῦ Ναχὼρ 35. τοῦ §Σερούχ τοῦ Ῥαγαυ τοῦ §Φαλὲγ τοῦ Ἕβερ τοῦ Σαλὰ 36. τοῦ Καϊνὰν τοῦ Ἀρφαξὰδ τοῦ Σὴμ τοῦ Νῶε τοῦ Λάμεχ 37. τοῦ Μαθουσάλα τοῦ Ἐνώχ τοῦ Ἰαρὲδ τοῦ §Μελελεὴλ τοῦ Καϊνὰν 38. τοῦ Ἐνὼς τοῦ Σὴθ τοῦ Ἀδὰμ τοῦ θεοῦ.

IV.

1. Ἰησοῦς δὲ πνεύματος ἁγίου πλήρης ὑπέστρεψεν ἀπὸ τοῦ Ἰορδάνου, καὶ ἤγετο ἐν τῷ πνεύματι εἰς τὴν ἔρημον 2. ἡμέρας τεσσαράκοντα πειραζόμενος ὑπὸ τοῦ διαβόλου. καὶ οὐκ ἔφαγεν οὐδὲν §οὐδὲ ἔπιεν ἐν ταῖς ἡμέραις ἐκείναις, καὶ συντελεσθεισῶν αὐτῶν ὕστερον ἐπείνασεν. 3. καὶ εἶπεν αὐτῷ ὁ διάβολος· εἰ υἱὸς

= txt. | ιωρειμ s, ιωερεμ v. | ματθατ sv, μασrθα L₁, ματτθα L₂, | λευει v. | In 1. desunt omnia ab λευι usque ad ματταθα v. 31.
30. ιωναν sv.
31. μελεα P. | μαιναν pro μεννα sv. | ματθαθα v. | δαβειδ v, δᾶδ P.
32. ιεσσαι LP. | ωβηδ s, ιωβηθ v. | βοος L. | σαλμων sv.
33. νααssῶν P, νασσῶν v. | αμιναδαμ L, αμηναδαβ N. | - αδμιν

του s. | αραμ pro αρηι s. | φανες P. | ιούδα L.
34. αβρααμ smv. | θαρα s.
35. σαρουχ s. | ρεγαυ L₁, ραγαμ L₂. | φαλεκ s. | εφερ L.
36. καϊναν L₁, μαϊναν L₂ marg. | λαμαχ L.
37. μαλελεηλ s.
IV. 1. ασιου L₁. | εγενετο pro ηγετο M.
2. – ουδε επιεν s. | αυτῳ pro αυτων v. | επεινασε s.

εἶ τοῦ θεοῦ, εἰπὲ τῷ λίθῳ τούτῳ ἵνα γένηται ἄρτος. 4. καὶ ἀπεκρίθη † § δὲ αὐτῷ ὁ Ἰησοῦς λέγων· † γέγραπται † οὐκ ἐπ' ἄρτῳ μόνῳ ζήσεται † ἄνθρωπος, ἀλλ' ἐπὶ παντὶ ῥήματι θεοῦ. 5. καὶ ἀναγαγὼν αὐτὸν ὁ διάβολος εἰς ὄρος ὑψηλὸν § λίαν ἔδειξεν αὐτῷ πάσας τὰς βασιλείας τῆς οἰκουμένης ἐν στιγμῇ χρόνου. 6. καὶ εἶπεν αὐτῷ ὁ διάβολος· σοὶ δώσω τὴν ἐξουσίαν ταύτην ἅπασαν καὶ τὴν δόξαν αὐτῶν, ὅτι ἐμοὶ παραδέδοται καὶ ᾧ § ἂν θέλω δίδωμι αὐτήν· 7. σὺ οὖν ἐὰν § προσκυνήσεις ἐνώπιόν μου, ἔσται σου § πᾶσα. 8. καὶ ἀποκριθεὶς § ὁ Ἰησοῦς αὐτῷ εἶπεν· ὕπαγε ὀπίσω μου, Σατανᾶ, γέγραπται γάρ· † κύριον τὸν θεόν σου προσκυνήσεις καὶ αὐτῷ μόνῳ λατρεύσεις. 9. καὶ ἤγαγεν αὐτὸν εἰς Ἰερουσαλήμ, καὶ ἔστησεν αὐτὸν ἐπὶ τὸ πτερύγιον τοῦ ἱεροῦ, καὶ εἶπεν αὐτῷ εἰ † υἱὸς εἶ τοῦ θεοῦ, βάλε σεαυτὸν § ἔνθεν κάτω· 10. γέγραπται γὰρ ὅτι τοῖς ἀγγέλοις αὐτοῦ ἐντελεῖται περὶ σοῦ τοῦ διαφυλάξαι σε, 11. καὶ ὅτι ἐπὶ χειρῶν ἀροῦσίν σε, μήποτε προσκόψῃς πρὸς λίθον τὸν πόδα σου. 12. καὶ ἀποκριθεὶς εἶπεν αὐτῷ ὁ § κύριος ὅτι εἴρηται· οὐκ ἐκπειράσεις κύριον τὸν θεόν σου. 13. καὶ συντελέσας πάντα πειρασμὸν ὁ διάβολος ἀπέστη ἀπ' αὐτοῦ ἄχρι καιροῦ.

---

3. - τουτω V.
4. init. + και SM. | ιησους προς αυτον pro δε αυτω ο ιησους S. | + οτι post γεγραπται S. | + γαρ post γεγραπται V. | + ο ante ανθρωπος SV.
5. - λιαν S.
6. + εαν πεσων προσκυνησῃς μοι post αυτων V. | + πασα post εμοι M. | εαν SLV (ἐὰν V). | διδωμαι V.
7. + πεσων ante προσκυν. M. | προσκυνησῃς SLV. | σοι pro σου M. | παντα S.
8. αυτω ειπεν ο ιησους S. | προσκυνησεις κυριον τον θεον σου S.
9. εἰς L. | ἐστησεν L. | + ο ante υιος S. | βαλισε αυτον M. | εντευθεν SLV. | κατω ante εντευθεν ponit L.
10. - αυτου L.
11. αρουσι SL. | λιθων V.
12. ιησους pro κυριος SMV (i. e. ις pro κς.) | εμπειρασεις L.

14. Καὶ ὑπέστρεψεν ὁ Ἰησοῦς ἐν τῇ δυνάμει τοῦ πνεύματος εἰς τὴν Γαλιλαίαν· καὶ φήμη ἐξῆλθε καθ' ὅλης τῆς περιχώρου περὶ αὐτοῦ. 15. καὶ αὐτὸς ἐδίδασκεν ἐν ταῖς συναγωγαῖς αὐτῶν, δοξαζόμενος ὑπὸ πάντων.

16. Καὶ ἦλθεν εἰς τὴν §Ναζαρέθ, ὅπου ἦν §ἀνατεθραμμένος, καὶ εἰσῆλθεν κατὰ τὸ εἰωθὸς αὐτῷ ἐν τῇ ἡμέρᾳ τῶν σαββάτων εἰς τὴν συναγωγήν, καὶ ἀνέστη ἀναγνῶναι. 17. καὶ §ἀπεδόθη αὐτῷ βιβλίον §τοῦ προφήτου Ἡσαΐου, καὶ ἀναπτύξας τὸ βιβλίον εὗρε τὸν τόπον οὗ ἦν γεγραμμένον· 18. πνεῦμα κυρίου ἐπ' ἐμέ, οὗ §εἵνεκεν ἔχρισέ με §εὐαγγελίσασθαι πτωχοῖς, ἀπέσταλκέ με † 19. κηρύξαι αἰχμαλώτοις ἄφεσιν καὶ τυφλοῖς ἀνάβλεψιν, ἀποστεῖλαι τεθραυσμένους ἐν ἀφέσει, κηρύξαι ἐνιαυτὸν κυρίου δεκτόν. 20. καὶ πτύξας τὸ βιβλίον ἀποδοὺς τῷ ὑπηρέτῃ ἐκάθισεν, καὶ πάντων ἐν τῇ συναγωγῇ οἱ ὀφθαλμοὶ ἦσαν ἀτενίζοντες §εἰς αὐτόν. 21. ἤρξατο δὲ λέγειν πρὸς αὐτοὺς ὅτι σήμερον πεπλήρωται ἡ γραφὴ ἐν τοῖς ὠσὶν ὑμῶν. 22. καὶ πάντες ἐμαρτύρουν αὐτῷ καὶ ἐθαύμαζον ἐπὶ τοῖς λόγοις τῆς χάριτος τοῖς ἐκπορευομένοις ἐκ τοῦ στόματος αὐτοῦ καὶ ἔλεγον· οὐχ §ὁ υἱὸς

---

14. εξελθεν V.
15. δοξαζωμενος M.
16. ναζαρετ S. | ου *pro* υπου S. | τεθραμμενος S. | εισηλθε SLM. | αυτου *pro* αυτω L. | τον σαββατον M, *sed* M' = *txt*. | +του *ante* αναγνωναι M.
17. επεδοθη SLV, απεδωθε M', *sed* v' = *txt*. | ησαιου του προφητου SV. | ευρεν M. | οπου *pro* ου LV.
18. ενεκεν SM. | εχρισεν V. | απεσταλκεν V. | ευαγγελιζεσθαι S. | + ιασασθαι τους συντετριμμενους την καρδιαν (τη καρδια M) SMV.
20. + και *ante* αποδους V. | εκαθισε S, εκαθησεν Γ, εκαθησε M. | αυτω *pro* εις αυτον S.
21. ηρξατο δ' ελεγεν M.
22. εν *pro* επι L. | τοις *pro* της *ante* χαριτος MP. | εκπορευομενεις P. | εν *pro* εκ L. | - ουχ *usque* ουτος Γ, ουχι L.

ἐστιν Ἰωσὴφ οὗτος; 23. καὶ εἶπεν πρὸς αὐτούς· πάντως ἐρεῖτέ μοι τὴν παραβολὴν ταύτην· ἰατρέ, θεράπευσον σεαυτόν· ὅσα ἠκούσαμεν γενόμενα § εἰς † Καπερναούμ, ποίησον καὶ ὧδε ἐν τῇ πατρίδι σου. 24. εἶπεν δέ· ἀμὴν λέγω ὑμῖν ὅτι οὐδεὶς προφήτης δεκτός ἐστιν ἐν τῇ πατρίδι αὐτοῦ. 25. ἐπ' ἀληθείας δὲ λέγω ὑμῖν § ὅτι πολλαὶ χῆραι ἦσαν ἐν ταῖς ἡμέραις Ἡλιοῦ ἐν τῷ Ἰσραήλ, ὅτε ἐκλείσθη ὁ οὐρανὸς ἐπὶ ἔτη τρία καὶ μῆνας ἕξ, § ὃς ἐγένετο λιμὸς § μεγάλη ἐπὶ πᾶσαν τὴν γῆν, 26. καὶ πρὸς οὐδεμίαν αὐτῶν ἐπέμφθη Ἡλίας εἰ μὴ εἰς § Σάρεφθα τῆς § Σιδονίας πρὸς γυναῖκα χήραν. 27. καὶ πολλοὶ λεπροὶ ἦσαν § ἐν τῷ Ἰσραὴλ ἐπὶ Ἐλισσαίου τοῦ προφήτου, καὶ οὐδεὶς αὐτῶν ἐκαθαρίσθη εἰ μὴ § Ναιμὰν ὁ Σύρος. 28. καὶ ἐπλήσθησαν πάντες θυμοῦ ἐν τῇ συναγωγῇ ἀκούοντες ταῦτα, 29. καὶ ἀναστάντες ἐξέβαλον αὐτὸν ἔξω τῆς πόλεως, καὶ ἤγαγον αὐτὸν ἕως § τοῦ ὀφρῦος τοῦ ὄρους ἐφ' οὗ ἡ πόλις § ᾠκοδόμητο αὐτῶν, § ὥστε κατακρημνῆσαι αὐτόν· 30. αὐτὸς δὲ διελθὼν διὰ μέσου αὐτῶν ἐπορεύετο.

31. Καὶ κατῆλθεν εἰς Καπερναοὺμ πόλιν τῆς Γαλιλαίας, 32. καὶ ἦν διδάσκων αὐτοὺς ἐν τοῖς σάββασιν· καὶ ἐξεπλήσσοντο ἐπὶ τῇ

---

22. ουτος εστιν υυιος ιωσηφ SV.
23. ειπε SLM. | παντες L₁, sed παντως L₂. | ιατρε M. | εν τη καπ. pro εις καπ. S. | πατριδου L.
24. ειπε SM.
25. – οτι SV. | πολλλαι L₂. | ηλίου SV. | εκλησθη M. | ως pro ος SV. | μεγας SMV.
26. σαρεπτα SV. | σιδωνος SV.
27. εν τω ισραηλ post προφητου ponunt SV. | ελιασσαιου M. | ειμὶ

pro ει μη P. | νεεμαν SV.
29. της pro του ante οφρυος S. | οφρύος SLV. | αυτων ωκοδομητο SV', sed ωκοδομητω V. | εισ το pro ωστε SV. | – ωστε κατακρημινισαι αυτον M. | κατακρημνισαι SV, κατακριμνησια P.
30. – διελθων P.
31. σαββασι S.

διδαχῇ αὐτοῦ, ὅτι ἐν ἐξουσίᾳ ἦν ὁ λόγος αὐτοῦ. 33. καὶ ἐν τῇ συναγωγῇ ἦν ἄνθρωπος ἔχων πνεῦμα δαιμονίου ἀκαθάρτου, καὶ ἀνέκραξε φωνῇ μεγάλῃ λέγων· 34. ἔα, τί ἡμῖν καὶ σοί, Ἰησοῦ § Ναζαρινέ; ἦλθες ἀπολέσαι ἡμᾶς; οἶδά σε τίς εἶ, ὁ ἅγιος τοῦ θεοῦ. 35. καὶ ἐπετίμησεν αὐτῷ ὁ Ἰησοῦς λέγων· § φημώθητι καὶ ἔξελθε § ἀπ᾽ αὐτοῦ. καὶ ῥίψαν αὐτὸν τὸ δαιμόνιον εἰς τὸ μέσον ἐξῆλθεν ἀπ᾽ αὐτοῦ, μηδὲν βλάψαν αὐτόν. 36. καὶ ἐγένετο θάμβος ἐπὶ πάντας, καὶ συνελάλουν πρὸς ἀλλήλους λέγοντες· τίς ὁ λόγος οὗτος, ὅτι ἐν ἐξουσίᾳ καὶ δυνάμει ἐπιτάσσει τοῖς ἀκαθάρτοις πνεύμασιν καὶ ἐξέρχονται; 37. καὶ ἐξεπορεύετο ἦχος περὶ αὐτοῦ εἰς πάντα τόπον τῆς περιχώρου.

38. Ἀναστὰς δὲ § ἀπὸ τῆς συναγωγῆς εἰσῆλθεν εἰς τὴν οἰκίαν Σίμωνος. † πενθερὰ δὲ τοῦ Σίμωνος ἦν συνεχομένη πυρετῷ μεγάλῳ, καὶ ἠρώτησαν αὐτὸν περὶ αὐτῆς. καὶ ἐπιστὰς ἐπάνω αὐτῆς ἐπετίμησε τῷ πυρετῷ, καὶ ἀφῆκεν αὐτήν· παραχρῆμα δὲ ἀναστᾶσα διηκόνει αὐτοῖς.

40. Δύνοντος δὲ τοῦ ἡλίου πάντες ὅσοι εἶχον ἀσθενοῦντας νόσοις ποικίλαις ἤγαγον αὐτοὺς πρὸς αὐτόν· § οὐδὲ ἑνὶ ἑκάστῳ αὐτῶν τὰς χεῖρας § ἐπιτιθεὶς ἐθεράπευσεν αὐτούς. 41. ἐξήρχετο δὲ καὶ δαιμόνια ἀπὸ πολλῶν, § κραυγάζοντα καὶ λέγοντα ὅτι σὺ εἶ ὁ Χριστὸς ὁ υἱὸς τοῦ θεοῦ. καὶ ἐπιτιμῶν οὐκ εἴα αὐτὰ λαλεῖν, ὅτι ᾔδεισαν § αὐτὸν τὸν Χριστὸν εἶναι.

---

34. ναζαρηνε sv. | υμας *pro* ημας M.
35. φιμωθητι s, φωμωθητι M. | εξ *pro* απ᾽ s. | – το *ante* μεσον v. | μεσων P. | + αυτων *post* μεσον v.
36. πνευμασι si.v.
38. εκ *pro* απο s. | + ἡ *ante* πενθηρα s.
39. στας *pro* επιστας v. | το *pro* τω M. | αναστασου M. | διηκονη P. | αυτης v', *sed* v = txt.
40. ποικιλοις I.M. | ὁ δε *pro* ουδε sv. | επιθεις sv.
41. εξηρχοντο M. | κραζοντα s. | τον χρ. αυτον ειναι s.

42. Γενομένης δὲ ἡμέρας ἐξελθὼν ἐπορεύθη εἰς ἔρημον τόπον, καὶ οἱ ὄχλοι § ἐπεζήτουν αὐτόν· καὶ ἦλθον ἕως αὐτοῦ, καὶ κατεῖχον αὐτὸν τοῦ μὴ πορεύεσθαι ἀπ' αὐτῶν. 43. ὁ δὲ § Ἰησοῦς εἶπεν πρὸς αὐτοὺς ὅτι καὶ ταῖς ἑτέραις πόλεσιν εὐαγγελίσασθαί με δεῖ τὴν βασιλείαν τοῦ θεοῦ, ὅτι § ἐπὶ τοῦτο § ἀπεστάλην. καὶ ἦν κηρύσσων § εἰς τὰς συναγωγὰς τῆς Γαλιλαίας.

V.

1. Ἐγένετο δὲ ἐν τῷ τὸν ὄχλον ἐπικεῖσθαι αὐτῷ τοῦ ἀκούειν τὸν λόγον τοῦ θεοῦ, καὶ αὐτὸς ἦν ἑστὼς παρὰ τὴν λίμνην § Γεννησαρέθ, 2. καὶ § ἴδεν δύο πλοῖα ἑστῶτα παρὰ τὴν λίμνην· οἱ δὲ ἁλιεῖς ἀποβάντες ἀπ' αὐτῶν ἀπέπλυναν τὰ δίκτυα. 3. ἐμβὰς δὲ εἰς ἓν τῶν πλοίων, ὃ ἦν τοῦ Σίμωνος, ἠρώτησεν αὐτὸν ἀπὸ τῆς γῆς ἐπαναγαγεῖν ὀλίγον· καὶ καθίσας ἐδίδασκεν § ἀπὸ τοῦ πλοίου τοὺς ὄχλους. 4. ὡς δὲ ἐπαύσατο λαλῶν, εἶπεν πρὸς τὸν Σίμωνα· ἐπανάγαγε εἰς τὸ βάθος, καὶ χαλάσατε τὰ δίκτυα ὑμῶν εἰς ἄγραν 5. καὶ ἀποκριθεὶς ὁ Σίμων εἶπεν αὐτῷ· ἐπιστάτα, δι' ὅλης τῆς νυκτὸς κοπιάσαντες οὐδὲν ἐλάβομεν· ἐπὶ δὲ τῷ ῥήματί σου χαλάσω τὸ δίκτυον. 6. καὶ τοῦτο ποιήσαντες συνέκλεισαν § πλῆθος ἰχθύων πολύ· διερρήγνυτο δὲ τὸ δίκτυον αὐτῶν. 7. καὶ κατ-

---

42. εζητουν S. | κατ' ειχον P.
43. – ιησους Sl.V. | ειπε Sl.. | εις τουτο απεσταλμαι S.
44. εν ταις συναγωγαις S.
V. 1. των οχλον M. | γεννησαρετ S.
2. ειδε S.

3. ολιγων P. | εκ pro απο S.
4. ειπε Sl.. | δεικτυα M.
5. ελαβωμεν L. | χαλασωμεν M.
6. ιχθυων πληθος S. | πολυν M. διερυγνυτο P.

ἔνευσαν τοῖς μετόχοις τοῖς ἐν τῷ ἑτέρῳ πλοίῳ τοῦ ἐλθόντας συλλαβέσθαι αὐτοῖς· καὶ ἦλθον, καὶ ἔπλησαν ἀμφότερα τὰ πλοῖα, ὥστε βυθίζεσθαι αὐτά. 8. ἰδὼν δὲ § ὁ Σίμων † προσέπεσε τοῖς γόνασιν τοῦ Ἰησοῦ λέγων· ἔξελθε ἀπ' ἐμοῦ, ὅτι ἀνὴρ ἁμαρτωλός εἰμι, κύριε. 9. θάμβος γὰρ περιέσχεν αὐτὸν καὶ πάντας τοὺς σὺν αὐτῷ ἐπὶ τῇ ἄγρᾳ τῶν ἰχθύων ᾗ συνέλαβον, 10. ὁμοίως δὲ καὶ Ἰάκωβον καὶ Ἰωάννην υἱοὺς Ζεβεδαίου, οἳ ἦσαν κοινωνοὶ τῷ Σίμωνι. καὶ εἶπεν πρὸς τὸν Σίμωνα ὁ Ἰησοῦς· μὴ φοβοῦ· ἀπὸ τοῦ νῦν ἀνθρώπους ἔσῃ ζωγρῶν. 11. καὶ καταγαγόντες τὰ πλοῖα ἐπὶ τὴν γῆν, ἀφέντες ἅπαντα ἠκολούθησαν αὐτῷ.

12. Καὶ ἐγένετο † εἶναι αὐτὸν ἐν μιᾷ τῶν πόλεων, καὶ ἰδοὺ ἀνὴρ πλήρης λέπρας· καὶ ἰδὼν τὸν Ἰησοῦν, πεσὼν ἐπὶ πρόσωπον, ἐδεήθη αὐτοῦ λέγων· κύριε, ἐὰν θέλῃς, δύνασαί με καθαρίσαι. 13. καὶ ἐκτείνας τὴν χεῖρα ἥψατο αὐτοῦ § λέγων· θέλω, καθαρίσθητι. καὶ εὐθέως § ἀπῆλθεν ἡ λέπρα ἀπ' αὐτοῦ. 14. καὶ αὐτὸς παρήγγειλεν αὐτῷ μηδενὶ εἰπεῖν, ἀλλὰ ἀπελθὼν δεῖξον σεαυτὸν τῷ ἱερεῖ, καὶ προσένεγκε περὶ τοῦ καθαρισμοῦ σου καθὼς προσέταξεν § Μωϋσῆς, εἰς μαρτύριον αὐτοῖς. 15. διήρχετο † μᾶλλον ὁ λόγος περὶ αὐτοῦ, καὶ συνήρχοντο ὄχλοι πολλοὶ ἀκούειν καὶ θεραπεύεσθαι † ἀπὸ τῶν § ἀσθενιῶν αὐτῶν·

---

7. ελθοντα P, ελθοντος V. | αμφοτεροι L. | βυθιζεσθε P.
8. – ὁ SMV. | + πετρος post σιμων SMV. | γονασι SLP.
9. περιεχεν L.
10. ειπε SL.
12. – και init. P. | + εν τω ante ειναι SMV. | ιδων δε pro και ιδων V.
13. ειπων pro λεγων S. | τελω L₁. | η λεπρα απηλθεν SV.
14. μηδενὶ L, μηδ' ἑνὶ P. | ἀλλ' L. | απελθον P. | σεαυτω L.|προσεταξε SLV. | μωσης S.
15. + δε post διηρχετο SV. | + ὑπ' αυτου post θεραπευεσθαι SMV.| ασθενειων SLV.

16. αὐτὸς δὲ ἦν ὑποχωρῶν ἐν ταῖς ἐρήμοις καὶ προσευχόμενος.

17. Καὶ ἐγένετο ἐν μιᾷ τῶν ἡμερῶν καὶ αὐτὸς ἦν διδάσκων §ἐν μιᾷ τῶν συναγωγῶν, καὶ ἦσαν καθήμενοι Φαρισαῖοι καὶ νομοδιδάσκαλοι, οἳ ἦσαν §συνεληλυθότες ἐκ πάσης κώμης τῆς Γαλιλαίας καὶ Ἰουδαίας καὶ Ἱερουσαλήμ· καὶ δύναμις κυρίου ἦν εἰς τὸ ἰᾶσθαι αὐτούς. 18. καὶ ἰδοὺ ἄνδρες φέροντες ἐπὶ κλίνης ἄνθρωπον ὃς ἦν παραλελυμένος, καὶ ἐζήτουν αὐτὸν εἰσενεγκεῖν καὶ θεῖναι ἐνώπιον §αὐτῶν. 19. καὶ μὴ εὑρόντες §πόθεν εἰσενέγκωσιν αὐτὸν διὰ τὸν ὄχλον, ἀναβάντες ἐπὶ τὸ δῶμα, διὰ τῶν κεράμων καθῆκαν αὐτὸν σὺν τῷ κλινιδίῳ εἰς τὸ μέσον ἔμπροσθεν τοῦ Ἰησοῦ. 20. καὶ ἰδὼν §ὁ Ἰησοῦς τὴν πίστιν αὐτῶν εἶπεν αὐτῷ· ἄνθρωπε, ἀφέωνταί σοι αἱ ἁμαρτίαι σου. 21. καὶ ἤρξαντο διαλογίζεσθαι οἱ γραμματεῖς καὶ οἱ Φαρισαῖοι λέγοντες· τίς ἐστιν οὗτος ὃς λαλεῖ βλασφημίας; τίς δύναται ἀφιέναι ἁμαρτίας εἰ μὴ μόνος ὁ θεός; 22. ἐπιγνοὺς δὲ ὁ Ἰησοῦς τοὺς διαλογισμοὺς αὐτῶν ἀποκριθεὶς εἶπεν πρὸς αὐτούς· τί διαλογίζεσθε ἐν ταῖς καρδίαις ὑμῶν; 23. τί ἐστιν εὐκοπώτερον, εἰπεῖν· ἀφέωνταί σοι αἱ ἁμαρτίαι σου, ἢ εἰπεῖν· §ἔγειρε καὶ περιπάτει; 24. ἵνα δὲ

---

16. ὑπὸ χορῶν MP. | ερημαις L₁.
17. + ὁ ιησους post διδασκων M. | – εν μια των συναγωγων S. συνεληλυθωτες PV. | κομης P. εν τω pro εις το M.
18. κλινης P. | θηναι M. | αυτου pro αυτων SMV.
19. δια ποιας pro ποθεν S. | τω δωμα M. | κλινηδιω M. | τω pro του P, sed του P'.

20. – ὁ ιησους S. | τω παραλυτικω pro αυτω V. | τεκνον pro ανθρωπε V.
21. ουτως pro ουτος P. | δυνατε P.
22. ειπε SL. | αυτον pro αυτους M, sed corr. prima manus ut sit αυτους.
23. διαλογιζεσθαι MP. | ημων pro υμων P. | ευκοπωτερον P. | σου αι αμαρτιαι σου M. | εγειραι SM.

ΕΥΑΓΓΕΛΙΟΝ

εἰδῆτε ὅτι ἐξουσίαν ἔχει ὁ υἱὸς τοῦ ἀνθρώπου ἐπὶ τῆς γῆς ἀφιέναι ἁμαρτίας, εἶπεν τῷ §παραλυτικῷ· σοὶ λέγω, §ἔγειρε καὶ ἄρας τὸ κλινίδιόν σου πορεύου εἰς τὸν οἶκόν σου. 25. καὶ παραχρῆμα ἀναστὰς ἐνώπιον §πάντων, ἄρας ἐφ' ᾧ κατέκειτο, ἀπῆλθεν εἰς τὸν οἶκον αὐτοῦ δοξάζων τὸν θεόν. 26. † καὶ ἐπλήσθησαν φόβου λέγοντες ὅτι §ἴδομεν παράδοξα σήμερον. 27. Καὶ μετὰ ταῦτα ἐξῆλθεν § ὁ Ἰησοῦς καὶ ἐθεάσατο τελώνην ὀνόματι Λευὶν καθήμενον ἐπὶ τὸ τελώνιον, καὶ § λέγει αὐτῷ· ἀκολούθει μοι. 28. καὶ καταλιπὼν ἅπαντα ἀναστὰς ἠκολούθησεν αὐτῷ. 29. καὶ ἐποίησεν δοχὴν μεγάλην † Λευὶς αὐτῷ ἐν τῇ οἰκίᾳ αὐτοῦ· καὶ ἦν ὄχλος § πολὺς τελωνῶν καὶ ἄλλων οἳ ἦσαν μετ' αὐτῶν κατακείμενοι. 30. καὶ ἐγόγγυζον οἱ γραμματεῖς αὐτῶν καὶ οἱ Φαρισαῖοι πρὸς τοὺς μαθητὰς αὐτοῦ λέγοντες· διὰ τί μετὰ § τῶν τελωνῶν καὶ ἁμαρτωλῶν ἐσθίετε καὶ πίνετε; 31. καὶ ἀποκριθεὶς ὁ Ἰησοῦς εἶπεν πρὸς αὐτούς· οὐ χρείαν ἔχουσιν οἱ §ἰσχύοντες ἰατροῦ ἀλλ' οἱ κακῶς ἔχοντες· 32. οὐκ ἐλήλυθα καλέσαι δικαίους ἀλλὰ ἁμαρτωλοὺς εἰς μετάνοιαν.

---

24. ιδητε L. | ειπε SLM. | παραλελυμενω S. (συ *pro* σοι M. | εγειραι SL.
25. ενωπιων M. | αυτων *pro* παντων S, αυτων παντων V. | ἐφ' ὁ *pro* ἐφ' ᾧ V.
26. *init.* + και εκστασις ελαβεν απαντας και εδοξαζον τον θεον SM. | ειδομεν S, ιδωμεν M, ειδωμεν L, ἴδαμεν P.
27. μεταταῦτα L. | εξηλθε s. | – ὁ ιησους SV. | εθεατο L. | τελωνειν L, τω τελωνειον M. | ειπεν *pro* λεγει SV.
28. ἠκολοῦθει L.
29. εποιησε SLV. | + ὁ *ante* λευις S. | τελωνων πολυς SV. | καταυτον *pro* μετ' αυτων L.
30. εγγογγυζον L₁. | διατι *uno verbo* SLV. | – των S.
31. ειπε SL. | εχωσιν L. | υγιαινοντες *pro* ισχυοντες SV. | κακων L₁. | εχωντες L.
32. καλεσε L₁. | ἀλλὰ μαρτωλους M.

33. Οἱ δὲ εἶπον πρὸς αὐτόν· διατί οἱ μαθηταὶ Ἰωάννου νηστεύουσιν πυκνὰ καὶ δεήσεις ποιοῦνται, ὁμοίως καὶ οἱ τῶν Φαρισαίων, οἱ δὲ σοὶ ἐσθίουσιν καὶ πίνουσιν; 34. ὁ δὲ § Ἰησοῦς εἶπεν πρὸς αὐτούς· μὴ δύνασθε τοὺς υἱοὺς τοῦ νυμφῶνος, ἐν ᾧ ὁ νυμφίος μετ' αὐτῶν ἐστίν, ποιῆσαι νηστεύειν; 35. ἐλεύσονται δὲ ἡμέραι † ὅταν ἀπαρθῇ ἀπ' αὐτῶν ὁ νυμφίος § καὶ τότε § νηστεύσωσιν ἐν ἐκείναις ταῖς ἡμέραις. 36. Ἔλεγεν δὲ καὶ παραβολὴν § αὐτοῖς ὅτι οὐδεὶς ἐπίβλημα § ἀπὸ ἱματίου καινοῦ ἐπιβάλλει ἐπὶ ἱμάτιον παλαιόν· εἰ δὲ μήγε, καὶ τὸ καινὸν σχίζει καὶ τῷ παλαιῷ οὐ συμφωνεῖ § τὸ ἐπίβλημα τὸ ἀπὸ τοῦ καινοῦ. 37. καὶ οὐδεὶς βάλλει οἶνον νέον εἰς ἀσκοὺς παλαιούς· εἰ δὲ μήγε, ῥήξει ὁ νέος οἶνος τοὺς ἀσκούς, καὶ αὐτὸς ἐκχυθήσεται καὶ οἱ ἀσκοὶ ἀπολοῦνται· 38. § ἀλλ' οἶνον νέον εἰς ἀσκοὺς καινοὺς βλητέον, καὶ ἀμφότεροι συντηροῦνται. 39. καὶ οὐδεὶς πιὼν παλαιὸν εὐθέως θέλει νέον· λέγει γάρ· ὁ παλαιὸς χρηστότερός ἐστιν.

VI.

1. Ἐγένετο δὲ ἐν σαββάτῳ § δευτέρῳ πρώτῳ διαπορεύεσθαι

ΕΥΑΓΓΕΛΙΟΝ

αὐτὸν διὰ τῶν σπορίμων, καὶ ἔτιλλον οἱ μαθηταὶ αὐτοῦ τοὺς στάχυας καὶ ἤσθιον ψώχοντες ταῖς χερσίν. 2. τινὲς δὲ τῶν Φαρισαίων εἶπον αὐτοῖς· τί ποιεῖτε ὃ οὐκ ἔξεστι ποιεῖν ἐν § σαββάτῳ; 3. καὶ ἀποκριθεὶς §ὁ Ἰησοῦς εἶπεν πρὸς αὐτοὺς· οὐδὲ τοῦτο ἀνέγνωτε ὃ ἐποίησε Δαβίδ, ὁπότε ἐπείνασεν αὐτὸς καὶ οἱ μετ' αὐτοῦ ὄντες; 4. §πῶς εἰσῆλθεν εἰς τὸν οἶκον τοῦ θεοῦ καὶ τοὺς ἄρτους τῆς προθέσεως † ἔφαγε καὶ ἔδωκε καὶ τοῖς μετ' αὐτοῦ, οὓς οὐκ ἔξεστι φαγεῖν εἰ μὴ μόνους τοὺς ἱερεῖς; 5. καὶ ἔλεγεν αὐτοῖς ὅτι κύριός ἐστιν ὁ υἱὸς τοῦ ἀνθρώπου καὶ τοῦ σαββάτου.
6. Ἐγένετο δὲ † ἐν ἑτέρῳ σαββάτῳ εἰσελθεῖν αὐτὸν εἰς τὴν συναγωγὴν καὶ διδάσκειν. καὶ ἦν ἐκεῖ ἄνθρωπος καὶ ἡ χεὶρ αὐτοῦ ἡ δεξιὰ ἦν ξηρά· 7. §καὶ παρετήρουν † αὐτὸν οἱ γραμματεῖς καὶ οἱ Φαρισαῖοι εἰ ἐν τῷ σαββάτῳ θεραπεύσει §αὐτόν, ἵνα εὕρωσι κατηγορίαν αὐτοῦ. 8. αὐτὸς δὲ ᾔδει τοὺς διαλογισμοὺς αὐτῶν· † εἶπε § δὲ τῷ ἀνθρώπῳ τῷ ξηρὰν ἔχοντι τὴν χεῖρα· § ἔγειρε καὶ στῆθι εἰς τὸ μέσον. ὁ δὲ ἀναστὰς ἔστη. 9. εἶπεν §δὲ ὁ Ἰησοῦς πρὸς αὐτούς· ἐπερωτήσω ὑμᾶς τί ἔξεστι τοῖς σάββασιν, ἀγαθο-

---

P′, sed P. = txt. | σποριμματων L. | ετειλον L. | ψωχοντες P. | χερσι S.
2. τοινες M. | ποιητε M. | – ποιειν εν L, – εν V. | τοις σαββασιν (.. σι S) SLV.
3. ειπε L, προς αυτους ειπεν ο ιησους S. | ὁτε L. | – οντες L, παντες pro οντες V.
4. ως pro πως S. | τον αρτον L. | + ελαβε και ante εφαγε S. | οι μη pro ει μη M. | εστι pro εξεστι L. | μονοις L.

6. + και ante εν ετερω SM. | – εν L. | συναγωγειν L. | εις την συναγωγην αυτον pro αυτον εις τ. σ. M. | εδιδασκεν M.
7. παρετηρουν δε pro και παρ. S, και πᾳρετηρουντο L. | – αυτον post θεραπευσει S. | ευρωσιν M. | κατηγορειν κατ' αυτου V.
8. και ειπεν pro ειπε δε SMV. | εγειραι S. | ιστη L.
9. ειπε LM. | ουν pro δε S. | επερωτισω M. | υμας· τι LV. | fin. + οι δε εσιωπων MV.

ποιῆσαι ἢ κακοποιῆσαι; ψυχὴν σῶσαι ἢ ἀπολέσαι; 10. καὶ περιβλεψάμενος πάντας αὐτοὺς §μετ' ὀργῆς εἶπεν τῷ ἀνθρώπῳ· ἔκτεινον τὴν χεῖρά σου. ὁ δὲ §ἐξετείνεν, καὶ §ἀπεκατεστάθη ἡ χεὶρ αὐτοῦ ὑγιὴς ὡς ἡ ἄλλη. 11. αὐτοὶ δὲ ἐπλήσθησαν ἀνοίας, καὶ διελάλουν πρὸς ἀλλήλους τί ἂν §ποιήσαι ἐν τῷ Ἰησοῦ. 12. Ἐγένετο δὲ ἐν ταῖς ἡμέραις ταύταις, ἐξῆλθεν εἰς τὸ ὄρος προσεύξασθαι, καὶ ἦν διανυκτερεύων ἐν τῇ προσευχῇ τοῦ θεοῦ. 13. καὶ ὅτε ἐγένετο ἡμέρα, προσεφώνησεν τοὺς μαθητὰς αὐτοῦ, καὶ ἐκλεξάμενος ἀπ' αὐτῶν δώδεκα, οὓς καὶ ἀποστόλους ὠνόμασεν, 14. Σίμωνα, ὃν καὶ ὠνόμασεν Πέτρον, καὶ Ἀνδρέαν τὸν ἀδελφὸν αὐτοῦ, §καὶ Ἰάκωβον καὶ Ἰωάννην, Φίλιππον καὶ Βαρθολομαῖον 15. §καὶ Ματθαῖον καὶ Θωμᾶν, §καὶ Ἰάκωβον † Ἀλφαίου, καὶ Σίμωνα τὸν καλούμενον Ζηλωτήν, 16. §καὶ Ἰούδαν Ἰακώβου, καὶ Ἰούδαν Ἰσκαριώτην, ὃς καὶ ἐγένετο προδότης, 17. καὶ καταβὰς μετ' αὐτῶν ἔστη ἐπὶ τόπου πεδινοῦ, καὶ ὄχλος μαθητῶν αὐτοῦ, καὶ πλῆθος πολὺ τοῦ λαοῦ ἀπὸ πάσης τῆς Ἰουδαίας καὶ Ἰερουσαλὴμ καὶ τῆς παραλίου Τύρου καὶ Σιδῶνος, οἳ ἦλθον ἀκοῦσαι αὐτοῦ καὶ ἰαθῆναι ἀπὸ τῶν νόσων αὐτῶν, 18. καὶ οἱ ὀχλούμενοι ὑπὸ πνευμάτων

10. - μετ' ὀργης s. | ειπε sl. | τη pro την P. | εποιησεν ουτω pro εξετεινεν s, εποιησεν (- ουτω) V. | αποκατεσταθη s. | υγιεις MP.
11. ανομιας pro ανοιας P. | ποιησειαν s, ποιησαι (- εν) V, ποιησαιεν L.
12. διανηκτερευων M.
13. προσεφωνησε SLV. | ωνομασε sv, ονομασεν MP.
14. - σιμωνα ον και ωνομασεν L,

ονομασεν MP. | - και ante ιακωβον s. | fin. + και ιωαννην iterum L.
15. - και ante ματθαιον SLV. | ματθαιαν L. | - και ante ιακωβον sv. | + τον του post ιακωβον sv.
16. - και init. s. | ιουδαν bis LM.
17. μεταβας εκειθεν pro καταβας L. | παραλυου P. | σιδονος L, σινονος ? L. | ασθηναι pro ιαθηναι M.

ἀκαθάρτων, καὶ ἐθεραπεύοντο. 19. καὶ πᾶς ὁ ὄχλος ἐζήτει ἅπτεσθαι αὐτοῦ, ὅτι δύναμις παρ' αὐτοῦ ἐξήρχετο καὶ ἰᾶτο πάντας. 20. Καὶ αὐτὸς ἐπάρας τοὺς ὀφθαλμοὺς αὐτοῦ εἰς τοὺς μαθητὰς αὐτοῦ ἔλεγεν· μακάριοι οἱ πτωχοὶ § τῷ πνεύματι, ὅτι ὑμετέρα ἐστὶν ἡ βασιλεία τοῦ θεοῦ. 21. μακάριοι οἱ πεινῶντες νῦν, ὅτι χορτασθήσεσθε. μακάριοι οἱ κλαίοντες νῦν, ὅτι γελάσετε. 22. μακάριοί ἐστε ὅταν μισήσωσιν ὑμᾶς οἱ ἄνθρωποι, καὶ ὅταν ἀφορίσωσιν ὑμᾶς καὶ ὀνειδίσωσιν καὶ ἐκβάλωσι τὸ ὄνομα ὑμῶν ὡς πονηρὸν ἕνεκα τοῦ υἱοῦ τοῦ ἀνθρώπου. 23. § χάρητε ἐν ἐκείνῃ τῇ ἡμέρᾳ καὶ σκιρτήσατε· ἰδοὺ γὰρ ὁ μισθὸς ὑμῶν πολὺς ἐν § τοῖς οὐρανοῖς· § καὶ ταῦτα γὰρ ἐποίουν τοῖς προφήταις οἱ πατέρες αὐτῶν. 24. Πλὴν οὐαὶ ὑμῖν τοῖς πλουσίοις, ὅτι ἀπέχετε τὴν παράκλησιν ὑμῶν. 25. οὐαὶ † οἱ ἐμπεπλησμένοι § νῦν, ὅτι πεινάσετε. οὐαὶ † οἱ γελῶντες νῦν, ὅτι πενθήσετε καὶ κλαύσετε. 26. οὐαὶ † ὅταν καλῶς ὑμᾶς εἴπωσιν πάντες οἱ ἄνθρωποι· κατὰ ταῦτα γὰρ ἐποίουν τοῖς ψευδοπροφήταις οἱ πατέρες αὐτῶν. 27. § Ἀλλὰ ὑμῖν λέγω τοῖς ἀκούουσιν· ἀγαπᾶτε τοὺς ἐχθροὺς ὑμῶν, καλῶς ποιεῖτε τοῖς μισοῦσιν ὑμᾶς, 28. εὐλογεῖτε τοὺς κατα-

---

18. *fin.* + απαντας L.
19. ιατω P.
20. ελεγε S. | - τω πνευματι S. | των ουρανων *pro* του θεου L.
21. χορτασθησεσθαι P, χορτασθησονται L. | γελασεται P.
22. μησησωσιν ημας M. | αφωρισωσιν P. | ονειδισωσι SL, ονειδησωσιν M, ωνειδισωσι P. | εκβαλωσιν M, εκβαλλωσι L.
23. χαιρετε S, χαριτε V. | σκηρτησατε M. | - ο L. | τω ουρανω SV. |

κατα *pro* και SM.
24. ημιν L. | απεχεται L.
25. + υμιν *post* ουαι *bis* SMV. | τοις εμπεπλησμενοις V. | - νυν *prim.* S. | - οι *ante* γελωντες M. | πενθησεται P. | κλαυσεται V, *sed* κλαυσετε V'.
26. + υμιν *post* ουαι SL. | - υμας L. | ειπωσι SL. | - οι *ante* ανθρωποι P. | καταταῦτα LP. | υμων *pro* αυτων L.
27. αλλ' S. | ποιητε M.

ρωμένους § ὑμᾶς, † προσεύχεσθε ὑπὲρ τῶν ἐπηρεαζόντων ὑμᾶς. 29. τῷ τύπτοντί σε ἐπὶ τὴν σιαγόνα § στρέψον αὐτῷ καὶ τὴν ἄλλην, καὶ ἀπὸ τοῦ αἴροντός σου τὸ ἱμάτιον καὶ τὸν χιτῶνα μὴ κωλύσῃς. 30. παντὶ δὲ τῷ αἰτοῦντί σε δίδου, καὶ ἀπὸ τοῦ αἴροντος τὰ σά μὴ ἀπαίτει. 31. καὶ καθὼς θέλετε ἵνα ποιῶσιν ὑμῖν οἱ ἄνθρωποι, καὶ ὑμεῖς ποιεῖτε αὐτοῖς ὁμοίως. 32. καὶ εἰ ἀγαπᾶτε τοὺς ἀγαπῶντας ὑμᾶς, ποία ὑμῖν χάρις ἐστίν; καὶ γὰρ οἱ ἁμαρτωλοὶ τοὺς ἀγαπῶντας αὐτοὺς ἀγαπῶσιν. 33. καὶ ἐὰν ἀγαθοποιῆτε τοὺς ἀγαθοποιοῦντας ὑμᾶς, ποία ὑμῖν χάρις ἐστίν; καὶ γὰρ οἱ ἁμαρτωλοὶ τὸ αὐτὸ ποιοῦσιν. 34. καὶ ἐὰν § δανίζετε παρ' ὧν ἐλπίζετε ἀπολαβεῖν, ποία ὑμῖν χάρις ἐστίν; καὶ γὰρ οἱ ἁμαρτωλοὶ ἁμαρτωλοῖς § δανίζουσιν ἵνα ἀπολάβωσι τὰ ἴσα. 35. Πλὴν ἀγαπᾶτε τοὺς ἐχθροὺς ὑμῶν καὶ ἀγαθοποιεῖτε καὶ § δανίζετε μηδὲν ἀπελπίζοντες· καὶ ἔσται ὁ μισθὸς ὑμῶν πολύς, καὶ ἔσεσθε υἱοὶ τοῦ ὑψίστου, ὅτι αὐτὸς χρηστός ἐστιν ἐπὶ τοὺς ἀχαρίστους καὶ πονηρούς. 36. γίνεσθε οὖν οἰκτίρμονες, καθὼς καὶ ὁ πατὴρ ὑμῶν § ὁ οὐράνιος οἰκτίρμων ἐστίν. 37. καὶ μὴ κρίνετε, καὶ οὐ μὴ κριθῆτε· μὴ καταδικάζετε, καὶ οὐ μὴ καταδικασθῆτε. ἀπολύετε, καὶ ἀπολυ-

---

28. υμιν *pro* υμας *prim.* S. | +και *ante* προσευχεσθε S. | επηρεαζοντων L. | −προσευχεσθε *usq.* υμας P. | *fin.* +και διωκοντων υμας LV.
29. σοι *pro* σε L. | παρεχε *pro* στρεψον αυτω S. | αιροντος LP. | +σου *ante* χιτωνα V.
30. αιροντος L.P. | απαιτη L, απετει P.
31. καλως *pro* καθως P.
32. οι *pro* ει MP. | εστι S, εστι V. | αγαπωσι S.

33. αγαθοποιειτε MP. | αγαθοποιωντας V. | εστι S. | τω αυτω P. | ποιουσι S.
34. δανειζητε S, δανειζεται L. | εστι S, εστιν V. | δανειζουσιν SL.
35. δανειζετε SL. | εστε *pro* εσται L. | εσεσθαι *pro* εσεσθε P. | − του *ante* υψιστου P.
36. − ο ουρανιος S. | ημων *pro* υμων L₂. | εστι S.
37. κρινεται M. | και *tert. in* l. *bis scriptum.*

θήσεσθε· 38. δίδοτε, καὶ δοθήσεται ὑμῖν· μέτρον καλὸν πεπιεσμένον καὶ σεσαλευμένον καὶ ὑπερεκχυνόμενον δώσουσιν εἰς τὸν κόλπον ὑμῶν· τῷ γὰρ αὐτῷ μέτρῳ ᾧ μετρεῖτε § ἀντιμετρηθίσεται ὑμῖν. 39. § ἔλεγεν δὲ § καὶ παραβολὴν αὐτοῖς. μήτι δύναται τυφλὸς τυφλὸν ὁδηγεῖν; οὐχὶ ἀμφότεροι § ἐμπεσοῦνται εἰς βόθυνον; 40. οὐκ ἔστιν μαθητὴς ὑπὲρ τὸν διδάσκαλον· † κατηρτισμένος δὲ πᾶς ἔσται ὡς ὁ διδάσκαλος αὐτοῦ. 41. τί δὲ βλέπεις τὸ κάρφος τὸ ἐν τῷ ὀφθαλμῷ τοῦ ἀδελφοῦ σου, τὴν δὲ † ἐν τῷ § σῷ ὀφθαλμῷ δοκὸν οὐ κατανοεῖς; 42. ἢ πῶς δύνασαι λέγειν τῷ ἀδελφῷ σου· ἀδελφέ, ἄφες ἐκβάλω τὸ κάρφος τὸ ἐν τῷ ὀφθαλμῷ σου, αὐτὸς τὴν ἐν τῷ ὀφθαλμῷ σου δοκὸν § μὴ βλέπων; ὑποκριτά, ἔκβαλε πρῶτον τὴν δοκὸν ἐκ τοῦ ὀφθαλμοῦ σου, καὶ τότε διαβλέψεις † τὸ κάρφος τὸ ἐν τῷ ὀφθαλμῷ τοῦ ἀδελφοῦ σου † § ἐκβαλεῖν. 43. Οὐ γάρ ἐστιν δένδρον καλὸν ποιοῦν καρπὸν σαπρόν, οὐδὲ § πάλιν δένδρον σαπρὸν ποιοῦν καρπὸν καλόν. 44. ἕκαστον γὰρ δένδρον ἐκ τοῦ ἰδίου καρποῦ γινώσκεται· οὐ γὰρ ἐξ ἀκανθῶν συλλέγουσιν σῦκα, οὐδὲ ἐκ βάτου § σταφυλὰς τρυγῶσιν.

---

38. διδωτε L. | - και sec. et tert. L. | ὑπἐρὶκχυνηόμενον (sic) M. εἰς pro εις L₁. | - γαρ LP. μετρητε L. | αντιμετρηθησεται SL.
39. ειπε pro ελεγεν S, ελεγε L.. | και s. | δυνατε LP. | ουχ οἱ pro ουχι L.. | εις βοθυνον πεσουνται SV.
40. εστι SLV. | + αυτου post διδασκαλον s.
41. τω pro το sec. M. | δοκων P, την δε δοκον την εν τω ιδιω οφθαλμω s.
42. εκβαλω L. | - το sec. L. | δοκων prim. L. | ου pro μη s. | οφθαλμου σου tert: V hic rasuram vocum duarum habet. Manus prima in margine inferiori οφθαλμου σου apposuit. Alter. | εκβαλειν post διαβλεψεις ponit s. | τω pro το post καρφος P. | - σου ult. P.
43. εστι SLV. | -παλιν s.
44. συλλεγουσι SLV. | σῦκα s. | τρυγωσι σταφυλην SV.

45. ὁ ἀγαθὸς ἄνθρωπος ἐκ τοῦ ἀγαθοῦ θησαυροῦ τῆς καρδίας αὐτοῦ προφέρει τὸ ἀγαθόν, καὶ ὁ πονηρὸς ἄνθρωπος ἐκ τοῦ πονηροῦ θησαυροῦ τῆς καρδίας αὐτοῦ προφέρει τὸ πονηρόν· ἐκ γὰρ τοῦ περισσεύματος τῆς καρδίας λαλεῖ τὸ στόμα αὐτοῦ. 46. Τί δέ με καλεῖτε, κύριε κύριε, καὶ οὐ ποιεῖτε ἃ λέγω; 47. πᾶς ὁ ἐρχόμενος πρός με καὶ ἀκούων μου τῶν λόγων καὶ ποιῶν αὐτούς, ὑποδείξω ὑμῖν τίνι § ὅμοιός ἐστιν. 48. ὅμοιός ἐστιν ἀνθρώπῳ οἰκοδομοῦντι οἰκίαν, ὃς ἔσκαψεν καὶ ἐβάθυνεν καὶ ἔθηκε θεμέλιον ἐπὶ τὴν πέτραν· πλημμύρας δὲ γενομένης προσέρρηξεν ὁ ποταμὸς τῇ οἰκίᾳ ἐκείνῃ, καὶ οὐκ ἴσχυσεν σαλεῦσαι αὐτήν· τεθεμελίωτο γὰρ ἐπὶ τὴν πέτραν. 49. ὁ δὲ ἀκούσας καὶ μὴ ποιήσας ὅμοιός ἐστιν ἀνθρώπῳ § οἰκοδομοῦντι οἰκίαν ἐπὶ τὴν γῆν χωρὶς θεμελίου, ᾗ προσέρρηξεν ὁ ποταμός, καὶ εὐθέως § συνέπεσεν, καὶ ἐγένετο τὸ ῥῆγμα τῆς οἰκίας ἐκείνης μέγα.

VII.

1. Ἐπεὶ δὲ ἐπλήρωσεν § αὐτοῦ πάντα τὰ ῥήματα § ταῦτα εἰς τὰς ἀκοὰς τοῦ λαοῦ, εἰσῆλθεν εἰς Καπερναούμ.

2. Ἑκατοντάρχου δέ τινος δοῦλος κακῶς ἔχων ἤμελλεν τελευτᾶν, ὅς ἦν αὐτῷ ἔντιμος. 3. ἀκούσας δὲ περὶ τοῦ Ἰησοῦ ἀπέστειλε †

---
45. - της καρδιας αυτου sec.· I..
46. καλειται I.P. | ποιειται P.
47. εστιν ομοιος SV.
48. εσκαψε SV, εσκαψαι I.. | εβαθυνε SV. | εθηκεν P. | ισχυσε SLV. | τεθεμελιωτε P.
49. οικοδομησαντι SV. | ἢ I.. | επεσε s. | - το ante ρηγμα M.

VII. 1. init. επειδη V. | επληρωσε SV. | επληρωσεν ο ιησους I.. | αυτου post ρηματα ponunt SV, - αυτου I.. | - ταυτα SV.
2. ημελλε SI.P, εμελλεν V.
3. + προς αυτον post απεστειλε SMV.

πρεσβυτέρους τῶν Ἰουδαίων, ἐρωτῶν αὐτὸν ὅπως ἐλθὼν § διασώσει τὸν δοῦλον αὐτοῦ. 4. οἱ δὲ παραγενόμενοι πρὸς τὸν Ἰησοῦν § ἠρῶτον αὐτὸν σπουδαίως, λέγοντες ὅτι ἄξιός ἐστιν ᾧ παρέξει τοῦτο· 5. ἀγαπᾷ γὰρ τὸ ἔθνος ἡμῶν, καὶ τὴν συναγωγὴν αὐτὸς ᾠκοδόμησεν ἡμῖν. 6. ὁ δὲ Ἰησοῦς ἐπορεύετο σὺν αὐτοῖς. ἤδη δὲ αὐτοῦ οὐ μακρὰν ἀπέχοντος † τῆς οἰκίας, § ἀπέστειλεν πρὸς αὐτὸν ὁ ἑκατόνταρχος φίλους λέγων αὐτῷ· κύριε, μὴ σκύλλου· οὐ γάρ εἰμι ἱκανὸς ἵνα § μου ὑπὸ τὴν στέγην εἰσέλθῃς· 7. διὸ οὐδὲ ἐμαυτὸν ἠξίωσα πρός σε ἐλθεῖν· ἀλλὰ § μόνον εἰπὲ λόγῳ, καὶ ἰαθήσεται ὁ παῖς μου. 8. καὶ γὰρ ἐγὼ ἄνθρωπός εἰμι ὑπὸ ἐξουσίαν τασσόμενος, ἔχων ὑπ' § ἐμαυτοῦ στρατιώτας, καὶ λέγω τούτῳ· πορεύθητι, καὶ πορεύεται, καὶ ἄλλῳ· ἔρχου, καὶ ἔρχεται, καὶ τῷ δούλῳ μου· ποίησον τοῦτο, καὶ ποιεῖ. 9. ἀκούσας δὲ ταῦτα ὁ Ἰησοῦς ἐθαύμασεν αὐτόν, καὶ στραφεὶς τῷ ἀκολουθοῦντι αὐτῷ ὄχλῳ εἶπεν· § ἀμὴν λέγω ὑμῖν, οὐδὲ ἐν τῷ Ἰσραὴλ τοσαύτην πίστιν εὗρον. 10. καὶ ὑποστρέψαντες § ὑπεμφθέντες εἰς τὸν οἶκον εὗρον τὸν ἀσθενοῦντα δοῦλον ὑγιαίνοντα.

11. Καὶ ἐγένετο ἐν § τῷ ἑξῆς § ἐπορεύθη εἰς πόλιν καλουμένην § Ναείν, καὶ συνεπορεύοντο αὐτῷ οἱ μαθηταὶ αὐτοῦ ἱκανοὶ

---

3. διασωση SL.
4. παραγεναμενοι M. | παρεκαλουν pro ηρωτυν SV, ηρωτων L. | σπουδαιος M. | τουτω P.
6. ειδη L. | + απο ante της οικιας S. | επεμψε pro απεστειλε S, απεστειλεν P. | προς αυτον pro αυτω L. | σκυλλου M, et λ alterum erasum. | υπο την στεγην μου SP, μου υπο την στεγην μου M.

7. – μονον S. | μονων P. | λογον L.
8.* – τασσομενος L, τασσωμενος P. | εμαυτον SV (ὑπὲ | ἐμαυτον V).
9. ειπε S. | – αμην S.
10. οἱ πεμφθεντες SL. | fin. + και εδοξαζον τον θεον V.
11. τη pro τω SV. | επορευετο SV, επορευθην P. | + ο ιησους post επορευθη LV. | ναιν S, ναυι L. | – αυτω L. | οικανοι L.

καὶ ὄχλος πολύς. 12. ὡς δὲ § ἤγγιζεν τῇ πύλῃ τῆς πόλεως, καὶ ἰδοὺ ἐξεκομίζετο τεθνηκὼς υἱὸς μονογενὴς τῇ μητρὶ αὐτοῦ, καὶ αὕτη † χήρα, καὶ ὄχλος τῆς πόλεως ἱκανὸς § ἦν σὺν αὐτῇ. 13. καὶ ἰδὼν αὐτὴν ὁ κύριος ἐσπλαγχνίσθη ἐπ' § αὐτὴν καὶ εἶπεν αὐτῇ· μὴ κλαῖε· 14. καὶ προσελθὼν ἥψατο τῆς σοροῦ, οἱ δὲ βαστάζοντες ἔστησαν καὶ εἶπεν· νεανίσκε, σοὶ λέγω, ἐγέρθητι. 15. καὶ ἀνεκάθισεν ὁ νεκρὸς καὶ ἤρξατο λαλεῖν, καὶ ἔδωκεν αὐτὸν τῇ μητρὶ αὐτοῦ. 16. ἔλαβε δὲ φόβος § πάντας, καὶ ἐδόξαζον τὸν θεὸν λέγοντες ὅτι προφήτης μέγας ἐγήγερται ἐν ἡμῖν, καὶ ὅτι ἐπεσκέψατο ὁ θεὸς τὸν λαὸν αὐτοῦ § εἰς ἀγαθόν. 17. καὶ ἐξῆλθεν ὁ λόγος οὗτος ἐν ὅλῃ τῇ Ἰουδαίᾳ περὶ αὐτοῦ καὶ ἐν πάσῃ τῇ περιχώρῳ.

18. Καὶ ἀπήγγειλαν Ἰωάννῃ οἱ μαθηταὶ αὐτοῦ περὶ πάντων τούτων. 19. καὶ προσκαλεσάμενος δύο τινὰς τῶν μαθητῶν αὐτοῦ ὁ Ἰωάννης ἔπεμψεν πρὸς τὸν Ἰησοῦν λέγων· σὺ εἶ ὁ ἐρχόμενος, ἢ ἄλλον προσδοκῶμεν; 20. παραγενόμενοι δὲ πρὸς αὐτὸν οἱ ἄνδρες εἶπον· Ἰωάννης ὁ βαπτιστὴς ἀπέσταλκεν ἡμᾶς πρός σε λέγων· σὺ εἶ ὁ ἐρχόμενος, ἢ ἄλλον προσδοκῶμεν; 21. ἐν § ἐκείνῃ † τῇ ὥρᾳ ἐθεράπευσε πολλοὺς ἀπὸ νόσων καὶ μαστίγων καὶ πνευμάτων πονηρῶν,

---

12. ηγγισε SV., ηγγιξε L. | παλη pro πυλη L. | τεθνηκος M, τεθνικος M. | αυτῇ pro αὕτη L., αὐτῇ M. | ÷ ην post αυτη SLV. | χειρα pro χηρα M. | -ην post ικανος SL.
13. ευσπλαγχνισθη MP. | αυτη pro αυτην SV. | κλεαι P.
14. ειδε pro οι δε P. | εστησαν L. | ειπε S. | συ pro σοι L. | + αναστας post λεγω L.
15. ανεκαθισε IM. | -αυτον M.
16. ελαβεν V. | απαντας S. | -ὁ θεος L. | -εις αγαθον S.
17. -και init. P.
18. ο ιωαννης pro ιωαννη M. | + περι αυτου post ιωαννης L. | + και ante περι L.
19. επεμψε SLV. | κυριον pro ιησουν P, κυριον αυτου L. | ετερον pro αλλον V.
20. βαπτισθεις LM. | απεστειλε V.
21. αυτη pro εκεινη S. | + δε ante τη ωρα SMV. | ημερα pro ωρα L. | εθεραπευσεν P.

καὶ τυφλοῖς πολλοῖς ἐχαρίσατο † βλέπειν. 22. καὶ ἀποκριθεὶς ὁ Ἰησοῦς εἶπεν αὐτοῖς· πορευθέντες ἀπαγγείλατε Ἰωάννῃ ἃ ἴδετε καὶ ἠκούσατε, † τυφλοὶ ἀναβλέπουσιν § καὶ χωλοὶ περιπατοῦσιν, λεπροὶ καθαρίζονται § καὶ κωφοὶ ἀκούουσιν, νεκροὶ ἐγείρονται § καὶ πτωχοὶ εὐαγγελίζονται· 23. καὶ μακάριός ἐστιν ὃς ἐὰν μὴ σκανδαλισθῇ ἐν ἐμοί.

24. Ἀπελθόντων δὲ τῶν ἀγγέλων Ἰωάννου ἤρξατο λέγειν πρὸς τοὺς ὄχλους περὶ Ἰωάννου τί §ἐξήλθατε εἰς τὴν ἔρημον θεάσασθαι; κάλαμον ὑπὸ ἀνέμου σαλευόμενον; 25. ἀλλὰ τί §ἐξήλθατε ἰδεῖν; ἄνθρωπον ἐν μαλακοῖς ἱματίοις ἠμφιεσμένον; ἰδοὺ οἱ ἐν ἱματισμῷ ἐνδόξῳ καὶ τρυφῇ ὑπάρχοντες ἐν τοῖς βασιλείοις εἰσίν. 26. ἀλλὰ τί §ἐξήλθατε ἰδεῖν; προφήτην; ναί λέγω ὑμῖν, καὶ περισσότερον προφήτου. 27. οὗτος §γάρ ἐστιν περὶ οὗ γέγραπται· Ἰδού, ἐγὼ ἀποστέλλω τὸν ἄγγελόν μου πρὸ προσώπου σου, ὃς κατασκευάσει τὴν ὁδόν σου ἔμπροσθέν σου. 28. λέγω §δὲ ὑμῖν, μείζων ἐν γεννητοῖς γυναικῶν προφήτης Ἰωάννου τοῦ βαπτιστοῦ οὐδείς ἐστιν· ὁ δὲ μικρότερος ἐν τῇ βασιλείᾳ τοῦ θεοῦ μείζων αὐτοῦ ἐστιν· 29. καὶ πᾶς ὁ λαὸς ἀκούσας καὶ οἱ τελῶναι ἐδικαίωσαν τὸν θεόν, βαπτισθέντες τὸ βάπτισμα Ἰωάννου. 30. οἱ δὲ Φαρισαῖοι καὶ οἱ νομικοὶ τὴν βουλὴν τοῦ θεοῦ ἠθέτησαν εἰς ἑαυτούς, μὴ βαπτισθέν-

---

21. το ante βλεπειν SV.
22. ειδετε Sl., ειδατε P. | ακουσατε P. | ἀ ακουετε και βλεπετε L (βλεβετε L₁). | + οτι post ηκουσατε SMV. | αναβλεπουσι SLV. | – και ter S, – και ante χωλοι P. | περιπατουσι SV. | ακουουσι SV, ακουωσιν L. | + και ante νεκροι V.
21. μαθητων pro αγγελων M. | εξ-
εληλυθατε S. | θεασασθε M.
25. εξεληλυθατε S, εξηλθετε V. | βασιλιοις V.
26. εξεληλυθατε S, εξηλθεται (sic) M. | περισσωτερον P.
27. ουτως pro ουτος P. | – γαρ post ουτος S. | εστι SV.
28. + μου post θεου L. | fin. εστι S.
30. ηθετισαν L.

τες ὑπ' αὐτοῦ. 31. † Τίνι οὖν ὁμοιώσω τοὺς ἀνθρώπους τῆς γενεᾶς ταύτης, καὶ τίνι εἰσὶν ὅμοιοι; 32. ὅμοιοί εἰσιν παιδίοις τοῖς ἐν ἀγορᾷ καθημένοις καὶ προσφωνοῦσιν ἀλλήλοις, § λέγοντες· § ηὐλίσαμεν ὑμῖν καὶ οὐκ ὠρχήσασθε, ἐθρηνήσαμεν † καὶ οὐκ § ἐκόψασθε. 33. ἐλήλυθεν γὰρ Ἰωάννης ὁ βαπτιστὴς μήτε † ἐσθίων μήτε † πίνων, καὶ λέγετε· δαιμόνιον ἔχει. 34. ἐλήλυθεν ὁ υἱὸς τοῦ ἀνθρώπου ἐσθίων καὶ πίνων, καὶ λέγετε· ἰδοὺ ἄνθρωπος φάγος καὶ οἰνοπότης, § φίλος τελωνῶν καὶ ἁμαρτωλῶν. 35. καὶ ἐδικαιώθη ἡ σοφία ἀπὸ § πάντων τῶν τέκνων αὐτῆς. 36. Ἠρώτα δέ τις § αὐτῶν τῶν Φαρισαίων, ἵνα φάγῃ μετ' αὐτοῦ· καὶ εἰσελθὼν εἰς § τὸν οἶκον τοῦ Φαρισαίου § ἀνεκλήθη. 37. καὶ ἰδοὺ γυνή § τις ἦν ἐν τῇ πόλει † ἁμαρτωλός, § καὶ ἐπιγνοῦσα ὅτι ἀνάκειται ἐν τῇ οἰκίᾳ τοῦ Φαρισαίου, κομίσασα ἀλάβαστρον μύρου 38. καὶ στᾶσα παρὰ τοὺς πόδας αὐτοῦ ὀπίσω κλαίουσα ἤρξατο βρέχειν τοὺς πόδας αὐτοῦ τοῖς δάκρυσι καὶ ταῖς θριξὶ τῆς κεφαλῆς αὐτῆς ἐξέμασσε, καὶ κατεφίλει τοὺς πόδας αὐ-

---

31. *init.* + ειπε δε ο κυριος S. | της bis *repet.* L..
32. ομοι L., ομοιοι P. | εισι SLV. | προσφωνουσι P. | και λεγουσιν *pro* λεγοντες S. | ωρχησασθε L. | εθρηνησαμεν L. | + υμιν *post* εθρηγησαμεν SLV. | εκλαυσατε *pro* εκοψασθε SV, εκκοψασθε L.
33. εληλυθε SL., εληλυθει V. | βαπτισθης P. | μηττε *prim.* L₁. | + αρτον *ante* εσθιων SMV. | + οινον *ante* πινων SMV. | πινον V. | ελεγετε P. | *fin.* εχειν L.
34. δαιμονιον εχει *καὶ pro* ἰδοὺ L.. | + εστι *ante* φαγος L. | τελωνων φιλος S.
35. των τεκνων αυτης παντων S, – παντων P.
36. αυτον *pro* αυτων SV. | αυτων *pro* αυτου V. | την οικιαν S. | ανεκλιθη SL, ανεκλιθη V.
37. – τις ην SV. | + ητις ην *ante* αμαρτωλος S | – και *ante* επιγνουσα S.
38. δακρυσιν L. | εξεμασσεν V, εξεμασε L.

τοῦ καὶ ἤλειφε τῷ μύρῳ. 39. ἰδὼν δὲ ὁ Φαρισαῖος ὁ καλέσας αὐτὸν εἶπεν ἐν ἑαυτῷ, λέγων· οὗτος εἰ ἦν προφήτης ἐγίνωσκεν ἂν τίς καὶ ποταπὴ ἡ γυνὴ ἥτις ἅπτεται αὐτοῦ, ὅτι ἁμαρτωλός ἐστιν. 40. Καὶ ἀποκριθεὶς ὁ Ἰησοῦς εἶπεν πρὸς αὐτόν· Σίμων, ἔχω σοί τι εἰπεῖν. ὁ δέ φησιν· διδάσκαλε, εἰπέ. 41. Δύο χρεωφειλέται ἦσαν § δανιστῇ τινι. ὁ εἶς ὤφειλε δηνάρια πεντακόσια, ὁ δὲ ἕτερος πεντήκοντα. 42. μὴ ἐχόντων δὲ αὐτῶν ἀποδοῦναι, ἀμφοτέροις ἐχαρίσατο. τίς οὖν αὐτῶν, εἰπέ, πλεῖον αὐτὸν ἀγαπήσει; 43. ἀποκριθεὶς δὲ ὁ Σίμων εἶπεν· ὑπολαμβάνω ὅτι ᾧ τὸ πλεῖον ἐχαρίσατο. ὁ δὲ εἶπεν αὐτῷ· ὀρθῶς ἔκρινας. 44. καὶ στραφεὶς πρὸς τὴν γυναῖκα τῷ Σίμωνι ἔφη· βλέπεις ταύτην τὴν γυναῖκα; εἰσῆλθόν σου εἰς τὴν οἰκίαν, ὕδωρ ἐπὶ τοὺς πόδας μου οὐκ ἔδωκας· αὕτη δὲ τοῖς δάκρυσιν ἔβρεξέ μου τοὺς πόδας καὶ ταῖς θριξὶν τῆς κεφαλῆς αὐτῆς ἐξέμαξεν. 45. φίλημά μοι § ἀγάπης οὐκ ἔδωκας· αὕτη δέ ἀφ' ἧς § εἰσῆλθέν οὐ § διέλειπε καταφιλοῦσά μου τοὺς πόδας. 46. ἐλαίῳ τὴν κεφαλήν μου οὐκ ἤλειψας· αὕτη δὲ μύρῳ ἤλειψέ μου τοὺς πόδας. 47. οὗ χάριν, λέγω σοι, ἀφέωνται αἱ ἁμαρτίαι αὐτῆς αἱ πολλαί, ὅτι ἠγάπησε πολύ· ᾧ δὲ ὀλίγον ἀφίεται, ὀλίγον

---

38. το μυρο L₁.
39. - λεγων L.. | ουτως pro ουτος P.| εγινωσκε L. | - αν L. | fin. εστι S.
40. ειπε SL. | φισ SLV.
41. χρεοφειλεται MP (sed P sic -ο-).| δανειστη SL. | οφειλε L. | + δηναρια post ετερον L.
42. αμφοτερους? L₁. | εχαρησατο M.| - αυτων sec. L.. | ειπε L.. | αυτων pro αυτον L..
43. ὁ pro ᾧ L.. | πλοῖον MV, sed

πλεῖον v' marg. | αγαπισει M.
44. οικειαν P. | εβρεξεν v, εβρεξαι L. | θριξιν SLV. | εξεμαξε SL..
45. - αγαπης SLV. | αφης M. | εισηλθον SV. | διελιπε S, διελυπε M.| - μου P.
46. ελειψεν VL?, ηληψε M.
47. αφεονται L. | αυτης αἱ ἁμαρτιαι L.. | - αι sec. L. | ηγαπησαι M.| πολλυ P. | + ὧδε ηγαπησε πολυ πολυ και αγαπησει post πολυ M.

ἀγαπᾷ. 48. εἶπε δὲ αὐτῇ· ἀφέωνταί σου αἱ ἁμαρτίαι. 49. καὶ ἤρξαντο οἱ συνανακείμενοι λέγειν ἐν ἑαυτοῖς· τίς § ἐστιν οὗτος ὃς καὶ ἁμαρτίας ἀφίησιν ; 50. εἶπε δὲ πρὸς τὴν γυναῖκα· ἡ πίστις σου σέσωκέν σε, πορεύου εἰς εἰρήνην.

VIII.

1. Καὶ ἐγένετο ἐν τῷ καθεξῆς καὶ αὐτὸς § διόδευεν κατὰ πόλιν καὶ κώμην κηρύσσων καὶ εὐαγγελιζόμενος τὴν βασιλείαν τοῦ θεοῦ, καὶ οἱ δώδεκα σὺν αὐτῷ, 2. καὶ γυναῖκές τινες αἳ ἦσαν τεθεραπευμέναι ἀπὸ πνευμάτων πονηρῶν καὶ § ἀσθενιῶν, Μαρία ἡ καλουμένη Μαγδαληνή, ἀφ᾿ ἧς δαιμόνια ἑπτὰ ἐξεληλύθει, 3. καὶ Ἰωάννα γυνὴ Χουζᾶ ἐπιτρόπου Ἡρώδου καὶ Σουσάννα καὶ § αἰτέραι πολλαί. αἵτινες διηκόνουν § αὐτοῖς ἐκ τῶν ὑπαρχόντων αὐταῖς.

4. § Συνελθόντος δὲ ὄχλου πολλοῦ καὶ τῶν κατὰ πόλιν ἐπιπορευομένων πρὸς αὐτὸν εἶπε διὰ παραβολῆς· 5. ἐξῆλθεν ὁ σπείρων τοῦ σπεῖραι τὸν σπόρον αὐτοῦ. καὶ ἐν τῷ σπείρειν αὐτὸν ὃ μὲν ἔπεσε παρὰ τὴν ὁδόν, καὶ κατεπατήθη, καὶ τὰ πετεινὰ τοῦ οὐρανοῦ κατέφαγεν αὐτό· 6. καὶ ἕτερον ἔπεσεν ἐπὶ τὴν πέτραν, καὶ φυὲν ἐξηράνθη διὰ τὸ μὴ ἔχειν § ἱκμάδα. 7. καὶ ἕτερον ἔπεσεν ἐν μέσῳ τῶν ἀκανθῶν, καὶ συμφυεῖσαι αἱ ἄκανθαι ἀπέπνιξαν

---

47. *fin.* αγαπατε L.
48. ειπεν V. | αφεονται L.
49. αυτοις *pro* εν εαυτοις L₁, *sed marg.* = *txt.* | ουτος εστιν SV.
50. ειπεν V. | σεσωκε SL.

VIII. 1. καθ᾿ ἑξῆς P. | διωδευε SV.
2. ασθενειων SLV. | μαγδαληνι M. | εξεληλυθη MP.
3. ἡ ἀννα *pro* ιωαννα M. | επιτροπον

M. | ετεραις SV, αιτεραι P. | αυτω *pro* αυτοις S. | απο *pro* εκ S.
4. συνιοντος *pro* συνελθοντος S. | επιπορευων M. | ειπεν V.
5. σπορων M. | επεσεν P.
6. επεσε M. | εξερανθη M. | ικμαδα SL, ηκμαδα P.
7. — εν (αἱ "μέσω *sic*) L, εμμεσω M.

αὐτό· 8. καὶ ἕτερον ἔπεσεν § εἰς τὴν γῆν τὴν ἀγαθήν, καὶ φυὲν ἐποίησε καρπὸν ἑκατονταπλασίονα. 9. Ἐπηρώτων δὲ αὐτὸν οἱ μαθηταὶ αὐτοῦ, λέγοντες· 10. τίς εἴη ἡ παραβολὴ αὕτη; ὁ δὲ εἶπεν § αὐτοῖς· ὑμῖν δέδοται γνῶναι τὰ μυστήρια τῆς βασιλείας τοῦ θεοῦ, τοῖς δὲ λοιποῖς ἐν παραβολαῖς § λαλῶ ἵνα βλέποντες μὴ βλέπωσιν καὶ ἀκούοντες § ἀκούσωσι καὶ μὴ συνιῶσιν. 11. ἔστιν δὲ αὕτη ἡ παραβολή. ὁ σπόρος ἐστὶν ὁ λόγος τοῦ θεοῦ. 12. οἱ δὲ παρὰ τὴν ὁδὸν εἰσὶν οἱ ἀκούοντες, εἶτα ἔρχεται ὁ διάβολος καὶ αἴρει τὸν λόγον ἀπὸ τῆς καρδίας αὐτῶν, ἵνα μὴ πιστεύσαντες σωθῶσιν. 13. οἱ δὲ ἐπὶ τῆς πέτρας οἳ ὅταν ἀκούσωσι μετὰ χαρᾶς δέχονται τὸν λόγον, καὶ οὗτοι ῥίζαν οὐκ ἔχουσιν, οἳ πρὸς καιρὸν πιστεύουσι καὶ ἐν καιρῷ πειρασμοῦ ἀφίστανται. 14. τὸ δὲ εἰς τὰς ἀκάνθας § ἐμπεσών, οὗτοί εἰσιν οἱ ἀκούσαντες, καὶ ὑπὸ μεριμνῶν καὶ πλούτου καὶ ἡδονῶν τοῦ βίου πορευόμενοι συμπνίγονται καὶ οὐ τελεσφοροῦσιν. 15. τὸ δὲ ἐν τῇ καλῇ γῇ, οὗτοί εἰσιν οἵτινες ἐν καρδίᾳ καλῇ καὶ ἀγαθῇ § ἀκούοντες τὸν λόγον κατέχουσι καὶ § καρπὸν φέρουσιν ἐν ὑπομονῇ §πολλῇ. §ταῦτα λέγων ἐφώνει· ὁ ἔχων ὦτα ἀκούειν ἀκουέτω. 16. Οὐδεὶς δὲ λύχνον ἅψας καλύπτει αὐτὸν σκεύει ἢ ὑποκάτω

---

8. επι *pro* εις SV. | *fin.* + ταυτα λεγων εφωνει· ο εχων ωτα ακουειν ακουετω SV.
9. επηρωτουν L, επηρωτον P.
10. − αυτοις S. | δεδωται M. | − λαλω SLV. | βλεπωσι SPV. |−ακουσωσι και SM. | συνιωσι P.
11. εστι SL.
12. + τον λογον *post* ακουοντες V. | αιρει L.
13. πιστευουσιν M.
14. πεσον *pro* εμπεσων SV, πεσων

L4. | − και *ante* πλουτου L P. | συγπνιγονται L. | τελεσφορουσι S.
15. ακουσαντες S. | καρποφορουσιν *pro* καρπον φερουσιν SMV. | − πολλη SV, πολλοῖ P. | −ταυτα *usq.* ακουετω S. | εφωνη M.
16. − δε M. | σκευη LM. | − η M, *at loco* του η *habet ȣ, quod quid sibi velit incertum est, cum non soleat codex ita scribere* ου.

κλίνης τίθησιν, ἀλλ' ἐπὶ λυχνίας ἐπιτίθησιν, ἵνα οἱ εἰσπορευόμενοι § βλέπουσι τὸ φῶς. 17. οὐ γάρ ἐστι κρυπτὸν ὃ οὐ φανερὸν γενήσεται, οὐδὲ ἀπόκρυφον ὃ οὐ γνωσθήσεται καὶ εἰς φανερὸν ἔλθῃ. 18. βλέπετε οὖν πῶς ἀκούετε, § καὶ προστεθήσεται ὑμῖν τοῖς ἀκούουσιν· ὃς γὰρ § ἐὰν ἔχῃ, δοθήσεται αὐτῷ, καὶ ὃς § ἐὰν μὴ ἔχῃ, καὶ ὃ δοκεῖ ἔχειν ἀρθήσεται ἀπ' αὐτοῦ. 19. Παρεγένοντο δὲ πρὸς αὐτὸν ἡ μήτηρ καὶ οἱ ἀδελφοὶ αὐτοῦ, καὶ οὐκ ἠδύναντο συντυχεῖν αὐτῷ διὰ τὸν ὄχλον. 20. † ἀπηγγέλη § δὲ αὐτῷ, λεγόντων· ἡ μήτηρ σου καὶ οἱ ἀδελφοί σου ἑστήκασιν ἔξω ἰδεῖν σε θέλοντες. 21. ὁ δὲ ἀποκριθεὶς εἶπεν πρὸς αὐτούς· μήτηρ μου καὶ ἀδελφοί μου οὗτοί εἰσιν οἱ τὸν λόγον τοῦ θεοῦ ἀκούοντες καὶ ποιοῦντες αὐτόν.

22. † Ἐγένετο § δὲ ἐν μιᾷ τῶν ἡμερῶν καὶ αὐτὸς § ἀνέβη εἰς § τὸ πλοῖον καὶ οἱ μαθηταὶ αὐτοῦ, καὶ εἶπεν πρὸς αὐτούς· διέλθωμεν εἰς τὸ πέραν τῆς λίμνης· καὶ ἀνήχθησαν. 23. πλεόντων δὲ αὐτῶν ἀφύπνωσεν· καὶ κατέβη § λέλαψ ἀνέμου εἰς τὴν λίμνην, καὶ συνεπληροῦντο καὶ ἐκινδύνευον. 24. προσελθόντες δὲ διήγειραν αὐτόν λέγοντες· ἐπιστάτα, † ἀπολλύμεθα. ὁ δὲ § διεγερθεὶς

+της ante κλινης Μ. | την λυχνιαν pro λυχνιας V, λυχνιαν Μ. | ει σισπορευομενοι Μ. | βλεπωσι SL, βλεπουσιν V.
17. εστιν Ρ.
18. - και προστιθησεται υμιν τοις ακουουσιν S. | αν pro εαν bis S. | χη pro εχη L.. | εχει pro εχη prim. ΜΡ. | αν pro εαν sec. SP. | εχει pro εχη sec. Μ. | δοκη ΜL (η dubium).
19. + αυτου post μητηρ L.
20. init. + και SMV. | απαγγελλει L. |

- δε sv.
21. ειπε SL. | + η ante μητηρ L. | + οι ante αδελφοι LM. | ακουσαντες V.
22. init. + και SV. | - δε S. | ενεβη S. | - το S. | - και ante ειπεν Ρ. | ειπε SL. | λυμνης L₁.
23. αφυπνωσε S. | κατεβι Μ. | λαιλαψ SL. | λυμνην L₁P. | συνεκινδυνευον L.
24. + επιστατα iterum SLM. | + σωσον post επιστατα V. | εγερ-

ἐπετίμησε τῷ ἀνέμῳ καὶ τῷ κλύδωνι τοῦ ὕδατος· καὶ ἐπαύσαντο, καὶ ἐγένετο γαλήνη. 25. εἶπε δὲ αὐτοῖς· ποῦ ἐστιν ἡ πίστις ὑμῶν; φοβηθέντες δὲ ἐθαύμασαν, λέγοντες πρὸς ἀλλήλους· τίς ἄρα § ἐστιν οὗτός, ὅτι καὶ τοῖς ἀνέμοις ἐπιτάσσει καὶ τῷ ὕδατι, καὶ ὑπακούουσιν αὐτῷ; 26. Καὶ § καταπλεύσαντες εἰς τὴν χώραν τῶν Γαδαρηνῶν, ἥτις ἐστὶν ἀντιπέρα τῆς Γαλιλαίας, 27. ἐξελθόντι δὲ αὐτῷ ἐπὶ τὴν γῆν ὑπήντησεν αὐτῷ ἀνήρ τις ἐκ τῆς πόλεως ὃς εἶχε δαιμόνια ἐκ χρόνων ἱκανῶν, καὶ ἱμάτιον οὐκ ἐνεδιδύσκετο, καὶ § εἰς οἰκίαν οὐκ ἔμενεν ἀλλ' ἐν τοῖς μνήμασιν. 28. ἰδὼν δὲ τὸν Ἰησοῦν καὶ ἀνακράξας προσέπεσεν αὐτῷ καὶ φωνῇ μεγάλῃ εἶπεν· τί ἐμοὶ καὶ σοί, Ἰησοῦ υἱὲ τοῦ θεοῦ τοῦ ὑψίστου; δέομαί σου, μή με βασανίσῃς. 29. § παρήγγειλε γὰρ τῷ πνεύματι τῷ ἀκαθάρτῳ ἐξελθεῖν ἀπὸ τοῦ ἀνθρώπου· πολλοῖς γὰρ χρόνοις συνηρπάκει αὐτόν, καὶ ἐδεσμεῖτο ἁλύσεσι καὶ § παῖδες φυλασσόμενος, καὶ διαρρήσσων τὰ δεσμὰ ἠλαύνετο ὑπὸ τοῦ δαίμονος εἰς τὰς ἐρήμους. 30. ἐπηρώτησε δὲ αὐτὸν ὁ Ἰησοῦς λέγων· τί σοι ἐστὶν ὄνομα; ὁ δὲ εἶπεν· λεγεών, ὅτι § πολλὰ δαιμόνια εἰσῆλθεν εἰς αὐτόν. 31. καὶ § παρεκάλουν αὐτὸν ἵνα μὴ ἐπιτάξῃ αὐτοῖς εἰς τὴν ἄβυσσον

θεις SL. | κλυδων M, κλυδονι N. | επαυσατο P. | γαλυνη MP. |
+ μεγαλη post γαληνη V.
25. ειπεν P. | ουτος εστιν S.
26. κατεπλευσαν S. | γαδαρινωνειτις L.. | αντιπεραν S. | γαληλαιας L₁.
27. ηπηντησεν L. | νηρ L. | ειχεν V. | εκ χρονον ικανον M. | ενεδυδυσκετο L, ενεδεδυσκετο P. | εν οικια SV.
28. – και prim. M. | ανακηρυξας L. | – ειπε S. | ησου L.
29. παρηγγελλε S, παρηγγειλεν V, παριγγειλε P. | εδεσμειτω MP. | συνηρπακη M. | πεδαις S, πεδες L. | ελαυνετο L. | – του sec. L.
30. επερωτησεν V. | ειπε SL. | λεγων pro λεγεων M. | δαιμονια πολλα SV.
31. παρεκαλει S.

ἀπελθεῖν. 32. ἦν δὲ ἐκεῖ ἀγέλη χοίρων ἱκανῶν §βοσκομένη ἐν τῷ ὄρει, καὶ παρεκάλουν αὐτὸν ἵνα ἐπιτρέψῃ αὐτοῖς εἰς ἐκείνους εἰσελθεῖν. καὶ ἐπέτρεψεν αὐτοῖς. 33. ἐξελθόντα δὲ τὰ δαιμόνια ἀπὸ τοῦ ἀνθρώπου εἰσῆλθεν εἰς τοὺς χοίρους, καὶ ὥρμησεν ἡ ἀγέλη κατὰ τοῦ κρημνοῦ εἰς τὴν λίμνην, καὶ ἀπεπνίγη. 34. ἰδόντες δὲ οἱ βόσκοντες τὸ §γεγονὸς ἔφυγον καὶ †ἀπήγγειλαν εἰς τὴν πόλιν καὶ εἰς τοὺς ἀγρούς. 35. ἐξῆλθον δὲ ἰδεῖν τὸ γεγονός, καὶ ἦλθον πρὸς τὸν Ἰησοῦν, καὶ εὗρον καθήμενον τὸν ἄνθρωπον ἀφ᾽ οὗ τὰ δαιμόνια ἐξεληλύθει, ἱματισμένον καὶ σωφρονοῦντα παρὰ τοὺς πόδας τοῦ Ἰησοῦ, καὶ ἐφοβήθησαν. 36. ἀπήγγειλαν δὲ αὐτοῖς †οἱ ἰδόντες πῶς ἐσώθη ὁ δαιμονισθείς. 37. καὶ §ἠρώτησεν αὐτὸν ἅπαν τὸ πλῆθος τῆς περιχώρου τῶν §Γεργεσηνῶν ἀπελθεῖν ἀπ᾽ αὐτῶν, ὅτι φόβῳ μεγάλῳ συνείχοντο· αὐτὸς δὲ ἐμβὰς εἰς τὸ πλοῖον ὑπέστρεψεν. 38. ἐδέετο δὲ αὐτοῦ ὁ ἀνὴρ ἀφ᾽ οὗ §τὰ δαιμόνια ἐξεληλύθει, εἶναι σὺν αὐτῷ· ἀπέλυσε δὲ αὐτὸν ὁ Ἰησοῦς λέγων· 39. ὑπόστρεφε εἰς τὸν οἶκόν σου, καὶ διηγοῦ ὅσα ἐποίησέν σοι ὁ θεός. καὶ ἀπῆλθεν, καθ᾽ ὅλην τὴν πόλιν κηρύσσων ὅσα ἐποίησεν αὐτῷ ὁ Ἰησοῦς.

---

31. εισελθειν *pro* απελθειν M.
32. αγελην M. | βοσκομενων S, βοσκομενην MP. | παρεκαλεσαν V.|αυτους *pro* αυτοις *prim.* L₂. | απελθειν *pro* εισελθειν L..
33. εισηλθον V. | ωρμησε πασα η αγελη των χοιρων L.. | κρυμνου L.. | λυμνην P.
34. οἰδυντες P. | γεγενημενον SV. | + απιλθοντες *ante* απηγγειλαν S.

35. τον ανθρωπον καθημενον V.
36. – αυτοις L.. | + και *post* αυτοις S.| – οι ιδοντες P.
37. ηρωτησε S. | γαδαρηνων SMV, γεσινων L..
38. – αυτου V. | εξεληλυθει τα δαιμονια S. | απιλυσεν V.
39. εποιησε SL.. | + και ηλεησεν σε *post* θεος V. | απηλθε S, απηλθον L.. | καθολην LP. | – αυτω M.

ΕΥΑΓΓΕΛΙΟΝ

40. Ἐγένετο δὲ ἐν τῷ ὑποστρέψαι τὸν Ἰησοῦν ἀπεδέξατο αὐτὸν ὁ ὄχλος· ἦσαν γὰρ πάντες προσδοκῶντες αὐτόν. 41. καὶ ἰδοὺ ἦλθεν ἀνὴρ ᾧ ὄνομα Ἰάειρος, καὶ § οὗτος ἄρχων τῆς συναγωγῆς ὑπῆρχεν· καὶ πεσὼν παρὰ τοὺς πόδας τοῦ Ἰησοῦ παρεκάλει αὐτὸν εἰσελθεῖν εἰς τὸν οἶκον αὐτοῦ, 42. ὅτι θυγάτηρ μονογενὴς ἦν αὐτῷ ὡς ἐτῶν δώδεκα καὶ § αὐτὴ ἀπέθνησκεν. ἐν δὲ τῷ ὑπάγειν αὐτὸν οἱ ὄχλοι § συνέθλιβον αὐτόν. 43. καὶ γυνὴ οὖσα ἐν ῥύσει αἵματος ἀπὸ ἐτῶν δώδεκα, ἥτις † ἰατροὺς προσαναλώσασα ὅλον τὸν βίον οὐκ ἴσχυσεν ὑπ' οὐδενὸς θεραπευθῆναι, 44. προσελθοῦσα ὄπισθεν ἥψατο τοῦ κρασπέδου τοῦ ἱματίου αὐτοῦ, καὶ παραχρῆμα ἔστη ἡ ῥύσις τοῦ αἵματος αὐτῆς. 45. καὶ εἶπεν ὁ Ἰησοῦς· τίς ὁ ἁψάμενός μου; ἀρνουμένων δὲ πάντων, εἶπεν ὁ Πέτρος καὶ οἱ § σὺν αὐτῷ· ἐπιστάτα, οἱ ὄχλοι συνέχουσί σε καὶ ἀποθλίβουσι, καὶ λέγεις· τίς ὁ ἁψάμενός μου; 46. ὁ δὲ Ἰησοῦς εἶπεν· ἥψατό μου τίς· ἐγὼ γὰρ ἔγνων δύναμιν ἐξελθοῦσαν ἀπ' ἐμοῦ. 47. ἰδοῦσα δὲ ἡ γυνὴ ὅτι οὐκ ἔλαθε, τρέμουσα ἦλθεν καὶ προσπεσοῦσα αὐτῷ δι' ἣν αἰτίαν ἥψατο αὐτοῦ ἀπήγγειλεν † ἐνώπιον παντὸς τοῦ λαοῦ, καὶ ὡς ἰάθη παραχρῆμα. 48. ὁ δὲ εἶπεν αὐτῇ· θάρσει, θύγατερ, ἡ πίστις σου σέσωκέ σε· πορεύου εἰς εἰρήνην. 49. ἔτι αὐτοῦ λαλοῦντος ἔρχεταί τις παρὰ τοῦ ἀρχισυναγώγου λέγων αὐτῷ ὅτι τέθνηκεν ἡ θυγάτηρ σου, μὴ σκύλλε τὸν

---

40. υπεδεξατο L₂.
41. ιαηρος L.. | αυτος pro ουτος s. | υπηρχε S.
42. αὕτη SV, αυτῇ P. | συνεπνιγον SV.
43. εις ιητρους S. | ισχυσε παρ' L.
44. ἔστη L. | ρυσεις Γ.
45. + δε post ειπεν M. | μετ' αυτου

pro συν αυτω S. | συνεχουσιν V.
47. ελαθεν V. | ηλθε SLM. | + αυτω post απηγγειλεν SMV. | - και ante ως L. | ἕως pro ως L, ὅς P.
48. σεσωκεν V.
49. αρχησυναγωγου L.

διδάσκαλον. 50. ὁ δὲ Ἰησοῦς ἀκούσας ἀπεκρίθη αὐτῷ λέγων· μὴ φοβοῦ· μόνον πίστευε, καὶ σωθήσεται. 51. § ἐλθὼν δὲ εἰς τὴν οἰκίαν, οὐκ ἀφῆκέν §τινα συνελθεῖν αὐτῷ εἰ μὴ Πέτρον καὶ § Ἰωάννην καὶ Ἰάκωβον καὶ τὸν πατέρα τῆς παιδὸς καὶ τὴν μητέρα. 52. ἔκλαιον δὲ πάντες καὶ ἐκόπτοντο αὐτήν. ὁ δὲ εἶπεν· μὴ κλαίετε· § οὐ γὰρ ἀπέθανεν § τὸ κοράσιον ἀλλὰ καθεύδει. 53. καὶ § κατεγέλουν αὐτοῦ, εἰδότες ὅτι ἀπέθανεν. 54. αὐτὸς δὲ ἐκβαλὼν ἔξω πάντας, καὶ κρατήσας τῆς χειρὸς αὐτῆς ἐφώνησε, λέγων· ἡ παῖς ἐγείρου. 55. καὶ ἐπέστρεψε τὸ πνεῦμα αὐτῆς, καὶ ἀνέστη παραχρῆμα, καὶ διέταξεν αὐτῇ δοθῆναι φαγεῖν. 56. καὶ ἐξέστησαν οἱ γονεῖς αὐτῆς· ὁ δὲ παρήγγειλεν αὐτοῖς μηδενὶ εἰπεῖν τὸ γεγονός.

IX.

1. Συγκαλεσάμενος δὲ τοὺς δώδεκα § ἀποστόλους † ἔδωκεν αὐτοῖς δύναμιν καὶ ἐξουσίαν ἐπὶ πάντα τὰ δαιμόνια καὶ νόσους θεραπεύειν. 2. καὶ ἀπέστειλεν αὐτοὺς κηρύσσειν τὴν βασιλείαν τοῦ θεοῦ καὶ ἰᾶσθαι τοὺς ἀσθενοῦντας, 3. καὶ εἶπεν πρὸς αὐτούς· μηδὲν αἴρετε εἰς τὴν ὁδόν, μήτε § ῥάβδον μήτε πήραν μήτε ἄρτον

---

51. init. εισελθων S. | αφηκε L. | εισελθειν pro συνελθειν L, εισελθειν ουδενα pro τινα συνελθειν αυτω S. | ιακωβον και ιωαννην S.
52. εκλεον P. | ειπε S. | ουκ pro ου γαρ S. | απεθανε L. | — το κορασιον SMV.
53. κατεγελων SLV.

54. παντας εξω V. | εφωνησεν V.
55. επεστρεψεν V. | διεταξε L. | δοθηναι αυτη LV.
IX. 1. + ο ιησους post δωδεκα M. | μαθητας αυτου pro αποστολους S. | αυτης pro αυτοις P.
2. επεστειλεν ? L1. | ιασθε M.
3. ειπε SL. | αιρεται L1. | — την L. | ραβδους S. | πειραν M.

μήτε ἀργύριον, μήτε ἀνὰ δύο χιτῶνας ἔχειν. 4. καὶ εἰς ἣν ἂν οἰκίαν εἰσέλθητε, ἐκεῖ μένετε καὶ ἐκεῖθεν ἐξέρχεσθε. 5. καὶ ὅσοι § ἐὰν μὴ § δέξονται ὑμᾶς, ἐξερχόμενοι § ἀπὸ τῆς οἰκίας ἢ ἀπὸ τῆς πόλεως ἐκείνης καὶ τὸν κονιορτὸν ἀπὸ τῶν ποδῶν ὑμῶν ἀποτινάξατε εἰς μαρτύριον § α ὐ τ ῆ ς. 6. ἐξερχόμενοι δὲ διήρχοντο κατὰ τὰς κώμας εὐαγγελιζόμενοι καὶ θεραπεύοντες πανταχοῦ.

7. Ἤκουσε δὲ Ἡρώδης ὁ τετράρχης τὰ § γ ε ν ό μ ε ν α † πάντα, καὶ διηπόρει διὰ τὸ λέγεσθαι ὑπό τινων ὅτι Ἰωάννης § ἠ γ έ ρ θ η ἀπὸ τῶν νεκρῶν, 8. ὑπό τινων δὲ ὅτι Ἠλίας ἐφάνη, ἄλλων δὲ ὅτι προφήτης § τ ι ς τῶν ἀρχαίων ἀνέστη. 9. † εἶπεν § δὲ ὁ Ἡρώδης· Ἰωάννην ἐγὼ § ἀ π ε κ ε φ ά λ η σ α· τίς δέ ἐστιν οὗτος, περὶ οὗ ἐγὼ ἀκούω τοιαῦτα; καὶ ἐζήτει ἰδεῖν αὐτόν.

10. Καὶ ὑποστρέψαντες οἱ ἀπόστολοι διηγήσαντο § τ ῷ Ἰ η σ ο ῦ ὅσα ἐποίησαν. καὶ παραλαβὼν αὐτοὺς ὑπεχώρησεν κατ' ἰδίαν εἰς § ἔ ρ η μ ο ν τ ό π ο ν πόλεως καλουμένης Βηθσαϊδά. 11. οἱ δὲ ὄχλοι γνόντες ἠκολούθησαν αὐτῷ, καὶ § ἀ π ο δ ε ξ ά μ ε ν ο ς αὐτοὺς ἐλάλει αὐτοῖς § τ ὰ π ε ρ ὶ τ ῆ ς β α σ ι λ ε ί α ς τ ο ῦ θ ε ο ῦ, καὶ τοὺς χρείαν ἔχοντας

---

4. εξερχεσθαι Μ.
5. αν *pro* εαν s. | δεξωνται s, δεχωνται V. | − απο της οικιας η s. | − και *ante* τον κον. V. | αυτοις *pro* αυτης LV, επ' αυτους s.
6. ευαγγελιζωμενοι P.
7. γινομενα sV. | +υπ' αυτου *post* γινομενα SMV. | διηπορει M, διυπορει V, *sed* V' = *txt*. | λεγεσθε P. | εγηγερται εκ νεκρων s.
8. αλλοι *pro* υπο τινων L. | ηλιας V. | προφητῖς V. | είς *pro* τις sV,

−τις L. | αρχιερεων *pro* αρχαιων P.
9. και ειπεν *pro* ειπεν δε s. | +δε *post* ιωαννην M. | απεκεφαλισα sV. | ταυτα *pro* τοιαυτα L.
10. αυτω *pro* τω ιησου s. | υπεχωρησε sV, −υπεχωρησεν L. | τοπων P, τοπον ερημον SLV. | −πολεως καλουμενης βηθσαιδα L. | βηθσαιδαν V.
11. δεξαμενος s. | αυτης *pro* αυτοις P. | −τα s. | τους δε *pro* και τους L.

θεραπείας § ἰάσατο. 12. ἡ δὲ ἡμέρα ἤρξατο κλίνειν· προσελ-
θόντες δὲ οἱ δώδεκα εἶπον αὐτῷ· ἀπόλυσον τὸν ὄχλον, ἵνα
§ πορευθέντες εἰς τὰς κύκλῳ κώμας καὶ † ἀγροὺς καταλύσωσιν
καὶ εὕρωσιν ἐπισιτισμόν, ὅτι ὧδε ἐν ἐρήμῳ τόπῳ ἐσμέν.
13. εἶπεν δὲ πρὸς αὐτούς· δότε αὐτοῖς ὑμεῖς φαγεῖν. οἱ δὲ εἶπον·
οὐκ εἰσὶν ἡμῖν πλεῖον ἢ πέντε ἄρτοι καὶ § ἰχθύες δύο, εἰ μήτι
πορευθέντες ἡμεῖς ἀγοράσωμεν εἰς πάντα τὸν λαὸν τοῦτον βρώματα.
14. ἦσαν γὰρ ὡσεὶ ἄνδρες πεντακισχίλιοι. εἶπε δὲ πρὸς τοὺς
μαθητὰς αὐτοῦ· κατακλίνατε αὐτοὺς κλισίας ἀνὰ πεντήκοντα.
15. καὶ ἐποίησαν οὕτως καὶ § κατέκλιναν § πάντας. 16. λαβὼν
δὲ τοὺς πέντε ἄρτους καὶ τοὺς δύο ἰχθύας, ἀναβλέψας εἰς τὸν
οὐρανὸν εὐλόγησεν αὐτοὺς καὶ κατέκλασεν, καὶ ἐδίδου τοῖς
μαθηταῖς § αὐτοῦ παρατιθέναι τῷ ὄχλῳ. 17. καὶ ἔφαγον
§ πάντες καὶ ἐχορτάσθησαν, † καὶ ἤρθη τὸ § περισσεῦμα
αὐτοῖς κλασμάτων κόφινοι δώδεκα.
18. Καὶ ἐγένετο ἐν τῷ εἶναι αὐτὸν προσευχόμενον § κατὰ
μόνας συνῆσαν αὐτῷ οἱ μαθηταὶ § αὐτοῦ, καὶ ἐπηρώτησεν αὐτοὺς
λέγων· τίνα με λέγουσιν οἱ ὄχλοι εἶναι; 19. οἱ δὲ ἀποκριθέντες
εἶπον· Ἰωάννην τὸν βαπτιστήν, ἄλλοι δὲ Ἠλίαν, § ἕτεροι δὲ

---

11. θεραπειαις v. | ιατο s.
12. - δε M. | κλινην v, sed κλινειν
v'. | απελθοντες pro πορευ-
θεντες s. | + τους ante αγρους
s. | καταλυσωσι sl.v.
13. ειπε sl. | αυτοις pro προς αυτους
v. | ειπαν v. | ει μη pro ημιν
L. | δυο ιχθυες s. | μητοι pro
μητι L.
14. κλησιας MP. | πεντικοντα P.

15. ουτως.|ανεκλιναν s.|απαντας sl.v.
16. κατεκλασε sv. | - αυτου s. | πα-
ρατιθηναι L, παραθηναι v,
παραθειναι v.
17. παντες post εχορτασθησαν ponit
s. | περισσευσαν sv.
18. καταμόνας sl.v. | - αυτου s. | αυ-
του pro αυτους l.
19. + οἱ μεν αντε ιωαννην v.|- ετεροι δε
ιερεμιαν s.

Ἰερεμίαν, ἄλλοι δὲ ὅτι προφήτης τις τῶν ἀρχαίων ἀνέστη. 20. εἶπεν δὲ αὐτοῖς· ὑμεῖς δὲ τίνα με λέγετε εἶναι; ἀποκριθεὶς δὲ ὁ Πέτρος εἶπεν· τὸν Χριστὸν τοῦ θεοῦ. 21. ὁ δὲ ἐπιτιμήσας αὐτοῖς παρήγγειλεν μηδενὶ § λέγειν τοῦτο, 22. εἰπὼν ὅτι δεῖ τὸν υἱὸν τοῦ ἀνθρώπου πολλὰ παθεῖν καὶ ἀποδοκιμασθῆναι ἀπὸ τῶν §ἀρχιερέων καὶ πρεσβυτέρων καὶ γραμματέων καὶ ἀποκτανθῆναι καὶ τῇ τρίτῃ ἡμέρᾳ § ἐγερθήσεται. 23. Ἔλεγεν δὲ πρὸς πάντας· εἴ τις θέλει ὀπίσω μου § ἔρχεσθαι, ἀπαρνησάσθω ἑαυτὸν καὶ ἀράτω τὸν σταυρὸν αὐτοῦ καθ' ἡμέραν καὶ ἀκολουθείτω μοι. 24. ὃς γὰρ §ἐὰν θέλῃ τὴν ψυχὴν αὐτοῦ σῶσαι, ἀπολέσει αὐτήν· ὃς δ' ἂν §ἀπολέσει τὴν ψυχὴν αὐτοῦ ἕνεκεν ἐμοῦ, οὗτος σώσει αὐτήν. 25. τί γὰρ ὠφελεῖται ἄνθρωπος κερδήσας τὸν κόσμον ὅλον, ἑαυτὸν δὲ ἀπολέσας ἢ ζημιωθείς; 26. ὃς γὰρ ἂν ἐπαισχυνθῇ με καὶ τοὺς ἐμοὺς λόγους, τοῦτον ὁ υἱὸς τοῦ ἀνθρώπου ἐπαισχυνθήσεται, ὅταν ἔλθῃ ἐν τῇ δόξῃ αὐτοῦ καὶ τοῦ πατρὸς καὶ τῶν ἁγίων ἀγγέλων. 27. λέγω δὲ ὑμῖν ἀληθῶς, εἰσί τινες τῶν ὧδε § ἑστώτων οἳ οὐ μὴ γεύσονται θανάτου ἕως ἂν ἴδωσι τὴν βασιλείαν τοῦ θεοῦ.

---

19. – οτι L.
20. ειπε init. SLM. | – δε P. | – ὁ L. | ειπε sec. S.
21. – αυτοις L. | παρηγγειλε s. | ειπειν pro λεγειν SV.
22. πρεσβυτερων και αρχιερεων S. | fin. εγερθηναι SV, αναστηναι L.
23. ελεγε SL. | ελθειν pro ερχεσθαι SMV. | καθημεραν P. | ακολουθητω LM.
24. αν pro εαν SV, sed εαν V', ἂν L. | θελει L. | απολεση pro απολεσει sec. SV. | δι' ἐμὲ pro ενεκεν εμου L. | ουτως pro ουτος P.
25. οφελειται L. | ὑ pro η L. | ζημιωθει P.
26. εαν pro αν L. | επεσχυνθη. M.
27. αληθως cum seqq. jungit v. | + οτι ante εισ M. | εστηκυτων SP. γευσονται V. | ειδωσι L.

28. Ἐγένετο † μετὰ τοὺς λόγους τούτους, ὡσεὶ ἡμέραι ὀκτώ, καὶ παραλαβὼν † Πέτρον καὶ Ἰωάννην καὶ Ἰάκωβον ἀνέβη εἰς τὸ ὄρος προσεύξασθαι. 29. καὶ ἐγένετο ἐν τῷ προσεύχεσθαι αὐτὸν τὸ εἶδος τοῦ προσώπου αὐτοῦ ἕτερον καὶ ὁ ἱματισμὸς αὐτοῦ λευκὸς ἐξαστράπτων. 30. καὶ ἰδοὺ ἄνδρες δύο συνελάλουν αὐτῷ, οἵτινες ἦσαν § Μωϋσῆς καὶ Ἡλίας 31. § οἱ ὀφθέντες ἐν δόξῃ, ἔλεγον § δὲ τὴν ἔξοδον αὐτοῦ, ἣν ἔμελλε πληροῦν ἐν Ἰερουσαλήμ. 32. ὁ δὲ Πέτρος καὶ οἱ σὺν αὐτῷ ἦσαν § βεβαρυμένοι ὕπνῳ· διαγρηγορήσαντες δὲ εἶδον τὴν δόξαν αὐτοῦ καὶ τοὺς δύο ἄνδρας τοὺς συνεστῶτας αὐτῷ. 33. καὶ ἐγένετο ἐν τῷ διαχωρίζεσθαι αὐτοὺς ἀπ' αὐτοῦ εἶπεν ὁ Πέτρος πρὸς τὸν Ἰησοῦν· ἐπιστάτα, καλόν ἐστιν ἡμᾶς ὧδε εἶναι, καὶ ποιήσωμεν § τρεῖς σκηνάς, μίαν σοὶ καὶ § μίαν Ἡλίᾳ καὶ μίαν Μωσεῖ, μὴ εἰδὼς ὃ λέγει. 34. ταῦτα δὲ αὐτοῦ λέγοντος ἐγένετο νεφέλη καὶ ἐπεσκίασεν αὐτούς· ἐφοβήθησαν δὲ ἐν τῷ ἐκείνους εἰσελθεῖν εἰς τὴν νεφέλην. 35. καὶ φωνὴ ἐγένετο ἐκ τῆς νεφέλης λέγουσα· οὗτός ἐστιν ὁ υἱός μου ὁ ἀγαπητός, αὐτοῦ ἀκούετε. 36. καὶ ἐν τῷ γενέσθαι τὴν φωνὴν εὑρέθη ὁ Ἰησοῦς μόνος. καὶ αὐτοὶ ἐσίγησαν καὶ οὐδενὶ ἀπήγγειλαν ἐν ἐκείναις ταῖς ἡμέραις οὐδὲν ὧν ἑωράκασιν.

37. Ἐγένετο δὲ † τῇ ἑξῆς ἡμέρᾳ κατελθόντων αὐτῶν ἀπὸ

---

28. + δε post εγενετο SV. | ὡς ειμεραι pro ωσει ημεραι P, ὡς ἡμέραι L.. | + τον ante πετρον SV.
30. αυτου pro αυτω L₂ marg. | μοσης S.
31. init. οἱ S. | ωφθεντες P. | ελε δε V, sed prima manus in margine adscripsit: γον δε. Alter. | - δε S. | ην L₁. | εμελλεν V.
32. βεβαρημενοι SV.

33. - και sec. L. | σκηνας τρεις S. | συ pro σοι L. | ηλιαν P. | μωσει μιαν και μιαν ηλια S, μιαν μωσει και μ. η. MV.
34. + αυτω post εφοβηθησαν δε M.
35. ακουεται M.
36. εσηγησαν P. | εορακασιν P.
37. εν ante τη εξης SMV. | καταβαινοντων L. | - αυτων L.

τοῦ ὄρους συνήντησεν αὐτῷ ὄχλος πολύς. 38. καὶ ἰδοὺ ἀνὴρ ἀπὸ τοῦ ὄχλου § ἐβόησε λέγων· διδάσκαλε, δέομαί σου, § ἐπίβλεψαι ἐπὶ τὸν υἱόν μου, ὅτι μονογενής ἐστίν μοι, 39. καὶ ἰδοὺ πνεῦμα λαμβάνει αὐτὸν καὶ § ἐξέφνης κράζει καὶ σπαράσσει αὐτὸν μετὰ ἀφροῦ, καὶ μόγις ἀποχωρεῖ ἀπ' αὐτοῦ συντρίβον αὐτόν. 40. καὶ ἐδεήθην τῶν μαθητῶν σου ἵνα § ἐκβάλωσιν αὐτό, καὶ οὐκ ἠδυνήθησαν. 41. ἀποκριθεὶς δὲ ὁ Ἰησοῦς εἶπεν· ὦ γενεὰ ἄπιστος καὶ διεστραμμένη, ἕως πότε § πρὸς ὑμᾶς ἔσομαι; § ἕως πότε ἀνέξομαι ὑμῶν; προσάγαγε § τὸν υἱόν σου ὧδε. 42. ἔτι δὲ προσερχομένου αὐτοῦ ἔρρηξεν αὐτὸν τὸ δαιμόνιον καὶ συνεσπάραξεν· ἐπετίμησε δὲ ὁ Ἰησοῦς τῷ πνεύματι τῷ ἀκαθάρτῳ, καὶ ἰάσατο τὸν παῖδα καὶ ἀπέδωκεν αὐτὸν τῷ πατρὶ αὐτοῦ. 43. ἐξεπλήσσοντο δὲ πάντες ἐπὶ τῇ μεγαλειότητι τοῦ θεοῦ.

Πάντων δὲ θαυμαζόντων ἐπὶ πᾶσιν οἷς § ἐποίει ὁ Ἰησοῦς, εἶπεν πρὸς τοὺς μαθητὰς αὐτοῦ· 44. θέσθε ὑμεῖς εἰς τὰ ὦτα ὑμῶν τοὺς λόγους τούτους· ὁ γὰρ υἱὸς τοῦ ἀνθρώπου μέλλει παραδίδοσθαι εἰς χεῖρας ἀνθρώπων. 45. οἱ δὲ ἠγνόουν τὸ ῥῆμα τοῦτο, καὶ ἦν παρακεκαλυμμένον § παρ' αὐτῶν ἵνα μὴ αἴσθωνται αὐτό, καὶ ἐφοβοῦντο § αὐτὸν ἐρωτῆσαι περὶ τοῦ ῥήματος τούτου.

---

38. ανεβοησε S, ανεβοησεν V. | δαιομαι P. | επιβλεψον SLV, txt. sic accent. MP. | εστι SL.
39. εξαιφνης SV, εξαφνης? L. | συντριβων Γ.
40. τοις μαθηταις Γ. | εκβαλλωσιν SL. | αυτον V.
41. εσωμαι LM. | ημας Γ. | εσομαι προς υμας S. | και *pro* εως ποτε *sec.* S. | ανεξωμαι L. | ωδε τον υιον σου S.

42. ετι προσ ερχ. δε V. | + αυτον *post* συνεσπαραξεν M.
43. εξεπλησσον L. | μεγαλιοτητι V. | αυτο *pro* του θυ̅ L₁, L₂ *marg.* = *txt.* | εποιησεν S, εποιη P. | ειπε SLM.
44. Θεσθαι P.
45. απ' *pro* παρ' SV. | αισθονται M, εσθοντε? L. | αυτον *pro* αυτο L. | − αυτον P, αυτο *pro* αυτον V, ερωτησαι αυτον S.

46. Εἰσῆλθεν δὲ διαλογισμὸς ἐν αὐτοῖς, τὸ τις ἂν εἴη μείζων αὐτῶν. 47. ὁ δὲ Ἰησοῦς ἰδὼν τὸν διαλογισμὸν § αὐτῶν τῆς καρδιας, ἐπιλαβόμενος παιδίου ἔστησεν αὐτὸ παρ' ἑαυτῷ, 48. καὶ εἶπεν αὐτοῖς· ὃς § ἂν δέξηται τοῦτο τὸ παιδίον ἐπὶ τῷ ὀνόματί μου, ἐμὲ δέχεται· καὶ ὃς ἐὰν ἐμὲ δεξηται, δέχεται τὸν ἀπυστείλαντά με· ὁ γὰρ μικρότερος ἐν πᾶσιν ὑμῖν ὑπάρχων, οὗτος ἔσται μέγας. 49. Ἀποκριθεὶς δὲ † Ἰωάννης εἶπεν· ἐπιστάτα, § ἴδομέν τινα § ἐν τῷ ὀνόματί σου ἐκβάλλοντα † δαιμόνια, καὶ ἐκωλύσαμεν αὐτόν, ὅτι οὐκ ἀκολουθεῖ μεθ' ἡμῶν. 50. καὶ εἶπεν πρὸς § αὐτοὺς ὁ Ἰησοῦς· μὴ κωλύετε· ὃς γὰρ οὐκ ἔστιν καθ' ἡμῶν, ὑπὲρ ἡμῶν ἐστίν.

51. Ἐγένετο δὲ ἐν τῷ συμπληροῦσθαι τὰς ἡμέρας τῆς ἀναλήψεως αὐτοῦ, καὶ αὐτὸς τὸ πρόσωπον αὐτοῦ ἐστήριξεν τοῦ πορεύεσθαι εἰς Ἱερουσαλήμ, 52. καὶ ἀπέστειλεν ἀγγέλους πρὸ προσώπου § ἑαυτοῦ. καὶ πορευθέντες εἰσῆλθον εἰς § πόλιν Σαμαρειτῶν, ὥστε ἑτοιμάσαι αὐτῷ· 53. καὶ οὐκ ἐδέξαντο αὐτόν, ὅτι τὸ πρόσωπον αὐτοῦ ἦν πορευόμενον εἰς Ἱερουσαλήμ. 54. ἰδόντες δὲ οἱ μαθηταὶ αὐτοῦ Ἰάκωβος καὶ Ἰωάννης εἶπον· κύριε, θέλεις εἴπωμεν πῦρ καταβῆναι ἀπὸ τοῦ οὐρανοῦ καὶ ἀναλῶσαι αὐτούς, ὡς καὶ Ἡλίας ἐποίησεν

---

46. εισηλθε SL.
47. ειδως *pro* ιδων V. | της καρδιας αυτων SLV. | εστησεν L. | αυτω *pro* αυτο L. | παρεαυτω L.
48. εαν *pro* αν SV. | δεχεται *pro* δεξηται *prim.* L. | αν *pro* εαν L. | δεξηται *pro* δεχεται *sec.* L. | υπαρχον L. | ουτως P.
49. + ὁ *ante* ιωαννης SV. | ειδομεν SV, ιδωμεν L. | επι *pro* εν S. | + τα *ante* δαιμ. S. | εκολυσαμεν M. | ημιν *pro* μεθ' ημων L.
50. και ειπε SL., ειπεν δε V. | αυτον *pro* αυτους SMV. | εστι *prim.* SLV. | υμων *pro* ημων *bis* V, καθ' υμων μεθ' ημων υπερ ημων L.
51. - δε L. | εστηριξε S.
52. προπροσωπου LP. | αυτου *pro* εαυτ. SL₁, *sed* L₂ = *txt.* | κωμην *pro* πολιν S, εις πολιν σαμ. εισηλ. L.
54. - δε P. | θελης M. | εποιησε S.

55. στραφεὶς δὲ ἐπετίμησεν αὐτοῖς καὶ εἶπεν· οὐκ οἴδατε οἵου πνεύματός ἐστε. † 56. ὁ † υἱὸς τοῦ ἀνθρώπου οὐκ ἦλθεν ψυχὰς ἀνθρώπων ἀπολέσαι ἀλλὰ σῶσαι. καὶ ἐπορεύθησαν εἰς ἑτέραν κώμην. 57. § Καὶ ἐγένετο πορευομένων αὐτῶν ἐν τῇ ὁδῷ εἶπέν τις πρὸς αὐτόν· ἀκολουθήσω σοι ὅπου § ἐὰν ἀπέρχῃ, κύριε. 58. καὶ εἶπεν αὐτῷ ὁ Ἰησοῦς· αἱ ἀλώπεκες φωλεοὺς ἔχουσι καὶ τὰ πετεινὰ τοῦ οὐρανοῦ κατασκηνώσεις, ὁ δὲ υἱὸς τοῦ ἀνθρώπου οὐκ ἔχει ποῦ τὴν κεφαλὴν κλίνῃ. 59. εἶπεν δὲ πρὸς ἕτερον· ἀκολούθει μοι. ὁ δὲ εἶπεν· κύριε, ἐπίτρεψόν μοι § πρῶτον ἀπελθεῖν θάψαι τὸν πατέρα μου. 60. εἶπε δὲ αὐτῷ ὁ Ἰησοῦς· ἄφες τοὺς νεκροὺς θάψαι τοὺς ἑαυτῶν νεκρούς, σὺ δὲ ἀπελθὼν διάγγελλε τὴν βασιλείαν τοῦ θεοῦ. 61. εἶπεν δὲ καὶ ἕτερος· ἀκολουθήσω σοι, κύριε· πρῶτον δὲ ἐπίτρεψόν μοι ἀποτάξασθαι τοῖς εἰς τὸν οἶκόν μου. 62. εἶπεν δὲ § ὁ Ἰησοῦς πρὸς αὐτόν· οὐδεὶς ἐπιβαλὼν τὴν χεῖρα αὐτοῦ ἐπ᾿ ἄροτρον καὶ βλέπων εἰς τὰ ὀπίσω εὔθετός ἐστιν εἰς τὴν βασιλείαν τοῦ θεοῦ.

---

55. οιδατ L. | + υμεις post εστε SM.
56. + γαρ ante υιος SM. | ηλθε SL. | αποκτειναι pro απολεσαι V.
57. εγενετο δε s, - εγενετο I.V. | ειπε SLV. | αν pro εαν s.
58. κυριος pro ιης. L. | εχουσιν L. | κλιναι L, κλινην P, κλινει V.

59. ειπε SL. | απελθοντι πρωτον SV. | - πρωτον L..
60. ειπεν P. | - θαψαι τ. εαυτ. νεκρ. L. (ex homœot.) | διαγγελε L..
61. ειπε SLV.
62. ειπε SL. | προς αυτον ο(εσ. s. | επαρογρων LP.

X.

1. Μετὰ δὲ ταῦτα ἀνέδειξεν ὁ κύριος καὶ ἑτέρους ἑβδομήκοντα, καὶ ἀπέστειλεν αὐτοὺς ἀνὰ δύο § δύο § προπροσώπου αὐτοῦ εἰς πᾶσαν πόλιν καὶ τόπον οὗ § ἤμελλεν αὐτὸς § διέρχεσθαι. 2. ἔλεγεν § δὲ πρὸς αὐτούς· ὁ μὲν θερισμὸς πολύς, οἱ δὲ ἐργάται ὀλίγοι· δεήθητε οὖν τοῦ κυρίου τοῦ θερισμοῦ ὅπως § ἐκβάλῃ ἐργάτας εἰς τὸν θερισμὸν αὐτοῦ. 3. ὑπάγετε· ἰδοὺ ἐγὼ ἀποστέλλω ὑμᾶς ὡς ἄρνας ἐν μέσῳ λύκων. 4. μὴ βαστάζετε § βαλλάντιον, μὴ πήραν, § μήτε ὑποδήματα· καὶ μηδένα κατὰ τὴν ὁδὸν ἀσπάσησθε. 5. εἰς ἣν δ' ἂν § πόλιν εἰσέλθητε ἢ οἰκίαν, πρῶτον λέγετε· εἰρήνη § ἐν τῷ οἴκῳ τούτῳ. 6. καὶ ἐὰν † ᾖ ἐκεῖ υἱὸς εἰρήνης, ἐπαναπαύσεται ἐπ' αὐτὸν ἡ εἰρήνη ὑμῶν· εἰ δὲ μήγε, § πρὸς ὑμᾶς ἀνακάμψει. 7. ἐν αὐτῇ δὲ τῇ οἰκίᾳ μένετε, ἐσθίοντες καὶ πίνοντες τὰ παρ' αὐτῶν· ἄξιος γὰρ ὁ ἐργάτης τοῦ μισθοῦ αὐτοῦ ἐστίν. μὴ μεταβαίνετε ἐξ § οἰκίαν εἰς οἰκίαν. 8. καὶ εἰς ἣν † ἂν πόλιν εἰσέρχησθε καὶ § δέχονται ὑμᾶς, ἐσθίετε τὰ παρατιθέμενα ὑμῖν, 9. καὶ θεραπεύετε τοὺς ἐν αὐτῇ ἀσθενεῖς καὶ λέγετε αὐτοῖς· ἤγγικεν ἐφ' ὑμᾶς ἡ βασιλεία τοῦ θεοῦ. 10. εἰς ἣν δ' ἂν πόλιν § εἰσέλθητε καὶ μὴ § δέχονται ὑμᾶς, ἐξελθόν-

---

X. 1. – δυο alt. SV (αναδυο uno verbo V). | προ προσωπου SL. | εμελλεν SV. | ερχεσθαι SV.
2. ελεγε L. | ουν pro δε S. | δεηθηταρι M. | εκβαλλη SL.
4. βαλαντιον SV. | πειραν M. | μηδε pro μητε S. | μηδ' ενα M. | ασπασεισθε M.
5. οικιαν εισερχησθε pro πολιν εισελθ. η οικ. S. | εισερχεσθε V. |

ειρηνην L. | – εν S.
6. + μεν post εαν S. | ει L. | επαναπαυσατε P. | επαυτον επαναπαυσεται L. | εφ' pro προς SV.
7. – τα L. | παρ' αυτον L. | εστι S. | μεταβαινετε M. | εξ οικιας SV.
8. εις ην rescrip. L. | + δ' ante αν S. | εισερχεσθαι M. | δεχωνται S.
9. + οτι post αυτοις V.
10. εισερχησθε SV. | δεχονται SV.

τες εἰς τὰς πλατείας αὐτῆς εἴπατε· 11. καὶ τὸν κονιορτὸν τὸν κολληθέντα § ὑμῖν § εἰς τοὺς πόδας ἡμῶν ἐκ τῆς πόλεως ὑμῶν ἀπομασσόμεθα ὑμῖν. πλὴν τοῦτο γινώσκετε ὅτι ἤγγικεν ἐφ' ὑμᾶς ἡ βασιλεία τοῦ θεοῦ. 12. λέγω † ὑμῖν ὅτι Σοδόμοις § ἀνεκτότερον ἔσται ἐν τῇ ἡμέρᾳ ἐκείνῃ ἢ τῇ πόλει ἐκείνῃ. 13. Οὐαί σοι § Χοραζείν, οὐαί σοι Βηθσαϊδάν· ὅτι εἰ ἐν Τύρῳ καὶ Σιδῶνι § ἐγενήθησαν αἱ δυνάμεις αἱ γενόμεναι ἐν ὑμῖν, πάλαι ἂν ἐν σάκκῳ καὶ σποδῷ καθήμεναι μετενόησαν. 14. πλὴν Τύρῳ καὶ Σιδῶνι ἀνεκτότερον ἔσται ἐν § ἡμέρᾳ κρισέως ἢ ὑμῖν. 15. καὶ σὺ Καπερναοὺμ ἡ ἕως τοῦ οὐρανοῦ ὑψωθεῖσα ἕως ᾅδου § καταβιβασθήσει. 16. Ὁ ἀκούων ὑμῶν ἐμοῦ ἀκούει, καὶ ὁ ἀθετῶν ὑμᾶς ἐμὲ ἀθετεῖ· ὁ δὲ ἐμὲ ἀθετῶν ἀθετεῖ τὸν ἀποστείλαντά με. § καὶ ὁ ἀκούων ἐμοῦ ἀκούει τοῦ ἀποστείλαντός με.

17. Ὑπέστρεψαν δὲ οἱ ἑβδομήκοντα μετὰ χαρᾶς λέγοντες· κύριε, καὶ τὰ δαιμόνια ὑποτάσσεται ἡμῖν ἐν τῷ ὀνόματί σου. 18. εἶπεν δὲ αὐτοῖς· ἐθεώρουν τὸν Σατανᾶν ὡς ἀστραπὴν ἐκ τοῦ οὐρανοῦ πεσόντα. 19. ἰδοὺ δίδωμι ὑμῖν τὴν ἐξουσίαν τοῦ πατεῖν ἐπάνω ὄφεων

---

11. + τον ποδον *post* κονιορτον V, των ποδων υμων ν' *marg.* | κωλλυθεντα L. | ημιν SV. | - εις τους ποδας ημων SMV. | απο *pro* εκ V. | απομασσωμεθα L.
12. + δε *post* λεγω S. | σοδωμοις L. | εν τη ημερα εκεινη ανεκτοτερον εσται S. | - η τη πολει εκεινη L.
13. χοραζιν SV, χώραζὴν L. | βεθσαιδα S, βεθσαιδᾶν L. | τηρω LP. | σιδωνη LP. | εγενοντο S. | γινωμεναι L. | σαπκω L₁ ?
14. σιδυνη L, σιδωνη P. | εν τη κρισει SV. + ἡ *ante* ημερα M. | κρησεως M.
15. ἢ *pro* ἡ L. | υψωθησα LM. | καταβιβασθηση SV (καταβηβασθηση V), καταβιβασθησα L.
16. ημων L₁ ? | - και ο ακουων εμου ακ. του αποστ. με SL.
17. + μαθηται *post* εβδ. V. | + μεγαλης *post* χαρας P. | υμιν *pro* ημιν MP.
18. ειπε SLV.
19. υμων *pro* υμιν L.

ΚΑΤΑ ΛΟΥΚΑΝ.

καὶ σκορπίων, καὶ ἐπὶ πᾶσαν τὴν δύναμιν τοῦ ἐχθροῦ, καὶ οὐδὲν ὑμᾶς οὐ μὴ ἀδικήσῃ. 20. πλὴν ἐν τούτῳ μὴ χαίρετε ὅτι τὰ πνεύματα ὑμῖν ὑποτάσσεται, χαίρετε δὲ † ὅτι τὰ ὀνόματα ὑμῶν ἐγράφη ἐν τοῖς οὐρανοῖς. 21. Ἐν αὐτῇ τῇ ὥρᾳ ἠγαλλιάσατο § ὁ Ἰησοῦς τῷ πνεύματι καὶ εἶπεν· ἐξομολογοῦμαί σοι πάτερ, κύριε τοῦ οὐρανοῦ καὶ τῆς γῆς, ὅτι ἀπέκρυψας ταῦτα ἀπὸ σοφῶν καὶ συνετῶν, καὶ ἀπεκάλυψας αὐτὰ νηπίοις· ναὶ, ὁ πατήρ, ὅτι οὕτως ἐγένετο εὐδοκία ἔμπροσθέν σου. 22. † πάντα § μοι παρεδόθη ὑπὸ τοῦ πατρός μου, καὶ οὐδεὶς γινώσκει τίς ἐστιν ὁ υἱὸς εἰ μὴ ὁ πατήρ, καὶ τίς ἐστιν ὁ πατὴρ εἰ μὴ ὁ υἱὸς καὶ § ὁ ἐὰν βούληται υἱὸς ἀποκαλύψαι. 23. Καὶ στραφεὶς πρὸς τοὺς μαθητὰς κατ' ἰδίαν εἶπεν· μακάριοι οἱ ὀφθαλμοὶ οἱ βλέποντες ἃ βλέπετε. 24. λέγω γὰρ ὑμῖν ὅτι πολλοὶ προφῆται καὶ βασιλεῖς ἠθέλησαν ἰδεῖν ἃ ὑμεῖς βλέπετε, καὶ οὐκ εἶδον καὶ ἀκοῦσαι ἃ ἀκούετε, καὶ οὐκ ἤκουσαν.

25. Καὶ ἰδοὺ νομικός τις ἀνέστη ἐκπειράζων αὐτὸν καὶ λέγων· διδάσκαλε, τί ποιήσας ζωὴν αἰώνιον κληρονομήσω; 26. ὁ δὲ § Ἰησοῦς εἶπεν πρὸς αὐτόν· ἐν τῷ νόμῳ τί γέγραπται; πῶς ἀναγινώσκεις; 27. ὁ δὲ ἀποκριθεὶς εἶπεν· ἀγαπήσεις κύριον τὸν θεόν σου ἐξ ὅλης τῆς καρδίας σου καὶ ἐξ ὅλης τῆς ψυχῆς σου καὶ ἐξ ὅλης τῆς ἰσχύος σου καὶ ἐξ ὅλης τῆς διανοίας σου, καὶ τὸν πλησίον σου

20. + μαλλον post χαιρετε δε S.
21. + δε post αυτη V. | τω πνευματι ο ιησους SLV.
22. init. + και στραφεις προς τους μαθητας ειπεν (ειπε S) SMV. | παρεδωθη P. | παρεδοθη μοι S. | επιγινωσκει V. | ει μι pro ει μη bis P. | + ουδεις γινωσκει post πατηρ sec. L. | ᾧ pro ὁ

SLV', sed ὁ V. | βουλεται LV.
23. κατιδιαν LM. | ειπε S.
24. - ιδον V. | ακουτε P. | + ειδον ουδε ante ηκουσαν L.
25. αυτων pro αυτον M.
26. - ιησους SP. | ειπε SL. | γεγραπτε P.
27. αγαπησης M, απησεις L. | - σου ult. V.

ὡς §ἑαυτόν. 28. εἶπεν δὲ αὐτῷ· ὀρθῶς ἀπεκρίθης· τοῦτο ποίει, καὶ ζήσῃ. 29. ὁ δὲ θέλων δικαιοῦν ἑαυτὸν εἶπεν πρὸς τὸν Ἰησοῦν· καὶ τίς ἐστί μου πλησίον; 30. ὑπολαβὼν δὲ ὁ Ἰησοῦς εἶπεν· ἄνθρωπός τις κατέβαινεν ἀπὸ Ἱερουσαλὴμ εἰς Ἱεριχώ, καὶ λῃσταῖς περιέπεσεν, οἳ καὶ ἐκδύσαντες αὐτὸν καὶ πληγὰς ἐπιθέντες ἀπῆλθον, ἀφέντες §ἡμὶ θανῆ τυγχάνοντα. 31. κατὰ συγκυρίαν δὲ ἱερεύς τις κατέβαινεν ἐν τῇ ὁδῷ ἐκείνῃ, καὶ ἰδὼν αὐτὸν ἀντιπαρῆλθεν· 32. ὁμοίως δὲ καὶ Λευίτης γενόμενος κατὰ τὸν τόπον, ἐλθὼν καὶ ἰδὼν ἀντιπαρῆλθεν. 33. Σαμαρείτης δέ τις ὁδεύων ἦλθεν κατ' αὐτὸν καὶ ἰδὼν αὐτὸν §εὐσπλαγχίσθη, 34. καὶ προσελθὼν κατέδησε τα τραύματα αὐτοῦ ἐπιχέων ἔλαιον καὶ οἶνον, ἐπιβιβάσας δὲ αὐτὸν ἐπὶ τὸ ἴδιον κτῆνος ἤγαγεν αὐτὸν εἰς πανδοχεῖον καὶ ἐπεμελήθη αὐτοῦ. 35. καὶ ἐπὶ τὴν αὔριον ἐξελθών, ἐκβαλὼν δύο δηνάρια ἔδωκε τῷ πανδοχεῖ, καὶ εἶπεν αὐτῷ· ἐπιμελήθητι αὐτοῦ, καὶ ὅ τι ἂν προσδαπανήσῃς ἐγὼ ἐν τῷ ἐπανέρχεσθαί με ἀποδώσω σοι. 36. τίς οὖν τούτων τῶν τριῶν §πλησίον δοκεῖ σοι γεγονέναι τοῦ ἐμπεσόντος εἰς τοὺς λῃστάς; 37. ὁ δὲ εἶπεν· ὁ ποιήσας τὸ ἔλεος μετ' αὐτοῦ. εἶπε §δὲ αὐτῷ ὁ Ἰησοῦς· πορεύου, καὶ σὺ ποίει ὁμοίως.

38. Ἐγένετο δὲ ἐν τῷ πορεύεσθαι αὐτοὺς καὶ αὐτὸς εἰσῆλθεν

---

27. σεαυτον S, εαυτων M, σέαυτον V.
28. ειπε SL. | ποιη P. | ζησει M.
29. ειπε SL.
30. εστιν M. | ὁ δε ιησους εφη (- υπολαβων *et* ειπεν) L. | ιεριχὼ SL. | ἡμιθανῆ SLV.
31. καταιβενεν P. | αντιπαρηλθε L..
32. αντιπαρηλθε S.
33. σαμαριτης L, σαμαρειτις MV *at* V' = *txt*. | εσπλαγχνισθη SLV.
34. κατεδυσε L. | κατεδισε M. | επι-
βηβασας V. | επιμεληθη LM.
35. αυριον L.. | - δυο P. | εδωκεν V. | το *pro* τω *prim*. L. | προσδαπανησεις M, προσδαπανησις P, αυτον *pro* εν τωM. | μοι *pro* με L.
36. πλησιων P. | δοκη M. | ·δοκει σοι πλησιον S.
37. ειπεν ουν (- δε) SV.
38. - καὶ L.

εἰς κώμην τινά· γυνὴ δέ τις ὀνόματι Μάρθα ὑπεδέξατο αὐτὸν εἰς τὸν οἶκον αὐτῆς. 39. καὶ τῇδε ἦν ἀδελφὴ καλουμένη Μαρία, ἣ καὶ § παρακαθήσασα παρὰ τοὺς πόδας τοῦ Ἰησοῦ ἤκουεν τὸν λόγον αὐτοῦ· 40. ἡ δὲ Μάρθα περιεσπᾶτο περὶ πολλὴν διακονίαν· ἐπιστᾶσα δὲ εἶπεν· κύριε, οὐ μέλει σοι ὅτι ἡ ἀδελφή μου μόνην με κατέλιπε διακονεῖν; εἰπὲ οὖν αὐτῇ ἵνα μοι συναντιλάβηται. 41. ἀποκριθεὶς δὲ § ὁ Ἰησοῦς εἶπεν αὐτῇ· Μάρθα, Μάρθα, μεριμνᾷς καὶ τυρβάζῃ περὶ πολλά, 42. ἑνὸς δέ ἐστιν χρεία· Μαρία δὲ τὴν ἀγαθὴν μερίδα ἐξελέξατο, ἥτις οὐκ ἀφαιρεθήσεται ἀπ' αὐτῆς.

XI.

1. Καὶ ἐγένετο ἐν τῷ εἶναι αὐτὸν ἐν τόπῳ τινὶ προσευχόμενον, ὡς ἐπαύσατο, εἶπέν τις τῶν μαθητῶν αὐτοῦ πρὸς αὐτόν· κύριε, δίδαξον ἡμᾶς προσεύχεσθαι, καθὼς καὶ Ἰωάννης ἐδίδαξεν τοὺς μαθητὰς αὐτοῦ. 2. εἶπεν δὲ αὐτοῖς ὅταν § προσεύχεσθαι, λέγετε, πάτερ ἡμῶν ὁ ἐν τοῖς οὐρανοῖς, ἁγιασθήτω τὸ ὄνομά σου· § ἐλθάτω ἡ βασιλεία σου· γενηθήτω τὸ θέλημά σου ὡς ἐν οὐρανῷ καὶ ἐπὶ τῆς γῆς. 3. τὸν ἄρτον ἡμῶν τὸν ἐπιούσιον δίδου ἡμῖν τὸ καθ' ἡμέραν· 4. καὶ ἄφες ἡμῖν τὰς ἁμαρτίας ἡμῶν, καὶ γὰρ αὐτοὶ

---

39. ἢ *pro* ἦ LP, ἦ M. | παρακαθισασα SV, παρακαθησα L.. | ηκουε SL, ηκουον M.
40. ειπε S. | μονη L. | κατελειπε L., κατελιπεν M. | ειπε *pro* ειπὲ L.| μη *pro* μοι LM. | συναντιλαβητε LM.
41. ειπεν αυτη ο ιησους S. | τυρβαζεις L.

42. εστι SLM. | γαρ *pro* δε *sec.* L.. | αφερεθησεται MP.
XI. 1. προσευχωμενον L. | επαυγατο L.| ειπε Sl.. | — και *post* καθως L. | εδιδαξε SLV.
2. ειπε SM. | προσευχησθε S, προσευχεσθε V. | λεγεται P. | ελθετω SLV. | — της L.
3. καθημεραν P.

§ ἀφίομεν παντὶ ὀφείλοντι ἡμῖν· καὶ μὴ εἰσενέγκῃς ἡμᾶς εἰς πειρασμόν, ἀλλὰ ῥῦσαι ἡμᾶς ἀπὸ τοῦ πονηροῦ.

5. Καὶ εἶπεν πρὸς αὐτούς· τίς ἐξ ὑμῶν ἕξει φίλον, καὶ πορεύσεται πρὸς αὐτὸν μεσονυκτίου καὶ § ἐρεῖ αὐτῷ· φίλε, χρῆσόν μοι τρεῖς ἄρτους, 6. ἐπειδὴ φίλος μου παρεγένετο ἐξ ὁδοῦ πρός με καὶ οὐκ ἔχω ὃ παραθήσω αὐτῷ. 7. κἀκεῖνος ἔσωθεν ἀποκριθεὶς εἴπῃ· μή μοι κόπους πάρεχε· ἤδη § γὰρ ἡ θύρα § κέκλησται, καὶ τὰ παιδία μου μετ' ἐμοῦ εἰς τὴν κοίτην εἰσίν· οὐ δύναμαι ἀναστὰς δοῦναί σοι. 8. λέγω ὑμῖν, εἰ καὶ οὐ δώσει αὐτῷ ἀναστὰς διὰ τὸ εἶναι αὐτοῦ § φίλος, διά γε τὴν § ἀνέδειαν αὐτοῦ ἐγερθεὶς δώσει αὐτῷ § ὅσον χρῄζει. 9. κἀγὼ ὑμῖν λέγω, αἰτεῖτε, καὶ δοθήσεται ὑμῖν· ζητεῖτε, καὶ § εὑρήσεται· κρούετε, καὶ ἀνοιγήσεται ὑμῖν. 10. πᾶς γὰρ ὁ αἰτῶν λαμβάνει· καὶ ὁ ζητῶν § εὑρήσκει· καὶ τῷ κρούοντι ἀνοιγήσεται. 11. τίνα δὲ § ἐξ ὑμῶν τὸν πατέρα αἰτήσει ὁ υἱὸς ἄρτον, μὴ λίθον ἐπιδώσει αὐτῷ; § ἢ καὶ ἰχθύν, μὴ ἀντὶ ἰχθύος ὄφιν ἐπιδώσει αὐτῷ; 12. ἢ καὶ † αἰτήσῃ ᾠόν, μὴ ἐπιδώσει αὐτῷ σκορπίον; 13. εἰ οὖν ὑμεῖς πονηροὶ ὑπάρχοντες

---

4. αφιεμεν S, αφιωμεν M. | ημων *pro* ημιν *sec.* L.
5. ειπε SL. | ειπη *pro* ρει SV. | τρις LP.
6. ἐπὶδὴ P. | μοι *pro* μου L. | παραδησω M.
7. ειπεν *pro* ειπη L. | – γαρ S. | κεκλεισται SV, κεκλυσθαι L..
8. και ει ου V. | φιλον SV (*ante* αυτου V). | αναιδειαν SLV. | οσων SV. | χρῄζει MP.
9. αιτητε L. | ευρησετε SV, ευρησητε L.. | ανηγησεται M.
10. ζοτων M. | ευρισκει S, ευρησει L₁, *at* L₂ = *txt.*
11. – εξ S. | + αυτου *post* υιος V. | επιδωση *prim.* L.. | ει *pro* η S, ει και ιχθυν L. | + αιτησει *post* ιχθυν V.
12. + εαν *ante* αιτηση SV. | αιτησει P. | επιδωση L. (δῶσει *et* ἐπὶ δῶσει semper *in vv.* 8, 11, 12, 13 M).

οἴδατε § δόματα ἀγαθὰ διδόναι τοῖς τέκνοις ὑμῶν, πόσῳ μᾶλλον ὁ πατὴρ § ἡμῶν ὁ ἐξ οὐρανοῦ δώσει πνεῦμα ἅγιον τοῖς αἰτοῦσιν αὐτόν;

14. Καὶ ἦν ἐκβάλλων δαιμόνιον, καὶ αὐτὸ ἦν κωφόν· § καὶ ἐγένετο † τοῦ δαιμόνιου § ἐκβληθέντος ἐλάλησεν ὁ κωφός· καὶ ἐθαύμασαν οἱ ὄχλοι· 15. τινὲς δὲ ἐξ αὐτῶν εἶπον· ἐν Βεελζεβοὺλ § τῷ ἄρχοντι τῶν δαιμονίων ἐκβάλλει τὰ δαιμόνια· 16. ἕτεροι δὲ πειράζοντες σημεῖον § ἐξ οὐρανοῦ ἐζήτουν παρ' αὐτοῦ 17. αὐτὸς δὲ εἰδὼς αὐτῶν τὰ διανοήματα εἶπεν αὐτοῖς· πᾶσα βασιλεία ἐφ' ἑαυτὴν διαμερισθεῖσα ἐρημοῦται καὶ οἶκος ἐπὶ οἶκον πίπτει. 18. εἰ δὲ καὶ ὁ Σατανᾶς ἐφ' ἑαυτὸν διεμερίσθη, πῶς σταθήσεται ἡ βασιλεία αὐτοῦ; ὅτι λέγετε ἐν Βεελζεβοὺλ ἐκβάλλειν με τὰ δαιμόνια. 19. εἰ δὲ ἐγὼ ἐν Βεελζεβοὺλ ἐκβάλλω τὰ δαιμόνια, οἱ υἱοὶ ὑμῶν ἐν τίνι § ἐκβάλωσιν; διὰ τοῦτο § αὐτοὶ κριταὶ ὑμῶν ἔσονται. 20. εἰ δὲ ἐν δακτύλῳ θεοῦ § ἐγὼ ἐκβάλλω τὰ δαιμόνια, ἄρα ἔφθασεν ἐφ' ὑμᾶς ἡ βασιλεία τοῦ θεοῦ. 21. ὅταν ὁ ἰσχυρὸς § καθοπλισμένος § φυλάσσει τὴν ἑαυτοῦ αὐλήν, ἐν εἰρήνῃ ἐστὶν τὰ

---

13. δωματα M, αγαθα δοματα S. |
    - ημων SLV, υμων M.
14. αυτω L. | κοφον P. | εγενετο δε pro και εγενετο S, και εγενετο δε M. | εξελθοντος pro εκβληθεντος S. | + και post εκβληθεντος LV. | κοφος P.
15. - τω S. | fin. + και αποκριθεὶς (sic passim) ειπεν πως δυναται σατανας σαταναν εκβαλλειν M.
16. - παρ' L. | παρ' αυτου εζητουν εξ ουρανου S.

17. εαυτον M (ἐφ' i ad finem lineæ et 'Αυτον initio sequentis), μερισθεισα εφ' εαυτην V. | + ὁ ante οικος M.
18. εμερισθη V. | εκ pro εν L. | - με L.
19. - ει δε usq. δαιμονια LM. | εκβαλλουσι S, εκβαλλουσιν LV. | κριται υμων αυτοι S.
20. οἱ δε pro ει δε P. | εγω S.
21. καθωπλισμενος SLV. | φυλασση SV, βλεπει L. | + φυλασσων post αυλην L. | εστι SLV.

ὑπάρχοντα αὐτοῦ· ἐπὰν δὲ ὁ ἰσχυρότερος αὐτοῦ ἐπελθὼν νικήσῃ αὐτόν, τὴν πανοπλίαν αὐτοῦ αἴρει, ἐφ᾿ ᾗ ἐπεποίθει, καὶ τὰ σκῦλα αὐτοῦ διαδίδωσιν. 23. ὁ μὴ ὢν μετ᾿ ἐμοῦ κατ᾿ ἐμοῦ ἐστιν καὶ ὁ μὴ συνάγων μετ᾿ ἐμοῦ σκορπίζει. 24. Ὅταν τὸ ἀκάθαρτον πνεῦμα ἐξέλθῃ ἀπὸ τοῦ ἀνθρώπου, διέρχεται δι᾿ ἀνύδρων τόπων, § ζητῶν ἀνάπαυσιν, καὶ μὴ § εὑρίσκων λέγει· ὑποστρέψω εἰς τὸν οἶκόν μου ὅθεν ἐξῆλθον. 25. καὶ § ἐλθὼν εὑρίσκει σεσαρωμένον § σχολάζοντα καὶ κεκοσμημένον. 26. τότε πορεύεται καὶ παραλαμβάνει † ἕτερα πνεύματα πονηρότερα ἑαυτοῦ § ἑπτά, καὶ εἰσελθόντα κατοικεῖ ἐκεῖ, καὶ γίνεται τὰ ἔσχατα τοῦ ἀνθρώπου ἐκείνου χείρονα τῶν πρώτων.

27. Ἐγένετο δὲ ἐν τῷ λέγειν αὐτὸν ταῦτα ἐπάρασά τις γυνὴ φωνὴν ἐκ τοῦ ὄχλου εἶπεν αὐτῷ· μακαρία ἡ κοιλία ἡ βαστάσασά σε καὶ μαστοὶ οὓς ἐθήλασας. 28. αὐτὸς δὲ εἶπεν· μενοῦν γε μακάριοι οἱ ἀκούοντες τὸν λόγον τοῦ θεοῦ καὶ φυλάσσοντες αὐτόν.

29. Τῶν δὲ ὄχλων ἐπαθροιζομένων ἤρξατο λέγειν· ἡ γενεὰ αὕτη § γενεὰ πονηρά ἐστιν· σημεῖον ἐπιζητεῖ, καὶ σημεῖον οὐ δοθήσεται αὐτῇ εἰ μὴ τὸ σημεῖον Ἰωνᾶ τοῦ προφήτου. 30. καθὼς

---

22. νηκηση L₁, νικησω M, νικησει P. | + και *ante* την πανοπλιαν L.. | αιρει L. | επεποιθη L.
23. *Totus versus in* L *ita legitur:* ὁ μη ων μετ᾿ αυτου σκορπιζει. | ατ᾿ *pro* κατ᾿ M. | εστι SL.
24. ανυδρον τοπον M. | ζητουν SV. | ευρισκον S. | λεγων *pro* λεγει P.
25. ελθον S. | εξελθων P. | – σχολαζοντα S. | κοσμημενων M.

26. πυρευετε MP. | επτα *ante* ετερα *ponit* S, μεθ᾿ εαυτου ετερα πνευματα πονηροτερα εαυτου επτα L. | εισελθωντον *pro* εισελθοντα P.
27. εγινετο L. | αυτων P.
28. ειπε SL. | ει προ οι M. | φιλιασσοντες M.
29. επαθροιζωμενων P. | – γενεα *sec.* S. | εστι S. | αὐτὴ L. | ιωανα L.

γὰρ ἐγένετο Ἰωνᾶς σημεῖον τοῖς Νινευίταις, οὕτως ἔσται καὶ ὁ υἱὸς τοῦ ἀνθρώπου τῇ γενεᾷ ταύτῃ. 31. § βασίλεισσα νότου ἐγερθήσεται ἐν τῇ κρίσει μετὰ τῶν ἀνδρῶν τῆς γενεᾶς ταύτης καὶ κατακρινεῖ αὐτούς· ὅτι ἦλθεν ἐκ τῶν περάτων τῆς γῆς ἀκοῦσαι τὴν σοφίαν § Σολομῶνος, καὶ ἰδοὺ πλεῖον § Σολομῶνος ὧδε. 32. ἄνδρες § Νινευῖται ἀναστήσονται ἐν τῇ κρίσει μετὰ τῆς ˙γενεᾶς ταύτης καὶ κατακρινοῦσιν αὐτήν· ὅτι μετενόησαν εἰς τὸ κήρυγμα Ἰωνᾶ, καὶ ἰδοὺ πλεῖον Ἰωνᾶ ὧδε. 33. Οὐδεὶς δὲ λύχνον ἅψας εἰς § κρυπτὴν τίθησιν οὐδὲ ὑπὸ τὸν μόδιον, ἀλλὰ ἐπὶ τὴν λυχνίαν, ἵνα οἱ εἰσπορευόμενοι § βλέπουσι τὸ φῶς. 34. ὁ λύχνος τοῦ σώματός ἐστιν ὁ ὀφθαλμός § σου· ὅταν οὖν ὁ ὀφθαλμός σου ἁπλοῦς ᾖ, † ὅλον τὸ σῶμά σου § φωτινόν ἐστιν· ἐπὰν δὲ πονηρὸς ᾖ, καὶ τὸ σῶμά σου σκοτεινόν § ἔσται. 35. σκόπει οὖν μὴ τὸ φῶς τὸ ἐν σοὶ σκότος ἐστίν. 36. εἰ οὖν τὸ σῶμά σου ὅλον φωτεινόν, μὴ § ἔχων § μέρος τὶ σκοτεινόν, ἔσται φωτεινὸν ὅλον ὡς ὅταν ὁ λύχνος τῇ ἀστραπῇ § φωτίζει σε.

37. Ἐν δὲ τῷ λαλῆσαι § αὐτὸν ταῦτα ἠρώτα αὐτὸν Φαρι-

---

30. ιωαναί L. | νηνευιταις V. | ούτος *pro* ουτως I.P.
31. βασιλισσα SLV. | – των *prim.* L. | σολομωντος S, λομωνος *prim.* V, *sed* σολομωνος V'. | – και ιδου πλειον σολομ. L.
32. νινευι S. | αναστησετε L₁. | ιωᾶναί *prim.* L₁. | – και L₁.
33. κρυπτον S, (κρύπτην M). | των *pro* τον M. | – ουδε υπο τον μοδιον L. | αλλ' SLV. | βλεπουσιν V, βλεποσι L, το φεγγος βλεπωσιν S.

34. – σου *prim.* SLV. | απλος L. | + και *ante* ολον SP. | τω *pro* το *prim.* MP. | σωμα του *pro* σωμα σου *prim.* M. | φωτεινον SV. | εσται *pro* εστιν V. | επ' ἂν MV. | εἶ *pro* ᾖ *sec.* LM. | – εσται SL.
36. φωτινον *bis* M. | εχον SLV. | τι μερος SV. | φωτιζῃ SMV. | φωτινον *sec.* LM.
37. το *pro* τω M. | – αυτον ταυτα S. | ερωτα L, ἐρωτᾶ M. | + τις *post* φαρισαιος SV.

σαῖος †ὅπως §ἀριστήσει παρ' αὐτῷ· §καὶ εἰσελθὼν §εἰς τὴν οἰκίαν τοῦ Φαρισαίου ἀνεκλήθη. 38. ὁ δὲ Φαρισαῖος ἰδὼν ἐθαύμασεν ὅτι οὐ πρῶτον ἐβαπτίσθη πρὸ τοῦ ἀρίστου. 39. εἶπεν δὲ ὁ κύριος πρὸς αὐτόν· νῦν ὑμεῖς οἱ Φαρισαῖοι τὸ ἔξωθεν τοῦ ποτηρίου καὶ τοῦ πίνακος καθαρίζετε, τὸ δὲ ἔσωθεν ὑμῶν γέμει ἁρπαγῆς καὶ πονηρίας. 40. ἄφρονες, οὐχ ὁ ποιήσας τὸ ἔξωθεν καὶ τὸ ἔσωθεν ἐποίησεν; 41. πλὴν τὰ ἐνόντα δότε ἐλεημοσύνην, καὶ ἰδοὺ §ἅπαντα καθαρὰ ὑμῖν §ἔσται. 42. ἀλλὰ οὐαὶ ὑμῖν τοῖς Φαρισαίοις, ὅτι ἀποδεκατοῦτε τὸ ἡδύοσμον §καὶ τὸ ἄνηθον καὶ τὸ πήγανον καὶ πᾶν λάχανον, καὶ παρέρχεσθε τὴν κρίσιν καὶ τὴν ἀγάπην τοῦ θεοῦ· ταῦτα § δὲ ἔδει ποιῆσαι κἀκεῖνα μὴ §παρεῖναι. 43. οὐαὶ ὑμῖν τοῖς Φαρισαίοις, ὅτι ἀγαπᾶτε τὴν πρωτοκαθεδρίαν ἐν ταῖς συναγωγαῖς §καὶ τὴν πρωτοκλισίαν ἐν τοῖς δείπνοις καὶ τοὺς ἀσπασμοὺς ἐν ταῖς ἀγοραῖς. 44. οὐαὶ ὑμῖν, γραμματεῖς καὶ Φαρισαῖοι ὑποκριταί, ὅτι §ἔσται ὡς τὰ μνημεῖα τὰ ἄδηλα, καὶ οἱ ἄνθρωποι †περιπατοῦντες ἐπάνω οὐκ οἴδασιν· 45. Ἀποκριθεὶς δέ τις τῶν νομικῶν λέγει αὐτῷ· διδάσκαλε, ταῦτα λέγων καὶ §ὑμᾶς ὑβρίζεις. 46. ὁ

---

37. αριστηση SMV. | εισελθων δε ανεπεσεν *pro* και εισελθων *usq.* ανεκληθη S. | του *ante* φαρισαιου LV. | ανεκλιθη LV.
38. προτερον *pro* πρωτον L. | – προ L.
39. ειπε SL. | καθαριζεται L. | του ποτηριου ημων *pro* υμων L. | ἁρπαγεῖς P.
40. εποιησε S.
41. + παντα *post* ενοντα M. | παντα *pro* απαντα S. | εστιν *pro* εσται S. | υμιν *ante* απαντα *ponit* L.
42. αλλ' S. | αποδεκατουται M. | – και το ανηθον S. | τον πηγανον P. | πυγανον L. | παρερχεσθαι LM. | – δε S. | αφιεναι SLV.
43. – και την πρωτοκλισιαν εν τοις δειπνοις S. | πρωτοκλησιαν M.
44. ημιν L. | εστε SLV. | αδειλα M. | + οἱ *post* ανθρωποι S. | περιπατουνταις Γ.
45. – και L. | ἡμας SLV.

ΚΑΤΑ ΛΟΥΚΑΝ.

δὲ εἶπεν· καὶ ὑμῖν τοῖς νομικοῖς οὐαί, ὅτι φορτίζετε τοὺς ἀνθρώπους φορτία δυσβάστακτα, καὶ αὐτοὶ ἑνὶ τῶν δακτύλων ὑμῶν οὐ προσψαύετε τοῖς φορτίοις. 47. οὐαὶ ὑμῖν, ὅτι οἰκοδομεῖτε τὰ μνημεῖα τῶν προφητῶν, οἱ δὲ πατέρες ὑμῶν ἀπέκτειναν αὐτούς. 48. ἄρα μαρτυρεῖτε § ὅτι συνευδοκεῖτε τοῖς ἔργοις τῶν πατέρων ὑμῶν, ὅτι αὐτοὶ μὲν ἀπέκτειναν αὐτούς, ὑμεῖς δὲ § τοὺς τάφους αὐτῶν οἰκοδομεῖτε. 49. διὰ τοῦτο καὶ ἡ σοφία τοῦ θεοῦ εἶπεν· ἀποστελῶ εἰς αὐτοὺς προφήτας καὶ ἀποστόλους, † ἐξ αὐτῶν ἀποκτενοῦσιν καὶ ἐκδιώξουσιν, 50. ἵνα ἐκζητηθῇ τὸ αἷμα πάντων τῶν προφητῶν τὸ § ἐκκεχυμένον ἀπὸ καταβολῆς κόσμου ἀπὸ τῆς γενεᾶς ταύτης, 51. ἀπὸ τοῦ αἵματος Ἅβελ ἕως τοῦ αἵματος Ζαχαρίου τοῦ ἀπολομένου μεταξὺ τοῦ θυσιαστηρίου καὶ τοῦ οἴκου· ναὶ λέγω ὑμῖν § ὅτι ἐκζητηθήσεται ἀπὸ τῆς γενεᾶς ταύτης. 52. οὐαὶ ὑμῖν τοῖς νομικοῖς, ὅτι ἤρατε τὴν κλεῖδα τῆς γνώσεως. § καὶ αὐτοὶ οὐκ § εἰσήλθατε καὶ τοὺς εἰσερχομένους ἐκωλύσατε.

53. Λέγοντος δὲ αὐτοῦ ταῦτα πρὸς αὐτοὺς ἤρξαντο οἱ γραμματεῖς καὶ οἱ Φαρισαῖοι δεινῶς ἐνέχειν καὶ ἀποστοματίζειν § αὐτῷ

---

46. ειπε s. | φορτιζεται M. | προσψαυεται LP.
47. οικοδομειται L₁P. | οικοδομητε M.
48. μαρτυρειται Γ. | και *pro* οτι s. | συνευδοκειται Γ. | εν *post* συνευδοκειτε M. | + οι δε π̅ρ̅ε̅ς υμων *ante* οτι αυτοι L₁. | *fin.* οικοδομειτε αυτων τα μνημεια s. | οικοδομειται PV.
49. διατουτο L. | υμας *pro* αυτους V. | προφητης M. | + και *ante* εξ αυτων SM. | αποκτενουσι SL | εκδιωκονσιν L. | α:. ᾽κτενειτε

και διωξετε V.
50. εκχυννομενον SV. | – απο της γενεας ταυτης L (*spatio quodam relicto*).
51. + του δικαιου *post* αβελ MV. | απολελυμενου L., απωλομενου V. | – οτι s., 'τι (*sic*) L.
52. – και *prim.* s. | εισηλθετε s.
53. – λεγοντος *usq.*, αυτους L. | + παντα *post* ταυτα Γ. | εαυτους V. | εχειν *pro* ενεχειν V. | συμβαλλειν *pro* αποστοματιζειν L. | αυτου SV.

περὶ πλειόνων, 54. ἐνεδρεύοντες αὐτὸν † ζητοῦντες θηρεῦσαί τι ἐκ τοῦ στόματος αὐτοῦ ἵνα κατηγορήσωσιν αὐτοῦ.

XII.

1. Ἐν οἷς ἐπισυναχθεισῶν τῶν μυριάδων τοῦ ὄχλου, ὥστε καταπατεῖν ἀλλήλους, ἤρξατο λέγειν πρὸς τοὺς μαθητὰς αὐτοῦ· πρῶτον προσέχετε ἑαυτοῖς ἀπὸ τῆς ζύμης τῶν Φαρισαίων, ἥτις ἐστὶν ὑπόκρισις. 2. οὐδὲν † συγκεκαλυμμένον ἐστὶν ὃ οὐκ ἀποκαλυφθήσεται, καὶ κρυπτὸν ὃ οὐ γνωσθήσεται. 3. ἀνθ᾽ ὧν ὅσα ἐν τῇ σκοτίᾳ εἴπατε, ἐν τῷ φωτὶ ἀκουσθήσεται, καὶ ὃ πρὸς τὸ § οὖς ἐλαλήσατε ἐν τοῖς ταμείοις, κηρυχθήσεται ἐπὶ τῶν δωμάτων. 4. Λέγω δὲ ὑμῖν τοῖς φίλοις μου, μὴ φοβηθῆτε ἀπὸ τῶν §ἀποκτενόντων τὸ σῶμα καὶ μετὰ ταῦτα μὴ ἐχόντων §τί περισσότερον ποιῆσαι. 5. ὑποδείξω δὲ ὑμῖν τίνα φοβηθῆτε· φοβήθητε τὸν μετὰ τὸ ἀποκτεῖναι § ἔχοντα ἐξουσίαν ἐμβαλεῖν εἰς τὴν γέενναν. ναὶ λέγω ὑμῖν, τοῦτον φοβήθητε. 6. οὐχὶ πέντε στρουθία § πωλοῦνται ἀσσαρίων δύο; καὶ ἓν ἐξ αὐτῶν οὐκ ἔστιν ἐπιλελησμένον ἐνώπιον τοῦ θεοῦ. 7. ἀλλὰ καὶ αἱ τρίχες τῆς

---

54. + και ante ζητουντες s. | κατηγορησουσιν L, κατηγορησοσιν P.

XII. 1. επισυναχθησων M. | + δε post ηρξατο L.. | πρωτον cum antec. jungunt SLV.

2. + δε post ουδεν SV. | συγκεκαλυμμενων P.

3. σκοτεια M. | + αει ante ειπατε L.| ους S, οὓς M. | ταμε οις M, ταμιοις P, ταμιειοις V. | δοματων L.

4. αποκτεινοντων S. | περισσοτερον τι SV, περισσωτερον P₁, sed corr. P₂.

5. ημιν pro υμιν prim. L. | φοβηθειτε pro φοβηθῆτε, – φοβήθητε L. | εξουσιαν εχοντα S. |.τουτο pro τουτον P.

6. πωλειται SV. | ασσυριων P. | επιλελυσμενον L₁.

κεφαλῆς ὑμῶν πᾶσαι ἠρίθμηνται. μὴ οὖν φοβεῖσθε· πολλῶν στρουθίων διαφέρετε § ὑμεῖς. 8. λέγω δὲ ὑμῖν, πᾶς ὃς ἂν ὁμολογήσῃ ἐν ἐμοὶ ἔμπροσθεν τῶν ἀνθρώπων, καὶ ὁ υἱὸς τοῦ ἀνθρώπου ὁμολογήσει § ἑαυτὸν ἔμπροσθεν τῶν ἀγγελων τοῦ θεοῦ. 9. ὁ δὲ ἀρνησάμενός με ἐνώπιον τῶν ἀνθρώπων ἀπαρνηθήσεται ἐνώπιον τῶν ἀγγέλων τοῦ θεοῦ. 10. καὶ πᾶς ὃς ἐρεῖ λόγον εἰς τὸν υἱὸν τοῦ ἀνθρώπου, ἀφεθήσεται αὐτῷ· τῷ δὲ εἰς τὸ § πνεῦμα τὸ ἅγιον βλασφημήσαντι οὐκ ἀφεθήσεται. 11. ὅτ᾽ἂν δὲ προσφέρωσιν ὑμᾶς § εἰς τὰς συναγωγὰς καὶ τὰς ἀρχὰς καὶ τὰς ἐξουσίας, μὴ § μεριμνήσητε πῶς ἢ τί ἀπολογήσησθε ἢ τί εἴπητε· 12. τὸ γὰρ ἅγιον πνεῦμα διδάξει ὑμᾶς ἐν αὐτῇ τῇ ὥρᾳ ἃ δεῖ εἰπεῖν.

13. Εἶπεν δέ τις αὐτῷ ἐκ τοῦ ὄχλου· διδάσκαλε, εἰπὲ τῷ ἀδελφῷ μου μερίσασθαι μετ᾽ ἐμοῦ τὴν κληρονομίαν. ὁ δὲ εἶπεν αὐτῷ· ἄνθρωπε, τίς με κατέστησεν § κρίτην ἢ μεριστὴν ἐφ᾽ ὑμᾶς; 15. εἶπεν δὲ πρὸς αὐτούς· ὁρᾶτε καὶ φυλάσσεσθε ἀπὸ § πάσης πλεονεξίας, ὅτι οὐκ ἐν τῷ περισσεύειν τινὶ ἡ ζωὴ αὐτοῦ ἐστιν ἐκ τῶν ὑπαρχόντων αὐτοῦ. 16. Εἶπεν δὲ παραβολὴν πρὸς αὐτοὺς λέγων· ἀνθρώπου τινὸς πλουσίου § ηὐφόρησεν ἡ χώρα. 17. καὶ διελο-

---

7. ηρυθμηνται L₁, ηριθμηνται P, ηριθμημεναι εισιν V. | - υμεις S.
8. ομολογησει pro ...ση P. | ομολογησῃ pro... σει I.V. | εν αυτω pro ἑαυτον SV, ομολογησειεν αυτον M.
9. απαρνησαμενος L.
10. αγιον πνευμα S.
11. εισφερωσιν pro προσφ. V. | ημας pro υμας P. | επι pro εις S. | μεριμνατε SV. | a pro η prim.

L. | απολογησισθε P. | οτι ειπητε M.
13. ειπε prim. SL. | μερισασθε MP.
14. - ανθρωπε L. | κατεστησε SL. | δικαστην pro κριτην SV. | δικαστην pro μεριστην L.
15. ειπε SLM. | φυλασσεσθαι M. | της pro πασης SV. | περισσεύον V.| τινη P. | αυτω pro αυτον prim. V.
16. ειπε SL.. | ευφορησεν SV, ηφωρισεν (vel... εισεν) L.

γίζετο ἐν ἑαυτῷ λέγων· τί ποιήσω, ὅτι οὐκ ἔχω ποῦ §συνάξαι τοὺς καρπούς μου; 18. καὶ εἶπεν· τοῦτο ποιήσω· καθελῶ μου τὰς ἀποθήκας καὶ μείζονας οἰκοδομήσω, καὶ συνάξω ἐκεῖ πάντα §τὸν σῖτον μου καὶ τὰ ἀγαθά μου, 19. καὶ ἐρῶ τῇ ψυχῇ μου· ψυχή, ἔχεις πολλὰ ἀγαθὰ κείμενα εἰς ἔτη πολλά· ἀναπαύου, φάγε, πίε, εὐφραίνου. 20. εἶπεν δὲ αὐτῷ ὁ θεός· ἄφρων, ταύτῃ τῇ νυκτὶ τὴν ψυχήν σου ἀπαιτοῦσιν ἀπὸ σοῦ· ἃ δὲ ἡτοίμασας, τίνι ἔσται; 21. οὕτως ὁ θησαυρίζων ἑαυτῷ καὶ μὴ εἰς θεὸν πλουτῶν. §ταῦτα λέγων ἐφώνει· ὁ ἔχων ὦτα ἀκούειν ἀκουέτω.

22. Εἶπεν δὲ πρὸς τοὺς μαθητὰς αὐτοῦ· διὰ τοῦτο §λέγω ὑμῖν, μὴ μεριμνᾶτε τῇ ψυχῇ ὑμῶν τί φάγητε, μηδὲ τῷ σώματι §ὑμῶν τί ἐνδύσησθε. 23. ἡ §γὰρ ψυχὴ πλεῖόν ἐστιν τῆς τροφῆς καὶ τὸ σῶμα τοῦ ἐνδύματος. 24. κατανοήσατε τοὺς κόρακας, ὅτι οὐ σπείρουσιν οὐδὲ θερίζουσιν· οἷς οὐκ ἔστιν §ταμίον οὐδὲ ἀποθήκη, † ὁ §δὲ θεὸς τρέφει §αὐτά· πόσῳ μᾶλλον ὑμεῖς διαφέρετε τῶν πετεινῶν. 25. τίς δὲ ἐξ ὑμῶν μεριμνῶν δύναται §προσθῆναι ἐπὶ τὴν ἡλικίαν αὐτοῦ πῆχυν ἕνα; 26. εἰ οὖν οὔτε ἐλάχιστον δύνασθε, τί περὶ τῶν λοιπῶν μεριμνᾶτε; 27. κατανοήσατε τὰ κρίνα, πῶς αὐξάνει.

---

17. συναξω SV.
18. ειπε SLV. | τουτω *pro* τουτο P. | τα γενηματα *pro* τον σιτον S, τον σιτον μου και τα γενηματα μου M.
19. ετι *pro* ετη P. | + και *post* πιε L. | ευφρενου P.
20. ειπε SMV. | αφρον LV. | απαιτουσιν απο σου την ψυχην σου L. | απετουσιν V.
21. ουτος L. | + εν *ante* εαυτω V. | – ὁ L. | εθησαυριζον L. | – ταυτα

usq. ακουετω S. | εφωνη M.
22. ειπε SLM. | διατοῦτο L. | υμιν λεγω S. | μηδὲ L. | – υμων *sec.* S. | ενδισησθε M.
23. – γαρ S. | εστι SLV. | τω σωμα P.
24. – ουδὲ θερίζουσιν P. | ταμεῖον S, ταμιειον LV, τὰ μίον M. | αποθηκει V, *sed*.:.κη·ν΄. | και ο θεος SV. | + ουν *ante* μαλλον V. | αυτους SV.
25. προσθειναι SLV.
26. οὖτε LP.

ού κοπιᾷ, ουδέ νήθει· λέγω δε ύμιν § ότι ουδέ Σολομών εν πάση τῇ δόξῃ αύτοῦ περιεβάλετο ως εν τούτων. 28. εί δε τον χόρτον § σήμερον εν αγρῷ όντα και αύριον εις κλίβανον βαλλόμενον ο θεός ούτως αμφιέννυσιν, πόσῳ μᾶλλον ύμᾶς, ολιγόπιστοι. 29. και ύμεῖς μη ζητεῖτε τί § φάγησθε ή τί πίητε, και μη μετεωρίζεσθε· 30. ταῦτα γὰρ πάντα τὰ ἔθνη τοῦ κόσμου § ἐπιζητοῦσιν· ὑμῶν δὲ ὁ πατὴρ οἶδεν ὅτι χρῄζετε τούτων § ἀπάντων. 31. πλὴν ζητεῖτε § πρῶτον τὴν βασιλείαν τοῦ θεοῦ, καὶ ταῦτα πάντα προστεθήσεται ὑμῖν. 32. Μὴ φοβοῦ, τὸ μικρὸν ποίμνιον· ὅτι εὐδόκησεν ὁ πατὴρ ὑμῶν δοῦναι ὑμῖν τὴν βασιλείαν. 33. § πωλύσατε τὰ ὑπάρχοντα ὑμῶν καὶ δότε ἐλεημοσύνην· ποιήσατε ἑαυτοῖς § βαλλάντια μὴ παλαιούμενα, θησαυρὸν ἀνέκλειπτον ἐν τοῖς οὐρανοῖς, ὅπου κλέπτης οὐκ ἐγγίζει οὐδὲ σὴς διαφθείρει. 34. ὅπου γάρ ἐστιν ὁ θησαυρὸς ὑμῶν, ἐκεῖ καὶ ἡ καρδία ὑμῶν ἔσται. 35. Ἔστωσαν ὑμῶν αἱ ὀσφύες περιεζωσμέναι καὶ οἱ λύχνοι καιόμενοι· 36. καὶ ὑμεῖς ὅμοιοι ἀνθρώποις προσδεχομένοις τὸν κύριον § αὐτῶν, πότε ἀναλύσει ἐκ τῶν γάμων, ἵνα ἐλθόντος καὶ κρούσαντος εὐθέως ἀνοίξωσιν αὐτῷ. 37. μακάριοι οἱ δοῦλοι ἐκεῖνοι, οὓς ἐλθὼν ὁ κύριος εὑρήσει γρηγοροῦντας· ἀμὴν λέγω ὑμῖν ὅτι περιζώσεται καὶ ἀνακλινεῖ αὐτοὺς καὶ παρελθὼν διακονήσει αὐτοῖς· 38. καὶ

---

27. νηθη M. | - οτι S.
28. χορτων M. | + του αγρου *post* χορτον LM. | εν τω αγρω σημερον SV. | + τω *ante* αγρω L.| αὐριον L? P. | ουτος *pro* ουτως L.. | αμφιεννυσι S, αμφιεννησιν M.
29. με *pro* μη M. | φαγητε SV, - φαγησθε P. (*legit* τί ή τί). | μετεωριζεσθαι P.
30. επιζητει S. | ειδεν *pro* οιδεν M. | χριζετε M. | - απαντων S.
31. - πρωτον S.
33. πωλησατε SV, πολυσατε M. | βαλαντια SV. | σις P.
34. θυσαυρος M.
35. αι οσφυες υμων M. | καιομεναι? L_1.
36. ομοι L.. | εαυτων SM. | αναλυση V.| πωτε M.| αυτων *pro* αυτω M.

ἐὰν ἔλθῃ ἐν τῇ δευτέρᾳ φυλακῇ, καὶ ἐν τῇ τρίτῃ φυλακῇ ἔλθῃ, καὶ εὕρῃ οὕτως, μακάριοί εἰσιν οἱ δοῦλοι ἐκεῖνοι. 39. τοῦτο δὲ γινώσκετε, ὅτι εἰ ᾔδει ὁ οἰκοδεσπότης ποίᾳ ὥρᾳ ὁ κλέπτης ἔρχεται, ἐγρηγόρησεν ἂν καὶ οὐκ † ἀφῆκε διορυγῆναι τὸν οἶκον αὐτοῦ. 40. καὶ ὑμεῖς οὖν γίνεσθε ἕτοιμοι, ὅτι ᾗ ὥρᾳ οὐ δοκεῖτε ὁ υἱὸς τοῦ ἀνθρώπου ἔρχεται.
41. Εἶπεν δὲ αὐτῷ ὁ Πέτρος· † πρὸς ἡμᾶς τὴν παραβολὴν ταύτην λέγεις ἢ καὶ πρὸς πάντας; 42. § καὶ εἶπεν † ὁ § Ἰησοῦς τίς ἄρα ἐστὶν ὁ πιστὸς οἰκονόμος καὶ φρόνιμος ὃν καταστήσει ὁ κύριος ἐπὶ τῆς θεραπείας αὐτοῦ τοῦ διδόναι § αὐτοῖς ἐν καιρῷ † σιτομέτριον; 43. μακάριος ὁ δοῦλος ἐκεῖνος, ὃν ἐλθὼν ὁ κύριος αὐτοῦ εὑρήσει § οὕτως ποιοῦντα. 44. ἀληθῶς λέγω ὑμῖν ὅτι ἐπὶ πᾶσιν τοῖς ὑπάρχουσιν αὐτοῦ καταστήσει αὐτόν. 45. ἐὰν δὲ εἴπῃ ὁ § κακὸς δοῦλος ἐκεῖνος ἐν τῇ καρδίᾳ αὐτοῦ· χρονίζει ὁ κύριός μου ἔρχεσθαι, καὶ ἄρξηται τύπτειν τοὺς παῖδας καὶ τὰς παιδίσκας, ἐσθίειν † καὶ πίνειν καὶ μεθύσκεσθαι· 46. ἥξει ὁ κύριος τοῦ δούλου ἐκείνου ἐν ἡμέρᾳ ᾗ οὐ προσδοκᾷ καὶ ἐν ὥρᾳ ᾗ οὐ γινώσκει, καὶ διχοτομήσει αὐτόν, καὶ τὸ μέρος αὐτοῦ μετὰ τῶν ἀπίστων θήσει. 47. ἐκεῖνος δὲ ὁ δοῦλος ὁ γνοὺς τὸ θέλημα τοῦ κυρίου § αὐτοῦ καὶ

---

38. ουτω S.
39. γινωσκεται P. | + αν ante αφηκε SMV. | αφηκεν V.
40. ετιμοι P.
41. ειπε SLM. | - αυτω V, add. autem in margine prima manus. | + κυριε post πετρος SM. | υμας pro ημας MP.
42. ειπε δε S. | κ̅ς̅ pro ι̅ς̅ SMV. | κατεστησεν V. | θεραπιας M. | οικετιας V. | - αυτοις S. | + το ante σιτομ. SV. | σιτωμετριον P.
43. ευρισει LM. | ποιουντα ουτως SV.
44. πασι SLV.
45. - κακος S. | χρονιζων M. | + τε post εσθιειν SLV (τὲ L.)
46. ειμέρα P. | ώ pro ωρα L.
47. - ὁ ante γνους V. | εαυτου SV. |

μὴ ἑτοιμάσας μηδὲ ποιήσας πρὸς τὸ θέλημα αὐτοῦ δαρήσεται πολλάς· 48. ὁ δὲ μὴ γνούς, ποιήσας δὲ ἄξια πληγῶν, δαρήσεται ὀλίγας. παντὶ δὲ ᾧ ἐδόθη πολύ, πολὺ ζητηθήσεται παρ' αὐτοῦ, καὶ ᾧ παρέθεντο πολύ, περισσότερον αἰτήσουσιν αὐτόν. 49. πῦρ ἦλθον βαλεῖν § ἐπὶ τὴν γῆν, καὶ τί θέλω εἰ ἤδη ἀνήφθη. 50. βάπτισμα δὲ ἔχω βαπτισθῆναι, καὶ πῶς συνέχομαι ἕως § ὅτου τελεσθῇ. 51. δοκεῖτε ὅτι εἰρήνην παρεγενόμην δοῦναι ἐν τῇ γῇ; οὐχὶ λέγω ὑμῖν ἀλλ' ἢ διαμερισμόν. 52. ἔσονται γὰρ ἀπὸ τοῦ νῦν πέντε ἐν οἴκῳ ἑνὶ διαμεμερισμένοι, τρεῖς ἐπὶ δυσὶν καὶ δύο ἐπὶ τρισίν· 53. διαμερισθήσεται πατὴρ ἐφ' υἱῷ καὶ υἱὸς ἐπὶ πατρί, μήτηρ ἐπὶ θυγατρὶ καὶ θυγάτηρ ἐπὶ μητρί, πενθερὰ ἐπὶ τὴν νύμφην αὐτῆς καὶ νύμφη ἐπὶ τὴν πενθερὰν αὐτῆς·

54. Ἔλεγεν δὲ καὶ τοῖς ὄχλοις· ὅτ' ἂν ἴδητε † νεφέλην ἀνατέλλουσαν ἀπὸ δυσμῶν, εὐθέως λέγετε § ὅτι ὄμβρος ἔρχεται· καὶ γίνεται οὕτως. 55. καὶ ὅτ' ἂν νότον πνέοντα, λέγετε ὅτι καύσων ἔσται· καὶ γίνεται § οὕτως. 56. ὑποκριταί, τὸ πρόσωπον τῆς γῆς καὶ τοῦ οὐρανοῦ οἴδατε δοκιμάζειν, τὸν δὲ καιρὸν τοῦτον πῶς

— ετοιμασαι μηδε L. | — μηδε ποιησας P.
48. περισσωτερον P. | απαντησουσιν M.
49. εις *pro* επι S. | ἰδιανηφθη L., ᾔδι *pro* ηδη P.
50. οὗ *pro* οτου SV. | τελεστη M (*primo ut videtur* τελευτη, *sed corr. prima manus* τελεστη).
51. — ουχι λεγω υμιν P. | αλλα *pro* αλλ' η L..
52. τοις *pro* τρεις L. | δυσι SL. |

— και δυο επι τρισιν P. | τρισι S.
53. *init.* +και L. | διαμερισθησετε M.| την μητερα *pro* μητρι MV. | πενθεραν *pro* πενθερα P. | της νυμφης *pro* την νυμφην P. | νυμφην *pro* νυμφη P.
54. ελεγε SL.. | + την *ante* νεφελην S. | ανατελουσαν L. | — οτι S. | ουτω S, ουτος L.
55. γινετε M.|*fin.*—ουτως S, οὗτος L..
56. οιδετε ? (οι *mutat.*) L.

οὐ δοκιμάζετε; 57. Τί δὲ καὶ ἀφ᾿ ἑαυτῶν οὐ κρίνετε τὸ δίκαιον; 58. ὡς γὰρ ὑπάγεις μετὰ τοῦ ἀντιδίκου σου ἐπ᾿ ἄρχοντα, ἐν τῇ ὁδῷ δὸς ἐργασίαν ἀπηλλάχθαι ἀπ᾿ αὐτοῦ, μήποτε κατασύρῃ σε πρὸς τὸν κριτήν, καὶ ὁ κριτής σε §παραδώσει τῷ πράκτορι, καὶ ὁ πράκτωρ σε §βάλῃ εἰς φυλακήν. 59. λέγω σοι, οὐ μὴ ἐξέλθῃς ἐκεῖθεν ἕως οὗ καὶ τὸ ἔσχατον λεπτὸν ἀποδῷς.

XIII.

1. Παρῆσαν δέ τινες ἐν αὐτῷ τῷ καιρῷ ἀπαγγέλλοντες αὐτῷ περὶ τῶν Γαλιλαίων ὧν τὸ αἷμα Πιλάτος ἔμιξεν μετὰ τῶν θυσιῶν αὐτῶν. 2. καὶ ἀποκριθεὶς ὁ Ἰησοῦς εἶπεν αὐτοῖς· δοκεῖτε ὅτι §οὗτοι οἱ Γαλιλαῖοι ἁμαρτωλοὶ παρὰ πάντας τοὺς Γαλιλαίους ἐγένοντο, ὅτι §τὰ τοιαῦτα πεπόνθασιν; 3. οὐχὶ λέγω ὑμῖν, ἀλλ᾿ ἐὰν μὴ §μετανοήσετε, πάντες §ὁμοίως ἀπολεῖσθε. 4. §οἱ ἐκεῖνοι οἱ δέκα καὶ ὀκτώ, ἐφ᾿ οὓς ἔπεσεν ὁ πύργος ἐν τῷ Σιλωὰμ καὶ ἀπέκτεινεν αὐτούς, δοκεῖτε ὅτι §αὐτοὶ ὀφειλέται ἐγένοντο παρὰ πάντας §τοὺς ἀνθρώπους τοὺς κατοικοῦντας ἐν Ἰερουσαλήμ; 5. οὐχὶ λέγω ὑμῖν, ἀλλ᾿ ἐὰν μὴ §μετανοήσετε, πάντες ὁμοίως ἀπολεῖσθε.

---

56. δοκιμαζεται MV.
57. εφ' *pro* αφ' P. | εαυτον MP.
58. ὃς *pro* ὡς M. | ὑπαρχοντα L, ἐπάρχοντα M. | κατασυρει συ σε προς τον κρητην L. | παραδω S, παραδωσε M. | πρακτωρι M. | βαλλη S, βαλλει L.
59. - οὗ V *at* + οὗ V'. | αποδωσῃς L.
XIII. 1. - εν L, - εν αυτω V. | ὃν *pro* ων MP. | εμιξε S.
2. οι γαλ. ουτοι S. | - τα S.
3. μετανοητε S, μετανοησητε L.. | ωσαυτως *pro* ομοιως SV. | απολεισθαι L.
4. ἢ *pro* οἱ SV, ει L. | οὗτοι S. | -τους *prim.* S.
5. - αλλ' P. | μετανοητε S, μετανοησητε L. | απωλεισθε M.

6. Ἔλεγεν δὲ ταύτην τὴν παραβολήν. Συκῆν εἶχέν τις ἐν τῷ ἀμπελῶνι αὐτοῦ πεφυτευμένην, καὶ ἦλθεν § ζητῶν καρπὸν ἐν αὐτῇ καὶ οὐχ εὗρεν. 7. εἶπεν δὲ πρὸς τὸν ἀμπελουργόν· ἰδοὺ τρία ἔτη § ἀφ' οὗ ἔρχομαι ζητῶν καρπὸν ἐν τῇ συκῇ ταύτῃ καὶ οὐχ εὑρίσκω· ἔκκοψον § οὖν αὐτήν· ἱνατί καὶ τὴν γῆν § καταργῇ; 8. ὁ δὲ ἀποκριθεὶς λέγει αὐτῷ· κύριε, ἄφες αὐτὴν καὶ τοῦτο τὸ ἔτος, ἕως ὅτου σκάψω περὶ αὐτὴν καὶ βάλω § κόπρον, 9. κἂν μὲν § ποιήσει καρπόν· εἰ δὲ μήγε, εἰς τὸ μέλλον § ἐκκόψῃς αὐτήν.
10. Ἦν δὲ διδάσκων ἐν μιᾷ § τῶν ἡμέρων καὶ τῶν συναγωγῶν † τοῖς σάββασιν. 11. καὶ ἰδοὺ γυνὴ ἦν πνεῦμα ἔχουσα ἀσθενείας ἔτη δέκα καὶ ὀκτώ, καὶ ἦν συγκύπτουσα καὶ μὴ δυναμένη ἀνακύψαι εἰς τὸ παντελές. 12. ἰδὼν δὲ αὐτὴν ὁ Ἰησοῦς προσεφώνησεν καὶ εἶπεν αὐτῇ· γύναι, ἀπολέλυσαι τῆς ἀσθενείας σοῦ. 13. καὶ ἐπέθηκεν αὐτῇ τὰς χεῖρας· καὶ παραχρῆμα § ἀνορθώθη, καὶ ἐδόξαζεν τὸν θεόν. 14. ἀποκριθεὶς δὲ ὁ ἀρχισυνάγωγος, ἀγανακτῶν ὅτι § τὸ σάββατον ἐθεράπευσεν ὁ Ἰησοῦς, ἔλεγε τῷ ὄχλῳ· ἓξ ἡμέραι εἰσὶν ἐν αἷς δεῖ ἐργάζεσθαι· ἐν ταύταις οὖν ἐρχό-

---

6. ελεγε SL. | συκῆν S. | ειχε SI.P.
ηλθε SI.. | καρπον ζητων S.
7. ειπε SM. | - αφ' ου S. | εγκοψον L.|
- ουν S. | αυτον M. | καταργει SV.
8. βαλω L.. | κοπριαν S, κοπρια V.
9. ποιηση SLV. | post καρπον legit
εις το μελλον δε εἰ μὴ ποιηση
εκκοψον αυτην L.. | εκκυψεις S.
10. - των ημερων και SLV. | + εν
ante τοις σαββ. SV. | σαββα-
σι S.
11. ετη L.. | συγκυπτουσαν M. | εις
τσ παντελες ανακυψαι L..
12. προσεφωνησε S. | γυναι LP. | ασθενιας P.
13. ανωρθωθη S, ανορθοθη V. | εδοξαζε SLM, εδοξασεν V.
14. αρχησυναγωγος L.. | τω σαββατω SP, το σαββατω V. | ελεγεν V. | διεργαζεσθαι pro δει εργ. P. | + και ante εν ταυταις V. | αυταις L.. | ερχωμε-

μενοι θεραπεύεσθε καὶ μὴ τῇ ἡμέρᾳ τοῦ σαββάτου. 15. ἀπεκρίθη
§ δὲ αὐτῷ ὁ § Ἰησοῦς καὶ εἶπεν· § ὑποκριταί, ἕκαστος ὑμῶν
τῷ σαββάτῳ οὐ λύει τὸν βοῦν αὐτοῦ ἢ τὸν ὄνον ἀπὸ τῆς φάτνης
καὶ ἀπαγαγὼν ποτίζει; 16. ταύτην δὲ § θυγατέραν Ἀβραὰμ
οὖσαν, ἣν ἔδησεν ὁ σατανᾶς ἰδοὺ δέκα καὶ ὀκτὼ ἔτη, οὐκ ἔδει λυ-
θῆναι ἀπὸ τοῦ δεσμοῦ τούτου τῇ ἡμέρᾳ τοῦ σαββάτου; 17. καὶ
ταῦτα λέγοντος αὐτοῦ κατῃσχύνοντο πάντες οἱ ἀντικείμενοι αὐτῷ,
καὶ πᾶς ὁ ὄχλος ἔχαιρεν ἐπὶ πᾶσι τοῖς ἐνδόξοις τοῖς γινομένοις ὑπ᾽
αὐτοῦ.
18. Ἔλεγεν · § οὖν· τίνι ὁμοία ἐστὶν ἡ βασιλεία τοῦ θεοῦ, καὶ
τίνι § ὁμοιώματι ὁμοιώσω αὐτήν; 19. ὁμοία ἐστὶν κόκκῳ σινά-
πεως, ὃν λαβὼν ἄνθρωπος ἔβαλεν εἰς κῆπον ἑαυτοῦ, καὶ ηὔξησεν
καὶ ἐγένετο εἰς δένδρον μέγα, καὶ τὰ πετεινὰ τοῦ οὐρανοῦ § κατε-
σκήνουν ἐν τοῖς κλάδοις αὐτοῦ. 20. Καὶ πάλιν εἶπεν· τίνι ὁμοιώσω
τὴν βασιλείαν τοῦ θεοῦ; 21. ὁμοία ἐστὶ ζύμῃ, ἣν λαβοῦσα γυνὴ
ἐνέκρυψεν εἰς ἀλεύρου σάτα τρία, ἕως οὗ ἐζυμώθη ὅλον.
22. Καὶ διεπορεύετο κατὰ πόλεις καὶ κώμας διδάσκων καὶ
§ πορίαν ποιούμενος εἰς Ἱερουσαλήμ. 23. Εἶπεν δὲ § αὐτῷ τις·

νοι? L. | θεραπευεσθαι P.
15. ουν pro δε S. | – αυτω L. | κς pro ις S. | υποκριτα S. | τον ονον αυτου η τουν (sic) βουν L. | – απο της φατνης L.
16. θυγατερα SP, θυγατεραν V. | ην pro ην LP. | εδυσεν LM.
17. καταισχυνοντο LM. | γενομενοις M.
18. ελεγε S. | δε pro ουν SV. | – ομοιωματι S, ωμιωματι P. | ωμοιωσω P.
19. εστι SL. | συναπεως L₁M. | + του ante κηπον V. | εαυτον pro αυτου prim. L. | ηυξησε SL. | μεγαν M. | κατεσκηνωσεν S.
20. ειπε SL. | ωμειωσω P. | εστιν M.
21. εκρυψεν V. | εζημωθη L.
22. πολις V, at πολεις V'. | κωμας και πολεις L. | πορειαν SL. | εν pro εις L.
23. ειπε bis S, prim. LM. | τις αυτω SLV.

κύριε, εἰ ὀλίγοι οἱ σωζόμενοι; ὁ δὲ εἶπεν· † 24. ἀγωνίζεσθε εἰσελθεῖν διὰ τῆς στενῆς πύλης· ὅτι πολλοί, λέγω ὑμῖν, ζητήσουσιν εἰσελθεῖν, καὶ οὐκ ἰσχύσουσιν. 25. ἀφ' οὗ § ἐὰν § εἰσέλθῃ ὁ οἰκοδεσπότης καὶ ἀποκλείσῃ τὴν θύραν, καὶ ἄρξησθε ἔξω ἑστάναι καὶ κρούειν τὴν θύραν λέγοντες· κύριε κύριε, ἄνοιξον ἡμῖν, καὶ ἀποκριθεὶς ἐρεῖ ὑμῖν· οὐκ οἶδα ὑμᾶς πόθεν ἐστέ. 26. τότε § ἄρξησθε λέγειν· ἐφάγομεν ἐνώπιόν σου καὶ ἐπίομεν, καὶ ἐν ταῖς πλατείαις ἡμῶν ἐδίδαξας. 27. καὶ ἐρεῖ· λέγω ὑμῖν, οὐκ οἶδα ὑμᾶς πόθεν ἐστέ· ἀπόστητε ἀπ' ἐμοῦ πάντες οἱ ἐργάται τῆς ἀδικίας. 28. ἐκεῖ ἔσται ὁ κλαυθμὸς καὶ ὁ βρυγμὸς τῶν ὀδόντων, ὅτ' ἂν § ὄψεσθε Ἀβραὰμ καὶ Ἰσαὰκ καὶ Ἰακὼβ καὶ πάντας τοὺς προφήτας ἐν τῇ βασιλείᾳ τοῦ θεοῦ, ὑμᾶς δὲ ἐκβαλλομένους ἔξω. 29. καὶ ἥξουσιν ἀπὸ ἀνατολῶν καὶ δυσμῶν καὶ ἀπὸ βορρᾶ καὶ νότου, καὶ ἀνακλιθήσονται ἐν τῇ βασιλείᾳ τοῦ θεοῦ. 30. καὶ ἰδοὺ εἰσὶν ἔσχατοι οἳ ἔσονται πρῶτοι, καὶ εἰσιν πρῶτοι οἳ ἔσονται ἔσχατοι.

31. Ἐν αὐτῇ τῇ § ὥρᾳ προσῆλθόν τινες Φαρισαῖοι λέγοντες αὐτῷ· ἔξελθε καὶ πορεύου ἐντεῦθεν, ὅτι Ἡρώδης θέλει σε ἀποκτεῖναι. 32. καὶ εἶπεν αὐτοῖς· πορευθέντες εἴπατε τῇ ἀλώπεκι ταύτῃ· ἰδοὺ ἐκβάλλω δαιμόνια καὶ ἰάσεις ἐπιτελῶ σήμερον καὶ αὔριον, καὶ

---

† εισιν post ολιγοι V.| σωζωμενοι I.P. | + προς αυτους post ειπε SM.
24. αγωνιζεσθαι L.
25. αν pro εαν SL. | εγερθη pro εισελθη SV, ελθη L. | αποκληση M, αποκλισει P. | αρξεσθε I.V. | σταναι L.
26. αρξισθε SV.
27. – υμας M.
28. οψησθε S. | – υμας usq. εξω I.P.
29. ανακληθησονται MV, sed V'=lct. | – απο sec. MV.
30. εισι sec. SL.
31. ημερα pro ωρα S. | θελη MP.
32. – και ειπεν αυτοις V, habet autem V' marg. | απαγγειλατε pro ειπατε V. | αποτελω V. | αυρ :

ΕΥΑΓΓΕΛΙΟΝ

τῇ τρίτῃ τελειοῦμαι. 33. πλὴν δεῖ με σήμερον καὶ αὔριον καὶ τῇ ἐχομένῃ πορεύεσθαι, ὅτι οὐκ ἐνδέχεται προφήτην ἀπολέσθαι ἔξω Ἱερουσαλήμ. 34. Ἱερουσαλὴμ Ἱερουσαλήμ, ἡ § ἀποκτένουσα τοὺς προφήτας καὶ λιθοβολοῦσα τοὺς ἀπεσταλμένους πρὸς αὐτήν, ποσάκις ἠθέλησα ἐπισυνάξαι τὰ τέκνα σου ὃν τρόπον § ὄρνεις τὴν ἑαυτῆς νοσσιὰν ὑπὸ τὰς πτέρυγας, καὶ οὐκ ἠθελήσατε. 35. ἰδοὺ ἀφίεται ὑμῖν ὁ οἶκος ὑμῶν ἔρημος. † λέγω § δὲ ὑμῖν ὅτι οὐ μὴ § ἴδητέ με ἕως ἂν ἥξῃ ὅτε εἴπητε· εὐλογημένος ὁ ἐρχόμενος ἐν ὀνόματι κυρίου.

XIV.

1. Καὶ ἐγένετο † § εἰσελθεῖν αὐτὸν εἰς οἶκόν τινος τῶν ἀρχόντων τῶν Φαρισαίων σαββάτῳ φαγεῖν ἄρτον, καὶ αὐτοὶ ἦσαν παρατηρούμενοι αὐτόν. 2. καὶ ἰδοὺ ἄνθρωπός τις ἦν ὑδρωπικὸς ἔμπροσθεν αὐτοῦ. 3. καὶ ἀποκριθεὶς ὁ Ἰησοῦς εἶπεν πρὸς τοὺς νομικοὺς καὶ Φαρισαίους λέγων· εἰ ἔξεστι τῷ σαββάτῳ θεραπεύειν § ἢ οὔ; οἱ δὲ ἡσύχασαν. 4. καὶ ἐπιλαβόμενος § αὐτοῦ ἰάσατο αὐτὸν καὶ ἀπέλυσεν. 5. καὶ ἀποκριθεὶς πρὸς αὐτοὺς εἶπεν· τίνος

M (et v. 33). | - και τη τριτη usq. αυριον v. 33. L. | + ημερα post τριτη M.
33. δε pro δεῖ P. | - με P. | ερχομενη L. | πορευενθε M.
34. - ιλημ alter. M. | - ἡ L. | αποκτεινουσα SL.| ἠθέλισα P (ἠθελησα M, at supra ηθ.). | ορνις s, ορνης P.
35. αφιετε P. | - ερημος LV. | αμην δε λεγω pro λεγω δε S. | εἰδητε L, ιδετε MP, με ante ιδιτε pon.

SMV. | ειξην, at v' = t.rt. | - ηξη οτε LP. | + μοι post ειπητε L..
XIV. 1. - και init. L. εγενετω P. | + εν τω post εγενετο SMV. | ελθειν SV. | - αυτον L.
2. - τις V, at + τις V2. | υδροπικος LM (punct. super ι L.)
3. ειπε SLV. | θεραπευσαι V. | - ἡ ου S. | ἡ pro οι M, ἡ P. | ισυχασαν P.
4. - αυτου S. | - αυτον L. | απελυσες S.
5. - αποκριθεις LV. | ειπε S. | υρος

ὑμῶν ὄνος ἢ βοῦς εἰς φρέαρ § πεσεῖται, † οὐκ εὐθέως ἀνασπάσει αὐτὸν † τῇ ἡμέρᾳ τοῦ σαββάτου ; 6. καὶ οὐκ ἴσχυσαν ἀνταποκριθῆναι αὐτῷ πρὸς ταῦτα.

7. Ἔλεγε δὲ πρὸς τοὺς κεκλημένους παραβολήν, ἐπέχων πῶς τὰς § πρωτοκλησίας ἐξελέγοντο, λέγων πρὸς αὐτούς· 8. ὅτ᾽ ἂν κληθῇς ὑπό τινος εἰς γάμους, μὴ § κατακληθῇς εἰς τὴν § πρωτοκλησίαν, μήποτε ἐντιμότερός σου ᾖ κεκλημένος ὑπ᾽ αὐτοῦ, 9. καὶ ἐλθὼν ὁ σὲ καὶ αὐτὸν καλέσας ἐρεῖ σοι· δὸς τούτῳ τόπον· καὶ τότε ἄρξῃ § μετὰ αἰσχύνης τὸν ἔσχατον τόπον κατέχειν. 10. ἀλλ᾽ ὅτ᾽ ἂν κληθῇς, πορευθεὶς § ἀνάπεσε εἰς τὸν ἔσχατον τόπον, ἵνα ὅτ᾽ ἂν ἔλθῃ ὁ κεκληκώς σε εἴπῃ σοι, φίλε, προσανάβηθι ἀνώτερον· τότε ἔσται σοι δόξα ἐνώπιον § πάντων τῶν συνανακειμένων σοί. 11. ὅτι πᾶς ὁ ὑψῶν ἑαυτὸν ταπεινωθήσεται, καὶ ὁ ταπεινῶν ἑαυτὸν ὑψωθήσεται.

12. Ἔλεγεν δὲ καὶ τῷ κεκληκότι αὐτόν· ὅτ᾽ ἂν ποιῇς ἄριστον ἢ δεῖπνον, μὴ φώνει τοὺς φίλους σου μὴ δὲ τοὺς ἀδελφούς σου μὴ δὲ τοὺς συγγενεῖς σου μὴ δὲ § τοὺς γείτωνάς § σου τοὺς πλουσίους, μήποτε καὶ αὐτοὶ § ἀντικαλέσουσιν σε, καὶ γένηταί σοι

L.. | εμπεσειται S. | + και ante ουκ ευθ. SV. | + εν ante τη ημερα S.
6. - αυτω V.
7. ελεγεν V. | πρωτοκλισιας SV, προτοκλησιας P. | εξελεγχοντο L..
8. κληθης SLV. | πρωτοκλισιαν SV. | εντιμωτερος L.. | ει pro η L..
9. ωσσε pro ο σε L.. | μετ᾽ SV.
10. κληθεις MP. | πορευθυς LP, πορευθης M. | αναπεσον S, αναπεσαι M. | - σε L.. | ειποι L., ειπει P. | - παντων S.
11. ο δε pro και ο L.. | ταπεινον P.
12. ελεγε SLM. | ποιεις M. | μηδε ter SP. | - μηδε τους αδελφους σου L. | - τους ante γειτονας S. | γειτονας SLV. (cf. XV. vv. 6, 9). | - σου τους post γειτ. S.| σε αντικαλεσωσι (... σιν V) SV, αντικαλεσουσι σε L..

ἀνταπόδομα. 13. ἀλλ' ὅτ' ἂν ποιῇς δοχήν, κάλει πτωχούς, §ἀναπείρους, χωλούς, τυφλούς, 14. καὶ μακάριος ἔσῃ, ὅτι οὐκ ἔχουσιν ἀνταποδοῦναί σοι· ἀνταποδοθήσεται §δὲ σοι ἐν τῇ ἀναστάσει τῶν δικαίων.

15. Ἀκούσας δέ τις τῶν συνανακειμένων ταῦτα εἶπεν αὐτῷ· μακάριος §ὅστις §φάγηται §ἄριστον ἐν τῇ βασιλείᾳ τοῦ θεοῦ. 16. ὁ δὲ εἶπεν αὐτῷ· ἄνθρωπός τις ἐποίησε δεῖπνον §μέγαν, καὶ ἐκάλεσε πολλούς, 17. καὶ ἀπέστειλε τὸν δοῦλον αὐτοῦ τῇ ὥρᾳ τοῦ δείπνου εἰπεῖν τοῖς κεκλημένοις· ἔρχεσθε, ὅτι ἤδη ἕτοιμά ἐστιν πάντα. 18. καὶ ἤρξαντο ἀπὸ μιᾶς παραιτεῖσθαι πάντες. ὁ πρῶτος εἶπεν αὐτῷ· ἀγρὸν ἠγόρασα καὶ ἔχω ἀνάγκην ἐξελθεῖν καὶ ἰδεῖν αὐτόν· ἐρωτῶ σε, ἔχε με παρῃτημένον. 19. καὶ ἕτερος εἶπεν· ζεύγη βοῶν ἠγόρασα πέντε καὶ πορεύομαι δοκιμάσαι αὐτά· ἐρωτῶ σε, ἔχε με παρῃτημένον. 20. καὶ ἕτερος εἶπεν· γυναῖκα ἔγημα καὶ διὰ τοῦτο οὐ δύναμαι ἐλθεῖν. 21. καὶ §παραγενόμενος ὁ δοῦλος ἐκεῖνος ἀπήγγειλε τῷ κυρίῳ αὐτοῦ ταῦτα. τότε ὀργισθεὶς ὁ οἰκοδεσπότης εἶπεν τῷ δούλῳ αὐτοῦ· ἔξελθε ταχέως εἰς τὰς πλατείας καὶ ῥύμας τῆς πόλεως, καὶ τοὺς πτωχοὺς καὶ §ἀναπείρους

---

13. ποιεις L. | αναπηρους SLV. | χωλους L..
14. και pro οτι L). | ανταποσοθησετε V. | γαρ pro δε s.
15. μακαριον L. | ως pro οστις s. | φαγεται s, φαγητε L, φαγετε V. | αρτον s. | των ουρανων pro του θεου L..
16. εποιησεν V. | μεγα SP. | εκαλεσεν V.
17. απεστειλεν V. | οτι ερχεσθε pro ερχεσθε οτι MP. | ερχεσθε οτι ηδη bis script. (ip. sec.) L. | εστι SV.
18. εχω pro εχε L.
19. ειπε S. | – με L.. | παρῃτημενων P.
20. ειπε S. | διατουτο L.
21. παραγενομενος S. | – εκεινος L. | απηγγειλεν V. | εαυτου LV.| παντα pro ταυτα M. | ειπε SL. | ρῆμας P. | αιαπηρους SL.. | – τους sec. SV. | – και χωλους LP. post αναπηρους pon. SV.

καὶ § τοὺς τυφλοὺς καὶ χωλοὺς εἰσάγαγε ὧδε. 22. καὶ εἶπεν ὁ δοῦλος· κύριε, γέγονεν ὡς § προσέταξας, καὶ ἔτι τόπος ἐστίν. 23. καὶ εἶπεν ὁ κύριος πρὸς τὸν δοῦλον· ἔξελθε εἰς τὰς ὁδοὺς καὶ φραγμοὺς καὶ ἀνάγκασον εἰσελθεῖν, ἵνα γεμισθῇ ὁ οἶκός μου· 24. λέγω γὰρ ὑμῖν ὅτι οὐδεὶς τῶν ἀνδρῶν ἐκείνων τῶν κεκλημένων γεύσεταί μου τοῦ δείπνου· § πολλοὶ γάρ εἰσι κλητοί, ὀλίγοι δὲ ἐκλεκτοί. 25. Συνεπορεύοντο δὲ αὐτῷ ὄχλοι πολλοί, καὶ στραφεὶς εἶπεν πρὸς αὐτούς· 26. εἴτις ἔρχεται πρός με καὶ οὐ μισεῖ τὸν πατέρα § αὐτοῦ καὶ τὴν μητέρα, καὶ τὴν γυναῖκα καὶ τὰ τέκνα καὶ τοὺς ἀδελφοὺς καὶ τὰς ἀδελφάς, ἔτι δὲ καὶ τὴν ἑαυτοῦ ψυχήν, οὐ δύναταί μου § εἶναι μαθητής. 27. καὶ ὅστις οὐ βαστάζει τὸν σταυρὸν αὐτοῦ, καὶ ἔρχεται ὀπίσω μου, οὐ δύναταί μου εἶναι μαθητής. 28. Τίς γὰρ ἐξ ὑμῶν § ὁ θέλων πύργον οἰκοδομῆσαι οὐχὶ πρῶτον καθίσας ψηφίζει τὴν δαπάνην, εἰ ἔχει τὰ § εἰς ἀπαρτισμόν; 29. ἵνα μήποτε θέντος αὐτοῦ θεμέλιον καὶ μὴ ἰσχύοντος ἐκτελέσαι πάντες οἱ θεωροῦντες ἄρξωνται ἐμπαίζειν αὐτῷ, λέγοντες 30. ὅτι οὗτος ὁ ἄνθρωπος ἤρξατο οἰκοδομεῖν, καὶ οὐκ ἴσχυσεν ἐκτελέσαι. 31. Ἢ τίς βασιλεὺς πορευόμενος συμβαλεῖν ἑτέρῳ βασιλεῖ εἰς πόλεμον οὐχὶ καθίσας πρῶτον βουλεύεται εἰ δυνατός ἐστιν ἐν δέκα χιλιάσιν § ὑπαντῆσαι τῷ μετὰ εἴκοσι χιλιάδων ἐρχομένῳ

---

22. επεταξας s. | τοπως M. | εστι s.
24. - πολλοι usq. εκλεκτοι s. | εισιν v. | γευσετε P. | ολυγοι M.
25. ειπε sl.. | προς αυτους ειπεν P.
26. εαυτου s. | την ψυχην αυτου l.. | μαθητης ειναι s.
27. Deest in l.. | - μου scr. P.
28. - ὁ sl. | ψιφιζει P. | προς s.

29. μηπω τιθεντος l.. | θεμελιου l.P. | ισχυσαντος v. | αρξονται l.M. | αυτον pro αυτω l..
30. οικοδομην MP.
31. ει pro η l.. | καθησας l.. | ενδεκα l.. | απαντησαι sv, υπαντισαι P (l₂ = lat.) | εικωσι MP. | χιλιάδων sv.

ΕΥΑΓΓΕΛΙΟΝ

ἐπ' αὐτόν; 32. εἰ δὲ μήγε, ἔτι αὐτοῦ πόρρω ὄντος πρεσβείαν ἀποστείλας ἐρωτᾷ τὰ πρὸς εἰρήνην. 33. οὕτως οὖν πᾶς ἐξ ὑμῶν ὃς οὐκ ἀποτάσσεται πᾶσιν τοῖς ἑαυτοῦ ὑπάρχουσιν οὐ δύναταί μου εἶναι μαθητής. 34. Καλὸν § οὖν τὸ ἅλας· ἐὰν δὲ τὸ ἅλας μωρανθῇ, ἐν τίνι ἀρτυθήσεται; 35. οὔτε εἰς γῆν οὔτε εἰς κοπρίαν εὔθετόν ἐστιν· ἔξω βάλλουσιν αὐτό. ὁ ἔχων ὦτα ἀκούειν ἀκουέτω.

XV.

1. Ἦσαν δὲ § αὐτῷ ἐγγίζοντες πάντες οἱ τελῶναι καὶ οἱ ἁμαρτωλοὶ ἀκούειν αὐτοῦ. 2. καὶ διεγόγγυζον οἱ § γραμματεῖς καὶ οἱ Φαρισαῖοι λέγοντες ὅτι οὗτος ἁμαρτωλοὺς προσδέχεται καὶ συνεσθίει αὐτοῖς. 3. εἶπε δὲ πρὸς αὐτοὺς τὴν παραβολὴν ταύτην λέγων· 4. τίς ἄνθρωπος ἐξ ὑμῶν ἔχων ἑκατὸν πρόβατα καὶ ἀπολέσας § ἐξ αὐτῶν ἓν § οὐχὶ καταλείπει τὰ § ἐνενήκοντα ἐννέα ἐν τῇ ἐρήμῳ καὶ πορεύεται ἐπὶ τὸ ἀπολωλός, ἕως § οὗ εὕρῃ αὐτό; 5. καὶ εὑρὼν ἐπιτίθησιν ἐπὶ τοὺς ὤμους ἑαυτοῦ χαίρων, 6. καὶ ἐλθὼν εἰς τὸν οἶκον § συγκαλεῖται τοὺς φίλους καὶ τοὺς § γείτωνας, λέγων αὐτοῖς·

---

31. *fin.* επ' αυτω L., μετ' αυτω M.
32. πορρω αυτου V. | οντως M.
33. ούτος L. | πασι SL.
34. – ουν S. | μαρανθη L. | αρθηθησεσθε L₁, αρτιθησεσθε L₂, αρτυθησεσθαι P.
35. + την *ante* γην L. | βαλλοῦσιν αυτω L, βαλλωσιν αυτω M.

XV. 1. + τινες *post* δε V. | – αυτω V. | εγγιζοντες αυτω S. | + αυτω *post* τελωναι V.
2. οι φαρ. και οι γραμ S. | ούτως *pro* ουτος P. | αματωλους L. | συνεσθιοι V.
3. ειπεν V. | – λεγων LP.
4. εν εξ αυτων SV. | ου S. | καταλίπει MP. | εννενηκονταεννεα S, ενενηκονενεννεα L, ενενικοντα εννεα P. | + προβατα *post* ενενηκ. L. | απολολως L.. | – ου S. | εύρει αυτῶ L.
5. επιτηθησιν MP.| ομους P.| αυτου L..
6. συγκαλει S. | γειτονας SLV. (*cf.*

§ συγχάρηταί μοι, ὅτι εὗρον τὸ πρόβατόν μου τὸ ἀπολωλός. 7. λέγω ὑμῖν ὅτι οὕτως χαρὰ ἔσται ἐν τῷ οὐρανῷ ἐπὶ ἑνὶ ἁμαρτωλῷ μετανοοῦντι ἢ ἐπὶ § ἐνενήκοντα ἐννέα § δικαίους οἵτινες οὐ χρείαν ἔχουσι μετανοίας. 8. Ἡ τίς γυνὴ § δραγμὰς ἔχουσα δέκα, ἐὰν ἀπολέσῃ § δραγμὴν μίαν, οὐχὶ ἅπτει λύχνον καὶ σαροῖ τὴν οἰκίαν καὶ ζητεῖ ἐπιμελῶς ἕως § οὗ εὕρῃ; 9. καὶ εὑροῦσα συγκαλεῖται τὰς φίλας καὶ τὰς γείτονας λέγουσα· συγχάρητέ μοι, ὅτι εὗρον τὴν § δραγμὴν ἣν ἀπώλεσα. 10. οὕτως, λέγω ὑμῖν, χαρὰ § ἔσται ἐν οὐρανῷ ἐνώπιον τῶν ἀγγέλων τοῦ θεοῦ ἐπὶ ἑνὶ ἁμαρτωλῷ μετανοοῦντι.

11. Εἶπεν δέ· ἄνθρωπός τις εἶχε δύο υἱούς. 12. καὶ εἶπεν ὁ νεώτερος αὐτῶν τῷ πατρί· πάτερ, δός μοι τὸ ἐπιβάλλον § μοι μέρος τῆς οὐσίας· καὶ διεῖλεν αὐτοῖς τὸν βίον. 13. καὶ μετ' οὐ πολλὰς ἡμέρας συναγαγὼν ἅπαντα ὁ νεώτερος υἱὸς ἀπεδήμησεν εἰς χώραν μακράν, § κἀκεῖ διεσκόρπισεν τὴν οὐσίαν αὐτοῦ ζῶν ἀσώτως. 14. δαπανήσαντος δὲ αὐτοῦ πάντα ἐγένετο λιμὸς ἰσχυρὸς κατὰ τὴν χώραν ἐκείνην, καὶ αὐτὸς ἤρξατο ὑστερεῖσθαι. 15. καὶ πορευθεὶς ἐκολλήθη ἑνὶ τῶν πολιτῶν τῆς χώρας ἐκείνης, καὶ ἔπεμψεν αὐτὸν εἰς τοὺς ἀγροὺς αὐτοῦ βόσκειν χοίρους· 16. καὶ ἐπεθύμει § χορτασ-

---

r. 9 et xiv. 12) | συγχαρητε SPL₃ (L₁ = txt.) | πρυσωπον βατων L₁.
7. ουτω SV, ούτος L, ούτως P. | – τω V. | εννενηκονταεννεα SL. | δικαιοις SLV. | εχυυσιν V.
8. δραχμας S, et δραχμην SV, ὁραγχμας et ὁραγχμην L. | ουχ L. | σαρει L, σαροὶ M. | οτου S, ουτω V, pro ου, – ου L.
9. γιτονας P. | δραχμην SV.

απολεσα L.
10. ουτω S, ούτος L. | γινεται SV. | – εν ουρανω S.
11. ειπε S, – ειπεν δε L. | ειχεν V.
12. ἕως M. | – μοι sec. SL.
13. και εκει SV. | διεσκορπισε S, διεσκορπησε M.
14. λημος L₁. | + του ante υστερ. V. | υστερησθαι L.
15. εκολλυθη L.
16. επεθυμη MP. | γεμισαι την κοιλιαν

2 K

θῆναι ἐκ τῶν κερατίων ὧν ἤσθιον οἱ χοῖροι, καὶ οὐδεὶς ἐδίδου αὐτῷ. 17. εἰς ἑαυτὸν δὲ ἐλθὼν § ἔφη· πόσοι μίσθιοι τοῦ πατρός μου περισσεύουσιν ἄρτων· ἐγὼ δὲ § ὧδε λιμῷ ἀπόλλυμαι. 18. ἀναστὰς πορεύσομαι πρὸς τὸν πατέρα μου καὶ ἐρῶ αὐτῷ· πάτερ, ἥμαρτον εἰς τὸν οὐρανὸν καὶ ἐνώπιόν σου, 19. καὶ οὐκέτι εἰμὶ ἄξιος κληθῆναι υἱός σου· ποίησόν με ὡς ἕνα τῶν μισθίων σου. 20. καὶ ἀναστὰς ἦλθεν πρὸς τὸν πατέρα § αὐτοῦ. ἔτι δὲ αὐτοῦ μακρὰν ἀπέχοντος, §ἴδεν αὐτὸν ὁ πατὴρ αὐτοῦ, καὶ § ἐυσπλαγχνίσθη, καὶ δραμὼν ἐπέσεν ἐπὶ τὸν τράχηλον αὐτοῦ καὶ κατεφίλησεν αὐτόν. 21. εἶπεν δὲ αὐτῷ ὁ υἱός· πάτερ, ἥμαρτον εἰς τὸν οὐρανὸν καὶ ἐνώπιόν σου, καὶ οὐκέτι εἰμὶ ἄξιος κληθῆναι υἱός σου. 22. εἶπεν δὲ ὁ πατὴρ πρὸς τοὺς δούλους αὐτοῦ· §ταχέως ἐξενέγκατε τὴν στολὴν τὴν πρώτην καὶ ἐνδύσατε αὐτόν, καὶ δότε δακτύλιον εἰς τὴν χεῖρα αὐτοῦ καὶ ὑποδήματα εἰς τοὺς πόδας § αὐτοῦ. 23. καὶ ἐνέγκαντες τὸν μόσχον τὸν σιτευτὸν θύσατε, καὶ φαγόντες εὐφρανθῶμεν, 24. ὅτι § ὁ υἱός μου οὗτος νεκρὸς ἦν καὶ ἀνέζησεν, †§ ἀπολωλὸς ἦν καὶ εὑρέθη. 25. καὶ ἤρξαντο εὐφραίνεσθαι. ἦν δὲ ὁ υἱὸς αὐτοῦ ὁ πρεσβύτερος ἐν ἀγρῷ· καὶ ὡς ἐρχόμενος § ἤγγιζε τῇ οἰκίᾳ, ἤκουσε συμφωνίας καὶ χορῶν, 26. καὶ προσκαλεσάμενος ἕνα τῶν παίδων † ἐπυνθάνετο

αυτου *pro* χορτασθηναι S. | απο *pro* εκ SL. | εισθιον L. | + τις *post* ουδεις L..
17. εις εαυτων διελθων M. | ειπε S. | πως οι *pro* ποσοι L. | - ωδε SL. | λιμμω L_q. | απολλημαι L., απολλυμε M.
18. ερωτω *pro* ερω L.
19. πιησον M.
20. ηλθε SL. | εαυτου S. | ειδεν SLV. | εσπλαγχισθη SLV. | επισεν L.

21. ειπε SLV. | ει μη *pro* ειμι L..
22. ειπε SLM. | - τους *ante* δουλους P. | - ταχεως SLV. | *fin.* - αυτου S.
24. ουτος ο υιος μου SV. | σου *pro* μου M. | ανεζησε S. | + και *post* ανεζησε S. | απολωλως S. | - ην *sec.* L. | ηυρεθη V.
25. ηγγισε (... εν V) SLV. | χωρων M.
26. + αυτου *post* παιδων SLV.

ΚΑΤΑ ΛΟΥΚΑΝ.

τί § ἂν εἴη ταῦτα. 27. ὁ δὲ εἶπεν αὐτῷ ὅτι ὁ ἀδελφός σου ἥκει, καὶ ἔθυσεν ὁ πατήρ σου τὸν μόσχον τὸν σιτευτόν, ὅτι ὑγιαίνοντα αὐτὸν ἀπέλαβεν. 28. ὠργίσθη δὲ καὶ οὐκ ἤθελεν εἰσελθεῖν· ὁ οὖν § ὁ πατὴρ αὐτοῦ ἐξελθὼν παρεκάλει αὐτόν. 29. ὁ δὲ ἀποκριθεὶς εἶπεν τῷ πατρί § αὐτοῦ· ἰδοὺ τοσαῦτα ἔτη δουλεύω σοι καὶ οὐδέποτε ἐντολήν σου παρῆλθον, καὶ ἐμοὶ οὐδέποτε ἔδωκας ἔριφον ἵνα μετὰ τῶν φίλων μου εὐφρανθῶ· 30. § ὅτι δὲ ὁ υἱός σου οὗτος ὁ καταφαγών σου τὸν βίον μετὰ πορνῶν ἦλθεν, § καὶ ἔθυσας αὐτῷ τὸν μόσχον τὸν σιτευτόν. 31. ὁ δὲ § πατὴρ εἶπεν αὐτῷ· τέκνον, σὺ πάντοτε μετ᾽ ἐμοῦ εἶ, καὶ πάντα τὰ ἐμὰ σά ἐστιν. 32. εὐφρανθῆναι δὲ καὶ χαρῆναι ἔδει, ὅτι ὁ ἀδελφός σου οὗτος νεκρὸς ἦν καὶ ἀνέζησεν, † § ἀπολωλὸς ἦν καὶ § ηὑρέθη.

XVI.

1. Ἔλεγε δὲ καὶ πρὸς τοὺς μαθητὰς αὐτοῦ· ἄνθρωπός τις ἦν πλούσιος ὃς εἶχεν οἰκονόμον, καὶ οὗτος διεβλήθη αὐτῷ ὡς διασκορπίζων τὰ ὑπάρχοντα αὐτοῦ. 2. καὶ φωνήσας αὐτὸν εἶπεν αὐτῷ· τί τοῦτο ἀκούω περὶ σοῦ; ἀπόδος τὸν λόγον τῆς οἰκονομίας σου· οὐ γὰρ § δύνῃ ἔτι οἰκονομεῖν. 3. εἶπεν δὲ ἐν ἑαυτῷ ὁ οἰκονόμος· τί ποιήσω, ὅτι ὁ κύριός μου ἀφαιρεῖται τὴν οἰκονομίαν ἀπ᾽ ἐμοῦ;

---

26. τινα *pro* τι V. | - αν SV.
28. ωργισθη L, οργισθη M. | ελθειν V, *sed* v' *marg.* = *txt.* | - ὁ *sec.* SLV.
29. ειπε SLV. | - αυτου S. | ημοι L₁.
30. οτε *pro* οτι SL. | - και SLV. | θυσας *sine acc.* M.
31. - πατηρ S. | τεκνον P.
32. ὅτι *pro* δε L. | ανεζησε S. | + και *post* ανεζησε S. | απολωλως S. |

- ην *sec.* LV. | ευρεθη SL.

XVI. 1. ελεγεν V. | - και *prim.* L. | - αυτου L. | οὕτως M. | διεβλήθει L.
2. φωνησας M. | - αυτον L. | τουτω M. | δυνηση SV, ευπει L.
3. ειπε SL. | ὁ κυριος μου *post* αφαιρον V. | αφερειται MP.

ΕΥΑΓΓΕΛΙΟΝ

σκάπτειν οὐκ ἰσχύω, ἐπαιτεῖν αἰσχύνομαι. 4. ἔγνων τί ποιήσω, ἵνα ὅτ' ἂν § ἀποκατασταθῶ § ἐκ τῆς οἰκονομίας δέξωνταί με εἰς τοὺς οἴκους αὐτῶν. 5. καὶ προσκαλεσάμενος ἕνα ἕκαστον τῶν § χρεοφιλετῶν τοῦ κυρίου § αὐτοῦ ἔλεγεν τῷ πρώτῳ· πόσον § ὀφείλης τῷ κυρίῳ μου; 6. ὁ δὲ εἶπεν· ἑκατὸν βάτους ἐλαίου. § δὲ εἶπεν αὐτῷ· δέξαι σου τὸ γράμμα καὶ καθίσας ταχέως γράψον πεντήκοντα. 7. ἔπειτα ἑτέρῳ εἶπεν· σὺ δὲ πόσον ὀφείλεις; ὁ δὲ εἶπεν· ἑκατὸν κόρους σίτου. † λέγει § δὲ αὐτῷ· δέξαι σου τὸ γράμμα καὶ γράψον ὀγδοήκοντα. 8. καὶ ἐπῄνεσεν ὁ κύριος τὸν οἰκονόμον τῆς ἀδικίας, ὅτι φρονίμως ἐποίησεν· ὅτι οἱ υἱοὶ τοῦ αἰῶνος τούτου φρονιμώτεροι ὑπὲρ τοὺς υἱοὺς τοῦ φωτὸς εἰς τὴν γενεὰν τὴν ἑαυτῶν εἰσίν. 9. κἀγὼ ὑμῖν λέγω, ποιήσατε ἑαυτοῖς φίλους ἐκ τοῦ μαμωνᾶ τῆς ἀδικίας, ἵνα ὅτ' ἂν § ἐκλείπητε δέξωνται ὑμᾶς εἰς τὰς αἰωνίους σκηνάς. 10. ὁ πιστὸς ἐν ἐλαχίστῳ καὶ ἐν πολλῷ πιστός ἐστιν, καὶ ὁ ἐν ἐλαχίστῳ ἄδικος καὶ ἐν πολλῷ ἄδικός ἐστιν. 11. εἰ οὖν ἐν τῷ ἀδίκῳ μαμωνᾷ πιστοὶ οὐκ ἐγένεσθε, τὸ ἀληθινὸν τίς ὑμῖν πιστεύσει; 12. καὶ εἰ ἐν τῷ ἀλλοτρίῳ πιστοὶ οὐκ ἐγένεσθε, τὸ ὑμέτερον τίς

---

4. μετασταθω SV, αποσταθω L. | – εκ S. | δεξυνται I.M.
5. χρεωφειλετων SL, χρεοφιλίτων (sic Ϙ) MV, χρεοφιλετῶν (sic) P. | εαυτου S. | ελεγε SL. | οφειλεις SV.
6. κατους V, at βατους v' marg. | ελαιω L. | και pro ὁ δε sec. SV.
7. επιτα M. | ειπε S. | οφιλεις M. | συτων pro σιτου L. | + και post σιτου SV. | – δε post λεγει SLV. | – σου post δεξαι P. | + καθισας ante γραψον V.

8. επενεσεν M, επινεσεν P. | τον οικονομων M, των οικυνομων P. | φρονημως M. | εισι S.
9. init. και εγω V. |μαμωνᾶ L. (sic v. 11, non v. 13.) | εκλιπητε S, εκλειπη L. (sic) | δεξυνται I.M. | fin. κηνας L.
10. εστι prim. S.
11. μαμωνᾶ L. | εγινεσθε L., εγενεσθαι P. | ημιν pro υμιν P. | πιστευση L.
12. οἱ pro εἰ P. | εγινεσθε L., εγενεσθαι M.

ὑμῖν δώσει; 13. οὐδεὶς οἰκέτης δύναται δυσὶ κυρίοις δουλεύειν· § εἰ γὰρ τὸν ἕνα μισήσει καὶ τὸν ἕτερον ἀγαπήσει, ἢ ἑνὸς ἀνθέξεται καὶ τοῦ ἑτέρου καταφρονήσει. οὐ δύνασθε θεῷ δουλεύειν καὶ μαμωνᾷ. 14. Ἤκουον δὲ ταῦτα πάντα καὶ οἱ Φαρισαῖοι φιλάργυροι § ὄντες, καὶ ἐξεμυκτήριζον αὐτόν. 15. καὶ εἶπεν αὐτοῖς· ὑμεῖς ἐστε οἱ δικαιοῦντες ἑαυτοὺς ἐνώπιον τῶν ἀνθρώπων, ὁ δὲ θεὸς γινώσκει τὰς καρδίας ὑμῶν· ὅτι τὸ ἐν ἀνθρώποις ὑψηλὸν βδέλυγμα ἐνώπιον τοῦ θεοῦ ἐστιν. 16. ὁ νόμος καὶ οἱ προφῆται § μέχρι Ἰωάννου· ἀπὸ τότε ἡ βασιλεία τοῦ θεοῦ εὐαγγελίζεται, καὶ πᾶς εἰς αὐτὴν βιάζεται. 17. εὐκοπώτερον† ἐστιν τὸν οὐρανὸν καὶ τὴν γῆν παρελθεῖν ἢ τοῦ νόμου μίαν § κερεὰν πεσεῖν. 18. πᾶς ὁ ἀπολύων τὴν γυναῖκα αὐτοῦ καὶ γαμῶν ἑτέραν μοιχεύει, καὶ πᾶς ὁ ἀπολελυμένην ἀπὸ ἀνδρὸς γαμῶν μοιχεύει. 19. Ἄνθρωπος δέ τις ἦν πλούσιος, καὶ ἐνεδιδύσκετο πορφύραν καὶ βύσσον εὐφραινόμενος καθ᾽ ἡμέραν λαμπρῶς. 20. πτωχὸς δέ τις ἦν ὀνόματι Λάζαρος ὃς ἐβέβλητο πρὸς τὸν πυλῶνα αὐτοῦ § εἱλκόμενος 21. καὶ ἐπιθυμῶν χορτασθῆναι ἀπὸ τῶν § ψυχίων τῶν πιπτόντων ἀπὸ τῆς τραπέζης τοῦ πλουσίου, § καὶ οὐδεὶς ἐδίδου αὐτῷ· ἀλλὰ καὶ οἱ κύνες ἐρχόμενοι § ἀπέλυχον τὰ ἕλκη αὐτοῦ. 22. ἐγένετο δὲ ἀποθανεῖν τὸν πτωχόν

---

12. υμων *pro* υμιν L. | δωσε M.
13. οικετις MP. | δυνατε P. | η *pro* ει SLV.
14. υπαρχοντες S. | εξεμηκτηριζον M.
15. ὃ *pro* οτι P. | ημων *pro* υμων M.
16. εως *pro* μεχρι S. | + τις *post* πας LP. | - εις P. | βιαζετε P.
17. ευκοποτερον M. | + δε SV. | εστι S, εστιν V. | κεραιαν SV.
18. απωλυων M. | - πας *scr.* L.
19. ενεδεδυσκετο L, ενεδιδισκιτο L₂.

ενεδεδυσκιτο P. | βισσον M. | καθημεραν P.
20. ἠν M. | εβεβλητο P. | ηλκωμενος S, εικομενος L, ελκοπενος M, ειλκομενος P. εἱλκομενος V.
21. ψιχιων SL. | πιπτωντων M. | - και ουδεις εδιδου αυτω S. | απελειχουσν. | απελιχον L. | ελκη M, ἑλκη P.
22. - δε LP.

καὶ ἀπενεχθῆναι αὐτὸν ὑπὸ τῶν ἀγγέλων εἰς τὸν κόλπον τοῦ Ἀβραάμ· ἀπέθανε δὲ καὶ ὁ πλούσιος καὶ ἐτάφη. 23. καὶ ἐν τῷ ᾅδῃ ἐπάρας τοὺς ὀφθαλμοὺς αὐτοῦ, ὑπάρχων ἐν βασάνοις, ὁρᾷ τὸν Ἀβραὰμ ἀπὸ μακρόθεν καὶ Λάζαρον ἐν τοῖς κόλποις αὐτοῦ. 24. καὶ αὐτὸς φωνήσας εἶπεν· πάτερ Ἀβραάμ, ἐλέησόν με καὶ πέμψον Λάζαρον ἵνα βάψῃ τὸ ἄκρον τοῦ δακτύλου αὐτοῦ ὕδατος καὶ καταψύξῃ τὴν γλῶσσάν μου, ὅτι ὀδυνῶμαι ἐν τῇ φλογὶ ταύτῃ. 25. εἶπεν δὲ Ἀβραάμ· τέκνον, μνήσθητι ὅτι ἀπέλαβες † τὰ ἀγαθά σου ἐν τῇ ζωῇ σου, καὶ Λάζαρος ὁμοίως τὰ κακά· νῦν δὲ § ὧδε παρακαλεῖται, σὺ δὲ ὀδυνᾶσαι. 26. καὶ ἐπὶ πᾶσι τούτοις μεταξὺ ἡμῶν καὶ ὑμῶν χάσμα μέγα ἐστήρικται, ὅπως οἱ θέλοντες διαβῆναι § ἔνθεν πρὸς ὑμᾶς μὴ δύνωνται, μὴ δὲ οἱ ἐκεῖθεν πρὸς ἡμᾶς διαπερῶσιν. 27. εἶπεν δέ· ἐρωτῶ § σε οὖν, πάτερ, ἵνα πέμψῃς αὐτὸν εἰς τὸν οἶκον τοῦ πατρός μου· 28. ἔχω γὰρ πέντε ἀδελφούς· ὅπως διαμαρτύρηται αὐτοῖς, ἵνα μὴ καὶ αὐτοὶ ἔλθωσιν εἰς τὸν τόπον τοῦτον τῆς βασάνου. 29. λέγει § δὲ αὐτῷ Ἀβραάμ· ἔχουσι Μωσέα καὶ τοὺς προφήτας· ἀκουσάτωσαν αὐτῶν. 30. ὁ δὲ εἶπεν· οὐχί, πάτερ Ἀβραάμ, ἀλλὰ ἐάν τις ἀπὸ νεκρῶν πορευθῇ πρὸς αὐτούς, μετανοήσουσιν. 31. εἶπεν δὲ αὐτῷ· εἰ Μωσέως καὶ τῶν προφητῶν οὐκ ἀκούουσιν, οὐδὲ ἐάν τις § ἀπὸ τῶν νεκρῶν ἀναστῇ § πισθήσονται.

---

22. αβρααμ *hic* P. | - και *sec.* V.
23. απομακροθεν L.
24. ειπε S. | καταψυξει L. | μου την γλωσσαν V. | ωδυνωμαι L, ου δυνωμαι M.
25. ειπε S. | + αυτω *ante* αβρααμ V. | απελαβε V, *at* V' = *trt.* | + συ *post* απελαβες SV. | ωδε S, ωδε MP. | ωδυνασαι L, ο δυνασαι M.
26. εντευθεν SM. | ενθεν διαβηναι L. |

δυνονται L. | μηδε S.
27. ειπε SM. | ουν σε SV.
28. - γαρ MP. | διαμαρτυρεται L, διαμαρτυρητε M.
29. - σε SLV.
30. αλλ' SV. | + αναστη και *ante* πορευθη L. | μετανοησωσιν M.
31. ειπε SM. | - των *ante* προφ. L. | εκ *pro* απο S. | - των S. | πεισθησονται S, πιστησωνται L.

XVII.

1. Εἶπεν δὲ πρὸς τοὺς μαθητὰς § αὐτοῦ· ἀνένδεκτόν ἐστιν τοῦ μὴ ἐλθεῖν τὰ σκάνδαλα, § πλὴν οὐαὶ † δι' οὗ ἔρχεται· 2. λυσιτελεῖ αὐτῷ εἰ § λίθος μυλικὸς περίκειται περὶ τὸν τράχηλον αὐτοῦ καὶ ἔρριπται εἰς τὴν θάλασσαν, ἢ ἵνα σκανδαλίσῃ ἕνα τῶν μικρῶν τούτων. 3. προσέχετε ἑαυτοῖς. ἐὰν δὲ § ἁμαρτήσῃ εἰς σὲ ὁ ἀδελφός σου, ἐπιτίμησον αὐτῷ, καὶ ἐὰν μετανοήσῃ, ἄφες αὐτῷ. 4. καὶ ἐὰν ἑπτάκις τῆς ἡμέρας § ἁμαρτήσῃ εἰς σὲ καὶ ἑπτάκις τῆς ἡμέρας ἐπιστρέψῃ † λέγων· μετανοῶ, ἀφήσεις αὐτῷ.
5. Καὶ εἶπον οἱ ἀπόστολοι τῷ κυρίῳ· πρόσθες ἡμῖν πίστιν. 6. εἶπε δὲ ὁ κύριος· εἰ § ἔχετε πίστιν ὡς κόκκον σινάπεως, ἐλέγετε ἂν τῇ συκαμίνῳ ταύτῃ· ἐκριζώθητι καὶ φυτεύθητι ἐν τῇ θαλάσσῃ, καὶ ὑπήκουσεν ἂν ὑμῖν. 7. τίς δὲ ἐξ ὑμῶν δοῦλον ἔχων ἀροτριῶντα ἢ ποιμαίνοντα, ὃς εἰσελθόντι ἐκ τοῦ ἀγροῦ ἐρεῖ § αὐτῷ εὐθέως· παρελθὼν ἀνάπεσαι; 8. ἀλλ' οὐχὶ ἐρεῖ αὐτῷ· ἑτοίμασον

XVII. 1. ειπε SLM. | – αυτου S. | ανεδικτον V, *sed* ν *supra adscr.* V.' | εστι SLV. | διελθειν L.. | ουαι δε *pro* πλην ουαι S, πλην ουαι δε M.
2. μυλος ονικος *pro* λιθος μυλικος SV. | μηλικος L₂ *at* μυλικος L₁, μυλωνικος P. | ερρυπται L.. | σκανδαλυση M. | ενα *bis script.* L.. | μικρον M.
3. αμαρτη S. | επιτημησον M. | μετανοηςει P.
4. επτακις? L₁. | αμαρτη S., αναστηση L., αμαρτη V, *sed* αμαρτησει

V₂. | – αμαρτηση *usq.* ημερας P. | επιστρεψει LV. | + επι σε *post* επιστρεψη S. | μετανοων P. | αφεισεις L..
6. ειπε SL.. | ειχετε S, εχεται M. | σικαμινω P. | εκριζωθητε L₁.
7. – δε P. | δουλων M. | ποιμενοντα L₁P. | εισελθοντα LV, *sed* V' = *txt.* | – αυτω SV. | – ευθεως *usq.* αυτω *v.* 8 (*i. e. transilit ab* ερει αυτω *prim. ad* ερει αυτω *scr.*) P. | ευθεως *cum* παρελθων *jung.* V.

ΕΥΑΓΓΕΛΙΟΝ

τί δειπνήσω, καὶ περιζωσάμενος διακόνει μοι ἕως φάγω καὶ πίω, καὶ μετὰ ταῦτα φάγεσαι καὶ πίεσαι § καὶ σύ; 9. μὴ χάριν § ἔχειν τῷ δούλῳ ἐκείνῳ ὅτι ἐποίησε § πάντα τὰ διαταχθέντα αὐτῷ; οὐ δοκῶ. 10. οὕτως καὶ ὑμεῖς, ὅτ᾿ ἂν ποιήσητε πάντα τὰ διαταχθέντα ὑμῖν, λέγετε ὅτι § ἀχρεῖοι δοῦλοί ἐσμεν ὅτι ὃ ὠφείλομεν ποιῆσαι πεποιήκαμεν. 11. Καὶ ἐγένετο ἐν τῷ πορεύεσθαι αὐτὸν εἰς Ἱερουσαλήμ, καὶ αὐτὸς διήρχετο § ἀναμέσον Σαμαρείας καὶ Γαλιλαίας. 12. καὶ εἰσερχομένου αὐτοῦ εἴς τινα κώμην § ὑπήντησαν αὐτῷ δέκα λεπροὶ ἄνδρες, οἳ ἔστησαν πόρρωθεν, 13. καὶ αὐτοὶ ἦραν φωνὴν λέγοντες· Ἰησοῦ ἐπιστάτα, ἐλέησον ἡμᾶς. 14. καὶ ἰδὼν § αὐτοὺς εἶπεν αὐτοῖς· πορευθέντες ἐπιδείξατε ἑαυτοὺς τοῖς ἱερεῦσιν· καὶ ἐγένετο ἐν τῷ ὑπάγειν αὐτοὺς ἐκαθαρίσθησαν. 15. εἷς δὲ ἐξ αὐτῶν, ἰδὼν ὅτι ἰάθη, ὑπέστρεψε μετὰ φωνῆς μεγάλης δοξάζων τὸν θεόν, 16. καὶ ἔπεσεν ἐπὶ πρόσωπον παρὰ τοὺς πόδας αὐτοῦ εὐχαριστῶν αὐτῷ· καὶ αὐτὸς ἦν Σαμαρείτης. 17. ἀποκριθεὶς δὲ ὁ Ἰησοῦς εἶπεν· οὐχὶ οἱ δέκα ἐκαθαρίσθησαν; οἱ δὲ ἐννέα ποῦ; 18. οὐχ εὑρέθησαν ὑποστρέψαντες δοῦναι δόξαν τῷ θεῷ εἰ μὴ ὁ ἀλλογενὴς οὗτος; 19. καὶ εἶπεν αὐτῷ· ἀναστὰς πορεύου· ἡ πίστις σου σέσωκέ σε. 20. Ἐπερωτηθεὶς δὲ ὑπὸ τῶν Φαρισαίων πότε ἔρχεται ἡ βασι-

---

8. μεταταυτα L. | -και *ante* συ 81..
9. εχει SLV. | εχει χαριν V. | εποιησεν V. | -παντα SP.
10. ουτω S. | ποιησηται L₁. | +ταυτα *ante* παντα V. | λεγεται L.. δουλοι αχρ. SMV. | αχριοι MP. | ὣ *pro* ὃ V. | οφειλωμεν L.
11. δια μεσον *pro* αναμεσον S, αναμεσων MP. | σαμαριας L..
12. απηντησαν SV.
14. -αυτους S. | αυτους *pro* εαυτους M. | ιερευσι S.
15. ιανθη L₁, εκαθαρισθη V. | υπεστρεψεν V.
16. επεσε L. | -επι προσωπον L. | σαμαριτης LP.
17. ενια V.
18. *fin.* οὕτως P.
20. επερωτιθεις MP.

ΚΑΤΑ ΛΟΥΚΑΝ.

λεία τοῦ θεοῦ, ἀπεκρίθη αὐτοῖς καὶ εἶπεν· οὐκ ἔρχεται ἡ βασιλεία τοῦ θεοῦ μετὰ παρατηρήσεως, 21. οὐδὲ ἐροῦσιν· ἰδοὺ ὧδε ἢ ἰδοὺ ἐκεῖ. ἰδοὺ γὰρ ἡ βασιλεία τοῦ θεοῦ ἐντὸς ὑμῶν ἐστίν. 22. Εἶπε δὲ πρὸς τοὺς μαθητάς· ἐλεύσονται ἡμέραι §τοῦ ἐπιθυμῆσαι ὑμᾶς μίαν τῶν ἡμερῶν τοῦ υἱοῦ τοῦ ἀνθρώπου ἰδεῖν, καὶ οὐκ ὄψεσθε. 23. καὶ ἐροῦσιν ὑμῖν· ἰδοὺ ὧδε ἢ † ἐκεῖ· μὴ † §διώξετε. 24. ὥσπερ γὰρ ἡ ἀστραπὴ ἡ ἀστράπτουσα ἐκ τῆς §ὑπὸ τῶν οὐρανῶν εἰς τὴν ὑπ᾽ οὐρανὸν λάμπει, οὕτως ἔσται † ὁ υἱὸς τοῦ ἀνθρώπου ἐν τῇ ἡμέρᾳ αὐτοῦ. 25. πρῶτον δὲ δεῖ αὐτὸν πολλὰ παθεῖν καὶ ἀποδοκιμασθῆναι ἀπὸ τῆς γενεᾶς ταύτης. 26. καὶ καθὼς ἐγένετο ἐν ταῖς ἡμέραις † Νῶε, οὕτως ἔσται † ἐν §τῇ ἡμέρᾳ τοῦ υἱοῦ τοῦ ἀνθρώπου· 27. ἤσθιον, ἔπινον, ἐγάμουν, ἐξεγαμίζοντο, ἄχρι ἧς ἡμέρας εἰσῆλθεν Νῶε εἰς τὴν κιβωτόν, καὶ ἦλθεν ὁ κατακλυσμός, καὶ ἀπώλεσεν ἅπαντας. 28. ὁμοίως § καθὼς ἐγένετο ἐν ταῖς ἡμέραις Λώτ· ἤσθιον, ἔπινον, ἠγόραζον, ἐπώλουν, ἐφύτευον, ᾠκοδόμουν· 29. ᾗ δὲ ἡμέρᾳ ἐξῆλθεν Λὼτ ἀπὸ Σοδόμων, ἔβρεξε §θεῖον καὶ πῦρ §ἐξ οὐρανοῦ καὶ ἀπώλεσεν

---

20. απεκριθει L.. | παρατηρίσεως P.
21. οι δε *pro* ουδε L.. | – ἢ L.
22. ειπεν P. | οτε επιθυμησετε *pro* του επιθυμησαι υμας sv.
23. – η L.. | + ιδου *ante* εκει slv. | + ο χς *post* εκει M. | + απελθητε μηδε *post* μη sv. | διωξηητε sv, διωξεται M.
24. ι *pro* ἡ M. | – ἡ *post* αστραπη l.P. | υπ᾽ ουρανον *pro* υπο των ουρανων sv, υπο των επ᾽ ουνων *pro* εκ της usq. ουρανον scr. L.. | ουνου M, ουνον

25. – πολλα L.. | γεας *pro* γενεας M.
26. + του *ante* νωε s. | + και *post* εσται s. | ταις ημεραις s.
27. εγαμιζοντο L.V. | αχρ᾽ M. | εισηλθε sl. | ηλθεν και ηλθε (– ὁ) L.. | απολεσεν M.
28. και ως *pro* καθως sv. | επουλουν L.. | ᾠκοδώμουν P.
29. εξηλθε sl. | πυρ και θειον s, πυρ εξ ουρ. και θειον v. | θιον MP. | απ᾽ *pro* εξ s.

ἅπαντας. 30. κατὰ ταῦτα ἔσται ᾗ ἡμέρᾳ ὁ υἱὸς τοῦ ἀνθρώπου ἀποκαλύπτεται. 31. ἐν ἐκείνῃ τῇ ἡμέρᾳ ὃς ἔσται ἐπὶ τοῦ δώματος καὶ τὰ σκεύη αὐτοῦ ἐν τῇ οἰκίᾳ, μὴ καταβάτω ἆραι αὐτά, καὶ ὁ ἐν † ἀγρῷ ὁμοίως μὴ ἐπιστρεψάτω εἰς τὰ ὀπίσω. 32. *μνημονεύετε τῆς γυναικὸς Λώτ.* 33. ὃς ἐὰν ζητήσῃ τὴν ψυχὴν αὐτοῦ σῶσαι, ἀπολέσει αὐτήν, καὶ ὃς § δ᾽ ἂν ἀπολέσῃ § τὴν ψυχὴν αὐτοῦ, ζωογονήσει αὐτήν. 34. λέγω ὑμῖν, § ἐν ἐκείνῃ τῇ νυκτὶ § δύο ἔσονται ἐπὶ κλίνης μιᾶς, ὁ εἷς παραληφθήσεται καὶ ὁ ἕτερος ἀφεθήσεται· 35. δύο ἔσονται ἀλήθουσαι ἐπὶ τὸ αὐτό, § ἡ μία παραληφθήσεται, † ἡ § δὲ ἑτέρα ἀφεθήσεται. 36. § δύο ἔσονται ἐν τῷ ἀγρῷ, εἷς παραληφθήσεται, ἡ δὲ ἑτέρα ἀφεθήσεται. 37. καὶ ἀποκριθέντες λέγουσιν αὐτῷ· ποῦ, κύριε; ὁ δὲ εἶπεν αὐτοῖς· ὅπου τὸ § πτῶμα, ἐκεῖ § καὶ § οἱ ἀετοὶ συναχθήσονται.

---

30. και *pro* κατα P.
31. απο *pro* επι L.. | ἆραι M. | αυτου *pro* αυτα L₁. | – ὁ L.. | + τω *ante* αγρω SV. | ομοιως *repetitum pro* εις τα L..
32. μνημονευετε (*v mutat.*) L., μνημονευται M.
33. – και L.. | εαν *pro* δ᾽ αν SV. | απολεσει P. | αυτην *pro* την ψ. αυτου *sec.* S, αυτην ψυχην αυτου M. | σωσει *pro* ζωογον. L..
34. ταυτη *pro* εν εκεινη SLV, εν εκυνη M. | εσονται δυο SV. | κληνης M. | παραλυφθησεται L, παρα- κληθεισεται P, παραληθησεται V.
35. αλιθουσαι P. | εσονται δυο V. | – η *ante* μια S (*non El*z.) | και ἡ *pro* ἡ δε S.
36. *Deest in* SL (*non in El*z.) | – εν τω M. | + ὁ *ante* εις El*z.* | παραλυφθησεται P. | και ὁ ετερος *pro* η δε ετερα El*z.* V.
37. – που M. | τω *pro* το P. | σωμα *pro* πτωμα SV. | – και SPV. | συναχθ. οι αετοι SV.

XVIII.

1. Ἔλεγεν δὲ παραβολὴν αὐτοῖς πρὸς τὸ δεῖν πάντοτε προσεύχεσθαι § αὐτοὺς καὶ μὴ § ἐνκακεῖν, 2. λέγων· κριτής τις ἦν ἔν τινι πόλει τὸν θεὸν μὴ φοβούμενος καὶ ἄνθρωπον μὴ ἐντρεπόμενος. 3. χήρα δὲ ἦν ἐν τῇ πόλει ἐκείνῃ, καὶ ἤρχετο πρὸς αὐτὸν λέγουσα· ἐκδίκησόν με ἀπὸ τοῦ ἀντιδίκου μου. 4. καὶ οὐκ § ἤθελεν ἐπὶ χρόνον· μετὰ δὲ ταῦτα εἶπεν ἐν ἑαυτῷ· εἰ καὶ τὸν θεὸν οὐ φοβοῦμαι καὶ ἄνθρωπον οὐκ ἐντρέπομαι, 5. διά γε τὸ παρέχειν μοι § κόπους τὴν χήραν ταύτην, ἐκδικήσω αὐτήν, ἵνα μὴ εἰς τέλος ἐρχομένη § ὑποπιάζῃ με. 6. εἶπε δὲ ὁ κύριος· ἀκούσατε τί ὁ κριτὴς τῆς ἀδικίας λέγει· 7. ὁ δὲ θεὸς οὐ μὴ ποιήσει τὴν ἐκδίκησιν τῶν ἐκλεκτῶν αὐτοῦ τῶν βοώντων πρὸς αὐτὸν ἡμέρας καὶ νυκτός, καὶ μακροθυμῶν ἐπ' αὐτοῖς; 8. § ναὶ λέγω ὑμῖν ὅτι ποιήσει τὴν ἐκδίκησιν αὐτῶν ἐν τάχει. πλὴν ὁ υἱὸς τοῦ ἀνθρώπου ἐλθὼν ἆρα εὑρήσει τὴν πίστιν ἐπὶ τῆς γῆς;

9. Εἶπεν δὲ † πρός τινας τοὺς πεποιθότας ἐφ' ἑαυτοῖς ὅτι εἰσὶ δίκαιοι καὶ ἐξουθενοῦντας τοὺς λοιποὺς τὴν παραβολὴν ταύτην.

XVIII. 1. ελεγε SL. | + και ante παραβ. 8. | – αυτους S, αυτου M. | εκκακειν SV.
4. ηθελησεν S.
5. με *pro* μοι L. | κοπον SM. | χειραν MP. | + και *post* ταυτην M. | υπωπιαζη S, υποπιαζει L. | μαι L.
6. ειπεν V.
7. ποιηση LV. | δουλων *pro* εκλεκτων

V. | ναι λεγω (*init. v.* 8) ante μακροθυμων (– και) *pon.* L.
8. – ναι S. | – ναι λεγω υμιν οτι L. (*vid. vers. antec.*) | ποιηση V. | αρα LP. | ευρυσει M, ευρισει P.
9. ειπε SL. | + και ante προς SV. | πεποιθωτας MP, των πεποιθοτων L. | εφ' εαυτης M. | εισιν V, οἱ σὺν L *pro* εισι.

10. ἄνθρωποι δύο ἀνέβησαν εἰς τὸ ἱερὸν προσεύξασθαι, ὁ εἷς Φαρισαῖος καὶ ὁ ἕτερος τελώνης. 11. ὁ Φαρισαῖος σταθεὶς πρὸς ἑαυτὸν ταῦτα προσηύχετο· ὁ θεός, εὐχαριστῶ σοι ὅτι οὐκ εἰμὶ ὥσπερ οἱ λοιποὶ τῶν ἀνθρώπων, ἅρπαγες, ἄδικοι, μοιχοί, ἢ καὶ ὡς οὗτος ὁ τελώνης. 12. νηστεύω δὶς τοῦ σαββάτου, ἀποδεκατῶ πάντα ὅσα κτῶμαι. 13. § ὁ δὲ τελώνης μακρόθεν ἑστὼς οὐκ ἤθελεν οὐδὲ τοὺς ὀφθαλμοὺς εἰς τὸν οὐρανὸν ἐπᾶραι, ἀλλ' ἔτυπτεν εἰς τὸ στῆθος αὐτοῦ λέγων· ὁ θεός, ἱλάσθητί μοι τῷ ἁμαρτωλῷ. 14. λέγω ὑμῖν § ὅτι κατέβη οὗτος δεδικαιωμένος εἰς τὸν οἶκον αὐτοῦ ἢ § γὰρ ἐκεῖνος. ὅτι πᾶς ὁ ὑψῶν ἑαυτὸν ταπεινωθήσεται, ὁ δὲ ταπεινῶν ἑαυτὸν ὑψωθήσεται.

15. Προσέφερον δὲ αὐτῷ καὶ τὰ βρέφη ἵνα αὐτῶν ἅπτηται· ἰδόντες δὲ οἱ μαθηταὶ § ἐπετίμων αὐτοῖς. 16. ὁ δὲ Ἰησοῦς προσκαλεσάμενος αὐτὰ § ἔλεγεν· ἄφετε τὰ παιδία ἔρχεσθαι πρός με, καὶ μὴ κωλύετε αὐτά· τῶν γὰρ τοιούτων ἐστὶν ἡ βασιλεία τοῦ θεοῦ. 17. ἀμὴν λέγω ὑμῖν, ὃς § ἂν μὴ δέξηται τὴν βασιλείαν τοῦ θεοῦ ὡς παιδίον, οὐ μὴ εἰσέλθῃ εἰς αὐτήν.

18. Καὶ ἐπηρώτησεν § αὐτόν τις ἄρχων λέγων· διδάσκαλε ἀγαθέ, τί ποιήσας ζωὴν αἰώνιον κληρονομήσω; 19. εἶπε δὲ αὐτῷ ὁ

---

11. λοι *pro* λοιποι L₁. | ο τελωνης ουτως P.
13. *init.* και ο τελ. s. | + απο *ante* μακροθεν V. | + αυτου *post* υφθ. P. | στιθος M.
14. – οτι sl.V. | διδικαιωμενος MP. | – γαρ sl. | εαυτων &c. M.
15. – τα *ante* βρεφη I.P. | βρεφοι L. | απτεται I.M. | επετιμησαν sV, επετιμουν I..

16. ειπεν *pro* ελεγεν sV, λεγει L₁ *at* L₂ = *txt.* | κωλυεται P. | τοιουτον M.
17. + γαρ *post* αμην M. | εαν *pro* αν sV. | εισελθει P. | – εις M, *at addit* M' (*sine spiritu*). | την βασιλειαν του θεου *pro* αυτην V.
18. επηρωτησε S. | τις αυτον sV.
19. ειπεν V.

ΚΑΤΑ ΛΟΥΚΑΝ.

Ἰησοῦς· τί με λέγεις ἀγαθόν; οὐδεὶς ἀγαθὸς εἰ μὴ εἶς ὁ θεός. 20. τὰς ἐντολὰς οἶδας· μὴ μοιχεύσῃς, μὴ φονεύσῃς, μὴ κλέψῃς, μὴ ψευδομαρτυρήσῃς, τίμα τὸν πατέρα σου καὶ τὴν μητέρα σου. 21. ὁ δὲ εἶπεν· ταῦτα πάντα ἐφυλαξάμην ἐκ νεότητός μου. 22. ἀκούσας δὲ ταῦτα ὁ Ἰησοῦς εἶπεν αὐτῷ· ἔτι ἕν σοι λείπει· πάντα ὅσα ἔχεις πώλησον καὶ διάδος πτωχοῖς, καὶ ἕξεις θησαυρὸν ἐν οὐρανῷ, καὶ δεῦρο ἀκολούθει μοι. 23. ὁ δὲ ἀκούσας ταῦτα περίλυπος ἐγένετο· ἦν γὰρ πλούσιος σφόδρα. 24. ἰδὼν δὲ αὐτὸν ὁ Ἰησοῦς περίλυπον γενόμενον εἶπεν· πῶς δυσκόλως οἱ τὰ χρήματα ἔχοντες εἰσελεύσονται εἰς τὴν βασιλείαν τοῦ θεοῦ. 25. § εὐκοπότερον γάρ ἐστι κάμηλον διὰ τρυμαλιᾶς § βελώνης § διελθεῖν ἢ πλούσιον εἰς τὴν βασιλείαν τοῦ θεοῦ εἰσελθεῖν. 26. εἶπον δὲ οἱ ἀκούσαντες· καὶ τίς δύναται σωθῆναι; 27. § ὁ δὲ Ἰησοῦς εἶπεν· τὰ ἀδύνατα παρὰ ἀνθρώποις δυνατά ἐστιν παρὰ τῷ θεῷ. 28. Εἶπεν δὲ ὁ Πέτρος· ἰδοὺ ἡμεῖς § ἀφέντες πάντα § τὰ ἴδια καὶ ἠκολουθήσαμέν σοι. 29. ὁ δὲ εἶπεν αὐτοῖς· ἀμὴν λέγω ὑμῖν ὅτι οὐδείς ἐστιν ὃς ἀφῆκεν οἰκίαν ἢ γονεῖς ἢ ἀδελφοὺς ἢ γυναῖκα ἢ τέκνα ἔνεκεν τῆς βασιλείας

---

19. αγαθως M. | ει μὴ pro ει μη P.
20. μηχευσης P. | ψευδομαρτυρισης M.
21. ειπε SM.
22. – ταυτα L. | λυπει P. | + υπαγε post λειπει M. | + τοις ante πτωχοις V. | εξης P. | δευρω MP. | μι pro μοι M.
24. – αυτον P. | ειπε S. | χρημα L. | εισελευσονται post θεου pon. V.
25. ευκοπωτερον SLV. | – γαρ L.. | εστι SMP. | καμηλον (λ mu- tat.) L, καμιλον PV, | τριμαλιας L. | ραφιδος pro βελωνης S. | – η πλουσιον L₁ (illeg.? habet L₂ marg. Scriv.) | εισελθειν pro διελθειν SL..
27. – ιησους SL.. | ειπε S. | τα παρα ανοις αδυνατα L.. | εστι SLM.
28. ειπε SLM. | αφηκαμεν pro αφεντες SV. | – τα ιδια S. | – και L..
29. οικιας L.. | ηκιαν V, οικιαν V' marg. | οι pro η ante γονεις P.

τοῦ θεοῦ, 30. ὃς οὐ μὴ ἀπολάβῃ πολλαπλασίονα ἐν τῷ καιρῷ τούτῳ, καὶ ἐν τῷ αἰῶνι τῷ ἐρχομένῳ ζωὴν αἰώνιον. 31. Παραλαβὼν δὲ τοὺς δώδεκα εἶπεν πρὸς αὐτούς· ἰδοὺ ἀναβαίνομεν εἰς Ἱεροσόλυμα, καὶ τελεσθήσεται πάντα τὰ γεγραμμένα διὰ τῶν προφητῶν § περὶ τοῦ υἱοῦ τοῦ ἀνθρώπου· 32. παραδοθήσεται γὰρ τοῖς ἔθνεσιν καὶ ἐμπαιχθήσεται καὶ ὑβρισθήσεται καὶ ἐμπτυσθήσεται, 33. καὶ μαστιγώσαντες ἀποκτενοῦσιν αὐτόν, καὶ § τῇ τρίτῃ § ἡμέρᾳ ἀναστήσεται. 34. καὶ αὐτοὶ οὐδὲν τούτων συνῆκαν, καὶ ἦν τὸ ῥῆμα τοῦτο κεκρυμμένον ἀπ' αὐτῶν, καὶ οὐκ ἐγίνωσκον τὰ λεγόμενα.

35. Ἐγένετο δὲ ἐν τῷ ἐγγίζειν αὐτὸν § τῇ Ἱεριχὼ τυφλός τις ἐκάθητο παρὰ τὴν ὁδὸν προσαιτῶν. 36. ἀκούσας δὲ ὄχλου διαπορευομένου ἐπυνθάνετο τί § ἂν εἴη τοῦτο. 37. ἀπήγγειλαν δὲ αὐτῷ ὅτι Ἰησοῦς ὁ Ναζωραῖος παρέρχεται. 38. καὶ ἐβόησε λέγων· Ἰησοῦ υἱὲ Δαβίδ, ἐλέησόν με. 39. καὶ οἱ προάγοντες ἐπετίμων αὐτῷ ἵνα σιωπήσῃ· αὐτὸς δὲ πολλῷ μᾶλλον ἔκραζεν· § Ἰησοῦ υἱὲ Δαβίδ, ἐλέησόν με. 40. σταθεὶς δὲ ὁ Ἰησοῦς ἐκέλευσεν αὐτὸν ἀχθῆναι πρὸς αὐτόν. § ἐγγίζοντος δὲ αὐτοῦ ἐπηρώτησεν αὐτὸν § ὁ Ἰησοῦς 41. λέγων· τί σοι θέλεις ποιήσω; ὁ δὲ εἶπεν·· κύριε,

---

30. ουχι μη pro ου μη V. | απολαυει (i. e. απολαβει) L.
31. ειπε S. | αναβαινωμεν L., αναβαινωμαι P. | υπο pro δια L. | τω υιω pro περι του υιου S.
32. εθνεσι SL. | εμπεχθησεται L.
33. μαστιγωσαντες M. | τη ημερα τη τριτη S.
34. τουτω L., τουτον M pro τουτων.
35. αυτω pro αυτον MP. | εις pro τη

S, εν τη L. | τιφλος M. | οδων P.
36. επυνθανετο (uv mutat.) L. | - αν S. | fin. ταυτα L.
38. εβοησεν V.
39. επετιμουν L. | σιωπιση P. | - ιησου S.
40. και στας pro σταθεις δε V. | εγγισαντος SV. | επερωτησεν M. | - ο ιησους scr. S.
41. ειπε SL.

ἵνα ἀναβλέψω. 42. καὶ ὁ Ἰησοῦς εἶπεν αὐτῷ· ἀνάβλεψον· ἡ πίστις σου σέσωκέν σε. 43. καὶ παραχρῆμα ἀνέβλεψεν, καὶ ἠκολούθει αὐτῷ δοξάζων τὸν θεόν· καὶ πᾶς ὁ §ὄχλος ἰδὼν ἔδωκεν αἶνον τῷ θεῷ.

XIX.

1. Καὶ εἰσελθὼν διήρχετο τὴν Ἱεριχώ. 2. καὶ ἰδοὺ ἀνὴρ ὀνόματι καλούμενος Ζακχαῖος, καὶ §οὗτος ἦν ἀρχιτελώνης, καὶ §αὐτὸς πλούσιος· 3. καὶ ἐζήτει ἰδεῖν τὸν Ἰησοῦν τίς ἐστιν, καὶ οὐκ ἠδύνατο ἀπὸ τοῦ ὄχλου, ὅτι τῇ ἡλικίᾳ μικρὸς ἦν. 4. καὶ προδραμὼν ἔμπροσθεν ἀνέβη ἐπὶ συκομωραίαν, ἵνα ἴδῃ αὐτὸν ὅτι δι' ἐκείνης ἤμελλεν διέρχεσθαι. 5. καὶ ὡς ἦλθεν ἐπὶ τὸν τόπον, ἀναβλέψας ὁ Ἰησοῦς εἶδεν αὐτὸν καὶ εἶπεν πρὸς αὐτόν· Ζακχαῖε, σπεύσας κατάβηθι· σήμερον γὰρ ἐν τῷ οἴκῳ σου δεῖ με μεῖναι. 6. καὶ σπεύσας κατέβη, καὶ ὑπεδέξατο αὐτὸν χαίρων. 7. καὶ ἰδόντες §οἱ Φαρισαῖοι §διεγόγγιζον λέγοντες ὅτι παρὰ ἁμαρτωλῷ ἀνδρὶ εἰσῆλθεν καταλῦσαι. 8. σταθεὶς δὲ Ζακχαῖος εἶπεν πρὸς τὸν §Ἰησοῦν· ἰδοὺ τὰ ἡμίση τῶν ὑπαρχόντων μου, κύριε, δίδωμι τοῖς πτωχοῖς, καὶ εἴ τινός τι ἐσυκοφάντησα, ἀποδίδωμι τετραπλοῦν.

---

42. σεσωκε sl..
43. ανεβλεψε s. | ηκολουθη M. | λαος *pro* οχλος s. | *fin.* τον θεον l.M.
XIX. 1. + ο ιησους *ante* διηρχετο v. | − ονοματι P.
2. αυτος *pro* ουτος spv. | αρχητελωνης l. | ουτος *pro* αυτος sv. | + ην *ante* πλουσιος sv.
3. εστι s.
4 εδραμων l., προσεδραμων M. | σιμομοραιαν l.. | sieη l. | -ει' v. |

ημελλε smp, ημελον l..
5. ειπε sl.. | καταβιθη p.
7. ιδωντες p. | απαντες s, παντες v, *pro* οι φαρισαιοι. | διεγογγυζον s, διεγγοζον p, *sed* διεγγυγιζον p', διεγογγιζοντες v, *sed* τις *crasum est.* | εισηλθε sl.
8. ειπε sl.v. | κυριον *pro* ιησουν s. | τα ημισυ l.. | διδωμει l.., διδωμοι mp. | της *pro* τοις p. | εσυκοφαντησαν M. | αποδιδωμοι p.

9. εἶπε δὲ πρὸς αὐτὸν ὁ Ἰησοῦς ὅτι σήμερον σωτηρία τῷ οἴκῳ τούτῳ ἐγένετο, καθότι καὶ αὐτὸς υἱὸς Ἀβραάμ ἐστιν· 10. ἦλθεν γὰρ ὁ υἱὸς τοῦ ἀνθρώπου ζητῆσαι καὶ σῶσαι τὸ ἀπολωλός. 11. Ἀκυόντων δὲ αὐτῶν ταῦτα προσθεὶς § εἶπεν παραβολήν, διὰ τὸ ἐγγὺς αὐτὸν εἶναι Ἰερουσαλὴμ καὶ δοκεῖν αὐτοὺς ὅτι παραχρῆμα μέλλει ἡ βασιλεία τοῦ θεοῦ ἀναφαίνεσθαι. 12. εἶπεν οὖν· ἄνθρωπός τις εὐγενὴς ἐπορεύθη εἰς χώραν μακράν, λαβεῖν ἑαυτῷ βασιλείαν καὶ ὑποστρέψαι. 13. καλέσας δὲ δέκα δούλους ἑαυτοῦ ἔδωκεν αὐτοῖς δέκα μνᾶς, καὶ εἶπεν πρὸς αὐτούς· πραγματεύσασθε ἕως ἔρχομαι.. 14. οἱ δὲ πολῖται αὐτοῦ ἐμίσουν αὐτόν, καὶ ἀπέστειλαν πρεσβείαν ὀπίσω αὐτοῦ λέγοντες· οὐ θέλομεν τοῦτον βασιλεῦσαι ἐφ' ἡμᾶς. 15. καὶ ἐγένετο ἐν τῷ ἐπανελθεῖν αὐτὸν λαβόντα τὴν βασιλείαν, καὶ εἶπεν φωνηθῆναι αὐτῷ τοὺς δούλους τούτους οἷς ἔδωκεν τὸ ἀργύριον, ἵνα γνῷ τίς τί διεπραγματεύσατο. 16. παρεγένετο δὲ ὁ πρῶτος λέγων· κύριε, ἡ § μνᾶς σου § προσηργάσατο δέκα μνᾶς. 17. καὶ εἶπεν αὐτῷ· εὖ § ἀγαθὲ δοῦλε, ὅτι ἐν ἐλαχίστῳ πιστὸς ἐγένου, ἴσθι ἐξουσίαν ἔχων ἐπάνω δέκα πόλεων. 18. καὶ ἦλθεν ὁ δεύτερος λέγων· κύριε, ἡ § μνᾶς σου ἐποίησε πέντε μνᾶς. 19. εἶπεν δὲ καὶ τούτῳ· καὶ σὺ γίνου ἐπάνω πέντε πόλεων. 20. καὶ § ὁ ἕτερος ἦλθεν λέγων· κύριε, ἰδοὺ ἡ § μνᾶς σου,

---

9. ειπεν V. | εστι LV.
10. ηλθε SL.
11. - αυτων L. | ειπε (ειπεν V.) παραβολην SV. | μελλη M.
13. + και init. V. | - δε LV. | εαυτοις pro αυτοις V. | μνᾶς SMV. | αμνας P. | ειπε SL. | πραγματευσασθαι MP. | ὡς προ ἕως L.
14. υμας pro ημας V.

15. ειπε SL. | εδωκε SP. | ινα repetit. in marg. ob lacunam L.
16. μνᾶ SL. | προσειργασατο SLV. | μνᾶς SV.
17. δουλε αγαθε SLV. | - οτι L. | ελαχιστω M. | ισθη M.
18. μνᾶ SLV. | μνᾶς SPV.
19. ειπε SLM.
20. - ὁ S. | ηλθε SLM. | μνᾶ SLV.

ἣν εἶχον ἀποκειμένην ἐν σουδαρίῳ. 21. ἐφοβούμην γάρ σε, ὅτι ἄνθρωπος αὐστηρὸς εἶ, αἴρεις ὃ οὐκ ἔθηκας, καὶ θερίζεις ὃ οὐκ ἔσπειρας § καὶ συνάγεις ὅθεν οὐ διεσκόρπισας. 22. λέγει † αὐτῷ § ὁ κύριος αὐτοῦ· ἐκ τοῦ στόματός σου κρινῶ σε, πονηρὲ δοῦλε. ᾔδεις ὅτι ἐγὼ ἄνθρωπος αὐστηρός εἰμι, αἴρων ὃ οὐκ ἔθηκα, καὶ θερίζων ὃ οὐκ ἔσπειρα, § καὶ συνάγων ὃ οὐ διεσκόρπισα; 23. καὶ διατί οὐκ ἔδωκας τὸ ἀργύριόν μου ἐπὶ † τράπεζαν; καὶ § ἐλθὼν ἐγὼ σὺν τόκῳ ἂν ἔπραξα αὐτό. 24. καὶ τοῖς παρεστῶσιν εἶπεν· ἄρατε ἀπ' αὐτοῦ τὴν μνᾶν καὶ δότε τῷ § ἔχοντι τὰς δέκα μνᾶς· 25. καὶ εἶπον αὐτῷ· κύριε, ἔχει δέκα μνᾶς. 26. λέγω γὰρ ὑμῖν ὅτι παντὶ τῷ ἔχοντι δοθήσεται § καὶ περισσευθήσεται, ἀπὸ δὲ τοῦ μὴ ἔχοντος καὶ ὃ ἔχει ἀρθήσεται ἀπ' αὐτοῦ. 27. πλὴν τοὺς ἐχθρούς μου ἐκείνους τοὺς μὴ § θέλοντάς με βασιλεῦσαι ἐπ' § αὐτῶν ἀγάγετε ὧδε καὶ κατασφάξατε ἔμπροσθέν μου. 28. καὶ εἰπὼν ταῦτα ἐπορεύετο ἔμπροσθεν, ἀναβαίνων εἰς Ἱεροσόλυμα. 29. καὶ ἐγένετο ὡς ἤγγισεν εἰς § Βηθσφαγὴ καὶ Βηθανίαν πρὸς τὸ ὄρος τὸ καλούμενον ἐλαιῶν, ἀπέστειλε δύο τῶν μαθητῶν αὐτοῦ 30. § λέγων·

---

21. θεριζης M. | - και συναγεις usq. διεσκορ. S. | συναγει P.
22. + ο κυριος post λεγει M, sed M' = txt. | + δε post λεγει S. | - ο κυριος αυτου S. | σε pro σου M. | ειδεις L. | ειμι αυστηρος P. | - εθηκα και θεριζων ο ουκ P. | - και συναγων usq. διεσκορ. S.
23. init. - και LV. | + την ante τραπεζαν S. | εγω ελθων SV. | fin. αυτω L.

21. τας δεκα μνας εχοντι SV.
25. Deest in L. | μνᾶς S.
26. - και περισσευθησεται S. | δοκει εχειν pro εχει LM.
27. θελησαντας SV. | επ' αυτους S. | κατασφαξετε L.
28. πορευαιτω L₁, πορευετω L₂.
29. βηθφαγη (... γη P.) SV, βηθσφαγεῖ L. | βιθανιαν L. | - το καλουμενον L. | τω pro το MP. | καλουμενων M. | + των ante ελαιων L. | απεστειλεν V.

ὑπάγετε εἰς τὴν κατέναντι κώμην, ἐν ᾗ εἰσπορευόμενοι εὑρήσετε πῶλον δεδεμένον, ἐφ' ὃν οὐδεὶς πώποτε ἀνθρώπων ἐκάθισεν· λύσαντες αὐτὸν ἀγάγετε 31. καὶ ἐάν τις ὑμᾶς ἐρωτᾷ· διὰ τί λύετε; οὕτως ἐρεῖτε αὐτῷ· ὅτι ὁ κύριος αὐτοῦ χρείαν ἔχει. 32. ἀπελθόντες δὲ οἱ ἀπεσταλμένοι εὗρον καθὼς εἶπεν αὐτοῖς. 33. λυόντων δὲ αὐτῶν τὸν πῶλον εἶπον οἱ κύριοι αὐτοῦ πρὸς αὐτούς· τί λύετε τὸν πῶλον; οἱ δὲ εἶπον 34. § ὅτι ὁ κύριος αὐτοῦ χρείαν ἔχει. 35. καὶ ἤγαγον αὐτὸν πρὸς τὸν Ἰησοῦν, καὶ ἐπιρρίψαντες ἑαυτῶν τὰ ἱμάτια ἐπὶ τὸν πῶλον ἐπεβίβασαν τὸν Ἰησοῦν. 36. πορευομένου δὲ αὐτοῦ ὑπεστρώννυον τὰ ἱμάτια αὐτῶν ἐν τῇ ὁδῷ. 37. ἐγγίζοντος δὲ αὐτοῦ ἤδη πρὸς τῇ καταβάσει τοῦ ὄρους τῶν ἐλαιῶν ἤρξαντο ἅπαν τὸ πλῆθος τῶν μαθητῶν χαίροντες αἰνεῖν τὸν θεὸν φωνῇ μεγάλῃ περὶ πασῶν ὧν εἶδον § γινομένων δυνάμεων, 38. λέγοντες· εὐλογημένος ὁ ἐρχόμενος βασιλεὺς ἐν ὀνόματι κυρίου· εἰρήνη ἐν οὐρανῷ, καὶ δόξα ἐν ὑψίστοις. 39. καί τινες τῶν Φαρισαίων ἀπὸ τοῦ ὄχλου εἶπον πρὸς αὐτόν· διδάσκαλε, ἐπιτίμησον τοῖς μαθηταῖς σου. 40. καὶ ἀποκριθεὶς εἶπεν αὐτοῖς· λέγω ὑμῖν ὅτι ἐὰν οὗτοι σιωπήσωσιν οἱ λίθοι κεκράξονται.

---

30. ειπων SV. | απεναντι L. | ευρησητε L., ευρησεται M. | εφ' ων P. | πωποτε αιων ουδεις L. | εκαθισε S.
31. διατι SL (V?)
32. ευρων M.
33. των *pro* τον *prim*. L.
34. – οτι S.
35. επιρρηψαντες L. | αυτων *pro* εαυτων P.
36. πορευομενων MV, *sed* ... νου V'.| εαυτων *pro* αυτων V.
37. ηρξατο L.. | αιροντες V, *sed* χαιρ. V'. | φονη M. | – ων L. | ιδων M. | – γινομενων SV.
38. ἐρ(*sic*) *pro* ερχομενοι L.|ειρηνει P.
39. ειπον αυτω απο του οχλου L. | επιτημισον P.
40. – οτι L. | σιωπισωσιν P. | κεκραξωνται L.

41. Καὶ ὡς ἤγγισεν, ἰδὼν τὴν πόλιν ἔκλαυσεν ἐπ' § αὐτήν, λέγων 42. ὅτι εἰ ἔγνως καὶ σὺ καί γε ἐν τῇ ἡμέρᾳ σου ταύτῃ τὰ πρὸς εἰρήνην § σοι· νῦν δὲ ἐκρύβη ἀπὸ ὀφθαλμῶν σου. 43. ὅτι ἥξουσιν ἡμέραι ἐπὶ σέ, καὶ περιβαλοῦσιν οἱ ἐχθροί σου χάρακά σοι καὶ περικυκλώσουσί σε καὶ § συνάξουσίν σε πάντοθεν, 44. καὶ ἐδαφιοῦσίν σε καὶ τὰ τέκνα σου ἐν σοί, καὶ οὐκ ἀφήσουσιν ἐν σοὶ λίθον ἐπὶ λίθῳ, ἀνθ' ὧν οὐκ ἔγνως τὸν καιρὸν τῆς ἐπισκοπῆς σου.

45. Καὶ εἰσελθὼν εἰς τὸ ἱερόν, ἤρξατο ἐκβάλλειν τοὺς πωλοῦντας † καὶ ἀγοράζοντας, 46. λέγων αὐτοῖς· γέγραπται· § καὶ ἔσται ὁ οἶκός μου οἶκος προσευχῆς· † ὑμεῖς δὲ αὐτὸν ἐποιήσατε σπήλαιον λῃστῶν.

47. Καὶ ἦν διδάσκων τὸ καθ' ἡμέραν ἐν τῷ ἱερῷ· οἱ δὲ ἀρχιερεῖς καὶ οἱ γραμματεῖς ἐζήτουν αὐτὸν ἀπολέσαι, καὶ οἱ πρῶτοι τοῦ λαοῦ, καὶ οὐχ εὕρισκον τὸ τί ποιήσωσιν· ὁ λαὸς γὰρ ἅπας ἐξεκρέματο αὐτοῦ ἀκούων.

---

41. ηγγιζεν L. | εκλαιεν L. | επ' αυτη SV.
42. + σου post και γε M. | - σου post ημ. V. | σου pro σοι SMV. | εκριβει L.
43. περικυκλωσουσι (= t.rt.) V, al ... σιν V'. | συνεξουσι (... σιν V) SV. | συναξωσι L.
44. εδαφιουσι SL.. | σοι pro σε L. | - εν σοι V. | λιθον pro λιθω V.
45. ηρξαντο M. | + εν αυτω post πωλουντας SV. | εκβαλλεις M.
46. γεγραπτε P. | - και εσται S. | + εστιν post προσευχης S.
47. - το LV. | καθημεραν L. | ιερον M.
48. - το L. | ο γαρ λαος L. | ακουειν L.

XX.

1. Καὶ ἐγένετο ἐν μιᾷ τῶν ἡμερῶν ἐκείνων διδάσκοντος αὐτοῦ τὸν λαὸν ἐν τῷ ἱερῷ καὶ εὐαγγελιζομένου ἐπέστησαν οἱ § γραμματεῖς καὶ οἱ ἀρχιερεῖς σὺν τοῖς πρεσβυτέροις, 2. καὶ § εἶπαν πρὸς αὐτὸν λέγοντες· εἰπὲ ἡμῖν ἐν ποίᾳ ἐξουσίᾳ ταῦτα ποιεῖς, ἢ τίς ἐστιν ὁ δούς σοι τὴν ἐξουσίαν ταύτην; 3. ἀποκριθεὶς δὲ εἶπεν πρὸς αὐτούς· ἐρωτήσω ὑμᾶς κἀγὼ ἕνα λόγον, καὶ εἴπατέ μοι· 4. τὸ βάπτισμα Ἰωάννου ἐξ οὐρανοῦ ἦν ἢ ἐξ ἀνθρώπων; 5. οἱ δὲ συνελογίσαντο πρὸς ἑαυτοὺς λέγοντες ὅτι ἐὰν εἴπωμεν· ἐξ οὐρανοῦ, ἐρεῖ· διὰ τί † οὐκ ἐπιστεύσατε αὐτῷ; 6. ἐὰν δὲ εἴπωμεν· ἐξ ἀνθρώπων, πᾶς ὁ λαὸς καταλιθάσει ἡμᾶς· πεπεισμένος γάρ ἐστιν Ἰωάννην προφήτην § γεγονέναι. 7. καὶ ἀπεκρίθησαν μὴ εἰδέναι § τὸ πόθεν. 8. καὶ ὁ Ἰησοῦς εἶπεν αὐτοῖς· οὐδὲ ἐγὼ λέγω ὑμῖν ἐν ποίᾳ ἐξουσίᾳ ταῦτα ποιῶ.

9. Ἤρξατο δὲ πρὸς τὸν λαὸν λέγειν τὴν παραβολὴν ταύτην. ἄνθρωπός τις ἐφύτευσεν ἀμπελῶνα καὶ ἐξέδοτο αὐτὸν γεωργοῖς, καὶ ἀπεδήμησεν χρόνους ἱκανούς. 10. καὶ ἐν καιρῷ ἀπέστειλεν πρὸς τοὺς γεωργοὺς δοῦλον, ἵνα ἀπὸ τοῦ καρποῦ τοῦ ἀμπελῶνος δῶσιν αὐτῷ· οἱ δὲ γεωργοὶ δείραντες αὐτὸν ἐξαπέστειλαν κενόν. 11. καὶ

XX. 1. - εκεινων V. | οι αρχ. και οι γραμμ. S.
2. ειπον SMV. | πιοις M. | της L₁.
3. ειπε SLV. | ο δε αποκριθεις ειπεν L. | - προς αυτους L. | ερωτισω M. | καγω υμας L. | -ινα L.
5. συνελογησαντο M. | διατι SLV. | † ουν post διατι SM.

6. ο λαος απας V. | υμας V, sed ημας V'. | πεπισμενος LM. | ειναι pro γεγονεναι S, γεγοναινε V.
7. - το S.
9. απεδημησε SL.
10. απεστειλε SL. | δωσει L, δωσουσιν P. | δηραντες V.

προσέθετο πέμψαι ἕτερον δοῦλον· οἱ δὲ κἀκεῖνον δείραντες καὶ ἀτιμάσαντες ἐξαπέστειλαν κενόν. 12. καὶ προσέθετο πέμψαι τρίτον· οἱ δὲ καὶ τοῦτον τραυματίσαντες ἐξέβαλον. 13. εἶπε δὲ ὁ κύριος τοῦ ἀμπελῶνος· τί ποιήσω; πέμψω τὸν υἱόν μου τὸν ἀγαπητόν· ἴσως τοῦτον ἰδόντες ἐντραπήσονται. 14. ἰδόντες δὲ αὐτὸν οἱ γεωργοὶ διελογίζοντο πρὸς ἑαυτοὺς λέγοντες· οὗτός ἐστιν ὁ κληρονόμος· δεῦτε ἀποκτείνωμεν αὐτόν, ἵνα ἡμῶν γένηται ἡ κληρονομία· 15. καὶ ἐκβαλόντες αὐτὸν ἔξω τοῦ ἀμπελῶνος ἀπέκτειναν. τί οὖν ποιήσει αὐτοῖς ὁ κύριος τοῦ ἀμπελῶνος; 16. ἐλεύσεται καὶ ἀπολέσει τοὺς γεωργοὺς τούτους, καὶ δώσει τὸν ἀμπελῶνα ἄλλοις. ἀκούσαντες δὲ εἶπον· μὴ γένοιτο. 17. ὁ δὲ ἐμβλέψας αὐτοῖς εἶπεν· τί οὖν ἐστὶν τὸ γεγραμμένον τοῦτο· λίθον ὃν ἀπεδοκίμασαν οἱ οἰκοδομοῦντες, οὗτος ἐγενήθη εἰς κεφαλὴν γωνίας; 18. πᾶς ὁ πεσὼν ἐπ' ἐκεῖνον τὸν λίθον συνθλασθήσεται· ἐφ' ὃν δ' ἂν πέσῃ, λικμήσει αὐτόν. 19. καὶ ἐζήτησαν οἱ § γραμματεῖς καὶ οἱ ἀρχιερεῖς ἐπιβαλεῖν ἐπ' αὐτὸν τὰς χεῖρας ἐν αὐτῇ τῇ ὥρᾳ, καὶ ἐφοβήθησαν τὸν λαόν· ἔγνωσαν γὰρ ὅτι πρὸς αὐτοὺς § εἶπεν τὴν παραβολὴν ταύτην.

20. Καὶ παρατηρήσαντες ἀπέστειλαν ἐγκαθέτους ὑποκρινομέ-

---

11. κακεινο P. | δηραντες PV.
12. τριτον πεμψαι V. | τριτον pro τουτον V. | εξεπεμψαν pro εξεβαλον L.
13. − ισως usq. εντραπ. M.
14. αλληλους pro εαυτους V.
16. εκεινους pro τουτους L.
17. ειπε S. | ειπεν αυτοις V. | εστι SLV. | απεδωκιμασαν M.

18. απεκεινον pro επ' εκ. P. | επι τον λιθον εκεινον V. | πεσοι L., πεσει P. | λυκμισει L..
19. οι αρχ. και οι γραμ. S, οι αρχ. οι πρεσβυτεροι και οι γραμ. L. | την παραβ. ταυτ. ειπε S. | ειπε L..
20. παρατηρισαντες M. | εκκαθετους L..

νους ἑαυτοὺς δικαίους εἶναι, ἵνα ἐπιλάβωνται αὐτοῦ λόγου, εἰς τὸ παραδοῦναι αὐτὸν τῇ ἀρχῇ καὶ τῇ ἐξουσίᾳ τοῦ ἡγεμόνος. 21. καὶ ἐπηρώτησαν αὐτὸν λέγοντες· διδάσκαλε, οἴδαμεν ὅτι ὀρθῶς λέγεις καὶ διδάσκεις καὶ οὐ λαμβάνεις πρόσωπον, ἀλλ' ἐπ' ἀληθείας τὴν ὁδὸν τοῦ θεοῦ διδάσκεις· 22. ἔξεστιν § ἡμᾶς Καίσαρι φόρον δοῦναι ἢ οὔ; 23. κατανοήσας δὲ αὐτῶν τὴν πανουργίαν εἶπε πρὸς αὐτούς· τί με πειράζετε; 24. ἐπιδείξατέ μοι δηνάριον. § οἱ δὲ ἔδειξαν, καὶ εἶπεν· τίνος ἔχει εἰκόνα καὶ ἐπιγραφήν; ἀποκριθέντες δὲ εἶπον· Καίσαρος. 25. ὁ δὲ εἶπεν § πρὸς αὐτούς· ἀπόδοτε τοίνυν τὰ Καίσαρος § τῷ Καίσαρι καὶ τὰ τοῦ θεοῦ τῷ θεῷ. 26. καὶ οὐκ ἴσχυσαν ἐπιλαβέσθαι αὐτοῦ ῥήματος ἐναντίον τοῦ λαοῦ, καὶ θαυμάσαντες ἐπὶ τῇ ἀποκρίσει αὐτοῦ ἐσίγησαν.

27. Προσελθόντες δέ τινες τῶν Σαδδουκαίων, οἱ ἀντιλέγοντες ἀνάστασιν μὴ εἶναι, § ἐπηρώτουν αὐτὸν 28. λέγοντες· διδάσκαλε, § Μωϋσῆς ἔγραψεν ἡμῖν, ἐάν τινος ἀδελφὸς ἀποθάνῃ, ἔχων γυναῖκα, καὶ οὗτος ἄτεκνος ἀποθάνῃ, ἵνα λάβῃ ὁ ἀδελφὸς αὐτοῦ τὴν γυναῖκα καὶ § ἐξαναστήσει σπέρμα τῷ ἀδελφῷ αὐτοῦ. 29. ἑπτὰ οὖν ἀδελφοὶ ἦσαν. καὶ ὁ πρῶτος λαβὼν γυναῖκα ἀπέθα-

---

20. λογου V. | του *pro* το L. | ηγεμονος M.
21. - και *init*. P.
22. ημιν SV. | καισαρος *pro* ... μι L₁. | φορους V, φονον (*sic*) M.
23. αυτον *pro* αυτων P. | ειπεν M. | πειραζεται P.
24. δειξατε LP. | - οι δε εδ. και ειπεν S. | ειπε L.. | αποκριθεντος L..
25. ειπε L.. | αυτοις *pro* προς αυτους SV. | αποδοτε τοινυν SV. | - τω

SLV.
26. εναντιων M. | + παντος *post* εναντ. V. | εσιγεισαν M.
27. παρελθοντες ? L₁. | σαδουκκαιων L.. | επηρωτησαν S, επηρωτων V.
28. μωσης SV. | υμιν *pro* ημιν L₁. | γυναικαι *prim*. L.. | αποθανει *sec*. L.. | γυναι *sec*. P. | εξαναστηση S.

νεν ἄτεκνος· 30. καὶ ἔλαβεν ὁ δεύτερος τὴν γυναῖκα, καὶ οὗτος ἀπέθανεν ἄτεκνος· 31. καὶ ὁ τρίτος ἔλαβεν αὐτήν, ὡσαύτως δὲ καὶ οἱ ἑπτὰ, § καὶ οὐ κατέλιπον τέκνα καὶ ἀπέθανον· 32. ὕστερον † πάντων ἀπέθανε καὶ ἡ γυνή. 33. ἐν τῇ οὖν ἀναστάσει τίνος αὐτῶν γίνεται γυνή; οἱ γὰρ ἑπτὰ ἔσχον αὐτὴν γυναῖκα. 34. καὶ ἀποκριθεὶς εἶπεν αὐτοῖς ὁ Ἰησοῦς· οἱ υἱοὶ τοῦ αἰῶνος τούτου γαμοῦσιν καὶ § ἐκγαμίζονται, 35. οἱ δὲ καταξιωθέντες τοῦ αἰῶνος ἐκείνου τυχεῖν καὶ τῆς ἀναστάσεως τῆς ἐκ νεκρῶν οὔτε γαμοῦσιν οὔτε § ἐκγαμίζονται· 36. οὔτε γὰρ ἀποθανεῖν ἔτι δύνανται, ἰσάγγελοι γάρ εἰσιν καὶ υἱοί εἰσιν τοῦ θεοῦ τῆς ἀναστάσεως υἱοὶ ὄντες. 37. ὅτι δὲ ἐγείρονται οἱ νεκροί, καὶ Μωσῆς ἐμήνυσεν ἐπὶ τῆς βάτου, ὡς λέγει κύριον τὸν θεὸν Ἀβραὰμ καὶ τὸν θεὸν Ἰσαὰκ καὶ τὸν θεὸν Ἰακώβ· 38. θεὸς δὲ οὐκ ἔστιν νεκρῶν ἀλλὰ ζώντων· πάντες γὰρ αὐτῷ ζῶσιν. 39. ἀποκριθέντες δέ τινες τῶν γραμματέων εἶπον· διδάσκαλε, καλῶς εἶπας. 40. οὐκέτι δὲ ἐτόλμων ἐπερωτᾶν αὐτὸν οὐδέν.

41. Εἶπεν δὲ πρὸς αὐτούς· πῶς λέγουσιν § οἱ γραμματεῖς ὅτι ὁ Χριστὸς υἱὸς Δαβίδ ἐστι; 42. καὶ αὐτὸς Δαβὶδ λέγει ἐν βίβλῳ § τῶν ψαλμῶν· εἶπεν ὁ κύριος τῷ κυρίῳ μου· κάθου

---

30. init. – και I.. | – ο δευτερος usq. απεθανεν M.
31. – ωσαυτως V, ως αυτος M. | – και tert. sl.. | ουκ pro ου P
32. + δε post υστερον sm. | απεθανεν M.
33. γυνεται P.
34. – αποκριθεις V. | γαμουσι sl.. | – και post γαμουσιν V, sed V' = trt. | εκγαμισκονται sv.
35. εκγαμισκονται s, γαμισκονται V.
36. δυναντε P. | εισαγγελοι l.. | εισι bis s, acc. l..
37. εμυνησεν MP. | – θεον sec. P.
38. + ο ante θεος V. | εστι sl. | αυτων pro αυτω P.
40. ουκ ετι sv. | ετολμουν l.. | αυτων pro αυτον M.
41. ειπε sl.. | τον χριστον υιον δαβιδ ειναι pro οι γραμ. usq. εστι s.
42. αυτος γαρ pro και αυτος V. | – των sv.

ἐκ δεξιῶν μου 43. ἕως ἂν θῶ τοὺς ἐχθρούς σου ὑποπόδιον τῶν ποδῶν σου; 44. Δαβὶδ οὖν κύριον αὐτὸν καλεῖ, καὶ πῶς υἱὸς αὐτοῦ ἐστιν; 45. Ἀκούοντος δὲ παντὸς τοῦ λαοῦ εἶπεν τοῖς μαθηταῖς αὐτοῦ· 46. προσέχετε ἀπὸ τῶν γραμματέων τῶν θελόντων § ἐν στολαῖς περιπατεῖν, καὶ φιλούντων ἀσπασμοὺς ἐν ταῖς ἀγοραῖς καὶ πρωτοκαθεδρίας ἐν ταῖς συναγωγαῖς καὶ § πρωτοκλησίας ἐν τοῖς δείπνοις, 47. οἱ κατεσθίουσι τὰς οἰκίας τῶν χηρῶν καὶ προφάσει μακρὰ § προσευχόμενοι· οὗτοι λήψονται περισσότερον κρίμα.

XXI.

1. Ἀναβλέψας δὲ εἶδεν τοὺς βάλλοντας § εἰς τὸ γαζοφυλάκιον τὰ δῶρα αὐτῶν πλουσίους· 2. εἶδεν δέ § τινα καὶ χήραν § πενηχρὰν βάλλουσαν ἐκεῖ δύο λεπτά, καὶ εἶπεν· 3. ἀληθῶς λέγω ὑμῖν ὅτι ἡ χήρα § αὕτη ἡ πτωχὴ πλεῖον πάντων ἔβαλεν· 4. ἅπαντες γὰρ οὗτοι ἐκ τοῦ § περισσεύματος αὐτῶν ἔβαλον εἰς τὰ δῶρα τοῦ θεοῦ, αὕτη δὲ ἐκ τοῦ ὑστερήματος αὐτῆς § πάντα τὸν βίον ὃν εἶχεν ἔβαλεν. § ταῦτα λέγων ἐφώνει· ὁ ἔχων ὦτα ἀκούειν ἀκουέτω.

45. ειπε Sl..
46. προσεχεται P. | περιπ. εν στολ. SV. | πρωτοκαθεδριαις L. | πρωτοκλισιας SV, πρωτοκλησιαις L. | ταις *pro* τοις P.
47. χειρων M. | μακραν P. | προσευχονται S. | κρῖμα LP.
XXI. 1. ειδεν PV. | τα δωρα αυτων εις το γαζ. S. | γαζοφυλακειον L.
2. ειδε Sl.V. | — δε V. | και τινα S. |

— και V. | πενιχραν Sl..
3. χειρα P. | η πτωχη αυτη S. | αὐτη P. | πλειων MP.
4. αυτοι *pro* ουτοι L. | — του L. | περισσευοντος αυτοις S. | αυτου *pro* αυτης M. | απαντα SV. | — παντα τον βιον P. | + αυτης *post* βιον MV. | εβαλε S. | — ταυτα *usq.* ακουετω S. | εφωνη M.

5. Καί τινων λεγόντων περὶ τοῦ ἱεροῦ, ὅτι λίθοις καλοῖς καὶ ἀναθήμασιν κεκόσμηται, εἶπεν· 6. ταῦτα ἃ θεωρεῖτε, ἐλεύσονται ἡμέραι ἐν αἷς οὐκ ἀφεθήσεται λίθος ἐπὶ § λίθον § ὧδε, ὃς οὐ καταλυθήσεται. 7. ἐπηρώτησαν δὲ αὐτὸν λέγοντες· διδάσκαλε, πότε οὖν ταῦτα ἔσται; καὶ τί τὸ σημεῖον ὅτ᾽ἂν § μέλλει ταῦτα γένεσθαι; 8. ὁ δὲ εἶπεν· βλέπετε μὴ πλανηθῆτε· πολλοὶ γὰρ ἐλεύσονται ἐπὶ τῷ ὀνόματί μου, λέγοντες ὅτι ἐγώ εἰμι, καί ὁ καιρὸς ἤγγικεν· μὴ οὖν πορευθῆτε ὀπίσω αὐτῶν. 9. ὅτ ἂν δὲ ἀκούσητε πολέμους καὶ ἀκαταστασίας, μὴ πτοηθῆτε· δεῖ γὰρ ταῦτα γενέσθαι πρῶτον, ἀλλ᾽ οὐκ εὐθέως τὸ τέλος. 10. τότε ἔλεγεν αὐτοῖς· ἐγερθήσεται ἔθνος ἐπὶ ἔθνος καὶ βασιλεία ἐπὶ βασιλείαν, 11. σεισμοί τε μεγάλοι κατὰ τόπους καὶ λιμοὶ καὶ λοιμοὶ ἔσονται, φόβητρά τε καὶ σημεῖα § μεγάλα ἀπ᾽ οὐρανοῦ ἔσονται. 12. Πρὸ δὲ τούτων § πάντων ἐπιβαλοῦσιν ἐφ᾽ ὑμᾶς τὰς χεῖρας αὐτῶν καὶ διώξουσι, παραδιδόντες εἰς συναγωγὰς καὶ φυλακάς, ἀγομένους ἐπὶ βασιλεῖς καὶ ἡγεμόνας ἕνεκεν τοῦ ὀνόματός μου. 13. ἀποβήσεται δὲ ὑμῖν εἰς μαρτύριον. 14. θέσθε οὖν εἰς τὰς καρδίας ὑμῶν μὴ προμελετᾶν ἀπολογηθῆναι· 15. ἐγὼ γὰρ δώσω ὑμῖν στόμα καὶ σοφίαν,

---

5. αναθημασί S, αναθυμασι L.. | κεκοσμηητε P. | ειπε S.
6. λιθω *pro* λιθον SM, λιθος P. - ωδε S. | ου μη *pro* ου V. | σαλευθησεται *pro* καταλυθ. L..
7. - ουν P. | μελλη SP. | γινεσθαι SM.
8. ειπε S. | ηγγικε S.
9. πτωηθειτε M, πτωηθητε V.
10. + γαρ *post* εγερθ. M. | - επι εθνος

M, *sed* M' *marg.* = s.
11. - και λιμοι L. | και λιμοι και λιμοι P. | απ᾽ ουρ. μεγαλα εσται S.
12. τουτον *pro* τουτων P. | απαντων SV. | ημας V. | διωξουσι S. | παραδοντες M, παραδιδοντες L..
14. θεσθαι L.. | προμελετων M.

ΕΥΑΓΓΕΛΙΟΝ

ᾗ οὐ δυνήσονται § ἀντιστῆναι ἢ ἀντειπεῖν πάντες οἱ ἀντικείμενοι ὑμῖν. 16. παραδοθήσεσθε δὲ † ὑπὸ γονέων καὶ ἀδελφῶν καὶ συγγενῶν καὶ φίλων, καὶ θανατώσουσιν ἐξ ὑμῶν, 17. καὶ ἔσεσθε μισούμενοι ὑπὸ πάντων διὰ τὸ ὄνομά μου. 18. καὶ θρὶξ ἐκ τῆς κεφαλῆς ὑμῶν οὐ μὴ ἀπόληται· 19. ἐν τῇ ὑπομονῇ ὑμῶν § κτήσεσθε τὰς ψυχὰς ὑμῶν. 20. Ὅτ' ἂν δὲ ἴδητε κυκλουμένην ὑπὸ στρατοπέδων τὴν Ἱερουσαλήμ, τότε γνῶτε ὅτι ἤγγικεν ἡ ἐρήμωσις αὐτῆς. 21. τότε οἱ ἐν τῇ Ἰουδαίᾳ φευγέτωσαν εἰς τὰ ὄρη, καὶ οἱ ἐν μέσῳ αὐτῆς ἐκχωρείτωσαν, καὶ οἱ ἐν ταῖς χώραις μὴ εἰσερχέσθωσαν εἰς αὐτήν, 22. ὅτι ἡμέραι ἐκδικήσεως § αὗταί εἰσιν τοῦ πληρωθῆναι πάντα τὰ γεγραμμένα· 23. οὐαὶ δὲ ταῖς ἐν γαστρὶ ἐχούσαις καὶ ταῖς θηλαζούσαις ἐν ἐκείναις ταῖς ἡμέραις· ἔσται γὰρ ἀνάγκη μεγάλη ἐπὶ τῆς γῆς καὶ ὀργὴ † τῷ λαῷ τούτῳ, 24. καὶ πεσοῦνται στόματι μαχαίρας καὶ αἰχμαλωτισθήσονται εἰς πάντα τὰ ἔθνη, καὶ Ἱερουσαλὴμ ἔσται πατουμένη ὑπὸ ἐθνῶν, ἄχρι § οὗ πληρωθῶσιν καιροὶ ἐθνῶν. 25. καὶ ἔσται σημεῖα ἐν ἡλίῳ καὶ σελήνῃ καὶ ἄστροις, καὶ ἐπὶ τῆς γῆς συνοχὴ ἐθνῶν ἐν ἀπορίᾳ § ἤχους θαλάσσης καὶ σάλου, 26. § ἀπὸ ψυχῶν τῶν ἀνθρώπων ἀπὸ

---

15. δηνησονται P. | αντειπειν ουδε αντιστηναι S. | ουδε *pro* η sl.,, *sed* L₂ = *txt*. | αντ' ειπειν M, αντιπειν P.
16. παραδοθησεσθαι L₁. | + και *post* δε sv. | – και συγγενων P.
17. εσεσθαι L..
18. απο *pro* εκ L. | απολυται L.
19. κτησασθε SL, κτησεσθαι P. | ημων *pro* υμων *sec*. MP.
20. – δε P.
21. ιουδαια *pro* ιουδ. P. | εκκεχω-
ρητωσαν L, εκχωρητωσαν P.
22. αυται S. | εισι S. | πληρωθῆν L.
23. – ταις *prim*. M. | ἐγγαστρὶ v. | τᾶς *pro* ταις *tert*. L. | + εν *post* οργη sv.
24. στοματι ? L₁. | μαχαιρης v. | τα εθνη παντα v. | αχρις L. | – ου sv, ουν *pro* ου P. | πληρωθωσι s, πληρωσι v₆.
25. ηχουσης sv (ηχ. v).
26. αποψυχοντων sv.

φόβου καὶ προσδοκίας τῶν ἐπερχομένων τῇ οἰκουμένῃ· αἱ γὰρ δυνάμεις τῶν οὐρανῶν σαλευθήσονται. 27. καὶ τότε ὄψονται τὸν υἱὸν τοῦ ἀνθρώπου ἐρχόμενον ἐν νεφέλῃ μετὰ δυνάμεως καὶ δόξης πολλῆς. 28. ἀρχομένων δὲ τούτων γίνεσθαι ἀνακύψατε καὶ ἐπάρατε τὰς κεφαλὰς ὑμῶν, διότι ἐγγίζει ἡ ἀπολύτρωσις ὑμῶν. 29. καὶ εἶπεν παραβολὴν αὐτοῖς. ἴδετε τὴν συκῆν καὶ πάντα τὰ δένδρα· 30. ὅτ᾽ ἂν προβάλωσιν ἤδη, βλέποντες § ἀπ᾽ αὐτῶν γινώσκετε ὅτι ἤδη § τὸ θέρος ἐγγὺς ἐστίν. 31. οὕτως καὶ ὑμεῖς, ὅτ᾽ ἂν ἴδητε ταῦτα § πάντα γινόμενα, γινώσκετε ὅτι ἐγγύς ἐστιν ἡ βασιλεία τοῦ θεοῦ. 32. ἀμὴν § ἀμὴν λέγω ὑμῖν ὅτι οὐ μὴ παρέλθῃ ἡ γενεὰ αὕτη ἕως ἂν §ταῦτα πάντα γένηται. 33. ὁ οὐρανὸς καὶ ἡ γῆ παρελεύσονται, οἱ δὲ λόγοι μου οὐ μὴ παρέλθωσιν. 34. Προσέχετε † ἑαυτοῖς μήποτε βαρυνθῶσιν § αἱ καρδίαι ὑμῶν ἐν κραιπάλῃ καὶ μέθῃ καὶ μερίμναις βιωτικαῖς, καὶ § αἰφνιδίως ἐφ᾽ ὑμᾶς ἐπιστῇ ἡ ἡμέρα ἐκείνη· 35. ὡς παγὶς γὰρ ἐπελεύσεται ἐπὶ πάντας τοὺς καθημένους ἐπὶ πρόσωπον πάσης τῆς γῆς. 36. ἀγρυπνεῖτε οὖν ἐν παντὶ καιρῷ δεόμενοι ἵνα καταξιωθῆτε ἐκφυγεῖν ταῦτα πάντα τὰ μέλλοντα γίνεσθαι, καὶ σταθῆναι ἔμπροσθεν τοῦ υἱοῦ τοῦ ἀνθρώπου.

---

28. init. ερχωμενων P. | ανακυψατε M.
29. ειπε SL. | συκῆν S.
30. προβαλλωσιν L. | αφ᾽ εαυτων SV. | εγγυς το θερος SV. | εγγις M.
31. ουτω S. | – παντα SP. | εγγις M.
32. – αμην alt. SMV. | γενεᾶ LP. | αὕτη P. | –ταυτα S. | – παντα M. | – αν P.
33. init. – ο L. | παρελθωσι S

34. + δε post προσεχ. SV. | εαυτης P. | βαρηθωσιν PV. | υμων αι καρδιαι S. | καρδιθωσιναι (linea per ducta) M. | κρεπαλη P. | βιωτικαις MV. | αιφνιδιος S, αιφνηδιως LP, εφνιδιως V. | επιστη M.
35. παγεις L. | ελευσεται L. | κατοικουντας L.
36. αγρυπνητε MP. | +παντες post αγρ. V. | –ταυτα V. | γινεσθαι L.

37. Ἦν δὲ τὰς ἡμέρας ἐν τῷ ἱερῷ διδάσκων, τὰς δὲ νύκτας ἐξερχόμενος ηὐλίζετο εἰς τὸ ὄρος τὸ καλούμενον ἐλαιῶν. 38. καὶ πᾶς ὁ λαὸς ὤρθριζεν πρὸς αὐτὸν ἐν τῷ ἱερῷ ἀκούειν αὐτοῦ. [Ιωαν. VII. 53.] Καὶ § ἀπῆλθεν ἕκαστος εἰς τὸν οἶκον αὐτοῦ.

VIII. 1. § Καὶ ὁ Ἰησοῦς † ἐπορεύθη εἰς τὸ ὄρος τῶν ἐλαιῶν· 2. ὄρθρον δὲ πάλιν § ἦλθεν εἰς τὸ ἱερόν, † 3. § καὶ προσήνεγκαν αὐτῷ οἱ γραμματεῖς καὶ οἱ Φαρισαῖοι † γυναῖκα § ἐπὶ μοιχείᾳ κατειλημμένην, καὶ στήσαντες αὐτὴν ἐν § τῷ μέσῳ 4. § εἶπον αὐτῷ· διδάσκαλε, αὕτη ἡ γυνὴ § εἴληπται § ἐπ' αὐτῷ τῷ φόρῳ μοιχευομένη. 5. ἐν δὲ τῷ νόμῳ § ἡμῖν Μωσῆς ἐνετείλατο τὰς τοιαύτας λιθάζειν· σὺ οὖν τί λέγεις § περὶ αὐτῆς; 6. τοῦτο δὲ ἔλεγον πειράζοντες αὐτόν, ἵνα ἔχωσιν § κατηγορίαν κατ' αὐτοῦ. ὁ δὲ Ἰησοῦς κάτω κύψας τῷ δακτύλῳ § ἔγραψεν εἰς τὴν γῆν.

---

37. + ὁ ις post ην δε M. | ωρθιζε s, ωθριζε L.. | αυτων pro αυτου M.
Pericopam sequentem de adultera habet s in Ev. Joann. cap. VII. 53-VIII. 11.
VII. 53. επορευθη pro απηλθεν s, απηλθον V. | τα ιδια pro τον οικον L..
VIII. 1. ιησους δε pro και ο ιησους s.
2. παρεγενετο pro ηλθεν s. | fin. + και πας ο λαος ηρχετο προς αυτον και καθισας εδιδασκεν αυτους s.
3. αγουσι δε pro και προσην. αυτω s. | + προς αυτον post φαρισ. s. | εν pro επι s. | μοιχειαν L., μοιχεία MP. | κατειλλημμενην M. | στεισαντες P. | - τω sP.
4. λεγουσιν pro ειπον s. | + πειραζοντες post αυτω M. | κατεληφθη s.|επαυτοφωρω s, επαυτοφορω L. | - τω ante φορω V.
5. μωσης ημιν s. | υμιν M. | λιθοβολεισθαι pro λιθαζειν s. | - περι αυτης s.
6. εχωσι sl.. | κατηγορειν αυτου s. | εγραφεν s. | fin. + μη προσιουμενος (sic) M.

7. ὡς δὲ ἐπέμενον ἐρωτῶντες αὐτόν, §ἀναβλέψας εἶπεν §αὐτοῖς· ὁ ἀναμάρτητος ὑμῶν πρῶτος † λίθον §βαλέτω ἐπ' αὐτήν. 8. καὶ πάλιν κάτω κύψας ἔγραφεν εἰς τῆν γῆν. 9. †§καὶ ἐξῆλθον εἷς καθεῖς, ἀρξάμενοι ἀπὸ τῶν πρεσβυτέρων ἕως τῶν ἐσχάτων, καὶ κατελείφθη †ὁ Ἰησοῦς καὶ ἡ γυνὴ ἐν μέσῳ §οὖσα. 10.§ἀναβλέψας δὲ ὁ Ἰησοῦς §εἶδεν αὐτὴν καὶ εἶπεν· †§γυναί, ποῦ εἰσιν † οἱ κατήγοροί σου; οὐδείς σε κατέκρινεν; 11. ἡ δὲ εἶπεν· οὐδείς, κύριε. §καὶ ὁ Ἰησοῦς εἶπεν αὐτῇ· οὐδὲ ἐγώ σε κατακρίνω· πορεύου, † μηκέτι ἁμάρτανε.

---

7. ανακυψας *pro* αναβλεψας s. | προς αυτους *pro* αυτοις s. | πρωτον M. | + τον *ante* λιθον s. | επ' αυτη βαλετω s.
9. *init.* + οι δε ακουσαντες και υπο της συνειδησεως ελεγχομενοι SM. | εξηρχοντο *pro* και εξηλθον SM. | εις καθ' ἷς PV. | – πρεσβυτερων P, *sed prim. manus in marg. addidit.* | + μονος *ante* ο ῑϲ SM. | εμμεσω M. | *fin.* εστωσα *pro* ουσα s.

10. ανακυψας *pro* αναβλεψας s. | και μηδενα (μηδ' ενα M) θεασαμενος πλην της γυναικος *post* ιησους *pro* ειδεν αυτην και SM. | + αυτη *post* ειπεν SM. | η γυνη *pro* γυναι s. | + εκεινοι *post* εισιν SM. | – οι κατηγοροι σου V. | ουδις M.
11. ειπε δε αυτη ο ιησους s. | ο δε *pro* και V. | πορευομενου *pro* πορευου P. | – και *post* πορευου s.

XXII.

1. Ἤγγιζεν δὲ ἡ ἑορτὴ τῶν ἀζύμων ἡ λεγομένη πάσχα, 2. καὶ ἐζήτουν οἱ ἀρχιερεῖς καὶ οἱ γραμματεῖς τὸ πῶς ἀνέλωσιν αὐτόν· ἐφοβοῦντο γὰρ τὸν λαόν. 3. Εἰσῆλθεν δὲ † σατανᾶς εἰς Ἰούδαν τὸν ἐπικαλούμενον Ἰσκαριώτην, ὄντα ἐκ τοῦ ἀριθμοῦ τῶν δώδεκα, 4. καὶ ἀπελθὼν συνελάλησεν τοῖς ἀρχιερεῦσιν καὶ τοῖς στρατηγοῖς § ὅπως αὐτὸν παραδῷ αὐτοῖς. 5. καὶ ἐχάρησαν, καὶ συνέθεντο αὐτῷ § ἀργύρια δοῦναι· 6. καὶ ἐξωμολόγησεν, καὶ ἐζήτει εὐκαιρίαν τοῦ παραδοῦναι αὐτὸν αὐτοῖς. † 7. Ἦλθεν δὲ ἡ ἡμέρα τῶν ἀζύμων, ἐν ᾗ § δεῖ θύεσθαι τὸ πάσχα, 8. καὶ ἀπέστειλεν Πέτρον καὶ Ἰωάννην εἰπών· πορευθέντες ἑτοιμάσατε ἡμῖν, § ἵνα φάγωμεν § τὸ πάσχα. 9. οἱ δὲ εἶπον αὐτῷ· ποῦ θέλεις § ἵνα ἑτοιμάσωμεν; 10. ὁ δὲ εἶπεν αὐτοῖς· ἰδοὺ εἰσελθόντων ὑμῶν εἰς τὴν πόλιν συναντήσει ὑμῖν ἄνθρωπος κεράμιον ὕδατος βαστάζων· ἀκολουθήσατε αὐτῷ εἰς τὴν οἰκίαν οὗ

XXII. 1. ηγγιζε SL.. | εορτοι P.
2. δε *pro* γαρ V.
3. εισηλθε Sl.. | + ο *ante* σατ. S. | σατανας SL. | ο καλου *post* σατ. L₁. | ιουδαν SV′, ιουδαν V. | – εις ιουδαν L. | καλουμενον L.
4. συνελαλησε SL. | αρχιερευσι SMP. | +και γραμματεις *post* αρχ. M. | – τοις *sec.* LV. | το πως *pro* οπως S.
5. αργυριον SV.
6. εξωμολογησε S, εξομολογησεν (... σε L) LM. | εζητη MP. | ευκεριαν L₁. | *fin.* + ατερ οχλου SMV.
7. ηλθε SL. | – η MP. | εδει SV.
8. απεστειλε SL.. | ετοιμασαιτε L₁. | υμιν P. | το πασχα ινα φαγωμεν S.
9. ει δε *pro* οι δε P. | ειπαν M. | – ινα SM *at superscr.* M′.
10. συναντηση L. | απαντησει V. | κεραμειον L. | βασταζοντος L. | + εαν *post* ου M.

εἰσπορεύεται, 11. καὶ ἐρεῖτε τῷ οἰκοδεσπότῃ τῆς οἰκίας· λέγει σοι ὁ διδάσκαλος· ποῦ ἐστιν τὸ κατάλυμα ὅπου τὸ πάσχα μετὰ τῶν μαθητῶν μου φάγω; 12. κἀκεῖνος ὑμῖν δείξει ἀνώγεον μέγα ἐστρωμένον § ἕτοιμον· ἐκεῖ ἑτοιμάσατε. 13. ἀπελθόντες δὲ εὗρον καθὼς εἴρηκεν αὐτοῖς, καὶ ἡτοίμασαν τὸ πασχα. 14. Καὶ ὅτε ἐγένετο ἡ ὥρα, ἀνέπεσεν, καὶ οἱ δώδεκα ἀπόστολοι σὺν αὐτῷ. 15. καὶ εἶπεν πρὸς αὐτούς· ἐπιθυμίᾳ ἐπεθύμησα τοῦτο τὸ πάσχα φαγεῖν μεθ᾽ ὑμῶν πρὸ τοῦ με παθεῖν· 16. λέγω γὰρ ὑμῖν ὅτι οὐκέτι οὐ μὴ φάγω § ἀπ᾽ αὐτοῦ ἕως ὅτου πληρωθῇ ἐν τῇ βασιλείᾳ τοῦ θεοῦ. 17. καὶ δεξάμενος ποτήριον εὐχαριστήσας εἶπεν· λάβετε τοῦτο καὶ διαμερίσατε § εἰς ἑαυτούς· 18. λέγω γὰρ ὑμῖν ὅτι οὐ μὴ πίω ἀπὸ τοῦ § γενήματος τῆς ἀμπέλου ἕως ὅτου ἡ βασιλεία τοῦ θεοῦ ἔλθῃ. 19. καὶ λαβὼν ἄρτον εὐχαριστήσας ἔκλασεν καὶ ἔδωκεν αὐτοῖς λέγων· τοῦτό ἐστι τὸ σῶμά μου τὸ ὑπὲρ ὑμῶν διδόμενον· τοῦτο ποιεῖτε εἰς τὴν ἐμὴν ἀνάμνησιν· 20. ὡσαύτως καὶ τὸ ποτήριον μετὰ τὸ δειπνῆσαι, λέγων· τοῦτο τὸ ποτήριον ἡ καινὴ διαθήκη ἐν τῷ § ἐμῷ αἵματι † τὸ ὑπὲρ ὑμῶν ἐκχυνόμενον. 21. Πλὴν ἰδοὺ ἡ χεὶρ τοῦ παραδι-

---

10. εισπορευετε P.
11. αιρειτε P. | εστι SL.M. | καταλυμμα L. | + μου post καταλ. V.
12. δειξη LM. | ανωγεων L. | — ετοιμον SP.
13. ειρηκει L. | οιτοιμασαν P. | + αυτω post ητοιμ. L.
14. ανεπεσε S.
15. ειπε SL. | επεθυμησαν L.
16. εξ pro απ᾽ S.

17. ευχαριστεισας P. | ειπε S. | εαυτοις pro εις εαυτους S.
18. γεννηματος S. | ου pro οτου V. | — θεου M, at superscr. pr. m.
19. εκλασε SL. | εστιν V. | ημων pro υμων MP.
20. αιματι μου S. | ημων pro υμων MP. | εκχυνομενον V, εκχυνομενου V´.
21. ιδου LP.

δόντος με μετ' ἐμοῦ ἐπὶ τῆς τραπέζης. 22. καὶ ὁ μὲν υἱὸς τοῦ ἀνθρώπου § κατὰ τὸ ὁρισμένον πορεύεται, πλὴν οὐαὶ τῷ ἀνθρώπῳ ἐκείνῳ δι' οὗ παραδίδοται. 23. καὶ αὐτοὶ ἤρξαντο § συνζητεῖν πρὸς ἑαυτούς, τὸ τίς ἄρα εἴη ἐξ αὐτῶν ὁ τοῦτο § πράσσειν μέλλων. 24. Ἐγένετο δὲ καὶ § φιλονικία ἐν § ἑαυτοῖς, τὸ τίς αὐτῶν δοκεῖ εἶναι μείζων. 25. ὁ δὲ εἶπεν αὐτοῖς· οἱ βασιλεῖς τῶν ἐθνῶν § κατακυριεύουσιν αὐτῶν, καὶ οἱ ἐξουσιάζοντες αὐτῶν εὐεργέται καλοῦνται. 26. ὑμεῖς δὲ οὐχ οὕτως· ἀλλ' ὁ μείζων ἐν ὑμῖν γενέσθω ὡς ὁ νεώτερος, καὶ ὁ ἡγούμενος ὡς ὁ διακονῶν. 27. τίς γὰρ μείζων § ἐστιν, ὁ ἀνακείμενος ἢ ὁ διακονῶν; οὐχὶ ὁ ἀνακείμενος; ἐγὼ δὲ εἰμὶ ἐν μέσῳ ὑμῶν ὡς ὁ διακονῶν. 28. ὑμεῖς δέ ἐστε οἱ διαμεμενηκότες μετ' ἐμοῦ ἐν τοῖς πειρασμοῖς μου. 29. κἀγὼ διατίθεμαι ὑμῖν καθὼς διέθετό μοι ὁ πατήρ μου βασιλείαν, 30. ἵνα ἐσθίητε καὶ πίνητε § μετ' ἐμοῦ ἐπὶ τῆς τραπέζης μου ἐν τῇ βασιλείᾳ μου, καὶ § καθήσεσθε ἐπὶ § θρόνους § δώδεκα

---

21. + μου post τραπεζης P.
22. + ο post μεν M. | πορευεται κατα το ωρισμενον S, ορισμ. sic nostri (ὁρισμ. M). | + ο υιος του ανθρωπου ante παραδ. V.| παραδιδωται MΓ.
23. συζητειν SL. | μελλων πρασσειν SV, το πρασσειν μελλον M.
24. φιλονεικια SL, φιλονικεια P. | αυτοις SP. | μειζον L, μιζων M.
25. κυριευουσιν S.

26. ουτος pro ουτως P. | γενέστω L₁, γινεσθω V. | - o sec. LP.
27. μιζων M. | - εστιν S. | - o tert. L. | υμιν pro ειμι P.
28. εσται pro εστε P. | διαμεμενικοτες M.
29. διατιθεμε PV. | θεος pro πατηρ L.
30. ἐσθιῃ τέ καὶ πίνῃ L. | – μετ' εμου S. | καθισηθε S, καθισασθι M, καθισεσθε V. | θρονων S. | – δωδεκα S.

κρίνοντες τὰς δώδεκα φυλὰς τοῦ Ἰσραήλ. 31. Εἶπεν δὲ ὁ κύριος· Σίμων Σίμων, ἰδοὺ ὁ σατανᾶς ἐξητήσατο ὑμᾶς τοῦ σινιάσαι ὡς τὸν σῖτον· 32. ἐγὼ δὲ ἐδεήθην περὶ σοῦ ἵνα μὴ ἐκλείπῃ ἡ πίστις σου. καὶ σύ ποτε ἐπιστρέψας στήριξον τοὺς ἀδελφούς σου. 33. ὁ δὲ εἶπεν αὐτῷ· κύριε, μετὰ σοῦ ἕτοιμός εἰμι καὶ εἰς φυλακὴν καὶ εἰς θάνατον πορεύεσθαι. 34. ὁ δὲ εἶπεν· λέγω σοι, Πέτρε, οὐ μὴ φωνήσει σήμερον ἀλέκτωρ § ἕως τρίς § με ἀπαρνήσῃ μὴ εἰδέναι †.

35. Καὶ εἶπεν αὐτοῖς· ὅτε ἀπέστειλα ὑμᾶς ἄτερ βαλαντίου καὶ πήρας καὶ ὑποδημάτων, μή τινος ὑστερήσατε; οἱ δὲ εἶπον· § οὐθ᾽ ἑνός. 36. εἶπεν § δὲ αὐτοῖς· ἀλλὰ νῦν ὁ ἔχων § βαλλάντιον ἀράτω, ὁμοίως καὶ πήραν, καὶ ὁ μὴ ἔχων § πωλήσει τὸ ἱμάτιον αὐτοῦ καὶ §ἀγοράσει μάχαιραν. 37. λέγω γὰρ ὑμῖν ὅτι ἔτι τοῦτο τὸ γεγραμμένον δεῖ τελεσθῆναι ἐν ἐμοί, τό· καὶ μετὰ ἀνόμων ἐλογίσθη· καὶ γὰρ τὰ περὶ ἐμοῦ τέλος ἔχει. 38. οἱ δε εἶπον· κύριε, ἰδοὺ μάχαιραι ὧδε δύο. ὁ δὲ εἶπεν αὐτοῖς· ἱκανόν ἐστιν.

39. Καὶ ἐξελθὼν ἐπορεύθη κατὰ τὸ ἔθος εἰς τὸ ὄρος τῶν

---

31. ειπε SI.M, σιμωνι *pro* σιμ. *prim.* V, τω σιμωνι V₂ (τω *manus multo recentior addidit. Alter.*)| εξητησατο P.
32. στηριζων M.
34. ειπε SV. | πριν η *pro* εως S. | τρεῖς M, τρὶς V. | - με *hoc loco* s (*non* M). | απαρνησει PV, *sed* V' = *lvt.* | ειδενε V. | + με *post* ειδεναι SM.
35. ατερ L. | βαλλαντιου L. | πείρας

M. | ει δε *pro* οι δε P. | ουδενος S.
36. ειπε S. | ουν *pro* δε S. | βαλαντιον SV. | αρατω L. | πείραν M. | ω *pro* ο *ante* μη P. | πωλησατω S. | αγορασατω S.
37. δη *pro* δει P. | πληρωθηναι *pre* τελεσθηναι V.
38. μαχαιρε M. | εστι S.
39. - και *sec.* L.

ἐλαιῶν· ἠκολούθησαν δὲ αὐτῷ καὶ οἱ μαθηταί. † 40. γενόμενος δὲ ἐπὶ τοῦ τόπου εἶπεν αὐτοῖς· προσεύχεσθε μὴ § ἐμπεσεῖν εἰς πειρασμόν. 41. καὶ αὐτὸς ἀπεσπάσθη ἀπ' αὐτῶν ὡσεὶ λίθου βολήν, καὶ θεὶς τὰ γόνατα προσηύχετο 42. λέγων· πάτερ, εἰ § βούλῃ § παρενέγκαι τὸ ποτήριον τοῦτο ἀπ' ἐμοῦ. πλὴν μὴ τὸ θέλημα μοῦ ἀλλὰ τὸ σὸν γενέσθω. † 45. καὶ ἀναστὰς ἀπὸ τῆς προσευχῆς, ἐλθὼν πρὸς τοὺς μαθητὰς εὗρεν § κοιμωμένους αὐτοὺς ἀπὸ τῆς λύπης, 46. καὶ εἶπεν αὐτοῖς· τί καθεύδετε; ἀναστάντες προσεύχεσθε, ἵνα μὴ εἰσέλθητε εἰς πειρασμόν.

47. Ἔτι † αὐτοῦ λαλοῦντος, ἰδοὺ ὄχλος, καὶ ὁ λεγόμενος Ἰούδας εἷς τῶν δώδεκα § προῆγεν § αὐτούς, καὶ ἤγγισεν τῷ Ἰησοῦ φιλῆσαι αὐτόν, § τοῦτο γὰρ σημεῖον δέδωκεν αὐτοῖς· ὃν ἂν φιλήσω, αὐτός ἐστιν. 48. ὁ δὲ Ἰησοῦς εἶπεν αὐτῷ· Ἰούδα, φιλήματι τὸν υἱὸν τοῦ ἀνθρώπου παραδίδως; 49. ἰδόντες δὲ οἱ περὶ αὐτὸν τὸ ἐσόμεν_ν εἶπον αὐτῷ· κύριε, εἰ πατάξομεν

---

39. *fin.* + αυτου SMP.
40. προσευχεσθαι P. | εισελθειν *pro* εμπεσειν S. | πεισρασμον L..
41. ὡς ἡ L., ὡς M, *pro* ωσει. | προσευχητο M, προσηυξατο V.
42. βουλει SLV. | παρενεγκειν *pro* παρενεγκαι S. | - μη L.. | γινεσθω P.
43, 44. + ωφθη δε αυτω αγγελος απ' ουρανου ενισχυων αυτον. και γενομενος εν αγωνια εκτενεστερον προσηυχετο· εγενετο δε ο ιδρως (ιδρος M) αυτου ωσει θρομβοι αιματος καταβαινοντες (καταβαινοντος M) επι την γην, SMP₂ *marg.*, + ωφθη δε *tantum* P₁. Hosce duos versus habent codices nostri LMPV *apud Matthaeum, cap.* XXVI., *inter vv.* 39 *et* 40.
45. αυτους κοιμωμενους S.
46. καθευδεται L₁. | προσευχεσθαι P.
47. + δε *post* ετι SMP. | ιούδας SMV. | προηρχετο *pro* προηγεν SMP. | αυτων *pro* αυτους S. | ηγγισε SL.. | αυτω *pro* αυτον L.. | - τουτο γαρ σημειον δεδωκεν αυτοις ον αν φιληπω αυτος εστιν S.
48. ιούδα L..
49. παταξωμεν M.

ἐν μαχαίρᾳ; 50. καὶ ἐπάταξεν εἶς τις ἐξ αὐτῶν §τοῦ ἀρχιερέως τὸν δοῦλον καὶ ἀφεῖλεν §τὸ οὖς αὐτοῦ τὸ δεξιόν. 51. ἀποκριθεὶς δὲ ὁ Ἰησοῦς εἶπεν· §ἐάσατε ἕως τούτου. καὶ ἁψάμενος τοῦ ὠτίου αὐτοῦ ἰάσατο αὐτόν. 52. εἶπε δὲ ὁ Ἰησοῦς πρὸς τοὺς παραγενομένους ἐπ' αὐτὸν ἀρχιερεῖς καὶ στρατηγοὺς τοῦ ἱεροῦ καὶ πρεσβυτέρους· ὡς ἐπὶ λῃστὴν §ἐξήλθατε μετὰ μαχαιρῶν καὶ ξύλων· 53. §καθημέραν ὄντος μου μεθ' ὑμῶν ἐν τῷ ἱερῷ οὐκ ἐξετείνατε τὰς χεῖρας ἐπ' ἐμέ. ἀλλ' αὕτη ὑμῶν ἐστιν ἡ ὥρα καὶ ἡ ἐξουσία τοῦ σκότους.

54. Συλλαβόντες δὲ αὐτὸν ἤγαγον καὶ εἰσήγαγον αὐτὸν εἰς τὸν οἶκον τοῦ ἀρχιερέως· ὁ δὲ Πέτρος ἠκολούθει §αὐτῷ ἀπομακρόθεν. 55. ἁψάντων δὲ πῦρ ἐν μέσῳ τῆς αὐλῆς καὶ συγκαθισάντων αὐτῶν ἐκάθητο ὁ Πέτρος ἐν μέσῳ αὐτῶν. 56. ἰδοῦσα δὲ αὐτὸν παιδίσκη τις καθήμενον πρὸς τὸ φῶς καὶ ἀτενίσασα αὐτῷ εἶπεν· καὶ οὗτος σὺν αὐτῷ ἦν. 57. ὁ δὲ ἠρνήσατο αὐτὸν λέγων· γύναι, οὐκ οἶδα αὐτόν. 58. καὶ μετὰ βραχὺ ἕτερος ἰδὼν αὐτὸν ἔφη· καὶ σὺ ἐξ αὐτῶν εἶ. ὁ δὲ Πέτρος §ἔφη· ἄνθρωπε, οὐκ εἰμί. 59. καὶ διαστάσης ὡσεὶ ὥρας μιᾶς ἄλλος τις διϊσχυρίζετο λέγων· ἐπ' ἀλη-

---

49. - εν V.
50. - τις L. | τον δου. του αρχ. SV. | αυτου το ους S. | οὓς L. | - αυτου V.
51. ἰατε S.
52. ειπεν V. | παραγεναμενους V. | εξεληλυθατε S.
53. καθ' ἡμεραν SV. | οντως M. | εστιν υμων V.
54. - αυτον sec. V. | ἠκολουθη P. |

- αυτω S. | μακροθεν pro απομ. SV, sed v' = txt.
55. συνκαθισαντων LM, συγκαθησαντων P.
56. ατενησασα M. | ειπε S. | οὕτως P.
58. ειπεν pro εφη scc. s.
59. ὡς ἡ pro ωσει P. | ἀλλ' οστις P.| ισχυριζετο L. | - ην P.

θειας καὶ οὗτος μετ' αὐτοῦ ἦν· καὶ γὰρ Γαλιλαῖός ἐστιν. 60. εἶπε
δὲ ὁ Πέτρος· ἄνθρωπε, οὐκ οἶδα ὃ λέγεις. καὶ παραχρῆμα ἔτι
λαλοῦντος αὐτοῦ ἐφώνησεν † ἀλέκτωρ, 61. καὶ στραφεὶς ὁ κύριος
ἐνέβλεψεν τῷ Πέτρῳ· καὶ ὑπεμνήσθη ὁ Πέτρος τοῦ λόγου τοῦ
§ Ἰησοῦ ὡς εἶπεν αὐτῷ ὅτι πρὶν ἀλέκτορα § σήμερον φωνῆσαι
ἀπαρνήσῃ με τρίς. 62. καὶ ἐξελθὼν ἔξω ὁ Πέτρος ἔκλαυσε
πικρῶς.
63. Καὶ οἱ ἄνδρες οἱ συνέχοντες τὸν Ἰησοῦν ἐνέπαιζον αὐτῷ
δέροντες, 64. καὶ περικαλύψαντες αὐτὸν ἔτυπτον αὐτοῦ τὸ πρόσω-
πον, καὶ ἐπηρώτων αὐτὸν λέγοντες· προφήτευσον, τίς ἐστιν ὁ
παίσας σε; 65. καὶ ἕτερα πολλὰ βλασφημοῦντες ἔλεγον εἰς αὐτόν.
66. Καὶ ὡς ἐγένετο § πρωῒ ἡμέρα, συνήχθη τὸ πρεσβυτέριον
τοῦ λαοῦ ἀρχιερεῖς τε καὶ γραμματεῖς καὶ § ἀπήγαγον αὐτὸν εἰς
τὸ συνέδριον ἑαυτῶν, λέγοντες· εἰ σὺ εἶ ὁ Χριστός, εἰπὲ ἡμῖν.
67. εἶπε δὲ αὐτοῖς· ἐὰν ὑμῖν εἴπω, οὐ μὴ πιστεύσητε· 68. ἐὰν δὲ
καὶ § ἐπερωτήσω ὑμᾶς, οὐ μὴ ἀποκριθῆτέ μοι ἢ ἀπολύσητε.
69. ἀπὸ τοῦ νῦν ἔσται ὁ υἱὸς τοῦ ἀνθρώπου καθήμενος ἐκ δεξιῶν
τῆς δυνάμεως τοῦ θεοῦ. 70. εἶπον δὲ πάντες· σὺ οὖν εἶ ὁ υἱὸς τοῦ

---

60. ειπεν V. | αυτον λαλ. V. | + ὁ
ante αλεκτωρ s.
61. ις pro κς V, sed v' marg. = txt. |
ενεβλειψε S, επεβλειψε L. |
ρηματος pro λογου V. | κυριου
pro ιησου SLV. | – σημερον S. |
τρεις M.
62. – ὁ πετρος V. | εκλαυσεν V.
63. + αυτον ante τον ιν V. | – δε-
ροντες L.

64. ηρωτων L, ἐπὶρώτων P.
66. – πρωι SV. | – τε M. | ἀνηγαγον
s. | εαυτον M, αυτων V, pro
εαυτων.
67. υμιν pro ημιν MP.
68. ερωτησω S. | – υμας S. | απολυ-
σετε L.
69. του θεου της δυν. L.
70. ουν pro δε prim. LV. | – ουν loco
suo LV. | – ει P.

θεοῦ; ὁ δὲ πρὸς αὐτοὺς ἔφη· ὑμεῖς λέγετε, ὅτι ἐγὼ εἰμι. 71. οἱ δὲ εἶπον· τι ἔτι χρείαν ἔχομεν μαρτυρίας; αὐτοὶ γὰρ ἠκούσαμεν ἀπὸ τοῦ στόματος αὐτοῦ.

XXIII.

1. Καὶ ἀναστὰν ἅπαν τὸ πλῆθος αὐτῶν § ἤγαγον αὐτὸν ἐπὶ τὸν Πιλάτον. 2. ἤρξαντο δὲ κατηγορεῖν αὐτοῦ λέγοντες· τοῦτον εὔρομεν διαστρέφοντα τὸ ἔθνος § ἡμῶν καὶ κωλύοντα Καίσαρι φόρους διδόναι, λέγοντα ἑαυτὸν Χριστὸν βασιλέα εἶναι. 3. ὁ δὲ Πιλάτος ἐπηρώτησεν αὐτὸν λέγων· σὺ εἶ ὁ βασιλεὺς τῶν Ἰουδαίων; ὁ δὲ ἀποκριθεὶς αὐτῷ ἔφη· σὺ λέγεις. 4. ὁ δὲ Πιλάτος εἶπεν πρὸς τοὺς ἀρχιερεῖς καὶ τοὺς ὄχλους· οὐδὲν εὑρίσκω αἴτιον ἐν τῷ ἀνθρώπῳ τούτῳ. 5. οἱ δὲ ἐπίσχυον λέγοντες ὅτι ἀνασείει τὸν λαόν, διδάσκων καθ' ὅλης τῆς Ἰουδαίας ἀρξάμενος ἀπὸ τῆς Γαλιλαίας ἕως ὧδε. 6. Πιλάτος δὲ ἀκούσας Γαλιλαίαν ἐπηρώτησεν εἰ ὁ ἄνθρωπος Γαλιλαῖός ἐστιν, 7. καὶ ἐπιγνοὺς ὅτι ἐκ τῆς ἐξουσίας Ἡρώδου ἐστίν, ἀνέπεμψεν αὐτὸν πρὸς Ἡρώδην, ὄντα καὶ αὐτὸν ἐν Ἱεροσολύμοις ἐν ταύταις ταῖς ἡμέραις. 8. ὁ δὲ Ἡρώδης ἰδὼν τὸν Ἰησοῦν ἐχάρη λίαν· ἦν γὰρ § ἐξ ἱκανοῦ χρόνου θέλων ἰδεῖν

---

71. εχωμεν μαρτυρων L..
XXIII. 1. - αυτων M. | ηγαγεν s.
2. λεγοντος L₁. | - ημων s. | λεγον pro λεγοντα L.
3. λεγον P. | εφη αυτω V.
4. ειπε SL. | αιτιαν L.

5. ενισχυον L.. | διδασκον PV.
 - αρξ. απο της γαλ. L..
6. εστι SI..
8. λεγων pro λιαν L. | θελων εξ ικανου (- χρονου) s. | θελον

αὐτὸν διὰ τὸ ἀκούειν § περὶ αὐτοῦ πολλά, καὶ ἤλπιζέ τι σημεῖον ἰδεῖν ὑπ' αὐτοῦ γινόμενον. 9. ἐπηρώτα δὲ αὐτὸν ἐν λόγοις ἱκανοῖς· αὐτὸς δὲ οὐδὲν ἀπεκρίνατο αὐτῷ. 10. εἱστήκεισαν δὲ οἱ ἀρχιερεῖς καὶ οἱ γραμματεῖς εὐτόνως κατηγοροῦντες αὐτοῦ. 11. ἐξουθενήσας δὲ αὐτὸν § καὶ ὁ Ἡρώδης σὺν τοῖς στρατεύμασιν αὐτοῦ καὶ ἐμπαίξας, περιβαλὼν αὐτὸν ἐσθῆτα λαμπρὰν ἀνέπεμψεν αὐτὸν τῷ Πιλάτῳ. 12. ἐγένοντο δὲ φίλοι ὅ τε Πιλᾶτος καὶ † Ἡρώδης ἐν αὐτῇ τῇ ἡμέρᾳ μετ' ἀλλήλων· προϋπῆρχον γὰρ ἐν ἔχθρᾳ ὄντες πρὸς ἑαυτούς.

13. Πιλᾶτος δὲ συγκαλεσάμενος τοὺς ἀρχιερεῖς καὶ τοὺς ἄρχοντας καὶ τὸν λαὸν εἶπεν πρὸς αὐτούς· 14. προσηνέγκατέ μοι τὸν ἄνθρωπον τοῦτον ὡς § διαστρέφοντα τὸν λαόν, καὶ ἰδοὺ ἐγὼ ἐνώπιον ὑμῶν ἀνακρίνας οὐδὲν εὗρον ἐν § αὐτῷ αἴτιον ὧν κατηγορεῖτε κατ' αὐτοῦ. 15. ἀλλ' οὐδὲ Ἡρώδης· § ἀνέπεμψε γὰρ § αὐτὸν πρὸς ὑμᾶς, καὶ ἰδοὺ οὐδὲν ἄξιον θανάτου ἐστὶ πεπραγμένον § ἐν αὐτῷ. 16. παιδεύσας οὖν αὐτὸν ἀπολύσω. 17. ἀνάγκην δὲ εἶχεν ἀπολύειν αὐτοῖς κατὰ ἑορτὴν ἕνα. 18. ἀνέκραξαν δὲ § πᾶν πληθεῖ λέγοντες· αἶρε τοῦτον, ἀπόλυσον δὲ ἡμῖν τὸν

---

8. P. | πολλα περι αυτου S. | γενομενον L₂M.
10. εἱστηκεισαν SV.
11. εξουθενισας L. | – και prim. s. | στρατευμασι V, sed V₂ = S. | περιβαλωτε pro περιβαλων V. | αυτω pro αυτον sec. L. | εσθιτα P. | αυτου tert. (ου mutat.) L.
12. οτε ηρ. και ο πιλ. V. | + o ante ηρωδης s.
13. ειπε SL.

14. αποστρεφοντα S. | τω ανθρωπω τουτω pro αυτω S. | κατεγορειται L.
15. ανεπεμψα γαρ υμας προς αυτον SMV. | ανεπεμψαι P. | εστιν V. | – εν SM.
17. αυτοις απολυειν L.
18. ανεκραγον V. | – δε LP. | παμπληθει S, πανπληθῆ L. | αιρε s, αιρε P. | – τον MP. |

Βαραββᾶν· 19. ὅστις ἦν διὰ στάσιν τινὰ γενομένην ἐν τῇ πόλει καὶ φόνον βεβλημένος εἰς φυλακήν. 20. πάλιν οὖν ὁ Πιλᾶτος προσεφώνησεν § αὐτοῖς θέλων ἀπολῦσαι τὸν Ἰησοῦν. 21. οἱ δὲ ἐπεφώνουν λέγοντες· σταύρωσον σταύρωσον αὐτόν. 22. ὁ δὲ τρίτον εἶπεν πρὸς αὐτούς· τί γὰρ κακὸν ἐποίησεν οὗτος; οὐδὲν γὰρ αἴτιον θανάτου εὗρον ἐν αὐτῷ, παιδεύσας οὖν αὐτὸν ἀπολύσω. 23. οἱ δὲ ἐπέκειντο φωναῖς μεγάλαις αἰτούμενοι αὐτὸν σταυρωθῆναι, καὶ κατίσχυον αἱ φωναὶ αὐτῶν καὶ τῶν ἀρχιερέων. 24. ὁ δὲ Πιλᾶτος ἐπέκρινεν γενέσθαι τὸ αἴτημα αὐτῶν· 25. ἀπέλυσε δὲ αὐτοῖς § τὸν Βαραββᾶν τὸν διὰ στάσιν καὶ φόνον βεβλημένον εἰς τὴν φυλακήν, ὃν ᾐτοῦντο, τὸν δὲ Ἰησοῦν παρέδωκεν τῷ θελήματι αὐτῶν.
26. Καὶ ὡς ἀπήγαγον αὐτόν, ἐπιλαβόμενοι § Σίμωνά τινα Κυριναῖον † ἐρχομένου ἀπ' ἀγροῦ ἐπέθηκαν αὐτῷ τὸν σταυρὸν φέρειν ὄπισθεν τοῦ Ἰησοῦ. 27. ἠκολούθει δὲ αὐτῷ § πλῆθος πολὺ τοῦ λαοῦ καὶ γυναικῶν αἳ καὶ ἐκόπτοντο καὶ ἐθρήνουν αὐτόν. 28. στραφεὶς δὲ πρὸς αὐτὰς ὁ Ἰησοῦς εἶπεν· θυγατέρες Ἰερουσαλήμ, μὴ κλαίετε επ' ἐμέ· πλὴν ἐφ' ἑαυτὰς κλαίετε καὶ ἐπὶ τὰ τέκνα ὑμῶν, 29. ὅτι † § ἐλεύσονται ἡμέραι ἐν αἷς ἐροῦσιν· μακάριαι αἱ

---

18. βαραβαν L..
19. βεβλημενον L.
20. δε pro ουν V. | προσεφωνησε SL.. | - αυτοις S, προς αυτους pro αυτοις L..
22. ειπε SL.. | - γαρ S.
24. επεκρινε SL., απεκρινεν M. | τω L. | αυτον M.
25. απελυσεν V. | - τον βαρ. s. | βαραβαν L. | - την L. |

+ φραγγελωσας ante παρεδ.
L..|παρεδωκε LM.| το pro τω MV.
26. σιμωνος τινος κυρηναιου s. | + του ante ερχ. s. | ερχομενον V. | απο αγρου PV.
27. ηκολουθη M. | πολυ πληθος s. | - αι L..
28. ειπε s. | θυγατεραις M.
29. + ιδου post οτι s. | ερχονται s. ερουσι s. | μακάριαι s. |

στεῖραι καὶ § αἱ κοιλίαι αἳ οὐκ ἐγέννησαν, καὶ μαστοὶ οἳ οὐκ ἐθήλασαν. 30. τότε ἄρξονται λέγειν τοῖς ὄρεσιν· πέσετε ἐφ᾽ ἡμᾶς, καὶ τοῖς βουνοῖς· καλύψατε ἡμᾶς. 31. ὅτι εἰ ἐν τῷ ὑγρῷ ξύλῳ ταῦτα ποιοῦσιν, ἐν τῷ ξηρῷ τί γένηται; 32. ἤγοντο δὲ καὶ ἕτεροι δύο κακοῦργοι σὺν αὐτῷ ἀναιρεθῆναι. 33. Καὶ ὅτε ἀπῆλθον ἐπὶ τὸν τόπον τὸν καλούμενον Κρανίον, ἐκεῖ ἐσταύρωσαν αὐτὸν καὶ τοὺς κακούργους, ὃν μὲν ἐκ δεξιῶν, ὃν δὲ § ἐξενωνύμων. 34. ὁ Ἰησοῦς ἔλεγεν· πάτερ, ἄφες αὐτοῖς· οὐ γὰρ οἴδασι τί ποιοῦσιν. διαμεριζόμενοι δὲ τὰ ἱμάτια αὐτοῦ ἔβαλον κλῆρον. 35. καὶ εἱστήκει ὁ λαὸς θεωρῶν. ἐξεμυκτήριζον δὲ § αὐτὸν καὶ οἱ ἄρχοντες σὺν αὐτοῖς λέγοντες· ἄλλους ἔσωσεν, σωσάτω ἑαυτόν, εἰ οὗτός ἐστιν ὁ Χριστός ὁ § υἱὸς τοῦ θεοῦ ὁ ἐκλεκτός. 36. ἐνέπαιζον δὲ αὐτῷ καὶ οἱ στρατιῶται προσερχόμενοι καὶ ὄξος προσφέροντες αὐτῷ 37. καὶ λέγοντες· εἰ σὺ εἶ § ὁ Χριστὸς ὁ βασιλεὺς τῶν Ἰουδαίων, σῶσον σεαυτόν. 38. ἦν δὲ καὶ ἐπιγραφὴ § ἐπ᾽ αὐτῷ γεγραμμένη γράμμασιν Ἑλληνικοῖς καὶ Ῥωμαϊκοῖς καὶ Ἑβραϊκοῖς· οὗτός ἐστιν ὁ βασιλεὺς τῶν Ἰουδαίων. 39. Εἷς δὲ τῶν κρεμασθέντων κακούργων § ἐβλασ-

---

στηραι M. | - αι ante κοιλ. s. | κιλιαι P. | εγενησαν L₁. |
29. μαστη M.
30. αρξωνται PV. | ορεσι SP. | πεσεται M.
31. ξυλα? L. | ξυρω pro ξηρω P.
32. ηγοντο δε συν τω ιησου (το mutat.) L. | αναιρεθυναι M, ανερεθηναι P.
33. ηλθον LV. | αυτον εσταυρ. L. | - εκ L. | εξ αριστερων s, εξ ευωνυμων V.
34. ελεγε s. | οιδασιν V. | ποιουσι s. | ιματι L. | εβαλλον MV. | οθεορων P (pro θεωρων).
35. - αυτον s, αυτων pro αυτου M. | - συν αυτοις L. | εσωσε s. | - υιος s. | - ο ante εκλ. s.
36. ενεπειζον LM. | αυτον pro αυτω prim. L. | στρατιωτα? P.
37. - ο χς s. | αυτον pro σεαυτον M.
38. γεγρ. επ᾽ αυτω s. | - και εβρ. L₁M. | ο βασ. των ιουδ. ουτος εστιν V.
39. κακουργον M. | εβλασφημει SV. |

φήμη αυτόν λέγων· εἰ σὺ εἶ ὁ Χριστός, σῶσον σεαυτὸν καὶ ἡμᾶς. 40. ἀποκριθεὶς δὲ ὁ ἕτερος ἐπετίμα § αὐτὸν λέγων· οὐδὲ φοβῇ σὺ τὸν θεόν, ὅτι ἐν τῷ αὐτῷ κρίματι εἶ; 41. καὶ ἡμεῖς μὲν δικαίως, ἄξια γὰρ ὧν ἐπράξαμεν ἀπολαμβάνομεν· οὗτος δὲ οὐδὲν ἄτοπον ἔπραξεν· 42. καὶ ἔλεγε τῷ Ἰησοῦ· μνήσθητί μου, κύριε, ὅτ' ἂν ἔλθῃς ἐν τῇ βασιλείᾳ σου. 43. καὶ εἶπεν αὐτῷ ὁ Ἰησοῦς· ἀμὴν λέγω σοι, σήμερον μετ' ἐμοῦ ἔσῃ ἐν τῷ παραδείσῳ.
44. Ἦν δὲ § ὡς ἡ ὥρα ἕκτη καὶ σκότος ἐγένετο ἐφ' ὅλην τὴν γῆν ἕως ὥρας ἐννάτης, 45. καὶ ἐσκοτίσθη ὁ ἥλιος, καὶ ἐσχίσθη τὸ καταπέτασμα τοῦ ναοῦ μέσον. 46. καὶ φωνήσας φωνῇ μεγάλῃ ὁ Ἰησοῦς εἶπεν· πάτερ, εἰς χεῖράς σου παραθήσομαι τὸ πνεῦμά μου. καὶ §τοῦτο εἰπὼν ἐξέπνευσεν. 47. ἰδὼν δὲ ὁ ἑκατόνταρχος τὸ γενόμενον ἐδόξασε τὸν θεὸν λέγων· ὄντως ὁ ἄνθρωπος οὗτος δίκαιος ἦν. 48. καὶ πάντες οἱ συμπαραγενόμενοι ὄχλοι § καὶ θεωρήσαντες τὴν θεωρίαν ταύτην, θεωροῦντες τὰ § γινόμενα, τύπτοντες ἑαυτῶν τὰ στήθη ὑπέστρεφον. 49. εἱστήκεισαν δὲ πάντες οἱ γνωστοὶ αὐτοῦ μακρόθεν, καὶ γυναῖκες αἱ συνακολουθήσασαι αὐτῷ ἀπὸ τῆς Γαλιλαίας, ὁρῶσαι ταῦτα.
50. Καὶ ἰδοὺ ἀνὴρ ὀνόματι Ἰωσὴφ βουλευτὴς ὑπάρχων, ἀνὴρ

αυτω L, αυτων P pro αυτον.
40. αυτω pro αυτον SV, αυτων P. | ουδεν L. | φοβει V. | σοι pro συ L. | το pro τω P.
41. υμεις P. | απολαμβανωμεν LM. | επραξε S.
44. ωσει pro ως η S, ως ει V. | ενατης MV.
45. μεσων M.
46. ειπε S. | ταυτα S. | ειπον pro

ειπων P.
47. γενωμενον L. | εδοξασεν V. | οντως P. | ουτως M?
48. επι pro και θεωρησαντες S, θεωρουντες L. | και pro θεωρουντες MV. | γενομενα M. | εαυτὸν M, αυτων LP pro εαυτων. | τα εαυτων στηθη V.
49. εισταηκησαν M.

ἀγαθὸς καὶ δίκαιος, 51. οὗτος οὐκ ἦν § συγκατατιθεμένος τῇ βουλῇ καὶ τῇ πράξει αὐτῶν, ἀπὸ Ἀριμαθαίας πόλεως τῶν Ἰουδαίων, ὃς καὶ προσεδέχετο † τὴν βασιλείαν τοῦ θεοῦ, 52. οὗτος προσελθὼν τῷ Πιλάτῳ ᾐτήσατο τὸ σῶμα τοῦ Ἰησοῦ, 53. καὶ καθελὼν † ἐνετύλιξεν αὐτὸ σινδόνι § καθαρᾷ καὶ ἔθηκεν † ἐν μνήματι λαξευτῷ, οὗ οὐκ ἦν § οὐδεὶς οὐδέπω κείμενος, § καὶ προσεκύλησεν λίθον μέγαν ἐπὶ τὴν θύραν τοῦ μνημείου 54. καὶ ἡ ἡμέρα ἦν § παρασκευῆς, καὶ σάββατον ἐπέφωσκεν.

55. Κατακολουθήσασαι δὲ § αἱ γυναῖκες, αἵτινες ἦσαν συνεληλυθυῖαι αὐτῷ ἐκ τῆς Γαλιλαίας, § ἐθεώρουν τὸ μνημεῖον καὶ ὡς ἐτέθη τὸ σῶμα αὐτοῦ, 56. ὑποστρέψασαι δὲ ἡτοίμασαν ἀρώματα καὶ μύρα· καὶ τὸ μὲν σάββατον ἡσύχασαν κατὰ τὴν ἐντολήν.

XXIV

1. Τῇ δὲ μιᾷ τῶν σαββάτων ὄρθρου § βαθέως ἦλθον ἐπὶ τὸ μνῆμα φέρουσαι ἃ ἡτοίμασαν ἀρώματα, καί τινες σὺν αὐταῖς.

---

51. συγκατατιθεμενος S, κατατιθεμενος P, συν κατατ. M. | αριμαθεας M. | ους pro ος L. – και sec. L. | + και αυτος post προσεδεχετο SV.
52. ουτως P, αυτος L. | τω pro το MP.
53. + αυτο post καθελων SV. | αυτω pro αυτο ante σινδ. L. | σινδονη L. | – καθαρα SV. | ουδεπω ουδεις SV. | + αυτο post εθηκεν SV. | – και προσεκυλιισ7. μνημειου SL. | προσεκυγην M, προσεκυλισεν P. | ληθον M.
54. – η SV. | παρασκευη SLV. | – και sec. V. | επεφωσκε SM.
55. και pro αι ante γυν. S, – αι V. | συνεληλυθυιαν M. | εθεασαντο S. | τω pro το bis P.
XXIV. 1. βαθεος SL.. | μνημειον M. | επι το μνημα ηλθον V. |· – και τινες συν αυταις V, sed prima manus supra minio scripsit, Alter.

2. Εὗρον δὲ τὸν λίθον ἀποκεκυλισμένον ἀπὸ τοῦ μνημείου, 3. καὶ εἰσελθοῦσαι οὐχ εὗρον τὸ σῶμα τοῦ κυρίου Ἰησοῦ. 4. καὶ ἐγένετο ἐν τῷ διαπορεῖσθαι αὐτὰς περὶ τούτου, καὶ ἰδοὺ § ἄνδρες δύο ἐπέστησαν αὐταῖς ἐν ἐσθήσεσιν ἀστραπτούσαις· 5. ἐμφόβων δὲ γενομένων αὐτῶν καὶ κλινουσῶν τὸ πρόσωπον εἰς τὴν γῆν, εἶπον πρὸς αὐτάς· τί ζητεῖτε τὸν ζῶντα μετὰ τῶν νεκρῶν; οὐκ ἔστιν ὧδε, ἀλλ' ἠγέρθη. 6. μνήσθητε ὡς ἐλάλησεν ὑμῖν ἔτι ὢν ἐν τῇ Γαλιλαίᾳ, 7. λέγων ὅτι δεῖ τὸν υἱὸν τοῦ ἀνθρώπου παραδοθῆναι εἰς χεῖρας ἀνθρώπων ἁμαρτωλῶν καὶ σταυρωθῆναι καὶ τῇ τρίτῃ ἡμέρᾳ ἀναστῆναι. 8. καὶ ἐμνήσθησαν τῶν ῥημάτων αὐτοῦ, 9. καὶ ὑποστρέψασαι ἀπὸ τοῦ μνημείου ἀπήγγειλαν ταῦτα πάντα τοῖς ἕνδεκα καὶ πᾶσι τοῖς λοιποῖς. 10. ἦσαν δὲ ἡ Μαγδαληνὴ Μαρία καὶ Ἰωάννα καὶ Μαρία Ἰακώβου καὶ αἱ λοιπαὶ σὺν αὐταῖς, αἳ ἔλεγον πρὸς τοὺς ἀποστόλους ταῦτα. 11. καὶ ἐφάνησαν ἐνώπιον αὐτῶν ὡσεὶ λῆρος τὰ ῥήματα αὐτῶν, καὶ ἠπίστουν αὐταῖς. 12. ὁ δὲ Πέτρος ἀναστὰς ἔδραμεν ἐπὶ τὸ μνημεῖον, καὶ παρακύψας βλέπει τὰ ὀθόνια κείμενα μόνα· καὶ ἀπῆλθεν πρὸς ἑαυτόν, θαυμάζων τὸ γεγονός.

13. Καὶ ἰδοὺ δύο ἐξ αὐτῶν ἦσαν πορευόμενοι ἐν αὐτῇ τῇ ἡμέρᾳ εἰς κώμην ἀπέχουσαν σταδίους ἑξήκοντα ἀπὸ Ἱερουσαλήμ, ᾗ ὄνομα

2. τω *pro* του P.
4. δυο ανδρες S. | αισθησεσιν M.
5. ενφοβων M. | τω *pro* το P.
6. ὤν L.
7. ουτως *pro* οτι L. | παδωθηναι P.
9. απηγγηλαν M. | παντα ταυτα V.
10. ἦν *init.* L. | λειποι M, λιπαι P,

pro λοιπαι. | – αι *ante* ελεγον MP.
12. οθωνια M. | – μονα L. | απηλθε SLM, *at in* M *v supra scriptum.* | απηλθεν προς εαυτον *jungunt* LPM. | γεγονως L₁. |
13. – ησαν M. | ἡ L.

Ἐμμαούς, 14. καὶ αὐτοὶ ὡμίλουν πρὸς ἀλλήλους περὶ πάντων τῶν συμβεβηκότων τούτων. 15. καὶ ἐγένετο ἐν τῷ ὁμιλεῖν αὐτοὺς καὶ § συνζητεῖν, καὶ αὐτὸς ὁ Ἰησοῦς ἐγγίσας συνεπορεύετο αὐτοῖς· 16. οἱ δὲ ὀφθαλμοὶ αὐτῶν ἐκρατοῦντο τοῦ μὴ ἐπιγνῶναι αὐτόν. 17. εἶπεν δὲ πρὸς αὐτούς· τίνες οἱ λόγοι οὗτοι, οὓς ἀντιβάλλετε πρὸς ἀλλήλους περιπατοῦντες, καί ἐστε σκυθρωποί; 18. ἀποκριθεὶς δὲ † εἷς § ἐξ αὐτῶν, ᾧ ὄνομα Κλεόπας, εἶπεν πρὸς αὐτόν· σὺ μόνος παροικεῖς § εἰς Ἰερουσαλὴμ καὶ οὐκ ἔγνως τὰ γενόμενα ἐν αὐτῇ ἐν ταῖς ἡμέραις ταύταις; 19. καὶ εἶπεν αὐτοῖς· ποῖα; οἱ δὲ εἶπον αὐτῷ· τὰ περὶ Ἰησοῦ τοῦ Ναζωραίου, ὃς ἐγένετο ἀνὴρ προφήτης δυνατὸς ἐν ἔργῳ καὶ λόγῳ ἐναντίον τοῦ θεοῦ καὶ παντὸς τοῦ λαοῦ, ὅπως τε § αὐτὸν παρέδωκαν οἱ ἀρχιερεῖς καὶ οἱ ἄρχοντες ἡμῶν εἰς κρίμα θανάτου καὶ ἐσταύρωσαν αὐτόν. 21. ἡμεῖς δὲ ἠλπίζομεν ὅτι αὐτός ἐστιν ὁ μέλλων λυτροῦσθαι τὸν Ἰσραήλ· ἀλλά γε σὺν πᾶσι τούτοις τρίτην ταύτην ἡμέραν ἄγει σήμερον, ἀφ' οὗ ταῦτα ἐγένετο. 22. ἀλλὰ καὶ γυναῖκές τινες ἐξ ἡμῶν ἐξέστησαν ἡμᾶς, γενόμεναι ὄρθριαι ἐπὶ τὸ μνημεῖον, 23. καὶ μὴ εὑροῦσαι τὸ σῶμα αὐτοῦ ἦλθον, λέγουσαι καὶ ὀπτασίαν ἀγγέλων ἑωρακέναι, οἳ λέγουσιν αὐτὸν ζῆν. 24. καὶ ἀπῆλθόν τινες τῶν σὺν ἡμῖν ἐπὶ τὸ μνημεῖον, καὶ εὗρον οὕτως καθὼς καὶ αἱ γυναῖκες εἶπον,

---

14. ομιλουν MP. | συμβηβικοτων M.
15. συζητειν SL.
17. ειπε SLV. | αντιβαλλεται M.
18. αποκριθεις (ι prim. mutat.) L. | + ὁ ante εἰς S. | - εξ αυτων S. | ονοματι L. | εν pro εις SLV. | ειπε SLM.
19. ει δε pro οι δε M.

20. τὲ L. | παρεδωκαν αυτον S.
21. ελπιζομεν L. | τριτην (η mutat.) L. | αγη L.
23. οπτασιαν S. | αἳ pro οἱ L. | λεγουσαι pro λεγουσιν l.. | αυτον (amutat.) L.
24. ουτω SV, ουτος L₁M. |

ΚΑΤΑ ΛΟΥΚΑΝ.

αὐτὸν δὲ οὐκ εἶδον. 25. καὶ αὐτὸς εἶπεν πρὸς αὐτούς· ὦ ἀνόητοι καὶ βραδεῖς τῇ καρδίᾳ τοῦ πιστεύειν ἐπὶ πᾶσιν οἷς ἐλάλησαν οἱ προφῆται. 26. οὐχὶ ταῦτα ἔδει παθεῖν τὸν Χριστὸν καὶ εἰσελθεῖν εἰς τὴν δόξαν αὐτοῦ; 27. καὶ ἀρξάμενος ἀπὸ Μωσέως καὶ ἀπὸ πάντων τῶν προφητῶν § διερμήνευεν αὐτοῖς ἐν πάσαις ταῖς γραφαῖς τὰ περὶ ἑαυτοῦ. 28. καὶ ἤγγισαν εἰς τὴν κώμην οὗ ἐπορεύοντο, καὶ αὐτὸς προσεποιεῖτο πορρωτέρω πορεύεσθαι· 29. καὶ παρεβιάσαντο αὐτὸν λέγοντες· μεῖνον μεθ' ἡμῶν, ὅτι πρὸς ἑσπέραν ἐστὶν καὶ κέκλικεν ἡ ἡμέρα. καὶ εἰσῆλθεν τοῦ μεῖναι σὺν αὐτοῖς. 30. καὶ ἐγένετο ἐν τῷ κατακλιθῆναι αὐτὸν μετ' αὐτῶν, λαβὼν τὸν ἄρτον § ηὐλόγησεν καὶ κλάσας ἐπεδίδου αὐτοῖς· 31. αὐτῶν δὲ διηνοίχθησαν οἱ ὀφθαλμοί, καὶ ἐπέγνωσαν αὐτόν· καὶ αὐτὸς ἄφαντος ἐγένετο ἀπ' αὐτῶν. 32. καὶ εἶπον πρὸς ἀλλήλους· οὐχὶ ἡ καρδία ἡμῶν καιομένη ἦν ἐν ἡμῖν, ὡς ἐλάλει ἡμῖν ἐν τῇ ὁδῷ, καὶ ὡς διήνοιγεν ἡμῖν τὰς γραφάς; 33. Καὶ ἀναστάντες αὐτῇ τῇ ὥρᾳ ὑπέστρεψαν εἰς Ἱερουσαλήμ, καὶ εὗρον συνηθροισμένους τοὺς ἕνδεκα καὶ τοὺς σὺν αὐτοῖς, 34. λέγοντας ὅτι ἠγέρθη ὁ κύριος ὄντως καὶ ὤφθη Σίμωνι· 35. καὶ αὐτοὶ ἐξηγοῦντο τὰ ἐν τῇ ὁδῷ καὶ ὡς ἐγνώσθη αὐτοῖς ἐν τῇ κλάσει τοῦ ἄρτου.

οιδον M, ιδον P.
25. οὗτος *pro* αυτος M. | ειπε SL. | βραεὺς P.
27. διηρμηνευεν S. | αυτου *pro* εαυτ. L, αὐτου M.
28. ειγγυσαν L. | πρὺσέπειεῖτὺ (sic) P.
29. μειναι (*mutat*. *pro* μεινον) L, μηναι M. | εστι SP. | κεκληκεν

L.. | + ηδη *post* κεκλ. V. | εισηλθε SLM.
30. κατακληθηναι LM. | ευλογησεν (... σε S.) SLV.
32. ουχ L. | ελαλη M.
33. συνοιθροισμενους M.
35. εξηγουντω P.

36. Ταῦτα δὲ αὐτῶν §λεγόντων αὐτὸς ὁ Ἰησοῦς ἔστη ἐν μέσῳ αὐτῶν καὶ λέγει αὐτοῖς· εἰρήνη ὑμῖν. 37. πτοηθέντες δὲ καὶ ἔμφοβοι γενόμενοι ἐδόκουν πνεῦμα θεωρεῖν. 38. καὶ εἶπεν αὐτοῖς· τί τεταραγμένοι ἐστέ, καὶ §διὰ τί διαλογισμοὶ ἀναβαίνουσιν ἐν ταῖς καρδίαις ὑμῶν; 39. ἴδετε τὰς χεῖράς μου καὶ τοὺς πόδας μου, ὅτι αὐτὸς ἐγώ εἰμι· ψηλαφήσατέ με καὶ ἴδετε, ὅτι πνεῦμα σάρκα καὶ ὀστέα οὐκ ἔχει καθὼς ἐμὲ θεωρεῖτε ἔχοντα. 40. καὶ τοῦτο εἰπὼν ἐπέδειξεν αὐτοῖς τὰς χεῖρας καὶ τοὺς πόδας. 41. ἔτι δὲ ἀπιστούντων αὐτῶν ἀπὸ τῆς χαρᾶς καὶ θαυμαζόντων, εἶπεν αὐτοῖς· ἔχετέ τι βρώσιμον ἐνθάδε; 42. οἱ δὲ ἐπέδωκαν αὐτῷ ἰχθύος ὀπτοῦ μέρος, καὶ ἀπὸ μελισσίου §κηρίον· 43. καὶ λαβὼν ἐνώπιον αὐτῶν ἔφαγεν, §καὶ τὰ ἐπίλοιπα ἔδωκεν αὐτοῖς.

44. Εἶπε δὲ αὐτοῖς· οὗτοι οἱ λόγοι, οὓς ἐλάλησα πρὸς ὑμᾶς ἔτι ὢν σὺν ὑμῖν, ὅτι δεῖ πληρωθῆναι πάντα τὰ γεγραμμένα ἐν τῷ νόμῳ Μωσέως καὶ προφήταις καὶ ψαλμοῖς περὶ ἐμοῦ. 45. τότε διήνοιξεν αὐτῶν τὸν νοῦν τοῦ συνιέναι τὰς γραφάς, 46. καὶ εἶπεν αὐτοῖς ὅτι §οὕτως γέγραπται καὶ οὕτως ἔδει παθεῖν τὸν Χριστὸν καὶ ἀναστῆναι ἐκ νεκρῶν τῇ τρίτῃ ἡμέρᾳ, 47. καὶ κηρυχθῆναι ἐπὶ τῷ ὀνόματι αὐτοῦ μετάνοιαν καὶ ἄφεσιν ἁμαρτιῶν εἰς πάντα τὰ ἔθνη, ἀρξάμενον ἀπὸ Ἱερουσαλήμ. 48. ὑμεῖς δέ ἐστε μάρτυρες τούτων.

---

36. αυτον *pro* αυτων *prim.* M₁. | λαλουντων *pro* λεγοντων S. | εστη L.
37. πτωηθεντες L₁M. | + οἱ μαθηται *post* εδοκουν L.
38. διατὶ SLV. | ημων *pro* υμ. M.
39. ειδετε *prim.* L. | – μου *sec.* P. | ψηλαφησετε L.
42. κηριου SMV.
43. – και τα *usq.* αυτοις SLV.
44. ημιν *pro* υμιν L.
45. αυτοις *pro* αυτων V.
46. ουτω *pro* ουτως SV, ουτος *bis prim.* L.
48. εσται P.

49. καὶ ἰδοὺ ἐγὼ ἀποστέλλω τὴν ἐπαγγελίαν τοῦ πατρός μου ἐφ' ὑμᾶς· ὑμεῖς δὲ καθίσατε ἐν τῇ πόλει Ἱερουσαλὴμ ἕως οὗ ἐνδύσησθε δύναμιν ἐξ ὕψους. 50. Ἐξήγαγεν δὲ αὐτοὺς ἔξω ἕως εἰς Βηθανίαν, καὶ ἐπάρας τὰς χεῖρας αὐτοῦ εὐλόγησεν αὐτούς. 51. καὶ ἐγένετο ἐν τῷ εὐλογεῖν αὐτὸν αὐτοὺς διέστη ἀπ' αὐτῶν καὶ ἀνεφέρετο εἰς τὸν οὐρανόν. 52. καὶ αὐτοὶ προσκυνήσαντες αὐτὸν ὑπέστρεψαν εἰς Ἱερουσαλὴμ μετὰ χαρᾶς μεγάλης, καὶ ἦσαν διαπαντὸς ἐν τῷ ἱερῷ, αἰνοῦντες καὶ εὐλογοῦντες τὸν θεόν. ἀμήν.

Εὐαγγέλιον κατὰ λουκᾶν ἐγράφη ἑλληνιστὶ εἰς ἀλεξανδρίαν τὴν μεγάλην μετὰ ιε ἔτη τῆς ἀναληψέως τοῦ κυρίου, ἔχει δὲ ῥήματα ͵γωγ στίχους ͵βϡν.

---

49. καθησατε L..
50. εξηγαγε SL..
53. διὰ παντός P.
Subscriptio. L. nil subscriptum ha-

bet. αλεξανδρειαν M. | ετι P.|
εχη P. | post γ in P numerus ρηματων obscuratus est. | στοιχοι M.

ΕΥΑΓΓΕΛΙΟΝ
ΚΑΤΑ ΙΩΑΝΝΗΝ.

I.

1. Ἐν ἀρχῇ ἦν ὁ λόγος, καὶ ὁ λόγος ἦν πρὸς τὸν θεόν, καὶ θεὸς ἦν ὁ λόγος. 2. οὗτος ἦν ἐν ἀρχῇ πρὸς τὸν θεόν. 3. πάντα δι' αὐτοῦ ἐγένετο, καὶ χωρὶς αὐτοῦ ἐγένετο οὐδὲ ἓν ὃ γέγονεν· 4. ἐν αὐτῷ ζωὴ ἦν, καὶ ἡ ζωὴ ἦν τὸ φῶς τῶν ἀνθρώπων. 5. καὶ τὸ φῶς ἐν τῇ σκοτίᾳ φαίνει, καὶ ἡ σκοτία αὐτὸ οὐ κατέλαβεν. 6. Ἐγένετο ἄνθρωπος, ἀπεσταλμένος παρὰ θεοῦ, ὄνομα αὐτῷ Ἰωάννης· 7. οὗτος ἦλθεν εἰς μαρτυρίαν, ἵνα μαρτυρήσῃ περὶ τοῦ φωτός, ἵνα πάντες πιστεύσωσι δι' αὐτοῦ. 8. οὐκ ἦν ἐκεῖνος τὸ φῶς, ἀλλ' ἵνα μαρτυρήσῃ περὶ τοῦ φωτός. 9. Ἦν τὸ φῶς τὸ ἀληθινόν, ὃ φωτίζει πάντα ἄνθρωπον, ἐρχόμενον εἰς τὸν κόσμον. 10. ἐν τῷ κόσμῳ ἦν, καὶ ὁ κόσμος δι' αὐτοῦ ἐγένετο, καὶ ὁ κόσμος αὐτὸν οὐκ ἔγνω.

ευαγγελιον εκ του κατα ιωαννην L.
1. 3. εγινετο P.
5. σκοτεια prim. L. | αυτον P. |

κατελαβε L₁.
6. αυτου pro αυτω M.
7. μαρτυριση P. | πιστευσωσιν M.
9. παν^τ L (sic) παντ^a P.

11. εἰς τὰ ἴδια ἦλθεν, καὶ οἱ ἴδιοι αὐτὸν οὐ παρέλαβον. 12. ὅσοι δὲ ἔλαβον αὐτόν, ἔδωκεν αὐτοῖς ἐξουσίαν τέκνα θεοῦ γενέσθαι, τοῖς πιστεύουσιν εἰς τὸ ὄνομα αὐτοῦ, 13. οἳ οὐκ ἐξ αἱμάτων, οὐδὲ ἐκ θελήματος σαρκὸς οὐδὲ ἐκ θελήματος ἀνδρὸς ἀλλ᾽ ἐκ θεοῦ ἐγεννήθησαν. 14. καὶ ὁ λόγος σὰρξ ἐγένετο καὶ ἐσκήνωσεν ἐν ἡμῖν, καὶ ἐθεασάμεθα τὴν δόξαν αὐτοῦ, δόξαν ὡς μονογενοῦς παρὰ πατρός, πλήρης χάριτος καὶ ἀληθείας. 15. Ἰωάννης μαρτυρεῖ περὶ αὐτοῦ καὶ κέκραγε λέγων· οὗτος ἦν ὃν εἶπον· ὁ ὀπίσω μου ἐρχόμενος ἔμπροσθέν μου γέγονεν, ὅτι πρῶτός μου ἦν. 16. καὶ ἐκ τοῦ πληρώματος αὐτοῦ ἡμεῖς πάντες ἐλάβομεν, καὶ χάριν ἀντὶ χάριτος· 17. ὅτι ὁ νόμος διὰ Μωσέως ἐδόθη, ἡ χάρις καὶ ἡ ἀλήθεια διὰ Ἰησοῦ Χριστοῦ ἐγένετο. 18. θεὸν οὐδεὶς ἑώρακε πώποτε· ὁ μονογενὴς υἱὸς ὁ ὢν εἰς τὸν κόλπον τοῦ πατρός, ἐκεῖνος ἐξηγήσατο.

19. Καὶ αὕτη ἐστὶν ἡ μαρτυρία τοῦ Ἰωάννου, ὅτε ἀπέστειλαν οἱ Ἰουδαῖοι ἐξ Ἱεροσολύμων ἱερεῖς καὶ Λευίτας § πρὸς αὐτὸν ἵνα ἐρωτήσωσιν αὐτόν· σὺ τίς εἶ; 20. καὶ ὡμολόγησεν καὶ οὐκ ἠρνήσατο, καὶ ὡμολόγησεν ὅτι οὐκ εἰμὶ ἐγὼ ὁ Χριστός. 21. καὶ ἠρώτησαν αὐτόν· τί οὖν; Ἠλίας εἶ σύ; καὶ λέγει· οὐκ εἰμί. ὁ προφήτης εἶ σύ; καὶ ἀπεκρίθη· οὔ. 22. εἶπον οὖν αὐτῷ· τίς εἶ; ἵνα ἀπόκρισιν δῶμεν τοῖς πέμψασιν ἡμᾶς· τί λέγεις περὶ σεαυτοῦ;

---

11. ηλθε s.
13. εγενηθησαν L₁P, sed P' = s.
15. εκεκραγε P.
16. ελαβωμεν P.
17. εδωθη P.
18. - του πατρος L.
19. εξ ιεροσ. οι ιουδ. V. | - προς αυτον s. | ερωτισωσιν P.

20. ωμολογησε prim. si., ὡμολογησεν bis P, ὁμολωγησεν prim. | ὁμολογησειν sec. M.
21. ηλιας MV (cf v. 25). | απεκριθη pro λεγει L. | - ο L. | προφητις P. | λεγει ουκ ειμι pro απεκριθη ου L.

23. § ὁ δὲ ἔφη· ἐγὼ φωνὴ βοῶντος ἐν τῇ ἐρήμῳ· εὐθύνατε τὴν ὁδὸν κυρίου, καθὼς εἶπεν Ἡσαΐας ὁ προφήτης. 24. καὶ οἱ ἀπεσταλμένοι ἦσαν ἐκ τῶν Φαρισαίων, 25. καὶ ἠρώτησαν αὐτὸν καὶ εἶπον αὐτῷ· τί οὖν βαπτίζεις, εἰ σὺ οὐκ εἶ ὁ Χριστὸς οὔτε Ἡλίας οὔτε ὁ προφήτης; 26. ἀπεκρίθη αὐτοῖς ὁ Ἰωάννης λέγων· ἐγὼ § μὲν βαπτίζω ἐν ὕδατι· μέσος δὲ ὑμῶν ἔστηκεν, ὃν ὑμεῖς οὐκ οἴδατε. 27. αὐτός ἐστιν ὁ ὀπίσω μου ἐρχόμενος, ὃς ἔμπροσθέν μου γέγονεν, οὗ § οὐκ εἰμὶ ἐγὼ ἄξιος ἵνα λύσω αὐτοῦ τὸν ἱμάντα τοῦ ὑποδήματος. 28. ταῦτα ἐν § Βηθεβαρᾷ ἐγένετο πέραν τοῦ Ἰορδάνου, ὅπου ἦν Ἰωάννης § τὸ πρῶτον βαπτίζων.

29. Τῇ ἐπαύριον βλέπει ὁ Ἰωάννης τὸν Ἰησοῦν ἐρχόμενον πρὸς αὐτόν, καὶ λέγει· ἴδε ὁ ἀμνὸς τοῦ θεοῦ ὁ αἴρων τὴν ἁμαρτίαν τοῦ κόσμου. 30. οὗτός ἐστι περὶ οὗ ἐγὼ εἶπον § ὑμῖν· ὀπίσω μου ἔρχεται ἀνὴρ ὃς ἔμπροσθέν μου γέγονεν, ὅτι πρῶτός μου ἦν. 31. κἀγὼ οὐκ ᾔδειν αὐτόν, ἀλλ' ἵνα φανερωθῇ τῷ Ἰσραήλ, διὰ τοῦτο ἦλθον ἐγὼ ἐν τῷ ὕδατι βαπτίζων. 32. καὶ ἐμαρτύρησεν § ὁ Ἰωάννης λέγων ὅτι τεθέαμαι τὸ πνεῦμα καταβαῖνον ὡσεὶ περιστερὰν ἐξ οὐρανοῦ, καὶ ἔμεινεν ἐπ' αὐτόν. 33. κἀγὼ οὐκ ᾔδειν αὐτόν, ἀλλ' ὁ πέμψας με βαπτίζειν ἐν ὕδατι, ἐκεῖνός μοι εἶπεν· ἐφ' ὃν ἂν ἴδῃς

---

23. - ο δε S. | - εγω L. | ετοιμασατε pro ευθυν. V. | ησαιὰς P.
25. ουδε bis V.
26. - λεγων V. | - μεν S.
27. ὅς' ἔμπροσθε P. | γεγωνεν P. | - ου P. | εγω ουκ ειμι SMV. | αυτων pro αυτου M.
28. βηθαβαρα S, βηθανια V. | - ην L₁. | - το πρωτον SLV.

29. αἴρων L. | τιν pro την P.
30. - υμιν S, ημιν pro υμιν M. | εμπροσθε L, εν προσθεν M.
31. ειδειν L₁ P, ηδην M. | διατουτο L. | - τω sec. LV.
32. εμαρτυρισεν P. | - ο S. | καταβαινων V. | ως pro ωσει V. |
33. οιδειν L, ειδειν P, ηδην V. | μοι (μ mutat.) L.. | ειδοις L, ιδεις

ΚΑΤΑ ΙΩΑΝΝΗΝ.

τὸ πνεῦμα καταβαῖνον καὶ μένον ἐπ' αὐτόν, οὗτός ἐστιν ὁ βαπτίζων ἐν πνεύματι ἁγίῳ. 34. κἀγὼ ἑώρακα, καὶ § μεμαρτύρικα ὅτι οὗτός ἐστιν ὁ υἱὸς τοῦ θεοῦ. 35. Τῇ ἐπαύριον πάλιν εἱστήκει ὁ Ἰωάννης καὶ ἐκ τῶν μαθητῶν αὐτοῦ δύο, 36. καὶ ἐμβλέψας τῷ Ἰησοῦ περιπατοῦντι λέγει· ἴδε ὁ ἀμνὸς τοῦ θεοῦ. 37. καὶ ἤκουσαν αὐτοῦ οἱ δύο μαθηταὶ λαλοῦντος, καὶ ἠκολούθησαν τῷ Ἰησοῦ. 38. στραφεὶς δὲ ὁ Ἰησοῦς καὶ θεασάμενος αὐτοὺς ἀκολουθοῦντας λέγει αὐτοῖς· 39. § τίνα ζητεῖτε; οἱ δὲ εἶπον αὐτῷ· ῥαββί, ὃ λέγεται ἑρμηνευόμενον διδάσκαλε, ποῦ μένεις; 40. λέγει αὐτοῖς· ἔρχεσθε καὶ ἴδετε. ἦλθον § οὖν καὶ § ἴδον ποῦ μένει, καὶ παρ' αὐτῷ ἔμειναν § ἐκείνην τὴν ἡμέραν· ὥρα † ἦν ὡς δεκάτη. 41. ἦν § δὲ Ἀνδρέας ὁ ἀδελφὸς Σίμωνος Πέτρου εἷς ἐκ τῶν δύο τῶν ἀκουσάντων παρὰ Ἰωάννου καὶ ἀκολουθησάντων § αὐτῶν· 42. εὑρίσκει οὗτος § πρῶτον τὸν ἀδελφὸν τὸν ἴδιον Σίμωνα καὶ λέγει αὐτῷ· εὑρήκαμεν τὸν § Μεσίαν ὅ ἐστι μεθερμηνευόμενον † Χριστός. 43. καὶ ἤγαγεν αὐτὸν πρὸς τὸν Ἰησοῦν. ἐμβλέψας δὲ αὐτῷ ὁ Ἰησοῦς εἶπεν· σὺ εἶ Σίμων ὁ υἱὸς Ἰωνᾶ, σὺ κληθήσῃ Κηφᾶς, ὃ ἑρμηνεύεται Πέτρος.

P. | καταβαινων V.
34. μεμαρτυρηκα SL.
35. ειστηκει M, ιστηκει P.
36. + ο χc post ιδε V.
37. αυτω L. | - οι M. | αυτ λαλουντος L.
38. - δε V.
39. τι pro τινα SLV. | λεγετε M. | μενης M.
40. ερχεσθαι MP. | -ουν SL. | ειδον

SLV. | την ημεραν εκεινην S. | + δε post ωρα S.
41. - δε SLV. | + ο ante ανδρεας V. | ακολουθεισαντων P. | αυτω pro αυτων SLM.
42. ουτως P. | πρωτος SV. | ευρικαμεν M. | μεσσιαν SM. | + ο ante χριστος S.
43. - δε L. | ειπε S. | κληθησει P. | ιωνα ; L. | ερμηνευετε P.

2 Q

44. Τῇ ἐπαύριον ἠθέλησεν ὁ Ἰησοῦς ἐξελθεῖν εἰς τὴν Γαλιλαίαν, καὶ εὑρίσκει Φίλιππον. καὶ λέγει αὐτῷ § ὁ Ἰησοῦς· ἀκολούθει μοι. 45. ἦν δὲ ὁ Φίλιππος ἀπὸ Βηθσαϊδά, ἐκ τῆς πόλεως Ἀνδρέου καὶ Πέτρου. 46. εὑρίσκει Φίλιππος τὸν Ναθαναὴλ καὶ λέγει αὐτῷ· ὃν ἔγραψε Μωσῆς ἐν τῷ νόμῳ καὶ οἱ προφῆται, εὑρήκαμεν, Ἰησοῦν τὸν υἱὸν τοῦ Ἰωσὴφ τὸν ἀπὸ § Ναζαρέθ. 47. καὶ εἶπεν αὐτῷ Ναθαναήλ· ἐκ § Ναζαρὲθ δύναταί τι ἀγαθὸν εἶναι; λέγει αὐτῷ Φίλιππος· ἔρχου καὶ ἴδε. 48. εἶδεν ὁ Ἰησοῦς τὸν Ναθαναὴλ ἐρχόμενον πρὸς αὐτόν καὶ λέγει περὶ αὐτοῦ· ἴδε ἀληθῶς Ἰσραηλίτης, ἐν ᾧ δόλος οὐκ ἔστιν· 49. λέγει αὐτῷ Ναθαναήλ· πόθεν με γινώσκεις; ἀπεκρίθη ὁ Ἰησοῦς καὶ εἶπεν αὐτῷ· πρὸ τοῦ σε Φίλιππον φωνῆσαι ὄντα ὑπὸ τὴν συκῆν § ἴδον σε. 50. ἀπεκρίθη Ναθαναὴλ καὶ λέγει αὐτῷ· ῥαββί, σὺ εἶ ὁ υἱὸς τοῦ θεοῦ, σὺ εἶ ὁ βασιλεὺς τοῦ Ἰσραήλ. 51. ἀπεκρίθη § ὁ Ἰησοῦς καὶ εἶπεν αὐτῷ· ὅτι εἶπόν σοι §ὅτι εἶδόν σε ὑποκάτω τῆς συκῆς, πιστεύεις; μείζω τούτων § ὄψῃ. 52. καὶ λέγει αὐτῷ· ἀμὴν ἀμὴν λέγω ὑμῖν, § ἀπάρτι ὄψεσθε τὸν οὐρανὸν ἀνεῳγότα καὶ τοὺς ἀγγέλους τοῦ θεοῦ ἀναβαίνοντας καὶ καταβαίνοντας ἐπὶ τὸν υἱὸν τοῦ ἀνθρώπου.

---

44. - ο ιησους SL. | με *pro* μοι P.
45. - ο LP. | - ανδρεα L.
46. ναθανιηλ (*mutat.*) L. | εγραψεν V. | μωυσης V. | ευρικαμεν M.| ναζαρετ S, ν̇αναζαρεθ L₁, ναθαρεθ M.
47. ναθαηλ P. | ναζαρετ S.
48. ιδων δε *pro* ειδεν V. | - και V. | εστι S.
49. συκῆν S. | ειδον SLV.
50. + αυτω *post* απεκριθη V. | ειπεν *pro* λεγει V. | - αυτω V. | - συ ει ο υιος του θεου P. *fin.*; L.
51. - ο S. | σοι ειπον L. | - οτι *sec.* SLV. | μείζων M. | ὀψει SLM.
52. - αμην *alt*. LP. | ἀπ' αρτι SMV.

II.

1. Καὶ § τῇ τρίτῃ ἡμέρᾳ γάμος ἐγένετο ἐν Κανᾷ τῆς Γαλιλαίας, καὶ ἦν ἡ μήτηρ τοῦ Ἰησοῦ ἐκεῖ· 2. ἐκλήθη δὲ καὶ ὁ Ἰησοῦς καὶ οἱ μαθηταὶ αὐτοῦ εἰς τὸν γάμον. 3. καὶ ὑστερήσαντος οἴνου, λέγει ἡ μήτηρ τοῦ Ἰησοῦ πρὸς αὐτόν· οἶνον οὐκ ἔχουσιν. 4. § καὶ λέγει αὐτῇ ὁ Ἰησοῦς· τί ἐμοὶ καὶ σοί, γύναι; οὔπω ἥκει ἡ ὥρα μου. 5. λέγει ἡ μήτηρ αὐτοῦ τοῖς διακόνοις· ὅ τι ἂν § λέγει ὑμῖν, ποιήσατε. 6. ἦσαν δὲ ἐκεῖ ὑδρίαι λίθιναι § κείμεναι ἐξ κατὰ τὸν καθαρισμὸν τῶν Ἰουδαίων, χωροῦσαι ἀνὰ § μετρητὰς δύο ἢ τρεῖς. 7. λέγει αὐτοῖς ὁ Ἰησοῦς· γεμίσατε τὰς ὑδρίας ὕδατος. καὶ ἐγέμισαν αὐτὰς ἕως ἄνω. 8. καὶ λέγει αὐτοῖς· ἀντλήσατε νῦν καὶ φέρετε τῷ ἀρχιτρικλίνῳ. καὶ ἤνεγκαν. 9. ὡς δὲ ἐγεύσατο ὁ ἀρχιτρίκλινος τὸ ὕδωρ οἶνον γεγενημένον, καὶ οὐκ § ᾔδη πόθεν ἐστίν, οἱ δὲ διάκονοι ᾔδεισαν οἱ ἠντληκότες τὸ ὕδωρ, φωνεῖ τὸν νυμφίον ὁ ἀρχιτρίκλινος 10. καὶ λέγει αὐτῷ· πᾶς ἄνθρωπος πρῶτον τὸν καλὸν οἶνον τίθησι, καὶ ὅτ᾽ ἂν § μεθυστῶσιν τότε τὸν

II. 1. τη ημερα τη τριτη S.
2. ιησουσε M.
3. υστερησαν | τοο M. | εχουσι S.
4. - και *prim*. SV. | αυτοις *pro* αυτη M, αυτω V₁, *sed* V₂ = *txt*. | εμη M. | συ L.
5. ιαν V. | λεγη SLV' *sed* λεγει V.
6. εξ κειμεναι S, - κειμεναι MP, *sed* M *marg*. = *txt*. (*manu ut videtur prima*. *Cer*.) | μετρητας

SL, αναμετριτας *uno verbo* MV. | τρις P.
7. γεμησατε MP. | υιδριας L. | εγεμησαν M. | αυτα V.
8. κἀντλησατε L. | φερεται P. | οι δε ηνεγκαν *pro* και ην. V.
9. τῶ *pro* το *prim*. P. | ηδει SLV. | οιδησαν L., ειδεισαν P. [*conf*. I. 33] | φωνῇ P.
10. τιθησιν LV, τιθησει M. | μεθυσ-

ἐλάσσω· σὺ § δὲ τετήρηκας τὸν καλὸν οἶνον ἕως ἄρτι. 11. ταύτην ἐποίησε τὴν ἀρχὴν τῶν σημείων ὁ Ἰησοῦς ἐν Κανᾷ τῆς Γαλιλαίας καὶ ἐφανέρωσε τὴν δόξαν αὐτοῦ, καὶ ἐπίστευσαν εἰς αὐτὸν οἱ μαθηταὶ αὐτοῦ. 12. μετὰ τοῦτο κατέβη εἰς Καπερναοὺμ αὐτὸς καὶ ἡ μήτηρ αὐτοῦ καὶ οἱ ἀδελφοὶ αὐτοῦ καὶ οἱ μαθηταὶ αὐτοῦ, καὶ ἐκεῖ ἔμειναν οὐ πολλὰς ἡμέρας.
13. Καὶ ἐγγὺς ἦν τὸ πάσχα τῶν Ἰουδαίων, καὶ ἀνέβη εἰς Ἱεροσόλυμα †. 14. καὶ εὗρεν ἐν τῷ ἱερῷ τοὺς πωλοῦντας βόας καὶ πρόβατα καὶ περιστερὰς καὶ τοὺς κερματιστὰς καθημένους, 15. καὶ ποιήσας φραγέλλιον ἐκ σχοινίων πάντας ἐξέβαλεν ἐκ τοῦ ἱεροῦ, τά τε πρόβατα καὶ τοὺς βόας, καὶ τῶν κολλυβιστῶν ἐξέχεε τὸ κέρμα καὶ τὰς τραπέζας § κατέστρεψεν, 16. καὶ τοῖς τὰς περιστερὰς πωλοῦσιν εἶπεν· ἄρατε ταῦτα ἐντεῦθεν, § καὶ μὴ ποιεῖτε τὸν οἶκον τοῦ πατρός μου οἶκον ἐμπορίου. 17. ἐμνήσθησαν δὲ οἱ μαθηταὶ αὐτοῦ ὅτι γεγραμμένον ἐστίν· ὁ ζῆλος τοῦ οἴκου σου § καταφάγεταί με. 18. ἀπεκρίθησαν † οἱ Ἰουδαῖοι καὶ εἶπον αὐτῷ· τί σημεῖον δεικνύεις ἡμῖν, ὅτι ταῦτα ποιεῖς; 19. ἀπεκρίθη ὁ Ἰησοῦς καὶ εἶπεν αὐτοῖς· λύσατε τὸν ναὸν τοῦτον, καὶ ἐν τρισὶν

θωσὶ SLV. | – δε S. | τετηρικας MP.
11. εποιησεν LV. | σημειον M. | εφανερωσεν V. | αυτον M.
12. τουτω MP, ταυτα V, sed V′ marg. = txt., μετατουτο uno verbo L. | και οι μαθ. αυ. και οι αδ. αυ. P. | εμεινεν V.
13. fin + ο ιησους S.
14. ποας pro βοας L₁?
15. σφραγελιον L. | κολυββιστων L.. | ανεστρεψε S, καταστρεψεν P, κάτορθωσε L₁ sed κατεστρέψε L₂ marg.
16. – και sec. S. | ποιητε L. | εμποριου V.
17. κατεφαγε SL, καταφαγετε M.
18. + ουν post απεκρ. SV.

ἡμέραις ἐγερῶ αὐτόν. 20. εἶπον οὖν οἱ Ἰουδαῖοι· τεσσαράκοντα καὶ ἓξ ἔτεσιν ᾠκοδομήθη ὁ ναὸς οὗτος, καὶ σὺ ἐν τρισὶν ἡμέραις ἐγερεῖς αὐτόν; 21. ἐκεῖνος δὲ ἔλεγεν περὶ τοῦ ναοῦ τοῦ σώματος αὐτοῦ. 22. ὅτε οὖν ἠγέρθη ἐκ νεκρῶν, ἐμνήσθησαν οἱ μαθηταὶ αὐτοῦ ὅτι τοῦτο ἔλεγεν, † καὶ ἐπίστευσαν τῇ γραφῇ καὶ τῷ λόγῳ ᾧ εἶπεν § αὐτοῖς ὁ Ἰησοῦς. 23. Ὡς δὲ ἦν ἐν § τοῖς Ἱεροσολύμοις ἐν τῷ πάσχα ἐν τῇ ἑορτῇ, πολλοὶ ἐπίστευσαν εἰς τὸ ὄνομα αὐτοῦ, θεωροῦντες αὐτοῦ τὰ σημεῖα ἃ ἐποίει· 24. αὐτὸς δὲ ὁ Ἰησοῦς οὐκ ἐπίστευεν ἑαυτὸν αὐτοῖς διὰ τὸ αὐτὸν γινώσκειν § πάντα, 25. καὶ ὅτι οὐ χρείαν εἶχεν ἵνα τις μαρτυρήσῃ περὶ τοῦ ἀνθρώπου· αὐτὸς γὰρ ἐγίνωσκεν τί ἦν ἐν τῷ ἀνθρώπῳ.

III.

1. Ἦν δὲ ἄνθρωπος ἐκ τῶν Φαρισαίων, Νικόδημος ὄνομα αὐτῷ, ἄρχων τῶν Ἰουδαίων· 2. οὗτος ἦλθε πρὸς τὸν Ἰησοῦν νυκτὸς καὶ εἶπεν αὐτῷ· ῥαββί, οἴδαμεν ὅτι ἀπὸ θεοῦ ἐλήλυθας διδάσκαλος· οὐδεὶς γὰρ ταῦτα τὰ σημεῖα δύναται ποιεῖν ἃ σὺ ποιεῖς, ἐὰν μὴ ᾖ ὁ θεὸς μετ' αὐτοῦ. 3. ἀπεκρίθη ὁ Ἰησοῦς καὶ εἶπεν αὐτῷ· ἀμὴν ἀμὴν

---

20. αρα L marg. | οικοδομηθη V.
21. ελεγε SLM.
22. + αυτοις post ελεγεν S. | - αυτοις post ειπεν SV.
23. - τοις S. | το πασχα pro εν τω π. L.
24. γινωσκεν V. | παντας S.
25. μαρτυρησει M, μαρτυριση P. | εγινωσκε SV.
III. 1. νικωδης L.
2. ηλθεν M. | - τα L. | ποιεῖς P.

λέγω σοι, ἐὰν μή τις γεννηθῇ ἄνωθεν, οὐ δύναται ἰδεῖν τὴν βασιλείαν τοῦ θεοῦ. 4. λέγει πρὸς αὐτὸν ὁ Νικόδημος· πῶς δύναται ἄνθρωπος γεννηθῆναι γέρων ὤν; μὴ δύναται εἰς τὴν κοιλίαν τῆς μητρὸς αὐτοῦ δεύτερον εἰσελθεῖν καὶ γεννηθῆναι; 5. ἀπεκρίθη ὁ Ἰησοῦς § καὶ εἶπεν αὐτῷ· ἀμὴν ἀμὴν λέγω σοι, ἐὰν μή τις γεννηθῇ ἐξ ὕδατος καὶ πνεύματος, οὐ δύναται εἰσελθεῖν εἰς τὴν βασιλείαν τοῦ θεοῦ. 6. τὸ γεγεννημένον ἐκ τῆς σαρκὸς σάρξ ἐστιν, καὶ τὸ γεγεννημένον ἐκ τοῦ πνεύματος πνεῦμά ἐστι. 7. μὴ θαυμάσῃς ὅτι εἶπόν σοι· δεῖ ὑμᾶς γεννηθῆναι ἄνωθεν. 8. τὸ πνεῦμα ὅπου θέλει πνεῖ, καὶ τὴν φωνὴν αὐτοῦ ἀκούεις, ἀλλ' οὐκ οἶδας πόθεν ἔρχεται καὶ ποῦ ὑπάγει· οὕτως ἐστὶ πᾶς ὁ γεγεννημένος ἐκ τοῦ πνεύματος. 9. ἀπεκρίθη Νικόδημος καὶ εἶπεν αὐτῷ· πῶς δύναται ταῦτα γενέσθαι; 10. ἀπεκρίθη ὁ Ἰησοῦς καὶ εἶπεν αὐτῷ· σὺ εἶ ὁ διδάσκαλος τοῦ Ἰσραὴλ καὶ ταῦτα οὐ γινώσκεις; 11. ἀμὴν ἀμὴν λέγω σοι ὅτι ὃ οἴδαμεν λαλοῦμεν καὶ ὃ ἑωράκαμεν μαρτυροῦμεν, καὶ τὴν μαρτυρίαν ἡμῶν οὐ λαμβάνετε. 12. εἰ τὰ ἐπίγεια εἶπον ὑμῖν † οὐ πιστεύετε, πῶς ἐὰν εἴπω ὑμῖν τὰ ἐπουράνια πιστεύσετε; 13. καὶ οὐδεὶς ἀναβέβηκεν εἰς τὸν οὐρανὸν εἰ μὴ ὁ ἐκ τοῦ οὐρανοῦ καταβάς, ὁ υἱὸς τοῦ ἀνθρώπου ὁ ὢν ἐν τῷ οὐρανῷ. 14. καὶ καθὼς § Μωϋσῆς ὕψωσε τὸν ὄφιν ἐν τῇ ἐρήμῳ, οὕτως ὑψωθῆναι δεῖ τὸν

---

4. – ο V. | πας *pro* πως M. | ὤν P.
5. – και ειπεν αυτω SLV.
6. εστι *bis* S, *prim.* V.
7. *init.* + και L. | ημας L.
8. πυῇ *pro* πνει M. | κουεις L. | οὗτος L. | εστιν L. | γεγενη-
μενος L.
11. λαμβανεται P.
12. + και *ante* ου SM. | πιστευσητε LV.
14. μωσης SL.

υἱὸν τοῦ ἀνθρώπου, 15. ἵνα πᾶς ὁ πιστεύων εἰς αὐτὸν μὴ § ἀπόληται ἀλλ' § ἔχει ζωὴν αἰώνιον. 16. οὕτως γὰρ ἠγάπησεν ὁ θεὸς τὸν κόσμον, ὥστε τὸν υἱὸν αὐτοῦ τὸν §μονογενῆν ἔδωκεν, ἵνα πᾶς ὁ πιστεύων εἰς αὐτὸν μὴ ἀπόληται ἀλλ' § ἔχει ζωὴν αἰώνιον. 17. οὐ γὰρ ἀπέστειλεν ὁ θεὸς τὸν υἱὸν αὐτοῦ εἰς τὸν κόσμον ἵνα κρίνῃ τὸν κόσμον, ἀλλ᾽ ἵνα σωθῇ ὁ κόσμος δι᾽ αὐτοῦ. 18. ὁ πιστεύων εἰς αὐτὸν οὐ κρίνεται· ὁ δὲ μὴ πιστεύων ἤδη κέκριται, ὅτι μὴ πεπίστευκεν εἰς τὸ ὄνομα τοῦ μονογενοῦς υἱοῦ τοῦ θεοῦ. 19. αὕτη δέ ἐστιν ἡ κρίσις, ὅτι τὸ φῶς ἐλήλυθεν εἰς τὸν κόσμον καὶ ἠγάπησαν οἱ ἄνθρωποι μᾶλλον τὸ σκότος ἢ τὸ φῶς· ἦν γὰρ § αὐτῶν πονηρὰ τὰ ἔργα. 20. πᾶς γὰρ ὁ φαῦλα πράσσων μισεῖ τὸ φῶς καὶ οὐκ ἔρχεται πρὸς τὸ φῶς, ἵνα μὴ ἐλεγχθῇ τὰ ἔργα αὐτοῦ § ὅτι πονηρά ἐστιν. 21. ὁ δὲ ποιῶν τὴν ἀλήθειαν ἔρχεται πρὸς τὸ φῶς, ἵνα φανερωθῇ αὐτοῦ τὰ ἔργα, ὅτι ἐν § τῷ θεῷ ἐστὶν εἰργασμένα.

22. Μετὰ ταῦτα ἦλθεν ὁ Ἰησοῦς καὶ οἱ μαθηταὶ αὐτοῦ εἰς τὴν Ἰουδαίαν γῆν, καὶ ἐκεῖ διέτριβε μετ᾽ αὐτῶν καὶ ἐβάπτιζεν. 23. ἦν δὲ καὶ Ἰωάννης βαπτίζων ἐν Αἰνῶν ἐγγὺς τοῦ Σαλείμ, ὅτι ὕδατα

---

15. αποληται S, - μη απολληται αλλ' V. | εχη S.
16. ουτω S. | μονογενη SLV. | απολληται L. | εχη S.
17. + ουχ ante ινα prim. L. Etiam P videtur ουχ primo habuisse quod postea erasum est; spatium certe trium litterarum habet.
18. τον υιον pro αυτον M. | + εις

αυτον ante ηδη V. | - μη sec. L.
19. πονηρα αυτων s.
20. - οτι πονηρα εστιν SLV.
21. πιων P. | τα εργα αυτου (φανερωθη super rasur. ?) L. | - τω sv.
22. μεταταυτα L.
23. αινων s. | εκγης pro εγγυς L. | σαλημ LM.

πολλὰ ἦν ἐκεῖ, καὶ παρεγίνοντο καὶ ἐβαπτίζοντο· 24. οὔπω γὰρ ἦν βεβλημένος εἰς τὴν φυλακὴν ὁ Ἰωάννης. 25. ἐγένετο οὖν ζήτησις ἐκ τῶν μαθητῶν Ἰωάννου μετὰ Ἰουδαίων περὶ καθαρισμοῦ. 26. καὶ ἦλθον πρὸς τὸν Ἰωάννην καὶ εἶπον αὐτῷ· ῥαββί, ὃς ἦν μετὰ σοῦ πέραν τοῦ Ἰορδάνου, ᾧ σὺ μεμαρτύρηκας, ἴδε οὗτος βαπτίζει καὶ πάντες ἔρχονται πρὸς αὐτόν. 27. ἀπεκρίθη Ἰωάννης καὶ εἶπεν· οὐ δύναται ἄνθρωπος λαμβάνειν § ἀφ' ἑαυτοῦ οὐδέν, ἐὰν μὴ ᾖ δεδομένον αὐτῷ § ἄνωθεν ἐκ τοῦ οὐρανοῦ. 28. αὐτοὶ ὑμεῖς μοι μαρτυρεῖτε ὅτι εἶπον· οὐκ εἰμὶ ἐγὼ ὁ Χριστός, ἀλλ' ὅτι ἀπεσταλμένος εἰμὶ ἔμπροσθεν ἐκείνου. 29. ὁ ἔχων τὴν νύμφην νυμφίος ἐστίν· ὁ δὲ φίλος τοῦ νυμφίου, ὁ ἑστηκὼς καὶ ἀκούων αὐτοῦ, § χαρᾷ χαίρει διὰ τὴν φωνὴν τοῦ νυμφίου. αὕτη οὖν ἡ χαρὰ ἡ ἐμὴ πεπλήρωται. 30. ἐκεῖνον δεῖ αὐξάνειν, ἐμὲ δὲ ἐλαττοῦσθαι. 31. ὁ ἄνωθεν ἐρχόμενος ἐπάνω πάντων ἐστίν· ὁ ὢν § ἀπὸ τῆς γῆς ἐκ τῆς γῆς ἐστὶν καὶ ἐκ τῆς γῆς λαλεῖ. ὁ ἐκ τοῦ οὐρανοῦ ἐρχόμενος ἐπάνω πάντων ἐστὶν 32. καὶ ὃ ἑώρακε καὶ ἤκουσε τοῦτο μαρτυρεῖ, καὶ τὴν μαρτυρίαν αὐτοῦ οὐδεὶς λαμβάνει. 33. ὁ λαβὼν αὐτοῦ τὴν μαρτυρίαν ἐσφράγισεν ὅτι ὁ θεὸς ἀληθής ἐστιν. 34. ὃν γὰρ ἀπέστειλεν ὁ θεός, τὰ ῥήματα τοῦ θεοῦ λαλεῖ·

Hiat M ab ειπον αυτω v. 26.
παρεγενοντο L.
24. ούπω LP.
26. - του V. | Codex M mutilus est a verbis ειπον αυτω usque ad ερευνησον cap. VII. 52. | μεμαρτυρικας P. | ούτως P.
27. αφ' εαυτου λαμβανειν V, - αφ' εαυτου S. | - ανωθεν S.
28. εμοι V. | μαρτυρειται P. | + υμιν post ειπον P.
29. νυμφην P. | εστικως P. | νιμφιου sec. L. | χαρᾷ prim. SV.
31. αινωθεν L ? | εκ pro απο SV. | εστι sec. et tert. S, - εστιν sec. V sed v' marg. = txt.
32. εωρακεν P. | ηκουσεν L. | εκεινυ pro τουτο L. | ουδυς P.
33. λαμβανων V. | αληθεις P.

οὐ γὰρ ἐκ μέτρου δίδωσιν ὁ θεὸς τὸ πνεῦμα. 35. ὁ πατὴρ ἀγαπᾷ τὸν υἱόν, καὶ πάντα δέδωκεν ἐν τῇ χειρὶ αὐτοῦ. 36. ὁ πιστεύων εἰς τὸν υἱὸν ἔχει ζωὴν αἰώνιον· ὁ δὲ § ἀπιστῶν τῷ υἱῷ οὐκ ὄψεται § τὴν ζωήν, ἀλλ' ἡ ὀργὴ τοῦ θεοῦ μένει ἐπ' αὐτόν.

IV.

1. Ὡς οὖν ἔγνω ὁ κύριος ὅτι ἤκουσαν οἱ Φαρισαῖοι ὅτι § ὁ Ἰησοῦς πλείονας μαθητὰς ποιεῖ καὶ βαπτίζει ἢ Ἰωάννης, 2. καίτοιγε § ὁ Ἰησοῦς αὐτὸς οὐκ ἐβάπτιζεν ἀλλ' οἱ μαθηταὶ αὐτοῦ, 3. ἀφῆκε τὴν Ἰουδαίαν § γῆν καὶ ἀπῆλθεν πάλιν εἰς τὴν Γαλιλαίαν. 4. ἔδει δὲ αὐτὸν διέρχεσθαι διὰ τῆς Σαμαρείας. 5. ἔρχεται οὖν εἰς πόλιν τῆς Σαμαρείας λεγομένην Συχάρ, πλησίον τοῦ χωρίου ὃ ἔδωκεν Ἰακὼβ Ἰωσὴφ τῷ υἱῷ αὐτοῦ. 6. ἦν δὲ ἐκεῖ πηγὴ τοῦ Ἰακώβ. ὁ οὖν Ἰησοῦς κεκοπιακὼς ἐκ τῆς ὁδοιπορίας ἐκαθέζετο † ἐπὶ τῇ πηγῇ· ὥρα ἦν ὡσεὶ ἕκτη. 7. ἔρχεται γυνὴ ἐκ τῆς Σαμαρείας ἀντλῆσαι ὕδωρ. λέγει αὐτῇ ὁ Ἰησοῦς· δός μοι πιεῖν. 8. οἱ γὰρ μαθηταὶ αὐτοῦ ἀπεληλύθεισαν εἰς τὴν πόλιν, ἵνα τροφὰς ἀγο-

---

Hiat M.
36. απειθων SV. | – την S.
IV. 1. – ο sec. SV. | ι in pot. et v in ιωαν. mutat. L.
2. – ο SV.
3. αφηκεν Γ. | – γην S. | απηλθε SL.
4. ερχεσθαι V.
5. λεγομενη L. | σιχαρ L. | ῷ pro

6. L..
6. – ουν L. | κεκοπικως L. | απο pro εκ L. | + ουτως post εκαθ. S, + ουτος Γ. | ὡς ἡ L., ὡς εἰ Γ, pro ωσει. | εκτη Γ.
7. απο pro εκ V. | ποιειν Γ.
8. απεληλυθασιν L, απεληλυθησαν Γ. | αγορασωσι S.

ράσωσιν. 9. λέγει οὖν αὐτῷ ἡ γυνὴ ἡ § Σαμαρεῖτης· πῶς σὺ Ἰουδαῖος ὢν παρ' ἐμοῦ πιεῖν αἰτεῖς οὔσης γυναικὸς Σαμαρείτιδος; οὐ γὰρ συγχρῶνται Ἰουδαῖοι Σαμαρείταις. 10. ἀπεκρίθη § ὁ Ἰησοῦς καὶ εἶπεν αὐτῇ· εἰ ᾔδεις τὴν δωρεὰν τοῦ θεοῦ καὶ τίς ἐστιν ὁ λέγων σοι· δός μοι πιεῖν, σὺ ἂν ᾔτησας αὐτὸν καὶ ἔδωκεν ἄν σοι ὕδωρ ζῶν. 11. λέγει αὐτῷ ἡ γυνή· κύριε, οὔτε ἄντλημα ἔχεις, καὶ τὸ φρέαρ ἐστὶ βαθύ· πόθεν οὖν ἔχεις τὸ ὕδωρ τὸ ζῶν; 12. μὴ σὺ μείζων εἶ τοῦ πατρὸς ἡμῶν Ἰακώβ, ὃς ἔδωκεν ἡμῖν τὸ φρέαρ § τοῦτο, καὶ αὐτὸς ἐξ αὐτοῦ ἔπιεν καὶ οἱ υἱοὶ αὐτοῦ καὶ τὰ θρέμματα αὐτοῦ; 13. ἀπεκρίθη ὁ Ἰησοῦς καὶ εἶπεν αὐτῇ· πᾶς ὁ πίνων ἐκ τοῦ ὕδατος τούτου διψήσει πάλιν· 14. ὃς δ' ἂν § πίει ἐκ τοῦ ὕδατος οὗ ἐγὼ δώσω αὐτῷ, οὐ μὴ § διψήσει εἰς τὸν αἰῶνα, ἀλλὰ τὸ ὕδωρ ὃ § ἐγὼ δώσω αὐτῷ γενήσεται ἐν αὐτῷ πηγὴ ὕδατος ἁλλομένου εἰς ζωὴν αἰώνιον. 15. λέγει πρὸς αὐτὸν ἡ γυνή· κύριε, δός μοι τοῦτο τὸ ὕδωρ, ἵνα μὴ διψῶ, μηδὲ § ἔρχομαι ἐνθάδε ἀντλεῖν. 16. λέγει αὐτῇ ὁ Ἰησοῦς· ὕπαγε φώνησον τὸν ἄνδρα σοῦ καὶ ἐλθὲ ἐνθάδε. 17. ἀπεκρίθη ἡ γυνὴ καὶ εἶπεν· οὐκ ἔχω ἄνδρα. λέγει αὐτῇ ὁ Ἰησοῦς· καλῶς εἶπας ὅτι ἄνδρα οὐκ ἔχω· 18. πέντε γὰρ ἄνδρας ἔσχες καὶ νῦν ὃν ἔχεις οὐκ ἔστι σου ἀνήρ. τοῦτο ἀληθὲς εἴρηκας. 19. λέγει αὐτῷ ἡ γυνή· κύριε, θεωρῶ ὅτι προ-

---

Hiat м.
9. σαμαρειτις s, σαμαριταις L.?
10. - o s. | οιδης L? | - αν sec. L.
12. μιζων P. | ἤ pro ει L. | δεδωκεν L. | - τουτο s. | επιε s. | - οι P.
11. πιη sv, ποιει P. | ὖ pro οὗ v. | - ου μη usq. αυτω sec. P. Scriba autem verba τουτου διψ.

usq. πιει εκ του ex v. 13 iterum scripserat, quae deinde minio delevit. | διψηση s. | - εγω sec. sp. | + ζωντος ante αλλομ. P. | αλομενου L.
15. μηδέ L. | ερχωμαι sv.
16. σου τον ανδρα L.
18. εστιν P.

φήτης εἶ σύ. 20. οἱ πατέρες ἡμῶν ἐν § τῷ ὄρει τούτῳ προσεκύνησαν· καὶ ὑμεῖς λέγετε ὅτι ἐν Ἱεροσολύμοις ἐστὶν ὁ τόπος ὅπου δεῖ προσκυνεῖν. 21. λέγει αὐτῇ ὁ Ἰησοῦς· γύναι, § πίστευέ μοι § λέγοντι ὅτι ἔρχεται ὥρα ὅτε οὔτε ἐν τῷ ὄρει τούτῳ οὔτε ἐν Ἱεροσολύμοις § προσκυνήσωσι τῷ πατρί. 22. ὑμεῖς προσκυνεῖτε ὃ οὐκ οἴδατε, ἡμεῖς προσκυνοῦμεν ὃ οἴδαμεν, ὅτι ἡ σωτηρία ἐκ τῶν Ἰουδαίων ἐστίν· 23. ἀλλ' ἔρχεται ὥρα καὶ νῦν ἐστιν, ὅτε οἱ ἀληθινοὶ προσκυνηταὶ προσκυνήσουσι τῷ πατρὶ ἐν πνεύματι καὶ ἀληθείᾳ· καὶ γὰρ ὁ πατὴρ τοιούτους ζητεῖ τοὺς προσκυνοῦντας αὐτόν. 24. πνεῦμα ὁ θεός, καὶ τοὺς προσκυνοῦντας αὐτὸν ἐν πνεύματι καὶ ἀληθείᾳ δεῖ προσκυνεῖν. 25. λέγει αὐτῷ ἡ γυνή· § οἴδαμεν ὅτι § Μεσίας ἔρχεται, ὁ λεγόμενος Χριστός· ὅτ' ἂν ἔλθῃ ἐκεῖνος, ἀναγγελεῖ ἡμῖν πάντα. 26. λέγει αὐτῇ ὁ Ἰησοῦς· ἐγώ εἰμι, ὁ λαλῶν σοι. 27. καὶ ἐπὶ § τοῦτο ἦλθον οἱ μαθηταὶ αὐτοῦ, καὶ ἐθαύμασαν ὅτι μετὰ γυναικὸς ἐλάλει· οὐδεὶς μέντοι εἶπεν· τί ζητεῖς ἢ τί λαλεῖς μετ' αὐτῆς; 28. ἀφῆκεν οὖν τὴν ὑδρίαν αὐτῆς ἡ γυνὴ καὶ ἀπῆλθεν εἰς τὴν πόλιν, καὶ λέγει τοῖς ἀνθρώποις· 29. δεῦτε, ἴδετε ἄνθρωπον ὃς εἶπέ μοι πάντα ὅσα ἐποίησα· μήτι οὗτός ἐστιν ὁ Χριστός; 30. ἐξῆλθον οὖν ἐκ τῆς πόλεως, καὶ

Hiat M.
20. τουτω τω ορει S. | τουτο P.
21. - γυναι V, sed v' marg. = txt. | πιστευσον SV. | - λεγοντι SV. | προσκυνησετε S, προσκυνησουσι L., προσκυνησωσιν V.
22. + εγενετο και post ιουδ. L..
23. αληθινοι P. | κ in προσκ. mutat. L.. | προσκυνησωσι V. | +μου

post πατρι L.. | αυτον (= txt.) V, sed αυτο V'. | fin. + εν πνευματι V, sed om. v'.
24. - πνα usq. αυτον L.
25. οιδα SV. | μεσσιας S. | χ in ερχεται mutat. L. | + τα ante παντα L..
27. τουτω S. | ουδ' εἰς P. | ειπε S.
29. ειδετε L. | ειπεν P.

ἤρχοντο πρὸς αὐτόν. 31. ἐν δὲ τῷ μεταξὺ ἠρώτων αὐτὸν οἱ μαθηταὶ λέγοντες· ῥαββί, φάγε. 32. ὁ δὲ εἶπεν αὐτοῖς· ἐγὼ βρῶσιν ἔχω φαγεῖν ἣν ὑμεῖς οὐκ οἴδατε. 33. ἔλεγον οὖν § πρὸς ἀλλήλους οἱ μαθηταί· μήτις ἤνεγκεν αὐτῷ φαγεῖν; 34. λέγει αὐτοῖς ὁ Ἰησοῦς· ἐμὸν βρῶμά ἐστιν ἵνα ποιῶ τὸ θέλημα τοῦ πέμψαντός με καὶ τελειώσω αὐτοῦ τὸ ἔργον. 35. οὐχ ὑμεῖς λέγετε ὅτι † § τετράμηνός ἐστι καὶ ὁ θερισμὸς ἔρχεται; ἰδοὺ λέγω ὑμῖν, ἐπάρατε τοὺς ὀφθαλμοὺς ὑμῶν καὶ θεάσασθε τὰς χώρας, ὅτι λευκαί εἰσι πρὸς θερισμὸν ἤδη. 36. καὶ ὁ θερίζων μισθὸν λαμβάνει καὶ συνάγει καρπὸν εἰς ζωὴν αἰώνιον, ἵνα καὶ ὁ σπείρων ὁμοῦ § χαίρει καὶ ὁ θερίζων. 37. ἐν γὰρ τούτῳ ὁ λόγος ἐστὶν ὁ ἀληθινός, ὅτι ἄλλος ἐστὶν ὁ σπείρων καὶ ἄλλος ὁ θερίζων. 38. ἐγὼ ἀπέστειλα ὑμᾶς θερίζειν ὃ οὐχ ὑμεῖς κεκοπιάκατε· ἄλλοι κεκοπιάκασιν, καὶ ὑμεῖς εἰς τὸν κόπον αὐτῶν εἰσεληλύθατε. 39. ἐκ δὲ τῆς πόλεως ἐκείνης πολλοὶ ἐπίστευσαν εἰς αὐτὸν τῶν Σαμαρειτῶν διὰ τὸν λόγον τῆς γυναικὸς μαρτυρούσης ὅτι εἶπέν μοι πάντα ὅσα ἐποίησα. 40. ὡς οὖν ἦλθον πρὸς αὐτὸν οἱ Σαμαρεῖται, ἠρώτων αὐτὸν μεῖναι παρ᾽ αὐτοῖς· καὶ ἔμεινεν ἐκεῖ δύο ἡμέρας. 41. καὶ πολλῷ πλείους ἐπίστευσαν § εἰς αὐτὸν διὰ τὸν λόγον αὐτοῦ, 42. τῇ τε γυναικὶ

Hiat M.
31. το *pro* τω P. | + αυτου *post* μαθηται V. | ηρωτουν L., ηρωτων P.
33. οι μαθ. προς αλλ. s.
34. ποιησω *pro* ποιω V.
35. + ετι *ante* τετραμ. SV. | τετραμηνον s. | - ιδου λεγω υμιν V. | εισιν V.
36. χαιρῃ s.
37. τουτο *pro* τουτω PV. | - ο *ante* αληθ. V.
38. κεκοπιακασι SP. | αυτον *pro* αυτων L.
39. + εξ αυτων *post* αυτον L. | των λογων L. | ειπε SL.
41. - εις αυτον s.
42. δε *pro* τε V. |

ἔλεγον ὅτι οὐκέτι διὰ τὴν σὴν λαλιὰν πιστεύομεν· αὐτοὶ γὰρ ἀκηκόαμεν § παρ' αὐτοῦ, καὶ οἴδαμεν ὅτι οὗτός ἐστιν ἀληθῶς ὁ σωτὴρ τοῦ κόσμου, ὁ Χριστός. 43. Μετὰ δὲ τὰς δύο ἡμέρας ἐξῆλθεν ἐκεῖθεν † εἰς τὴν Γαλιλαίαν. 44. αὐτὸς γὰρ ὁ Ἰησοῦς ἐμαρτύρησεν ὅτι προφήτης ἐν τῇ ἰδίᾳ πατρίδι τιμὴν οὐκ ἔχει. 45. ὅτε οὖν ἦλθεν εἰς τὴν Γαλιλαίαν, ἐδέξαντο αὐτὸν οἱ Γαλιλαῖοι, πάντα ἑωρακότες § ὅσα ἐποίησεν § σημεῖα ἐν Ἱεροσολύμοις ἐν τῇ ἑορτῇ. καὶ αὐτοὶ γὰρ ἦλθον εἰς τὴν ἑορτήν. 46. ἦλθεν οὖν § πάλιν ὁ Ἰησοῦς εἰς τὴν Κανᾶ τῆς Γαλιλαίας, ὅπου ἐποίησε τὸ ὕδωρ οἶνον.

Καὶ ἦν τις βασιλικός, οὗ ὁ υἱὸς ἠσθένει, ἐν Καπερναούμ· 47. οὗτος ἀκούσας ὅτι Ἰησοῦς ἥκει § ἀπὸ τῆς Ἰουδαίας εἰς τὴν Γαλιλαίαν § ἦλθεν πρὸς αὐτόν, καὶ ἠρώτα αὐτὸν ἵνα καταβῇ καὶ ἰάσηται αὐτοῦ τὸν υἱόν· ἤμελλε γὰρ ἀποθνῄσκειν. 48. εἶπεν οὖν ὁ Ἰησοῦς πρὸς αὐτόν· ἐὰν μὴ σημεῖα καὶ τέρατα ἴδητε, οὐ μὴ πιστεύσητε. 49. λέγει πρὸς αὐτὸν ὁ βασιλικός· κύριε, κατάβηθι πρὶν ἀποθανεῖν § τὸν υἱόν μου. 50. λέγει αὐτῷ ὁ Ἰησοῦς· πορεύου· ὁ υἱός σου ζῇ. καὶ ἐπίστευσεν ὁ ἄνθρωπος τῷ λόγῳ ᾧ εἶπεν αὐτῷ § ὁ Ἰησοῦς, καὶ § ἐπορεύθη. 51. ἤδη δὲ αὐτοῦ καταβαίνοντος

Hiat M.
- παρ' αυτου s.
43. + και απηλθεν ante εις sv.
44. εμαρτ. ο ιησ. v. | εμαρτυρισεν P. |
Rasura in L inter προφ. et της.
45. - ουν P. | αυτων pro αυτον L₁? |
â pro οσα s. | εποιησε L. |
- σημεια s.
46. ο ιησ. παλιν s, - παλιν v. | κανα

L. | βασιλεικος P.
47. εκ pro απο s. | απηλθε s, ηλθε L. |
- αυτον sec. L.. | ειμελλε L,
ημελλεν v, ημελλε P.
48. ιδηται L.. | πιστευσηται L₁.
49. βασιλεικος P. | το παιδιον pro του υ. s.
50. ὁ pro ω P. | - ο ante ιησ. sec. s. |
επορευετο s.

οἱ δοῦλοι αὐτοῦ § ὑπήντησαν αὐτῷ καὶ ἀπήγγειλαν λέγοντες ὅτι ὁ § υἱός σου ζῇ. 52. § ἐπυνθάνετο οὖν § τὴν ὥραν παρ' αὐτῶν ἐν ᾗ κομψότερον ἔσχε· καὶ εἶπον αὐτῷ ὅτι χθὲς ὥραν ἑβδόμην ἀφῆκεν αὐτὸν ὁ πυρετός. 53. ἔγνω οὖν ὁ πατὴρ § αὐτοῦ ὅτι ἐν ἐκείνῃ τῇ ὥρᾳ ἐν ᾗ εἶπεν αὐτῷ ὁ Ἰησοῦς ὅτι ὁ υἱός σου ζῇ· καὶ ἐπίστευσεν αὐτὸς καὶ ἡ οἰκία αὐτοῦ ὅλη. 54. Τοῦτο § δὲ πάλιν δεύτερον σημεῖον ἐποίησεν ὁ Ἰησοῦς ἐλθὼν ἐκ τῆς Ἰουδαίας εἰς τὴν Γαλιλαίαν.

V.

1. Μετὰ ταῦτα ἦν ἑορτὴ τῶν Ἰουδαίων, καὶ ἀνέβη ὁ Ἰησοῦς εἰς Ἱεροσόλυμα. 2. ἔστι δὲ ἐν τοῖς Ἱεροσολύμοις ἐπὶ τῇ προβατικῇ κολυμβήθρα, ἡ ἐπιλεγομένη § Ἑβραϊστὶ Βηθεσδά, πέντε στοὰς ἔχουσα. 3. ἐν ταύταις κατέκειτο πλῆθος πολὺ τῶν ἀσθενούντων, τυφλῶν, χωλῶν, ξηρῶν, ἐκδεχομένων τὴν τοῦ ὕδατος κίνησιν. 4. ἄγγελος γὰρ § κυρίου κατὰ καιρὸν κατέβαινεν ἐν τῇ κολυμβήθρᾳ καὶ ἐτάρασσε τὸ ὕδωρ· ὁ οὖν πρῶτος ἐμβὰς μετὰ τὴν ταραχὴν τοῦ ὕδατος ὑγιὴς § ἐγένετο, ᾧ δήποτε κατείχετο νοσήματι. 5. ἦν δέ

Πiat M.
51. απηντησαν S, ηπηντησαν L. | παις p̅r̅o̅ υιος S, ο παις σου ο υιος αυτου P.
52. επυθετο S. | δε p̅r̅o̅ ουν L. | παρ' αυτων την ωραν S. | κομψωτερον L. | – χθες L.
53. – αυτου S. | – εν η L.

54. – δε S.
V. 2. εστιν V, – εστι δε εν τ. ιερ. L. | εβραϊστι SL. | βιθεσδα L. | βηθεσδᾶ P.
3. ταυθαις L₁. | κατεκειντο P. | χολων L.
4. – κυριου S. | εταρασσετο V. | εγινετο S. | κατηχετο P.

τις άνθρωπος εκεί § τριάκοντα και οκτώ έτη έχων εν τη ασθενεία· 6. τούτον ιδών ο Ίησούς κατακείμενον, και γνούς ότι πολύν ήδη χρόνον έχει, λέγει αυτώ· θέλεις υγιής γενέσθαι; 7. απεκρίθη αυτώ ο ασθενών· κύριε, άνθρωπον ουκ έχω, ίνα όταν ταραχθή το ύδωρ § βάλη με εις την κολυμβήθραν· εν ώ δε έρχομαι εγώ, άλλος προ εμού καταβαίνει. 8. λέγει αυτώ ο Ίησούς· § έγειρε άρον τον § κράββαττόν σου και περιπάτει. 9. και ευθέως εγένετο υγιής ο άνθρωπος, και § εγερθείς ήρε τον κράββατον αυτού και περιεπάτει· ήν δε σάββατον εν εκείνη τη ημέρα. 10. έλεγον ούν οι Ιουδαίοι τώ τεθεραπευμένω· σάββατόν εστιν, § και ουκ έξεστί σοι άραι τον § κράββαττόν § σου. 11. § ο δε απεκρίθη αυτοίς· ο ποιήσας με υγιή, εκείνός μοι είπεν· άρον τον § κράββαττόν σου και περιπάτει. 12. ηρώτησαν ούν αυτόν· τίς εστιν ο άνθρωπος ο ειπών σοι· άρον τον § κράββαττόν σου και περιπάτει; 13. ο δε ιαθείς ουκ ήδει τίς εστιν· ο γαρ Ίησούς εξένευσεν όχλου όντος εν τώ τόπω. 14. μετά ταύτα ευρίσκει αυτόν ο Ίησούς εν τώ ιερώ και είπεν αυτώ· ίδε υγιής γέγονας· μηκέτι αμάρτανε, ίνα μη χείρόν τί σοι γένηται. 15. απήλθεν § ούν ο άνθρωπος και § απήγγειλεν τοις Ιουδαίοις ότι Ίησούς εστιν ο

Hiat N.
5. τριακονταοκτω S. | ασθενια P. | fin. + αυτου V.
6. ήσει P. | υγιιις P.
7. + ναι ante κυριε V. | αυτον L₁? | βαλλη S, βαλει L.. | εις την κολυμβηθρα (sic) P. | εγω ερχομαι P, - εγω L. | fin. + εγω δε ασθενων πορευομαι L..
8. εγειραι S. | κραββατον S (etiam vv. 10, 11, 12), κραβαττον V

(sic semper).
9. - εγερθεις S. | ήρεν V. | περιεπατη P.
10. το τεθεραπευμενον L.. | - και SV. | - σου SV.
11. - ο δε SL. | απεκρηθη P.
13. οιδει L..
14. + δε post μετα V. | μηκέτι L..
15. - ουν SL. | ανηγγειλε S, απηγγειλε L..

ΕΥΑΓΓΕΛΙΟΝ

ποιήσας αὐτὸν ὑγιῆ. 16. καὶ διὰ τοῦτο ἐδίωκον § οἱ Ἰουδαῖοι τὸν Ἰησοῦν καὶ ἐζήτουν αὐτὸν ἀποκτεῖναι, ὅτι ταῦτα ἐποίει ἐν σαββάτῳ. 17. ὁ δὲ Ἰησοῦς ἀπεκρίνατο αὐτοῖς· ὁ πατήρ μου ἕως ἄρτι ἐργάζεται, κἀγὼ ἐργάζομαι. 18. διὰ τοῦτο οὖν μᾶλλον ἐζήτουν αὐτὸν οἱ Ἰουδαῖοι ἀποκτεῖναι, ὅτι οὐ μόνον ἔλυε τὸ σάββατον, ἀλλὰ καὶ πατέρα ἴδιον ἔλεγε τὸν θεόν, ἴσον ἑαυτὸν ποιῶν τῷ θεῷ. 19. Ἀπεκρίνατο οὖν ὁ Ἰησοῦς καὶ εἶπεν αὐτοῖς· ἀμὴν ἀμὴν λέγω ὑμῖν, οὐ δύναται ὁ υἱὸς § τοῦ ἀνθρώπου § ἀφ' ἑαυτοῦ ποιεῖν οὐδέν, ἐὰν μή τι § βλέπει τὸν πατέρα ποιοῦντα· ἃ γὰρ ἂν ἐκεῖνος § ποιεῖ, ταῦτα καὶ ὁ υἱὸς ὁμοίως ποιεῖ. 20. ὁ γὰρ πατὴρ φιλεῖ τὸν υἱὸν καὶ πάντα δείκνυσιν αὐτῷ ἃ αὐτὸς ποιεῖ, καὶ μείζονα τούτων δείξει αὐτῷ ἔργα, ἵνα ὑμεῖς § θαυμάζετε. 21. ὥσπερ γὰρ ὁ πατὴρ ἐγείρει τοὺς νεκροὺς καὶ ζωοποιεῖ, οὕτως καὶ ὁ υἱὸς οὓς θέλει ζωοποιεῖ. 22. οὐδὲ γὰρ ὁ πατὴρ κρίνει οὐδένα, ἀλλὰ τὴν κρίσιν πᾶσαν δέδωκε τῷ υἱῷ, 23. ἵνα πάντες τιμῶσι τὸν υἱὸν καθὼς τιμῶσι τὸν πατέρα. ὁ μὴ τιμῶν τὸν υἱὸν οὐ τιμᾷ τὸν πατέρα τὸν πέμψαντα αὐτόν. 24. ἀμὴν ἀμὴν λέγω ὑμῖν ὅτι ὁ τὸν λόγον μου ἀκούων καὶ πιστεύων τῷ πέμψαντί με ἔχει ζωὴν αἰώνιον, καὶ εἰς κρίσιν οὐκ ἔρχεται ἀλλὰ μεταβέβηκεν ἐκ τοῦ θανάτου εἰς τὴν ζωήν.

Hiat M.
16. διατουτο L. | τον ιησ. οι ιουδ. SV. | οτι *pro* και sec. V. | − και εζ. αυτ. αποκ. L.
18. ἑαυτον L. | + οτι *post* αλλα P. | ελεγεν V.
19. − του ανθ. S. | ποιειν αφ' εαυτου S. | οὐδ' ἐν P, ουδε εν V. | βλεπη

SL. | ποιη *pro* ποιει *prim.* SL. *In* V *manus recentior super* ει *scripsit* η. *Alter.*|*fin.* ποιη VL?
20. μειζωνα τουτον V. | θαυμαζητε SP, θαυμαζεται L.
21. εγειρη P. | ουτω S.
22. κρινη P.
24. των *pro* τον L₁?

25. ἀμὴν ἀμὴν λέγω ὑμῖν ὅτι ἔρχεται ὥρα καὶ νῦν ἐστιν, ὅτε οἱ νεκροὶ ἀκούσονται τῆς φωνῆς τοῦ υἱοῦ τοῦ θεοῦ καὶ οἱ ἀκούσαντες ζήσονται. 26. ὥσπερ γὰρ ὁ πατὴρ ἔχει ζωὴν ἐν ἑαυτῷ, οὕτως ἔδωκε καὶ τῷ υἱῷ ζωὴν ἔχειν ἐν ἑαυτῷ. 27. καὶ ἐξουσίαν ἔδωκεν αὐτῷ καὶ κρίσιν ποιεῖν, ὅτι υἱὸς ἀνθρώπου ἐστί. 28. μὴ θαυμάζετε τοῦτο, ὅτι ἔρχεται ὥρα ἐν ᾗ πάντες οἱ ἐν τοῖς μνημείοις ἀκούσονται τῆς φωνῆς αὐτοῦ, 29. καὶ ἐκπορεύσονται οἱ τὰ ἀγαθὰ ποιήσαντες εἰς ἀνάστασιν ζωῆς, οἱ δὲ τὰ φαῦλα πράξαντες εἰς ἀνάστασιν κρίσεως. 30. οὐ δύναμαι ἐγὼ ποιεῖν ἀπ᾽ ἐμαυτοῦ οὐδέν· καθὼς ἀκούω κρίνω, καὶ ἡ κρίσις ἡ ἐμὴ δικαία ἐστίν, ὅτι οὐ ζητῶ τὸ θέλημα τὸ ἐμὸν ἀλλὰ τὸ θέλημα τοῦ πέμψαντός με πατρός. 31. ἐὰν ἐγὼ μαρτυρῶ περὶ ἐμαυτοῦ, ἡ μαρτυρία μου οὐκ ἔστιν ἀληθής· 32. ἄλλος ἐστὶν ὁ μαρτυρῶν περὶ ἐμοῦ, καὶ οἶδα ὅτι ἀληθής ἐστιν ἡ μαρτυρία ἣν § μεμαρτύρηκε περὶ ἐμοῦ. 33. ὑμεῖς ἀπεστάλκατε πρὸς Ἰωάννην, καὶ μεμαρτύρηκε τῇ ἀληθείᾳ· 34. ἐγὼ δὲ οὐ παρὰ ἀνθρώπου τὴν μαρτυρίαν λαμβάνω, ἀλλὰ ταῦτα λέγω ἵνα ὑμεῖς σωθῆτε. 35. ἐκεῖνος ἦν ὁ λύχνος ὁ καιόμενος καὶ φαίνων, ὑμεῖς δὲ ἠθελήσατε § ἀγαλλιαθῆναι πρὸς ὥραν ἐν τῷ φωτὶ αὐτοῦ. 36. ἐγὼ δὲ ἔχω τὴν μαρτυρίαν § μείζων τοῦ Ἰωάννου· τὰ γὰρ ἔργα ἃ § δέδωκέ μοι ὁ πατὴρ ἵνα § τελέσω αὐτά, αὐτὰ τὰ ἔργα ἃ ἐγὼ ποιῶ μαρτυρεῖ περὶ ἐμοῦ ὅτι ὁ πατήρ με ἀπέσταλκε. 37. καὶ

Hiat M.
25. εσται pro εστιν L. | ακουσωσι L.
26. ουτος L. | εδωκεν V.
27. εστιν V, = εστι L.
30. απ᾽ εμαυτου ποιειν P. | εμοι pro εμη P. | εστι L.
32. μαρτυρει SV, μεμαρτυρικε P.

31. περι pro παρα L. | υμει L.
35. αγαλλιασθηναι SL.
36. μειζω SV, μειζον L. | ιωανου V, sed ιωαννου V'. | εδωκε S, δεδωκεν V. | τελειωσω S. | + και ante οτι L. | απεσταλκει P.

ὁ πέμψας με πατήρ, αὐτὸς μεμαρτύρηκε περὶ ἐμοῦ· οὔτε φωνὴν αὐτοῦ § πώποτε ἀκηκόατε, οὔτε εἶδος αὐτοῦ ἑωράκατε, 38. καὶ τὸν λόγον αὐτοῦ οὐκ ἔχετε § ἐν ὑμῖν μένοντα, ὅτι ὃν ἀπέστειλεν ἐκεῖνος, τούτῳ ὑμεῖς οὐ πιστεύετε. 39. ἐρευνᾶτε τὰς γραφάς, ὅτι ὑμεῖς δοκεῖτε ἐν αὐταῖς ζωὴν αἰώνιον ἔχειν, καὶ ἐκεῖναί εἰσιν αἱ μαρτυροῦσαι περὶ ἐμοῦ· 40. καὶ οὐ θέλετε ἐλθεῖν πρός με ἵνα ζωὴν ἔχητε. 41. δόξαν παρὰ ἀνθρώπων οὐ λαμβάνω, 42. ἀλλ' ἔγνωκα ὑμᾶς ὅτι τὴν ἀγάπην τοῦ θεοῦ οὐκ ἔχετε ἐν ἑαυτοῖς. 43. ἐγὼ ἐλήλυθα ἐν τῷ ὀνόματι τοῦ πατρός μου, καὶ οὐ λαμβάνετέ με· ἐὰν ἄλλος ἔλθῃ ἐν τῷ ὀνόματι τῷ ἰδίῳ, ἐκεῖνον λήψεσθε. 44. πῶς δύνασθε ὑμεῖς πιστεῦσαι, δόξαν παρὰ ἀλλήλων λαμβάνοντες, καὶ τὴν δόξαν τὴν παρὰ τοῦ μόνου θεοῦ οὐ ζητεῖτε; 45. μὴ δοκεῖτε ὅτι ἐγὼ κατηγορήσω ὑμῶν πρὸς τὸν πατέρα· ἔστιν ὁ κατηγορῶν ὑμῶν Μωσῆς, εἰς ὃν ὑμεῖς ἠλπίκατε. 46. εἰ γὰρ ἐπιστεύετέ Μωσῇ, ἐπιστεύετε ἂν ἐμοί· περὶ γὰρ ἐμοῦ ἐκεῖνος ἔγραψεν. 47. εἰ δὲ τοῖς ἐκείνου γράμμασιν οὐ πιστεύετε, πῶς τοῖς ἐμοῖς ῥήμασι § πιστεύσητε;

VI.

1. Μετὰ § δὲ ταῦτα ἀπῆλθεν ὁ Ἰησοῦς πέραν τῆς θαλάσσης τῆς Γαλιλαίας τῆς Τιβεριάδος· 2. § ἠκολούθη δὲ αὐτῷ ὄχλος

Piat M.
37. - πατηρ P. | μεμαρτυρικε P. | ακηκ. πωποτε S.
38. εχεται P. | μενοντα εν υμιν SL. | οντα pro μενοντα P. | τουτου L, τουτο P.
39. δοκητε L.

40. + αιωνιον post ζωην L.
44. παρ' L. | - την sec. L.
45. δοκητε L. | μωσεις P.
46. μωσει L. | εγραψε P.
47. πιστευσετε S.
VI. 1. - δε S. | απηλ (sic) L.
2. και ηκολ. pro ηκολ. δε S. | ηκο-

ΚΑΤΑ ΙΩΑΝΝΗΝ.

πολύς, ὅτι § ἐθεώρων † τὰ σημεῖα ἃ ἐποίει ἐπὶ τῶν ἀσθενούντων. 3. ἀνῆλθεν § οὖν εἰς τὸ ὄρος ὁ Ἰησοῦς, καὶ ἐκεῖ § ἐκαθέζετο μετὰ τῶν μαθητῶν αὐτοῦ. 4. ἦν δὲ ἐγγὺς τὸ πάσχα ἡ ἑορτὴ τῶν Ἰουδαίων. 5. ἐπάρας οὖν ὁ Ἰησοῦς τοὺς ὀφθαλμοὺς καὶ θεασάμενος ὅτι πολὺς ὄχλος ἔρχεται πρὸς αὐτόν, λέγει πρὸς τὸν Φίλιππον· πόθεν § ἀγοράσωμεν ἄρτους ἵνα φάγωσιν οὗτοι; 6. τοῦτο δὲ ἔλεγε πειράζων αὐτόν· αὐτὸς γὰρ ᾔδει τί ἔμελλε ποιεῖν. 7. ἀπεκρίθη αὐτῷ Φίλιππος· διακοσίων δηναρίων ἄρτοι οὐκ ἀρκοῦσιν αὐτοῖς, ἵνα ἕκαστος † βραχύ τι λάβῃ. 8. λέγει αὐτῷ εἷς ἐκ τῶν μαθητῶν αὐτοῦ, Ἀνδρέας ὁ ἀδελφὸς Σίμωνος Πέτρου· 9. ἔστι παιδάριον † ὧδε, ὃ ἔχει πέντε ἄρτους κριθίνους καὶ δύο ὀψάρια· ἀλλὰ ταῦτα τί ἐστιν εἰς τοσούτους; 10. εἶπεν δὲ ὁ Ἰησοῦς· ποιήσατε τοὺς ἀνθρώπους ἀναπεσεῖν. ἦν δὲ χόρτος πολὺς ἐν τῷ τόπῳ. § ἀνέπεσαν οὖν οἱ ἄνδρες τὸν ἀριθμὸν ὡσεὶ πεντακισχίλιοι. 11. §καὶ λαβὼν τοὺς ἄρτους ὁ Ἰησοῦς καὶ εὐχαριστήσας διέδωκε τοῖς μαθηταῖς, οἱ δὲ μαθηταὶ τοῖς ἀνακειμένοις· ὁμοίως καὶ ἐκ τῶν ὀψαρίων ὅσον ἤθελον. 12. ὡς δὲ ἐνεπλήσθησαν, λέγει τοῖς μαθηταῖς αὐτοῦ· συναγάγετε τὰ περισσεύσαντα κλάσματα, ἵνα μή τι ἀπόληται. 13. συνήγαγον οὖν, καὶ ἐγέμισαν δώδεκα κοφί-

---

Iiat м.
λουθει sv. | εωρων pro εθ. sv, εθεωρουν l.. | + αυτου ante τα s, post τα v. | επιει P.
3. ανηλθε s, απηλθεν v. | δε pro ουν sv. | εκαθητο s.
5. τους οφθ. ο ιησ. l., - ο ιησ. P. | θεασαμενω l.. | αγορασομεν s.
6. ελεγεν P. | οιδει l.. | εμελλεν v.
7. απεκριθει l.. | + αυτων post εκαστος sv.

8. - ο l..
9. + εν post παιδ. sv.
10. ειπε sl.. | ανεπεσον sv. | των αριθμων l..
11. ελαβε δε pro και λαβ. s. | δι' pro και ante ευχ. v. | εδωκε l.. | + δε post ομοιως v. | ιχθυων pro οψ. v. | οσων l.
12. σιναγαγετε l.. | απολληται l..
13. - εωδεκα P.

νους κλασμάτων εκ των πέντε άρτων των κριθίνων, ά επερίσσευσε τοις βεβρωκόσιν. 14. Οι οὖν § οἱ ἄνθρωποι ἰδόντες ὃ ἐποίησε σημεῖον ὁ Ἰησοῦς ἔλεγον ὅτι οὗτός ἐστιν ἀληθῶς ὁ προφήτης ὁ ἐρχόμενος εἰς τὸν κόσμον. 15. § ὁ οὖν Ἰησοῦς † γνοὺς ὅτι μέλλουσιν ἔρχεσθαι καὶ ἁρπάζειν αὐτὸν ἵνα ποιήσωσιν αὐτὸν βασιλέα, ἀνεχώρησεν † εἰς τὸ ὄρος αὐτὸς μόνος. 16. ὡς δὲ ὀψία ἐγένετο, κατέβησαν οἱ μαθηταὶ αὐτοῦ § εἰς τὴν θάλασσαν, 17. καὶ ἐμβάντες εἰς τὸ πλοῖον ἤρχοντο § εἰς τὸ πέραν τῆς θαλάσσης εἰς Καπερναούμ. καὶ σκοτία ἤδη ἐγεγόνει, καὶ § οὔπω ἐληλύθει πρὸς αὐτοὺς ὁ Ἰησοῦς, 18. ἥ τε θάλασσα ἀνέμου μεγάλου πνέοντος § διεγείρετο. 19. ἐληλακότες οὖν ὡς σταδίους εἰκοσιπέντε ἢ τριάκοντα θεωροῦσι τὸν Ἰησοῦν περιπατοῦντα ἐπὶ τῆς θαλάσσης καὶ ἐγγὺς τοῦ πλοίου γινόμενον, καὶ ἐφοβήθησαν. 20. ὁ δὲ λέγει αὐτοῖς· ἐγώ εἰμι, μὴ φοβεῖσθε. 21. ἤθελον οὖν § αὐτὸν λαβεῖν εἰς τὸ πλοῖον, καὶ εὐθέως § ἐγένετο τὸ πλοῖον ἐπὶ § τὴν γῆν εἰς ἣν ὑπῆγον. 22. Τῇ ἐπαύριον ὁ ὄχλος ὁ ἑστηκὼς πέραν τῆς θαλάσσης ἰδὼν ὅτι § ἄλλο πλοιάριον οὐκ ἦν ἐκεῖ εἰ μὴ ἓν ἐκεῖνο εἰς ὃ ἐνέβησαν οἱ

Hiat M.
13. βεβροκοσιν V.
14. − οι src. sv. | ανδρες P. | ιδωντες P. | εποιησεν V. | ο εις τ. κοσ. ερχομ. V.
15. ιησους ουν pro ο ουν ιησ. sv. | ανεχωρησε s. | + οι οχλοι post ερχεσθαι P. | + παλιν post ανεχ. sv.
16. οψιας P. | επι pro εις s.
17. − εις το sec. sv. | ουκ pro ουπω s. | + εις το πλοιον post ιησ. P.
18. − μεγαλου L. | διηγειρετο sv.
19. ελιηλακοτος L. | ω pro ως v. sed manus 1ma σ supra addidit. | εικωσιπεντε P. | θεωρουσιν P. | γενυμενου L. | − και sec. L.
20. φοβεισθαι P.
21. λαβειν αυτον sp. | το πλ. εγεν. s. | της γης s.
22. αλλον v. | πλοιαριον αλλο s. | ειμι P. | εκεινω P. | ον pro ο L.

μαθηταὶ § τοῦ Ἰησοῦ, καὶ ὅτι οὐ συνεισῆλθε τοῖς μαθηταῖς αὐτοῦ ὁ Ἰησοῦς εἰς τὸ § πλοῖον ἀλλὰ μόνοι οἱ μαθηταὶ αὐτοῦ ἀπῆλθον· 23. ἄλλα δὲ ἦλθε πλοιάρια ἐκ Τιβεριάδος ἐγγὺς τοῦ τόπου ὅπου ἔφαγον τὸν ἄρτον εὐχαριστήσαντος τοῦ κυρίου. 24. ὅτε οὖν εἶδεν ὁ ὄχλος ὅτι § ὁ Ἰησοῦς οὐκ ἔστιν ἐκεῖ οὐδὲ οἱ μαθηταὶ αὐτοῦ, § ἔλαβον αὐτοὶ † τὰ § πλοιάρια καὶ ἦλθον εἰς Καπερναοὺμ ζητοῦντες τὸν Ἰησοῦν. 25. καὶ εὑρόντες αὐτὸν πέραν τῆς θαλάσσης εἶπον αὐτῷ· ῥαββί, πότε ὧδε γέγονας; 26. ἀπεκρίθη αὐτοῖς ὁ Ἰησοῦς καὶ εἶπεν· ἀμὴν ἀμὴν λέγω ὑμῖν, ζητεῖτέ με οὐχ ὅτι εἴδετε σημεῖα, ἀλλ' ὅτι ἐφάγετε ἐκ τῶν ἄρτων καὶ ἐχορτάσθητε. 27. ἐργάζεσθε μὴ τὴν βρῶσιν τὴν ἀπολλυμένην, ἀλλὰ τὴν βρῶσιν τὴν μένουσαν εἰς ζωὴν αἰώνιον, ἣν ὁ υἱὸς τοῦ ἀνθρώπου § δώσει ὑμῖν· § τοῦτο γὰρ ὁ πατὴρ ἐσφράγισεν, ὁ θεός. 28. εἶπον οὖν πρὸς αὐτόν· τί § ποιήσωμεν ἵνα ἐργαζώμεθα τὰ ἔργα τοῦ θεοῦ; 29. ἀπεκρίθη ὁ Ἰησοῦς καὶ εἶπεν αὐτοῖς· τοῦτό ἐστι τὸ ἔργον τοῦ θεοῦ ἵνα πιστεύσητε εἰς ὃν ἀπέστειλεν ἐκεῖνος. 30. εἶπον οὖν αὐτῷ· τί οὖν ποιεῖς † σημεῖον, ἵνα ἴδωμεν καὶ πιστεύσωμέν σοι, τί ἐργάζῃ; 31. οἱ πατέρες ἡμῶν § ἔφαγον τὸ μάννα ἐν τῇ ἐρήμῳ, καθώς ἐστι γεγραμμένον· ἄρτον ἐκ τοῦ οὐρανοῦ § δέδωκεν αὐτοῖς φαγεῖν. 32. εἶπεν οὖν αὐτοῖς ὁ Ἰησοῦς· ἀμὴν ἀμὴν λέγω

Hiat M.
22. αυτου *pro* του ιησ. S. | συνησηλθε P. | πλοιαριον *pro* πλοιον S.
23. ηλθον V. | – ευχαρ. του κ. L.
24. – α *sec.* SV. | ενεβησαν και αυτοι εις τα πλοια *pro* ελαβον αυτοι τα πλ. S.
26. ιδετε P.
27. – την βρωσιν L. | απολλημενην L. | δωση L., υμιν δωσει S. |

τουτον *pro* τουτο SV.
28. ποιουμεν S, ποιησομεν L. | εργαζομεθα V.
29. + απαντες *post* ινα L.
30. + συ *post* ποιεις SV. | ειδωμεν L. | πιστευσομεν L.
31. υμων *pro* ημων L. | το μαννα εφ. S. | εδωκεν SP.
32. – αμην L.

ὑμῖν, οὐ Μωσῆς δέδωκεν ὑμῖν τὸν ἄρτον ἐκ τοῦ οὐρανοῦ † τὸν ἀληθινόν. 33. ὁ γὰρ ἄρτος τοῦ θεοῦ ἐστιν ὁ καταβαίνων ἐκ τοῦ οὐρανοῦ καὶ ζωὴν διδοὺς τῷ κόσμῳ. 34. εἶπον οὖν πρὸς αὐτόν· κύριε, πάντοτε δὸς ἡμῖν τὸν ἄρτον τοῦτον. 35. εἶπεν § οὖν αὐτοῖς ὁ Ἰησοῦς· ἐγώ εἰμι ὁ ἄρτος τῆς ζωῆς· ὁ ἐρχόμενος πρός με οὐ μὴ § πεινάσει, καὶ ὁ πιστεύων εἰς ἐμὲ οὐ μὴ § διψήσει πώποτε. 36. ἀλλ' εἶπον ὑμῖν ὅτι καὶ ἑωράκατέ με καὶ οὐ πιστεύετε. 37. πᾶν ὃ δίδωσί μοι ὁ πατήρ, πρὸς ἐμὲ ἥξει, καὶ τὸν ἐρχόμενον πρός με οὐ μὴ ἐκβάλω ἔξω, 38. ὅτι καταβέβηκα § ἀπὸ τοῦ οὐρανοῦ οὐχ ἵνα ποιῶ τὸ θέλημα τὸ ἐμὸν ἀλλὰ τὸ θέλημα τοῦ πέμψαντός με. 39. τοῦτο δὲ ἐστι τὸ θέλημα τοῦ πέμψαντός με πατρός, ἵνα πᾶν ὃ δέδωκέ μοι μὴ ἀπολέσω ἐξ αὐτοῦ, ἀλλ' ἀναστήσω αὐτὸ ἐν τῇ ἐσχάτῃ ἡμέρᾳ. 40. τοῦτο § γάρ ἐστι τὸ θέλημα τοῦ πέμψαντός με § πατρός, ἵνα πᾶς ὁ θεωρῶν τὸν υἱὸν καὶ πιστεύων εἰς αὐτὸν § ἔχει ζωὴν αἰώνιον καὶ ἀναστήσω αὐτὸν ἐγὼ § ἐν τῇ ἐσχάτῃ ἡμέρᾳ. 41. ἐγόγγυζον οὖν οἱ Ἰουδαῖοι περὶ αὐτοῦ, ὅτι εἶπεν· ἐγώ εἰμι ὁ ἄρτος ὁ § ἐκ τοῦ οὐρανοῦ καταβάς, 42. καὶ ἔλεγον· οὐχ οὗτός ἐστιν Ἰησοῦς ὁ υἱὸς Ἰωσήφ, οὗ ἡμεῖς οἴδαμεν τὸν πατέρα καὶ τὴν μητέρα; πῶς οὖν λέγει· † ἐκ τοῦ οὐρανοῦ καταβέβηκα;

Hiat м.
32. ημιν pro υμιν prim. v. | - εκ του ουρανου L. | + αλλ' ο πατηρ μοι διδωσιν υμιν τον αρτον εκ του ουρανου ante τον αληθ. sv.
33. καταβαινον P.
34. ειπαν P.
35. ειπε s. | δε pro ουν sv. | πινασει P, πεινασῃ sl.. | διψησῃ sl.

37. διδωσιν v. | εκβαλλω L.
38. εκ pro απο s.
39. αλλα sv. | δεδωκεν v. | αυτον P.
40. δε pro γαρ sv. | - πατρος s. | εχε s. | - εν s.
41. εγογγιζον l. | - περι αυτου l.. | ε in εγω mutat. L. | καταβας εκ του ουρ. s.
42. + ουτος οτι post λεγει s.

43. ἀπεκρίθη † ὁ Ἰησοῦς καὶ εἶπεν αὐτοῖς· § ἵνα τί §γογγίζετε μετ' ἀλλήλων; 44. οὐδεὶς δύναται ἐλθεῖν πρός με ἐὰν μὴ ὁ πατὴρ ὁ πέμψας με § ἑλκύσει αὐτόν, καὶ ἐγὼ ἀναστήσω αὐτὸν § ἐν τῇ ἐσχάτῃ ἡμέρᾳ. 45. ἔστι γεγραμμένον ἐν τοῖς προφήταις· καὶ ἔσονται πάντες διδακτοὶ † θεοῦ· πᾶς † ὁ ἀκούσας παρὰ τοῦ πατρὸς καὶ μαθὼν ἔρχεται πρός με. 46. οὐχ ὅτι τὸν πατέρα τις ἑώρακεν, εἰ μὴ ὁ ὢν παρὰ τοῦ θεοῦ, οὗτος ἑώρακε τὸν πατέρα. 47. ἀμὴν ἀμὴν λέγω ὑμῖν, ὁ πιστεύων εἰς ἐμὲ ἔχει ζωὴν αἰώνιον. 48. ἐγώ εἰμι ὁ ἄρτος τῆς ζωῆς. 49. οἱ πατέρες ὑμῶν ἔφαγον τὸ μάννα ἐν τῇ ἐρήμῳ καὶ ἀπέθανον· 50. οὗτός ἐστιν ὁ ἄρτος ὁ ἐκ τοῦ οὐρανοῦ καταβαίνων, ἵνα τις ἐξ αὐτοῦ φάγῃ καὶ ἀποθάνῃ. 51. ἐγώ εἰμι ὁ ἄρτος ὁ ζῶν ὁ ἐκ τοῦ οὐρανοῦ καταβάς· ἐάν τις φάγῃ ἐκ τούτου τοῦ ἄρτου ζήσεται εἰς τὸν αἰῶνα· καὶ ὁ ἄρτος δὲ ὃν ἐγὼ δώσω, ἡ σάρξ μου ἐστίν, ἣν ἐγὼ δώσω ὑπὲρ τῆς τοῦ κόσμου ζωῆς. 52. ἐμάχοντο οὖν § οἱ Ἰουδαῖοι πρὸς ἀλλήλους λέγοντες· πῶς δύναται οὗτος § ἡμῖν τὴν σάρκα δοῦναι φαγεῖν; 53. εἶπεν οὖν αὐτοῖς ὁ Ἰησοῦς· ἀμὴν ἀμὴν λέγω ὑμῖν, ἐὰν μὴ φάγητε τὴν σάρκα τοῦ υἱοῦ τοῦ ἀνθρώπου καὶ § πίετε αὐτοῦ τὸ αἷμα, οὐκ ἔχετε ζωὴν ἐν ἑαυτοῖς. 54. ὁ τρώγων μου τὴν σάρκα καὶ πίνων μου τὸ αἷμα ἔχει ζωὴν αἰώνιον, καὶ ἐγὼ ἀναστήσω αὐτὸν § ἐν τῇ ἐσχάτῃ

Hiat м.
43. + ουν *post* απεκρ. s. | μη *pro* ινα τι sv, ἵνα τί P. | γογγυζετε s, γογγυζεται P, γογγιζεται v, *sed* ε *supra* αι *scripsit manus prima*.
44. ελκυση sv. | – εν s.
45. εστιν P, εστιν v. | διδακτι P. | + του *ante* θεου s. | + ουν *post* πας sp.
46. εορακεν P.
47. + οτι *post* υμιν v.
49. ημων L.q. | μανα L..
51. η εμη *pro* μου L.
52. προς αλλ. οι ιουδ. sv. | ημιν δουναι την σ. s, την σ. ξουναι ημ. L.
53. πιητε s.
54. – εν s.

ἡμέρᾳ. 55. ἡ γὰρ σάρξ μου § ἀληθής ἐστι βρῶσις, καὶ τὸ αἷμα μου ἀληθῶς ἐστι πόσις. 56. ὁ τρώγων μου τὴν σάρκα καὶ πίνων μου τὸ αἷμα ἐν ἐμοὶ μένει κἀγὼ ἐν αὐτῷ. 57. καθὼς § ἀπέσταλκέ με ὁ ζῶν πατὴρ κἀγὼ ζῶ διὰ τὸν πατέρα, καὶ ὁ τρώγων με κἀκεῖνος § ζήσει δι' ἐμέ. 58. οὗτός ἐστιν ὁ ἄρτος ὁ ἐκ τοῦ οὐρανοῦ καταβάς, οὐ καθὼς ἔφαγον οἱ πατέρες ὑμῶν τὸ μάννα καὶ ἀπέθανον· ὁ τρώγων τοῦτον τὸν ἄρτον ζήσεται εἰς τὸν αἰῶνα. 59. ταῦτα εἶπεν ἐν συναγωγῇ διδάσκων ἐν Καπερναούμ.

60. Πολλοὶ οὖν ἀκούσαντες ἐκ τῶν μαθητῶν αὐτοῦ εἶπον· σκληρός ἐστιν οὗτος ὁ λόγος· τίς δύναται § ἀκούειν αὐτοῦ; 61. § ἔγνω οὖν ὁ Ἰησοῦς ἐν ἑαυτῷ ὅτι γογγύζουσι περὶ τούτου οἱ μαθηταὶ αὐτοῦ, § καὶ εἶπεν αὐτοῖς· τοῦτο ὑμᾶς σκανδαλίζει; 62. ἐὰν οὖν θεωρῆτε τὸν υἱὸν τοῦ ἀνθρώπου ἀναβαίνοντα ὅπου ἦν τὸ πρότερον; 63. τὸ πνεῦμά ἐστι τὸ ζωοποιοῦν, ἡ σὰρξ οὐκ ὠφελεῖ οὐδέν· τὰ ῥήματα ἃ ἐγὼ § λελάληκα ὑμῖν πνεῦμά ἐστι καὶ ζωή ἐστιν. 64. ἀλλ' εἰσὶν ἐξ ὑμῶν τινες οἳ οὐ πιστεύουσιν. ᾔδει γὰρ § ἐξαρχῆς ὁ Ἰησοῦς τίνες εἰσὶν οἱ μὴ πιστεύοντες καὶ τίς ἐστιν ὁ παραδώσων αὐτόν. 65. καὶ ἔλεγεν· διὰ τοῦτο εἴρηκα ὑμῖν ὅτι οὐδεὶς δύναται ἐλθεῖν πρός με, ἐὰν μὴ ᾖ δεδομένον αὐτῷ ἐκ τοῦ πατρός μου.

Hiat м.
55. η σαρξ μου γαρ P. | αληθως sv. | εστιν bis P.
56. πινον P.
57. απεστειλε s, απεσταλκεν v. | τρωγωμεν pro τρωγων με P. | ζησεται s, ζηση l..
58. in υμων, η et v ambo formantur in l.. | – τον ante αρτον v.
60. ο λογος ουτος v. | αυτου ακουειν sv.
61. ειδως δε pro εγνω ουν sv. | – και s (habet v).
62. θεωρειτε P.
63. οφελει ουδενα L. | λαλω s.
64. εξ αρχης sv. | ο ιησ. εξ a. v. | πιστευσαντες v. | παραδωσω v, sed ... σων v'.
65. ελεγε sl.. | + αυτοις post ελεγε P. | διατουτο l.. | fin. – μου v.

66. Ἐκ τούτου §οὖν πολλοὶ §τῶν μαθητῶν αὐτοῦ ἀπῆλθον εἰς τὰ ὀπίσω καὶ οὐκ ἔτι μετ' αὐτοῦ περιεπάτουν. 67. εἶπεν οὖν ὁ Ἰησοῦς τοῖς δώδεκα § μαθηταῖς· μὴ καὶ ὑμεῖς θέλετε ὑπάγειν; 68. ἀπεκρίθη † αὐτῷ Σίμων Πέτρος· κύριε, πρὸς τίνα ἀπελευσόμεθα; ῥήματα ζωῆς αἰωνίου ἔχεις· 69. καὶ ἡμεῖς πεπιστεύκαμεν καὶ ἐγνώκαμεν ὅτι σὺ εἶ ὁ Χριστὸς ὁ υἱὸς τοῦ θεοῦ τοῦ ζῶντος. 70. ἀπεκρίθη αὐτοῖς ὁ Ἰησοῦς· οὐκ ἐγὼ ὑμᾶς τοὺς δώδεκα ἐξελεξάμην; καὶ ἐξ ὑμῶν εἷς διάβολός ἐστιν. 71. ἔλεγε δὲ τὸν Ἰούδαν Σίμωνος § ἀπὸ Καρυώτου· οὗτος γὰρ § ἔμελλεν § παραδιδόναι αὐτόν, εἷς ὢν ἐκ τῶν δώδεκα.

VII.

1. Καὶ § μετὰ ταῦτα περιεπάτει ὁ Ἰησοῦς ἐν τῇ Γαλιλαίᾳ· οὐ γὰρ ἤθελεν ἐν τῇ Ἰουδαίᾳ περιπατεῖν, ὅτι ἐζήτουν αὐτὸν οἱ Ἰουδαῖοι ἀποκτεῖναι. 2. ἦν δὲ ἐγγὺς ἡ ἑορτὴ τῶν Ἰουδαίων ἡ σκηνοπηγία. 3. εἶπον οὖν πρὸς αὐτὸν οἱ ἀδελφοὶ αὐτοῦ· μετάβηθι ἐντεῦθεν καὶ ὕπαγε εἰς τὴν Ἰουδαίαν, ἵνα καὶ οἱ μαθηταί σου θεωρήσωσι τὰ ἔργα σου ἃ ποιεῖς· 4. οὐδεὶς γὰρ ἐν κρυπτῷ τι ποιεῖ, καὶ ζητεῖ § ἐν παρρησίᾳ αὐτὸς § εἶ. εἰ ταῦτα ποιεῖς, φανέρωσον σεαυτὸν τῷ κόσμῳ. 5. οὐδὲ γὰρ οἱ ἀδελφοὶ αὐτοῦ ἐπίστευον εἰς αὐτόν. 6. λέγει οὖν αὐτοῖς ὁ Ἰησοῦς· ὁ καιρὸς ὁ ἐμὸς

Hiat M.
66. – ουν s. | απηλ. τ. μαθ. αυτ. s. | + εκ ante των V.
67. – μαθηταις SV.
68. + ουν post απεκριθη s. | απελευσωμεθα Γ.
70. αυτω pro αυτοις L. | αγω pro εγω L.
71. ελεγεν Γ. | ιούδαν s. | ισκαρι-

ωτην pro απο καρ. s, αποκαριωτου L, απο σκαρυωτου Γ. |
ημελλεν s, εμελλε L. | αυτον παραδ. s.
VII. 1. περιεπ. ο ιησ. μετα τ. s.
4. αυτος εν παρρ. SV. | ειναι SL, ει Γν. | πιεις Γ.
5. ου pro ουδε L.

οὔπω πάρεστιν, ὁ δὲ καιρὸς ὁ ὑμέτερος πάντοτέ ἐστιν ἕτοιμος. 7. οὐ δύναται ὁ κόσμος μισεῖν ὑμᾶς· ἐμὲ δὲ μισεῖ, ὅτι ἐγὼ μαρτυρῶ περὶ αὐτοῦ ὅτι τὰ ἔργα αὐτοῦ πονηρά ἐστιν. 8. ὑμεῖς ἀνάβητε εἰς τὴν ἑορτὴν ταύτην. ἐγὼ οὔπω ἀναβαίνω εἰς τὴν ἑορτὴν ταύτην, ὅτι § ὁ ἐμὸς καιρὸς οὔπω πεπλήρωται. 9. ταῦτα δὲ εἰπὼν αὐτοῖς ἔμεινεν ἐν τῇ Γαλιλαίᾳ. 10. ὡς δὲ ἀνέβησαν οἱ ἀδελφοὶ αὐτοῦ, τότε καὶ αὐτὸς ἀνέβη εἰς τὴν ἑορτήν, οὐ φανερῶς ἀλλ' ὡς ἐν κρυπτῷ. 11. οἱ οὖν Ἰουδαῖοι ἐζήτουν αὐτὸν ἐν τῇ ἑορτῇ καὶ ἔλεγον· ποῦ ἐστιν ἐκεῖνος; 12. καὶ γογγυσμὸς πολὺς περὶ αὐτοῦ ἦν ἐν τοῖς ὄχλοις· οἱ μὲν ἔλεγον ὅτι ἀγαθός ἐστιν· ἄλλοι δὲ ἔλεγον· οὔ, ἀλλὰ πλανᾷ τὸν ὄχλον. 13. οὐδεὶς μέντοι παρρησίᾳ ἐλάλει περὶ αὐτοῦ διὰ τὸν φόβον τῶν Ἰουδαίων.

14. Ἤδη δὲ τῆς ἑορτῆς § μεσαζούσης ἀνέβη ὁ Ἰησοῦς εἰς τὸ ἱερὸν καὶ ἐδίδασκεν. 15. καὶ ἐθαύμαζον οἱ Ἰουδαῖοι λέγοντες· πῶς οὗτος γράμματα οἶδε μὴ μεμαθηκώς; 16. ἀπεκρίθη § οὖν αὐτοῖς ὁ Ἰησοῦς καὶ εἶπεν· ἡ ἐμὴ διδαχὴ οὐκ ἔστιν ἐμὴ ἀλλὰ τοῦ πέμψαντός με· 17. ἐάν τις θέλῃ τὸ θέλημα αὐτοῦ ποιεῖν, γνώσεται περὶ τῆς διδαχῆς, πότερον ἐκ τοῦ θεοῦ ἐστιν ἢ ἐγὼ ἀπ' ἐμαυτοῦ λαλῶ. 18. ὁ ἀφ' ἑαυτοῦ λαλῶν τὴν δόξαν τὴν ἰδίαν ζητεῖ· ὁ δὲ ζητῶν τὴν δόξαν τοῦ πέμψαντος αὐτόν, οὗτος ἀληθής ἐστιν καὶ ἀδικία ἐν αὐτῷ οὐκ ἔστιν. 19. οὐ Μωσῆς δέδωκεν ὑμῖν τὸν νόμον;

Hiat м.
8. − εις την εορ. ταυτ. sec. L. | ο καιρος ο εμος s.
9. ηπων P.
11. − εν τη εορτη L..
12. + γαρ post μεν V. | + περι αυτου post ελεγον prim. V. | -ελεγον sec. L. | τους οχλους L..
14. − ηδη δε P. | μεσουσης s. | εδιδασκε s.
15. μαθηκως Γ.
16. απεκρηθη P. | − ουν s. | − αυτοις Γ. | εμοι pro εμη P.
17. τω pro το P. | + αυτου post διδαχης V. | προτερον L. | εις pro η L..
18. εστι prim. s.
19. ημιν pro υμιν L.

καὶ οὐδεὶς ἐξ ὑμῶν ποιεῖ τὸν νόμον. τί με ζητεῖτε ἀποκτεῖναι; 20. ἀπεκρίθη ὁ ὄχλος καὶ εἶπεν· δαιμόνιον ἔχεις· τίς σε ζητεῖ ἀποκτεῖναι; 21. ἀπεκρίθη ὁ Ἰησοῦς καὶ εἶπεν αὐτοῖς· ἓν ἔργον ἐποίησα καὶ πάντες θαυμάζετε. 22. διὰ τοῦτο § Μωϋσῆς δέδωκεν ὑμῖν τὴν περιτομήν, οὐχ ὅτι ἐκ τοῦ Μωσέως ἐστίν, ἀλλ' ἐκ τῶν πατέρων, καὶ ἐν σαββάτῳ περιτέμνετε ἄνθρωπον. 23. εἰ περιτομὴν λαμβάνει ἄνθρωπος ἐν σαββάτῳ ἵνα μὴ λυθῇ ὁ νόμος § Μωϋσέως, ἐμοὶ χολᾶτε ὅτι ὅλον ἄνθρωπον ὑγιῆ ἐποίησα ἐν σαββάτῳ; 24. μὴ κρίνετε κατ' ὄψιν, ἀλλὰ τὴν δικαίαν κρίσιν κρίνατε. 25. Ἔλεγον οὖν τινες ἐκ τῶν Ἱεροσολυμιτῶν· οὐχ οὗτός ἐστιν ὃν ζητοῦσιν ἀποκτεῖναι; 26. † ἴδε παρρησίᾳ λαλεῖ, καὶ οὐδὲν αὐτῷ λέγουσιν. μήποτε ἀληθῶς ἔγνωσαν οἱ ἄρχοντες ὅτι οὗτός ἐστιν † ὁ Χριστός; 27. ἀλλὰ τοῦτον οἴδαμεν πόθεν ἐστίν· ὁ δὲ Χριστὸς ὅτ' ἂν ἔρχηται, οὐδεὶς γινώσκει πόθεν ἐστίν. 28. ἔκραξεν οὖν § ὁ Ἰησοῦς ἐν τῷ ἱερῷ διδάσκων καὶ λέγων· κἀμὲ οἴδατε καὶ οἴδατε πόθεν εἰμί· καὶ ἀπ' ἐμαυτοῦ οὐκ ἐλήλυθα, ἀλλ' ἔστιν ἀληθινὸς ὁ πέμψας με, ὃν ὑμεῖς οὐκ οἴδατε· 29. ἐγὼ † οἶδα αὐτόν, ὅτι παρ' αὐτοῦ εἰμι κἀκεῖνός με ἀπέστειλεν. 30. ἐζήτουν οὖν αὐτὸν πιάσαι, § καὶ ἐξῆλθεν ἐκ τῆς χειρὸς αὐτῶν καὶ οὐδεὶς ἐπέβαλεν ἐπ' αὐτὸν τὴν χεῖρα, ὅτι οὔπω ἐληλύθει ἡ ὥρα αὐτοῦ.

Hiat M.
19. - και ουδεις usq. τον νομον P.
20. ειπε S.
21. - ο L.
22. μωσης SV. | μωυσεως L.
23. μωσιως SV. | εποιησα υγιη L., εποιησα ανθ. υγιη P.
24. κρινατε L.
25. ιεροσολυμητων L.
26. init. + και SV. | λεγουσι S. |

+ αληθως post εστιν S.
27. ερχεται P, ἔρχητέ V.
28. εν τω ιε. διδ. ο ιησ. SV, - ιησ. P.
29. + δε post εγω S. | fin. + και εαν ειπω οτι ουκ οιδα αυτον εσομαι ομοιος υμων ψευστης V.
30. - και εξ. usq. αυτων SV. | χειραν L. | ουπω γαρ (- οτι) L. εληλυθη P.

31. § Ἐκ τοῦ ὄχλου πολλοὶ ἐπίστευσαν εἰς αὐτόν, καὶ ἔλεγον· † ὁ Χριστὸς ὅτ' ἂν ἔλθῃ, μήτι πλείονα σημεῖα † ποιήσει ὧν οὗτος §ποιεῖ; 32. §καὶ ἤκουσαν οἱ Φαρισαῖοι τοῦ ὄχλου γογγύζοντος περὶ αὐτοῦ ταῦτα, καὶ ἀπέστειλαν οἱ §ἀρχιερεῖς καὶ οἱ Φαρισαῖοι ὑπηρέτας ἵνα πιάσωσιν αὐτόν. 33. εἶπεν οὖν † ὁ Ἰησοῦς· ἔτι §χρόνον μικρὸν μεθ' ὑμῶν εἰμι καὶ ὑπάγω πρὸς τὸν πέμψαντά με. 34. ζητήσετέ με, καὶ οὐχ εὑρήσετε, καὶ ὅπου εἰμὶ ἐγὼ ὑμεῖς οὐ δύνασθε ἐλθεῖν. 35. εἶπον οὖν οἱ Ἰουδαῖοι πρὸς ἑαυτούς· ποῦ οὗτος μέλλει πορεύεσθαι, ὅτι ἡμεῖς οὐχ εὑρήσομεν αὐτόν; μὴ εἰς τὴν διασπορὰν τῶν Ἑλλήνων μέλλει πορεύεσθαι καὶ διδάσκειν τοὺς Ἕλληνας; 36. τίς ἐστιν § ὁ λόγος οὗτος ὃν εἶπεν· § ζητεῖτέ με καὶ οὐχ εὑρήσετε, καὶ ὅπου εἰμὶ ἐγὼ † οὐ δύνασθε ἐλθεῖν; 37. Ἐν δὲ τῇ ἐσχάτῃ ἡμέρᾳ τῇ μεγάλῃ τῆς ἑορτῆς εἱστήκει ὁ Ἰησοῦς καὶ ἔκραξε λέγων· ἐάν τις διψᾷ, ἐρχέσθω πρός με καὶ πινέτω. 38. ὁ πιστεύων εἰς ἐμέ, καθὼς εἶπεν ἡ γραφή, ποταμοὶ ἐκ τῆς κοιλίας αὐτοῦ ῥεύσουσιν ὕδατος ζῶντος. 39. τοῦτο δὲ εἶπεν περὶ τοῦ πνεύματος οὗ §ἤμελλον λαμβάνειν οἱ πιστεύοντες εἰς αὐτόν· οὔπω γὰρ ἦν πνεῦμα ἅγιον, ὅτι † Ἰησοῦς οὐδέπω ἐδοξάσθη.

Hiat M.

31. πολλοι δε εκ τ. οχ. S. | + οτι post ελεγον S. | - ο χριστος V. | + τουτων post σημεια SV. | ποιηση L. | οὕτως pro ουτος P. | fin. εποιησεν SV.
32. init. - και S. | γογγιζοντες L. | οι φαρ. και οι αρχ. S. | υ in υπηρ. mutat. L.
33. + αυτοις post ουν S. | μικρον χρονον S.
34. ζητειτε L, ζητησατε P. | εγω ειμι L.
35. αυτους pro εαυτ. L. | υμεις ευρισομεν P. | μητι pro μη V.
36. ουτος ο λογος SV. | ειπε S. | ζητησετε SV. | ευρησεται V. | εγω ειμι L. | + υμεις ante ου δυν. SV. | δυνασθαι P.
37. ιστηκει P. | εκραζε L; εκραξεν V.
39. ειπε S. | εμελλον S. | + ο ante ιησ. S.

ΚΑΤΑ ΙΩΑΝΝΗΝ.

40. Πολλοὶ οὖν ἐκ τοῦ ὄχλου ἀκούσαντες τὸν λόγον § αὐτοῦ ἔλεγον· οὗτός ἐστιν ἀληθῶς ὁ προφήτης· 41. ἄλλοι § δὲ ἔλεγον· οὗτός ἐστιν ὁ Χριστός. ἄλλοι † ἔλεγον· μὴ γὰρ ἐκ τῆς Γαλιλαίας ὁ Χριστὸς ἔρχεται; 42. οὐχὶ ἡ γραφὴ εἶπεν ὅτι ἐκ † σπέρματος Δαβὶδ καὶ ἀπὸ Βηθλεὲμ τῆς κώμης, ὅπου ἦν Δαβίδ, ὁ Χριστὸς ἔρχεται; 43. σχίσμα οὖν ἐν τῷ ὄχλῳ ἐγένετο δι' αὐτόν· 44. τινὲς δὲ ἤθελον ἐξ αὐτῶν πιάσαι αὐτόν, ἀλλ' οὐδεὶς ἐπέβαλεν ἐπ' αὐτὸν τὰς χεῖρας.

45. Ἦλθον οὖν οἱ ὑπηρέται πρὸς τοὺς ἀρχιερεῖς καὶ Φαρισαίους, καὶ εἶπον αὐτοῖς ἐκεῖνοι· διὰ τί οὐκ ἠγάγετε αὐτόν; 46. ἀπεκρίθησαν οἱ ὑπηρέται· οὐδέποτε οὕτως ἐλάλησεν ἄνθρωπος, ὡς οὗτος ὁ ἄνθρωπος. 47. ἀπεκρίθησαν οὖν † οἱ Φαρισαῖοι· μὴ καὶ ὑμεῖς πεπλάνησθε; 48. μή τις † τῶν ἀρχόντων ἐπίστευσεν εἰς αὐτὸν ἢ ἐκ τῶν Φαρισαίων; 49. ἀλλ' ὁ ὄχλος οὗτος ὁ μὴ γινώσκων τὸν νόμον ἐπικατάρατοί εἰσιν. 50. λέγει Νικόδημος πρὸς αὐτούς, ὁ ἐλθὼν νυκτὸς πρὸς αὐτὸν § τὸ πρότερον, εἶς ὢν ἐξ αὐτῶν· 51. μὴ ὁ νόμος ἡμῶν κρίνει τὸν ἄνθρωπον ἐὰν μὴ ἀκούσῃ παρ' αὐτοῦ § πρῶτον

Hiat м.
40. οι ουν εκ του οχλου πολλοι v. |
 − αυτου s, αυτου τον λογον v.
41. − δε s. | + οτι *ante* ουτος L. |
 + δε *post* αλλοι *sec.* s.
42. + του *ante* σπρ. s.
43. εγενετο εν τ. οχ. v.
45. διατι sL.
46. + προς τους αρχ. και φαρ. *post* υπηρ. L. | − ο L. | P *in contextu habet* ουδεποτε ουτως ο ανος, *in marg. autem verba* ελαλησεν ανος ως. *Omittit er-*

go vel ουτως *vel* ουτος (*quod saepe ουτως scriptum est in* P), *sed similitudine tantum, ut videtur.*
47. + αυτοις *post* ουν sv. | πεπλανηστε P.
48. + εκ *post* τις s. | αρχοντον P.
49. − ουτος L. | επικαταρρατοι L, επικαταρατι P. | εισι s.
50. − το προτερον s.
51. προτερον *pro* πρωτον s, πρωτον παρ' αυτου v, πρωτων P.

καὶ γυνῷ τί ποιεῖ; 52. ἀπεκρίθησαν καὶ εἶπον αὐτῷ· μὴ καὶ σὺ ἐκ τῆς Γαλιλαίας εἶ; ἐρεύνησον καὶ ἴδε ὅτι προφήτης ἐκ τῆς Γαλιλαίας οὐκ ἐγήγερται. †

VIII.

† 12. Πάλιν οὖν § αὐτοῖς ἐλάλησεν ὁ Ἰησοῦς λέγων· ἐγώ εἰμι τὸ φῶς τοῦ κόσμου· ὁ ἀκολουθῶν ἐμοὶ οὐ μὴ περιπατήσει ἐν τῇ σκοτίᾳ, ἀλλ' ἕξει τὸ φῶς τῆς ζωῆς. 13. εἶπον οὖν αὐτῷ οἱ Φαρισαῖοι· σὺ περὶ σεαυτοῦ μαρτυρεῖς; ἡ μαρτυρία σου οὐκ ἔστιν ἀληθής. 14. ἀπεκρίθη § ὁ Ἰησοῦς καὶ εἶπεν αὐτοῖς· κἂν ἐγὼ μαρτυρῶ περὶ ἐμαυτοῦ, ἀληθής ἐστιν ἡ μαρτυρία μου, ὅτι οἶδα πόθεν ἦλθον καὶ ποῦ ὑπάγω· ὑμεῖς δὲ οὐκ οἴδατε πόθεν ἔρχομαι καὶ ποῦ ὑπάγω. 15. ὑμεῖς κατὰ τὴν σάρκα κρίνετε, ἐγὼ οὐ κρίνω οὐδένα. 16. καὶ ἐὰν § δὲ κρίνω † ἐγώ, ἡ κρίσις ἡ ἐμὴ ἀληθής ἐστιν, ὅτι μόνος οὐκ εἰμί, ἀλλ' ἐγὼ καὶ ὁ πέμψας με πατήρ. 17. καὶ ἐν τῷ νόμῳ δὲ τῷ ὑμετέρῳ γέγραπται ὅτι δύο ἀνθρώπων ἡ μαρτυρία ἀληθής ἐστιν. 18. ἐγώ εἰμι ὁ μαρτυρῶν περὶ ἐμαυτοῦ, καὶ μαρτυρεῖ περὶ ἐμοῦ ὁ πέμψας με πατήρ. 19. ἔλεγον οὖν αὐτῷ· ποῦ ἐστιν ὁ πατήρ σου; ἀπεκρίθη ὁ Ἰησοῦς· οὔτε ἐμὲ οἴδατε οὔτε τὸν πατέρα μου· εἰ ἐμὲ ᾔδειτε, καὶ τὸν πατέρα μου ᾔδειτε ἄν.

Hiat M. usque ad v. 52.

52. ειπων P. | + συ post ει P. | ει δε pro ιδε L. | Incipit M post hiatum cum verbo ερευνησον. Pericopam de adultera hoc loco legit s, quam post Luc. XXI. habent codices nostri.

VIII. 12. ο ιησ. αυτ. ελαλ. s, αυτ. ο ιησ. ελαλ. V. | σκοτεια LM.

13. μαρτυρεις· SP.

14. init. + και P. | -ο s. | -και ante ειπεν P. | -υμεις δε usq. fin. vers. L.

16. εαν κρινω δε s. | εγω· κρινω L. | - οτι μονος usq. fin. vers. 17 L.

19. ειδειτε prim. L. | οιδατε sec. L, ειδετε M.

ΚΑΤΑ ΙΩΑΝΝΗΝ.

20. ταῦτα τὰ ῥήματα ἐλάλησεν ὁ Ἰησοῦς ἐν τῷ γαζοφυλακίῳ διδάσκων ἐν τῷ ἱερῷ· καὶ οὐδεὶς ἐπίασεν αὐτόν, ὅτι οὔπω ἐληλύθει ἡ ὥρα αὐτοῦ. 21. Εἶπεν οὖν πάλιν αὐτοῖς ὁ Ἰησοῦς· ἐγὼ ὑπάγω καὶ ζητήσετέ με, καὶ ἐν τῇ ἁμαρτίᾳ ὑμῶν ἀποθανεῖσθε· § καὶ ὅπου ἐγὼ ὑπάγω ὑμεῖς οὐ δύνασθε ἐλθεῖν. 22. ἔλεγον οὖν οἱ Ἰουδαῖοι· μήτι ἀποκτενεῖ ἑαυτόν, ὅτι λέγει· ὅπου ἐγὼ ὑπάγω ὑμεῖς οὐ δύνασθε ἐλθεῖν; 23. καὶ § ἔλεγεν αὐτοῖς· ὑμεῖς ἐκ τῶν κάτω ἐστέ, ἐγὼ ἐκ τῶν ἄνω εἰμί· ὑμεῖς ἐκ §τούτου κόσμου ἐστέ, ἐγὼ οὐκ εἰμὶ ἐκ τοῦ κόσμου τούτου. 24. εἶπον οὖν ὑμῖν ὅτι ἀποθανεῖσθε ἐν ταῖς ἁμαρτίαις ὑμῶν· ἐὰν γὰρ μὴ πιστεύσητέ § μοι ὅτι ἐγώ εἰμι, ἀποθανεῖσθε ἐν ταῖς ἁμαρτίαις ὑμῶν. 25. ἔλεγον οὖν αὐτῷ· σὺ τίς εἶ; καὶ εἶπεν αὐτοῖς ὁ Ἰησοῦς· τὴν ἀρχὴν ὅτι καὶ λαλῶ ὑμῖν. 26. πολλὰ ἔχω περὶ ὑμῶν λαλεῖν καὶ κρίνειν· ἀλλ᾽ ὁ πέμψας με ἀληθής ἐστιν, κἀγὼ ἃ ἤκουσα παρ᾽ αὐτοῦ, ταῦτα §λαλῶ εἰς τὸν κόσμον. 27. οὐκ ἔγνωσαν ὅτι τὸν πατέρα αὐτοῖς ἔλεγεν. 28. εἶπεν οὖν αὐτοῖς ὁ Ἰησοῦς· ὅτ᾽ ἂν ὑψώσητε τὸν υἱὸν τοῦ ἀνθρώπου, τότε γνώσεσθε ὅτι ἐγώ εἰμι, καὶ ἀπ᾽ ἐμαυτοῦ ποιῶ οὐδέν, ἀλλὰ καθὼς ἐδίδαξέ με ὁ πατήρ μου, ταῦτα λαλῶ. 29. καὶ ὁ πέμψας με, μετ᾽

---

20. γαζωφυλακιω M. | εληλυθη MP.
21. ζητειτε L. | αποθανεισθαι P.] - και tert. SLX. | δυνασθαι P.
22. init. + και L. | ιδιαιοι L.. | αυτον L. | δυνασθαι P.
23. ειπεν pro ελεγεν SV. | εσται MP.| τω ανω L.. | του κ. τουτου SM.

21. ειμίν pro υμιν M. | - μοι S. | αποθανεισθαι P.
25. - και prim. LV.
26. εστι S. | και εγω pro καγω M. | λεγω pro λαλω s.
27. + ουν ante οτι L..
28. - μου LP. | fin. ποιω L₁, λαλω L₂ supra.
29. - με L..

ἐμοῦ ἐστιν· § καὶ οὐκ ἀφῆκέν με μόνον †, ὅτι ἐγὼ τὰ ἀρεστὰ αὐτῷ ποιῶ πάντοτε.

30. Ταῦτα αὐτοῦ λαλοῦντος πολλοὶ ἐπίστευσαν εἰς αὐτόν. 31. ἔλεγεν οὖν ὁ Ἰησοῦς πρὸς τοὺς πεπιστευκότας αὐτῷ Ἰουδαίους· ἐὰν ὑμεῖς μείνητε ἐν τῷ λόγῳ τῷ ἐμῷ, ἀληθῶς μαθηταί μου ἐστέ, 32. καὶ γνώσεσθε τὴν ἀλήθειαν, καὶ ἡ ἀλήθεια ἐλευθερώσει ὑμᾶς. 33. ἀπεκρίθησαν αὐτῷ § οἱ Ἰουδαῖοι· σπέρμα Ἀβραάμ ἐσμεν, καὶ οὐδενὶ δεδουλεύκαμεν πώποτε· § καὶ πῶς σὺ λέγεις ὅτι ἐλεύθεροι γενήσεσθε; 34. ἀπεκρίθη αὐτοῖς ὁ Ἰησοῦς· ἀμὴν ἀμὴν λέγω ὑμῖν ὅτι πᾶς ὁ ποιῶν τὴν ἁμαρτίαν δοῦλός ἐστι τῆς ἁμαρτίας. 35. ὁ δὲ δοῦλος οὐ μένει ἐν τῇ οἰκίᾳ εἰς τὸν αἰῶνα· ὁ υἱὸς μένει εἰς τὸν αἰῶνα. 36. ἐὰν † ὁ υἱὸς ὑμᾶς § ἐλευθερώσει, ὄντως ἐλεύθεροι ἔσεσθε. 37. οἶδα ὅτι σπέρμα Ἀβραάμ ἐστε· ἀλλὰ ζητεῖτέ με ἀποκτεῖναι, ὅτι ὁ λόγος ὁ ἐμὸς οὐ χωρεῖ ἐν ὑμῖν. 38. ἐγὼ § δὲ § ἃ ἑώρακα παρὰ τῷ πατρί μου λαλῶ· καὶ ὑμεῖς οὖν § ἃ ἠκούσατε παρὰ § τοῦ πατρὸς ὑμῶν ποιεῖτε. 39. ἀπεκρίθησαν § αὐτῷ καὶ εἶπον· ὁ πατὴρ ἡμῶν Ἀβραάμ ἐστι. λέγει αὐτοῖς ὁ Ἰησοῦς· εἰ τέκνα τοῦ Ἀβραὰμ ἦτε, τὰ ἔργα τοῦ Ἀβραὰμ ἐποιεῖτε ἄν· 40. νῦν δὲ ζητεῖτέ με ἀποκτεῖναι, ἄνθρωπον ὃς τὴν ἀλήθειαν λελάληκα ὑμῖν, ἣν ἤκουσα παρὰ τοῦ § πατρός μου· τοῦτο Ἀβραὰμ οὐκ

---

29. − και *sec.* SLV. | αφηκε SL. | + ο πατηρ *post* μονον SV.
32. γνωσεσθαι MP. | ελευθερωση L.
33. − οι ιουδαιοι S. | ουδ᾽ ἑνι M. | − και *sec.* SMP. | − οτι L.
35. οικεια M. | − ο υιος μενει εις τον αιωνα V.
36. + ουν *post* εαν SM. | ελευθερωση SLV. | οντος L. | εσεσθαι Γ.
38. − δε S. | ο *pro* α *bis* s, *prim. tan-*
tum V. | εωρακατε *pro* ηκουσατε SV. | τω πατρι *pro* του πατρος SLV. | ημων M.
39. και ειπον αυτω *pro* αυτ. κ. ειπ. S. | εστιν L. | αυτης *pro* αυτοις M. | − τα εργα *usq. fin. vers.* L. | *fin.* − αν P.
40. ανθρωπος L. | υμιν λελ. s. | θεου *pro* πατρος μου s.

ΚΑΤΑ ΙΩΑΝΝΗΝ.

ἐποίησεν. 41. ὑμεῖς ποιεῖτε τὰ ἔργα τοῦ πατρὸς ὑμῶν. εἶπον οὖν αὐτῷ· ἡμεῖς ἐκ πορνείας οὐ § γεγενήμεθα, ἕνα πατέρα ἔχομεν τὸν θεόν. 42. εἶπεν οὖν αὐτοῖς ὁ Ἰησοῦς· εἰ ὁ θεὸς πατὴρ ὑμῶν ἦν, ἠγαπᾶτε ἂν ἐμέ· ἐγὼ γὰρ ἐκ τοῦ θεοῦ ἐξῆλθον καὶ ἥκω· οὐδὲ γὰρ ἀπ᾿ ἐμαυτοῦ ἐλήλυθα, ἀλλ᾿ ἐκεῖνός με ἀπέστειλεν. 43. διατί τὴν λαλιὰν τὴν ἐμὴν οὐ γινώσκετε; ὅτι οὐ δύνασθε ἀκούειν §τὸν ἐμὸν λόγον. 44. ὑμεῖς ἐκ § τοῦ πατρὸς τοῦ διαβόλου ἐστὲ καὶ τὰς ἐπιθυμίας τοῦ πατρὸς ὑμῶν θέλετε ποιεῖν. ἐκεῖνος ἀνθρωποκτόνος ἦν ἀπ᾿ ἀρχῆς καὶ ἐν τῇ ἀληθείᾳ οὐχ ἕστηκεν, ὅτι οὐκ ἔστιν ἀλήθεια ἐν αὐτῷ. ὅταν λαλῇ τὸ ψεῦδος, ἐκ τῶν ἰδίων λαλεῖ, ὅτι ψεύστης ἐστὶν καὶ ὁ πατὴρ αὐτοῦ. 45. ἐγὼ δὲ ὅτι τὴν ἀλήθειαν λέγω §ὑμῖν, οὐ πιστεύετέ μοι. 46. τίς ἐξ ὑμῶν ἐλέγχει με περὶ ἁμαρτίας; εἰ † ἀλήθειαν λέγω, διατί ὑμεῖς οὐ πιστεύετέ μοι; 47. ὁ ὢν ἐκ τοῦ θεοῦ τὰ ῥήματα τοῦ θεοῦ ἀκούει· διὰ τοῦτο ὑμεῖς οὐκ ἀκούετε, ὅτι ἐκ τοῦ θεοῦ οὐκ ἐστέ. 48. ἀπεκρίθησαν † οἱ Ἰουδαῖοι καὶ εἶπον αὐτῷ· οὐ καλῶς λέγομεν ἡμεῖς ὅτι Σαμαρείτης εἶ σὺ καὶ δαιμόνιον ἔχεις; 49. ἀπεκρίθη § ὁ Ἰησοῦς § καὶ εἶπεν· ἐγὼ δαιμόνιον οὐκ

40. εποιησε L.
41. ειπων P. | a in πορνειας mutat. L.. | γεγεννημεθα sv′, sed v = let. γενημεθα M. | εχωμεν M.
42. ου pro ουδε LV. | ελαλησα pro εληλυθα P. | απεστειλε SM.
43. δια pro δια τι P. | τον λ. τον εμ. SV.
44. - του prim. S, - του πατρος P. | + υμων post πατρος V. | εσται P. | απαρχης L. | εστηκαν L₁ᵛ,

εστηκεν L₂, εστικεν P. | λαλει ψευδος P. | λαλει bis V. | εστι sec. SV, cum seq. jungit L.
45. - υμιν SL.
46. ελεγχη M. | + δε post ει SV. | + την ante αληθ. L..
47. διατουτο L..
48. + ουν post απεκρ. SV. | λεγωμεν MP. | υμεις pro ημ. LM. | + οτι ante δαιμ. L..
49. - ο S. | -- και ειπεν S.

ΕΥΑΓΓΕΛΙΟΝ

ἔχω, ἀλλὰ τιμῶ τὸν πατέρα μου, καὶ ὑμεῖς ἀτιμάζετέ με. 50. ἐγὼ δὲ οὐ ζητῶ τὴν δόξαν μου· ἔστιν ὁ ζητῶν καὶ κρίνων. 51. ἀμὴν ἀμὴν λέγω ὑμῖν, ἐάν τις τὸν λόγον τὸν ἐμὸν τηρήσῃ, θάνατον οὐ μὴ θεωρήσῃ εἰς τὸν αἰῶνα. 52. εἶπον οὖν αὐτῷ οἱ Ἰουδαῖοι· νῦν ἐγνώκαμεν ὅτι δαιμόνιον ἔχεις. Ἀβραὰμ ἀπέθανεν καὶ οἱ προφῆται, καὶ σὺ λέγεις· ἐάν τις τὸν λόγον μου τηρήσῃ, οὐ μὴ § γεύσηται θανάτου εἰς τὸν αἰῶνα· 53. μὴ σὺ μείζων εἶ τοῦ πατρὸς ἡμῶν Ἀβραάμ, ὅστις ἀπέθανεν; καὶ οἱ προφῆται ἀπέθανον· τίνα σεαυτὸν † ποιεῖς; 54. ἀπεκρίθη § ὁ Ἰησοῦς· ἐὰν ἐγὼ § δοξάσω ἐμαυτόν, ἡ δόξα μου οὐδέν ἐστιν· ἔστιν ὁ πατήρ μου ὁ δοξάζων με, ὃν ὑμεῖς λέγετε ὅτι θεὸς ὑμῶν ἐστίν, 55. καὶ οὐκ ἐγνώκατε αὐτόν, ἐγὼ δὲ οἶδα αὐτόν. καὶ ἐὰν εἴπω ὅτι οὐκ οἶδα αὐτόν, ἔσομαι § ὑμῶν ὅμοιος ψεύστης· ἀλλ' οἶδα αὐτὸν καὶ τὸν λόγον αὐτοῦ τηρῶ. 56. Ἀβραὰμ ὁ πατὴρ ὑμῶν ἠγαλλιάσατο ἵνα ἴδῃ τὴν ἡμέραν τὴν ἐμήν, καὶ § ἴδεν καὶ ἐχάρη. 57. εἶπον οὖν οἱ Ἰουδαῖοι πρὸς αὐτόν· πεντήκοντα ἔτη οὔπω ἔχεις καὶ Ἀβραὰμ ἑώρακας; 58. εἶπεν § οὖν αὐτοῖς ὁ Ἰησοῦς· ἀμὴν ἀμὴν λέγω ὑμῖν, πρὶν Ἀβραὰμ γενέσθαι ἐγὼ εἰμί. 59. ἦραν οὖν λίθους ἵνα βάλωσιν ἐπ'

---

50. − δε L.
51. θεωρησει M.
52. απεθανε SL. | γευσεται S, γευσητε LP, γευσετε M.
53. ᾗ pro ει L. | + του ante αβρ. L. | απεθανε SL. | + και post προφ. P. | + συ ante ποιεις SL.
54. − ο ante ιησ. s. | δοξαζω s. |

ημων pro υμων L₁V. | εστι SP.
55. − εγω δε οιδα αυτον MP. | ομοιος υμων SLV. | εσωμαι M.
56. ειδη pro ιδη L. | ειδε pro ιδεν SL. | εχαρην L.
58. − ουν post ειπεν S. | λεγο P. | γενεσθε L.
59. βαλλωσιν L.

αὐτόν· Ἰησοῦς δὲ ἐκρύβη καὶ ἐξῆλθεν ἐκ τοῦ ἱεροῦ διελθὼν διὰ μέσου αὐτῶν. καὶ παρῆγεν οὕτω.

IX.

1. Καὶ παράγων § ὁ Ἰησοῦς § ἴδεν ἄνθρωπον τυφλὸν ἐκ § γεννητῆς. 2. καὶ ἠρώτησαν αὐτὸν οἱ μαθηταὶ αὐτοῦ λέγοντες· ῥαββί, τίς ἥμαρτεν, οὗτος ἢ οἱ γονεῖς αὐτοῦ, ἵνα τυφλὸς γεννηθῇ; 3. ἀπεκρίθη ὁ Ἰησοῦς· οὔτε οὗτος ἥμαρτεν οὔτε οἱ γονεῖς αὐτοῦ, ἀλλ᾽ ἵνα φανερωθῇ τὰ ἔργα τοῦ θεοῦ ἐν αὐτῷ. 4. ἐμὲ δεῖ ἐργάζεσθαι τὰ ἔργα τοῦ πέμψαντός με ἕως ἡμέρα ἐστίν· ἔρχεται νὺξ ὅτε οὐδεὶς δύναται ἐργάζεσθαι. 5. ὅτ᾽ ἂν ἐν τῷ κόσμῳ ὦ, φῶς εἰμὶ τοῦ κόσμου. 6. ταῦτα εἰπὼν ἔπτυσεν χαμαὶ καὶ ἐποίησε πηλὸν ἐκ τοῦ πτύσματος, καὶ ἐπέχρισεν τὸν πηλὸν ἐπὶ τοὺς ὀφθαλμοὺς τοῦ τυφλοῦ, 7. καὶ εἶπεν αὐτῷ· ὕπαγε νίψαι εἰς τὴν κολυμβήθραν τοῦ Σιλωάμ, ὃ ἑρμηνεύεται ἀπεσταλμένος. ἀπῆλθεν οὖν καὶ ἐνίψατο, καὶ ἦλθεν βλέπων. 8. οἱ οὖν γείτονες καὶ οἱ θεωροῦντες αὐτὸν τὸ πρότερον ὅτι τυφλὸς ἦν ἔλεγον· οὐχ οὗτός ἐστιν ὁ καθήμε-

---

59. εκριβει L. | εξηλθεν απ᾽ αυτων δια μεσου εκ του ιερου (− διελθων) L. | fin. ουτως M, −και παρηγεν ουτω P.
IX. 1. − ο ιησ. SL. | ειδεν SL. | γενετῆς S, γενετής L.
2. τι pro τις L.
3. − ο L.

4. δι pro δει M. | εργαζεσθε M.
6. επτυσε SL. | εποιησεν V. | επεχρισε S. | − τον πηλον L.
7. εις του σιλ. την κολ. L. | ερμηνευετε P. | ηλθε SLM.
8. γειτωνες P. | πρωτερον M. | προσαιτης pro τυφλος V. | + και προσαιτης post ην L.

νος καὶ προσαιτῶν; 9. ἄλλοι ἔλεγον ὅτι οὗτός ἐστιν· ἄλλοι δὲ ὅτι ὅμοιος αὐτῷ ἐστιν. ἐκεῖνος § δὲ ἔλεγεν ὅτι ἐγώ εἰμι. 10. ἔλεγον οὖν αὐτῷ· πῶς ἀνεῴχθησάν σου οἱ ὀφθαλμοί; 11. ἀπεκρίθη ἐκεῖνος καὶ εἶπεν· ἄνθρωπος λεγόμενος Ἰησοῦς πηλὸν ἐποίησεν καὶ ἐπέχρισέν μου τοὺς ὀφθαλμοὺς καὶ εἶπέν μοι· ὕπαγε § νίψαι εἰς τὴν κολυμβήθραν τοῦ Σιλωάμ †. ἀπελθὼν δὲ καὶ νιψάμενος ἀνέβλεψα. 12. εἶπον οὖν αὐτῷ· ποῦ ἐστιν ἐκεῖνος; λέγει § αὐτοῖς· οὐκ οἶδα.

13. Ἄγουσιν αὐτὸν πρὸς τοὺς Φαρισαίους, τόν ποτε τυφλόν. 14. ἦν δὲ σάββατον ὅτε τὸν πηλὸν ἐποίησεν ὁ Ἰησοῦς καὶ ἀνέῳξεν αὐτοῦ τοὺς ὀφθαλμούς. 15. πάλιν οὖν ἠρώτων αὐτὸν καὶ οἱ Φαρισαῖοι πῶς ἀνέβλεψεν. ὁ δὲ εἶπεν αὐτοῖς· πηλὸν ἐπέθηκέ § μου ἐπὶ τοὺς ὀφθαλμούς, καὶ ἐνιψάμην καὶ βλέπω. 16. ἔλεγον οὖν ἐκ τῶν Φαρισαίων τινές· οὗτος ὁ ἄνθρωπος οὐκ ἔστι παρὰ † θεοῦ ὅτι τὸ σάββατον οὐ τηρεῖ. ἄλλοι § δὲ ἔλεγον· πῶς δύναται ἄνθρωπος ἁμαρτωλὸς τοιαῦτα σημεῖα ποιεῖν; καὶ σχίσμα ἦν ἐν αὐτοῖς. 17. λέγουσιν § οὖν τῷ τυφλῷ πάλιν· σὺ τί λέγεις περὶ αὐτοῦ, ὅτι § ἠνέῳξέ σου τοὺς ὀφθαλμούς; ὁ δὲ εἶπεν ὅτι προφήτης ἐστίν. 18. οὐκ ἐπίστευσαν οὖν οἱ Ἰουδαῖοι περὶ αὐτοῦ, ὅτι

---

9. + ελεγον post αλλοι δε V. | ουχι αλλ᾽ οτι ομοιος αυτου *pro* οτι ομ. αυτω V. | − δε *sec.* S.
10. σοι V.
11. εποιησε SL. | επεχρισε SI.M. | ειπε SL. | − νιψαι *post* υπαγε et + και νιψαι *post* σιλωαμ SV. | ουν *pro* δε *post* απελθων V.
12. − αυτοις S.
13. − φρισαιους L.

15. αυτων ηρ. V. | αυτων *pro* αυτον M. | − και *prim.* LV. | + και *ante* αυτοις MP. | επεθηκεν SV. | επι τ. οφθ. μου S.
16. εστιν V. | + του *ante* θεου S. | − δε S.
17. λεγουσι S. | − ουν SV. | ηνοιξε SL, ηνυιξεν V.
18. − ουν L.

τυφλὸς ἦν καὶ ἀνέβλεψεν, ἕως ὅτου ἐφώνησαν τοὺς γονεῖς αὐτοῦ τοῦ ἀναβλέψαντος, 19. καὶ ἠρώτησαν αὐτοὺς λέγοντες· οὗτός ἐστιν ὁ υἱὸς ὑμῶν, ὃν ὑμεῖς λέγετε ὅτι τυφλὸς ἐγεννήθη; πῶς οὖν ἄρτι βλέπει; 20. ἀπεκρίθησαν † οἱ γονεῖς αὐτοῦ καὶ εἶπον· οἴδαμεν ὅτι οὗτός ἐστιν ὁ υἱὸς ἡμῶν καὶ ὅτι τυφλὸς ἐγεννήθη· 21. πῶς δὲ νῦν βλέπει οὐκ οἴδαμεν, ἢ τίς ἤνοιξεν αὐτοῦ τοὺς ὀφθαλμοὺς ἡμεῖς οὐκ οἴδαμεν· αὐτὸς ἡλικίαν ἔχει, αὐτὸν ἐρωτήσατε, αὐτὸς περὶ § ἑαυτοῦ λαλήσει. 22. ταῦτα εἶπον οἱ γονεῖς αὐτοῦ ὅτι ἐφοβοῦντο τοὺς Ἰουδαίους· ἤδη γὰρ § συνετίθειντο οἱ Ἰουδαῖοι ἵνα ἐάν τις § ὁμολογήσῃ αὐτὸν Χριστόν, ἀποσυνάγωγος γένηται. 23. διὰ τοῦτο § εἶπον οἱ γονεῖς αὐτοῦ ὅτι ἡλικίαν ἔχει, αὐτὸν ἐρωτήσατε. 24. ἐφώνησαν οὖν ἐκ δευτέρου τὸν ἄνθρωπον ὃς ἦν τυφλός, καὶ εἶπον αὐτῷ· δὸς δόξαν τῷ θεῷ· ἡμεῖς οἴδαμεν ὅτι ὁ ἄνθρωπος οὗτος ἁμαρτωλός ἐστιν. 25. ἀπεκρίθη οὖν ἐκεῖνος καὶ εἶπεν· εἰ ἁμαρτωλός ἐστιν οὐκ οἶδα· ἓν οἶδα, ὅτι τυφλὸς ὢν ἄρτι βλέπω. 26. εἶπον § οὖν αὐτῷ πάλιν· τί ἐποίησέν σοι; πῶς § ἠνέῳξέ σου τοὺς ὀφθαλμούς; 27. ἀπεκρίθη αὐτοῖς· εἶπον ὑμῖν ἤδη καὶ οὐκ § ἐπιστεύσατε· τί πάλιν θέλετε ἀκούειν; μὴ καὶ ὑμεῖς θέλετε αὐτοῦ μαθηταὶ γενέσθαι; 28. ἐλοιδόρησαν οὖν αὐτὸν

---

19. - οτι V. | τυφλ°Γ.
20. + δε post απεκρ. V. | + αυτοις ante οι γονεις SV.
21. ηνεωξεν M. | τους οφθ. αυτ. M. | υμεις pro ημεις M. | αυτου pro εαυτου SI..
22. συνετεθειντο SV, συνετίθοντο L.. | ομολογησει P, ωμολογηση L₁, sed L₂ = txt., αυτον ομολο-

γηση S. | αποσυναγωγος MP.
23. διατουτο L.. | οι γο. αυτ. ειπον S.
24. αμαρτολος M.
26. δε pro ουν S. | εποιησε SLV. | ηνοιξε S, ανεωξεν V.
27. ηκουσατε pro επιστ. S. | - αυτου L..
28. ελοιδωρησαν V.

καὶ εἶπον· σὺ εἶ μαθητὴς ἐκείνου, ἡμεῖς δὲ τοῦ Μωσέως ἐσμὲν μαθηταί· 29. ἡμεῖς οἴδαμεν ὅτι § Μωσεῖ λελάληκεν ὁ θεός, τοῦτον δὲ οὐκ οἴδαμεν πόθεν ἐστίν. 30. ἀπεκρίθη ὁ ἄνθρωπος καὶ εἶπεν αὐτοῖς· ἐν γὰρ τούτῳ θαυμαστόν ἐστιν, ὅτι ὑμεῖς οὐκ οἴδατε πόθεν ἐστίν, καὶ ἀνέῳξέ μου τοὺς ὀφθαλμούς. 31. οἴδαμεν δὲ ὅτι ἁμαρτωλῶν ὁ θεὸς οὐκ ἀκούει, ἀλλ' ἐάν τις θεοσεβὴς ᾖ καὶ τὸ θέλημα αὐτοῦ ποιῇ, τούτου ἀκούει. 32. ἐκ τοῦ αἰῶνος οὐκ ἠκούσθη ὅτι ἤνοιξέν τις ὀφθαλμοὺς τυφλοῦ γεγεννημένου· 33. εἰ μὴ ἦν οὗτος παρὰ θεοῦ, οὐκ ἠδύνατο ποιεῖν οὐδέν. 34. ἀπεκρίθησαν καὶ εἶπον αὐτῷ· ἐν ἁμαρτίαις σὺ ἐγεννήθης ὅλος, καὶ σὺ διδάσκεις ἡμᾶς; καὶ ἐξέβαλον αὐτὸν ἔξω.

35. Ἤκουσεν § δὲ ὁ Ἰησοῦς ὅτι ἐξέβαλον αὐτὸν ἔξω, καὶ εὑρὼν αὐτὸν εἶπεν αὐτῷ· σὺ πιστεύεις εἰς τὸν υἱὸν τοῦ θεοῦ; 36. ἀπεκρίθη ἐκεῖνος καὶ εἶπεν· § καὶ τίς ἐστιν, κύριε, ἵνα πιστεύσω εἰς αὐτόν; 37. εἶπε δὲ αὐτῷ ὁ Ἰησοῦς· καὶ ἑώρακας αὐτόν, καὶ ὁ λαλῶν μετὰ σοῦ ἐκεῖνός ἐστιν. 38. ὁ δὲ ἔφη· πιστεύω, κύριε· καὶ προσεκύνησεν αὐτῷ. 39. καὶ εἶπεν ὁ § κύριος· εἰς κρίμα ἐγὼ εἰς τὸν κόσμον τοῦτον ἦλθον, ἵνα οἱ μὴ βλέποντες βλέπωσιν καὶ οἱ βλέποντες τυφλοὶ § γενήσονται. 40. καὶ ἤκουσαν ἐκ τῶν· Φαρι-

---

29. μωση S.
30. εν γαρ τουτο V, εν γαρ τουτο M. | εστι bis L, εστι sec. SP.
31. γαρ pro δε L, – δε M. | θεοσεβεις MP. | του θεου pro αυτου L. | ποιει L.
32. ηνοιξε S, ανεωξεν V. | + τους ante οφθ. L.
33. ειν pro ην P. | ειδυνατο P.

35. ηκουσε M. | – δε S, ουν pro δε L. | εξεβαλεν M. | ευρον M.
36. απεκριθη P. | ειπε S. | – και sec. S. | εστι SLP.
39. ιησους pro κυριος SLV. | – οι ante μη βλεπ. M. | βλεπωσι SM. | – βλεπωσι και οι βλεποντες P. | γενωνται S.

ΚΑΤΑ ΙΩΑΝΝΗΝ.

σαίων ταῦτα οἱ ὄντες μετ' αὐτοῦ, καὶ εἶπον αὐτῷ· μὴ καὶ ἡμεῖς τυφλοί ἐσμεν; 41. § καὶ εἶπεν αὐτοῖς ὁ Ἰησοῦς· εἰ τυφλοὶ ἦτε, οὐκ † εἴχετε ἁμαρτίαν· νῦν δὲ λέγετε ὅτι βλέπομεν· ἡ οὖν ἁμαρτία ὑμῶν μένει.

X.

1. Ἀμὴν ἀμὴν λέγω ὑμῖν, ὁ μὴ εἰσερχόμενος διὰ τῆς θύρας εἰς τὴν αὐλὴν τῶν προβάτων ἀλλὰ ἀναβαίνων ἀλλαχόθεν, ἐκεῖνος κλέπτης ἐστὶ καὶ λῃστής· 2. ὁ δὲ εἰσερχόμενος διὰ τῆς θύρας ποιμήν ἐστιν τῶν προβάτων. 3. τούτῳ ὁ θυρωρὸς ἀνοίγει, καὶ τὰ πρόβατα τῆς φωνῆς αὐτοῦ ἀκούει, καὶ τὰ ἴδια πρόβατα καλεῖ κατ' ὄνομα καὶ ἐξάγει αὐτά. 4. καὶ ὅτ' ἂν τὰ ἴδια πρόβατα ἐκβάλῃ, ἔμπροσθεν αὐτῶν πορεύεται, καὶ τὰ πρόβατα αὐτῷ ἀκολουθεῖ, ὅτι οἴδασι τὴν φωνὴν αὐτοῦ· 5. ἀλλοτρίῳ δὲ οὐ μὴ ἀκολουθήσωσιν, ἀλλὰ φεύξονται ἀπ' αὐτοῦ, ὅτι οὐκ οἴδασι τῶν ἀλλοτρίων τὴν φωνήν. 6. Ταύτην τὴν παροιμίαν εἶπεν αὐτοῖς ὁ Ἰησοῦς· ἐκεῖνοι δὲ οὐκ § ἐγίνωσκον τίνα ἦν ἃ ἐλάλει αὐτοῖς. 7. εἶπεν οὖν § αὐτοῖς ὁ Ἰησοῦς πάλιν· ἀμὴν ἀμὴν λέγω ὑμῖν ὅτι ἐγώ εἰμι ἡ θύρα τῶν προβάτων. 8. πάντες ὅσοι § ἦλθον πρὸ ἐμοῦ κλέπται

---

41. init. − και S. | οἱ pro ει M. | + αν ante ειχετε S. | εχετε M. | − ουν L.
X. 1. κλεπτοις M. | εστιν V.
2. εστι SMV.
4. εκβαλλει L., εκβαλει P. | ακολουθη P. | οιδασι V, οιδασιν V₂. |

αυτου την φωνην V.
6. − την M, supra add. M'. | εγνωσαν SP. | ἢ L. | αλλα pro α M. | fin. + ο ιησους L.
7. παλιν αυτ. ο ιησ. S, − παλιν LV.
8. προ εμου ηλθον SV.

εἰσὶ καὶ λῃσταί, ἀλλ' οὐκ ἤκουσαν αὐτῶν τὰ πρόβατα. 9. ἐγώ εἰμι ἡ θύρα· δι' ἐμοῦ ἐάν τις εἰσέλθῃ, σωθήσεται, καὶ εἰσελεύσεται καὶ ἐξελεύσεται καὶ νομὴν εὑρήσει. 10. ὁ κλέπτης οὐκ ἔρχεται εἰ μὴ ἵνα κλέψῃ καὶ θύσῃ καὶ ἀπολέσῃ· ἐγὼ ἦλθον ἵνα ζωὴν ἔχωσι καὶ περισσὸν ἔχωσιν. 11. ἐγώ εἰμι ὁ ποιμὴν ὁ καλός. ὁ ποιμὴν ὁ καλὸς τὴν ψυχὴν αὐτοῦ τίθησιν ὑπὲρ τῶν προβάτων· 12. ὁ § δὲ μισθωτὸς καὶ οὐκ ὢν ποιμήν, οὗ οὐκ § ἐστὶ τὰ πρόβατα ἴδια, θεωρεῖ τὸν λύκον ἐρχόμενον καὶ ἀφίησι τὰ πρόβατα καὶ φεύγει, καὶ ὁ λύκος ἁρπάζει αὐτὰ καὶ σκορπίζει τὰ πρόβατα. 13. ὁ δὲ μισθωτὸς φεύγει ὅτι μισθωτός ἐστι, καὶ οὐ μέλει αὐτῷ περὶ τῶν προβάτων. 14. ἐγώ εἰμι ὁ ποιμὴν ὁ καλός, καὶ γινώσκω τὰ ἐμά, καὶ γινώσκομαι ὑπὸ τῶν ἐμῶν, 15. καθὼς γινώσκει με ὁ πατὴρ κἀγὼ γινώσκω τὸν πατέρα, καὶ τὴν ψυχήν μου τίθημι ὑπὲρ τῶν προβάτων. 16. καὶ ἄλλα πρόβατα ἔχω, ἃ οὐκ ἔστιν ἐκ τῆς αὐλῆς ταύτης· κἀκεῖνα § δεῖ με ἀγαγεῖν, καὶ τῆς φωνῆς μου § ἀκούσωσι, καὶ γενήσεται μία ποίμνη, εἷς ποιμήν. 17. διὰ τοῦτο ὁ πατήρ με ἀγαπᾷ, ὅτι ἐγὼ τίθημι τὴν ψυχήν μου, ἵνα πάλιν λάβω αὐτήν. 18. οὐδεὶς αἴρει αὐτὴν ἀπ' ἐμοῦ, ἀλλ' ἐγὼ τίθημι αὐτὴν ἀπ' ἐμαυτοῦ. ἐξουσίαν ἔχω θεῖναι αὐτήν, καὶ ἐξουσίαν ἔχω πάλιν λαβεῖν αὐτήν·

---

8. αυτω L₁.
9. εισελθοι L.
10. ερχετε P. | ιμει P, ειμι M, *pro* ει μη. | θηση MP. | εχωσιν *prim.* M. | περισσοτερον L.
12. ο μισθ. δε S. | – ου *ante* ουκ P. | εισι *pro* εστι SV. | αφιησει M. | + και σκορπιζει αυτα *ante* και σκορπ. L₁.
13. μελλει L.
14. γιγνωσκωμαι MP.
15. μαι *pro* με M. | τιθησιν L, τιθημοι M.
16. αλλα δε M. | με δει S. | ακουσουσι S, ακουσωσιν V. | γενισεται P.
17. διατουτο L. | ηγαπα M. | τηθημι M.
18. αίρει L., ερει M. | εμ' αυτου M.

ΚΑΤΑ ΙΩΑΝΝΗΝ.

ταύτην την εντολήν έλαβον παρά τοῦ πατρός μου. 19. σχίσμα οὖν πάλιν ἐγένετο ἐν τοῖς Ἰουδαίοις διὰ τοὺς λόγους τούτους. 20. ἔλεγον δὲ πολλοὶ ἐξ αὐτῶν· δαιμόνιον ἔχει καὶ § μένεται· τί αὐτοῦ ἀκούετε; 21. ἄλλοι § δὲ ἔλεγον· ταῦτα τὰ ῥήματα οὐκ ἔστι δαιμονιζομένου· μὴ δαιμόνιον δύναται τυφλῶν ὀφθαλμοὺς § ἀνοῖξαι; 22. Ἐγένετο δὲ τὰ ἐγκαίνια ἐν † Ἱεροσολύμοις· καὶ χειμὼν ἦν· 23. καὶ περιεπάτει ὁ Ἰησοῦς ἐν τῷ ἱερῷ ἐν τῇ στοᾷ † § Σολομῶνος. 24. ἐκύκλωσαν οὖν αὐτὸν οἱ Ἰουδαῖοι καὶ ἔλεγον αὐτῷ· ἕως πότε τὴν ψυχὴν ἡμῶν αἴρεις; εἰ σὺ εἶ ὁ Χριστός, εἰπὲ ἡμῖν παρρησίᾳ. 25. ἀπεκρίθη αὐτοῖς ὁ Ἰησοῦς· εἶπον ὑμῖν, καὶ οὐ πιστεύετέ § μοι· τὰ ἔργα ἃ ἐγὼ ποιῶ ἐν τῷ ὀνόματι τοῦ πατρός μου, ταῦτα μαρτυρεῖ περὶ ἐμοῦ· 26. ἀλλ᾽ ὑμεῖς οὐ πιστεύετε, § ὅτι οὐκ ἐστε ἐκ τῶν προβάτων τῶν ἐμῶν, καθὼς εἶπον ὑμῖν· 27. τὰ πρόβατα τὰ ἐμὰ τῆς φωνῆς μου § ἀκούουσιν κἀγὼ γινώσκω αὐτά, καὶ ἀκολουθοῦσί μοι, 28. κἀγὼ ζωὴν αἰώνιον δίδωμι αὐτοῖς, καὶ οὐ μὴ ἀπόλωνται εἰς τὸν αἰῶνα, καὶ οὐχ ἁρπάσει τις αὐτὰ ἐκ τῆς χειρός μου. 29. ὁ πατήρ μου ὃς δέδωκέ μοι § αὐτὰ μείζων

---

19. εγενετο παλιν M.
20. μαινεται SP. | ακουεται MP.
21. – δε S. | + οτι ante ταυτα I.. | τυφλον M. | ανοιγειν S.
22. + τοις ante ιεροσ. S. | χημων M, χιμων P.
23. περιεπατη M. | + του ante σολομ. S. | σολομωντος S.
24. αίρεις I.. | παρησια M.
25. – μοι S.

26. ου γαρ pro οτι ουκ S.
27. ακολουθεισι M, ακολουθουσιν V. | με pro μοι V.
28. διδομι P. | απολουται seu απωλουται I. ? | της pro τις M. | + του πατρος post χειρος I₁ vel potius I₂ (deletum).
29. – μου P. | δεδωκεν V, δωδεκε M. | – αυτα S. | μειζω V.

2 x

πάντων ἐστίν, καὶ οὐδεὶς δύναται § ἁρπάσαι ἐκ τῆς χειρὸς τοῦ πατρός μου. 30. ἐγὼ καὶ ὁ πατὴρ ἕν ἐσμεν. 31. Ἐβάστασαν οὖν πάλιν λίθους οἱ Ἰουδαῖοι ἵνα λιθάσωσιν αὐτόν. 32. ἀπεκρίθη αὐτοῖς ὁ Ἰησοῦς· πολλὰ καλὰ ἔργα ἔδειξα ὑμῖν ἐκ τοῦ πατρός μου· § καὶ διὰ ποῖον αὐτῶν ἔργον λιθάζετέ με ; 33. ἀπεκρίθησαν αὐτῷ οἱ Ἰουδαῖοι †· περὶ καλοῦ ἔργου οὐ λιθάζομέν σε ἀλλὰ περὶ βλασφημίας, καὶ ὅτι σὺ ἄνθρωπος ὢν ποιεῖς § ἑαυτὸν θεόν. 34. ἀπεκρίθη αὐτοῖς ὁ Ἰησοῦς· οὐκ ἔστι γεγραμμένον ἐν τῷ νόμῳ ὑμῶν· ἐγὼ § εἶπον· θεοί ἐστε ; 35. εἰ ἐκείνους εἶπεν θεούς, πρὸς οὓς ὁ λόγος τοῦ θεοῦ ἐγένετο, καὶ οὐ δύναται λυθῆναι ἡ γραφή· 36. ὃν ὁ πατὴρ ἡγίασε καὶ ἀπέστειλεν εἰς τὸν κόσμον, ὑμεῖς λέγετε ὅτι βλασφημεῖς, ὅτι εἶπον· υἱὸς τοῦ θεοῦ εἰμι ; 37. εἰ § μὴ ποιῶ τὰ ἔργα τοῦ πατρός μου, μὴ πιστεύετέ μοι· 38. εἰ δὲ ποιῶ, κἂν ἐμοὶ § οὐ § πιστεύετε, τοῖς ἔργοις § μου πιστεύσατε, ἵνα γνῶτε καὶ πιστεύσητε ὅτι ἐν ἐμοὶ ὁ πατὴρ κἀγὼ ἐν αὐτῷ. 39. Ἐζήτουν οὖν πάλιν αὐτὸν πιάσαι· καὶ ἐξῆλθεν ἐκ τῆς χειρὸς αὐτῶν.

40. Καὶ ἀπῆλθεν πάλιν πέραν τοῦ Ἰορδάνου εἰς τὸν τόπον ὅπου ἦν Ἰωάννης τὸ § πρότερον βαπτίζων, καὶ ἔμεινεν ἐκεῖ.

29. εστι SL. | αρπαζειν SV. | + αυτα post αρπασαι L..
31. - παλιν LV. | οι ιουδ. λιθους L.
32. - και SMV. | ποιων εργων (-αυτων) L. | εργον αυτων V.
33. + λεγοντες post ιουδ. SV. | σεαυτον S.
34. εστιν V. | ειπα pro ειπον S.
35. ειπε S. | λυθιναι M, ληθηναι P, καταλυθηναι V.
36. - του LV.
37. ου pro μη S, μι MP.
38. μη pro ου S. | πιστευητε pro πιστευετε S. | - μου SL. | πιστευσηται pro ... σητε L.
39. παλιν ουν M, - παλιν L. | + οι ιουδαιοι ante πιασαι L.
40. απηλθε SLV. | πρωτον pro προτ. SV. | βαπτ. το πρωτον V, sed το πρ. βαπτ. V'. | βαπτιζον M.

41. καὶ πολλοὶ ἦλθον πρὸς αὐτὸν καὶ ἔλεγον ὅτι Ἰωάννης μὲν § ἐπυίησεν σημεῖον § οὐδὲ ἕν, πάντα δὲ ὅσα εἶπεν Ἰωάννης περὶ τούτου ἀληθῆ ἦν. 42. καὶ ἐπίστευσαν πολλοὶ § εἰς αὐτὸν ἐκεῖ.

XI.

1. Ἦν δέ τις ἀσθενῶν Λάζαρος ἀπὸ Βηθανίας, ἐκ τῆς κώμης Μαρίας καὶ Μάρθας τῆς ἀδελφῆς αὐτῆς. 2. ἦν δὲ Μαρία ἡ ἀλείψασα τὸν κύριον μύρῳ καὶ ἐκμάξασα τοὺς πόδας αὐτοῦ ταῖς θριξὶν αὐτῆς, ἧς ὁ ἀδελφὸς Λάζαρος ἠσθένει. 3. ἀπέστειλαν οὖν αἱ ἀδελφαὶ § αὐτοῦ πρὸς αὐτὸν λέγουσαι· κύριε, ἴδε ὃν φιλεῖς ἀσθενεῖ. 4. ἀκούσας δὲ ὁ Ἰησοῦς εἶπεν· αὕτη ἡ ἀσθένεια οὐκ ἔστιν πρὸς θάνατον ἀλλ' ὑπὲρ τῆς δόξης τοῦ θεοῦ, ἵνα δοξασθῇ ὁ υἱὸς τοῦ θεοῦ δι' αὐτῆς. 5. ἠγάπα δὲ ὁ Ἰησοῦς τὴν § Μαρίαν καὶ τὴν ἀδελφὴν αὐτῆς § Μάρθαν καὶ τὸν Λάζαρον. 6. ὡς οὖν ἤκουσεν ὅτι ἀσθενεῖ, τότε μὲν ἔμεινεν ἐν ᾧ ἦν τόπῳ δύο ἡμέρας· 7. ἔπειτα μετὰ τοῦτο λέγει τοῖς μαθηταῖς § αὐτοῦ· ἄγωμεν § πάλιν εἰς τὴν Ἰουδαίαν. 8. λέγουσιν αὐτῷ οἱ μαθηταί· ῥαββί, νῦν ἐζήτουν σε § οἱ Ἰουδαῖοι λιθάσαι, καὶ πάλιν ὑπάγεις ἐκεῖ; 9. ἀπε-

---

41. + εκει post αυτον V. | – μεν LV. |
  εποιησε L.. | σημειον επ. S. |
  ουδεν pro ουδε εν SP.
42. εκει εις αυτον S.
XI. 1. α in ασθ. mutat. L..
2. αληψασα M. | ησθενησεν L₁. |
  εαυταις M, εαυτης P.
3. – αυτου SLV. | προς εαυτον M.
4. η ασθενεια αυτου (– αυτη) L.. |

εστι Sl.. | fin. αυτων L..
5. την μαρθαν κ. τ. αδ. αυτης (– μαριαν) S.
6. ηκου L₁.
7. μετατουτο L.. | – αυτου S. | εις την ιουδ. παλιν SV.
8. + αυτου post μαθ. V. | λιθασαι οι ιουδ. S.

ΕΥΑΓΓΕΛΙΟΝ

κρίθη ὁ Ἰησοῦς· οὐχὶ δώδεκα § ὧραί εἰσιν τῆς ἡμέρας; ἐάν τις § περιπατεῖ ἐν τῇ ἡμέρᾳ, οὐ προσκόπτει, ὅτι τὸ φῶς τοῦ κόσμου τούτου βλέπει· 10. ἐὰν δέ τις § περιπατεῖ ἐν τῇ νυκτί, προσκόπτει, ὅτι τὸ φῶς οὐκ ἔστιν ἐν αὐτῷ. 11. ταῦτα εἶπεν, καὶ μετὰ τοῦτο λέγει αὐτοῖς· Λάζαρος ὁ φίλος ἡμῶν κεκοίμηται· ἀλλὰ πορεύομαι ἵνα ἐξυπνίσω αὐτόν. 12. εἶπον οὖν οἱ μαθηταὶ αὐτοῦ· κύριε, εἰ κεκοίμηται, σωθήσεται. 13. εἰρήκει δὲ ὁ Ἰησοῦς περὶ τοῦ θανάτου αὐτοῦ· ἐκεῖνοι δὲ ἔδοξαν ὅτι περὶ τῆς κοιμήσεως τοῦ ὕπνου λέγει. 14. τότε οὖν εἶπεν αὐτοῖς ὁ Ἰησοῦς · παρρησίᾳ· Λάζαρος ἀπέθανεν, 15. καὶ χαίρω δι' ὑμᾶς, ἵνα πιστεύσητε, ὅτι οὐκ ἤμην ἐκεῖ· ἀλλ' ἄγωμεν πρὸς αὐτόν. 16. εἶπεν οὖν Θωμᾶς ὁ λεγόμενος Δίδυμος τοῖς συμμαθηταῖς· ἄγωμεν καὶ ἡμεῖς ἵνα § συναποθάνωμεν μετ' αὐτοῦ.

17. Ἐλθὼν † ὁ Ἰησοῦς § εἰς Βηθανίαν εὗρεν αὐτὸν τέσσαρας ἤδη ἡμέρας ἔχοντα ἐν τῷ μνημείῳ. 18. ἦν δὲ ἡ Βηθανία ἐγγὺς τῶν Ἱεροσολύμων ὡς ἀπὸ σταδίων δεκαπέντε. 19. καὶ πολλοὶ ἐκ τῶν Ἰουδαίων § ἐληλύθεισαν πρὸς τὰς περὶ Μάρθαν καὶ Μαρίαν, ἵνα § παραμυθήσονται αὐτὰς περὶ τοῦ ἀδελφοῦ αὐτῶν· 20. ἡ οὖν Μάρθα ὡς ἤκουσεν ὅτι † Ἰησοῦς ἔρχεται, ὑπήντησεν

---

9. - ο L. | εισιν ωραι SV, ὧραι LM.|
περιπατῃ S. | προσκοπτῃ M.
10. περιπατῃ SV.
11. ειπε S. | κεκοιμηται MP. | αλλά L.|
εξυπνησω LM.
12. αυτω pro αυτου P. | κεκοιμητε V,
sed corr. V'.
14. απεθανε S.
16. συν τοις μαθηταις pro τοις συμμ.
L. | υμεις pro ημεις P. | αποθα-
νωμεν SLV.
17. + ουν post ελθων SLV. | - εις
βηθ. SL. | ημερας ηδη SV.
19. εληλυθεισαν SV. | παραμυθησωνται SP, παραμηθησονται L. |
αυτον V, αυτων V'.
20. μαρθαν L. | εικουσεν M. | + ο
ante ιησ. S. | ἡπηντησεν L.,
υπηντισεν P.

ΚΑΤΑ ΙΩΑΝΝΗΝ.

αὐτῷ· Μαρία δὲ ἐν τῷ οἴκῳ ἐκαθέζετο. 21. εἶπεν οὖν ἡ Μάρθα πρὸς τὸν Ἰησοῦν· κύριε, εἰ ἦς ὧδε, ὁ ἀδελφός μου οὐκ ἂν ἐτεθνήκει· 22. ἀλλὰ καὶ νῦν οἶδα ὅτι ὅσα ἂν αἰτήσῃ τὸν θεόν, δώσει σοι ὁ θεός. 23. λέγει αὐτῇ ὁ Ἰησοῦς· ἀναστήσεται ὁ ἀδελφός σου. 24. λέγει αὐτῷ Μάρθα· οἶδα ὅτι ἀναστήσεται ἐν τῇ ἀναστάσει ἐν τῇ ἐσχάτῃ ἡμέρᾳ. 25. § λέγει αὐτῇ ὁ Ἰησοῦς· ἐγώ εἰμι ἡ ἀνάστασις καὶ ἡ ζωή· ὁ πιστεύων εἰς ἐμὲ κἂν ἀποθάνῃ ζήσεταί, 26. καὶ πᾶς ὁ ζῶν καὶ πιστεύων εἰς ἐμὲ οὐ μὴ § ἀποθανεῖ εἰς τὸν αἰῶνα· πιστεύεις τοῦτο; 27. λέγει αὐτῷ· ναί, κύριε· ἐγὼ πεπίστευκα ὅτι σὺ εἶ ὁ Χριστὸς ὁ υἱὸς τοῦ θεοῦ, ὁ εἰς τὸν κόσμον ἐρχόμενος. 28. καὶ ταῦτα εἰποῦσα ἀπῆλθεν καὶ ἐφώνησε Μαρίαν τὴν ἀδελφὴν αὐτῆς λάθρα εἰποῦσα· ὁ διδάσκαλος πάρεστι καὶ φωνεῖ σε. 29. ἐκείνη § δὲ ὡς ἤκουσεν, ἐγείρεται ταχὺ καὶ ἔρχεται πρὸς αὐτόν· 30. οὔπω δὲ ἐληλύθει ὁ Ἰησοῦς εἰς τὴν κώμην, ἀλλ᾽ ἦν § ἔτι § ἐπὶ τῷ τόπῳ ὅπου ὑπήντησεν αὐτῷ ἡ Μάρθα. 31. οἱ οὖν Ἰουδαῖοι οἱ ὄντες μετ᾽ αὐτῆς ἐν τῇ οἰκίᾳ καὶ παραμυθούμενοι αὐτήν, ἰδόντες τὴν Μαρίαν ὅτι ταχέως ἀνέστη καὶ ἐξῆλθεν, ἠκολούθησαν αὐτῇ, § δόξαντες ὅτι ὑπάγει εἰς τὸ μνημεῖον ἵνα § κλαύσει ἐκεῖ. 32. ἡ οὖν Μαρία ὡς ἦλθεν ὅπου ἦν ὁ Ἰησοῦς, ἰδοῦσα αὐτὸν ἔπεσεν § αὐτοῦ εἰς τοὺς πόδας, λέγουσα αὐτῷ·

---

21. – η LV. | εις pro ης L..
22. αιτησοι L.. | δωσωσοι σοι L..
24. – εν τη αναστασει P.
25. ειπεν pro λεγει S.
26. αποθανῃ SPV.
27. – κυπμον L₁. | ερχομενον L.?
28. απηλθε S. | απηλθεν εφωνησε δε και L.. | φωνη L₁.

29. εκεινος V, at corr. man. pr. | – δε SM.
30. εληλυθη M. | προς pro εις L. | – ετι SLV, οτι pro ετι M. | εν pro επι S. | του τοπου L..
31. οικεια M. | λεγοντες pro εοξαντες SLV. | κλαυση SM.
32. init. ει pro η P. | εις τ. ποδ. αυτ. S.

κύριε, εἰ ἦς ὧδε, οὐκ ἂν ἀπεθανέν μου ὁ ἀδελφός. 33. Ἰησοῦς οὖν ὡς εἶδεν αὐτὴν κλαίουσαν καὶ τοὺς συνελθόντας αὐτῇ Ἰουδαίους κλαίοντας, ἐνεβριμήσατο τῷ πνεύματι καὶ ἐτάραξεν ἑαυτόν, 34. καὶ εἶπεν· ποῦ § τεθήκατε αὐτόν; λέγουσιν αὐτῷ· κύριε, ἔρχου καὶ ἴδε. 35. ἐδάκρυσεν ὁ Ἰησοῦς. 36. ἔλεγον οὖν οἱ Ἰουδαῖοι· ἴδε πῶς ἐφίλει αὐτόν. 37. τινὲς δὲ ἐξ αὐτῶν εἶπον· οὐκ ἠδύνατο οὗτος ὁ ἀνοίξας τοὺς ὀφθαλμοὺς τοῦ τυφλοῦ ποιῆσαι ἵνα καὶ οὗτος μὴ ἀποθάνῃ; 38. Ἰησοῦς † πάλιν § ἐμβριμούμενος ἐν ἑαυτῷ, ἔρχεται εἰς τὸ μνημεῖον· ἦν δὲ σπήλαιον, καὶ λίθος ἐπέκειτο ἐπ' αὐτῷ. 39. λέγει ὁ Ἰησοῦς· ἄρατε τὸν λίθον. λέγει αὐτῷ ἡ ἀδελφὴ τοῦ τεθνηκότος Μάρθα· κύριε, ἤδη ὄζει· τεταρταῖος γάρ ἐστιν. 40. λέγει αὐτῇ ὁ Ἰησοῦς· οὐκ εἶπόν σοι ὅτι ἐὰν πιστεύσῃς § ὄψῃ τὴν δόξαν τοῦ θεοῦ; 41. ἦραν οὖν τὸν λίθον, οὗ ἦν ὁ τεθνηκὼς κείμενος. ὁ § οὖν Ἰησοῦς ἦρεν τοὺς ὀφθαλμοὺς ἄνω καὶ εἶπεν· πάτερ, εὐχαριστῶ σοι ὅτι ἤκουσάς μου. 42. § κἀγὼ ᾔδειν ὅτι πάντοτέ μου ἀκούεις· ἀλλὰ διὰ τὸν ὄχλον τὸν περιεστῶτα εἶπον, ἵνα πιστεύσωσιν ὅτι σύ με ἀπέστειλας. 43. καὶ ταῦτα εἰπὼν φωνῇ μεγάλῃ ἐκραύγασεν· Λάζαρε, δεῦρο ἔξω. 44. καὶ ἐξῆλθεν ὁ τεθνηκὼς δεδεμένος τοὺς πόδας καὶ τὰς χεῖρας κειρίαις, καὶ ἡ ὄψις αὐτοῦ σου-

---

32. απεθανε S. | ο αδ. μου L.
33. οιδεν M, ιδεν P. | ενεβριμισατο L.
34. ειπε S. | τεθεικατε S. | ειδε L.
35. init. + και LM.
36. αυτοις pro ουν L.
37. ούτως pro ουτος P. | αποθανει L.
38. + ουν post ιησ. sv. | εμβριμωμενος S.
39. ιδε (forsan ιδη) pro ηδη L., ηδι M. | οζη M. | εστι sM.

40. - οτι L.. | πιστευσεις P. | οψει S.
41. ηρεν MP. | τεθνηκος M. | δε pro ουν sec. s, - ουν L.. | + ὁ post ουν MV. | + αυτου post οφθ. L. | ειπε S.
42. εγω δε pro καγω S. | οιδειν L..
43. φωνὴ L. | εκραυγασε S.
44. τας χ. και τους π. L. | κυριαις L. | οψεις P.

ΚΑΤΑ ΙΩΑΝΝΗΝ.

δαρίῳ περιεδέδετο. λέγει αὐτοῖς ὁ Ἰησοῦς· λύσατε αὐτὸν καὶ ἄφετε ὑπάγειν.

45. Πολλοὶ οὖν ἐκ τῶν Ἰουδαίων, οἱ ἐλθόντες πρὸς τὴν Μαρίαν καὶ θεασάμενοι ἃ ἐποίησεν ὁ Ἰησοῦς, ἐπίστευσαν εἰς αὐτόν· 46. τινὲς δὲ ἐξ αὐτῶν ἀπῆλθον πρὸς τοὺς § ἀρχιερεῖς καὶ Φαρισαίους καὶ εἶπον αὐτοῖς § ὅσα ἐποίησεν ὁ Ἰησοῦς. 47. Συνήγαγον οὖν οἱ ἀρχιερεῖς καὶ οἱ Φαρισαῖοι συνέδριον § κατὰ τοῦ Ἰησοῦ, § λέγοντες· τί ποιοῦμεν, ὅτι οὗτος ὁ ἄνθρωπος πολλὰ σημεῖα ποιεῖ; 48. ἐὰν ἀφῶμεν αὐτὸν οὕτως, πάντες § πιστεύσωσιν εἰς αὐτόν, καὶ ἐλεύσονται οἱ Ῥωμαῖοι καὶ ἀροῦσιν ἡμῶν καὶ τὸν τόπον καὶ τὸ ἔθνος. 49. εἷς δέ τις ἐξ αὐτῶν Καϊάφας, ἀρχιερεὺς ὢν τοῦ ἐνιαυτοῦ ἐκείνου, εἶπεν αὐτοῖς· ὑμεῖς οὐκ οἴδατε οὐδέν, 50. οὐδὲ διαλογίζεσθε ὅτι συμφέρει ἡμῖν ἵνα εἷς ἄνθρωπος ἀποθάνῃ ὑπὲρ τοῦ λαοῦ καὶ μὴ ὅλον τὸ ἔθνος ἀπόληται. 51. τοῦτο δὲ ἀφ' ἑαυτοῦ οὐκ εἶπεν, ἀλλὰ ἀρχιερεὺς ὢν τοῦ ἐνιαυτοῦ ἐκείνου προεφήτευσεν ὅτι ἔμελλεν ὁ Ἰησοῦς ἀποθνήσκειν ὑπὲρ τοῦ ἔθνους, 52. καὶ οὐχ ὑπὲρ τοῦ ἔθνους μόνον, ἀλλ' ἵνα καὶ τὰ τέκνα τοῦ θεοῦ τὰ διεσκορπισμένα § συναγάγει εἰς ἕν. 53. ἀπ' ἐκείνης οὖν τῆς ἡμέρας § ἐβουλεύσαντο ἵνα ἀποκτείνωσιν αὐτόν.

---

46. εξ αυτόν L. | – αρχιερεις και S. | ἃ S, ὃ L, pro οσα.
47. δε pro ουν L. | πρεσβυτεροι pro φαρισ. L.. | – κατα του ιης. S. | και ελεγον pro λεγοντες S.
48. ουτω SV, ουτος L₁, ουτως L₂. | πιστευσουσιν S. | – οι LP.
49. και άφας L.₁.
50. ουδ' εν M. | λογιζεσθε L. | υμιν M. | αποθανει L. | απολειται L..
51. προεφυτευσεν P. | ημελλεν L.
52. – τα διεσκορπισμενα L.. | συναγαγη SV.
53. συνεβουλευσαντο S. | αποκτεινουσιν L..

54. Ἰησοῦς οὖν οὐκέτι παρρησίᾳ περιεπάτει ἐν τοῖς Ἰουδαίοις, ἀλλὰ ἀπῆλθεν ἐκεῖθεν εἰς τὴν χώραν ἐγγὺς τῆς ἐρήμου, εἰς Ἐφραῒμ λεγομένην πόλιν, § καὶ ἐκεῖ διέτριβε μετὰ τῶν μαθητῶν αὐτοῦ. 55. ἦν δὲ ἐγγὺς τὸ πάσχα τῶν Ἰουδαίων, καὶ ἀνέβησαν πολλοὶ εἰς Ἱεροσόλυμα ἐκ τῆς χώρας πρὸ τοῦ πάσχα, ἵνα ἁγνίσωσιν ἑαυτούς. 56. ἐζήτουν οὖν τὸν Ἰησοῦν καὶ ἔλεγον μετ᾽ ἀλλήλων § ἑστηκότες ἐν τῷ ἱερῷ· τί δοκεῖ ὑμῖν, ὅτι οὐ μὴ ἔλθῃ εἰς τὴν ἑορτήν; 57. δεδώκεισαν δὲ † οἱ ἀρχιερεῖς καὶ οἱ Φαρισαῖοι ἐντολὴν ἵνα ἐάν τις γνῷ ποῦ ἐστιν μηνύσῃ, ὅπως πιάσωσιν αὐτόν.

XII.

1. Ὁ οὖν Ἰησοῦς πρὸ ἓξ ἡμερῶν τοῦ πάσχα ἦλθεν εἰς Βηθανίαν, ὅπου ἦν Λάζαρος ὁ τεθνηκώς, ὃν ἤγειρεν ἐκ νεκρῶν § ὁ Ἰησοῦς. 2. ἐποίησαν οὖν αὐτῷ § ἐκεῖ δεῖπνον, καὶ ἡ Μάρθα διηκόνει, ὁ δὲ Λάζαρος εἷς ἦν τῶν § ἀνακειμένων σὺν αὐτῷ. 3. ἡ οὖν Μαρία λαβοῦσα λίτραν μύρου νάρδου πιστικῆς πολυτίμου ἤλειψε τοὺς πόδας τοῦ Ἰησοῦ καὶ ἐξέμαξεν ταῖς θριξὶν αὐτῆς τοὺς πόδας αὐτοῦ· ἡ δὲ οἰκία § ὅλη ἐπληρώθη ἐκ τῆς ὀσμῆς τοῦ μύρου. 4. λέγει οὖν εἷς

---

54. ουκ ετι SMV. | περιεπατη P. | - την L. | κακει S.
55. των ιουδ. το π. V. | - προ του πασχα L. | αγνησωσιν M, αγνεισωσιν V.
56. εστηκοτας (ας ?) L, ἑστηκῶτις MP. | εν τω ιερ. εστ. S.
57. + και post δε S. | εστι SLV. | μηνηση P.
XII. 1. ο ουν ο ιησ. M, - ο ουν ιησ. et + ιησ. post ηλθεν L. | προϊξ MP. | τεθνηκος P. | fin. - ο ιησ. SL.
2. - ουν P. | δειπνον εκει SV. | συνανακειμενων (- συν) S.
3. πιστηκης P. | ελιψε M. | ηλειψεν V. | εξεμαξε S. | θριξι P. | ταις θριξειν εξεμαξεν τας εαυτης (sic) L. | αυτου τους ποδας MP, - αυτου L. | - ολη S.

ΚΑΤΑ ΙΩΑΝΝΗΝ.

ἐκ τῶν μαθητῶν αὐτοῦ, Ἰούδας Σίμωνος Ἰσκαριώτης, ὁ μέλλων αὐτὸν παραδιδόναι· 5. διατί τοῦτο τὸ μύρον οὐκ ἐπράθη § διακοσίων δηναρίων καὶ ἐδόθη πτωχοῖς; 6. εἶπεν δὲ τοῦτο οὐχ ὅτι περὶ τῶν πτωχῶν § ἔμελλεν αὐτῷ, ἀλλ᾽ ὅτι κλέπτης ἦν καὶ τὸ γλωσσόκομον εἶχεν καὶ τὰ βαλλόμενα ἐβάσταζεν. 7. εἶπεν οὖν ὁ Ἰησοῦς· ἄφες αὐτήν· εἰς τὴν ἡμέραν τοῦ ἐνταφιασμοῦ μου τετήρηκεν αὐτό· 8. τοὺς πτωχοὺς γὰρ πάντοτε ἔχετε μεθ᾽ ἑαυτῶν, ἐμὲ δὲ οὐ πάντοτε ἔχετε.

9. Ἔγνω οὖν ὄχλος πολὺς ἐκ τῶν Ἰουδαίων ὅτι ἐκεῖ ἐστιν, καὶ ἦλθον οὐ διὰ τὸν Ἰησοῦν μόνον, ἀλλ᾽ ἵνα καὶ τὸν Λάζαρον ἴδωσιν, ὃν ἤγειρεν ἐκ νεκρῶν. 10. ἐβουλεύσαντο δὲ οἱ ἀρχιερεῖς ἵνα καὶ τὸν Λάζαρον ἀποκτείνωσιν, 11. ὅτι πολλοὶ δι᾽ αὐτὸν ὑπῆγον τῶν Ἰουδαίων καὶ ἐπίστευον εἰς τὸν Ἰησοῦν.

12. Τῇ ἐπαύριον ὁ ὄχλος πολὺς ὁ ἐλθὼν εἰς τὴν ἑορτήν, ἀκούσαντες ὅτι ἔρχεται ὁ Ἰησοῦς εἰς Ἱεροσόλυμα, 13. ἔλαβον τὰ βαΐα τῶν φοινίκων καὶ ἐξῆλθον εἰς § συνάντησιν αὐτῷ, καὶ ἔκραζον· ὡσαννά, εὐλογημένος ὁ ἐρχόμενος ἐν ὀνόματι κυρίου, † βασιλεὺς τοῦ Ἰσραήλ. 14. εὑρὼν δὲ ὁ Ἰησοῦς ὀνάριον ἐκάθισεν ἐπ᾽ αὐτό,

---

4. σιμονος V, σιμωνος v'.
5. διὰ τί P, – τι M. | τριακοσιων S. | δαναριων M. | εδοθη M.
6. ειπε Sl.. | τουτω I.. | περη I.₁. | εμελεν S. | γλοσσοκομον M. | ειχε S.
7. + αυτοις post ουν I.. | + οτι post αυτην P. | μετηρικεν P.
8. πτοχους M.
9. + οτι post ουν I.. | εστι S.

11. αυτων pro αυτον P. | υπηγων I..| επιστευσαν I..
12. επ' αυριον M.
13. ελαβουτο V. | + ουν post ελαβον M. | υπαντησιν SV. | + λεγοντες post εκραζον MP. | ωσαννα M. | σ in ευλογ. mutat. L. | + ο ante βασιλευς SM.
14. εκαθησεν M. | αυτω P.

καθώς ἐστι γεγραμμένον· 15. μὴ φοβοῦ, θύγατερ Σιών· ἰδοὺ ὁ βασιλεύς σου ἔρχεται καθήμενος ἐπὶ § πώλου ὄνου. 16. ταῦτα δὲ οὐκ ἔγνωσαν οἱ μαθηταὶ αὐτοῦ τὸ πρῶτον, ἀλλ' ὅτε ἐδοξάσθη ὁ Ἰησοῦς, τότε ἐμνήσθησαν ὅτι ταῦτα ἦν ἐπ' αὐτῷ γεγραμμένα καὶ ταῦτα ἐποίησαν αὐτῷ. 17. ἐμαρτύρει οὖν ὁ ὄχλος ὁ ὢν μετ' αὐτοῦ ὅτε τὸν Λάζαρον ἐφώνησεν ἐκ τοῦ μνημείου καὶ ἤγειρεν αὐτὸν ἐκ νεκρῶν. 18. διὰ τοῦτο καὶ ὑπήντησεν αὐτῷ ὁ ὄχλος, ὅτι § ἤκουσαν τοῦτο αὐτὸν πεποιηκέναι τὸ σημεῖον. 19. οἱ οὖν Φαρισαῖοι εἶπον πρὸς ἑαυτούς· θεωρεῖτε ὅτι οὐκ ὠφελεῖτε οὐδέν· ἴδε ὁ κόσμος § ὅλος ὀπίσω αὐτοῦ ἀπῆλθεν.
20. Ἦσαν δέ τινες Ἕλληνες ἐκ τῶν ἀναβαινόντων § εἰς Ἱεροσόλυμα ἵνα προσκυνήσωσιν ἐν τῇ ἑορτῇ· 21. οὗτοι οὖν προσῆλθον Φιλίππῳ τῷ ἀπὸ Βηθσαϊδὰ τῆς Γαλιλαίας, καὶ ἠρώτων αὐτὸν λέγοντες· κύριε, θέλομεν τὸν Ἰησοῦν ἰδεῖν. 22. ἔρχεται Φίλιππος καὶ λέγει τῷ Ἀνδρέᾳ, καὶ πάλιν Ἀνδρέας καὶ Φίλιππος λέγουσι τῷ Ἰησοῦ. 23. ὁ δὲ Ἰησοῦς § ἀπεκρίθη § λέγων αὐτοῖς· ἐλήλυθεν ἡ ὥρα

---

14. καθος M.
15. πωλον sv, πολου L.
17. αυτων pro αυτον M.
18. διατουτο L. | απηντησεν L₁? | - ο L. | ηκουσε s, ηκουσεν v. | αυτον πεπ. το σημ. τουτο (τουτον L₁) L. | πεποιημεναι P?
19. + συμβουλιον εποιησαν κατ' αυτου και ante ειπον M. | in οτι υ pro τ L₁. | οφελειται L₁. | - ολος s, απηλθεν (οπ pro απ L₁) ολος οπισω αυτου L.
20. - ελληνες εκ L. | - εις ιεροσ.

sl.v.
21. - ουν L. | προσ ηλθω P, προσειχον L. | ας in γαλιλ. mutat. L. | ειπον αυτω pro ηρωτων αυτ. L. | αυτων pro αυτον M. | θελωμεν L.
22. φιλλιππος prim. L₁. | και παλιν ανδρεας bis script. at sec. loco eras. M. | λέ pro λεγουσι L, λεγουσιν v.
23. απεκρινατο s, απεκρηθη P. | αυτοις λεγων s, λεγει αυτοις M.

ΚΑΤΑ ΙΩΑΝΝΗΝ.

ἵνα δοξασθῇ ὁ υἱὸς τοῦ ἀνθρώπου. 24. ἀμὴν ἀμὴν λέγω ὑμῖν, ἐὰν μὴ ὁ κόκκος τοῦ σίτου πεσὼν εἰς τὴν γῆν ἀποθάνῃ, αὐτὸς μόνος μένει· ἐὰν δὲ ἀποθάνῃ, πολὺν καρπὸν φέρει. 25. ὁ φιλῶν τὴν ψυχὴν αὐτοῦ ἀπολέσει αὐτήν· καὶ ὁ μισῶν τὴν ψυχὴν αὐτοῦ ἐν τῷ κόσμῳ τούτῳ εἰς ζωὴν αἰώνιον φυλάξει αὐτήν. 26. ἐάν § τις ἐμοὶ διακονῇ, ἐμοὶ ἀκολουθείτω, καὶ ὅπου εἰμὶ ἐγὼ ἐκεῖ καὶ ὁ διάκονος ὁ ἐμὸς § ἔστω· † ἐάν τις ἐμοὶ διακονῇ, τιμήσει αὐτὸν ὁ πατήρ § μου ὁ ἐν τοῖς οὐρανοῖς. 27. νῦν ἡ ψυχή μου τετάρακται, καὶ τί εἴπω; πάτερ, σῶσόν με ἐκ τῆς ὥρας ταύτης. ἀλλὰ διὰ τοῦτο ἦλθον εἰς τὴν ὥραν ταύτην· 28. πάτερ § ἅγιε, δόξασόν σου § τὸν υἱόν. ἦλθεν οὖν φωνὴ ἐκ τοῦ οὐρανοῦ· καὶ ἐδόξασα καὶ πάλιν δοξάσω. 29. ὁ οὖν § ὁ ὄχλος ὁ § ἑστηκὼς καὶ ἀκούσας ἔλεγεν βροντὴν γεγονέναι· ἄλλοι ἔλεγον § ὅτι ἄγγελος αὐτῷ λελάληκεν. 30. ἀπεκρίθη ὁ Ἰησοῦς καὶ εἶπεν· οὐ δι' ἐμὲ αὕτη ἡ φωνὴ γέγονεν ἀλλὰ δι' ὑμᾶς. 31. νῦν κρίσις ἐστὶν τοῦ κόσμου τούτου· νῦν ὁ ἄρχων τοῦ κόσμου τούτου ἐκβληθήσεται ἔξω, 32. § καὶ ἐγὼ ἐὰν ὑψωθῶ ἐκ τῆς γῆς, πάντας ἑλκύσω πρὸς ἐμαυτόν. 33. τοῦτο δὲ ἔλεγε σημαίνων ποίῳ θανάτῳ ἤμελλεν ἀποθνήσκειν. 34. ἀπεκρίθη αὐτῷ ὁ ὄχλος· ἡμεῖς ἠκούσαμεν ἐκ τοῦ

---

24. αποθανει *prim.* L₁.
25. απολεση L..
26. εμοι διακ. τις S. | εμη *prim. et sec.* M. | διακονει *prim.* L₁, *sec.* P. | ακολουθητω LM. | εσται *pro* εστω SLV. | + και *post* εσται S.| τιμηση L. | *fin.* – μου εν τ. ουρ. SV, – εν τοις ουρ. L..
28. – αγιε SLV. | το ονομα *pro* του υιον SLV. | φονῇ V, φωνῇ V',

φωνει Γ.
29. – ο *sec.* SP, *sed supra script.* P'. | εστως S. | – και L.. | ελεγε SLV. | γεγοναινε V. | – οτι SV.
30. – ο L..
31. εστι SLV. | – νυν ο αρχ. τ. κοσ. τουτ. LP.
32. καγω S. | αν *pro* εαν P. | ελκυσωσι L, ἑλκύσω MP.
33. ελεγεν V. | εμελλεν MV.

νόμου ὅτι ὁ Χριστὸς § εἰς τὸν αἰῶνα μένει, καὶ πῶς σὺ λέγεις ὅτι δεῖ ὑψωθῆναι τὸν υἱὸν τοῦ ἀνθρώπου; τίς ἐστιν οὗτος ὁ υἱὸς τοῦ ἀνθρώπου; 35. εἶπεν οὖν αὐτοῖς ὁ Ἰησοῦς· ἔτι § χρόνον μικρὸν τὸ φῶς § ἐν ὑμῖν ἐστιν. περιπατεῖτε ἕως τὸ φῶς ἔχετε, ἵνα μὴ σκοτία ὑμᾶς καταλάβῃ· καὶ ὁ περιπατῶν ἐν τῇ σκοτίᾳ οὐκ οἶδεν ποῦ ὑπάγει. 36. ἕως τὸ φῶς ἔχετε, πιστεύετε εἰς τὸ φῶς, ἵνα υἱοὶ φωτὸς γένησθε.
Ταῦτα ἐλάλησεν ὁ Ἰησοῦς, καὶ ἀπελθὼν ἐκρύβη ἀπ' αὐτῶν. 37. τοσαῦτα δὲ αὐτοῦ σημεῖα πεποιηκότος ἔμπροσθεν αὐτῶν οὐκ § ἐπίστευσαν εἰς αὐτόν, 38. ἵνα ὁ λόγος Ἡσαίου † πληρωθῇ, ὃν εἶπεν· κύριε, τίς ἐπίστευσεν τῇ ἀκοῇ ἡμῶν; καὶ ὁ βραχίων κυρίου τίνι ἀπεκαλύφθη; 39. διὰ τοῦτο οὐκ § ἐδύναντο πιστεύειν, ὅτι πάλιν εἶπεν Ἡσαίας· 40. τετύφλωκεν αὐτῶν τοὺς ὀφθαλμοὺς καὶ § ἐπώρωσεν αὐτῶν τὴν καρδίαν, ἵνα μὴ ἴδωσι τοῖς ὀφθαλμοῖς § καὶ τοῖς ὠσὶν ἀκούσωσιν καὶ νοήσωσι τῇ καρδίᾳ καὶ § ἐπιστρέψουσι καὶ § ἰάσομαι αὐτούς. 41. ταῦτα εἶπεν Ἡσαίας ὅτε εἶδε τὴν δόξαν § τοῦ θεοῦ, καὶ ἐλάλησε περὶ αὐτοῦ. 42. ὅμως μέντοι καὶ ἐκ τῶν ἀρχόντων πολλοὶ ἐπίστευσαν εἰς αὐτόν, ἀλλὰ διὰ τοὺς Φαρισαίους οὐχ § ὁμολόγουν, ἵνα μὴ ἀποσυνά-

---

34. μενει εις τ. αι. SV. | - τις usq. fin. vers. L.
35. τοις pro αυτοις M. | μικρ. χρον. S. | μεθ' υμων pro εν υμιν SV.| εστι S. | - το φως ante εχετε P. | σκοτεια bis LM. | οιδε SL.
36. εκριβη L.
37. σημεια αυτου P. | πεποιηκοτως M. | επιστευον S.
38. + του προφητου post ησαιου SV.|

ειπε S. | επιστευσε SL.
39. ηδυναντο SL.
40. πεπωρωκεν S, επορωσεν L. | ιδωσιν V. | - και τοις ωσ. ακ. S. | ακουσωσιν M. | νοησουσι L. | επιστραφωσι S, επιστρεψουσιν V. | ιασωμαι S.
41. ειδεν M. | αυτου pro του θεου SV.
42. ωμολογουν SV.

ΚΑΤΑ ΙΩΑΝΝΗΝ.

γωγοι γένωνται· 43. ἠγάπησαν γὰρ τὴν δόξαν τῶν ἀνθρώπων μᾶλλον §ὑπὲρ τὴν δόξαν τοῦ θεοῦ. 44. §ὁ δὲ Ἰησοῦς † §ἔκραζε καὶ §ἔλεγεν· ὁ πιστεύων εἰς ἐμὲ οὐ πιστεύει εἰς ἐμὲ ἀλλ' εἰς τὸν πέμψαντά με, 45. καὶ ὁ θεωρῶν ἐμέ, θεωρεῖ τὸν §ἀποστείλαντά με. 46. ἐγὼ φῶς εἰς τὸν κόσμον ἐλήλυθα, ἵνα πᾶς ὁ πιστεύων εἰς ἐμὲ ἐν τῇ σκοτίᾳ μὴ μείνῃ. 47. καὶ ἐάν τίς μου ἀκούσῃ τῶν ῥημάτων καὶ μὴ §φυλάξῃ, ἐγὼ οὐ κρίνω αὐτόν· οὐ γὰρ ἦλθον ἵνα κρίνω τὸν κόσμον, ἀλλ' ἵνα σώσω τὸν κόσμον. 48. ὁ ἀθετῶν ἐμὲ καὶ μὴ λαμβάνων τὰ ῥήματά μου ἔχει τὸν κρίνοντα αὐτόν· ὁ λόγος ὃν ἐλάλησα, ἐκεῖνος κρινεῖ αὐτὸν ἐν τῇ ἐσχάτῃ ἡμέρᾳ. 49. ὅτι ἐγὼ §ἀπ' ἐμαυτοῦ οὐκ ἐλάλησα, ἀλλ' ὁ πέμψας με πατὴρ αὐτός μοι ἐντολὴν §δέδωκεν τί εἴπω καὶ τί λαλήσω. 50. καὶ οἶδα ὅτι ἡ ἐντολὴ αὐτοῦ ζωὴ §ἐστιν αἰώνιος. ἃ οὖν §ἐγὼ λαλῶ, καθὼς §ἐνετείλατό μοι ὁ πατήρ, §οὗτος λαλῶ.

---

42. γενονται M.
43. μαλλον *pro* γαρ L. | ηπερ *pro* υπερ SV.
44. ιησους δε *pro* ο δε ιησ. S, ο ιησ. δε L.V. | εκραξε (... εν v) SV. | ειπεν *pro* ελεγεν S.
45. πεμψαντα *pro* αποστ. S.
46. σκοτεια LM. | μι *pro* μη P. | μινει M.

47. της φωνης *pro* των ρημ. L. | πιστευση *pro* φυλαξη SV.
48. + εγω *ante* ελαλ. M. | κρίνει MV.
49. εξ *pro* απ' S. | εδωκε S, δεδωκε L., δεδωκεν P.
50. αιων. εστιν SV. | λαλω εγω SV. | ειρηκε *pro* ενετει. S. | ουτω S, ουτως V.

XIII.

1. Πρὸ δὲ τῆς ἑορτῆς τοῦ πάσχα εἰδὼς ὁ Ἰησοῦς ὅτι § ἦλθεν αὐτοῦ ἡ ὥρα ἵνα μεταβῇ ἐκ τοῦ κόσμου τούτου πρὸς τὸν πατέρα, ἀγαπήσας τοὺς ἰδίους τοὺς ἐν τῷ κόσμῳ, εἰς τέλος ἠγάπησεν αὐτούς. 2. καὶ δείπνου γενομένου, τοῦ διαβόλου ἤδη βεβληκότος εἰς τὴν καρδίαν † Σίμωνος Ἰσκαριώτου ἵνα αὐτὸν παραδῷ, 3. εἰδὼς § δὲ ὁ Ἰησοῦς ὅτι πάντα δέδωκεν αὐτῷ ὁ πατὴρ εἰς τὰς χεῖρας, καὶ ὅτι ἀπὸ θεοῦ ἐξῆλθεν καὶ πρὸς τὸν θεὸν ὑπάγει, 4. ἐγείρεται ἐκ τοῦ δείπνου καὶ τίθησιν τὰ ἱμάτια, καὶ λαβὼν λέντιον διέζωσεν ἑαυτόν· 5. εἶτα § λαβὼν § ὕδωρ βάλλει εἰς τὸν νιπτῆρα, καὶ ἤρξατο νίπτειν τοὺς πόδας τῶν μαθητῶν καὶ ἐκμάσσειν τῷ λεντίῳ ᾧ ἦν διεζωσμένος. 6. ἔρχεται οὖν πρὸς Σίμωνα Πέτρον· καὶ λέγει αὐτῷ ἐκεῖνος· κύριε, σύ μου νίπτεις τοὺς πόδας; 7. ἀπεκρίθη § ὁ Ἰησοῦς καὶ εἶπεν αὐτῷ· ὃ ἐγὼ ποιῶ σὺ οὐκ οἶδας ἄρτι, § γνώσει δὲ μετὰ ταῦτα. 8. λέγει αὐτῷ § ὁ Πέτρος· οὐ μὴ §μου νίψῃς τοὺς πόδας εἰς τὸν αἰῶνα. ἀπεκρίθη αὐτῷ ὁ Ἰησοῦς· ἐὰν μὴ νίψω σε, οὐκ ἔχεις μέρος μετ' ἐμοῦ. 9. λέγει αὐτῷ Σίμων Πέτρος· κύριε, μὴ τοὺς πόδας μου μόνον ἀλλὰ καὶ τὰς χεῖρας καὶ τὴν κε-

---

XIII. 1. εληλυθεν SV. | μετὰ βῇ M. | του προ τουτου L.
2. ηδι M. | + ιουδα ante σιμωνος S.
3. - δε S. | θῦ (mutat.) 1.. | εξηλθε Ν.
4. τιθησι SLV. | + αυτου post ιματια V. | λαβὸν M.
5. - λαβων S. | βαλλει υδωρ S. |

νιπτην MΓ. | εκμασσει 1..
6. + τον ante σιμ. L. | νιπτης MΓ.
7. - ο ante ιησ. SLV. | γνωση SMV. | μεταταυτα 1..
8. - ο ante πετ. S. | νιψ. τ. ποδ. μου SV.
9. - μου 1.. | + μου post χειρας Γ.

ΚΑΤΑ ΙΩΑΝΝΗΝ.

φαλήν. 10. λέγει αὐτῷ ὁ Ἰησοῦς· ὁ § λελουσμένος οὐ χρείαν ἔχει § εἰ μὴ τοὺς πόδας νίψασθαι, ἀλλ' ἔστιν καθαρὸς ὅλος· καὶ ὑμεῖς καθαροί ἐστε, ἀλλ' οὐχὶ πάντες. 11. ᾔδει γὰρ τὸν παραδιδόντα αὐτόν· διὰ τοῦτο εἶπεν· οὐχὶ πάντες καθαροί ἐστε. 12. Ὅτε οὖν ἔνιψεν § αὐτῶν τοὺς πόδας καὶ ἔλαβε τὰ ἱμάτια αὐτοῦ, ἀναπεσὼν πάλιν εἶπεν αὐτοῖς· γινώσκετε τί πεποίηκα ὑμῖν; 13. ὑμεῖς φωνεῖτέ με· ὁ § κύριος καὶ ὁ διδάσκαλος, καὶ καλῶς λέγετε· εἰμὶ γάρ. 14. εἰ οὖν ἐγὼ ἔνιψα ὑμῶν τοὺς πόδας ὁ κύριος καὶ ὁ διδάσκαλος, καὶ ὑμεῖς ὀφείλετε ἀλλήλων νίπτειν τοὺς πόδας· 15. ὑπόδειγμα γὰρ § δέδωκα ὑμῖν, ἵνα καθὼς ἐγὼ § πεποίηκα ὑμῖν καὶ ὑμεῖς § ποιεῖτε. 16. ἀμὴν ἀμὴν λέγω ὑμῖν, οὐκ ἔστι δοῦλος μείζων τοῦ κυρίου αὐτοῦ, οὐδὲ ἀπόστολος μείζων τοῦ πέμψαντος αὐτόν. 17. εἰ ταῦτα οἴδατε, μακάριοί ἐστε ἐὰν ποιῆτε αὐτά. 18. οὐ περὶ πάντων ὑμῶν λέγω· ἐγὼ § γὰρ οἶδα οὓς ἐξελεξάμην· ἀλλ' ἵνα ἡ γραφὴ πληρωθῇ· ὁ τρώγων μετ' ἐμοῦ τὸν ἄρτον ἐπῆρεν ἐπ' ἐμὲ τὴν πτέρναν αὐτοῦ. 19. ἀπάρτι λέγω ὑμῖν πρὸ τοῦ γενέσθαι, ἵνα ὅτ' ἂν γένηται πιστεύσητε, ὅτι ἐγὼ § εἶπον ὑμῖν. 20. ἀμὴν ἀμὴν λέγω ὑμῖν, ὁ λαμβάνων ἐάν τινα πέμψω ἐμὲ λαμβάνει, ὁ δὲ ἐμὲ λαμβάνων λαμβάνει τὸν πέμψαντά με.

---

10. λελουμενος S. | η pro ει μη SV, ει μι P. | – αλλ' prim. LP. | εστι SLM.
11. διατουτο L. | ουχ οἱ pro ουχι L.
12. τους ποδ. αυτ. S. | ιματί L. | πεπειηκα P.
13. – μι L.1. | ο διδασκ. και ο κυρ. SV. | ει μη pro ειμι M.
14. νιπτην M.
15. εδωκα S. | εποιησα S. | ποιητε SL.
16. εστιν V.
18. λεγων pro λεγω P. | – γαρ S. | τρωγον M. | επειρεν M. | – την L.
19. απ' αρτι SV. | γενητε LP. | πιστευσηται P. | ειμι pro ειπον υμιν SLV.

21. Ταῦτα εἰπὼν ὁ Ἰησοῦς ἐταράχθη τῷ πνεύματι καὶ ἐμαρτύρησεν καὶ εἶπεν· ἀμὴν ἀμὴν λέγω ὑμῖν ὅτι εἷς ἐξ ὑμῶν παραδώσει με. 22. ἔβλεπον οὖν εἰς ἀλλήλους οἱ μαθηταί § αὐτοῦ § ἀπορούντες περὶ τίνος λέγει. 23. ἦν δὲ ἀνακείμενος εἷς § ἐκ τῶν μαθητῶν αὐτοῦ ἐν τῷ κόλπῳ τοῦ Ἰησοῦ, ὃν ἠγάπα ὁ Ἰησοῦς· 24. νεύει οὖν τούτῳ Σίμων Πέτρος § πείθεσθαι τίς ἂν εἴη περὶ οὗ λέγει. 25. ἐπιπεσὼν § οὖν ἐκεῖνος § οὕτως ἐπὶ τὸ στῆθος τοῦ Ἰησοῦ λέγει αὐτῷ· κύριε, τίς ἐστιν; 26. ἀποκρίνεται § αὐτῷ ὁ Ἰησοῦς § καὶ λέγει· ἐκεῖνός ἐστιν ᾧ ἐγὼ § ἐμβάψας τὸ ψωμίον ἐπιδώσω. καὶ ἐμβάψας τὸ ψωμίον δίδωσιν Ἰούδᾳ § Σίμωνι § τῷ Ἰσκαριώτῃ. 27. καὶ μετὰ τὸ ψωμίον, τότε εἰσῆλθεν εἰς ἐκεῖνον ὁ σατανᾶς. λέγει οὖν αὐτῷ ὁ Ἰησοῦς· ὃ ποιεῖς, ποίησον τάχιον. 28. τοῦτο δὲ οὐδεὶς ἔγνω τῶν ἀνακειμένων πρὸς τί εἶπεν αὐτῷ· 29. τινὲς γὰρ ἐδόκουν, ἐπεὶ τὸ γλωσσόκομον εἶχεν † Ἰούδας, ὅτι λέγει αὐτῷ ὁ Ἰησοῦς· ἀγόρασον ὧν χρείαν ἔχομεν εἰς τὴν ἑορτήν, ἢ τοῖς πτωχοῖς ἵνα τι δῷ. 30. λαβὼν οὖν τὸ ψωμίον ἐκεῖνος, § ἐξῆλθεν εὐθέως· ἦν δὲ νύξ.

31. Ὅτε § οὖν ἐξῆλθεν, λέγει ὁ Ἰησοῦς· νῦν ἐδοξάσθη ὁ υἱὸς τοῦ ἀνθρώπου, καὶ ὁ θεὸς ἐδοξάσθη ἐν αὐτῷ. 32. εἰ ὁ θεὸς ἐδοξ-

---

21. εμαρτυρησε S, εμαρτυρισεν MP. | - αμ. αμ. λεγ.υμιν M.
22. - αυτου S. | απορουμενοι SV.
23. - εκ S. | - ο ιησ. L.
24. νευειν P. | - ουν L. | τωτω P, τυυτω P'. | πυθεσθαι (πύθ. L.) SL, πιθεσθαι M, πειθεσθε P.
25. δε pro ουν SV. | - ουτως SLV.
26. απεκρινατο V. | - αυτω S. | - και λεγει SV. | + αυτω post λεγει L. | βαψας pro ενβ. prim. SV, bis L. | ιουδα V. | σιμωνος
SV, - σιμωνι L. | - τω SV.
27. ταχυον M.
28. συνανακειμενων P.
29. εδωκουν M. | επι pro επει M. | γλωσσοκωμον P. | + ο ante ιουδ. S. | ιουδας SMV. | τις pro τοις M.
30. λαβον M. | - εκεινος L. | ευθ. εξηλ. SV.
31. - ουν post οτε S (οτε εξηλθε cum c. 30 conjunctis). | εξηλθε S.

ἄσθη ἐν αὐτῷ, καὶ ὁ θεὸς δοξάσει αὐτὸν ἐν ἑαυτῷ, καὶ εὐθὺς δοξάσει αὐτόν. 33. τεκνία, ἔτι μικρὸν § χρόνον μεθ᾽ ὑμῶν εἰμι· ζητήσετέ με, καὶ καθὼς εἶπον τοῖς Ἰουδαίοις ὅτι ὅπου § ἐγὼ ὑπάγω ὑμεῖς οὐ δύνασθε ἐλθεῖν, καὶ ὑμῖν λέγω ἄρτι. 34. ἐντολὴν καινὴν δίδωμι ὑμῖν, ἵνα ἀγαπᾶτε ἀλλήλους, καθὼς ἠγάπησα ὑμᾶς ἵνα καὶ ὑμεῖς ἀγαπᾶτε ἀλλήλους. 35. ἐν τούτῳ γνώσονται πάντες ὅτι ἐμοὶ μαθηταί ἐστε, ἐὰν ἀγάπην § ἔχετε ἐν ἀλλήλοις. 36. Λέγει αὐτῷ Σίμων Πέτρος· κύριε, ποῦ ὑπάγεις; ἀπεκρίθη αὐτῷ ὁ Ἰησοῦς· ὅπου § ἐγὼ ὑπάγω οὐ δύνασαί μοι νῦν ἀκολουθῆσαι, ὕστερον δὲ ἀκολουθήσεις μοι. 37. λέγει αὐτῷ ὁ Πέτρος· κύριε, διατί οὐ δύναμαί σοι ἀκολουθῆσαι ἄρτι; τὴν ψυχήν μου ὑπὲρ σοῦ θήσω. 38. § ἀποκρίνεται ὁ Ἰησοῦς· τὴν ψυχήν σου ὑπὲρ ἐμοῦ θήσεις; ἀμὴν ἀμὴν λέγω σοι, οὐ μὴ ἀλέκτωρ φωνήσει ἕως οὗ τρὶς § ἀπαρνήσει με.

XIV.

1. Μὴ ταρατσέσθω ὑμῶν ἡ καρδία· πιστεύετε εἰς τὸν θεόν, καὶ εἰς ἐμὲ πιστεύετε. 2. ἐν τῇ οἰκίᾳ τοῦ πατρός μου μοναὶ πολλαί εἰσιν· εἰ δὲ μή, εἶπον ἂν ὑμῖν· § ὅτι πορεύομαι ἑτοιμάσαι τόπον ὑμῖν. 3. καὶ ἐὰν πορευθῶ καὶ ἑτοιμάσω § τόπον ὑμῖν, πάλιν

32. δοξαση M.
33. – χρονον SLV. | ζητειτε L. | ειπεν pro ...πον P. | υπαγω εγω S. | + οπου ante υπαγω M. | δυνασθαι L₁M.
34. διδωμι LP. | – καθως usq. fin. vers. L₁P. (exstant in V.)
35. αγαπατε αλληλους pro αγ. εχ.

εν αλλ. LV. | εχητε S.
36. – εγω S. | δυνασε P.
37. – o P. | θυσω M.
38. απεκριθη S. | + αυτω post απεκρ. S. | απαρνηση με τρις SV.
XIV. 2. – οτι S.
3. – και εαν usq. υμιν L. | υμιν τοπον SV. | τοπων M.

ἔρχομαι καὶ παραλήψομαι ὑμᾶς πρὸς ἐμαυτόν· ἵνα ὅπου εἰμὶ ἐγὼ καὶ ὑμεῖς § ἐκεῖ ἦτε. 4. καὶ ὅπου † ὑπάγω οἴδατε καὶ τὴν ὁδὸν οἴδατε. 5. Λέγει αὐτῷ Θωμᾶς· κύριε, οὐκ οἴδαμεν ποῦ ὑπάγεις, καὶ πῶς δυνάμεθα τὴν ὁδὸν εἰδέναι; 6. λέγει αὐτῷ ὁ Ἰησοῦς· ’γώ εἰμι ἡ ὁδὸς καὶ ἡ ἀλήθεια καὶ ἡ ζωή· οὐδεὶς ἔρχεται πρὸς τὸν πατέρα εἰ μὴ δι’ ἐμοῦ. 7. εἰ ἐγνώκειτέ με, καὶ τὸν πατέρα μου ἐγνώκειτε ἄν· καὶ ἀπάρτι γινώσκετε αὐτὸν καὶ ἑωράκατε αὐτόν. 8. Λέγει αὐτῷ Φίλιππος· κύριε, δεῖξον ἡμῖν τὸν πατέρα, καὶ ἀρκεῖ ἡμῖν. 9. λέγει αὐτῷ ὁ Ἰησοῦς· τοσοῦτον χρόνον μεθ’ ὑμῶν εἰμι, καὶ οὐκ ἔγνωκάς με, Φίλιππε; ὁ ἑωρακὼς ἐμὲ ἑώρακε τὸν πατέρα· καὶ πῶς σὺ λέγεις· δεῖξον ἡμῖν τὸν πατέρα; 10. οὐ πιστεύεις ὅτι ἐγὼ ἐν τῷ πατρὶ καὶ ὁ πατὴρ ἐν ἐμοί ἐστιν; τὰ ῥήματα ἃ ἐγὼ λαλῶ ὑμῖν ἀπ’ ἐμαυτοῦ οὐ λαλῶ· ὁ δὲ πατὴρ ὁ ἐν ἐμοὶ μένων αὐτὸς ποιεῖ τὰ ἔργα. 11. πιστεύετέ μοι ὅτι ἐγὼ ἐν τῷ πατρὶ καὶ ὁ πατὴρ ἐν ἐμοί § ἐστιν· εἰ δὲ μή, διὰ τὰ ἔργα αὐτὰ πιστεύετέ μοι. 12. ἀμὴν ἀμὴν λέγω ὑμῖν, ὁ πιστεύων εἰς ἐμέ, τὰ ἔργα ἃ ἐγὼ ποιῶ, κἀκεῖνος ποιήσει, καὶ μείζονα τούτων ποιήσει· ὅτι ἐγὼ πρὸς τὸν πατέρα μου πορεύομαι, 13. καὶ ὅ τι ἂν αἰτήσητε ἐν τῷ ὀνόματί μου, τοῦτο ποιήσω, ἵνα δοξασθῇ ὁ πατὴρ ἐν τῷ υἱῷ. 14. ἐάν τι αἰτήσητέ § μοι

---

3. - εκει SLV.
4. + εγω post οπου SV.
6. ειμι pro ειμη P.
7. απ’ αρτι S.
8. υμιν pro ημιν M.
9. τὸσοῦτον M. | σοι pro συ L. | εωρακεν V.
10. εστι S, - εστιν V. | υμιν λαλω P, - υμιν L.
11. Post εμοι in L repetitur τα ρηματα κ. τ. λ. υ. 10 usque ad εν εμοι εστιν v. 11 (- υμιν v. 10). | - εστιν S. | ει δε μι P, - μη L₁. | πιστευεται M.
12. μειζωνα MP. | τουτον P. | - μου L.
13. οτι LM. | αιτησηται L, αιτησειτε M. | τουτω P.
14. τις pro τι V. | οιτησητε M. | - μοι SL, με pro μοι P. | τουτο pro εγω V.

ΚΑΤΑ ΙΩΑΝΝΗΝ.

'ν τῷ ὀνόματί μου, ἐγὼ ποιήσω. 15. Ἐὰν ἀγαπᾶτέ με, τὰς ντολὰς τὰς ἐμὰς τηρήσατε. 16. καὶ ἐγὼ ἐρωτήσω τὸν πατέρα καὶ ἄλλον παράκλητον δώσει ὑμῖν, ἵνα μένῃ μεθ' ὑμῶν εἰς τὸν αἰῶνα, 17. τὸ πνεῦμα τῆς ἀληθείας, ὃ ὁ κόσμος οὐ δύναται λαβεῖν, ὅτι οὐ θεωρεῖ αὐτό, οὐδὲ γινώσκει αὐτό· ὑμεῖς δὲ γινώσκετε αὐτὸ ὅτι παρ' ὑμῖν μένει καὶ ἐν ὑμῖν ἔσται. 18. οὐκ ἀφήσω ὑμᾶς ὀρφανούς· ἔρχομαι πρὸς ὑμᾶς. 19. ἔτι μικρὸν καὶ ὁ κόσμος με οὐκ ἔτι θεωρεῖ· ὑμεῖς δὲ θεωρεῖτέ με, ὅτι ἐγὼ ζῶ καὶ ὑμεῖς ζήσεσθε. 20. ἐν ἐκείνῃ τῇ ἡμέρᾳ γνώσεσθε ὑμεῖς ὅτι ἐγὼ ἐν τῷ πατρί μου καὶ ὑμεῖς ἐν ἐμοὶ κἀγὼ ἐν ὑμῖν. 21. ὁ ἔχων τὰς ἐντολάς μου καὶ τηρῶν αὐτάς, ἐκεῖνός ἐστιν ὁ ἀγαπῶν με· ὁ δὲ ἀγαπῶν με ἀγαπηθήσεται ὑπὸ τοῦ πατρός μου, καὶ ἐγὼ ἀγαπήσω αὐτὸν καὶ ἐμφανίσω αὐτῷ ἐμαυτόν. 22. Λέγει αὐτῷ Ἰούδας, οὐχ ὁ Ἰσκαριώτης· κύριε, § καὶ τί γέγονεν ὅτι ἡμῖν μέλλεις ἐμφανίζειν § ἑαυτὸν καὶ οὐχὶ τῷ κόσμῳ; 23. ἀπεκρίθη ὁ Ἰησοῦς καὶ εἶπεν αὐτῷ· ἐάν τις ἀγαπᾷ με, τὸν λόγον μου § τηρήσῃ, καὶ ὁ πατήρ μου ἀγαπήσει αὐτόν, καὶ πρὸς αὐτὸν ἐλευσόμεθα καὶ μονὴν παρ' αὐτῷ § ποιησώμεθα. 24. ὁ μὴ ἀγαπῶν με, τοὺς λόγους μου οὐ τηρεῖ· καὶ ὁ λόγος ὃν ἀκούετε οὐκ ἔστιν ἐμὸς ἀλλὰ τοῦ πέμψαντός με πατρός.

25. Ταῦτα λελάληκα ὑμῖν παρ' ὑμῖν μένων· 26. ὁ δὲ παρά-

---

15. τηρησητε L₁.
16. μενει LP.
17. δυνατε L₁. | αυτω (prim., sec., et forsan tert.) L. | – δε Μ. | fin. εστιν L.
18. αφισω P.
19. ουκετι L. | ζησεσθαι Μ.
21. εμφονησω Μ. | fin. αυτω εμαυτω MP. (ἐμαὐτῶ Γ).

22. ιουδας SPV. | – κυριε V. | – και αιιte τι S. | σεαυτον SL₂, σιαυτον V. | εαυτον L₁.
23. τηρησει SV. | πορευσομεθα pro ελευσ. L. | ποιησομεν SV, ποιησομεθα L.
24. – πατρος LP.
25. παρ' ημων μενων (ημιν μενον L₁) L.

κλητος, τὸ πνεῦμα τὸ ἅγιον ὃ πέμψει ὁ πατὴρ ἐν τῷ ὀνόματί μου, ἐκεῖνος ὑμᾶς διδάξει πάντα καὶ ὑπομνήσει ὑμᾶς πάντα ἃ εἶπον ὑμῖν. 27. εἰρήνην ἀφίημι ὑμῖν, εἰρήνην τὴν ἐμὴν δίδωμι ὑμῖν· οὐ καθὼς ὁ κόσμος δίδωσιν ἐγὼ δίδωμι ὑμῖν. μὴ ταρασσέσθω ὑμῶν ἡ καρδία, μηδὲ δειλιάτω. 28. ἠκούσατε ὅτι ἐγὼ εἶπον ὑμῖν· ὑπάγω καὶ ἔρχομαι πρὸς ὑμᾶς. εἰ § ἀγαπᾶτέ με, ἐχάρητε ἂν ὅτι § ἐγὼ πορεύομαι πρὸς τὸν πατέρα § μου, ὅτι ὁ πατήρ μου μείζων μου ἐστίν. 29. καὶ νῦν εἴρηκα ὑμῖν § πρὸ τοῦ γενέσθαι, ἵνα ὅτ' ἂν γένηται πιστεύσητε, § ὅτι ἐγὼ εἶπον ὑμῖν. 30. οὐκ ἔτι πολλὰ λαλήσω μεθ' ὑμῶν· ἔρχεται γὰρ ὁ § ἄρχων τοῦ κόσμου τούτου, καὶ ἐν ἐμοὶ οὐκ ἔχει οὐδέν, 31. ἀλλ' ἵνα γνῷ ὁ κόσμος ὅτι ἀγαπῶ τὸν πατέρα, καὶ καθὼς ἐνετείλατό μοι ὁ πατήρ, οὕτως ποιῶ. ἐγείρεσθε, ἄγωμεν ἐντεῦθεν.

XV.

1. Ἐγώ εἰμι ἡ ἄμπελος ἡ ἀληθινή, καὶ ὁ πατήρ μου ὁ γεωργός ἐστιν. 2. πᾶν κλῆμα ἐν ἐμοὶ μὴ φέρον καρπόν, αἴρει αὐτό, καὶ πᾶν τὸ καρπὸν φέρον, καθαίρει αὐτὸ ἵνα πλείονα καρπὸν § φέρει.

26. πεμψη L₁. | διδαξει υμας M.
27. + διδωμι και ante αφιημι V. | αφιειμι M. | διδω pro δίδωμι prim. P. | μηδὲ LM, μήδε P.
28. + εγω ante ερχομαι L. | ἡ pro ει P. | ηγαπατε S. | ειπον pro εγω ante πορευυμαι S. | – μου S. | fin. εστι S.
29. πριν pro προ του S. | γενητε LV. | – οτι εγω ειπον υμιν SLV.

30. ουκετι L. | – γαρ L. | του κ. τουτ. αρχ. S, του κ. αρχ. (– τουτου) V. | – τουτου LV.
31. ουτω SV, ούτως L₁. | εγειρεσθαι M. | αγομεν L.
XV. 1. εστι S.
2. – και παν usq. καθαιρει αυτο L. | φερων M, φερο P pro φερον sec. | καθέρει P. | αυτου M. | φερη S.

ΚΑΤΑ ΙΩΑΝΝΗΝ.

3. ἤδη § καὶ ὑμεῖς καθαροί ἐστε διὰ τὸν λόγον ὃν λελάληκα ὑμῖν· 4. μείνατε ἐν ἐμοί, κἀγὼ ἐν ὑμῖν. καθὼς § γὰρ τὸ κλῆμα οὐ δύναται καρπὸν φέρειν ἀφ' ἑαυτοῦ ἐὰν μὴ μείνῃ ἐν τῇ ἀμπέλῳ, οὕτως οὐδὲ ὑμεῖς ἐὰν μὴ ἐν ἐμοὶ μείνητε. 5. ἐγώ εἰμι ἡ ἄμπελος, ὑμεῖς τὰ κλήματα. ὁ μένων ἐν § ὑμῖν, κἀγὼ ἐν αὐτῷ, § οὗτως φέρει καρπὸν πολύν, ὅτι χωρὶς ἐμοῦ οὐ δύνασθε ποιεῖν οὐδέν. 6. ἐὰν μή τις μείνῃ ἐν ἐμοί, ἐβλήθη ἔξω ὡς τὸ κλῆμα καὶ ἐξηράνθη, καὶ συνάγουσιν § αὐτὸ καὶ εἰς § τὸ πῦρ βάλλουσι, καὶ καίεται. 7. ἐὰν μείνητε ἐν ἐμοὶ καὶ τὰ ῥήματά μου ἐν ὑμῖν μείνῃ, ὃ ἐὰν θέλητε § αἰτήσασθε, καὶ γενήσεται ὑμῖν. 8. ἐν τούτῳ ἐδοξάσθη ὁ πατήρ μου, ἵνα καρπὸν πολὺν φέρητε καὶ γενήσεσθε ἐμοὶ μαθηταί. 9. καθὼς ἠγάπησέν με ὁ πατήρ, κἀγὼ ἠγάπησα ὑμᾶς· μείνατε ἐν τῇ ἀγάπῃ τῇ ἐμῇ. 10. ἐὰν τὰς ἐντολάς μου τηρήσητε, μενεῖτε ἐν τῇ ἀγάπῃ μου, καθὼς ἐγὼ τὰς ἐντολὰς τοῦ πατρός μου τετήρηκα καὶ μένω αὐτοῦ ἐν τῇ ἀγάπῃ. 11. ταῦτα λελάληκα ὑμῖν ἵνα ἡ χαρὰ ἡ ἐμὴ ἐν ὑμῖν μείνῃ καὶ ἡ χαρὰ ὑμῶν πληρωθῇ. 12. αὕτη

---

3. ηδι M. | - και SLV. | υμας pro υμεις V.
4. ημιν pro εμοι prim. L₁. | - γαρ S. | φερει εν εαυτω L. | οὗτος? L₁. | εμη pro εμοι sec. M.
5. εμοι pro υμιν SLV. | ουτος pro ουτως SL. | δυνατε L.
6. της pro τις M. | εμη pro εμοι M, ημιν forsan L₁. | εκβληθητε M.| αυτα pro αυτο S, αυτῶ L.. | - το s. | βαλλουσιν M, βαλλουσι ναι L₁. | καιετε P.
7. + μη ante μεινητε L.. | sic legitur in L : και τα ρηματα τα εμα

ου (mutat.) μενεῖ εν υμιν· εαν δε μενητε εν εμοι μηνει· και ο εαν θελητε γενησεται υμιν (- αιτησεσθε και). | ειμιν pro υμιν prim. P. | αιτησεσθε s, - αιτ. και I. (vide supra).
8. τουτο M. | φερειτε MP.
9. ηγαπησε Sl.. | ηγαπησω pro ... σα M. | εμοι pro εμη P.
10. τας prim. mutat. L. | τηρησετε M. | εαν pro εν sec. L₁. | - αυτου M.
11. εμοι pro εμη MP. | μηνη M. | ημων pro υμ. M.

ΕΥΑΓΓΕΛΙΟΝ

§ δὲ ἐστὶν ἡ ἐντολὴ ἡ ἐμή, ἵνα ἀγαπᾶτε ἀλλήλους καθὼς ἠγάπησα ὑμᾶς. 13. μείζονα ταύτης ἀγάπην οὐδεὶς ἔχει ἵνα τις τὴν ψυχὴν αὐτοῦ θῇ ὑπὲρ τῶν φίλων αὐτοῦ. 14. ὑμεῖς φίλοι μου ἐστέ, ἐὰν ποιῆτε § ἃ ἐγὼ ἐντέλλομαι ὑμῖν. 15. οὐκέτι ὑμᾶς λέγω δούλους, ὅτι ὁ δοῦλος οὐκ οἶδε τί ποιεῖ αὐτοῦ ὁ κύριος § αὐτοῦ· ὑμᾶς δὲ εἴρηκα φίλους, ὅτι πάντα ἃ ἤκουσα παρὰ τοῦ πατρός μου ἐγνώρισα ὑμῖν. 16. οὐχ ὑμεῖς με ἐξελέξασθε, ἀλλ' ἐγὼ ἐξελεξάμην ὑμᾶς, καὶ ἔθηκα ὑμᾶς ἵνα ὑμεῖς ὑπάγητε καὶ § πολὺν καρπὸν φέρητε, καὶ ὁ καρπὸς ὑμῶν § μένει, § καὶ ὅ τι ἂν αἰτήσητε τὸν πατέρα ἐν τῷ ὀνόματί μου § τοῦτο ποιήσω· ἵνα δοξασθῇ ὁ πατὴρ ἐν τῷ υἱῷ. 17. ταῦτα ἐντέλλομαι ὑμῖν, ἵνα ἀγαπᾶτε ἀλλήλους. 18. Εἰ ὁ κόσμος ὑμᾶς μισεῖ, γινώσκετε ὅτι ἐμὲ πρῶτον ὑμῶν μεμίσηκεν. 19. εἰ ἐκ τοῦ κόσμου ἦτε, ὁ κόσμος ἂν τὸ ἴδιον ἐφίλει· ὅτι δὲ ἐκ τοῦ κόσμου οὐκ ἐστέ, ἀλλ' ἐγὼ ἐξελεξάμην ὑμᾶς ἐκ τοῦ κόσμου, διὰ τοῦτο μισεῖ ὑμᾶς ὁ κόσμος. 20. μνημονεύετε τοῦ λόγου οὗ ἐγὼ εἶπον ὑμῖν· οὐκ ἔστι δοῦλος μείζων τοῦ κυρίου αὐτοῦ. εἰ ἐμὲ ἐδίωξαν, καὶ ὑμᾶς διώξουσιν· εἰ τὸν λόγον μου ἐτήρησαν, καὶ τὸν ὑμέτερον τηρήσουσιν. 21. ἀλλὰ ταῦτα πάντα ποιήσουσιν ὑμῖν διὰ τὸ ὄνομά μου, ὅτι οὐκ οἴδασι τὸν πέμψαντά

---

12. - δε S. | - η ante εμη V. | εμοι pro εμη M.
13. μειζο L, μειζωνα P.
14. ποιειτε M. | οσα pro α SV? | εντελλωμαι L.
15. - αυτου sec. SL. | - δε L.
16. - και εθηκα υμας P. | - πολυν SLV. | φερειτε P. | μενη SV. | ινα ο τι pro και ο τι S (V = txt.) | αιτησειτε P. | - τον πατερα LV. | δῳ υμιν pro τουτο ποιησω usq. υιω S. | τουτω P.
18. - εμε M, sed M marg. = txt., prima ut videtur manu. Cer.
19. εφυλει M. | διατουτο L. | - δια usq. κοσμος M.
20. + μου post λογου V'. | εστιν V. | μειζον L. | ετηρισαν P. | ημετερον M.
21. οιδασιν V.

με. 22. εἰ μὴ ἦλθον καὶ ἐλάλησα αὐτοῖς, ἁμαρτίαν οὐκ εἶχον· νῦν δὲ πρόφασιν οὐκ ἔχουσιν περὶ τῆς ἁμαρτίας αὐτῶν. 23. ὁ ἐμὲ μισῶν, καὶ τὸν πατέρα μου μισεῖ. 24. εἰ τὰ ἔργα μὴ ἐποίησα ἐν αὐτοῖς ἃ οὐδεὶς ἄλλος § ἐποίησεν, ἁμαρτίαν οὐκ εἶχον· νῦν δὲ καὶ ἑωράκασι καὶ μεμισήκασι καὶ ἐμὲ καὶ τὸν πατέρα μου. 25. ἀλλ᾽ ἵνα πληρωθῇ ὁ λόγος ὁ γεγραμμένος ἐν τῷ νόμῳ αὐτῶν ὅτι ἐμίσησάν με δωρεάν. 26. ὅτ᾽ ἂν δὲ ἔλθῃ ὁ παράκλητος ὃν ἐγὼ πέμψω ὑμῖν παρὰ τοῦ πατρός, τὸ πνεῦμα τῆς ἀληθείας ὃ παρὰ τοῦ πατρὸς ἐκπορεύεται, ἐκεῖνος μαρτυρήσει περὶ ἐμοῦ. 27. καὶ ὑμεῖς δὲ μαρτυρεῖτε, ὅτι ἀπαρχῆς μετ᾽ ἐμοῦ ἐστε.

XVI.

1. Ταῦτα λελάληκα ὑμῖν ἵνα μὴ σκανδαλισθῆτε. 2. ἀποσυναγώγους ποιήσουσιν ὑμᾶς· ἀλλ᾽ ἔρχεται ὥρα ἵνα πᾶς ὁ ἀποκτείνας ὑμᾶς δόξῃ λατρείαν προσφέρειν τῷ θεῷ. 3. καὶ ταῦτα ποιήσουσιν ὑμῖν ὅτι οὐκ ἔγνωσαν τὸν πατέρα οὐδὲ ἐμέ. 4. ἀλλὰ ταῦτα λελάληκα ὑμῖν ἵνα ὅτ᾽ ἂν ἔλθῃ ἡ ὥρα § αὐτῶν μνημονεύσητε ὅτι ἐγὼ εἶπον ὑμῖν. ταῦτα δὲ ὑμῖν ἐξ ἀρχῆς οὐκ εἶπον, ὅτι μεθ᾽ ὑμῶν ἤμην.

---

22. αυτους *pro* αυτοις M. | εχουσι SΓ, εχωσιν L₂ (L₁ = *txt*.).
23. των *pro* τον M.
24. εποιησαν *pro* ... σα M.| πεποιηκεν *pro* εποιησεν SM.
25. εμισησαν M.
26. μαρτυρισει P. | απ᾽ ἀρχης SM, απαρχεις P.

XVI. 1. ποιησωσουσιν P.
2. πυιησων L.
3. ουδι *pro* ουδε P.
4. αυτοῦ *pro* αυτων M. | μνημιονευητε αυτων S, αυτων, μνημιονευητε αυτων V. | -υμιν *tert*. L, ὑεῖν (*sic*) *pro* υμιν M. | εξαρχης P. | ημιν *pro* ημην P.

5. νῦν δὲ ὑπάγω πρὸς τὸν πέμψαντά με, καὶ οὐδεὶς ἐξ ὑμῶν ἐρωτᾷ με· ποῦ ὑπάγεις; 6. ἀλλ' ὅτι ταῦτα λελάληκα ὑμῖν, ἡ λύπη πεπλήρωκεν ὑμῶν τὴν καρδίαν. 7. ἀλλ' ἐγὼ τὴν ἀλήθειαν λέγω ὑμῖν, συμφέρει ὑμῖν ἵνα ἐγὼ ἀπέλθω. ἐὰν γὰρ § ἐγὼ μὴ ἀπέλθω, ὁ παράκλητος οὐκ ἐλεύσεται πρὸς ὑμᾶς· ἐὰν δὲ § ἐγὼ πορευθῶ, πέμψω αὐτὸν πρὸς ὑμᾶς. 8. καὶ ἐλθὼν ἐκεῖνος ἐλέγξει τὸν κόσμον περὶ ἁμαρτίας καὶ περὶ δικαιοσύνης καὶ περὶ κρίσεως. 9. περὶ ἁμαρτίας μέν, ὅτι οὐ πιστεύουσιν εἰς ἐμέ· 10. περὶ δικαιοσύνης δέ, ὅτι πρὸς τὸν πατέρα μου ὑπάγω, καὶ οὐκ ἔτι θεωρεῖτέ με· 11. περὶ δὲ κρίσεως, ὅτι ὁ ἄρχων τοῦ κόσμου τούτου κέκριται. 12. ἔτι πολλὰ ἔχω λέγειν ὑμῖν, ἀλλ' οὐ δύνασθε βαστάζειν ἄρτι· 13. ὅτ' ἂν δὲ ἔλθῃ ἐκεῖνος, τὸ πνεῦμα τῆς ἀληθείας, ὁδηγήσει ὑμᾶς εἰς πᾶσαν τὴν ἀλήθειαν· οὐ γὰρ λαλήσει ἀφ' ἑαυτοῦ, ἀλλ' ὅσα ἂν ἀκούσῃ λαλήσει, καὶ τὰ ἐρχόμενα ἀναγγελεῖ ὑμῖν. 14. ἐκεῖνος ἐμὲ δοξάσει, ὅτι ἐκ τοῦ ἐμοῦ § λαμβάνει καὶ ἀναγγελεῖ ὑμῖν. 15. πάντα ὅσα ἔχει ὁ πατήρ, ἐμά ἐστι· διὰ τοῦτο εἶπον ὅτι ἐκ τοῦ ἐμοῦ λήψεται καὶ ἀναγγελεῖ ὑμῖν. 16. μικρὸν καὶ οὐ θεωρεῖτέ με, καὶ πάλιν μικρὸν καὶ ὄψεσθέ με, ὅτι † ὑπάγω πρὸς τὸν πατέρα. 17. Εἶπον οὖν ἐκ τῶν μαθητῶν αὐτοῦ πρὸς ἀλλήλους· τί ἐστι τοῦτο ὃ λέγει ἡμῖν· μικρὸν καὶ οὐ θεωρεῖτέ με, καὶ πάλιν μικρὸν καὶ ὄψεσθέ με; καὶ

---

5. + τον πατερα *post* προς L. | με ερωτα L.
7. – εγω *post* εαν γαρ S. | – δε L.| – εγω *ante* πορευθω SLV.
8. – περι *tert.* L.
10. περι δε δικαιοσ. LV. | ουκέτι I.Γ.
13. ὡδηγηση L. ὀδιγηση M.
14. και *pro* οτι L. | ληψετε P.
15. εστιν V. | διατουτο L. | ληψεται S, λαλαμβανει M. | αναγγελη L₁.
16. + και *ante* οτι L. | + εγω *ante* υπαγω S. | – τον L.
17. *Deest versus in* L. | εστιν V. | ουκετι *pro* ου V. | – και *ante* οτι M.

ὅτι † ὑπάγω πρὸς τὸν πατέρα; 18. ἔλεγον οὖν· τί ἐστι τοῦτο † τὸ μικρόν; οὐκ οἴδαμεν τί λαλεῖ. 19. ἔγνω οὖν ὁ Ἰησοῦς ὅτι ἤθελον αὐτὸν ἐρωτᾶν, καὶ εἶπεν αὐτοῖς· περὶ τούτου ζητεῖτε μετ' ἀλλήλων ὅτι εἶπον· μικρὸν καὶ οὐ θεωρεῖτέ με, καὶ πάλιν μικρὸν καὶ ὄψεσθέ με; 20. ἀμὴν † λέγω ὑμῖν ὅτι κλαύσετε καὶ θρηνήσετε ὑμεῖς, ὁ δὲ κόσμος χαρήσεται· ὑμεῖς δὲ λυπηθήσεσθε, ἀλλ' ἡ λύπη ὑμῶν εἰς χαρὰν γενήσεται. 21. ἡ γυνὴ ὅτ' ἂν τίκτῃ λύπην ἔχει, ὅτι ἦλθεν ἡ ὥρα αὐτῆς· ὅτ' ἂν δὲ γεννήσῃ τὸ παιδίον, οὐκ ἔτι μνημονεύει τῆς θλίψεως διὰ τὴν χαρὰν ὅτι ἐγεννήθη ἄνθρωπος εἰς τὸν κόσμον. 22. καὶ ὑμεῖς § μὲν οὖν λύπην † νῦν ἔχετε· πάλιν δὲ ὄψομαι ὑμᾶς, καὶ χαρήσεται ὑμῶν ἡ καρδία, καὶ τὴν χαρὰν ὑμῶν οὐδεὶς αἴρει ἀφ' ὑμῶν. 23. καὶ ἐν ἐκείνῃ τῇ ἡμέρᾳ ἐμὲ οὐκ ἐρωτήσετε οὐδέν. ἀμὴν ἀμὴν λέγω ὑμῖν ὅτι ὅσα ἂν αἰτήσητε τὸν πατέρα ἐν τῷ ὀνόματί μου δώσει ὑμῖν. 24. ἕως ἄρτι οὐκ ᾐτήσατε οὐδὲν ἐν τῷ ὀνόματί μου· αἰτεῖτε, καὶ λήψεσθε, ἵνα ἡ χαρὰ ὑμῶν ᾖ πεπληρωμένη.

25. Ταῦτα ἐν παροιμίαις λελάληκα ὑμῖν· ἀλλ' ἔρχεται ὥρα ὅτε οὐκ ἔτι ἐν παροιμίαις λαλήσω ὑμῖν, ἀλλὰ παρρησίᾳ περὶ τοῦ πατρὸς ἀναγγελῶ ὑμῖν. 26. ἐν ἐκείνῃ τῇ ἡμέρᾳ ἐν τῷ ὀνόματί μου

Hiat P a c. 19.
17. + εγω ante υπαγω s.
18. εστιν P, τουτο τι εστιν s.| + ὁ λεγει ante το μικρον s. | – το ante μικρον v.
19. ημελλον pro ηθελον L. | ειπον pro ειπεν L. | Hiat P ab και (ante οψεσθε) usque ad cap. XVII. c. 11.
20. + αμην iterum sv. | κλαυσεται και θρηνησεται M. | πενθησετε pro θρην. v. | χαρησεσθε L. | αλλα pro αλλ' v.
21. τικτει M. | γεννησει M.
22. μεν post λυπην ponunt sv, utroque loco habet L. | – ουν L. | + προς ante υμας M. | ημων pro υμων M.
23. ερωτησητε M.
25. – αλλ' prim. L.

3 A

αὐτοῖς τὸν λόγον σου, καὶ ὁ κόσμος ἐμίσησεν αὐτούς, ὅτι οὐκ εἰσὶν ἐκ τοῦ κόσμου καθὼς ἐγὼ οὐκ εἰμὶ ἐκ τοῦ κόσμου. 15. οὐκ ἐρωτῶ ἵνα ἄρῃς αὐτοὺς ἐκ τοῦ κόσμου, ἀλλ' ἵνα τηρήσῃς αὐτοὺς ἐκ τοῦ πονηροῦ. 16. ἐκ τοῦ κόσμου οὐκ εἰσὶν καθὼς ἐγὼ ἐκ τοῦ κόσμου οὐκ εἰμί. 17. ἁγίασον αὐτοὺς ἐν τῇ ἀληθείᾳ σου· ὁ λόγος ὁ σὸς ἀλήθειά ἐστι. 18. καθὼς ἐμὲ ἀπέστειλας εἰς τὸν κόσμον, κἀγὼ § ἀποστέλλω αὐτοὺς εἰς τὸν κόσμον· 19. καὶ ὑπὲρ αὐτῶν ἐγὼ ἁγιάζω ἐμαυτόν, ἵνα § ὦσιν καὶ αὐτοὶ ἡγιασμένοι ἐν ἀληθείᾳ. 20. Οὐ περὶ τούτων δὲ ἐρωτῶ μόνον, ἀλλὰ καὶ περὶ τῶν § πιστευόντων διὰ τοῦ λόγου αὐτῶν εἰς ἐμέ, 21. ἵνα πάντες ἓν ὦσιν καθὼς σὺ πάτερ ἐν ἐμοὶ κἀγὼ ἐν σοί, ἵνα καὶ αὐτοὶ ἐν ἡμῖν ἓν ὦσιν· ἵνα ὁ κόσμος πιστεύσῃ ὅτι σύ με ἀπέστειλας. 22. καὶ ἐγὼ τὴν δόξαν ἣν δέδωκάς μοι δέδωκα αὐτοῖς, ἵνα ὦσιν ἓν καθὼς ἡμεῖς ἕν ἐσμεν· 23. ἐγὼ ἐν αὐτοῖς καὶ σὺ ἐν ἐμοί, ἵνα ὦσιν τετελειωμένοι εἰς ἕν, καὶ ἵνα § γινώσκει ὁ κόσμος ὅτι σύ με ἀπέστειλας καὶ ἠγάπησας αὐτοὺς καθὼς ἐμὲ ἠγάπησας. 24. πάτερ, οὓς δέδωκάς μοι, θέλω ἵνα ὅπου εἰμὶ ἐγὼ κἀκεῖνοι ὦσιν μετ' ἐμοῦ, ἵνα θεωρῶσι τὴν δόξαν τὴν ἐμήν, ἣν § δέδωκάς μοι ὅτι ἠγάπησάς με πρὸ καταβολῆς κόσμου. 25. πάτερ δίκαιε, καὶ ὁ κόσμος σε οὐκ ἔγνω, ἐγὼ δέ σε ἔγνων, καὶ οὗτοι ἔγνωσαν ὅτι σύ με ἀπέστειλας· 26. καὶ

---

14. - καθως *usq. fin. vers.* I.Γ.
16. εισι SV.
17. εστιν Γ.
18. απεστειλα SLV.
19. ωσι L, και αυτοι ωσιν S. | ὑγιασμενοι L.
20. μονων *pro* μονον Γ. | πιστευσου:-

των S.
21. ωσι *prim.* S.
22. εδωκα *pro* δεδωκα M, δεδοκα P.
23. ωσι SLV. | - και *ante* ἱνα LV. | γινωσκη SLV.
24. εδωκας S. | ωσιν MV (ᾦσιν V).
25. - και ουτοι εγνωσαν L.

εγνώρισα αυτοίς το όνομά σου και γνωρίσω, ίνα ή αγάπη ην ηγάπησάς με εν αυτοίς ή κάγω εν αυτοίς.

XVIII.

1. Ταύτα ειπών ο Ιησούς εξήλθεν συν τοις μαθηταίς αυτού πέραν του χειμάρρου των κέδρων, όπου ην κήπος, εις ον εισήλθεν αυτός και οι μαθηταί αυτού. 2. ήδει δε και Ιούδας ο παραδιδούς αυτόν τον τόπον, ότι πολλάκις συνήχθη ο Ιησούς εκεί μετά των μαθητών αυτού. 3. ο ούν Ιούδας λαβών § όλην την σπείραν και εκ των αρχιερέων και Φαρισαίων υπηρέτας έρχεται εκεί μετά φανών και λαμπάδων και όπλων. 4. § ο δὲ Ιησούς † § ιδών πάντα τα ερχόμενα επ' αυτόν εξελθών είπεν αυτοίς· τίνα ζητείτε; 5. απεκρίθησαν αυτώ Ιησούν τον Ναζωραίον. λέγει αυτοίς ο Ιησούς· εγώ ειμι. ειστήκει δε και Ιούδας ο παραδιδούς αυτόν μετ' αυτών. 6. ως ούν είπεν αυτοίς ότι εγώ ειμι, απήλθον εις τα οπίσω και έπεσον χαμαί. 7. πάλιν ούν § επηρώτησεν αυτούς· τίνα ζητείτε; οι δε είπον· Ιησούν τον Ναζωραίον. 8. απεκρίθη § αυτοίς ο Ιησούς· είπον υμίν ότι εγώ ειμι· ει ούν εμέ ζητείτε, άφετε τούτους υπάγειν. 9. ίνα § ο λόγος πληρωθή ον είπεν, ότι ους δέδωκάς μοι, ουκ απώλεσα εξ αυτών ουδένα. 10. Σίμων ούν Πε-

---

XVIII. 1. εξηλθε SP. | αυ|αυτου M.
2. ιουδας SPV (et vv. 3, 5 SP non v).
3. - οληv SV. | σπηραν I₁.
4. - ο δε S. | + ουν post ιησ. s. | ειδως pro ιδων S, - ιδων M. | - τα P.

6. ουν mutat. l., - ουν P.
7. αυτους επηρωτησε S.
8. - αυτοις S. | πληρ. ο λογος SLV.
9. δέκας pro δέδωκας L..

τρος ἔχων μάχαιραν εἵλκυσεν αὐτὴν καὶ ἔπαισε τὸν τοῦ ἀρχιερεως δοῦλον καὶ ἀπέκοψεν αὐτοῦ τὸ ὠτίον τὸ δεξιόν· ἦν δὲ ὄνομα τῷ δούλῳ Μάλχος. 11. εἶπεν οὖν ὁ Ἰησοῦς τῷ Πέτρῳ· βάλε τὴν μάχαιράν σου εἰς τὴν θήκην § αὐτῆς. τὸ ποτήριον ὃ δέδωκέ μοι ὁ πατήρ, οὐ μὴ πίω αὐτό; 12. Ἡ οὖν σπεῖρα καὶ ὁ χιλίαρχος καὶ οἱ ὑπηρέται τῶν Ἰουδαίων συνέλαβον τὸν Ἰησοῦν καὶ ἔδησαν αὐτόν, 13. καὶ ἀπήγαγον αὐτὸν πρὸς Ἄνναν πρῶτον· ἦν γὰρ πενθερὸς τοῦ Καϊάφα, ὃς ἦν ἀρχιερεὺς τοῦ ἐνιαυτοῦ ἐκείνου· 14. ἦν δὲ Καϊάφας ὁ συμβουλεύσας τοῖς Ἰουδαίοις ὅτι συμφέρει ἕνα ἄνθρωπον § ἀποθανεῖν ὑπὲρ τοῦ λαοῦ. 15. ἠκολούθει δὲ τῷ Ἰησοῦ Σίμων Πέτρος καὶ ὁ ἄλλος μαθητής. ὁ δὲ μαθητὴς ἐκεῖνος ἦν γνωστὸς τῷ ἀρχιερεῖ καὶ συνεισῆλθε τῷ Ἰησοῦ εἰς τὴν αὐλὴν τοῦ ἀρχιερέως, 16. ὁ δὲ Πέτρος εἰστήκει πρὸς τῇ θύρᾳ ἔξω. § εἰσῆλθεν οὖν ὁ μαθητὴς § ἐκεῖνος ὃς ἦν γνωστὸς τῷ ἀρχιερεῖ καὶ εἶπε τῇ θυρωρῷ, καὶ εἰσήγαγε τὸν Πέτρον. 17. λέγει οὖν ἡ παιδίσκη ἡ θυρωρὸς τῷ Πέτρῳ· μὴ καὶ σὺ ἐκ τῶν μαθητῶν εἶ τοῦ ἀνθρώπου τούτου; λέγει ἐκεῖνος· οὐκ εἰμί. 18. εἱστήκεισαν δὲ οἱ δοῦλοι καὶ οἱ ὑπηρέται ἀνθρακιὰν πεποιηκότες, ὅτι ψῦχος ἦν, καὶ § ἐθερμένοντο· ἦν δὲ μετ' αὐτῶν § καὶ ὁ Πέτρος ἑστὼς καὶ § θερμενόμενος. 19. Ὁ

---

10. ηλκυσεν L.. | επεσεν *pro* επαισε V. | + εκεινω *ante* μαλχος P.
11. χαιραν *pro* μαχ. M. | - αυτης s. | δεδωκασ' (*sic*) P. | + μου *post* πατηρ L. | ποιω LM. | αυτω *pro* αυτο M.
13. ηγαγον L.
14. απολεσθαι *pro* αποθανειν s.
15. ηκολουθη M, ηκολουθη τω, σιμων (*sic*) L₁. | συνεισηλθεν V.
16. την θυραν LP. | εξηλθεν *pro* εισηλ. SVL₂, εισηλθεν L₁. | ο αλλος *pro* εκεινος s.
18. + εκεινοι *post* δουλοι V. | ψηχος M. | εθερμαινοντο SL. | γαρ *pro* δε *sec.* L. | - και *ante* ο πετρ. s. | θερμαινομενος SLM, θερμενος V₁, V₂ = *txt*.

οὖν ἀρχιερεὺς ἠρώτησε τὸν Ἰησοῦν περὶ τῶν μαθητῶν αὐτοῦ καὶ περὶ τῆς διδαχῆς αὐτοῦ. 20. ἀπεκρίθη αὐτῷ ὁ Ἰησοῦς· ἐγὼ παρρησίᾳ ἐλάλησα τῷ κόσμῳ· ἐγὼ πάντοτε ἐδίδαξα ἐν † συναγωγῇ καὶ ἐν τῷ ἱερῷ, ὅπου § πάντες οἱ Ἰουδαῖοι συνέρχονται, καὶ ἐν κρυπτῷ ἐλάλησα οὐδέν. 21. τί με ἐπερωτᾷς; § ἐρώτησον τοὺς ἀκηκοότας τί ἐλάλησα αὐτοῖς· ἴδε οὗτοι οἴδασιν ἃ εἶπον ἐγώ. 22. ταῦτα δὲ αὐτοῦ εἰπόντος εἷς τῶν ὑπηρετῶν παρεστηκὼς ἔδωκε ῥάπισμα τῷ Ἰησοῦ εἰπών· οὕτως ἀποκρίνῃ τῷ ἀρχιερεῖ; 23. § ὁ δὲ Ἰησοῦς εἶπεν αὐτῷ· † εἰ κακῶς ἐλάλησα, μαρτύρησον περὶ τοῦ κακοῦ· εἰ δὲ καλῶς, τί με δέρεις; 24. ἀπέστειλεν § δὲ αὐτὸν ὁ Ἄννας δεδεμένον πρὸς Καϊάφαν τὸν ἀρχιερέα. 25. Ἦν δὲ Σίμων Πέτρος ἑστὼς καὶ § θερμενόμενος. εἶπον οὖν αὐτῷ· μὴ καὶ σὺ ἐκ τῶν μαθητῶν αὐτοῦ εἶ; ἠρνήσατο § οὖν ἐκεῖνος καὶ εἶπεν· οὐκ εἰμί. 26. λέγει εἷς ἐκ τῶν δούλων τοῦ ἀρχιερέως, συγγενὴς ὢν οὗ ἀπέκοψε Πέτρος τὸ ὠτίον· οὐκ ἐγώ σε εἶδον ἐν τῷ κήπῳ μετ᾽ αὐτοῦ; 27. πάλιν οὖν § ὁ Πέτρος ἠρνήσατο, καὶ εὐθέως ἀλέκτωρ ἐφώνησεν.

28. Ἄγουσιν οὖν τὸν Ἰησοῦν ἀπὸ τοῦ Καϊάφα εἰς τὸ πραιτώ-

---

19. – περι sec. I.V.
20. – εδιδαξα εν L. (habet recentissima manus + τη). | + τη ante συναγ. S. | παντοτε pro παντες S.
21. επερωτησον S, ερωτισον P. | ακηκοωτας LP. | οἴδασιν L₂ (οἵ L₁).
22. – δε L.. | – αυτου P. | εστηκως L.. | ειπον pro ειπων M. | ουτος L₁. | αποκρινει (αποκρινε teste Dubhinio) L..
23. απεκριθη αυτω ο ιη⁺. pro ο δε ιησ. ειπεν αυτω S.
24. απεστειλε LP. | – δε s (ουν pro δε Elz.)
25. θερμαινομενος SLM. | – ουν SLV.
26. ης pro εις M. | απεκοψεν V. | οιδεν M.
27. ηρν. ο πετρ. S. | εφωνησε MP.
28. αγουσι L. | – ουν LV. | πρετω-

ριον· ἦν δὲ § πρωί· καὶ αὐτοὶ οὐκ εἰσῆλθον εἰς τὸ πραιτώριον, ἵνα μὴ μιανθῶσιν ἀλλ' ἵνα φάγωσι τὸ πάσχα. 29. ἐξῆλθεν οὖν ὁ Πιλᾶτος πρὸς αὐτοὺς § ἔξω καὶ εἶπεν· τίνα κατηγορίαν φέρετε κατὰ τοῦ ἀνθρώπου τούτου; 30. ἀπεκρίθησαν καὶ εἶπον αὐτῷ· εἰ μὴ ἦν οὗτος κακοποιός, οὐκ ἄν σοι παρεδώκαμεν αὐτόν. 31. εἶπεν οὖν αὐτοῖς ὁ Πιλᾶτος· λάβετε αὐτὸν ὑμεῖς καὶ κατὰ τὸν νόμον ὑμῶν κρίνατε αὐτόν. εἶπον οὖν αὐτῷ οἱ Ἰουδαῖοι· ἡμῖν οὐκ ἔξεστιν ἀποκτεῖναι οὐδένα. 32. ἵνα ὁ λόγος τοῦ Ἰησοῦ πληρωθῇ, ὃν εἶπεν σημαίνων ποίῳ θανάτῳ ἤμελλεν ἀποθνήσκειν. 33. Εἰσῆλθεν οὖν § πάλιν εἰς τὸ πραιτώριον ὁ Πιλᾶτος καὶ ἐφώνησε τὸν Ἰησοῦν καὶ εἶπεν αὐτῷ· σὺ εἶ ὁ βασιλεὺς τῶν Ἰουδαίων; 34. ἀπεκρίθη αὐτῷ ὁ Ἰησοῦς· ἀφ' ἑαυτοῦ σὺ τοῦτο λέγεις, ἢ ἄλλοι σοι § εἶπαν περὶ ἐμοῦ; 35. ἀπεκρίθη ὁ Πιλᾶτος· μήτι ἐγὼ Ἰουδαῖός εἰμι; τὸ ἔθνος τὸ σὸν καὶ οἱ ἀρχιερεῖς παρέδωκάν σε ἐμοί· τί ἐποίησας; 36. ἀπεκρίθη ὁ Ἰησοῦς· ἡ βασιλεία ἡ ἐμὴ οὐκ ἔστιν ἐκ τοῦ κόσμου τούτου· εἰ ἐκ τοῦ κόσμου τούτου ἦν ἡ βασιλεία ἡ ἐμή, οἱ ὑπηρέται §οἱ ἐμοὶ ἠγωνίζοντο ἄν, ἵνα μὴ παραδοθῶ τοῖς Ἰουδαίοις· νῦν δὲ ἡ βασιλεία ἡ ἐμὴ οὐκ ἔστιν ἐντεῦθεν. 37. εἶπεν

ριον bis L₁. | - δε M. | πρωια sv. | εισηλθον (ει mutat.) L.| φαγωσιν V.
29. - εξω S. | ειπε SL. | φερεται P.
30. μι pro μη P.
31. νομων M.
32. ειπε S. | ω ημελλον L.
33. εις τυ πρ. παλιν S. | ο πιλ. εις το πρ. L. | πρετωριον L. | εφωνησεν V.
34. σοι pro συ L. | ειπον SLV.
35. + αυτω post απεκρ. V. | εσον pro σον M.
36. εμοι pro εμη prim. et sec. M, sec. et tert. P. | - ει εκ του κοσ. τουτ. M. | η εμη βασ. sec. V.| αν οι εμοι ηγων. S. | ηγονιζοντο M. | παραδω L.

ΚΑΤΑ ΙΩΑΝΝΗΝ.

οὖν αὐτῷ ὁ Πιλᾶτος· οὐκοῦν βασιλεὺς εἶ σύ ; ἀπεκρίθη ὁ Ἰησοῦς· σὺ λέγεις, ὅτι βασιλεύς εἰμι. † ἐγὼ εἰς τοῦτο γεγέννημαι καὶ εἰς τοῦτο ἐλήλυθα εἰς τὸν κόσμον, ἵνα μαρτυρήσω τῇ ἀληθείᾳ· πᾶς ὁ ὢν ἐκ τῆς ἀληθείας ἀκούει μοῦ τῆς φωνῆς. 38. λέγει αὐτῷ ὁ Πιλᾶτος· τί ἐστιν ἀλήθεια; καὶ τοῦτο εἰπὼν πάλιν ἐξῆλθεν πρὸς τοὺς Ἰουδαίους, καὶ λέγει αὐτοῖς· ἐγὼ οὐδεμίαν αἰτίαν εὑρίσκω ἐν αὐτῷ. 39. ἔστιν δὲ συνήθεια ὑμῖν ἵνα ἕνα ὑμῖν ἀπολύσω ἐν τῷ πάσχα· βούλεσθε οὖν § ἀπολύσω ὑμῖν τὸν βασιλέα τῶν Ἰουδαίων ; 40. ἐκραύγασαν οὖν † πάντες λέγοντες· μὴ τοῦτον, ἀλλὰ τὸν Βαραββᾶν. ἦν δὲ ὁ Βαραββᾶς λῃστής.

XIX.

1. Τότε οὖν ἔλαβεν ὁ Πιλᾶτος τὸν Ἰησοῦν καὶ ἐμαστίγωσεν. 2. καὶ οἱ στρατιῶται πλήξαντες στέφανον ἐξ ἀκανθῶν ἐπέθηκαν αὐτοῦ τῇ κεφαλῇ, καὶ ἱμάτιον πορφυροῦν περιέβαλον αὐτόν. 3. § καὶ ἤρχοντο πρὸς αὐτὸν καὶ ἔλεγον· χαῖρε ὁ βασιλεὺς τῶν Ἰουδαίων· καὶ ἐδίδουν αὐτῷ ῥαπίσματα. 4. Ἐξῆλθεν οὖν πάλιν § ὁ Πιλᾶτος ἔξω καὶ λέγει αὐτοῖς· ἴδε ἄγω ὑμῖν αὐτὸν ἔξω, ἵνα γνῶτε ὅτι ἐν αὐτῷ §οὐχ εὑρίσκω αἰτίαν· 5. ἐξῆλθεν

---

37. πιλᾶτος (sic fere semper) P. |
+ εγω post ειμι S. | γεγεννημαι L..
38. τουτω pro τουτο L.. | εξηλθε S1.. |
δεμιαν pro ουδεμιαν L.. | + θανατου post αιτιαν L..
39. εστι S1.. | ινα pro ιυα Μ (ε initio lin. rubrica script. est; et postea ινα sequens abrasum. Cer.] | απωλυσω Μ, υμιν απο-

λυσω S. | των pro του P.
40 + παλιν post ουν S. | βαραβζαν L.. | βαραβᾶς L..
XIX. 1. εμαστιγωσε S.
2. αυτο pro αυτου V.
3. − και ηρχ. πρ. αυτ. S.
4. − παλιν Μ. | εξω ο πιλ. S. | ουδεμιαν αιτιαν ευοισκω S.

οὖν ὁ Ἰησοῦς ἔξω, φορῶν τὸν ἀκάνθινον στέφανον καὶ τὸ πορφυροῦν ἱμάτιον. καὶ λέγει αὐτοῖς· ἴδε ὁ ἄνθρωπος. 6. ὅτε οὖν § ἴδον αὐτὸν οἱ ἀρχιερεῖς καὶ οἱ ὑπηρέται § τῶν Ἰουδαίων, ἐκραύγασαν λέγοντες· σταύρωσον σταύρωσον § αὐτόν. λέγει αὐτοῖς ὁ Πιλᾶτος· λάβετε αὐτὸν ὑμεῖς καὶ σταυρώσατε· ἐγὼ γὰρ οὐχ εὑρίσκω ἐν αὐτῷ αἰτίαν. 7. ἀπεκρίθησαν αὐτῷ οἱ Ἰουδαῖοι § καὶ εἶπαν· ἡμεῖς νόμον ἔχομεν, καὶ κατὰ τὸν νόμον ἡμῶν ὀφείλει ἀποθανεῖν, ὅτι § υἱὸν θεοῦ ἑαυτὸν ἐποίησεν. 8. § Ὡς οὖν ἤκουσεν § τοῦτον τὸν λόγον, ὁ Πιλᾶτος μᾶλλον ἐφοβήθη, 9. καὶ εἰσῆλθεν εἰς τὸ πραιτώριον πάλιν καὶ λέγει τῷ Ἰησοῦ· πόθεν εἶ σύ; ὁ δὲ Ἰησοῦς ἀπόκρισιν οὐκ ἔδωκεν αὐτῷ. 10. λέγει † αὐτῷ ὁ Πιλᾶτος· ἐμοὶ οὐ λαλεῖς; οὐκ οἶδας ὅτι ἐξουσίαν ἔχω σταυρῶσαί σε καὶ ἐξουσίαν ἔχω ἀπολῦσαί σε; 11. ἀπεκρίθη ὁ Ἰησοῦς § καὶ εἶπεν αὐτῷ· οὐκ εἶχες ἐξουσίαν οὐδεμίαν κατ' ἐμοῦ εἰ μὴ ἦν σοι δεδομένον ἄνωθεν· διὰ τοῦτο ὁ παραδιδούς μέ σοι μείζονα ἁμαρτίαν ἔχει. 12. ἐκ τούτου § οὖν § ὁ Πιλᾶτος ἐζήτει ἀπολῦσαι § τὸν Ἰησοῦν· οἱ δὲ Ἰουδαῖοι § ἐκραύγαζον λέγοντες· ἐὰν τοῦτον ἀπολύσῃς, οὐκ εἶ φίλος τοῦ Καίσαρος· πᾶς ὁ βασιλέα § ἑαυτὸν ποιῶν ἀντιλέγει τῷ Καίσαρι. 13. ὁ οὖν

---

5. - ουν M. | φωρων M. | ακανθινον L..
6. ιιδον Sl.. | αρχιεροις M. | - των ιουδ. S. | - αυτον scr. S.
7. - και ειπαν S, ειπον pro ειπαν LV. | οφειλη M. | εαυτον υιον θεου S.
8. οτε pro ως SV. | ηκουσε L. | ο πιλ. τουτ. τ. λογον S. | + δε post μελλον L..
9. πρετωριον L., πραιτοριον M.

10. +ουν post λεγει S. | - εμοι ου λαλεις in loco, ad finem vers. habet L.
11. - και ειπεν αυτω SV. | οιχες M. | κατ' εμου ουδεμιαν V. | δια τουτο L. | μειζον' L, μειζωνα M.
12. - ουν S. | εζητει ο πιλ. S. | αυτον pro τον ιησ. S. | οι δε οι ιουδ. M. | εκραζον pro εκραυγ. SP. | ἦν L. | αυτον pro εαυτον S, ιαυτων P.

Πιλᾶτος ἀκούσας § τούτων τῶν λόγων ἤγαγεν ἔξω τὸν Ἰησοῦν, καὶ ἐκάθισεν ἐπὶ τοῦ βήματος εἰς τόπον λεγόμενον Λιθόστρωτον, Ἑβραϊστὶ δὲ Γαββαθᾶ. 14. ἦν δὲ παρασκευὴ τοῦ πάσχα, ὥρα § ἦν ὡσεὶ ἕκτη. καὶ λέγει τοῖς Ἰουδαίοις· ἴδε ὁ βασιλεὺς ὑμῶν. 15. οἱ δὲ ἐκραύγασαν § λέγοντες· ἆρον ἆρον, σταύρωσον αὐτόν. λέγει αὐτοῖς ὁ Πιλᾶτος· τὸν βασιλέα ὑμῶν σταυρώσω; ἀπεκρίθησαν § οὖν οἱ ἀρχιερεῖς· οὐκ ἔχομεν βασιλέα εἰ μὴ Καίσαρα. 16. τότε οὖν παρέδωκεν αὐτὸν αὐτοῖς ἵνα σταυρωθῇ.

§ Οἱ δὲ παραλαβόντες αὐτὸν ἤγαγον καὶ ἐπέθηκαν αὐτῷ τὸν σταυρόν, 17. καὶ βαστάζων § αὐτὸν ἐξῆλθεν εἰς § τόπον λεγόμενον Κρανίου τόπον, ὃς λέγεται Ἑβραϊστὶ Γολγοθᾶ, 18. ὅπου αὐτὸν ἐσταύρωσαν, καὶ μετ' αὐτοῦ ἄλλους δύο ἐντεῦθεν καὶ ἐντεῦθεν, μέσον δὲ τὸν Ἰησοῦν. 19. ἔγραψε δὲ καὶ τίτλον ὁ Πιλᾶτος καὶ ἔθηκεν ἐπὶ τοῦ σταυροῦ· ἦν δὲ γεγραμμένον § Ἑβραϊστὶ, Ῥωμαϊστὶ, Ἑλληνιστὶ· Ἰησοῦς ὁ Ναζωραῖος ὁ βασιλεὺς τῶν Ἰουδαίων. 20. τοῦτον οὖν τὸν τίτλον πολλοὶ ἀνέγνωσαν τῶν Ἰουδαίων, ὅτι ἐγγὺς ἦν τῆς πόλεως ὁ τόπος ὅπου ἐσταυρώθη ὁ Ἰησοῦς. † 21. § ἔλεγον οὖν τῷ Πιλάτῳ οἱ ἀρχιερεῖς τῶν Ἰουδαίων·

μὴ γράφε· ὁ βασιλεὺς τῶν Ἰουδαίων, ἀλλ' ὅτι ἐκεῖνος εἶπεν· βασιλεύς εἰμι τῶν Ἰουδαίων. 22. ἀπεκρίθη § αὐτοῖς ὁ Πιλᾶτος· ὃ γέγραφα, γέγραφα.

23. Οἱ οὖν στρατιῶται, ὅτε ἐσταύρωσαν τὸν Ἰησοῦν, ἔλαβον τὰ ἱμάτια αὐτοῦ, καὶ ἐποίησαν τέσσαρα μέρη, ἑκάστῳ στρατιώτῃ μέρος, τὸν § δὲ χιτῶνα, § ἐπεὶ ἦν † ὁ χιτὼν § ἄραφος, ἐκ τῶν ἄνωθεν ὑφαντὸς δι' ὅλου, 24. εἶπον † πρὸς ἀλλήλους· μὴ σχίσωμεν αὐτόν, ἀλλὰ λάχωμεν περὶ αὐτοῦ, τίνος ἔσται. ἵνα ἡ γραφὴ πληρωθῇ ἡ λέγουσα· διεμερίσαντο τὰ ἱμάτιά μου ἑαυτοῖς καὶ ἐπὶ τὸν ἱματισμόν μου ἔβαλον κλῆρον. Οἱ μὲν οὖν στρατιῶται ταῦτα ἐποίησαν· 25. εἱστήκεισαν δὲ παρὰ τῷ σταυρῷ τοῦ Ἰησοῦ ἡ μήτηρ αὐτοῦ καὶ ἡ ἀδελφὴ τῆς μητρὸς αὐτοῦ, Μαρία ἡ τοῦ Κλωπᾶ, καὶ Μαρία ἡ Μαγδαληνή. 26. Ἰησοῦς οὖν ἰδὼν τὴν μητέρα καὶ τὸν μαθητὴν παρεστῶτα ὃν ἠγάπα, λέγει τῇ μητρὶ αὐτοῦ· γύναι, ἰδοὺ ὁ υἱός σου. 27. εἶτα λέγει τῷ μαθητῇ § ἴδε ἡ μήτηρ σου. καὶ ἀπ' ἐκείνης τῆς § ἡμέρας ἔλαβεν αὐτὴν ὁ μαθητὴς εἰς τὰ ἴδια. 28. Μετὰ τοῦτο § ἰδὼν ὁ Ἰησοῦς ὅτι πάντα ἤδη § τετέλεσθαι, ἵνα § πληρωθῇ ἡ γραφή, λέγει· διψῶ. 29. σκεῦος οὖν ἔκειτο ὄξους μεστόν· οἱ δὲ πλήσαντες σπόγγον ὄξους § μετὰ

---

21. ειπε S.
22. απεκρ.θη | θη M. | - αυτοις SLV.
23. αυτον *pro* τον ιησ. V, sed τον ιησουν v' *marg.* | λαβων *pro* ελαβον L. | - και *prim.* L. | μερει *pro* μερη P. | στρατιωτι P. | και τον χ. ην δε ο χ. αρραφος S. | - ο χιτων LV.
24. + ουν *post* ειπον S. | σχησωμεν M. | διαμερησαντο M.
25. κλωπᾶ L. | μαγδαλινη V.
26. - ον ηγαπα M.
27. ιδου *pro* ιδε SLV. | απεκεινης M. | ωρας *pro* ημερας S. | αυτης *pro* αυτην M.
28. μετατουτο L. | ειδως *pro* ιδων S. | ιδη M. | τετελεσται SL. | τελειωθη *pro* πληρ. S. | λεγη M.
29. οξυς *pro* οξους P. | - μετα χολης S.

χολῆς καὶ ὑσσώπῳ περιθέντες προσήνεγκαν αὐτοῦ τῷ στόματι. 30. ὅτε οὖν ἔλαβεν § ὁ Ἰησοῦς τὸ ὄξος § μετὰ τῆς χολῆς εἶπεν· τετέλεσται, καὶ κλίνας τὴν κεφαλὴν παρέδωκε τὸ πνεῦμα. 31. Οἱ οὖν Ἰουδαῖοι, § ἐπεὶ παρασκευὴ ἦν, ἵνα μὴ μείνῃ ἐπὶ τοῦ σταυροῦ τὰ σώματα ἐν τῷ σαββάτῳ, † ἦν γὰρ μεγάλη ἡ ἡμέρα ἐκείνου τοῦ σαββάτου, ἠρώτησαν τὸν Πιλάτον ἵνα κατεαγῶσιν αὐτῶν τὰ σκέλη καὶ ἀρθῶσιν. 32. ἦλθον οὖν οἱ στρατιῶται, καὶ τοῦ μὲν πρώτου κατέαξαν τὰ σκέλη καὶ τοῦ ἄλλου τοῦ § συνσταυρωθέντος αὐτῷ· 33. ἐπὶ δὲ τὸν Ἰησοῦν ἐλθόντες, ὡς εἶδον αὐτὸν ἤδη τεθνηκότα, οὐ κατέαξαν αὐτοῦ τά σκέλη, 34. ἀλλ᾽ εἷς τῶν στρατιωτῶν λόγχῃ αὐτοῦ τὴν πλευρὰν ἔνυξεν, καὶ § εὐθέως ἐξῆλθεν αἷμα καὶ ὕδωρ. 35. καὶ ὁ ἑωρακὼς μεμαρτύρηκεν, καὶ ἀληθινὴ αὐτοῦ ἐστιν ἡ μαρτυρία, κἀκεῖνος οἶδεν ὅτι ἀληθῆ λέγει, ἵνα § καὶ ὑμεῖς πιστεύσητε. 36. ἐγένετο γὰρ ταῦτα ἵνα ἡ γραφὴ πληρωθῇ· ὀστοῦν οὐ συντριβήσεται § ἀπ᾽ αὐτοῦ. 37. καὶ πάλιν ἑτέρα γραφὴ λέγει· ὄψονται εἰς ὃν ἐξεκέντησαν.

38. Μετὰ δὲ ταῦτα ἠρώτησε τὸν Πιλάτον † Ἰωσὴφ ὁ ἀπὸ

---

29. το *pro* τω MP.
30. το οξ. ο ιησ. s. | — μετα της χολης s, — της LM. | ειπε sl.. | τω *pro* το M.
31. ιουδ. (*t prim. mutat.*) L. | επει παρασκευη ην *in locum post* σαββατω *transfert* s. | μηνοι M. | του σαββατου εκειτη L..
32. — οι *ante* στρατ. P. | συσταυρ. sl..
33. ιδων M. | ηδι M. | τεθνηκωτα M.

34. † εξελθων *post* στρατ. L. | την πλ. αυτου LM. | ενυξε s. | ευθυς s.
35. μεμαρτυρηκε s, μεμαρτυρικεν PV. | ειδεν *pro* οιδεν LM. | αληθης *pro* αληθινη V. | εστιν αυτου V. | — και *post* ινα s.
36. — απ᾽ SMP.
37. εν ετερα M.
38. † ο *ante* ιωσηφ SM. | ισηφ *pro* ιωσ. M.

Ἀριμαθαίας, ὢν μαθητὴς τοῦ Ἰησοῦ κεκρυμμένος δὲ διὰ τὸν φόβον τῶν Ἰουδαίων, ἵνα ἄρῃ τὸ σῶμα τοῦ Ἰησοῦ· καὶ ἐπέτρεψεν § αὐτῷ ὁ Πιλᾶτος. ἦλθεν οὖν καὶ ἦρε τὸ σῶμα τοῦ Ἰησοῦ. 39. ἦλθεν δὲ καὶ Νικόδημος ὁ ἐλθὼν § νυκτὸς πρὸς τὸν Ἰησοῦν πρῶτον, § φέρον μίγμα σμύρνης καὶ ἀλόης ὡσεὶ λίτρας ἑκατόν. 40. ἔλαβον οὖν τὸ σῶμα τοῦ Ἰησοῦ καὶ ἔδησαν § αὐτὸν ὀθονίοις μετὰ τῶν ἀρωμάτων, καθὼς ἔθος ἐστὶ τοῖς Ἰουδαίοις ἐνταφιάζειν. 41. ἦν δὲ ἐν τῷ τόπῳ ὅπου ἐσταυρώθη κῆπος καὶ ἐν τῷ κήπῳ μνημεῖον καινόν, ἐν ᾧ οὐδέπω οὐδεὶς ἐτέθη· 42. ἐκεῖ οὖν διὰ τὴν παρασκευὴν τῶν Ἰουδαίων, ὅτι ἐγγὺς ἦν τὸ μνημεῖον, ἔθηκαν τὸν Ἰησοῦν.

XX.

1. Τῇ δὲ μιᾷ τῶν σαββάτων Μαρία ἡ Μαγδαληνὴ ἔρχεται πρωὶ § εἰς τὸ μνημεῖον, σκοτίας ἔτι οὔσης, καὶ βλέπει τὸν λίθον ἠρμένον ἐκ τοῦ μνημείου. 2. τρέχει οὖν καὶ ἔρχεται πρὸς Σίμωνα Πέτρον καὶ πρὸς τὸν ἄλλον μαθητὴν ὃν ἐφίλει ὁ Ἰησοῦς, καὶ λέγει αὐτοῖς· ἦραν τὸν κύριον ἐκ τοῦ μνημείου, καὶ οὐκ οἴδαμεν ποῦ ἔθηκαν αὐτόν. 3. ἐξῆλθεν οὖν ὁ Πέτρος καὶ ὁ ἄλλος

---

38. αριμαθιας V. | −κεκρυμμενυς usque ιησ. sec. L (homoeot.) τω pro το P. | αυτω SLV.
39. ηλθε SLV. | προς τ. ιησ. νυκτος S, νυκτος προστερυν του ιησ. πρυτερον L. | φερων S (ο· L recenti manu, φερον L) | προτερον L, πρωτερυν M. | αλωης L.P. | λητρας M.
40. εδεισαν P. | αυτο pro αυτον SLV. |
− των L.. | καθος pro καθως εθυς P. | εστιν V.
41. − τω prim. L. | κενον L. | ετεθει P.
42. αυτον τον ιησ. L..
XX. 1. μαγδαλινη V. | σκοτ. ετι ουσ. εις το μν. SV. | σκοτειας LM. | βλεπῃ M. | απο pro εκ L..
2. εφηλη M.
3. εξηλθεν (V mutat.) L.

μαθητής, καὶ ἤρχοντο εἰς τὸ μνημεῖον. 4. ἔτρεχον δὲ οἱ δύο ὁμοῦ· καὶ ὁ ἄλλος μαθητὴς προέδραμεν τάχιον τοῦ Πέτρου καὶ ἦλθεν πρῶτος εἰς τὸ μνημεῖον, 5. καὶ παρακύψας βλέπει κείμενα τὰ § ὀθώνια, οὐ μέντοι εἰσῆλθεν. 6. ἔρχεται οὖν Σίμων Πέτρος ἀκολουθῶν αὐτῷ, καὶ εἰσῆλθεν εἰς τὸ μνημεῖον καὶ θεωρεῖ τὰ § ὀθώνια κείμενα, 7. καὶ τὸ σουδάριον, ὃ ἦν ἐπὶ τῆς κεφαλῆς αὐτοῦ, οὐ μετὰ τῶν § ὀθωνίων κείμενον ἀλλὰ χωρὶς ἐντετυλιγμένον εἰς ἕνα τόπον. 8. τότε οὖν εἰσῆλθεν καὶ ὁ ἄλλος μαθητὴς ὁ ἐλθὼν πρῶτος εἰς τὸ μνημεῖον, καὶ § ἴδεν καὶ ἐπίστευσεν· 9. οὐδέπω γὰρ ᾔδεισαν τὴν γραφήν, ὅτι δεῖ αὐτὸν ἐκ νεκρῶν ἀναστῆναι. 10. ἀπῆλθον οὖν πάλιν πρὸς ἑαυτοὺς οἱ μαθηταί. 11. Μαρία δὲ εἱστήκει πρὸς τὸ μνημεῖον κλαίουσα ἔξω. ὡς οὖν ἔκλαιε, παρέκυψεν εἰς τὸ μνημεῖον, 12. καὶ θεωρεῖ δύο ἀγγέλους ἐν λευκοῖς καθεζομένους, ἕνα πρὸς τῇ κεφαλῇ καὶ ἕνα πρὸς τοῖς ποσίν, ὅπου ἔκειτο τὸ σῶμα τοῦ Ἰησοῦ. 13. καὶ λέγουσιν αὐτῇ ἐκεῖνοι· γύναι, τί κλαίεις; λέγει αὐτοῖς ὅτι ἦραν τὸν Κύριόν μου, καὶ οὐκ οἶδα ποῦ ἔθηκαν αὐτόν. 14. καὶ ταῦτα εἰποῦσα ἐστράφη εἰς τὰ ὀπίσω, καὶ θεωρεῖ τὸν Ἰησοῦν ἑστῶτα, καὶ οὐκ ᾔδει ὅτι † Ἰησοῦς ἐστιν. 15. λέγει αὐτῇ ὁ Ἰησοῦς· γύναι, τί κλαίεις; τίνα ζητεῖς; ἐκείνη

---

4. προεδραμε sl.. | ηλθε sl..
5. *Deest* in l. *et* v. 6 *usq.* εις το μνημειον (*homocotel.*) παρακειψας M. | οθονια sv.
6. οθονια sv.
7. μετα τα των L. | υθονιων sl.M. | εντετιλυγμενον L, εντετιλιγμενον M.
8. εισηλθε sl.. | ειδε s, ειδον L, ιδον v. | επιστευσαν l.v.

11. - δε L. | ιστηκει v. | εκλασεν M.
12. ε *in* ενα *mutat.* L.
13. αυτοι *pro* αυτη l'. | εκεινη M. | + τινα ζητεις *post* κλαιεις L. | οτη *pro* οτι v.
14. ηδη M, ειδη l' *pru* ηδει. | + υ *ante* ιησ. s. | εστι s.
15. κλαιοις MP. | εκεινοι *pro* εκεινη l'.

δοκοῦσα ὅτι ὁ κηπουρός ἐστιν, λέγει αὐτῷ· κύριε, εἰ σὺ ἐβάστασας αὐτόν, εἰπέ μοι ποῦ § ἔθηκας αὐτόν, κἀγὼ αὐτὸν ἀρῶ. 16. λέγει αὐτῇ ὁ Ἰησοῦς· Μαρία. στραφεῖσα ἐκείνη λέγει αὐτῷ· § Ῥαβουνί, ὃ λέγεται, διδάσκαλε, § καὶ προσέδραμεν ἅψασθαι αὐτοῦ. 17. λέγει αὐτῇ ὁ Ἰησοῦς· μή μου ἅπτου· οὔπω γὰρ ἀναβέβηκα πρὸς τὸν πατέρα μου· πορεύου δὲ πρὸς τοὺς ἀδελφούς μου, καὶ εἰπὲ αὐτοῖς § ὅτι αναβαίνω πρὸς τὸν πατέρα μου καὶ πατέρα ὑμῶν καὶ θεόν μου καὶ θεὸν ὑμῶν. 18. ἔρχεται § οὖν Μαρία ἡ Μαγδαληνὴ ἀπαγγέλλουσα τοῖς μαθηταῖς ὅτι ἑώρακε τὸν κύριον, καὶ ταῦτα εἶπεν αὐτῇ.

19. Οὔσης οὖν ὀψίας τῇ ἡμέρᾳ ἐκείνῃ τῇ μιᾷ τῶν σαββάτων, καὶ τῶν θυρῶν κεκλεισμένων ὅπου ἦσαν οἱ μαθηταὶ συνηγμένοι διὰ τὸν φόβον τῶν Ἰουδαίων, ἦλθεν ὁ Ἰησοῦς καὶ ἔστη εἰς τὸ μέσον, καὶ λέγει αὐτοῖς· εἰρήνη ὑμῖν. 20. καὶ τοῦτο εἰπὼν ἔδειξεν αὐτοῖς τὰς χεῖρας § καὶ τοὺς πόδας καὶ τὴν πλευρὰν αὐτοῦ. ἐχάρησαν οὖν οἱ μαθηταὶ ἰδόντες τὸν κύριον. 21. εἶπεν οὖν αὐτοῖς ὁ Ἰησοῦς πάλιν· εἰρήνη ὑμῖν· καθὼς ἀπέσταλκέ με ὁ πατήρ, κἀγὼ πέμπω ὑμᾶς. 22. καὶ τοῦτο εἰπὼν ἐνεφύσησεν καὶ λέγει αὐτοῖς· λάβετε

---

15. κυπουρος P. | εστι. S. | αυτον εθηκας S.
16. εκεινη στραφ. L. | ραββουνι SM. (ραβουνῖ V). | λεγετε P. | – και προσ. αψ. αυτ. SLV.
17. λεγη M. | οπου pro ουπω M. | – προς τον V. | – οτι SLV.
18. – ουν SLV. | απαγγελουσα M. |
αυτοις pro αυτη L.
19. – ουν LP. | + αυτου post μαθηται M. | εστη L (et v. 26).
20. – και τους ποδας SLV.
21. απεσταλκεν με V.
22. υπων pro ειπων M. | ενεφυσησε SL.

ΚΑΤΑ ΙΩΑΝΝΗΝ.

πνεῦμα ἅγιον. 23. ἄν τινων ἀφῆτε τὰς ἁμαρτίας, § ἀφέωνται αὐτοῖς· ἄν τινων κρατῆτε, § κεκράτηντε. 24. Θωμᾶς δὲ εἷς ἐκ τῶν δώδεκα, ὁ λεγόμενος Δίδυμος, οὐκ ἦν μετ᾽ αὐτῶν ὅτε ἦλθεν ὁ Ἰησοῦς. 25. ἔλεγον οὖν αὐτῷ οἱ ἄλλοι μαθηταί· ἑωράκαμεν τὸν κύριον. ὁ δὲ εἶπεν αὐτοῖς· ἐὰν μὴ ἴδω ἐν ταῖς χερσὶν αὐτοῦ τὸν τύπον τῶν ἥλων καὶ βάλω τὸν δάκτυλόν μου εἰς τὸν τύπον τῶν ἥλων καὶ βάλω τὴν χεῖρά μου εἰς τὴν πλευρὰν αὐτοῦ οὐ μὴ πιστεύσω. 26. Καὶ μεθ᾽ ἡμέρας ὀκτὼ πάλιν ἦσαν ἔσω οἱ μαθηταὶ αὐτοῦ, καὶ Θωμᾶς μετ᾽ αὐτῶν. ἔρχεται ὁ Ἰησοῦς τῶν θυρῶν κεκλεισμένων, καὶ ἔστη εἰς τὸ μέσον καὶ εἶπεν· εἰρήνη ὑμῖν. 27. εἶτα λέγει τῷ Θωμᾷ· φέρε τὸν δάκτυλόν σου ὧδε καὶ ἴδε τὰς χεῖράς μου, καὶ φέρε τὴν χεῖρά σου καὶ βάλε εἰς τὴν πλευράν μου, καὶ μὴ γίνου ἄπιστος ἀλλὰ πιστός. 28. καὶ ἀπεκρίθη † Θωμᾶς καὶ εἶπεν αὐτῷ· ὁ κύριός μου καὶ ὁ θεός μου. 29. § εἶπεν δὲ αὐτῷ ὁ Ἰησοῦς· ὅτι ἑώρακάς με, † πεπίστευκας; μακάριοι οἱ μὴ ἰδόντες καὶ πιστεύσαντες.

30. Πολλὰ μὲν οὖν καὶ ἄλλα σημεῖα ἐποίησεν ὁ Ἰησοῦς ἐνώπιον τῶν μαθητῶν αὐτοῦ, ἃ οὐκ ἔστι γεγραμμένα ἐν τῷ βιβλίῳ τού-

ΕΥΑΓΓΕΛΙΟΝ

τῷ· 31. ταῦτα δὲ γέγραπται, ἵνα πιστεύσητε ὅτι † Ἰησοῦς ἐστιν ὁ Χριστὸς ὁ υἱὸς τοῦ θεοῦ, καὶ ἵνα πιστεύοντες ζωὴν § αἰώνιον ἔχητε ἐν τῷ ὀνόματι αὐτοῦ.

XXI.

1. Μετὰ ταῦτα ἐφανέρωσεν ἑαυτὸν πάλιν ὁ Ἰησοῦς τοῖς μαθηταῖς § αὐτοῦ ἐγερθεὶς ἐκ νεκρῶν ἐπὶ τῆς θαλάσσης τῆς Τιβεριάδος· ἐφανέρωσε δὲ οὕτως. 2. ἦσαν ὁμοῦ Σίμων Πέτρος καὶ Θωμᾶς ὁ λεγόμενος Δίδυμος καὶ Ναθαναὴλ ὁ ἀπὸ Κανᾶ τῆς Γαλιλαίας καὶ οἱ τοῦ Ζεβεδαίου καὶ ἄλλοι ἐκ τῶν μαθητῶν αὐτοῦ δύο. 3. λέγει αὐτοῖς Σίμων Πέτρος· ὑπάγω ἁλιεύειν. λέγουσιν αὐτῷ· ἐρχόμεθα καὶ ἡμεῖς σὺν σοί. ἐξῆλθον καὶ § ἐνέβησαν εἰς τὸ πλοῖον εὐθύς, καὶ ἐν ἐκείνῃ τῇ νυκτὶ § ἐποίασαν οὐδέν. 4. πρωΐας δὲ † γενομένης ἔστη ὁ Ἰησοῦς εἰς τὸν αἰγιαλόν· οὐ μέντοι ᾔδεισαν οἱ μαθηταὶ ὅτι Ἰησοῦς ἐστιν. 5. λέγει οὖν αὐτοῖς ὁ Ἰησοῦς· παιδία, μή τι προσφάγιον ἔχετε; ἀπεκρίθησαν αὐτῷ· οὔ. 6. ὁ δὲ εἶπεν αὐτοῖς· βάλετε εἰς τὰ δεξιὰ μέρη τοῦ πλοίου τὸ δίκτυον, καὶ εὑρήσετε. ἔβαλον οὖν, καὶ οὐκ ἔτι αὐτὸ ἑλκῦσαι ἴσχυσαν ἀπὸ τοῦ

---

31. + ὁ ante ιησ. S. | και ινα πιστευοντες bis script. L. (sec. erasum). | - αιωνιον S. | εχειτε V.
XXI. 1. μεταταυτα L. | παλι V, παλιν V'. | ο ιησ. παλιν L. | - αυτου εγερθ. εκ νεκρ. S. | ουτος pro ουτως L. ?
2. Codex V post verba ησαν ομου deficit. | διδιμος L. | αποκανα

1.
3. ανεβησας SM. | - ευθυς L. | επιασαν SL, εποιησαν V.
4. + ηδη post δε S. | εστη L. | ηδησαν M. | + αυτου post μαθηται L. | εστι S.
5. εχεται M.
6. - το L. | ευρησητε L. | εβαλουν M. | ουκετι L. | ισχυον V.

πλήθους τῶν ἰχθύων. 7. λέγει οὖν ὁ μαθητὴς ἐκεῖνος ὃν ἠγάπα ὁ Ἰησοῦς τῷ Πέτρῳ· ὁ κύριός ἐστιν. Σίμων οὖν Πέτρος, ἀκούσας ὅτι ὁ κύριός ἐστιν, τὸν ἐπενδύτην διεζώσατο, ἦν γὰρ γυμνός, καὶ ἔβαλεν ἑαυτὸν εἰς τὴν θάλασσαν· 8. οἱ δὲ ἄλλοι μαθηταὶ τῷ πλοιαρίῳ ἦλθον, οὐ γὰρ ἦσαν μακρὰν ἀπὸ τῆς γῆς ἀλλ᾽ ὡς ἀπὸ πηχῶν διακοσίων, σύροντες τὸ δίκτυον τῶν ἰχθύων. 9. ὡς οὖν ἀπέβησαν εἰς τὴν γῆν, βλέπουσιν ἀνθρακιὰν κειμένην καὶ ὀψάριον ἐπικείμενον καὶ ἄρτον. 10. λέγει αὐτοῖς ὁ Ἰησοῦς· ἐνέγκατε ἀπὸ τῶν ὀψαρίων ὧν ἐπιάσατε νῦν. 11. ἀνέβη Σίμων Πέτρος καὶ εἵλκυσε τὸ δίκτυον ἐπὶ § τὴν γῆν μεστὸν ἰχθύων μεγάλων ἑκατὸν πεντηκοντατριῶν· καὶ τοσούτων ὄντων οὐκ ἐσχίσθη τὸ δίκτυον. 12. λέγει αὐτοῖς ὁ Ἰησοῦς· δεῦτε ἀριστήσατε. οὐδεὶς δὲ ἐτόλμα τῶν μαθητῶν ἐξετάσαι αὐτόν· σὺ τίς εἶ; εἰδότες ὅτι ὁ κύριός ἐστιν. ἔρχεται οὖν ὁ Ἰησοῦς καὶ λαμβάνει τὸν ἄρτον καὶ δίδωσιν αὐτοῖς, καὶ τὸ ὀψάριον ὁμοίως. 14. τοῦτο ἤδη τρίτον ἐφανερώθη ὁ Ἰησοῦς τοῖς μαθηταῖς αὐτοῦ ἐγερθεὶς ἐκ νεκρῶν.

15. Ὅτε οὖν ἠρίστησαν, λέγει τῷ Σίμωνι Πέτρῳ ὁ Ἰησοῦς· Σίμων Ἰωνᾶ, ἀγαπᾷς με πλεῖον τούτων; λέγει αὐτῷ· ναὶ κύριε, σὺ οἶδας ὅτι φιλῶ σε. λέγει αὐτῷ· βόσκε τὰ ἀρνία μου. 16. λέγει αὐτῷ πάλιν δεύτερον· Σίμων Ἰωνᾶ, ἀγαπᾷς με; λέγει αὐτῷ· ναὶ κύριε· σὺ οἶδας ὅτι φιλῶ σε. λέγει αὐτῷ· ποίμαινε τὰ πρόβατά μου. 17. λέγει αὐτῷ τὸ τρίτον· Σίμων Ἰωνᾶ, φιλεῖς με;

Hiat P.
6. πλοιθους V.
7. εστι bis s.
8. ο in ηλθον mutat. L.. | αποπυχων L₁. | συροντες L₁.
10. εποιησατε M.
11. - και post πετρος M. | ειλκυσεν

V. | της γης s. | τοσουτων M.
14. τουτω ειδει L₁. | εφανερωσεν pro ... Θη M.
15. πλοιωνι M. | - συ M.
16. σοι pro συ M. | ποιμενι V.
17. ιωνα hic tantum L..

ΕΥΑΓΓΕΛΙΟΝ

ἐλυπήθη ὁ Πέτρος ὅτι εἶπεν αὐτῷ τὸ τρίτον· φιλεῖς με; καὶ εἶπεν αὐτῷ· κύριε, σὺ πάντα οἶδας, σὺ γινώσκεις ὅτι φιλῶ σε. λέγει αὐτῷ ὁ Ἰησοῦς· βόσκε τὰ πρόβατά μου. 18. ἀμὴν ἀμὴν λέγω σοι, ὅτε § εἶς νεώτερος, ἐζώννυες σεαυτὸν καὶ περιεπάτεις ὅπου ἤθελες· ὅτ᾽ ἂν δὲ γηράσῃς, ἐκτενεῖς τὰς χεῖράς σου, καὶ ἄλλος σε ζώσει καὶ οἴσει ὅπου οὐ θέλεις. 19. τοῦτο δὲ εἶπεν σημαίνων ποίῳ θανάτῳ δοξάσει τὸν θεόν. καὶ τοῦτο εἰπὼν λέγει αὐτῷ· ἀκολούθει μοι. 20. ἐπιστραφεὶς δὲ ὁ Πέτρος βλέπει τὸν μαθητὴν ὃν ἠγάπα ὁ Ἰησοῦς ἀκολουθοῦντα, ὃς καὶ ἀνέπεσεν ἐν τῷ δείπνῳ ἐπὶ τὸ στῆθος αὐτοῦ καὶ εἶπεν· κύριε, τίς ἐστιν ὁ παραδιδούς σε; 21. τοῦτον ἰδὼν ὁ Πέτρος λέγει τῷ Ἰησοῦ· κύριε, οὗτος δὲ τί; 22. λέγει αὐτῷ ὁ Ἰησοῦς· ἐὰν αὐτὸν θέλω μένειν ἕως ἔρχομαι, τί πρός σε; σὺ ἀκολούθει μοι. 23. ἐξῆλθεν οὖν ὁ λόγος οὗτος εἰς τοὺς ἀδελφοὺς ὅτι ὁ μαθητὴς ἐκεῖνος οὐκ ἀποθνήσκει· καὶ οὐκ εἶπεν † ὁ Ἰησοῦς ὅτι οὐκ ἀποθνήσκει, ἀλλ᾽ ἐὰν αὐτὸν θέλω μένειν ἕως ἔρχομαι, τί πρός σε;

24. Οὗτός ἐστιν ὁ μαθητὴς ὁ μαρτυρῶν περὶ τούτων § ὁ καὶ γράψας ταῦτα, καὶ οἴδαμεν ὅτι ἀληθής ἐστιν ἡ μαρτυρία αὐτοῦ. ἔστι δὲ καὶ ἄλλα πολλὰ ὅσα ἐποίησεν ὁ Ἰησοῦς, ἅτινα ἐὰν § γρά-

---

Ηἰαt p.
17. ελυπη L.
18. ης SV, εἰ 1. pro εις. | νεοτερος M. | γηρασεις M. | ζωσουσι M, ζωση V, ζωσει V'. | ησοι pro οισει L, οἴσοι M.
19. - δὲ L. | ειπε S. | τουτω ειπων M. | τον θων mutat. in L.

20. ειπε S.
22. τις L₁.
23. + αυτω post ειπεν S.
24. - ο ante και γραψ. S. | ὅ, και M.
25. εστιν M. | + ενωπιον των μαθητων αυτου post ιησ. M. | γραφηται SM.

ΚΑΤΑ ΙΩΑΝΝΗΝ.

φητε καθ' ἕν, οὐδὲ αὐτὸν οἶμαι τὸν κόσμον χωρῆσαι τὰ γραφόμενα βιβλία. Ἀμήν.

[Subscriptio in M.]

εὐαγγέλιον κατὰ Ἰωάννου ἐγράφη ἑλληνιστὶ εἰς Ἔφεσον μετὰ ἔτη λ̄ τῆς ἀναληψέως τοῦ κυρίου. ἔχει δὲ ῥήματα ἁπλῆ, στίχους βκδ̄.
ἐπὶ δομετιανοῦ βασιλέως.

25. καθέν ι.. | οὐδ' L.
Subscriptio. ι. nil habet subscr. In v librarius scripsit: δίδου μοι σώτηρ λύτρον ἀμπλακημάτων· καὶ βασιλείας τῆς σοῦ ἀξιώσον με. Ante menologium librarius litteris majusc. scripsit: μέμνησο σώτερ λέοντι ἁμαρτωλῷ τῷ κτησαμένῳ καὶ ξύσαντι ἐν πόθῳ.

ΤΕΛΟΣ.

www.ingramcontent.com/pod-product-compliance
Lightning Source LLC
Chambersburg PA
CBHW022136300426
44115CB00006B/209